GUIDES TO TRUTH.

卷首插图："指引真相"——1909 年 9 月 22 日的《潘趣》(*Punch*)

图中的文字：预算将挽救/摧毁国家，这幅漫画指的是 1909 年的"人民预算"。走在最后面的保守党领导人亚瑟·巴尔福(Arthur Balfour)正在修改自由党财政大臣赫伯特·阿斯奎斯(Herbert Asquith)后背上的宣传牌，走在最前面的前自由党财政大臣罗斯伯里勋爵(Lord Rosebery)宣称自己反对这一预算案。

"十二五"国家重点图书

国家出版基金项目
NATIONAL PUBLICATION FOUNDATION

11

财政政治学译丛

刘守刚 魏 陆 主编

上海高校智库
上海财经大学公共政策与治理研究院

本书由上海文化发展基金会图书
出版专项基金资助出版

Trusting Leviathan
The Politics of Taxation in Britain, 1799-1914

信任利维坦

英国的税收政治学（1799～1914）

马丁·唐顿（Martin Daunton） 著
魏 陆 译

上海财经大学出版社

图书在版编目(CIP)数据

信任利维坦:英国的税收政治学(1799～1914)/(英)马丁·唐顿(Martin Daunton)著;魏陆译.—上海:上海财经大学出版社,2018.12
(财政政治学译丛)
书名原文:Trusting Leviathan:The Politics of Taxation in Britain,1799—1914
ISBN 978-7-5642-3249-8/F·3249

Ⅰ.①信… Ⅱ.①马…②魏… Ⅲ.①税收制度-财政史-研究-英国-19世纪 Ⅳ.①F815.613.2

中国版本图书馆CIP数据核字(2019)第063843号

图字:09—2015—556号

Trusting Leviathan: The Politics of Taxation in Britain 1799—1914 (ISBN 9780521037488) by Martin Daunton, first published by Cambridge University Press 2001.

□ 责任编辑 刘 兵 □ 封面设计 张克瑶

信任利维坦
英国的税收政治学(1799～1914)
马丁·唐顿 著
魏 陆 译

上海财经大学出版社出版发行
(上海市中山北一路369号 邮编200083)
网 址:http://www.sufep.com
电子邮箱:webmaster @ sufep.com
全国新华书店经销
上海新文印刷厂印刷装订
2018年12月第1版 2018年12月第1次印刷

710mm×1000mm 1/16 28.75印张(插页:2) 440千字
印数:0 001—3 000 定价:89.00元

信任利维坦

马丁·唐顿(Martin Daunton)这本关于英国 19 世纪税收政治学的巨著研究了国家与其国民之间复杂的财政关系。在 1800 年左右,税收占英国国民收入的 20%;在第一次世界大战爆发前夕,这一比例下降到不足 10%。这一财政收缩(fiscal containment)过程使得人们非常信任英国政府财政的清廉性和税收的公平性,奠定了 19 世纪下半叶政府行为的政治正确性,使其在 20 世纪能够负担得起大规模的战争和福利支出。这本书将许多新的研究成果与已有的大量文献结合在了一起,脉络清晰,涉及面广,非常有助于我们理解维多利亚女王时期和爱德华七世时期的英国。

马丁·唐顿是剑桥大学丘吉尔学院研究员和历史系经济史教授,是《进步与贫困:英国经济与社会史(1700—1850)》(*Progress and Poverty*:*An Economic and Social History of Britain*,1700—1850)(1995)一书的作者,《英国剑桥城市史》(第三卷)的编者。

总 序

成立于2013年9月的上海财经大学公共政策与治理研究院，是由上海市教委重点建设的十大高校智库之一。通过建立多学科融合、协同研究、机制创新的科研平台，围绕财政、税收、医疗、教育、土地、社会保障、行政管理等领域，组织专家开展政策咨询和决策研究，致力于以问题为导向，破解中国经济社会发展中的难题，服务政府决策和社会需求，为政府提供公共政策与治理咨询报告，向社会传播公共政策与治理知识，在中国经济改革与社会发展中发挥“咨政启民”的“思想库”作用。

作为公共政策与治理研究的智库，在开展政策咨询和决策研究的同时，我们也关注公共政策与治理领域基础理论的深化与学科的拓展研究。特别地，我们支持从政治视角研究作为国家治理基础和重要支柱的财政制度，鼓励对财政制度构建和现实运行背后体现出来的政治意义及历史智慧进行深度探索。这样一种研究，著名财政学家马斯格雷夫早在其经典教材《财政理论与实践》中就命名为“财政政治学”。但在当前的中国财政学界，遵循马斯格雷夫指出的这一路径，突破经济学视野而从政治学角度研究财政问题，还比较少见。由此既局限了财政学科自身的发展，又不能满足社会对运用财税工具实现公平正义的要求。因此，有必要在中国财政学界呼吁拓展研究的范围，努力构建财政政治学学科。

“财政政治学”虽然尚不是我国学术界的正式名称，但在国外的教学和研究中却有丰富的内容。要在中国构建财政政治学学科，在坚持以“我”为主研究中国问题的同时，应该大量翻译西方学者在该领域的内容，以便为国内财政学者从政治维度研究财政问题提供借鉴。呈现在大家面前的丛书，正是在上海财经大学公共政策与治理研究院资助下形成的“财政政治学译丛”。

信任利维坦:英国的税收政治学(1799~1914)

"财政政治学译丛"中的文本，主要从美英学者著作中精心选择而来，大致分为理论基础、现实制度与历史经验等几方面。译丛第一辑推出10本译著，未来根据需要和可能，将陆续选择其他相关文本翻译出版。

推进财政政治学译丛出版是公共政策与治理研究院的一项重点工程，我们将以努力促进政策研究和深化理论基础为已任，提升和推进政策和理论研究水平，引领学科发展，服务国家治理。

胡怡建
2015年5月15日

译者序

这本书是马丁·唐顿教授关于18世纪末以来英国税收政治学两卷本著作的第一本。[①] 马丁·唐顿1970年毕业于诺丁汉大学，获得学士学位；1974年到肯特大学攻读博士学位，1997年到剑桥大学任教，之前他先后任教于杜伦大学和伦敦大学学院。在剑桥大学，他主要教授1700年以后的英国经济和社会史、全球化的政治经济学以及国际政治经济等课程，还担任历史系主任、人文社会科学学院院长等职务。2004年，他当选为剑桥大学三一学院院长，并且一直担任这一职务至2014年退休。马丁·唐顿的主要研究领域是19和20世纪英国及其帝国和美国的经济社会政策，他出版了多本有关这一时期英国税收、住房、邮政以及经济和社会历史方面的著作，目前仍在致力于代际公平和经济发展、20世纪30年代以来的世界廉价政府等项目的研究。

本书全面描述了"漫长的19世纪"英国税收制度变化的政治因缘，阐释人民为何变得信任国家（利维坦）了。在《圣经·旧约》中，利维坦（Leviathan）是一头强大到足以与恶魔撒旦相提并论的巨大水生怪物。《约伯记》第41章提到，利维坦是一头巨大的水生物，当它畅泳于大海之时，波涛亦为之逆流；它口中喷着火焰，鼻子冒出烟雾，拥有锐利的牙齿，身体好像包裹着铠甲般坚固；它性格冷酷无情，暴戾好杀，在海洋之中寻找猎物，令四周生物闻之色变。在基督教中，利维坦成为恶魔的代名词，代表着七宗罪之一的"嫉妒"之恶。在深受基督教影响的西方文化中，有很多以利维坦命名或者作为主人公的书籍、电影、游戏等作品。1651年，英国著名哲学家、政治思想家托马斯·霍布斯

① 另一本是《公平税赋：英国的税收政治学1914—1979年》（*Just Taxes: the politics of taxation in Britain*, 1914—1979），剑桥大学出版社2002年出版。

(Thomas Hobbes)出版了其政治学巨著《利维坦》[①]，他以利维坦比喻君主专制政体的国家，认为自我保存和追求幸福是人的本性，但在人人为敌的“自然状态”中不能够实现这一目标，人们为了摆脱这种状态，会订立契约，国家由此产生。在这部著作中，霍布斯用“利维坦”喻指国家：它有双面性格，由人组成，由人运作，因此具有半神半兽的人性品质，在保护人的同时又在吃人，所以就有了人类社会“把利维坦关进笼子里”的最高理想。霍布斯的《利维坦》一书对其后洛克、卢梭等哲学家的社会契约论具有深远影响，几个世纪以来，该书一直位列领袖人物必读的政治书籍之首。

马丁·唐顿的这本书延续了霍布斯将国家喻为利维坦的说法，从1799年讲起，一直到第一次世界大战爆发为止，用大量数据和史料向我们阐述了19世纪英国所得税、遗产税、消费税、关税等税收制度的变化，地方政府收入和支出面临的困境，皮特、皮尔、格莱斯顿、迪斯雷利、哈考特、戈申、张伯伦等著名政治家的税收主张，以及早期辉格党和托利党、后期保守党、自由党、自由统一党、工党等围绕税收进行的政治斗争。这本书将许多新的研究成果与已有的大量文献结合在了一起，脉络清晰，涉及面广，非常有助于我们理解维多利亚女王时期和爱德华七世时期英国的政治经济和社会发展。综合马丁·唐顿的分析以及英国19世纪所处的历史发展进程，英国在这一时期之所以能重新获得人们对国家的信任，没有发生法国和德国那样的暴力革命性事件，本人认为有以下几方面的原因。

一是总体税收负担持续降低。纵观英国历史，战争对税收制度有重要影响，为新税种的开征或者大幅改革税制提供了重要契机。1799年时，英国还在与大革命后的法国进行交战，出于筹措战争经费之需，首次开征了个人所得税，此时税收收入约占国民收入的20%，属于较高水平。随着1815年拿破仑法国的失败，英国进入长期和平时期，率先完成了工业革命。尤其是在维多利亚女王统治时期(1837～1901年)，积极向海外拓展殖民地，建立了庞大的英帝国，政治、经济、社会和文化皆飞速发展，英国工业生产能力比全世界的总和还要大，大英帝国进入全盛时期。在亚当·斯密古典经济学思想的影响下，政

① 全名为《利维坦，或教会国家和市民国家的实质、形式和权力》(*Leviathan or The Matter, Forme and Power of a Common Wealth Ecclesiastical and Civil*)，又译为《巨灵论》。

府奉行自由经济和节俭政策，国家税收和支出都控制在较低水平，关税、消费税的税率和征收范围都不断缩减，同时经济发展使国民财富迅速增长，到第一次世界大战前夕，税收收入下降到了国民收入的10%左右，英国相对税负水平下降程度之大、持续时间之长，超过了绝大多数欧洲国家。合理的税负水平是人们心甘情愿接受国家行为的前提条件，持续降低的税负减轻了人们对税收的抗拒心理，使得人们认为政府是节俭的，增加了人们对国家的信任感。

二是税收制度均衡了各方的利益。即使税收负担很低，但是如果很不公平，也会激起人们的反抗(如19世纪的德国和法国)。英国税收制度较好地均衡了各方的利益和诉求，如早期个人所得税实行的是比例税制，反对对不同来源的收入进行差别征税和实行累进税制，这使得很多自由党国会议员认为对来自知识和专业服务的劳动性收入征税太重，对来自财产和投资的非劳动收入征税太轻，从而有利于食利阶层，不利于劳动阶层，既阻碍了经济社会发展，也不公平。为了解决这个问题，遗产税被作为确保税收制度均衡的一个重要手段，通过对动产和不动产征收不同的遗产税，补偿了劳动收入承受的过高所得税负担，消除了人们对所得税的批评，为所得税营造了公平氛围，平息了维多利亚时代中期所得税引起的紧张氛围，使人们总体认为税收制度是公平的。在实行累进个人所得税后，通过对高收入者征收附加税，对劳动收入实行较低的累进税率，同时对中低收入者给予较多的税收优惠，均衡了各方的利益和诉求，使得人们愿意接受税收。

三是税收经过了国会的充分辩论。英国是现代议会制度之母，1832年、1867年和1884年，英国对国会进行了三次较大的改革，一方面不断调整国会议席分配方式，新兴工业城市获得了更多的席位；另一方面不断降低选民的财产和身份要求，选民范围持续扩大。这些改革促进了议会的资产阶级民主化，同时也推动了政党政治和责任内阁制的发展，如何争取选民成为政党活动的核心。同时，一个人如果没有政党的支持也很难当选议员，他进入议会后就必须服从于自己所在党的领袖，因此政党实际上控制了议会。英国很早就建立了现代预算制度，1854年，国会通过了《公共收入与统一账户法》，规定此后政府每年都必须向国会报告总收入和总支出；1866年，国会设立了独立的公共账户审计委员会，不受政府首脑和各部门的领导，只向国会负责，将政府向国会递交部门预算及审计后的账户进行了制度化。在英国议会制下，贵族和土地所有者、工人阶级和资产阶级、保守派和自由派等都可以在国会中找到自己的代言人，由于任何税收制度的变革都必须经过国会的辩论和批准，这就使得任何一个政党和政治人物在税收制度上都不能一意孤行，必须兼顾不同群体的利益；同时，国会辩论和讨论使得税收制度的变革公开透明，社会各界非常清晰不同政党和政治人物的立场，在选举时可以通过选票支持自己的代言人，即使国会和政治人物做出的决策不符合自己的立场，也不会做出过激行为，期待在下次选举中通过选票改变政策。因此，在英国议会制度下，权力制约使得人们相信国家是值得信赖的。

四是税收征管注重发挥民间力量的作用。英国将中央集权的官僚制度和地方性的外行控制结合在了一起，这种模式对于所得税在19世纪能够被人们接受是非常重要的，有助于确立税收的合法性。如将土地所得税的征管责任转移给了纳税阶层，每个郡的大陪审团从潜在的纳税人中挑选外行土地税委任专员，这些土地税委任专员负责任命一般委任专员，一般委任专员要交纳土地所得税，这些一般委任专员具有相当大的自由裁量权，应该是“在社会中处于受人尊敬地位的人，不偏袒某一方或者不施加不正当的影响，是正直诚实和独立性很强的人”。再由一般委任专员任命评估员。因此，政府依靠地方社区对所得税进行管理，利用同类型的人充当地方执法官，这一特征被格莱斯顿概括为“通过一个志愿的中间机构”征税，相当于在国家和纳税人之间建立了一个缓冲地带，更容易建立人们对税收的一致认同和信任。因此在19世纪中后期，英国虽然也爆发了工人运动，但是并没有像法国、德国那样爆发激烈的革命。

五是税收支出呼应了社会发展的需要。税收取之于民，必须用之于民，如果征收上来的税收被挥霍浪费了，再少的税收人们也是不认同的，如果税收被用来为社会公众谋取福利了，多一些税收人们也是接受的。财政支出增长理论很好地解释了政府支出不断增长的原因，如随着工业化进程，纠正外部效应等市场失灵问题增加了政府参与资源配置的需要；随着社会经济发展，增加了人们对文化、教育、福利等支出项目的需求；随着政党政治竞争的加剧，为获得公众拥护和赢得选票，政治家们倾向于投选民所好增加福利支出。19世纪后半期，为了解决集体行动失灵问题，英国政府增加了教育、公共卫生、贫民区改造、救济穷人和维护公共秩序等方面的支出。1860年，英国公共教育支出占国民生产总值(GNP)的0.18%，1880年这一数字上升到0.29%。19世纪后期英国国民预期寿命的提高在很大程度上是城市环境改善带来的结果，环境改善得益于对修建下水道、供水设施以及铺设道路进行的大量资本性投资，城市清洁和管理标准的提高，以及隔离医院和产科诊所的增加。社会公众从政府支出中获得了实实在在的好处，也增加了对国家的信任，从原来反对转为支持政府扩大社会支出。

马丁·唐顿这本关于19世纪英国税收政治的书对于现代国家也非常有启示意义。如：为了增强人们对税收的认同性，减少税收对社会造成的撕裂，提高税收遵从度，一项税收制度在实施前必须经过社会充分的讨论，尤其是要经过立法机构批准才能够实施。再如：税收制度是难以一步到位的，实现理想税制很难，适当的妥协和折中是需要的，英国个人所得税从一项战时临时税到永久性税收，从比例税制到累进税制，经过了上百年的不断改进，最后才演变为现代所得税制，税收制度看似不完美，但可能是最适合当下环境的。又如，在和平时期政府税收应尽可能保持低水平，为战争和不时之需提高税收留有空间，英国1914年税收收入占GDP的比重约10%，在第一次世界大战期间，税收收入水平提高至国民收入的25%，并且在20世纪20～30年代几乎不曾有所降低，在第二次世界大战期间，税收收入进一步提高至国民收入的40%，正是由于19世纪奠定的良好基础，才使得英国在20世纪能够负担得起大规模的战争和福利支出。

本书是由上海市发展改革研究院魏陆研究员牵头翻译的，由于本书涉及英国政治、经济、社会、历史等很多方面的内容，翻译工作量巨大，历经5年时间才得以完成。我指导的上海交通大学国际与公共事务学院研究生刘凤丹、戴林序、韩琳、丁相月承担了部分章节的初译工作，魏陆对稿子进行多次译校。感谢上海财经大学出版社刘兵先生为本书的辛苦付出。

由于水平有限，不足之处敬请批评指正。

魏 陆

2018年12月27日

前言

我要写一本关于18世纪末期以来英国税收政治专著的想法，最初来自大卫·康纳汀(David Cannadine)和约翰·莫里尔(John Morrill)的建议。在这项漫长的研究与写作即将结束之际，对于他们让我投身于此项研究的建议，我仍心存感激。在扩展他们的初始想法后，我很快就发现，为了厘清从第一次世界大战到撒切尔改革这一期间的变化，对浩瀚数量档案的研究是必不可少的。我有幸得到了纳菲尔德基金会(Nuffield Foundations)的慷慨资助，该基金会1992～1993年给予我社会科学研究奖学金；1995～1996年，人文科学研究委员会(Humanities Research Board)[即现在的艺术与人文科学研究委员会(Arts and Humanities Research Board)]多给了我一学期的学术假，这使我可以走遍全国搜集到大量1890年至今的档案资料。因此，我放弃了最初只写一本简短单卷本的想法，该项目也随之从朗文出版社(Longmans)转交给了剑桥大学出版社(Cambridge University Press)。无论是朗文出版社的安德鲁·麦克伦南(Andrew McLennan)和希瑟·麦卡勒姆(Heather McCallum)，还是剑桥大学出版社的伊丽莎白·霍华德(Elizabeth Howard)和理查德·费希尔(Richard Fisher)，都在项目进行中给予我极大的理解和支持。

本书全面描述了“漫长的19世纪”，从1799年开始，此时英国还在与大革命后的法国交战，税收收入约占国民收入的20%，首次引入了所得税；到第一次世界大战爆发为止，此时税收收入约占国民收入的10%。这段时间是财政收缩时期，英国抑制和削减税负水平的程度之大、时间之长，超过了绝大多数欧洲国家。在这一时期，人民认为英国财政制度是“公平”的，均衡了各方的利益，从而奠定了政府行为的高度正确性，这一进程一直持续到19世纪下半叶和20世纪初期。然而自1914年起，这一趋势发生了逆转，在第一次世界大战期间，财政收入水平提高至国民收入的25%，并且在20世纪20和30年代几乎不曾有所降低；在第二次世界大战期间，税收收入进一步提高至国民收入的40%。这一趋势的含义将会在本人另一本书中进行详解，该书会详细研究格莱斯顿式财政国家是如何消亡的，而本书研究的是格莱斯顿式财政国家是如何建立的。

试图弄明白一个新的复杂主题不仅仅需要时间，为了厘清诸多迥异的想法和概念，还需要进行知识辩论与讨论。幸运之神再次垂青于我。本书的写作还受益于其他两位历史学家的著作，他们是帕特里克·奥布莱恩（Patrick O'Brien）和科林·马修（Colin Matthew），在我开展研究和进行本书写作时，我同他们保持着密切联系。他们关于"漫长的19世纪"的税收和格莱斯顿预算的文章奠定了我开始这一研究的基础，本书得益于他们卓越的前期工作。1999年，科林·马修与世长辞，他的很多朋友都深感震惊和悲痛。

我试图厘清英国税收制度长期变化原因的努力得到了澳大利亚国立大学（Australia National University）社会科学研究院（Research School of Social Science）的大力帮助。作为"管理、施政能力、服从"研究项目的一部分，1994年该院邀请我进行了为期三个月的学术访问。在那里，我在1994年写作之初和1996年发表了很多评论性文章，这些评论对我厘清分析思路有着巨大的帮助。我极其感激研究院帕特里克·特洛伊（Patrick Troy）教授长期的慷慨资助与鼓励，他为我提供了宜人的跨学科交流工作环境。两位访问学者给我的评论也大有裨益，他们分别是来自美国华盛顿大学的玛格利特·李维（Margaret Levi）和来自英国布里斯托尔大学的罗德尼·洛（Rodney Lowe）。

本书的大部分研究和写作是在伦敦大学学院（University College London）进行的，我对税收的痴迷也让我的学生吃尽了苦头，直到我前往剑桥大学工作后，他们才得以清闲。本书最终是在剑桥大学完成的，在那里，我受到了许多新同事著作的启发，特别是克里斯·贝利（Chris Bayly）、欧金尼奥·比亚吉尼（Eugenio Biagini）、彼得·克拉克（Peter Clarke）、博伊德·希尔顿（Boyd Hilton）、克雷格·马尔格鲁（Craig Muldrew）、乔恩·帕里（Jon Parry）、理查德·史密斯（Richard Smith）、加雷思·斯特德曼·琼斯（Gareth Stedman Jones）、西蒙·斯莱特和亚当·图兹（Adam Tooze），他们帮助我对政治语言中的利益集团、福利制度的发展、信托、公共卫生投资、帝国财政、经济学知识和许多其他知识加以融会贯通。我从与大卫·费尔德曼(David Feldman)、朱利安·霍比特(Julian Hoppit)、乔安娜·英尼斯(Joanna Innes),保罗·詹森(Paul Janssens)、弗兰克·特伦特曼(Frank Trentmann)等人的谈话中获益匪浅,与其他众多长期听我会议报告的学者们进行的讨论亦是如此。彼得·曼德勒(Peter Mandler)对本书进行了通读,并提出了非常具有建设性的建议。我对我在萨福克(Suffolk)的邻居——来自 middlegate-prints.com 网站的戴夫·科尔(Dave Cole)深表感激,他热心帮助我搜集《潘趣》漫画,并允许我从他的藏品中复制这些漫画。我还要感谢大英博物馆(British Museum)与维多利亚和阿尔伯特博物馆(Victoria and Albert Museum),它们允许我复制《食税者国家》(*Tax Easter State*)(Ⅲ. 1)和《对土地而不是食品征税》(*Tax Land not Food*)(Ⅲ.6)上的漫画。本书得以最终完成还得益于参考文献编排者克里斯·比彻姆(Chris Beauchamp)、一贯眼光敏锐的编辑琳达·兰德尔(Linda Randall)和索引编制者奥瑞尔·格里菲思—琼斯(Auriol Griffith-Jones)的辛勤工作。

目　录

缩略语列表

AMC	Association of Municipal Corporations(市政公司协会)
BL	British Library(大英图书馆)
BLPS	British Library of Political and Economic Science(英国政治与经济科学图书馆)
Bod.Lib	Bodleian Library，Oxford(牛津大学博德利图书馆)
DNB	*Dictionary of National Biography*《英国人物传记辞典》
FRA	Financial Reform Association(财政改革协会)
FRU	Financial Reform Union(财政改革联盟)
ILP	Independent Labour Party(独立工党)
LCC	London County Council(伦敦郡议会)
LGB	Local Government Board(地方政府委员会)
LRC	Labour Representation Committee(劳工代表委员会)
LSE	London School of Economics(伦敦经济学院)
MBW	Metropolitan Board of Works(都市工程委员会)
NDC	National Debt Commission(国家债务委员会)
NLW	National Library of Wales(威尔士国家图书馆)
PP	Parliamentary Papers(国会文件)
PRO	Public Record Office(国家档案局)
SDF	Social Democratic Federation(社会民主联盟)

插图列表

图列表

表列表

1 信任、集体行动和国家

当一个政府在税收方面不能公平对待人民时，这就构成了政府和人民之间问题的全部。这几乎是这个国家所有革命的根源。

Richard Cobden，1848，quoted in H.C.G. Matthew，
"Disraeli，Gladstone and the politics of mid-Victorian budgets"，
Historical Journal 22(1979)，616

一国的发展、富足和稳定，在很大程度上取决于其税收制度的公平性。

Herbert Samuel，"The taxation of the various classes of the people"，
Journal of the Royal Statistical Society 82(1919)，181—182

政府喜欢多征税，社会希望少收税——税收只要能够满足一个良好政府的必要支出即可。

J.S. Mill，*Considerations on Representative Government*(London，1861)，
in J.M. Robson(ed.)，introduction by A.Brody，
Collected Works of John Stuart Mill，
vol. XIX：*Essays on Politics and Society* (London，1977)，p.441

一个民族的精神、文化水平、社会结构以及它可能采取的政策行动——所有这些，甚至更多，都写在它的财政史中。一个知道如何探究财政历史信息的人，可以从中比在其他任何地方，更加清晰地听到世界历史的轰鸣声。公共财

政是进行一项社会调查的最佳起点。

J.A. Schumpeter,'The crisis of the tax state'①,
in A.T. Peacock,R.Turvey,
W.F. Stolper and E. Henderson(eds.),
International Economic Papers,no.4
(London and New York,1954),p.7

财政乃庶政之母。② 正如约瑟夫·熊彼特(Joseph Schumpeter)清醒认识到的那样,这一简单甚至老套的表述,对于欧洲国家的形成及其政治、社会和经济历史的塑造都至关重要。熊彼特在第一次世界大战末期担任奥地利财政部长,对于调动资源的困难有着切身感受。在这期间他指出,从中世纪"领地型国家"(domain state)向现代早期"税收型国家"(tax state)的漫长转型过程中,国家进入了危机状态。③ 税收型国家出现的驱动力量——国家对于战争资源的需求——正是导致1918年危机的主要原因。④ 在中世纪,统治者依靠他们自己的庄园或者领地提供资源,依靠属民提供物品和服务。在现代早期,一些地区仍然存在领地型国家,有些国家先前依靠自然资源如铜和银的开采,现在转型为依靠企业化的王室资产。在19世纪的一些欧洲国家,依然可见领地型国家的影子,这些国家通过国有矿产、森林、铁路和其他服务获得了相当可观的收入。一些领地型国家还可以通过殖民开发和掠夺方式从领土之外获取资源,如西班牙

① 本译丛《税收哲人》一书附录中收录了"税收国家的危机"一文的全篇中文译文。——译者注

② T. Skocpol, "Bring the state back in: strategies of analysis in current research", in P. B. Evans, D. Rueschmeyer and T. Skocpol(eds.), *Bring the state back in*(Cambridge,1985),pp. 16—18.

③ J.A. Schumpeter, "The crisis of the tax state", in A.T. Peacock, R. Turvey, W.F. Stolper and E. Henderson(eds.),*International Economic Papers*, no. 4 (London and New York, 1954), pp. 5—38. 这一概念由彼德森(E.L. Peterson)提出,并将其运用于对丹麦的分析。"From domain state to tax state: synthesis and interpretation", *Scandinavian Economic History Review* 23(1975),116—148, and K. Krüger, "public finance and modernisation: the change from domain state to tax state in Hesse in the sixteenth and seventeenth centuries: a case study", in P.-C. Witt(ed.), *Wealth and Taxation in Central Europe: The History and Sociology of Public Finance* (Leamington Spa, 1987), pp. 49—62, see table 3.1 which sets out a typology of domain and tax states.

④ See for example C. Tilly, *Coercion, Capital, and European State, AD 990—1990* (Oxford, 1992), chapter 3; 关于耗资巨大的战争技术的出现,见 G.N. Parker, *The Military Revolution: Military Innovation and the Rise of the West, 1500—1800* (Cambridge, 1988).

国王在美洲和比利时国王在刚果所做的那样。无论是国内资源还是国外资源，都可以通过强权政治过程和贸易中的资本运作获得。[①] 然而，在16、17世纪的大部分欧洲国家，“领地型国家”和资源的强制征用逐渐让位于“税收型国家”，原因在于快速增加的战争支出迫使国家必须寻找新的收入形式；同时，更加复杂和商业化的经济发展为国家攫取财政资源提供了新机会。

“税收型国家”是欧洲早期现代国家形成的基础，这是欧洲科学基金会(European Science Foundation)近期一个重要合作项目的研究主题。[②] 不同国家推行税收制度的时间和结果差异很大。国家对财政收入的需求与其他主体对有限资源的需求形成了竞争，超出生存需求的多余资源通常是微乎其微的，有时甚至是根本不存在的。任何国家的征税能力都取决于统治者掌控自己直属领地和臣民之外的利益群体的权力。国王对税收的需求与地主对地租的需求是相冲突的，二者对于农民剩余产量的需求可能会激起他们的暴动和骚乱。必须妥善解决这些冲突性的需求。不同利益群体(地主、市民、教会)可以通过共同谈判达成一致协议，这也许是以豁免特定群体如贵族和教会的税收为条件的。国王也许会与贵族和地主结盟，为了他们共同的利益，联手侵占小农的土地；或者，国王也许会为了获得更大份额的剩余，确保农民有反抗其主人的权利。在欧洲宗教改革时期，教士也许会失去豁免权，国王也许会通过保障教会的土地增加自己的收入。在欧洲反宗教改革时期，教会的豁免权可能会得到加强。[③] 这对欧洲社会结构有着重要影响。

---

① Tilly, *Coercion, Capital, and European State*, pp. 54—7, 99.

② 这一项目是欧洲科学基金会开展的13～18世纪欧洲现代国家起源研究的一部分。关于财政制度的著作散见于三卷本中：R. Bonney(ed.), *The Origins of the Modern State in Europe, Thirteenth to Eighteenth Centuries: Economic Systems and State Finance* (Oxford, 1995); R. Bonney(ed.), *The Rise of the Fiscal State in Europe, c. 1200—1815* (Oxford, 1999); and W.M. Ormrod, M. M. Bonney and R.J. Bonney(eds.), *Crisis, Revolutions and Self-sustained Growth: Essays in European Fiscal History, 1130—1813* (Stamford, 1999). 对最后一卷本的介绍提出了一个从中世纪到19世纪早期财政变化的概念性模型：R. Bonney and W. M. Ormrod, “Introduction: crisis, revolutions and self-sustained growth: towards a conceptual model of change in fiscal history”, pp. 1—21, especially table 0.2 on pp. 4—8.

③ 要了解引起争议的盈余分配账户，见 R. Brenner, “Agrarian class structure and economic development in pre-industrial Europe”, *Past and Present 70*(1976), 47—75; see also W. Schulze, “The emergence and consolidation of the ‘tax state’: the sixteen century”, in Bonney(ed.), *Economic System and State Finance*, pp. 267, 274—6; J. Gelabert, “The fiscal burden’, in Bonney(ed.) *Economic System and State Finance*, pp. 546—548, 552—557.

税收与欧洲国家政治体制的特征密切相关。征税能力影响国家能力,能否确保国家收入,或多或少取决于国家与其国民之间的关系。不同国家的国会、议会或财产制度是不同的。在很多情况下,议会对直接税有更强的控制权,这导致国王可能会转向间接税,从而影响国家在不同经济环境中的财政能力。在经济衰退时期,由于间接税对商品的生产和销售更为敏感,直接税也许能比间接税提供更多的收入。另一方面,间接税收入更能反映一个阶段的经济增长状况。有时候,国王会捍卫自己不经地主会议决定自行征税的权力;或者国王会通过替代手段(如卖官鬻爵)筹集资金,以规避议会的控制。但是后一种行为的危险在于会产生一个臃肿低效的官僚机构,并造成国民对国家税收缺乏认同。国王很可能发现自己无法确保足够的收入,但是召集议会讨论财政制度改革又可能会使其陷入严重的政治危机。如 1789 年,法国自 1614～1615 财政年度后首次召开了三级会议(the Estates General)[①],由此导致了大革命的爆发。在其他情况下,地主阶级或者议会会保障国王的正常支出,但是保留对额外支出如战争经费投票决定的权力,如英国下议院(the Commons)就为各方达成妥协和解与一致意见提供了一个论坛。[②]

因此,税收型国家是否会成功出现,取决于各方协商谈判和胁迫斗争的程度,这可能导致国家陷入政治紧张和对抗状态。在任何情况下,单靠税收都不足以应付战争的巨大资金需求,税收收入构成了较为稳定的年度收入,然而冲突时期的战争支出是激增的。国家通过税收满足战争需求面临着巨大困难和政治风险。国家必须确保在短时间内能够筹得大量资金,因而在现代早期的欧洲,出现了很多国家借以攫取收入的新手段。国王可以通过卖官鬻爵或者出卖征税权获得一大笔资金,前者的代价是形成了低效的官僚机构,后者的代价是被榨取了私人利润的包税人(tax farmer)对其充满了敌意。国家获取资

---

① 三级会议是法国中世纪的等级代表大会,参加者有教士(第一等级)、贵族(第二等级)和市民(第三等级)这三个等级的代表,它的主要职能是批准国王征收新税。从 1614 年到路易十三统治时期,三级会议中断了 175 年,1789 年路易十三召开了最后一次三级会议,这次会议导致了法国大革命。——译者注

② 要了解关于这些问题的详细讨论,见 Bonney(ed.),*Economic Systems and State Finance and Rise of the Fiscal State*.

金的另一种方式是借款，这对18世纪末期的欧洲国家形成了真正的考验。[1]一些欧洲国家的借款总额超过了它们的岁入，这样就产生了无法偿还到期债务的风险，结果导致其他国家以后不愿再借钱给这些国家，除非与其签订特别慷慨的借款协议。因此税收型国家是不稳定的，在面临耗资巨大的战争时，容易陷入财政危机，除非它能设计出一套复杂的财政制度，保证在对外借款时不会出现债务违约风险，也不会丧失令其将来借款成本更高的信用。正如邦尼(Bonney)和奥姆罗德(Ormrod)所言，很多税收型国家在第一次世界大战危机前已经崩溃了，特别是在18世纪后期，镇压革命以及与拿破仑时期法国进行的战争导致了税收制度的崩溃。到1815年，欧洲只有一个国家成功地从税收型国家转变为邦尼和奥姆罗德所定义的"财政型国家"(fiscal state)，即能够通过税收和大规模借款共同为国家筹集收入，这个国家就是英国。英国能在不出现政治经济危机的情况下增加税收；同时，由于拥有复杂的资本市场和信用网络，它还能借到规模空前的巨款。[2]

在1688年"光荣革命"和1707年与苏格兰签订《联合条约》后，英格兰和不列颠建立了全欧洲最为成功的税收型国家，并在18世纪转型为财政型国家。从某种程度上说，这种成功实属偶然。与欧洲大陆相比，都铎王朝和斯图亚特王朝时期的英格兰较少受到军事革命和陆上战争的影响，因而国王的财政需求相对较小。在1688年以前，英格兰税收收入占国民收入的比重通常仅在1.3%～4.4%，因此没有必要通过卖官鬻爵、授予少数人税收豁免权和税收特权，或者像欧洲大陆那样大范围地利用包税人获取收入。在威廉三世(William Ⅲ)继位后和在1689～1697年与法国交战时期，英格兰(和不列颠)的政

---

① Bonney, "The eighteenth century. Ⅱ The struggle for great power status and the end of the old fiscal regime", in Bonney(ed.), *Economic System and State Finance*, pp.382—386; also Bonney (ed.), *Rise of the Fiscal state*, *passim*, for discussion of borrowing.

② Bonney, "Introduction: the rise of teh fiscal state in Europe, c. 1200—1815", in Bonney (ed.), *Rise of the Fiscal state*, pp. 3, 14; Bonney and Ormrod, "Introduction', in Ormrod, Bonney and Bonney(eds.), *Crises, Revolution and self-sustained Growth*, p.20. The emergence of this combination of taxation and borrowing is explained in P.G.M. Dickson, *The Financial Revolution in England: A Study in the Development of Public Credit, 1688—1756* (London, 1967); J. Brewer, *The Sinews of Power: War, Money and the English State, 1688—1783*(London, 1989); and P.K. O'Brien and P.A. Hunt, "England,1485—1815", in Bonney(ed.), *Rise of the Fiscal state*, pp.61—63, 65—66.

府收入需求增长到了占国民收入的 7.3%～9.5%,在整个 18 世纪,税收水平通常保持在国民收入的 8%～10%。军事开支对英国政府的影响来得较晚,这使得它能够避免从领地型国家向税收型国家早期转型过程中所遇到的一些困难,从而更容易转变为财政型国家。①

除了军事开支的偶然性,英国财政型国家的建立还取决于其他两个因素。一个是政治因素,国会和行政制度的建立使不同利益集团和国王可以就税收问题进行谈判,通过这种方式他们可以达成高度的一致性。正如迈克尔·布拉迪克(Michael Braddick)所说的那样,英国的税收制度为纳税人建立了"上诉和调解渠道",所以纳税人基本上不会在要么纳税和要么完全对抗两种方式之间做出抉择。通常,纳税人可以采取多种方式少纳税,或者游说国会改革和完善这种制度。用布拉迪克的话来说,这个制度中存在的"许多'让步'避免了抗税行为,允许进行'渐进式改革'。多样化的收入策略表明,政府为了满足不断增加的军事支出需求,在政治和行政上面临很多约束"。② 因此,英格兰和不列颠政府能以较小的政治代价获得更多的收入。另一个因素是经济变化。在 17 世纪晚期和 18 世纪,英国经济发生了巨大变化,这种变化增强了国家的征税和借贷能力。随着人口被从土地中解放出来,并转移到工业和服务业中,英国成为欧洲城市化程度最高的国家。商品交易的增长意味着对货物征税更为容易。同时,经济发展变得非常依赖信贷,这既是机遇,但也带来了风险。可以通过多种手段降低商业失败的风险,如成立行业协会、开展人寿保险和制定破产法,国家既是这些变化的受益者,也是这些变化的推动者,商业化和金融的复杂性形成了一个良性循环。国会通过立法促进了交通发展和农业进步,鼓励积极进行粮食贸易。法官们完善了衡平法,使其能够适应一些新的商业工具,如抵押、人寿保险和汇票等。信贷从依赖个人声誉和责任转为依赖更加客观的金融制度,政府通过伦敦金融市场借款有助于金融制度的完善。因

① P.K. O'Brien and P. Hunt, "The rise of the Fiscal State in England, 1485—1815', *Historical Research* 66 (1993), 129—176; O'Brien and Hunt, "England, 1485—1815", pp. 53—100.

② M.J. Braddick, The Nerves of State: taxation and the Financing of the English State, 1558—1714 (Manchester, 1996), especially chapter 9, pp. 180—201.

此，政府的信用对于一国的信贷和金融体系是至关重要的。[①]

因此，税收与国家的形成及其经济特征是密切联系在一起的。不同税种对于经济增长的反应是不同的。税收结构和征收方式影响了纳税人对税收的支持和遵从程度，不恰当的税收评估和征收方式可能会导致税收水平较低的国家出现更多的反抗（反之亦然），因此抗税程度不能直接反映一个国家真实的税收负担。虽然在18世纪，英国的税收收入占国民收入的比重比法国要高，并且就人均而言，是法国的2～3倍，但是法国的抗税运动却远多于英国。与法国不同，英国不存在醒目的税收豁免，而是通过一套地方性的税收评估和征收机制以及参与国会税收协商，将纳税人纳入财政管理体制之中。警觉的国会限制了消费税的征收范围，竭力阻止行政机构获得不受国会约束的收入来源，因为这将会增强行政机构的权力。在法国，财政制度很少给纳税人提供讨价还价和协商解决冲突的机会，这使得形势越来越紧张。通过卖官鬻爵和利用有个人利益的包税人筹集资金，对贵族和教会给予税收豁免，利益集团与国王之间缺乏通过谈判解决争议的议会制度，所有这一切都导致了紧张局势。因此相较于英国，法国的"专制体制"更受制于激烈的地方抗税活动；相较于英国同行，法国中央政府官员对国家收支知之甚少。召开三级会议的目的是解决旧制度（ancien régime）带来的财政危机，但是这一决定却演变成了革命。在英国，国会中经常进行的税收协商意味着更多人同意国家征税。[②] 认同、信

---

① 我已经详细讨论过这些问题，见我的著作：*Progress and Poverty*: *An Economic and Social History of Britain*, *1700—1850* (Oxford, 1995); some of the themes are discussed in C. Muldrew, *The Economy of Obligation*: *The Culture of Credit and Social Relations in Early Modern England* (Basingstoke and London, 1998); G. Clark, *Betting on Lives*: *The Culture of Life Insurance in England*, *1695—1775* (Manchester, 1999); and P. Langford, *Public Life and the Propertied Englishman*, *1689—1798*(Oxford, 1991).

② Brewer, *Sinews of Power*, pp. 6—7, 15—16, 18, 22—24, 69, 73, 89—91, 127—134, 182; P. Mathias and P.K. O'Brien, "Taxation in Britain and France, 1715—1810: a comparison of the social and economic incidence of taxes collected for the central governments", *Journal of European Economic History* 5 (1976), 610—611, 636, 640; and comments buy Adam Smith, *An Inquiry into the Nature and Causes of the Wealth of Nations*, ed. R.H. Campbell, A.S. Skinner and W.B. Todd (2 vols., Oxford, 1976), vol. Ⅱ, pp. 900—901, 903—905. 要详细了解法国的情况，见 R. Bonney, "France, 1494—1815" in Bonney(ed.), *Rise of the Fiscal state*, pp. 123—176, and J.F. Bosher, *French Finances*, 1770—1995: *From Business to Bureaucracy* (Cambridge, 1970); 关于消费税的限制，见 P. Landford, *The Excise Crisis*: *Society and Politics in the Age of Walpole* (Oxford, 1975).

任和合法性对研究税收历史极为重要,这些话题也是经济学家、政治学家和哲学家们关注的重点。

所有社会都面临一个共同难题,那就是社会成员有多大意愿限制其个人利益并选择以集体利益为先。例如,在乡村社区中可以自由进入的公共牧场,每个农夫的个人利益就是尽可能多地在公共牧场上放牧牛羊,没有一个农夫能够限制其邻居的放牧规模,如果一个农夫决定限制自己的放牧规模,那么他将是唯一的输家。最终结果将是过度放牧,从而威胁到社区内每个成员的生计。在这个例子中,毫无疑问社区有足够的动机制定限制牧场使用的规则。只要每个人都遵守这一规则,且这一规则对每个人都是一视同仁的,这个规则就会维系下去。[①] 复杂的现代国家和简单的乡村地区面临的基本问题是一样的,即对集体行动如何达成共识,社会成员能在多大程度上同意国家对教育、养老以及道路、排水、供水等基础设施这些集体行动进行投资。核心问题是他们有多大意愿通过纳税获取这些公共服务,而不是自己拿钱通过市场、慈善机构或者互助协会的私人供给满足这方面的需求。如何解释人们为什么选择接受集体行动,而不是私人供给?为什么税收在一个地方被同意征收,却在别处激起了反抗?

公共经济学的弗吉尼亚学派(Virginia School)给出了一个可能的解释,该学派认为,政治家、官僚希望税收收入越多越好,支持增加政府支出,而选民、纳税人希望税收收入越少越好,支持减少政府开支。这揭示了收入最大化的国家与税收最小化的公众之间的基本冲突。约翰·斯图亚特·密尔[②](J.S Mill)1861 年表达过相同的观点。关键在于通过规则和程序确立宪法约束,

---

① E. Ostrom, *Governing the Commons: The Evolution of Institutions for Collective Action* (Cambridge, 1990).

② 约翰·斯图亚特·密尔(1806—1873)(也有人译为约翰·穆勒——译者注),是著名功利主义哲学家詹姆斯·穆勒的儿子,受到父亲的严格教育;1820 年在法国度过。1823 年,他加入东印度公司担任初级文员;1858 年东印度公司解散后,他退休靠养老金为生。1823 年,密尔建立了功利主义协会;自 1835 年创刊开始,密尔投身于《伦敦评论》(*The London Review*,一本激进主义哲学期刊),并且 1837～1840 年成为《伦敦评论》的所有者。1865～1868 年,他担任威斯敏斯特选区国会议员。密尔的主要出版物包括:《逻辑》(*Logic*)(1843),《政治经济学原理》(*Principles of Political Economy*)(1848),《论自由》(*On Liberty*)(1859),《代议制政府》(*Representative Government*)(1861),《功利主义》(*Utilitarianism*)(1863),《妇女的屈从地位》(*The Sujection of Women*),以及他的《自传》(*Autobiography*)(1873)。[DNB, vol. XXXVII, ed. S. Lee (London, 1894), pp. 390—9.]

设定国家能够获取的税收上限。税收可以达到上限，但是“财政宪法”(fiscal constitution)约束将使得如果国会不重新协商相关条款，政府就很难进一步提高税收。在大多数时间中的大多数情况下，“财政宪法”被视为建立了一个解决争议的标准，就像在板球和足球比赛中的规则一样，规定了什么算得分跑，达到什么分数才能赢得比赛。这些规则包括选举权(franchise)的界定以及国会有权改变税收、监督支出和审计政府支出过程。只有当运动员们愿意在同一套规则下进行比赛时，他们才能为了赢得比赛而各施所长。但是，当税收规则被重新谈判和税收上限被提高或降低时，“财政宪法”自身都变成了一个争议话题。[①] 证据表明，支出能够达到任何特定财政宪法所允许的上限，关键是要对财政宪法进行周期性地再协商，而不是在意见基本一致时玩弄短期花招。弗吉尼亚学派强调对公共支出建章立制，通过严格的制度性监督限制国家对金钱的贪婪欲望。

很多“公共选择”学派(“public choice” school)的社会科学家偏爱另一种解释，这一解释假定纳税人会做出“理性选择”，即会考虑相较于从市场上购买服务而言，其通过纳税获得的回报是更多还是更少。这一解释把选民和纳税人都描述为理性的经济行为者，他们基于对不同解决方案相对成本和效率的评估做出选择，希望能使自己的效用最大化。[②] 这种解释有严重问题，因为它的重点在于定义什么是理性，而不是去探索人们行为动机的复杂本质和不同社会的文化差异。但是，它确实可以成为一种自我实现的、封闭性的解释体系，在这个体系中，任何行为都可以被表述为“理性的”，然而这种解释方式无

---

① 关于“宪法”和“周期内”选择差别的讨论，见 G. Brennan and J.M. Buchanan, *The Power of Tax: Analytical Foundations of a Fiscal Constitution* (Cambridge, 1980), pp. 1—33, 37, and R. Hardin, “Constitutional political economy: agreement on rules”, *British Journal of Political Science* 18(1988), 513—530. 关于弗吉尼亚学派对威廉·格莱斯顿财政政策的影响，见 B. Baysinger and R. Tollison, “Chaining leviathan: the case of Gladstonian finance”, *History of Political Economy* 12 (1980), 206—213, and C. G. Leathers, “Gladstonian finance and the Virginia school of public finance”, *History of Political Economy* 18(1986), 515—521.

② 一个经典表述是布坎南和塔洛克(J. Buchanan and G. Tullock)的《同意的计算：立宪民主的逻辑基础》(*The Calculus of Consent: Logical Foundations of Constitutional Democracy*. Ann Arbor, 1962)；还见布伦南和罗玛斯基(G. Brennan and L. Lomasky)的讨论：《民主和抉择：关于选举偏好的纯粹理论》(*Democracy and Decision: The Pure Theory of Electoral Preference*. Cambridge, 1993)。他们对公共选择理论进行了改进，认为理性参与者有双重人格，一个是相对于市场的，一个是相对于民主选举的，对于后者，几乎不存在果断的投票者，因此选举决策可能比市场选择更“昂贵”。

法阐释人们对行为和行动的主观认知差异。“理性选择”分析和弗吉尼亚学派有一个共同假定,即国家与个人的关系本质上是一种强制关系:政治家和官僚试图从纳税人身上攫取超过纳税人自身愿意支付的税收,纳税人的税收遵从是出于对被检查和惩罚的恐惧。很显然,纳税人愿意为国家财政收入做多大程度的贡献,是一个重要的政治问题。理查德·科布登①(Richard Cobden)警告说,缺乏税收认同可能会引起骚乱和革命;每个纳税人都可能或多或少地避税或者逃税,或者不遵守参与集体公共行动的承诺。然而,弗吉尼亚学派和理性选择的观点都忽视了这样一种情况,此时政府既可能赢得也可能失去了纳税人对税收的认同和对集体行动合法性的支持,他们只关心影响个人理性计算的制度结构。

现在,许多社会科学家反对绝对理性这一观点,强调决策取决于“有限理性”(bounded rationality)。“博弈论”(game theory)研究方法密切关注人们在决策过程中的心理状态,该理论强调,个人会对其他行动者的可信性和在多大程度上能做出“可信承诺”进行假设。显然,个人既有动机采取欺骗手段少交税款,也有动机利用国家或城镇居民都可使用的公共物品。为什么要缴税养活警察或支持学校建设呢?个人通过逃税或避税可以省下一笔可观的收入,但是这些钱对地方或者全国税收收入来说,是微不足道的,不会影响巡逻警察和授课教师的数量。每个纳税人有很强的动机成为“搭便车者”(free rider),免费利用其他纳税人通过缴税提供的设施。当然,如果每个人都作同样的算计,国家收入将会崩溃,集体开支将会萎缩。税收遵从度很大程度上取决于纳税人对其他纳税人行为做出的评估。当每个纳税人都认为别人正在做出应有的贡献时,他就会少考虑避税,更愿意交税。然而,当每个纳税人都认为别人正在耍花招,或者税收制度对不同利益集团厚此薄彼时,税收遵从度就会下降,集体行动就会失去信任和合法性。②

---

① 理查德·科布登(1804－1865),是苏塞克斯(Sussex)一个农场主的儿子。他先是担任一个伦敦印花布商人的文员和差夫;1828年成为伦敦一个印花布仓库的合伙人;1831年与朋友在兰开夏郡合伙开设了一家印花布工厂。他定居在曼彻斯特,在这里他成了反谷物法联盟的领袖之一。1841～1857年以及1859～1865年间,他担任自由党国会议员。他提倡国际仲裁和裁军。1859～1860年,他代表英国同法国谈判缔结商业条约。[DNB, vol.XI, ed. L. Stephen (London, 1887), pp. 148－154.]

② 关于博弈论,可见K. Binmore, *Game Theory and the Social Contract: Playing Fair* (Cambridge, Mass., and London, 1994),它试图将政治和哲学结合在一起.

对于“搭便车”这一难题，严厉的威慑政策是一种解决方式，这是基于纳税人对检查和惩罚的恐惧。但是，对不遵从行为的惩罚可能达不到预期目的，因为它不仅代价高昂，还会带来怨恨和冲突。另一种解决方式是创造条件使国家与纳税人可以通过合作解决集体行动难题。这取决于能否建立信任，有三种方式可以增强国家与纳税人之间的信任。[①] 第一，纳税人能相信其他纳税人愿意为集体行动掏腰包吗？对其他纳税人的纳税行为缺乏信任是导致税收不遵从和“搭便车”的重要原因。第二，纳税人能相信国家一定会将资金用于事先约定的用途而不会挪作他用吗？他们能相信税收没有因政府无能而被浪费了吗？他们能相信税收没有被用来满足社会中某些团体（这些团体可能是法庭上拍贵族马屁者、国债持有者、“下层的”福利乞讨者）的“私人”需求吗？第三，国家能相信纳税人做出的纳税承诺吗？如果国家缺乏对纳税人自觉纳税的信任，就会建立一套复杂和具有威慑性的税收稽查制度，这不仅增加了对纳税人的管理成本、法律成本和会计成本，还会引起纳税人的怨恨和敌意，结果导致国家和纳税人陷入互相怀疑的恶性循环。纳税人的这些算计依赖于对他人行为的猜测，取决于社会政治结构与制度而非个人的经济理性。“社会资本”（social capital）这一概念有助于我们对公民社会（civil society）的理解，公民社会中广泛存在的社交网络通过自治组织、俱乐部、商业组织和一般的社会交往，产生了名誉意识和相互依赖性。高水平的社会资本需要相互信任和参与集体行动的强烈意愿。[②]

如果纳税人缺乏对其他纳税人和政府可以诚实履行其职责的高度“信

---

① 现在关于信任的研究文献是非常多的，例如见 R. Harding, *Collective Action* (Washington, 1982), and “Trusting persons, trusting institution” in R. Zeckhauser (ed.), *Strategy and Choice* (Cambridge, Mass., 1991), pp. 185—209; D. Gambetta (ed.), *Trust: Making and Breaking Co-operative Relations* (Oxford, 1988); B. Barber, *The Logic and Limits of Trust* (New Brunswick, N. J., 1983); F. Fukuyama, *Trust: the Social Virtues and the Creation of Prosperity* (New York, 1995); V. Braithwaite and M. Levi (eds.), *Trust and Governance* (New York, 1998), and especially M. Levi, “A State of trust”, pp. 77—101.

② J.S. Coleman, “Social capital in the creation of human capital”, *American Journal of Sociology* 94 (1988), supplement 95—120; R.D Putnam, *Making Democracy Work: Civic Traditions in Modern Italy* (Princeton, 1993) and *Bowling Alone: The Collapse and Revival of American Community Life* (New York, 2000); for a critique, see B. Fine, “The developmental state is dead-long live social capital?”, *Development and Change* 30 (1999), 1—19.

任”,那么他们就几乎没有动机诚实履行自己的纳税义务。解决办法是对不诚实纳税行为频繁进行检查,以此给纳税人造成持久的恐惧心理。如果缺少信任,要求纳税人合作和“自愿”遵从是不可能的,“搭便车”问题将愈发严重,威慑就变得十分必要了。如果存在相互间的高度信任和愿意做出“可信承诺”,这将减少集体行动的成本,也使得国家能够解决一些难题。如果完全依靠威慑解决这些难题的话,成本太高了,并且具有政治上的破坏性。因此,这种研究范式跳出了国家和个人必然是冲突和强制关系的假设,同时它还指出了制度性程序和社会规范的重要性,这两者使得解决集体行动难题的合作方法得以存在,并确保其他纳税人和政府能够被信任。与公共经济学的弗吉尼亚学派相似,这种研究范式非常关注制度设计;但与弗吉尼亚学派不同的是,它对集体行动采取了一套更加复杂的态度和假设。问题演变为:什么因素影响了纳税人之间的彼此信任和纳税人对国家的遵从意愿?国家又该信任纳税人吗?答案取决于四组不同要素之间的动态平衡。

第一个需要重点考虑的是收入筹集制度和管理过程。制度设计是一项技术性的管理工作,但对于加剧或减轻社会与政治紧张局势意义重大。制度设计至少能在某种程度上解释:为什么在一个税负水平较高的国家或者时期里,出现的问题较少;但是在另一个税负水平较低的国家或时期里,出现的问题却较多。税收评估和征收制度的设计对于创造一个合作而非威慑性的税收制度至关重要。包税人在保证交给国家固定数量的税收后,还要获得私人利益,因此他们会尽可能多地向公众攫取钱财。依靠这类人征税会招致纳税人的敌意和避税行为。相反,依靠纳税人自己评估和纳税虽然可能会造成税收低估,但是能够创造更高的公平感和认同感。① 例如,从当地工商业界选取外行委任专员(lay commissioners)参与所得税负担评估,这一制度有助于确保税收得到实业家和商人的遵从,因为这些人在管理制度中有了自己的利益代言人。但是如果工人也要缴纳所得税的话,他们将会对这个仅授予其雇主权力的制

① Mathias and O'Brien, “Taxation in Britain and France”, 636－640; and Brewer, *Sinews of Power*, pp.126－134.

度感到不满。[①] 存在一种危险，即制度设计可能难以随着社会和政治结构的变化而改变。在一种环境下看起来很公平的制度，在另一种环境下可能是专制不合理的。从有限选举到大众民主的转变，从家庭小作坊经济到公司经济的转变，或者所得税纳税人的比例从低到高的转变，都会给制度带来压力。税收制度对这些变化调整的延迟，很可能会造成纳税人对国家的信任危机。

税收评估和征收制度的设计不仅会影响纳税人与政府之间的信任程度，对第二个要素也有重要影响，即国家收入与经济变化的关系。任何税收制度都对不同形式的收入或不同类型的经济活动装上了一个“把手”(handle)，例如来自农田的地租，来自贸易或者商品和服务的利润，这些都是衡量财富多少的外在标志。政府给税基装“把手”的方式影响了税收收入的增长，也影响了政府增加支出的难易程度。当税收制度能够使收入和经济同步增长时，政府就有更多的空间给予纳税人税收优惠，并维持与纳税人的高度合作。相反，当税收收入落后于经济增长时，政府经常提高税率会导致纳税人的强烈不满和政治危机。[②]

装在经济上的这个税收“把手”的特点部分取决于经济发展水平。在农业社会中，通常采用基于收入和财富外在标志的假设评估法(presumptive methods of assessment)；在以小企业为主的工业和贸易中，由于缺乏对收入和利润的准确记录，逃税机会很多，假设评估法也被广泛使用。很难估计一个农民或者地主的确切收入是多少，所以土地税(land taxes)通常对每个地块或庄园征收一个固定数额的税。采用假设“评估法”征税依赖一些可以衡量财富的明显标志或者个人的炫富行为，例如房屋窗户的数量、雇用的男佣数量、是否拥有四轮马车或者供消遣的马匹等。这类税收的收入总量不一定会随着经济繁荣而增长，因为它们并不直接衡量收入或财富。但另一方面，这类税收的收入总量也不会随着经济萧条而减少。来自间接税的收入，例如针对进出口

① 见第一次世界大战期间的难题：R. Whiting, “Taxation and the working class, 1915—1924”, *Historical Journal* 33 (1990), 895—916; and M.J. Daunton, “How to pay for the war: state, society and taxation in Britain, 1917—1924”, *English Historical Review* 111 (1996), 889.

② See R.A. Musgrave, *Fiscal Systems* (New Haven, 1969), pp. 125—132; R. Rose and T. Karran, *Taxation by Political Intertia: Financing the Growth of Government in Britain* (London, 1986), pp. 53—55, 129—145.

征收的关税，或者针对某一类商品征收的消费税，则不可避免地会受到经济活动变化的影响。但是，经济周期和产出增长也受到税收管理细节的影响。间接税可能会落在一小部分需求收入弹性较低的商品上，因为对它们的消费不会随着人们收入的提高而等比例地增加。例如在19世纪末，随着英国人民收入水平的提高，对酒的消费却减少了，人们的开支转到需求收入弹性高的耐用消费品上去了。如果财政制度是对啤酒而不是对自行车征税的话，那么国家收入增长就会落后于经济增长。当然，相反的情况也会发生，如果财政制度是对汽油或者机动车征税的话，这类税收可能会使得国家财政收入快速增长。税收类型也会影响税收收入总量。从价税(ad valorem tax)在通货膨胀时期会带来更多收入，但在通货紧缩时期正好相反；定额税(flat-rate duty)不会受价格变化影响，政府的真实收入在通货膨胀时期会减少，但在通货紧缩时期会增多。[①] 因而，财政制度的结构可能从间接税转向直接税，或者从直接税转向间接税，这并不一定需要深思熟虑的政治决策，仅仅是因为不同税收对经济增长的回应性不同。

经济组织的变化使得政府可以引入新的税收"把手"和管理过程。市场化收入和产出比重的上升意味着税基变大了，更容易被政府通过税收加以攫取，特别是当收入和销售单位的规模变得更大的时候。与贩夫走卒和街市小摊点相比，对固定的零售商店征税更加容易；与数量巨大的小商店相比，对数量较少的批发商征税更加容易。同样地，对大规模工厂，如啤酒厂或者酿酒厂生产的货物征税更加容易，因为官方可以准确核定其产量，而对分散的家庭小作坊所生产的布匹征税就要困难得多。[②] 然而，更加程序化的会计制度意味着可以直接评估纳税人的收入和利润，从而取代原来的假定评估法。人们向有着固定工资和薪金的职业转移，这一现象使得税收征管机构能获取收入的相关信息，甚至可以要求雇主在源头上直接扣税，一般来说，税收征管机构与雇主

---

① 关于早期时税收制度结构对价格变化和经济活动回应性的重要影响，见 Gelabert, "The fiscal burden", pp. 571—576.

② 关于货物税的征收，见 Brewer, *Sinews of Power*, pp. 101—114. Brewer, Sibews of Power, pp. 101—114. 第一次世界大战后，由于征收困难，征收机构反对对商店征收销售税，但是在第二次世界大战期间，征收机构支持对批发商征收购买税，见 M.J. Daunton, *Just Taxes: The Politics of Taxation in Britain, 1914—1979* (Cambridge, forthcoming).

的这种合作关系是可行的。然而，如果大多数人是个体经营户，或者从事的是临时性或变动较大的工作，就不能采用这种方法。工商业公司（business corporations）的出现既带来了机遇，也带来了难题。应该将它们仅仅视作单个股东的集合，依据股东持有的股票对其分别征税，还是将其作为一个独立实体单独进行征税，从而为国家收入提供一个新来源呢？股东出售其股份得到的资本利得和收到的股息红利都要被征税吗？这个经济上的新"把手"可以被利用，也可以被忽视，这些都是值得讨论的。信托、结算和公司的发展使得法律和机构变得越来越复杂，由于存在避税的可能性，所以就需要更为复杂的法律制度。当公司发展成为大规模的更具科层制特征的组织时，国家更容易对其征税。同时，个人可能会逐渐增加对服务的消费，如果要求国家收入不能落后于经济增长，那么就需要一种新的"把手"。将间接税的征收范围从啤酒和烟草扩大到无形的个人服务，如餐饮、理发、休闲和娱乐项目的消费，是否可行呢？①

征税的政治纬度和经济纬度可以相互配合促进信任，也可以相互排斥加剧冲突。好的管理制度可以建立政府与纳税人之间的信任，并且当税收收入随着经济增长和经济变化同步提高时，这种作用还会增强。但是，当国家收入不能随着经济变化和增长而同步提高时，这种信任就会受到威胁。结果，政府为了从新形式的经济活动中攫取收入，或者跟上经济增长的步伐，将不得不改变税收"把手"，但这可能会破坏已有的协议和联盟，或者威胁到已被广泛接受的管理过程。如果任由税收慢于经济增速，不对税制做出必要的调整，那么结果可能是爆发收入危机，这将影响财政制度的稳定性。这就要求我们注意第三个要素：新税种的建立方式和财政制度的改革方式。

政府很少引入全新税种，大多数决策是对现有税收政策进行局部调整，即稍稍提高一个税种税率的同时，又略微降低另一个税种的税率，这一调整过程对税收结构几乎不产生直接影响，也不会影响到预算。在大多数情况下，税收和管理的"惯性"使得收入最大的同时，政治成本最小。但是，这种惯性也会导致问题。支出水平的显著增长或经济结构的变化会要求税收制度相应调整，

① 第一次世界大战结束时关于这些问题的讨论，见 Daunton, "How to pay for the war", 910—911.

但政治成本会限制政府行动的范围，这一惯性会影响国家收入。[①] 同样地，政治上的算计也会导致税收制度的改变，这种改变对于收入的直接影响不大，只不过是在某个地方少征一点，但是在另一个地方又多征一点，这一政治算计反映了政府受到的舆论和选举压力。税收的温和调整虽然对国家收入影响不大，但是会导致政治争议。例如，以牺牲其他贸易为代价对一种贸易给予税收减免，或者只对一种形式的收入或支出给予税收优惠，这些变革可能因无法均衡不同群体之间的利益而受到诟病。如果这些变革得到了国会的批准，则会减少抗议，如 18 世纪的英国那样，贸易和地区利益集团在下议院中就关税和消费税问题进行讨价还价，国会的参与增强了变革的合法性。[②] 但是国会的参与也会带来问题，为获得税收减免和豁免权进行的政治斗争令财政制度背负了坏名声，表明税收是政治偏好和政治优势的结果，使税收制度面临持续挑战和导致避税行为。通过限制在国会中讨论特定税率或豁免权，可以避免这一问题，应坚持税收法规着眼于一般原则而不是特定的豁免，并且限制关于政府支出水平的讨论。在 19 世纪，英国采用了这种策略，而美国则不同，国会对特定贸易的税收细节进行了激烈讨论，使得财政制度中税收豁免与特权泛滥。美国的税收制度是特定讨价还价与偏好的产物，给可信性和政治合法性带来了严重后果。如何在支持国会参与和避免其"互投赞成票"之间保持平衡，是一个相当重要的问题。[③] 长期来看，温和的调整也会对国家收入产生相当大的影响，特别是当经济结构的变化增强了这一影响时。的确，温和调整再加上随着经济变化渐进增税，能在政治成本最小的情况下增加国家收入，并且政治家们有充足理由避免进行重大变革，因为这会打乱现有不同利益团体之间通过妥协形成的均衡，还会与现有的官僚程序和假设相冲突。[④]

与常见的温和调整相比，激进的或者"颠覆性的"税收改革极为罕见。税

---

① See Rose and Karran, Taxation by Political Inertia, pp. 3—23, 52—53, 68—69, 94—120, 158—166.

② 例如:P. K. O'Brien, T. Griffiths and P. Hunt, "Political components of the industrial revolution: parliament and the English cotton textile industry, 1660—1774", *Economic History Review* 2nd ser. 44(1991), 395—423.

③ See S. Steinmo, "Political institutions and tax policy in the United States, Sweden and Britain", *World Politics* 41 (1988—1989), 329—372.

④ Rose and Karran, *Taxation by Political Inertia*, pp. 12—13, 107—109, 172, 218—220.

收制度的重大变革面临巨大的政治困难，因为那些支持按照现有既定程序和方式征税的官僚们经常反对这样做。正如英国财政部(the Treasury)指出的那样，一旦一个税收开始根据价格和利润计征税款，它就不仅仅是一个税收了，任何新的税收，无论其多么公正和公平，都会扰乱现有的价格和经济关系。[①] 官僚们常常利用其掌握的技术上的细节知识，对新税种的可行性表示极大的怀疑，并担心新税种会对他们与纳税人之间的和谐关系构成威胁。[②] 格莱斯顿式官僚们对税收变革的“蓄意阻挠”常常是为了维护政府公信力，虽然政府通常很难获得公信力。官僚们这种行为的危险在于，在新的选举或社会环境中，为了维持政府公信力，他们会利用自己的专业知识阻挠一些必要的变革。因此在税收政治中，一个非常重要的影响因素是常任官员们(permanent officials)[③]通过限制政治家的变革空间维系当前税收制度的能力。在一些政治体制中，常任官员们是终身任职的，他们从前任那里继承了专业知识，坚定地秉持一套历史悠久且始终如一的准则。在这种情况下，财政政策是一小群政治家和官僚们在小范围内做出的，具有很强的连贯性。在另一种情况下，官僚们随着政党更迭而变化，缺乏权威性。[④] 这两种情形会带来不同的结果。小范围决策可以保护税收制度免受一些不连续的短期决策的影响和避免特定利益集团公开讨价还价，维护政府公信力。在英国，强调保密并且只由一小群政治家和官员们讨论税收问题，能够限制利益集团的影响，维护了税收中立、公平和值得信任的形象。小群体的“秘密”讨论可能对任期更长、有更多具体管理技术知识的官员们产生相当大的影响。这些官员们的态度通常较为谨慎，为了维护纳税人的自愿遵从和政府公信力，强调遵循先例的必要性。同样的，这一模式也有严重缺点。为了推进变革，需要一位罕见的意志坚决的大臣

① 见本书第 10 章中的相关分析。

② J.A. Kay and M. A. King, The British Tax System (Oxford, 1978), pp. 2—3. 如他们评论的那样：“为了抗拒变革，一个共同伎俩是列举无数个无关紧要的反对意见……更为不幸的是，税务局经常谎报军情，夸大管理改革上的难处……税务局对于什么是可能和不可能的观点不再被认为是可靠的”。要了解税务局对累进所得税的反对态度，见本书第 10 章中的相关分析。

③ 常任官员是指政府系统中非选举产生的(Non-elected)和非政治任命的(Non-politically appointed) 官员(Permanent officials)，也称为公务员或事务官。——译者注

④ 见 M.O. Furner and B. Supple 对英国和美国所做的比较：“Ideas institutions, and state in the United States and Britain: an introduction”, in M.O. Furner and B. Supple(eds.), *The State and Economic Knowledge: The American and British Experiences* (Cambridge, 1990), pp. 35—36.

或者一个迫切的财政需求。其结果是，当变革需求真正来临时，存在着变革被激进思想操控的危险，而非出于对管理和财政合理性的考虑。在进行充分讨论和评估之前，变革恐怕就已经成了既定事实。[①] 在英国，税收提案由行政机构提出，转变为法律需要政府在下议院中拥有多数席位。因此，变革失败会导致政府的垮台(正如1852年那样)，继任政党可能会实施一些与前任政府不一致的政策。此时，常任官员们除了提出反对变革的防御性政策之外，别无他法，更不会积极地建议改革财政制度。严守惯例会导致税收制度的调整滞后于社会和经济的变革要求，从而导致政策偏差和不连贯。开放性决策也有其优点和弊端。通过官员、贸易协会和工会之间的讨论，能够仔细评估税收带给经济和社会的影响，也能带来稳定且连贯的财政制度。但是，开放性决策也可能为利益集团寻求特别待遇提供了空间，从而产生一些充斥着豁免与特权和缺少连续性的税收法规。这样的结果使得税法像是在国会里通过谈判达成的，而不是由具有强大政党支撑的行政机构制定的，所以税法更容易受到利益集团压力的影响，常任官员的权力也更小。[②]

从一群或多或少还算遵从的纳税人(纳税人相互之间以及对政府都存在着某种程度的信任)那里获取收入的能力离不开第四个要素：钱花到哪里去了以及国家会采取什么样的集体行动？利益集团为国家提供了收入，他们评判税收制度是否公平，取决于其是否认为政府合理且合适地花掉了“他们的”钱。显然，如果一项财政制度对工薪阶层消费者征收比地主还高的税率，并且用所得到的收入扩张军备和供养尸位素餐之人，那么这个财政制度就很容易被认为是有失公平的。同样，如果一个财政制度用从自食其力者和积极进取的中产阶级家庭获得的收入，供养一些靠政府贷款收入生活的消极食利者(rentiers)，或者为一些明显懒散的“底层阶级”提供好处，那么这个制度就面

---

① 最近的经典事例是人头税，见 D. Butler, A. Adonis and T. Travers, *Failure in British Government: The Politics of The Poll Tax* (Oxford, 1994), p. 303, which points to the "elective dictatorship" which gave the government an almost free rein to carry through its poll plans.

② 要了解关于财政政策形成的比较，见 Steinmo, "Political institutions", 329—372, and *Taxation and Democracy: Swedish, British, and American Approaches to Financing the Modern State* (New Haven, 1993).

临着政治风险。[1] 因此,对公众和集体行动的高度信任,取决于建立一种被广泛接受的理念,即无论是在收入还是在支出上,税收制度都被认为对各种利益集团是一视同仁的。建立公平感仅仅依靠理性选择理论的算计是不够的,在理性选择理论中,个人估计为集体行动缴纳的税额和从中得到的收益,并将其与私人供给相比较。这需要通过复杂的说辞和辩论界定什么是利益和"公平",可以用不同方式定义什么是"生产性的"(productive)和什么是"寄生性的"(parastical)。举个例子,可以将积极的、受雇佣的体力工人与进取的实业家、贸易者和专业人士界定为"生产性的",将地主和食利者界定为"寄生性的"。同样地,也可以将广义的有产者(地主、实业家、有养老储蓄的专业人士及其家属、节俭的工人)视作"生产性的",将弱势的福利依赖者和自私且有组织的工人视作"寄生性的"。[2] 政治家设计财政政策不是简单地为了取悦现有的社会群体,这些社会群体对税收的态度是经济理性和自利的;政治家和公众至少在某种程度上,通过税收专业术语描绘或者构建不同的利益和身份。[3]

如何衡量纳税能力(taxable capacity)也是颇具争议的。税收应当"按一定比例"征收吗? 即从所有阶级都拿走相同份额的收入,这样财政制度就不会改变已有的收入和财富分布了。税收应该反映纳税人从国家得到的好处吗? 好像国家同公民签订了一份提供服务的合同那样。或者纳税人是否应该就其收入缴纳不同比例的税额,如果应该的话,相关的依据是什么。收入本身的定义也被社会化地建构了。支付的利息和慈善捐赠应该从应税收入中扣除吗,应该将存款从应税收入中扣除从而鼓励储蓄,还是应该对储蓄所得收入征收更高的税率呢,因为储蓄者不是靠自己的努力取得收入的。"积极"参与贸易

---

① 一个有趣的例子是19世纪、20世纪之交时,美国将联邦政府收入的很大一部分用于发放南北战争的抚恤金。这被视为是偏袒的,并且与"恩惠式民主"(patronage democracy)联系起来;他们助长了20世纪初对使用税收筹资的福利的怀疑。与此相反的是,正如本研究所述,维多利亚时代后期的英国财政支出是公平和无偏袒的。见:T. Skocpol, *Protecting Mothers and Soldiers: The Political Origins of Social Policy in the United States* (Cambridge, Mass., 1992).

② 在土地运动中,可以看到关于寄生者和生产者的这些争论,见 A. Offer, *Property and Politics, 1870—1914: Landownership, Law, Ideology and Urban Development in England* (Cambridge, 1981);在第一次世界大战结束时,关于战争债务的讨论中,也可以看到相关争论,见 Daunton, "How to pay for the war", 891。

③ D. Wahrman, *Imagining the Middle Class: The Political Representation of Class in Britain c. 1780—1840* (Cambridge, 1995), especially chapter 4.

"挣得"收入的纳税人,应该比那些依赖"消极"投资生活的人享有更多的优惠吗?继承财产的人应该缴纳更高的税吗?对于那些愿意为经济增长提供资金的储蓄者,应该给予赋税减免吗?应该将偶然从资本利得(capital gains)中得到的意外收入排除在外,从而将所得税的范围仅限于经常性的周期性收入吗?收入的组成应该怎么算?丈夫和妻子应该依据其个人边际税率分开纳税?还是将其作为一个纳税人按照最高边际税率对丈夫征税?还是应该在家庭成员间均摊家庭总收入,从而减少收入最高者的边际税率呢?政治家可以运用税收理论,根据家庭状况界定他们的收益,给予有家室的已婚男人比单身汉、膝下无子的夫妇更多的税收优惠,以及在贫富之间、劳资之间做出简单的经济划分。由于收入每增加一英镑给所有者带来的边际价值(marginal value)都会减少,所以税率应该随着收入水平的提高而上升。然而,也有人争辩说,过高的边际税率会降低人们多获取收入的积极性,也阻止了人们将储蓄存款投入新兴行业中,从而不利于整个社会的发展。对这个问题的不同回答显示了不同的社会观,是政治论述的核心。

界定问题不仅仅适用于所得税,也适用于间接税以及对物品和资产征收的遗产税(death duties)。对关税和消费税结构的讨论,必须计算其对消费和产量的经济影响。高税负可能会导致人们减少需求,政府实际获得的税收收入甚至可能比实行低税率时还要少。政治家及其顾问们会竭力解决税收对消费和产量造成负面影响这一技术难题。① 道德和社会规范对如何选择应税商品和税率也有影响。即便是自由贸易最热情的支持者和间接税最激烈的批评者,也赞同对葡萄酒、烈酒、啤酒和烟草征税,因为对这些物品的消费是"自愿的",还可能是有害的。因此,税收实际上反映了社会对有益消费和有害消费以及必需消费和奢侈消费的假定。但是商品会从一个种类变成另一个种类,例如目前茶叶就已不再是奢侈品,而成为必需品,糖目前也已是无可替代的必需品了。接受捐赠的慈善和信托机构的存在又造成了一系列关于定义和解读的难题。与个人不同,这些机构没有生老病死之说,因而不用缴纳遗产税,那

① 例如,H. Parnell, On Financial Reform (3rd edn, London, 1831); see the discussion of these ideas within the Board of Trade by L. Brown, *The Board of Trade and The Free Trade Movement*, 1830—42 (Oxford, 1958).

么应该以别的方式对它们征税吗？税收清算是另一个复杂的技术问题，对英国社会结构具有重要影响。大多数贵族并不真正“拥有”自己的庄园，他们只是将庄园视作自己的终生暂住之处，因为庄园最终将由他们的长子继承。通常，长子结婚后会进行税收清算，他的儿子仍将继承的庄园视作自己的终生暂住之处。这种法定继承应该缴纳遗产税吗？总之，应该怎样定义遗产税？可以按单一税率或累进税率对逝者所遗留庄园的总价值征税，也可以按照单个受益人取得的份额并且按照其与死者的亲疏关系区别征税。不同征税方式对继承人对遗产的权利，以及继承人保留还是分割巨额财产的愿望有着不同的假设。还有关于应该对什么财产征税的问题。对不动产应该比动产实施更低的税率吗，如果这样做的话，两者的界限应设在哪里。动产，例如大房子里的艺术品，为了避税可能会被“固定”起来，或者可以被定义为能够享受税收优惠的国家“遗产”。这些条款都容易受到挑战，因此，税收制度非常有效地阐释了对市场、消费和社会结构的假设。

言语上的争论以及身份特征的建构过程可能会给人们造成财政制度具有偏见和不公平的印象，从而削弱纳税人之间和纳税人对国家的信任程度。政治家们必须拿捏好分寸，这样才不会威胁到财政制度的合法性。一方面，他们有动机通过专业术语塑造财政制度，目的在于形成身份特征，创造有利于自己而非对手的选举联盟。另一方面，他们不希望破坏公众所认同的税收公平，因为如果没有一个稳固的收入基础，那他们就不能实施自己的政策。他们很难维持这种均衡，因为税收优惠会招致一些自利且不公平的合理批评。这会减少信任，并且造成怀疑政府公共行动的恶性循环。一种方法是强调财政制度在不同阶级和利益群体之间建立社会契约中的重要作用，声明为了达到最优均衡已经调整了税收，因而它一直都是“公平”的。[1] 这种方式会保持高度的信任和政治稳定性，使国家成为不同利益群体的中立裁判员。但是在某些情况下也会出现不同的结果，税收制度通过打击特定种类的财富和收入，从而成为变革社会结构的一种手段。如果政府面临筹集更多收入的财政压力，需要

① This approach owes to H.C.G. Matthew, “Disraeli, Gladstone and the politics of mid-Victorian budgets”, *Historical Journal* 22 (1979), 615—643, and R. McKibbin, “Why was there no Marxism in Great Britain?’ *English Historical Review* 99 (1984), 297—331.

调高某些收入的税率,这就会引起变革。这种变革可能源于"公平"内涵的变化,也可能源于政权结构发生变化后的新政治算计。这些算计的目的在于使足够多的选民和纳税人相信,新的财政制度仍在可以接受的公平范围内,并且仍然具有合法性。

税收历史由税收评估和征收制度(tax assessment and collection)、对于不同形式收入和经济活动征税的"把手"、调整税收的政治过程以及集体行动的目的这四个要素结合而成。这些因素有助于理解国家能够利用的税收总额、资源的灵活性和适应不同收入筹集模式的能力。正如西达·斯考克波(Therda Skocpol)所言:"一个国家筹集和配置财政资源的方式,能显示出其当前的(和即将拥有的)能力,即建立或巩固国家机构、雇佣人员、获取政治支持、资助经济实体和社会项目的能力,这比其他任何单一指标的说服力都强。"①

本研究将这四个要素用于1799～1914年的英国,即"漫长的19世纪"。这个阶段始于与大革命后法国的交战时期,虽然其间有短暂休战,但战争一直持续到英国及其盟友在1815年赢得胜利。这场战争标志着自1688年威廉三世(William of Orange)继位后开始的全球范围内的对法战争达到了顶点。由于政府能够有效筹集收入,因此英国能够偿还政府贷款的本息,维持一支强大的海军和陆军。也正是基于此,英国被重构为"财政—军事国家"(fiscal-military state)。正如我们注意的那样,在18世纪,英国政府支出总量占国民收入的8%～10%;在拿破仑战争时期,政府支出上涨到空前水平,于1810年达到了顶点,占国民生产总值(GNP)的23%。1815年之后,政府支出开始回落到18世纪水平,占国民生产总值的8%左右,财政—军事国家的形式消失了,也抑制了新形式的支出。乍看之下,支出的降低很好解释。军事支出的减少和国债逐步偿还带来了"和平红利"。在19世纪第二个25年中,持续快速的经济增长使得政府支出占国民收入的比例进一步下降。然而,还需要解释的是,和平与经济增长不会自动地抑制和降低政府支出水平。的确,经常有人认为,战争会使政府开支增长到新的水平,因为政府在紧急时期会增加支出,改革财政制度,并为战后支出创造合法性和空间。因为战争时期无须花费和平

① Skocpol, "Bringing the state back in", p. 17.

时期征税的政治成本，就可以开征新税种。① 第一次世界大战和第二次世界大战都提高了政府支出水平。但与之相反，在与大革命后和拿破仑时期法国的战争结束后，英国政府支出回落到了战前水平，并且一直保持着该水平。战时税收不会在战争结束时带来新的支出政策；相反，支付战后债务的高额花费和纳税负担会带来政治问题和不合法的税收。作为战时措施，英国在1799年引入了所得税，但又在1816年将其废除了。之后，政府收入依赖基于贸易和消费的间接税，这就危害了纳税人对政府和其他纳税人的信任，由于社会中纳税负担和支出的不平衡，很多人认为财政制度是不公平的。财政制度也没能为迅速变化的经济安装足够的税收"把手"。② 换句话说，1815年时英国就建立了全欧洲第一个成功的"财政国家"，但是现在不得不在战后重新定义它。政治家们意识到需要重塑财政结构，皮尔(Peel)政府在其1842年的预算案中开始着手完成这一任务。1853年，格莱斯顿政府的预算确认了新的财政结构。汉诺威王朝(Hanoverian Britain)时期的"财政—军事国家"模式退出了历史舞台，对国家进行了重新组合。公共支出占GNP比例的下降趋势一直持续直到19世纪末，并且直到第一次世界大战爆发后才恢复到原来的峰值。1850～1890年，全部政府支出，无论是中央的还是地方的，增长率都低于GNP，GNP每增长1%，政府支出只增长0.76%。快于GNP增长率的支出部分主要是因为地方政府责任的扩大：社会服务(1.48%)和环境服务(1.23%)。与之相比，中央政府主要支出构成的增长比GNP慢：债务还本付息(0.38%)，国防(0.92%)，只有行政管理费用和经济增长基本一致(1.08%)。③

① W.E. Brownlee, *Federal Taxation in America: A Short History* (Cambridge, 1996), pp. 6—7; A.T. Peacock and J. Wiseman, *The Growth of Public Expenditure in the United Kingdom* (2nd edn, London, 1961), pp. xxxiv—xl, 30, 47—50, 78—80, 108—109.

② B. Hilton, *Corn, Cash and Commerce: The Economic Policies of the Tory Government, 1815—1830* (Oxford, 1977)，详细描述了政府对战后调整的反应；G. Stedman Jones, *Languages of Class: Studies in English Working-Class History, 1832—1982* (Cambridge, 1983), chapter on "Rethinking Chartism" and especially pp. 108—110; P. Harling, *The Waning of "Old Corruption": The Politics of Economical Reform in Britain, 1779—1846* (Oxford, 1996), pp. 163—178; Wahrman, Imagining, pp. 108—144, 向我们显示了税收问题如何有助于定义中产阶层身份，以及又如何被用来指责中产阶层的自私性.

③ R. Middleton, *Government versus the Market: The Growth of the Public Sector, Economic Management and British Economic Performance, c. 1890—1979* (Cheltenham, 1996), table 3.1, p.90.

正如迈克尔·曼(Micheal Mann)指出的那样,长期的相对和平以及军事技战术的改进减少了和平时期的国防支出,19 世纪国家的战争开支更少了。同时,资本主义经济的扩张使得英、德、法、美等国的经济增长比国家收入增长得更快,这使得"历史上世界范围内的减税"成为可能。虽然实际的人均支出增长了,但在 18 世纪和 19 世纪之交的时候,公共支出占国民收入的比例从顶点开始下降了。18 世纪,一些"军国主义国家"(militarist state)被击败后,财政在政治斗争中就不再占据中心地位了,因为"国家已经从历经多代的财政危机中解放出来了"。民用支出占政府支出的比重逐年下降,从而在 19 世纪末创造了一种新形式的国家,曼(Mann)将其称为"民事—军事二元国家"(dimorphous civil-military state)。[①] 直到第一次世界大战爆发,公共支出才重新回到原来的峰值,一战爆发后,民用和军用支出都达到了新高度。

表 1.1　1790～1937 年英国政府支出占国民生产总值和国内生产总值的比重

年份	占 GNP 比重	年份	占 GDP 比重
1790	12	1900	13.3
1800	22	1913	11.9
1810	23	1920	20.5
1820	17	1924	23.6
1830	15	1929	24.5
1840	11	1937	26.0
1850	11		
1860	11		
1870	9		
1880	10		
1890	8		
1900	14		

资料来源:R. Middleton, *Government versus the Market: The Growth of the Public Sector, Economic Management and British Economic Performance*, *c*. 1890—1979 (Cheltenham, 1996), table 3.1, p. 90, and table 3.2, p.91.

① M. Mann, The Source of Social Power, vol. Ⅱ: The Rise of Classes and Nation States, 1750—1914 (Cambridge, 1993), pp. 365—378, 381, 388—389, 504.

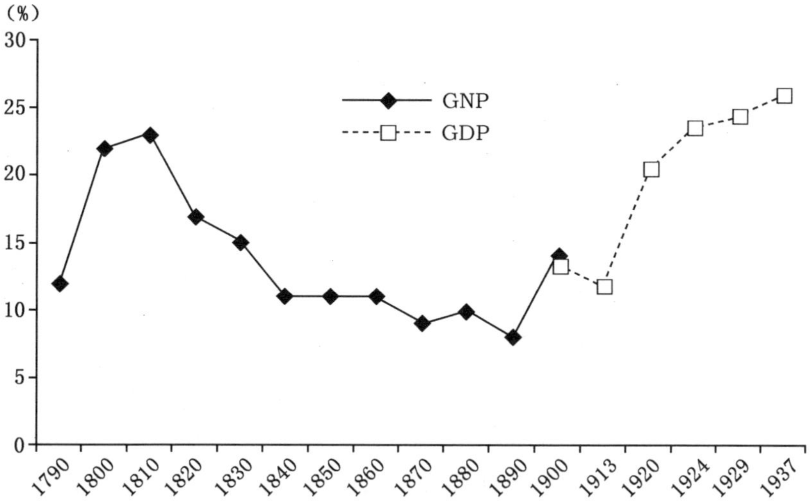

资料来源:R.Middleton, *Government versus the Market:The Growth of the Public Sector, Economic Management and British Economic Performance, c. 1890 — 1979* (Cheltenham, 1996), pp.90—91.

图 1.1 1790～1937 年英国政府支出占国民生产总值和国内生产总值的比重

不能将这一结果简单地归因于“自由放任政策”——这一概念没能考虑到维多利亚时期国家的诸多特征。维多利亚时期(1837～1901 年)的国家强调公共行动的非营利性。私人承包商被禁止代表监护人委员会(Board of Guardians)经营济贫院,公共部门取代私人部门经营收费公路、提供道路照明和巡逻服务。虽然公共照明用的煤气和公共卫生用的自来水都仍是由私人公司提供的,但是为了避免这些公司对消费者的垄断性剥削,它们都受到了政府的管制。在很多情况下,这些公司被收归公有。[①] 同时,尽可能多的服务被交给了市场、自治组织或地方政府。在 18 世纪和 19 世纪早期建立的用于提供医疗和教育服务的自治组织,为 19 世纪中期以来积极互助的城市文化奠定了基础。20 世纪早期以前,“财政—军事国家”的解体使得地方政府的地位越来越重要。1850～1890 年间,中央政府支出的年均实际增长率是 1.5%,地方政府支出的增长几乎是其 2

① See M.J. Daunton, “The material politics of natural monopoly: gas in Victorian Britain”, in M. J. Daunton and M. Hilton(eds.), *The Politics of Consumption: Material Culture and Citizenship in Europe and America* (Oxford, 2001), pp. 75—93.

倍,高达2.9%。[①] 所以,地方税收占税收总额的比例从19世纪20年代的14%上升到了20世纪前10年的34%。[②] 中央政府因而可以专心做好规制和监督活跃的商业经济,这种工作可以由相对小规模的行政机关、法院以及授权的专业组织如律师协会(Law Society)、医学总会(General Medical Council)合作完成。可以用一个有用的隐晦说法——"代理市场型"国家("delegating-market" state),描述这种重构的维多利亚时期的政府。

"财政宪法"(fiscal constitution)被定义为一系列控制政治家和行政官僚们追求收入最大化欲望的规则。然而,也有另一种可能性,即政治家和官僚制定规则是为了限制选民和纳税人,迫使他们减少之前的支出水平。这就是罗伯特·皮尔[③]和威廉·格莱斯顿[④]抑制"财政—军事国家"所取得的成就。在19世纪中期,英国建立了一项有效的财政制度,这项财政制度重建了政府公信力和纳税人之间的高度相互信任感。通过源头征税和让纳税人参与税收评估,二者使得1842年所得税纳税人的自愿遵从程度达到了相当高的水平。同时,制度设计的目的是维持对支出的严格控制,节俭使得公众信任政府的能力

---

① Middleton, *Government versus the Market*, table 3.1, p.90.

② P.K. O'Brien, "Taxation, 1688—1914", *History Review* Mar. 1997.6

③ 罗伯特·皮尔(1788—1850),是一位成功的棉纺实业家的儿子。他就读于哈罗公学(Harrow)和牛津大学基督教堂学院(Christ Church, Oxford)。1809年,他成为托利党议员;1810～1812年,他在利物浦(Liverpool)政府中担任战争和殖民部副大臣;1812～1818年,他担任爱尔兰首席大臣,在位期间,他反对天主教解放法令(Catholic emancipation),并建立了警察部队。1819年,他恢复了硬币的使用。1822年,他担任内政大臣(Home Secretary),1827年因反对天主教解放法令辞职。1828年,他重返内政部,放弃了对天主教解放法令的敌视。1834～1835年,他担任首相和财政大臣;1841年,他组建了新内阁,引入了所得税,改革了银行法,废除了谷物法(corn laws)。1846年,他辞去了首相职务,因为废除粮食进口税法案导致了保守党的分裂;他支持自由贸易和辉格党。[DNB, vol. xliv, ed. S. Lee(London, 1895), pp. 209—223.]

④ 威廉·尤尔特·格莱斯顿(1809—1898),出生于一个利物浦商人家庭;他就读于伊顿公学(Eton)和牛津大学基督教堂学院。1832年,他成为保守党议员;1834年,在皮尔第一任期内,他在财政部中任职;1835年,担任战争和殖民部副大臣。在皮尔第二次当政时,他于1841年担任贸易委员会副主席,1843年成为主席,因为提议增加对爱尔兰天主教梅努斯学院(Catholic Maynooth college)的拨款,于1845年辞职。1845～1846年,他担任殖民事务大臣;1852～1855年,他在阿伯丁(Aberdeen)的联合政府中担任财政大臣。1855年,当帕默斯顿(Palmerston)担任首相时,他选择了辞职;但是1859～1866年在帕默斯顿政府中担任财政大臣。1867年,他接替罗素(Russell)担任自由党领袖;1868～1874年,他第一次组阁;1873～1874年,他担任财政大臣。1875年,他辞去了自由党领袖职务;1880～1885年,他重新回归,第二次组阁;1880～1882年,他再次担任财政大臣。1886年,因为爱尔兰地方自治争议,他的第三次组阁仅几个月就垮台了。1892～1894年,他重掌政权,第四次也是最后一次组阁。[DNB, *Supplement*, vol. ii, ed. S. Lee(London, 1901), pp. 280—329.]

和效率。所得税有效地将税收"把手"安在了不同来源收入之上;国家收入的增长允许其逐渐降低间接税——这一税收给国际贸易和工人阶级消费者带来了负担,其结果是给政府留出了调整财政制度的空间,消除税收制度在经济和社会目标之间的偏差,重塑税收公平。在维多利亚时代关于不同形式收入纳税能力的争论中,平等被定义为"比例性"这一原则没有受到严重挑战。当时还达成共识的议题是,政府的规模应该尽可能小。激进派和工党政治家担心,大政府意味着历经艰难才得以消除的寄生式腐败传统会卷土重来。一种新的有着高度互信和"自愿"遵从的均衡得以建立,并且"财政宪法"与政治相分离的状态维持了长达一代人的时间。

成功的政府节俭和公正感的建立意味着,到了19世纪晚期,人们普遍认为国家是值得信赖的,并且能够有效解决新出现的社会和经济问题。"财政—军事"国家总给人激进的印象,然而,成功的政府节俭消除了这一印象,对政府支出的担心也随之消散。在1836~1840年,"民事性的政府支出"只占英国中央政府总支出的10%,而同期的国防支出占比为24.6%,债务支出占比高达57.7%。偿还贷款多年后,债务支出占比在1909~1913年跌至11.7%;海军军备竞赛使得国防支出占比提高到了38.0%,但民事性的政府支出占比也增至31.2%。[①] 国家的"中性"意味着,激进派(以及缺乏专业技能的工会)希望通过集体行动解决面临的难题。[②] 历史学家已经指出,从19世纪早期的激进主义(Radicalism)到宪章主义(Chartism)、自由主义(Liberalism)和工党(Labour party),具有延续性。[③] 但也有不连续的时候:人们对国家的担心减少了,国家被赋予了更积极的角色,因此维多利亚时代中期建立的均衡变得不稳定了。在成功地证明了人们不用担心国家过于强大,以及格莱斯顿等人消除了税收争议并营造了公平感之后,"格莱斯顿式财政宪法"不可或缺的政府节俭理念就不再像以前那样得到众多支持了。这一解释对正统观念——维多利

① H.C.G. Matthew, *Gladstone*, 1809—1874 (Oxford, 1986), p. 111.

② A.E.P. Duffy, "New unionism in Britain, 1889—1890: a reappraisal", *Economic History Review* 2nd ser. 14(1961—1962), 318—319.

③ See E. F. Biagini and A.J. Reid, "Currents of radicalism, 1850—1914", in E.F. Biagini and A.J. Reid (eds.), Currents of Radicalism: Popular Radicalism, 1850—1914 (Cambridge, 1991), pp. 1—19.

亚时期国家的"自然"形式是自由放任的,后维多利亚时期国家的"自然"形式是职能膨胀的——形成了挑战。但是,有人持不同看法,认为只有通过节俭确立政府的合法性,以及更重要的在国家财政管理中建立廉洁透明的行为规范,国家的收入增长才是可靠的。

也许有人批评抑制公共支出对社会是有害的。维多利亚时代的自由主义者强调与挥霍和"旧式腐败(old corruption)"做斗争,要求财政廉洁。但这个理由也可以被驳倒,因为18世纪的政府支出维持了一个稳定且团结的王国,使英国在世界工商业市场中占据了主导地位。按照这种观点,财政—军事国家是一项很不错的投资——它建立了英国的经济霸权,从而能让维多利亚时代宣扬自由贸易和低水平政府支出的好处。当然也可以认为,当时的公共支出水平太低了,公共卫生和教育投资严重不足,没有很好地解决急剧变化带来的社会难题。按照帕特里克·奥布莱恩(Patrick O'Brien)的观点,"维多利亚时代的财政节俭理念以及对社会责任的忽视使穷人最深受其害"。他批评维多利亚时期的政府把社会和环境责任交给地方政府,为国防支出的减少洋洋自得,忽略了1871年以后来自德国的威胁。他认为,维多利亚时代的政治家们对人们对自由主义憧憬的普遍幻灭负有不可推卸的责任①。

奥布莱恩的观点有其合理之处。在19世纪晚期,自由贸易主义者忽视了国家权力在18世纪创造英国经济霸权中的重要作用。的确,在19世纪第2个25年中,对教育和公共卫生的社会支出水平太低了,从而损害了社会福祉。② 但是这个例子并不贴切,有罔顾历史的危险。财政—军事国家的成本太高,债务负担也很沉重。对政府节俭的承诺不是一项加在穷人身上的贵族政策,而是一种深层的激进信念。只有通过偿债和漫长的财政改革过程重建人们对国家的信任,才可能打破税收是由穷人负担的自由主义教条。奥布莱

① O'Brien, "Taxation", 4—6.

② S. Szreter and G. Mooney, "Urbanization, mortality, and the standard of living debate: new estimates for the expectation of life at birth in nineteenth-century British cities", *Economic History Review* 2nd ser. 51 (1998), 84—112, and S. Szreter, "Economic growth, disruption, deprivation, disease and death: or the importance of the politics of public health for development", *Population and Development Review* 23 (1997), 693—728; N.F.R. Crafts, "Some dimensions of the 'quality of life' during the British industrial revolution', *Economic History Review* 2nd ser. 50 (1997), 633.

恩认为，虽然可以利用大卫·李嘉图[①](David Ricardo)1819年提出的一次性税收减少债务，但是这在政治上是不现实的，李嘉图本人也承认这一点。奥布莱恩对中央政府依赖地方行动的批评，建立在一种规范的假设之上，这种假设与维多利亚时代强调的许多信念正好相反——维多利亚时代强调发挥公共部门和自治组织(voluntary association)的作用，建立强有力的地方参与式民主。许多自由主义者认为，军事支出只会徒增不安和妄想。我们应该理解维多利亚时代政治家们的治国理政理念，而不是批评他们没能在不同的规范假设上建立一个不同的国家结构。国家的任务应该是为自发的自治组织的出现创造条件，而不是侵蚀公民社会。维多利亚时代的英国没有形成强权国家政治理论；相反认为一个强权的官僚国家是"专横的"和机械的，这是自治组织和地方主义弱小的标志。如果以这种方式定义国家，则国家看起来更不具威胁性，并且能容忍与自治组织日渐增长的合作。[②] 财政制度面临的压力已经通过节俭过程减轻了，税收公信力也为将来政府支出的增长打下了良好基础，因而使得爱德华七世时期(1901～1910年)更高水平的福利和战争支出成为可能。当然，爱德华七世时期的成就并不是一帆风顺的。在中央层面，财政宪法成为支持征收关税者和支持对社会财富、高收入征税者这两派之间的争论焦点。在地方层面，建立在不动产累进税之上的财政制度导致了严重问题。改革中央税收的成功和扩大地方税基的失败改变了英国的国家形态。增加的收入全都掌握在中央政府手里，这增加了中央政府在总收入中的份额。在德国，情况则

---

① 大卫·李嘉图(1772—1823)，出生于伦敦，是一位荷兰裔犹太人的儿子，在荷兰接受过教育。在搬离犹太人聚居区独立生活之前，他在其父亲的股票经纪公司工作。他通过股票交易赚了一大笔钱，在詹姆斯·密尔的鼓励下，开始转向经济学研究。1814年，他不再经商，定居于格洛斯特郡(Gloucestershire)的一个庄园。1817年，他出版了《政治经济学及赋税原理》一书。1819～1823年，他担任国会议员，总体支持激进主义观点。[DNB. Vol. xlviii ed. S. Lee(London, 1896), pp. 93—96.]

② 关于对财政节俭的支持，见 E.F. Biagini, "Popular Liberals, Gladstonian finance and the debate on taxation, 1860—1874", in Biagini and Reid (ed.), *Currents of Radicalism*, pp. 134—162; 关于强调地方和积极的自治组织参与的重要性，见 E.F. Biagini, "Liberalism and direct democracy: John Stuart Mill and the model of ancient Athens", in E.F. Biagini(ed.), *Citizenship and Community: Liberals, Radicals and Collective Identities in the British Isles, 1865—1931* (Cambridge, 1996), pp. 21—44; J. Harris, *Private Lives, Public Spirit: A Social History of Britain, 1870—1914* (Oxford, 1993), pp. 180—183, 196—211, and "Political thought and the welfare state, 1870—1940: an intellectual framework for British social policy", *Past and Present* 135 (1992), 126, 138—139; on Ricardo, see R.O. Roberts, "Ricardo's theory of public debts', *Economica* n. s. 9 (1942), 266.

正好相反:地方政府和城市有更广泛的税收和更具弹性的收入,中央政府的财政资源是有限且充满争议的。[1] 中央和地方政府的这种财政收入差异在第一次世界大战战前、战时和战后都产生了非常大的影响。这使得英国能够集中资源与德国作战,并在战后维持高水平的支出,并且它的公共财政没有像大多数欧洲大陆国家那样在 20 世纪 20～30 年代出现了崩溃。

在 19 世纪和 20 世纪之交的时候,维多利亚时代中期的财政制度遇到了瓶颈,这一时期海军军费的扩张、布尔战争[2](Bore war)的负担以及地方政府对福利支出的需求,都给国家财政带来了巨大压力。财政制度变得僵化了。逐渐削减关税和消费税意味着其征收范围变得越来越狭窄,收入没能跟得上经济增长。虽然所得税上涨幅度高于同期经济增长速度,但是受限于当时的单一税率。由于地方政府在公共卫生、教育和实施济贫法方面需要的支出持续增加,因此支出快速上升,但由于地方政府的税基狭小,不得不越来越依赖中央政府的援助。因此,需要对"财政宪法"条款重新进行协商。一种解决方式是通过重新提高关税增加收入,运用保护主义和帝国特惠制(imperial preference)重塑经济。另一种解决方式是调整所得税,但有失去大量选票的危险。最终的结果是改革所得税,对高收入者实行高税率,同时减少中产阶级特别是有家庭的已婚男性的税收负担。这一财政制度的变革既有理论上也有管理上的意义。第一,它改变了对"纳税能力"的认知,摒弃了简单的比例税制,认为高收入者的纳税能力更强。它也否定了高收入有益于促进投资这一观念,以及纳税人向国家纳税是为了换取对其财产和生命的保障这一假定。这些变革面临考验,只有纳税人相信对"纳税能力"的这种新定义是公平的,才能取得共识。第二,一个累进的税收制度需要一套新的评估和征税方式,还需要一个更具干预性的管理制度。这些问题对于布尔战争后到第一次世界大战前的英国政治十分重要。在英国着手改革其所得税的时候,其他欧洲国家仍在努力引入全国或联邦的所得税。无论是德国 1913 年的所得税还是法国 1914 年的所得税,都没有被各社会利益集团和阶级广泛接受。相反,由于它们长期实行战争财政,为了解决战后问题,导致了严重的政治紧张局势。正如我们所见,英国进入第一次世界大战时,其财政制度筹措收入的能力优于其盟友和敌人。

---

① 见本书第 12 章中的相关内容。

② 布尔战争,是英国人和布尔人之间为了争夺南非殖民地而展开的战争。——译者注

2 “大食税者”：财政—军事国家的弊端(1799～1842)

对于国债(National Debt)来说，正如它的名称一样，如果整个国家(一部分人予，一部分人取)的目标是要求停止支付国债，那么就可以光明正大地不再支付一法辛[①](farthing)的利息了。如果国家的繁荣和幸福要求不应再支付国债利息了，那么国债持有人(Fundholder)立刻就会被人们遗忘了。这是一个多么荒诞的观点，一个国家的兴亡竟然被个人绑架了。

William Cobbett，“Letter Ⅱ to Mr Peel，13 Feb. 1831”，
Parliamentary Register 38，
reprinted in G. D. H. Cole and M. Cole (eds.)，
The Opinions of William Cobbett
(London，1944)，pp. 278—279

财政—军事国家的出现

1688～1815年，英国和法国在国家霸权和贸易控制方面展开了长期斗争。尽管英国有过一些失败——特别是在北美丧失了13个殖民地，但也在印度次大陆和澳大利亚获得了胜利。到1815年时，英国的经济和帝国力量都是无与伦比的。这种成功不仅依赖英国陆军和海军的战绩以及纪念碑上歌颂的

① 法辛是英国过去的货币，现已不用，1法辛相当于1/4便士。——译者注

英雄们,也同样依赖平凡的税收征管工作。英国在“漫长的18世纪”是一个军事国家,与此同时它也正在创造一个财政国家(fiscal state)。陆军和海军的高效行动依赖通过征税维持海军造船厂和兵营的运转,依赖通过税收支付军人工资、提供食物和军需品。正如我们所见,英国在18世纪的一个显著特征就是能够比法国获取更大比例的国民收入,却面临更少的政治阻力。[①] 为什么会出现这种状况?英国这种国家形式又会带来哪些后果?

在整个18世纪,税收一般占国民收入的8%～10%。但是在1793～1815年,与大革命后和拿破仑时期法国间的战争导致了空前的军费需求,这给财政带来了持续的压力,税收占英格兰国民收入的比例高达20%,18世纪的“财政—军事(fiscal-military)国家”由此得以形成。[②] 胜利不是仅仅依靠不断增加的税收收入,因为战争意味着短时间内的政府开支远远超过其可以征收到的税收。因此财政—军事国家也依赖另一个重要的特征——国债。正常的税收收入每年被用于支付借款利息以及为偿还债务建立偿债基金(sinking fund);这种财政制度为贷款人提供了一种安全感——政府不会拖欠债务,并且会支付给他们利息。[③]

1688年以后,英格兰和英国的征税能力发生了显著变化。整个18世纪,财政制度越来越依赖国内消费税(excise duty)、关税(tariff)和印花税(stamp duty),实行单一税率(flat-rate)的直接税(direct tax)——比如针对收入和有明显特征的财富征收的税收——的重要性显著下降。最主要的直接税是土地税(land tax)。理论上来讲,土地税有着国家统一的每英镑1先令、2先令、3先令或4先令的税率,不仅对土地收入征收,也对个人财产收入征税;原则上来说,土地税应该与租金、利润和薪水的上涨幅度保持一致。但是在实际运作中并不是这样的,因为税收只局限于土地本身,土地收益不能反映从租金中获得的实际收入:每英镑1先令的最低税率(5%)应该可以得到50万英镑收入,

① Mathias and O'Brien, “Taxation in Britain and France”, 601—650, and Brewer, *Sinews of Power*.

② 这些数据来自 O'Brien and Hunt, “The rise of a fiscal state in England”, 129—176; O'Brien and Hunt, “England, 1485—1815”, pp.53—100.

③ Dickson, *Financial Revolution*, on the emergence of public debt; Brewer, *Sinews of Power*, chapter 4, on the use of taxes to underpin loans.

每英镑 4 先令的最高税率(20%)应该可以得到 200 万英镑收入。这些税收在郡(county)和自治市(borough)之间根据它们 1693 年时的贡献而不是现在的地区繁荣程度进行分配。这样的结果是,税收没有考虑到近百年来主要地区的经济调整和变化,也没有反映出在 18 世纪后期税负水平的增加。实际上 1860 年时,一个激进的压力集团——财政改革协会(Financial Reform Association)坚持认为,如果将土地税恢复到 17 世纪 90 年代的实际水平[对包括土地、建筑、矿产、政府债务和公众公司(public company)股息红利在内的全部年收入征收 20%的税],将可以解决所有的财政难题。① 除了土地税以外,还有一系列的估定税(assessed tax)——其目的是对个人具有显著标识的财富进行征税,比如男佣、窗户、四轮马车和消遣用的马匹等。1696～1700 年,土地税和估定税占中央政府收入的 40.1%,但是到了 1791～1795 年,二者占中央政府收入的比例大幅下降到 17.4%。② 这导致国家更加依赖间接税,主要是对限定商品征收的消费税和对进出口商品征收的关税。

初看之下,关税似乎提供了一个更加富有弹性的税基和一个更加有效的经济“把手”,因为贸易在不断扩大,对原材料如棉花的进口使得关税可以对不断扩大的经济部门进行征税。但是实际上,关税占中央政府税收总额的比例从 1696～1700 年的 29.2%下降为 1791～1795 年的 22.7%,这种变化部分源于管理上的问题,部分源于除了收入因素考量之外,对关税进行的调整。关税在管理上是低效率的。许多海关官员是通过政治恩庇(political patronage)获得官职的,具有永久业权,这使得他们可以从酬金中获得丰厚收入,把具体工作留给工资不高的代理人。商人可以雇用海关官员帮助他们计算要缴纳的复杂的关税数额,在这个过程中,很容易产生职权滥用和勾结共谋行为。在任何情况下,对进出口

① 关于土地税的运作,见:W.R. Ward, *The English Land Tax in the Eighteenth Century*. (Oxford,1963);关于后者的抱怨,见:FRA, *Report on Taxation. Direct and Indirect. Adopted by the Financial Reform Association, Liverpool, and Presented at the Annual Meeting of the National Association for the Promotion of Social Science Held at Bradford, October 1859* (Liverpool,1859), p. 23 and C. Tennant, *The People's Blue Book: Taxation As It Is and As It Ought To Be*(London,1856; 2nd edn 1857;3rd edn 1862;4th edn 1872).还见 W. R. Greg 的评论:“British taxation”, *Edinburgh Review* III(1860),254。注意:提议对公众或者股份公司而不是对私有公司征税,是维多利亚中期强调“非个人”资本对自由威胁的一个标志。

② B. R. Mitchell and P. Deane, *Abstract of British Historical. Statistics*(Cambridge,1962),pp.386—388,392—393. 还见欧洲国家财政数据库,网址:http://www.le.ac.uk/hi/bon/ESFDP/index.html.

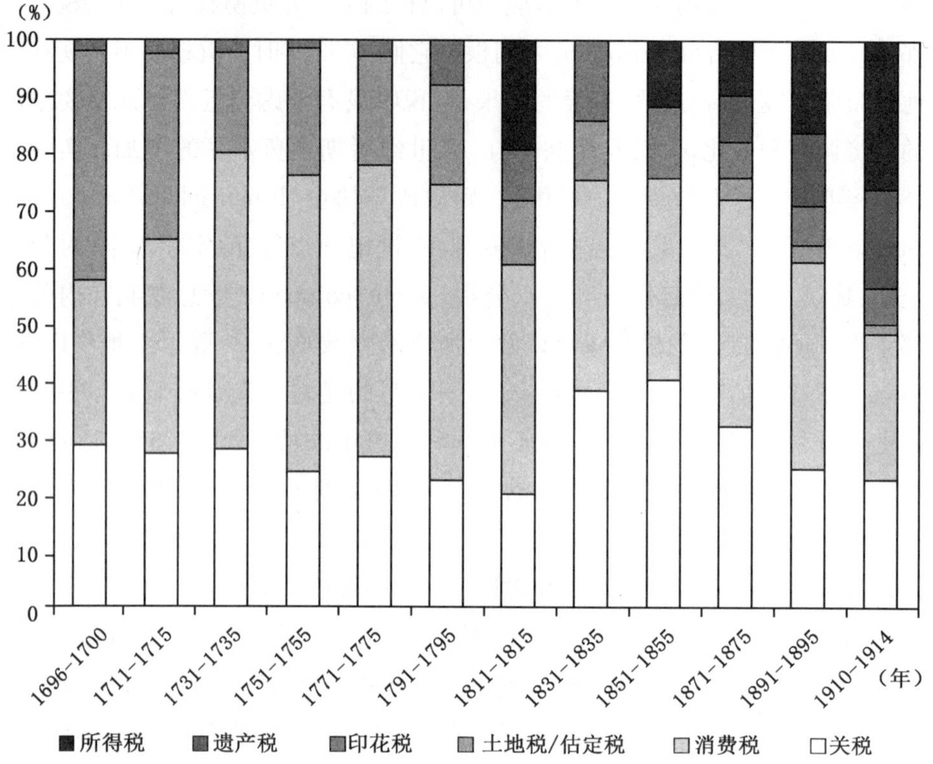

资料来源:B. R. Mitchell and P. Deane, *Abstract of British Historical Statistics* (Cambridge, 1962), pp.386—388, 392—394.

图 2.1 1696~1700 年到 1910~1914 年间英国中央政府各税收来源占总收入的比重

商品征收关税都不是仅仅出于收入考量,还要考虑国家安全和帝国偏好,国家希望保护战略物资、鼓励殖民贸易或保护国内就业免受国际竞争。与贸易利益集团复杂的经纪佣金过程有助于塑造政治生活,提供了联结公民社会(civil society)和国家的纽带,但是也限制了政府通过关税增加收入的能力。①

① Mitchell and Deane, *Abstract*, pp. 386—388, 392—393; Brewer, *Sinews of Power*, pp.71, 101, 211—213;关于进出口关税的谈判,见 O'Brine, Griffiths and Hunt, "Political components", 395—423, and N. B. Harte, "the rise of protection and the English linen trade, 1690—1790", in N. B. Harte and K. B. Ponting (eds.), *Textile History and Economic History* (Manchester, 1973), pp.74—112.

表 2.1　1696～1700 年到 1910～1914 年间英国中央政府税收结构(百分比)

年份	对财富和收入征收的直接税					对产品征收的间接税		
	土地税/估定税	印花税	遗产税	所得税	合计	关税	消费税	合计
1696～1700	40.1	1.8	—	—	41.9	29.2	28.9	58.1
1711～1715	32.4	2.5	—	—	34.9	27.6	37.5	65.1
1731～1735	17.6	2.6	—	—	20.1	28.2	51.7	79.9
1751～1755	22.3	1.9	—	—	24.3	24.2	51.5	75.7
1771～1775	19.0	3.5	—	—	22.4	26.8	50.7	77.6
1791～1795	17.4	8.4	—	—	25.8	22.7	51.5	74.2
1811～1815	11.1	8.9	—	19.8	39.8	20.4	39.8	60.2
1831～1835	10.5	14.7	—	—	25.2	38.3	36.4	74.8
1851～1855	6.5	12.5	—	12.4	31.4	40.1	28.5	68.6
1871～1875	3.8	6.3	8.2	10.3	28.6	31.7	39.7	71.4
1891～1895	3.0	6.7	12.7	17.2	39.7	24.1	36.2	60.3
1910～1914	1.8	6.5	17.0	27.1	52.3	22.3	25.4	47.7

注:1791～1795 年之前是净收入,之后是总收入。数据不包括来自非税收入如邮政和电报、王室土地的所得。遗产税在 1870 年之前是包含在印花税里的。土地税和估定税包括土地税、住宅税以及对仆人和四轮马车等征收的税。1871 年之后,最后一类被执照税取代,因此其收入被归为"消费税"。

资料来源:B.R.Mitchell and P.Deane,*Abstract of British Historical Statistics*(Cambridge,1962),pp.386－388,392－394.

18 世纪税收的大幅增加主要来自国内消费税。从管理角度来看,消费税是由高效的专业官僚征收的,而不是由外行委任专员(lay commissioner)(与估定税和土地税相关)或闲职人员(sinecurist)(与关税相关)征收的。消费税官员领取的是薪水而不是佣金,根据业绩擢升,退休后可以享有养老金,并且接受计量员和检测员这一层级的控制和检查,而计量员和检测员层级又接受一个隶属中央的委任专员理事会(Board of Commissioners)的监督。尽管消费税具有浓厚的官僚主义特征,但是征税并没有造成严重的政治紧张状况,因为征税官员只与少数大型工厂,如酿酒厂中的制造商和特定商品经销商打交道,征收消费税的官员只需应对少数纳税大户而不是众多单个纳税人,不用太费劲就可以实现税收遵从。只有在苏格兰和爱尔兰出现了例外，在那里小规模的非法酿酒厂很常见，并且人们认为拒交消费税是一件值得令人骄傲的事情。这里税收遵从度的提高是因为越来越多的人希望开拓全国市场。如在1824年，格兰威特(Glenlivet)的史密斯获得了第一张消费税许可证，但这令他的邻居们感到恼怒，因为他的邻居们意识到这将会把消费税征收官员引到本地区来，他们因此威胁要烧掉史密斯的酿酒厂。在19世纪20年代后期，政府甚至出动军队禁止生产者酿酒和走私。① 总体而言，大型商业生产者有更多的理由遵从税收，甚至告发那些通过逃避纳税获得商业优势的竞争者。他们更加有动力与征收消费税的官员进行合作，与征税官员协商如何准确界定废品和残次品。②

消费税可能对地方权力结构产生潜在威胁，因为它创立了一个独立于国会并且受强大中央行政机关控制的收入来源。对于对政府一味持批评态度的人来说，这种危险性看起来是毫无疑问的，因为他们害怕罗伯特·沃波尔(Robert Walpole)扩大消费税的征收范围，从而使得只对少数商品征收的消费税扩展为一般性的商品税。之后发生于1733～1734财政年度的消费税危机意味着国会明确限定了消费税的征税范围，其目的是为了阻止行政机构获得不受国会控制的财政独立性。尽管存在这种限制，但是消费税仍然是有效的经济"把手"，因为对啤酒、烈酒、茶、咖啡和工业物品如玻璃的消费，往往是伴随着经济的繁荣一起出现的。中央政府在消费税收入中的份额从1696～1700年的28.9%上升到1791～1795年的51.5%。③ 对应税物品的选择取决于道德或文化假设，也依赖于精心的财政计算和政治上的讨价还价。为了保证稳定的收入来源，政府需要选择那些需求弹性相对小的商品征税，因为这些

---

① See entry on Smiths of Glenlivet in *New Dictionary of National Biography*, forthcoming.

② For example, see the case of glass industry in T. C. Baker, The Glassmakers, Pilkington: The Rise of an International Company, 1826－1976(Lodon, 1977), pp.34－35, 39, 41－43。玻璃品的消费税非常高，几乎是过去的两倍，所以生产者就有动力去欺骗乃至贿赂消费税官员。然而，消费税官员应该注意到他不能得罪生产者。当征税官员试图采取行动收紧对一个生产者的废弃物补贴数额时，法院在1827年和1828年判决生产者获胜。尽管生产者赢了，但是诉讼成本很高，因此生产者也不希望得罪征税官员。总的来说，这个案例对于保证所有人都遵守规则、防止不正当竞争非常有意义。

③ 关于消费税的效率，见 Brewer, *Sinews of Power*, pp.68－69, 101－114, 222；关于扩大消费税范围受到的限制，见 Langford, *Excise Crisis*；Mitchell and Deans, *Abstract*, pp.386－388, 392－393.

商品的价格上涨不会导致购买量和税收收入的急剧减少。这些商品可以是大宗商品,但是对其征税有导致政治动荡的风险,也可以是标志身份和地位的商品,这些商品之所以具有吸引力,正是因为其价格高。财政制度因此卷入了一场对商品特征的争论——是对必需品征税,还是对奢侈品征税;是对有益的消费征税,还是对有害的消费征税,如麻醉剂是威胁到自身控制力,还是有利于提升健康和精神状况。

税收评估和征收方法有助于消除这一紧张状况。通常而言,中央政府不依靠地方政府官员,而是依靠从地方绅士和神职人员中挑选出来的治安法官(justices of the peace)——他们依据成文法(statute law)行事。同样地,土地税、估定税以及之后所得税的征收也都委托给了那些从当地知名纳税人中挑选出来的委任专员,这有助于对税收达成高度共识。税收建立了国家与公民社会之间的纽带,因此地方权力结构及其影响力增强了,而不是被来自中央政府的官员颠覆了。用弗朗西斯·培根①(Francis Bacon)爵士的话来说,"在欧洲国家中,英国纳税人是'最掌控自己价值的'"。② 消费税原本是由设在伦敦萨默塞特宫③(Somerset House)中的一个高效又官僚的中央部门征收的,但是在1733～1734财政年度后,人们意识到消费税不应该威胁现有的地方权力结构,不应该导致人们对不受国会控制的权势过大的中央行政官员的敌意。英国财政制度成功的一个关键因素在于,国会中的地方代表会议可以在不同经济利益集团和地区之间达成协议,可以对玻璃、钢铁、木材和糖征收的消费税或者进口税进行讨价还价。为了减轻执法和征收压力,政府渴望让关税水平得到各方接受,这就导致了政府与各团体之间的权力交易,后者如东印度公司(East India Co.,它渴望进口印度纺织品)和西部服装商(它们迫切希望保护自身的贸易)。国会中关于关税结构的复杂谈判,意味着贸易和商业利益群体可以与国家携手共进,而不是相互

① 弗朗西斯·培根(1561—1626),是伊丽莎白和詹姆士一世当政时的名人。1618年,成为大法官;1621年,他因受腐败和贿赂指控失宠。他还是一位哲学家,被公认为是经验主义哲学之父。[DNB, vol. Ⅱ,ed. L. Stephen (London,1885), pp. 328—360.]

② 引自 Braddick, *Nerves of State*, p.150.正如培根接着所说的,它也是"对个人钱包最小的啃噬"。英国政府的成功在于,虽然它增加了对纳税人的"啃噬",但是却没有威胁到纳税人对自身价值的控制:Braddick, *Nerves of State*, pp.150—151。

③ 萨默塞特宫曾为英国国内税务局总部。——译者注

拆台,这使得消费税和关税实现了法制化。政府的税收收入还受到财政部委任专员(Treasury Commissioner)的密切监督,财政部委任专员要为接受国会的审查准备账目,这就使得政府收支具有比较高的透明度和责任性,这增加了人们对税收的认同感。①

正如我们之前所提到的那样,法国缺乏税收协商和讨价还价过程,这使得各方无法对税收达成共识。但是,英国下议院中不同利益集团与地区之间的协商过程也饱受批评,比如批评它们"互投赞成票"或进行利益交换(这一点在美国国会中也表现得很突出)。在19世纪早期的英国,这种批评很常见,但是到19世纪40~50年代,政治家们成功地"净化"了财政制度中的特殊利益和腐败行为,使财政制度变得平等和公平,让人们不再怀疑下议院中存在交易行为了。然而,在18世纪存在一套不同的考量和假定:正是贸易和地区利益集团达成协议的能力,才促成了财政国家的成功建立。

当然,也存在一些对财政国家以及由此造成的伦敦快速增长的"食利群体"的批评,政府债务的出售和转让造就了这些食利群体。辉格党(Whig)和托利党(Tory)警觉地意识到社会和政治结构正在遭到破坏,地主阶层长期形成的"共和美德"和服兵役保卫国家的责任感正在逐渐被削弱。例如,大卫·休谟②(David Hume)估计,在18世纪中期,食利群体大约有17 000人,他们对国会和地主的传统权威构成了严重威胁。这些食利者(rentiers)可能会变得很强大,以至于很难对他们进行征税。食利群体受到了攻击,他们被认为是贪图享乐和自私自利的,并且可能会控制政府和颠覆宪法。相

---

① Langford, *Excise Crisis*; Brewer, *Sinews of Power*, pp.131, 147—152; O'Brien, Griffiths and Hunt, "Political components", 395—423; J. E. D. Binney, *British Public Finances and Administration*, 1774—1792(Oxford, 1958), chapter 5.

② 大卫·休谟(1711—1776),出生于爱丁堡,并在那里学习法律;1734~1737年,他居住在法国。他未能在爱丁堡和格拉斯哥大学获得教职,但是在1752年成为爱丁堡大学图书馆馆长,1757年因购买法国书籍受到谴责而辞职。在与卢梭发生争吵之前,休谟把他带到了英国,并给他退休金。他在陆军和外交使团中担任过军法官,在1754~1761年,为了帮助他完成英格兰史的研究,授予了他皇家津贴。他的哲学作品包括《道德和政治论文集》(*Essays Moral and Political*, 1741~1742),《哲学论文集》(*Philosophical Essays*, 1748),《道德原则的探究》(*Enquiry Concerning Principles of Morals*, 1751)和《政治论》(*Political Discourses*, 1752)。他怀疑宗教,在其逝世后出版的自传和《自然宗教对话录》(*Dialogues on Natural Religion*)将他的朋友亚当·斯密置于困难境地。[DNB, vol. XXⅧ, ed. S. Lee (London, 1891), pp.215—226; 要了解休谟和斯密,见 D. Winch, *Riches and Poverty: An Intellectual History of Political Economy in Britain*, 1750—1834(Cambridge, 196).]

较于债务对工业和贸易造成的经济负担,休谟更加害怕债务带来的政治风险。在他看来,债务蕴含着“毁灭种子”,会使自由政府崩溃堕落为“令人痛苦的专制政权”,因为债务增加了“独立的地方行政长官”的税收负担,将迫使君主专制政府与政府债券持有者分享权力。所以休谟担心,一个由地主、商人和食利群体构成的多元社会无法长久,结果必然是伦敦金融投资家和食利者占据支配地位。因此,休谟主张发布一个宣称国家破产或是国债“自然死亡”的自愿宣言。①

并不是所有人都对债务的政治后果持有这种令人沮丧的观点,因为政府举债的能力提供了保护英国自由和新教(Protestantism)的手段,使其能够不受法国专制主义和天主教(Catholicism)的威胁,以及在法国大革命之后保护英国不受雅各宾激进共和主义(Jacobinism)和拿破仑野心的威胁。② 的确,当埃德蒙·伯克③(Edmund Burke)反思法国大革命时,他得出的结论认为,与法国相比,英国财政制度的优点就在于,它允许地主和食利群体在一个爱国联

① 关于休谟,见 D. Winch, “The Political economy of public finance in the ‘long’ eighteenth century”, in J. Maloney (ed.)*Debts and Deficits: An Historical Perspective*(Cheltenham,1998),pp,12—13;J.G.A.Pocock,“hume and American revolution: the dying thoughts of a North Briton”, in his *Virtue, Commerce and History: Essays on Political Thought and History, Chiefly in the Eighteenth Century*(Cambridge,1985),pp.125—141;I.Hont,“The rhapsody of public debt: David Hume and voluntary state bankruptcy”, in N. Phillipson and Q. Skinner (eds.),*Political Discourse in Early Modern Britain*(Cambridge,1993),pp.321—348;D.Hume,“Of public credit”(pp.170,172)and “Of the independency of parliament”(pp.14,26—27,40—45),in D, Hume, *Political Essays*, ed. K. Haakossen (Cambridge,1994).

② 要了解 18 世纪关于国债的观点,见 J. Hoppit, “Attitudes to credit in Britain,1680—1790”, *Historical Journal* 33(1990),305—322; Pocock,*Virtue,Commerce and History*,pp.69,98,112,139—140,196—197,234—245;Dickson,*Financial Revolution*, especially chapter 2;E.L.Hargreaves,*The National Debt*(London,1930),chapter 5;and P. Brantlinger,*Fictions of State: Culture and Credit in Britain*,1694—1994(Ithaca and London,1996),chapter 2 and 3.

③ 埃德蒙·伯克(1729—1797),生于都柏林一个新教徒家庭,就读于都柏林三一学院;之后进入英格兰中殿律师学院(Middle Temple)。1759 年,他开始出版《年录》(*Annual Register*);1759～1764 年,他担任汉密尔顿的私人秘书(汉密尔顿在 1761—1764 年担任爱尔兰首席大臣);1765 年,他成为罗金汉(Rockingham)侯爵的私人秘书。1765 年,他当选国会议员,他支持经济改革、与美国缔结和约和解放天主教,反对奴隶贸易,发起了对沃伦·黑斯廷斯(Wareen Hastings)和东印度公司的批评。他敌视法国大革命,支持对法战争,反对国内的国会改革。[DNB, vol. VII, ed. L. Stephen(London, 1886), pp. 345—365.]

盟中可以进行有益的或者融合性的合作。[①] 亚当·斯密[②](Adam Smith)对于国债的利弊有着更加复杂的看法。他认同政府债务市场可能是有益的这一观点。通过创造一种具有货币特征的资产，政府借款中的市场化债券可以帮助建立信心，并刺激商业社会的发展。但是，他也看到了存在的问题，因为政府借的债是从国家资本存量中剔除的，所以减少的是私人投资而不是消费，将把工人从生产性劳动力转变成为非生产性劳动力。从长远来看，为了偿还债务，其所造成的赋税负担也会限制私人投资。虽然斯密阐释了生产性劳动与非生产性劳动以及私人节俭与公共浪费之间的区别，但是他没有像休谟那么关心国债的增长，因为他认为，英国制度比法国更容易在利益集团之间达成一致的均衡。他也承认，国民收入中政府用于公共用途的部分会随着文明的发展而增加，相较于缩减政府规模，斯密更关心的是如何在尽可能小地影响私人积累的情况下，增加税收收入，并且以最有效的方式进行公共支出。他反对宣布不承认债务，认为应该将帝国的成本分摊给各个殖民地，以此换取殖民地在"大英帝国国会"中的政治代表席位。[③] 国会代表席位应该被扩展为确保政府税收的一种手段，这一方法在美洲殖民地中被忽视了。

18 世纪英国财政国家的成功，依靠的是地方管理中的征税和评估制度，以及国会中地方和贸易利益集团的协商。实际上，财政—军事国家制度的发展改变了中央与地方政府之间的关系。相较于复杂的内部治理事务，中央政府更关心的是战争和帝国主义，确保能够为陆军和海军获取必需的资源，内部治理事务大多交由地方政府处理(参见第 9 章)。这些地方性的内

---

① E. Burke, *Reflections on the Revolution in France* (London, 1790; Everyman end,1910), p. 106

② 亚当·斯密(1723—1790)，就读于格拉斯哥大学和牛津大学贝列尔学院(Balliol College)；1751 年，他被任命为格拉斯哥大学逻辑学教授；1752 年，他被任命为道德哲学教授。1751 年，他出版了《道德情操论》(*The Theory of Moral Sentiments*)，之后成为布克莱公爵的外语老师，在巴黎拜访了杜尔哥(Turgot)，在日内瓦拜访了伏尔泰(Voltaire)。1766 年，他返回了伦敦；1767 年，定居于苏格兰，享有布克莱公爵给予的养老金；1767 年，他出版了《国富论》；1777 年，他编辑出版了朋友休谟的自传。[DNB, vol. LIII, ed. S. Lee (London,1898), pp.3—10.]

③ Smith, *Wealth of Nations*, vol. Ⅱ, pp. 723,924—930,933—934; Winch, *Riches and Poverty* ,pp.115—117,140.

部事务在国会中被讨论，国会会期变长了，将更多时间用于考虑私人事务、地方事务、议案和国会中普通议员关心的问题。实际上，中央政府关心战争对地方政府的影响，因为战争动员和遣散军队带来了犯罪和济贫支出的增加。然而，中央政府的作用更多的是劝诫和建议，而不是提供直接指导。很多政策提议来自地方，部长们默许而不是试图影响结果。英国地方行政具有一定的独立性，这与法国和普鲁士的情形正好相反。在 18 世纪，法国和普鲁士的中央政府为了动员军队和增加税收，加强了对地方政府的控制。在英国，强有力的中央财政—军事国家是伴随着传统形式的地方政府一起出现的。①

英国政府在“漫长的 18 世纪”发展出一个很有特色的税收模式。王室放弃了靠自有资源为生的能力，转而依靠国会的拨款，国会对王室的权力和独立性是充满警惕的。税种的选择取决于复杂的讨价还价过程，国会在选择税收方式时，需要考量地方利益。与很多其他欧洲大陆国家不同的是，虽然税收在英国 18 世纪中的重要性不断增加，但是 17 世纪很多欧洲大陆国家为领土战争筹集经费过程中遇到的一些问题，并没有在英国出现。这些问题包括：卖官鬻爵、广泛利用包税人（tax farmer）征税以及授予财政特权（fiscal privilege）等。征税将地方权力和机构融入财政制度中，建立了纳税人与中央政府之间的信任感。税收又为政府使用具有较高安全性和市场流动性的借款提供了支持。但是，这也存在一些缺陷和问题，下议院中的政治讨价还价过程使得人们指责财政制度为了赢得支持，是以牺牲其他人利益为代价的。这一批评推动了国会改革，目的是扩大选举权和重新分配国会席位，让国会席位能够反映正在变化的人口分布和经济活动。一方面，没有正式城市地位的大规模新城市社区不断增加；另一方面，封闭的自我选举的寡头政治仍然支配着很多老的市政公司（municipal corporations），地方政府也面临着很多压力，其结果是可能导致地方政府丧失合法性和地方财政国家的失败。市政公司的非代表性这一本质特征使得政府很难提高税收，导致其日益依赖借款——不断攀升的债务

① J. Innes, “The domestic face of the military-fiscal state: government and society in eighteenth-century Britain”, in L. Stone (ed.), *An Imperial State at War: Britain from 1689 to 1815* (London, 1994), pp. 96—127.

又增加了偿债的难度。救济穷人和战争期间为士兵妻儿提供帮助的成本，都落在了地方行政区和济贫法的头上。这样的后果是复杂的，从最初的慷慨转为吝啬，越来越关注成本和地方政府机构的可靠性。① 尽管财政制度为英国17世纪90年代至18世纪90年代的穷兵黩武和帝国扩张行为提供了基础，但它并不是完美无缺的。它的缺点和不足在很大程度上被外部战争压力、反天主教运动和爱国主义掩盖了。最根本的问题是：1793～1815年与大革命后和拿破仑时期法国的长期战争，使得英国财政面临越来越大的支出压力，财政国家能够坚持下来吗？财政国家的紧张状况和缺点在1815年之后会暴露出来吗？

表 2.2　　　　1690～1820年中央政府的税收收入

9年的平均值	直接税(%)	间接税(%)	占间接税的比例	
			进口税	国内税
1690	42	58	40	60

① J. Innes, "Governing diverse societies", in P. Langford (ed.), *The Short Oxford History of Eighteenth-Century Britain* (Oxford, forthcoming); on municipal finance, see E. J. Dawson, "Finance and unreformed borough: a critical appraisal of corporate finance, with special reference to the boroughs of Nottingham, York and Boston", PhD thesis, University of Hull(1978).该论文第9章第260～261页讨论了这些问题。关于济贫法，参见 P. Mandler, "The making of the poor law *redivivus*", *Past and present 117*(1987), 131－157，在关于"现代化"和传统方法的讨论中，有大量关于济贫法如何运作的文献，有的强调包容性[such as in R. Smith, "Charity, self-interest and welfare: reflections from demographic and family history", in M. J. Daunton (ed.), *Charity, Self-interest and Welfare in the English Past*(London, 1996), pp.23－49]，有的强调排斥性[such as in S. King, "Reconstructing lives: the poor, the poor law and welfare in Calverley, 1650－1820", *Social History* 22(1997), 318－338]。这些问题与关于财政—军事国家的效率和现代性以及18世纪的英国是"强"国还是"弱"国的争论联系在一起。Brewer 的《权力的肌肉》(*Sinews of Power*)一书显示英国是一个强大而高效的国家，其他一些历史学家认为英国是个严重依赖地方机构且权力分散的"弱"国，这一制度有严重缺陷，频繁地要求进行协商。两种解释的差别也许在于：中央政府如何以及在多大程度上能够依赖地方机构和分权调动资源，而不是制造对抗和丧失遵从。关于这一争论，参见 D. Eastwood, *Governing Rural England: Tradition and Transformation in Local Government, 1780－1840*(Oxford, 1994)，他强调一个有效和具有适应性的地方政府；J. E. Cookson, *The British Armed Nation, 1793－1815*(Oxford 1997), p.1－15, 262－263，他看到了一个日益复杂的地方政府，地方政府建立了不受中央政府控制的权威；P. Clark, *British Clubs and Societies, 1580－1800: The origins of an Associational World*(Oxford, 2000), pp.175－180, 468, 489，他看到了一个对中央和地方政府衰落反应越来越无动于衷的世界；Langford, *Public Life and the Propertied Englishman*，他讨论了有产阶层如何参与在国会中地方事务的讨论；S. Conway, *The British Isles and the War of American Independence* (Oxford, 2000), pp. 347－353，提供了一个公正的评估。关于"漫长的19世纪"，本书的结论一章将对这些问题再进行分析。

续表

9年的平均值	直接税(%)	间接税(%)	占间接税的比例	
			进口税	国内税
1750	28	72	28	72
1800	25	75	50	50
1820	19	81	43	57

资料来源:P. K .O’ Brien and P. Hunt, “The emergence and consolidation of exercise in the English fiscal system before the Glorious Revolution”, British Tax Review no. I (1997),38－39.

为革命战争和拿破仑战争提供资金支持

法国大革命的兴起部分缘于旧政权的财政制度危机。1793年开始的与大革命后法国的长期战争,也对英国财政政策造成了巨大压力。税收收入没有与经济增长保持一致,因为财政制度没有给经济活动装上有效的“把手”。土地税(land tax)没有与租金的增长保持一致,这只是其中的一个问题,因为18世纪的税收制度有很多漏洞。对形式多样的收入和财富征税,在管理上是很困难的。政府主张根据财富的外部表征进行收税,比如拥有的四轮马车和男仆数量,或是房屋窗户的数量等。这些估定税不是直接对佃户、城市商人和实业家征收的。对来自专业和商业收入的课税,仅仅是通过各种印花税以及以汇票和合法文件为基础的登记税(registration duty)征收的。尽管政府试图免除穷人所购物品的税收负担,并且对奢侈品征收更多的税,但是随着财政负担的加重,税收变得越来越具有累退性。

尽管改革会带来政治风险,但是因为对战争资金需求的不断增加,为了创造更加高效的税收“把手”,威廉·皮特①(William Pitt)仍试图改革财政制度。

① 威廉·皮特(1759－1806),是老威廉·皮特的第二个儿子;就读于剑桥大学彭布罗克学院(Prebroke Hall),并于1780年取得了律师资格。1781年,他当选国会议员;1782～1783年,担任财政大臣;1783～1801年,担任首相。1801年,因乔治三世反对解放天主教,皮特辞职;1804年,皮特重新执政。[DNB, vol. XLV, ed. S. Lee (London, 1896), pp.367－386.]

一种可能的方式是征收遗产税(参见第 8 章);另一种是扩大所得税。1798 年,皮特把估定税转变为所谓的"三倍估定税"(Triple Assessment)——一种基于之前年份所纳估定税额的累进所得税形式。拥有最多四轮马车和男仆的纳税人,要缴纳之前税额 5 倍的税收,拥有最少四轮马车和男仆的纳税人,只需多缴纳 1/4 的税收。为确保自己缴纳的税款不超过收入的 10%,纳税人可以要求税收减免和救济。纳税人有很多机会逃税和低估收入,这降低了他们的责任感。为了少交某一财产的土地税,地主可以选择将一定数量的政府债券存入偿债基金中,这些政府债券产生的利息应比土地税多 1/5。例如,为了每年少交 100 英镑土地税,地主上交的政府债券每年应产生 120 英镑的利息。很明显,这项条款对地主缺乏吸引力。因此"三倍估定税"的结果是令人失望的,收入每年只有 200 万英镑,远没有达到预计的 450 万英镑;来自"自愿捐助"的 200 万英镑弥补了这一缺口,一些自认为缴税不足的纳税人做出了这一爱国举措。[①]

1799 年,皮特的改革迈入了新阶段,他引入了所得税,对总收入超过 200 英镑的个人按每英镑 2 先令的税率征收所得税,对收入在 60 到 200 英镑之间的个人给予税收减免。[②] 新的所得税可以对经济活动装上更好的"把手",理论上来讲,也可以使税收与国民收入的增长保持一致。这样可以增加政府的税收收入,并且减轻皮特之前对借款的严重依赖。罗伯特·班克斯·詹金逊[③](Robert Banks Jenkinson,后来的利物浦勋爵)称赞这一税收"几乎

---

① Ward, *Land Tax*, pp. 133—136; J. V. Beckett, "Land tax or excise: the levying of taxation in seventeenth-and eighteenth-century England", *English Historical Review* 100(1985),285—308; J. V. Beckett and M.E. Turner, "Taxation and economic growth in eighteenth-century England", *Economic History Review* 2nd ser.43(1990),377—403;P.K.O'Brien, "The political economy of Britain taxation ,1660—1815', *Economic History Review* 2nd set.41(1988), 20; A. Hope-Jones, *Income Tax in the Napoleonic Wars*(Cambridge,1939),pp.14—16;B.E.Sabine,*A History of Income Tax*(London,1966),pp.23—24.On the land tax, see *Parliament History of England from the Earliest Period to* 1803, vol.23, 2 Apr.1798, cols.1360—1376,and 1870 xx,*Report of the Commissioners of Inland Revenue*, vol. I, pp. 317—318.

② Sabine, *Income Tax*, p.29; Hope-Jones, *Income Tax*, p. 15.

③ 罗伯特·班克斯·詹金逊(1770—1828),第二代利物浦勋爵,就读于查特豪斯公学和牛津大学基督教堂学院。1789 年,他在访问法国期间目睹了起义人民攻占巴士底狱。1790 年,他当选为国会议员,支持对法国战争,反对国会改革。1801～1804 年,他担任外交大臣;1804～1806 年和 1807～1809 年,担任内阁大臣;1809～1812 年,担任战争和殖民事务大臣;1812～1827 年,担任首相。[DNB, vol. XXLX, ed. S. Lee (London,1892), pp .311—315.]

是人类智慧所能创造出的最接近完美的征税方式”。[①] 所得税为与大革命后以及拿破仑时期法国进行交战的英国政府，提供了28%的额外税收收入。[②]很明显，所得税是一种战时税收(war tax)，这一税收曾在1802～1803财政年度的和平时期被短暂废除，当再次恢复征收所得税时，政府提出在彻底打败拿破仑后将废除它。所得税因此成为主要的税收来源，但是它也导致社会对税收失去一致认同的危险。皮特把基于纳税人自身利益诉求相关的和自愿缴纳的所得税，转变为很难实施的侵入性和强制性的税收。征收难题特别突出，因为皮特最初采取的税收评估和征收方式依靠的是对个人所有来源收入的综合估计。在1803年重新引入所得税时，根据收入的不同形式将其列入不同的税率表中，每一类收入都以最便利的方式分别交税(参见第7章)，并且不必再汇总所有来源的收入。这种变化意味着税收收入上升了，缓解了政府与纳税人之间的紧张关系，但是所得税仍受到了质疑，以至于战后就被废除了。

来自法国专制主义和天主教的外部威胁，以及大革命意识形态和拿破仑扩张野心所带来的危险性，说明了英国为什么会出现财政—军事国家，因为这是维持社会等级制度、保护英国自由以及获取贸易霸权的一种手段。尽管有一些迹象表明，财政—军事国家的合法性和纳税人对其的认同感，已经快到临界值了。在拿破仑战争期间，空前的支出水平招致了人们对浪费和腐败的抨击，人们认为，寄生性的贷款承包商和食利者正在压榨生产者阶级的血汗。正如一位不满的作者在1796年抱怨的那样，“税收的沉重负担已经使得中产阶级举步维艰了”。约翰·尼克尔斯[③](John Nicholls)担心税收可能会摧毁中产阶级，认为埃德蒙·伯克说服城市商贩让其相信与大革命的法国开战是为了

---

① R. G. Thorne (ed), *The History of Parliament*: *The House of Commons*, 1790—1820 (5 vols, London, 1986), vol. Ⅳ, p.302.

② O'Brien and Hunt, “England, 1485—1815”, p. 89.

③ 约翰·尼克尔斯(1744—1832)，是乔治二世的医生的儿子，就读于牛津大学埃克塞特学院(Exeter College)，后来成为一名律师。1783～1787年和1796～1802年，他担任国会议员。他反对埃德蒙·伯克和辉格党贵族，认为后者在密谋反对宪制。后来他离开了辉格党，鼓吹人民至上和自由至上。他非常认同下面的观点：辉格党贵族正在控制国王，并且不受民众欢迎，民众会推翻国王和辉格党贵族。Thorne(ed.), *History of Parliament*: *The House of Commons* 1790—1829, vol. Ⅳ, pp. 669—672.

他们的安全需要,是多此一举的。虽然几乎没有议员赞同约翰应该消除英国大家庭的建议,但是国内越来越多的人支持他中产阶级负担过重的观点。1809年,一位圣公会(Anglican)牧师评论道:

> 必须支持中产阶级,否则整个社会都会陷入混乱;如果上层阶级被称作是"光鲜社会的科林斯式柱头"的话,那么中产阶级就是它最强有力的支柱,将其从尘土中托举起来。中产阶级是我们宪政制度的拱门,它向下连着地基,向上支撑着上层建筑。[①]

对税收负担的不满以及意识到国家正成为一位"食税者"(tax eater),成为激进措辞和中产阶级身份形成过程中的一个信条。[②] 弗兰西斯·伯德特[③](Francis Burdett)的评论充分支持了这种观点。他在1802年这样说道:

> 所得税造就了政府最片面、最冒犯无礼和最粗鲁的调查权力。一个人一生的所有交易都可能会受到调查,家庭事务被公开,一个英国人,就像一个犯人一样,等待着行政官员的传唤,就像一个仆人一样,天天候在内庭中等着行政官员调查他们的财产。在经受了所有可能的怀疑、追加罚款和指责侮辱之后,他们还要宣誓,在这个过程中没有任何来自国家的矫正和陪审团的诉讼……先生,对所得税的废除不足以弥补它所犯下的恶行;它的规则一定会被指责和铭记。[④]

1814年末,当国内收入委员会(the Board of Inland Revenue)停止向伦敦市委派管理所得税的外行委任专员(lay commissioners),将控制权收回到

---

① Wahrman, *Imagining*, pp. 52, 163; Thorne(ed.), *History of Parliament*: *The House of Commons*, 1790—1820, vol. Ⅳ, pp. 669—671.

② Wahrman, *Imagining*, chapter 4.

③ 弗朗西斯·伯德特(1770—1844),就读于威斯敏斯特大学和牛津大学。法国大革命前期阶段,他正在巴黎,1793年返回了英国。他娶了银行家托马斯·库茨(Thomas Coutts)的女儿,1796年,获得国会议员席位。他提倡国会改革,抨击政府的对法战争和高税收政策,批评政府限制大众权利和言论自由。1802年,他代表米德尔塞克斯(Middlesex)选区当选国会议员;1804年,他的当选被宣布无效,直到1806年仍有争议。1807年,他代表威斯敏斯特选区再次当选国会议员,并且一直担任到1837年。在1810和1820年,弗朗西斯两次因受政治指控入狱。1837～1844年,他代表北威尔特郡(North Wiltshire)选区担任保守党国会议员。[DNB, vol, Ⅶ, ed. Stephen, pp. 296—299.]

④ *Parliament History of England from the Earliest Period to 1803*, vol. 36, 12 Apr. 1802, col. 509. 伯德特的评论引自1842年重新引入所得税时的辩论:*Parliamentary Debates*, 3rd set. 62, 8 Apr. 1842, cols. 146—147.

自己手中时,人们对一个侵犯性官僚机构的这些恐惧看起来更加真实了。这一做法激怒了伦敦市民。正如伦敦一位激进人士所抱怨的那样,政府官员或调查员是“压迫制度”的代理人……是“一个残暴的机器”。实际上,他们将“变得非常可怕,就像刽子手”。对取消外行委任专员的强烈抗议促使了所得税的终止。1816 年,22 000位城市商人、银行家和贸易商请愿要求改革税收。[①] 利物浦勋爵在战争结束后所面临的难题是:如何在不使用所得税的情况下偿还国债。

和平与债务

在战争末期,税收制度的合法性危机日益严重。对税收制度及其背后国家的批评在 1829 年的一幅漫画中表现得很清楚。这张漫画描绘了英国社会的普遍观点。画面的最上部是一块木梁,上面写着“制造商和商业”,这根木梁无法承受悬挂在它上面的人们的重量,从中间折断了。令人绝望的是,直接悬挂在这根横梁上的是四个衣衫褴褛的工人,在工人的腿上还悬吊着两个富裕的商人,而抓着商人大衣下摆的是一个穿着华丽长袍礼服的胖主教或贵族。漫画上的说明这样写道:“制造商和商业贸易支撑着工人,作为主要纳税者的商人和企业家支撑着大食税者——教会和国家。”

和平时期,政府对高水平税收的需求并没有下降,因为偿还不断累积的国债需要相当巨大的财政支出。政府债务从 1688 年的 200 万英镑或者说是国民生产总值的 5%,增加到 1815 年的 834 万英镑,占国民生产总值的比重翻了一倍多。尽管在这一时期利率下降了一半,但是用于偿还债务的金额从不足税收收入的 1/4 上升至超过一半。[②] 实际上,政府为了平衡预算以及维持用于支付债务的偿债基金,被迫在战后增加债务。政府的借款政策几乎没有财务意义,因为借新债是为了还旧债,并且新债的利率高于旧债。

---

① Hope-Jones, *Income Tax*, pp. 2,28—29,68—69.

② Winch, “Political economy of public finance”, p.9, P. K. O’Brien, Power with Profit: The State and the Economy, 1688—1815(London, 1991), pp.28—30; O’Brien and Hunt, “England, 1485—1815”, p.61.

正如利物浦勋爵和威廉·哈斯基逊[①](William Huskisson)所认识到的那样,应该用预算盈余偿债,而不是进一步举借新债。然而,征税的政治困难束缚了他们,同时也需要通过偿债基金维持公众对政府债务的信心。[②] 他们所面临的难题是,如何在公众对寄生性的食利者存在广泛敌意,并且英国安全没有受到紧急外部威胁的情况下,满足巨额债务的还本付息要求。

经济学家对国债的看法也存在很大分歧。以罗伯特·马尔萨斯[③](Thomas Robert Malthus)为代表的一派认为,战争结束后存在的问题在于消费不足,增加食利者的个人服务消费不失为一种解决办法,这可以"确保必要的适度刺激生产的消费"。在马尔萨斯看来,"消费疲软导致的损失将大于减税获得的好处"。[④] 但是这种观点受到了大卫·李嘉图(David Ricardo)和詹姆斯·穆勒[⑤](James Mill)基于政治学和经济学考量的批评。为了支持自己反对穷兵黩武的政策,李嘉图和穆勒需要证明国债是有害的,而不

---

① 威廉·哈斯基逊(1770—1830),先在英格兰就读,后在巴黎接受私立教育,因为他的叔叔在巴黎担任英国驻法大使的专职医生。他在那里担任大使的私人秘书,随着1792年大使被召回,他也返回了英国。他找到一份负责处理法国移民事务的工作;1795～1801年,他担任战争事务副大臣。1796～1802年和1804～1830年,他担任国会议员。1804～1806年和1807～1809年,他担任财政部大臣,因支持坎宁(Canning)而辞职;1812～1823年,他担任锡兰(Ceylon)殖民地政府代表,薪水为4 000英镑;1814年,他担任林业部长。1823～1827年,他担任海军财务主管和贸易委员会主席;1827～1828年,他担任殖民事务大臣和下议院领袖。1830年,在曼彻斯特到利物浦铁路的通车典礼上,他因火车引擎事故意外遇难。他是财政和贸易问题专家,承担关税的修订工作。(DNB, vol. XXVIII, ed. Lee, pp.323—328.)

② N. Gash, "After Waterloo: British society and the legacy of the Napoleonic wars", *Transactions of the Royal Historical Society*, 5th ser.28(1978), 155.

③ 托马斯·罗伯特·马尔萨斯(1766—1834),就读于沃灵顿学院(Warrington Academy)(支持持异见者)和剑桥大学耶稣学院(Jesus College)。1793年,他成为耶稣学院的一名教师;1798年,他成为一名助理牧师,同年发表了《人口论》;1805年,他被任命为东印度公司凯雷伯利学院的历史学和政治经济学教授。他多次修改《人口论》;1815年出版了《地租的本质和进程》。[DNB, vol. XXXVII, ed. S. Lee(London,1893), pp.1—5].

④ T. R. Malthus, *Principles of Political Economy*, vol. I, ed. J. Pullen (Cambridge,1989), pp.43,479—488; also T. Dome, "Malthus on taxation and national debt", *History of Political Economy* 29(1997),275—294.

⑤ 詹姆斯·穆勒(1773—1836),出生于福法尔郡(Forfarshire),是一个鞋匠的儿子。他就读于爱丁堡,1802年,移居到伦敦。1808～1813年,他为《爱丁堡评论》撰稿;1806年,他遇到了杰里米·边沁(Jeremy Bentham),成为边沁的门徒和支持者。他通过写作养家糊口;1818年,他出版了《印度史》一书,同时在东印度公司获得一份管理工作。他是政治经济俱乐部的成员,极力鼓励李嘉图。他为《威斯敏斯特评论》撰稿,1824年将其改造为一个宣传边沁主义的杂志。[DNB, vol. XXXVII, ed. S. Lee(London,1894), pp. 382—388.]

解释:制造商和商业贸易支撑着工人,作为主要纳税者的商人和企业家则支撑着大食税者——教会和国家。

插图1 1829年《国家现状》封面的一幅漫画

是一种弥补过多资本积累和消费不足的方式。支持国债就相当于呼吁增加军事开支或是公务员的工资,是在为一个腐败的贵族式政府的无效开支进行辩护。在李嘉图看来,债务是“最可怕的洪水猛兽之一……一直挥之不去”。他提出的解决办法与休谟一样极端:在三到五年之内,通过夸张的征

资料来源:calculated from B. R. Mitchell and P. Deane, *Abstract of British Historical Statistics*(Cambridge,1962), pp. 396—398.

图 2.2 1810～1913 年期债务支出占英国中央政府总支出的比重

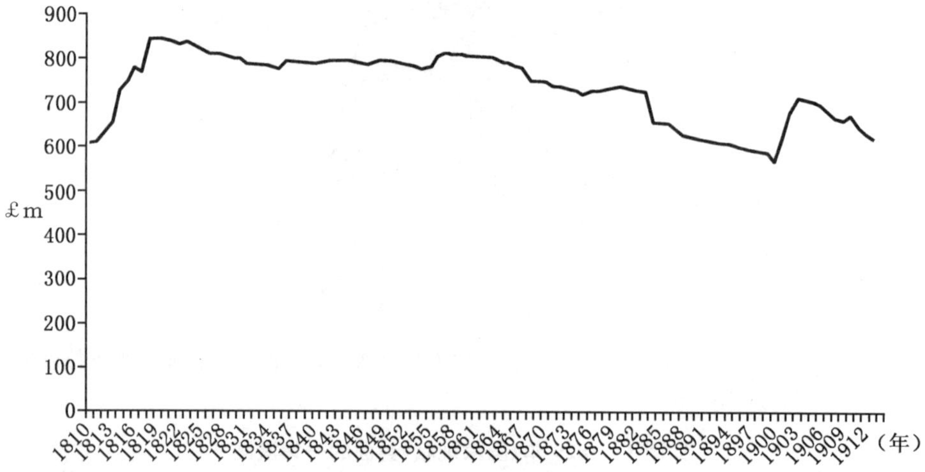

资料来源:calculated from B. R. Mitchell and P. Deane, *Abstract of British Historical Statistics*(Cambridge,1962), pp.402—403.

图 2.3 1810～1913 年长期债务和短期债务占英国中央政府总支出的比重

税方式(包括对所有资本征税)还清所有债务。他自己也承认这种方法是“荒诞的”。李嘉图不关心税收是如何缴纳的,因为这仅仅是从纳税人到债务持有人之间的转移支付,对国家财富没有任何影响。他更加关心的是初始借款(original loan)及其对私人积累的影响。李嘉图甚至持有比斯密更为悲观的看法。斯密认为私人节约可以补偿公共浪费,不断下降的利润可以看作是进步和有效竞争的标志。但李嘉图持有不同观点,他认为下降的利润将导致资本积累的减少,公共开支将会以牺牲私人积累为代价。李嘉图政治经济学的核心是减少政府支出,这与斯密的观点不同。在19世纪早期,为“抑制政府”提供理论辩护的是李嘉图而不是斯密。李嘉图主张减少所有铺张浪费的公共开支项目,他对国债的抨击只是其主张的一部分。在这个过程中,斯密对公共支出的观点在李嘉图的理论框架中被重新进行了阐释。①

如果要偿还债务,那么钱从哪里来?一种观点认为“所得税是既能够征收大额税款,又不对穷人阶级产生压力的最好方式”,《库利耶》(*Courier*)1816年就是这样认为的。与替代方案——“通过大幅增加消费税和关税压榨穷人和富人”相比,所得税是一种更好的方式。实际上在1816年,利物浦勋爵政府就尝试在未来两年内重新恢复所得税,但是他的目标以失败告终。回归和平时期意味着大量开支不再具有正当理由,人们认为,对英国自由的威胁来自国家内部,而不是来自英吉利海峡对岸的欧洲大陆。《爱丁堡评论》(*Edinburgh Review*)中一篇名为“还有人可以假装下去吗?”的文章写道:

如果没有被告知所得税只是短期存在,英格兰人民会已经接受所得税

① D. Ricardo, *The Works and Correspondence of David Ricardo*, ed. P. Sraffa with the collaboration of M. H. Dodd (II vols., Cambridge, 1951—1973), vol. Ⅰ: *On the Principle of Political Economy and Taxation*, pp.247—248; vol.II: *Notes on Malthus's Principles of Political Economy*, pp.421, 450; vol.IV: *Pamphlets and Papers*, 1815—1823, pp.149—200; vol.V: *Speeches and Evidence*, pp.21, 34—35, 38—39; also J. S. Mill, *Collected Works*, vol. Ⅳ: *Essays on Economics and Society*, I, ed. J. M. Robson with an introduction by L. Robbins (London, 1967), pp. 1—22; J. S Mill, *Collected Works*, vol. XXII: *Newspaper Writings*, I: *December* 1822—1 *July* 1831, ed. A.P. and J. M. Robson (London, 1986), p.58. Ricardo's views have been discussed in Roberts, “Ricardo's theory of public debt”, 257—66; C. S. Shoup, *Ricardo on Taxation* (New York, 1954); D. P. O“Brien”, *The Classical Economists* (Oxford, 1975), pp.259—265; W. Eltis, *The Classical Theory of Economic Growth* (Oxford, 1984), pp.219, 221—223; Winch, “Political economy of public finance”, pp. 18—22.

了吗? ……从任何原则来说,所得税都是压迫性的、违背宪政精神的以及破坏个人安全的。我们认为在危机解除之后,一个自由的民族无须再忍受所得税,因为只有危机才使得所得税具有合法正当性。①

实际上,这项税收一直"被指责和铭记",因为它被认为在管理上是残暴的,对英国的自由造成了威胁。正如《泰晤士报》(*The Times*)1816 年刊登的一封愤怒的信中所说的那样:"在严格课税中存在着专横幽灵,他们是一大群小暴君! 一个使用严格询问权力的政府很容易扩散这种专横精神。一个树根就可以向各个方向生根发芽。"②正如 1733～1734 财政年度的消费税危机那样,重新引入所得税之所以遭受失败,还因为人们担心这会打破地方主义与中央主义之间的均衡。不断增加的中央税收来源似乎会威胁到地方政府的自治,地方财政会面临困难(参见第 8 章)。1814 年,国内收入委员会(BIR)暂停任命伦敦市外行专任委员的行动,在一定程度上强化了大众的观点——中央政府的行为威胁了地方政府的自治,这为地方政府改革济贫法、增强警察力量和改善公共卫生增添了困难。③

1815 年之后,来自法国的直接威胁消失了,这意味着乡绅们可以更加猛烈地批评用于偿还债务的高税收了。乡绅们可以抱怨他们为支撑食利者和资本家提供了大量金钱,但是食利者和资本家却颠覆了社会秩序。乡绅们和激进主义者携手反对军国主义的恐吓、奢侈浪费的法院、庞大的养老金规模和政府冗员,以及富裕的资本家和地主的掠夺。在 19 世纪,国债问题变得更加迫切和具有争议性。在 18 世纪,辉格党和托利党抨击国债对社会秩序和宪政构成了威胁。与大革命后和拿破仑时期法国进行的战争,使得很多托利党人转而支持埃德蒙·伯克(Burke)的观点——国债是防御暴政的爱国主义手段。与此相反,反对战争和提倡改革的人攻击国债是经济负担,导致政府冗员和"旧式腐败",对政治自由造成了威胁。因此,战后政府陷入了两难境地:政府意识到了继续征税的必要性,也希望通过重新引入所得税解决债务问题,但是债务也提供了一个人们反对所得税的理由,因为所得税收入被从生产者手中转移到了寄生性的食

① Hope-Jones, *Income Tax*, pp.116, 119.

② Times, 15 Feb.1816, quoted in Hope-Jones, *Income Tax*, p.114.

③ Hope-Jones, *Income Tax*, pp.2, 128—129, 133—134.

利者手中了,从受降价之苦的债务人和生产者手中转移到了受降价之益的债权人和消费者手中了。这些身份如生产者和寄生者、债务人和债权人,是使用修辞手法人为创作出来的,而不是对现有利益群体的简单表达。土地和生产的“真实”活动与虚假的金钱利益和颠覆了社会秩序的投机行为,被人为进行了分割。高息战时借款(war loan)的投资者从价格下降中获益匪浅,纳税人抱怨,如果以实际价格衡量,他们的负担增加了。同样地,随着贷款实际价值的上升,债权人是受益者,但债务人却是受害者,因为他们的还本付息负担加重了。负债的地主、实业家和商人联合起来要求政府将工资、税收和政府开支降低到 1792 年的战前水平。拒绝支持延长所得税,是迫使政府节减开支的一种手段,特别是可以迫使政府减少补贴、消除冗员、压缩军事开支和减半支付政府官员薪水。对“旧式腐败”的攻击,或者用威廉·科贝特①(William Cobbett)的话来说,是战后政治的核心。国会协商过程可能之前有利于在 18 世纪建立合法性并获得一致认同,但在现在很多人看来,国会似乎代表着一种偏见和失衡的政治制度,这一政治制度为权力阶层和既得利益者服务。②

利物浦政府在减少开支方面确实做出了巨大努力。1822 年,托利党政府设法减轻了政府债务支出,其方法是把 1.5 亿英镑政府债券的利率从 5%降为 4%;1824 年,又进一步将 0.7 亿英镑政府债券的利率从 4%降为 3.5%。③ 在很多方面,利物浦政府减少开支取得的成就是令人印象深刻的。1824 年,利物浦私下承认,国家需要的是更高的税收而不是进一步减少开支,英国直接税的比重是低于其他欧洲国家的。④ 实际上,利物浦的观点是很有道理的,因为

---

① 威廉·科贝特(1763—1835),生于法纳姆(Farnham),是一名工人的儿子。1783～1791 年,他在军中服役,提交证据指控了他的长官们。他之后移居到法国和美国费城,成为一名支持保皇派的书商和出版商。1797 年,他移居到纽约;1800 年,他返回伦敦,成为一名托利党记者。1804 年之后,他逐渐变得激进;1804～1817 年,他在汉普郡(Hamshire)经营农场;1817～1819 年,他重返美国。1821 年,他未能进入国会;但是 1831 年他最终代表奥尔德姆选区成为国会议员。他 1802 年开始出版《科贝特每周纪事》(*Cobbett's Weekly Register*),一直维持到他逝世为止;他支持小农场主和工匠,反对大地主、大工厂和税收,在社会改革方面,结合了托利党和激进批判主义的看法。[DNB, vol. Ⅺ, ed. L. Stephen (London,1887), pp. 142—145.]

② Gash, “After Waterloo”,152—154; Hilton, *Corn, Cash and Commerce*, Parts Ⅰ and Ⅱ.

③ Gash, “After Waterloo”,156.

④ Liverpool to Canning,19 Oct. 1824, in C. D. Yonge, *The Life and Administration of Robert Banks, Second Earl Liverpool* (3 vols, London,1868),vol.Ⅲ,p.311.

在19世纪20年代,英国财政制度只能说是在勉强支撑着。英国1799年引入所得税的目的是扩大土地及估定所得收入。1816年,所得税被废除了,这导致了直接税地位的下降,但是他没有同步改革其他税种。英国财政制度变得严重依赖关税和消费税,这带来了不同贸易利益群体之间、土地与商业之间、穷人与富人之间发生冲突的潜在危险。相比而言,法国财政制度更为灵活,征税范围也更为广泛,有比英国19世纪早期更大范围的直接税。在法国,对具有外部标识可以显示个人富裕程度的财产要征税,尤其是对住宅而言,同时还征收人丁税(contribution personnelle)。住宅的租赁价值(rental value)被认为是最可靠的收入衡量指标;对最小的房屋免于征税,基于对房屋租赁价值的粗略估计,对其他房屋进行征税。基于每块地或每栋建筑收入的地籍调查(cadastral survey),对不动产征收土地税(contribution fonciere)。另外,通过营业税(droits de peatente)对工业和贸易利润征税。营业税是一种许可形式,根据企业的估测收益而不是实际净收入征收。营业税的征收基于三个标准:一是经营活动的特征;二是根据工人数量、产出、原材料消耗量和工厂租赁价值确定的商业规模;三是地区的人口数量。因此,在一个小村庄里只雇佣几位工人的面包师,比在城镇里雇佣很多工人的面包师,缴纳的税收要少得多。营业税的课税对象是企业家的利润,因此雇员的工资及公务员、军人、牧师和律师的薪水不在营业税的征税范围之内。正如我们将看到的那样,这些税收存在着一些问题,随着时间的流逝,法国财政制度变得越来越僵化。但是在19世纪第二个25年中,与英国明显不同的一点在于,法国的征税范围要广得多。1840年,法国直接税占中央政府税收总额的37.9%,在英国这一比重连7.9%都不到。①

英国政府意识到了存在战后发生动荡的危险性,也认识到了由于未能成功重新引入所得税,使政府更加依赖关税和消费税。利物浦政府尝试做出妥协,通过对一些项目的减免让穷人接受所得税,比如为了降低啤酒价格,废除

① 1875年,法国直接税占中央政府总收入的24.1%,仍然高于英国的20.2%。1910年,情况发生了变化,法国直接税占中央政府总收入的25.7%,而英国是31.7%。这些数据来自P. Flora et al., *State, Economy and Society in Western Europe*, 1815—1975.*A Data Handbook in Two Volunes* Ⅰ. *The Growth of Mass Democracies and Welfare States* (Frankfurt, London and Chicago, 1983), pp. 301—302, 341—342.

了麦芽税。但是,这也是对地主的让步,因为他们正面临通过谷物法(corn law)保护其利益的指责。1819 年,为了增加税收和平息政治动荡,政府再次提议重新引入所得税,其目的在于对"已实现的"资本(即来自财产的收益)而不是劳动收入征税,并且减少劳动者承担的其他税收。财政部大臣(secretary to the Treasury)声称,这一措施可以"阻止人们的不满,如果不这样做的话,这些不满不可避免地会颠覆宪政和政府……这一措施可能是对煽动者对富人诽谤最好的反驳"。[①] 这一尝试没能获得成功,因为政府需要确保在国会中获得多数支持,才能通过压制性法律打击"煽动者"。

1816 年和 1819 年政府两次引入所得税的失败,意味着财政制度高度依赖关税和消费税,这打击了商业和贸易,工人阶级消费者背负了更加沉重的负担。[②] 战时债务的沉重负担以及用累退性的税收支付食利者的利息,意味着财政制度的合法性在恢复和平后遭到了更大程度的质疑,其程度甚至超过了"漫长的 18 世纪"这一战争时期。人们不相信其他纳税人为国家支出做出了应有的贡献,也不相信国家的花钱方式在不同阶级和利益群体之间是公平的。在 19 世纪 20 年代的英国,很多人认为国家是不民主的,机构臃肿,效率低下。政治家们遭到了来自多方面的批评声,激进人士抱怨这是对宪政的颠覆,不满的农场主和绅士担心自身相对于大地主和有钱阶级而言地位下降了,福音教信徒(Evangelical)批判政府浪费和奢侈。这项运动是自我强化的,因为纠正一个弊端所进行的国会质询披露了公共领域相关议题更多的信息,结果导致了更多更大的改革要求。[③]

19 世纪早期的激进主义为"反复出现的反国家主义"提供了基础,这种反国家主义形成了维多利亚时期自由主义的一个重要议题。比较激进的例子认为,中央政府的开支包含了对贵族和资本家的转移支付,改革济贫法是在反对人们享有财政救济的权利。这种反国家主义是有一定道理的,因为税收制度

---

① Hilton, *Corn, Cash and Commerce*, pp. 32—33,82.

② O'Brien, "Political economy of British taxation",1—32.

③ Harling, *Warning of "Old Corruption"*, pp. 137—139,144—150,165—178; P. Harling and P. Mandler, "From 'fiscal-military' state to laissez-faire state, 1760—1850", *Journal of British Studies* 32(1993),44—70; P. Harling, "Rethinking 'old corruption'", *Past and Present* 147(1995), 127—158.

在1816年之后是严重累退的,1861～1880年,中央政府在陆军、海军和国债方面的开支超过总支出的70%。激进人士将税收视为维持国外战争和国内剥削的一种手段,他们主张节约,将缩减开支视为消除奉迎贵族者和结束寄生性食利者的方式。在激进人士看来,真正需要的不是一个强有力的政府,而是一个活跃的公民社会,这个公民社会是建立在合作社会、工会、互助会和俱乐部等协会文化基础之上的。托马斯·潘恩①(Thomas Paine)的"自我治理、自我帮助的自由社会模型"和廉价国家理念在19世纪很有市场。只有少数几位激进主义人士,如约翰·加斯特②(John Gast),赞同将高所得税作为改变社会结构的一种手段,因为所得税通过扩大工人阶级的国内需求,消除了在国际市场中进行竞争的必要性,而国际市场竞争会导致压低成本、血汗劳动和对工匠共和主义(artisan republicanism)的攻击。对税收和国家的激进批评为宪章主义(Chartism)提供了支持,宪章主义强调,贫困和苦难从根本上来说是政治问题而不是经济问题,源于税收制度对穷人的不公。因此,解决方法应该是政治上的而不是经济上的,为了确保对财政政策和国家支出的控制,应该引入男性公民的普遍选举权和年度性的国会审查制度。皮尔和格莱斯顿的目标是告诉人们,通过现有国会制度可以消除税收的不公平问题。他们的成功意味着,激进主义者和宪章派在很大程度上被纳入了自由党的怀抱,而自由党代表了皮尔派保守党政治的延续。格莱斯顿的成功之处是和平地缩减了政府开支,并进行了改革,目的是确保之前的宪章派和科布登自由贸易政策中产阶级支

---

① 托马斯·潘恩(1737－1809),是一名教友派(Quaker)胸衣制造商和塞特福德(Thetford)小农场主的儿子。1761年,他成为一名税务员;1765年,因失职被解雇;1768年,他被重新任命,但是在领导了一场要求增加工资的运动之后离职。随后,他移居美国,并加入了军队。他的《常识》(*Common Sense*,1776)一书陈述了导致战争的步骤,他有政治职位,可以带薪写作。他来到伦敦,为了回击伯克的《对法国大革命的反思》(*Reflections*),他写作了《人权》(*The Rights of Man*)一书。他受到英国政府的通缉,逃到了法国,1792年被授予法国公民头衔,并被选入国民公会。1793年,他被逮捕入狱,因为罗伯斯庇尔(Robespierre)的失败而幸免于难;1793年,他出版了《理性的时代》(*The Age of Reason*)一书;1802年,他重返美国,反对华盛顿和联邦制。[DNB, vol. XLIII, ed. S. Lee (London, 1895), pp. 69－79.]

② 约翰·加斯特(1772－1837),在布里斯托尔长大,到伦敦后成为一名造船工人的学徒,之后一直靠贸易为生。他坚持"工匠共和国"理念——在工匠共和国中,自给自足的人们凭借自身技能拥有财产权,但是现实中他们的地位正受到危害,法律剥夺了他们的权利,建立起了一个依赖出口而不是繁荣的国内市场的经济,这使得经济缺乏稳定性。See I. Prothero, *Artisans and Politics in Early Nineteenth-Century London: John Gast and his Times* (Folkestone,1979).

持者的忠诚。[①] 利物浦政府致力于解决战后调整时期出现的问题，开启了改革和缩减政府开支的进程。但是，利物浦没能实现财政制度的公正感或公平感——这是皮尔和格莱斯顿在1842年和1853年预算中的主要任务。

① Biagini, “Popular Liberals, Gladstonian finance and the debate on taxation”, pp. 137—138; Stedman Jones, *Languages of Class*, chapter on “Rethinking Chartism”, especially pp.108—110,176—178; Matthew, Gladstone 1809—1874, p. Ⅲ; B. Hilton, *The Age of Atonement: The Influence of Evangelicalism on Social and Economic Thoughts*, 1785—1865(Oxford,1988); on Gast, see Prothero, *Artisans and Politics*, pp. 220,226,256,335.

3 “贤明管理和宪政控制”：格莱斯顿式财政宪法的出现

国家财政和国家自由密切相关。财政是逐渐实现国家自由的一种有效手段。追溯到数世纪前的古老时期，财政奠定了英国自由的根基，如果下议院失去了对公共资金支出的控制权，依赖于此的各种自由就会变得不值一提。

W. E. Gladston, speech at Hastings, *Times*, 18 Mar.1891

在拿破仑战争结束后，国债规模成为政治的中心议题。来自“生产性的”利益群体的税收被转移给了“寄生性的”食利者，这成为激进演说中的一个共同话题——特别是考虑到针对贸易和消费的间接税日益增长，而地主仍受到谷物法的保护。政府的支出看上去太多了，公然谋求私利和法院与政府中的闲职工作，公然追求军国主义和帝国主义而不是和平与贸易。拿破仑战争后，随之而来的是一场反对“浪费”和“腐败”、反对养老金和政府冗员、支持和平和减少政府开支的战争。这与第一次世界大战之后的情形很相似，那时低层中产阶级也强烈抨击不断膨胀的国家官僚机构所造成的“浪费”。随着选举权的扩大，出现了一个新的选举组织——工党，它要求通过实施“资本税”(capital levy)一次性还清所有国债，“资本税”是大卫·李嘉图在拿破仑战争后提出的一项建议。两次战争(拿破仑战争和第一次世界大战)都增加了新的税种，都扩大了征税范围，都造成了影响政治稳定的巨大难题。但是二者之间还是有一定区别的。在第一次世界大战后，税收水平继续明显高于爱德华七世(1901～1910)时期，国家在和平时期的支出水平高于以往任何时候。但是在拿破仑战争后，支出又回到了 18 世纪时的较低水平，对财政制度的攻击更为猛烈，丧失合法性的危机更为严峻。在拿破仑战争后，政治家们面临的任务比第一次世界大战后更为艰巨：他们必须重新建立人们对税收制度的信任，这不仅是简单地通过减少“腐败”和实行紧缩政策就可以做到的，这需要一个长期且复杂的改革管理制度和会计实践的过程，需要通过政治语言和文化创造一个“均衡”和公平的社会理念。在很大程度上，第一次世界大战后的政治家是这一过程的受益者：英国1918年之后的财政制度没有面临多大的信任性问题，而在1815年以后的英国及第一次世界大战后的其他国家，财政制度都面临着严重的信任性危机。1815年之后，政治家们如何成功地减少了政府支出，并重建了人们对国家和税收制度合法性的信任呢？格莱斯顿所说的“贤明管理和宪政控制原则”成为了英国自由和认同感的核心概念。[①]

“旧式腐败”：说辞和现实

历史学家十分关注对托利党政府和法院“旧式腐败”的批评，还由此激发了激进的辩论和讽刺性的漫画。然而，过于强调批评“旧式腐败”所运用的夸张性言语可能模糊了现实情况——“旧式腐败”的实际规模比夸张性说辞(rhetoric)所暗示的要小得多。[②] 正如哈林(Harling)所评论的那样，从大约1806年开始，激进看法与实际管理之间就存在着巨大差距，战后这种差距进一步扩大了。“经济改革”还在继续，减少了贪赃枉法的程度，削减了政府开支水平，但同时对“旧式腐败”的攻击也变得更为激烈。[③] 利物浦首相在战后削减开支方面获得了显著成功，但是他的这一努力丝毫无法减少对政府的攻击。当然，对养老金和政府冗员的批评，表明在一个未改革的政治和财政制度内仍存在特权，这种特权被它的批评者们歪曲说是，为了“寄生者”的利益而打击生产者。这种批评确实有一定的道理，因为自18世纪后期以来，较高的土地租

① 要了解第一次世界大战末期的详细财政数据，请见 Daunton, “How to pay for the war”. The quote from Gladstone (*Parliamentary Debates*, 3rd ser. 170, 4 May 1863, col. 1081) relates to his attempt to impose a tax on charities.

② W. D. Rubinstein, “The end of ‘old corruption’ in Britain, 1780—1860”, *Past and Present* 101(1983), 55—86; E. P. Thompson, *The Making of the English Working Class* (London, 1963), p. 676

③ Harling, *Warning of “Old Corruption”*, pp. 137—139, 144—150.

金使得大贵族地主的财富不断增加,相比之下,小地主和佃农的情况就不乐观了。[①] 所以,重新建立对国家和税收的信任不能只是简单地减少政府开支水平,因为尽管“和平红利”使得政府开支下降了,但对税收的抨击仍在增加。

面对激进的批评,政治家们的一个回应是向人们清晰描绘一个“廉洁的政府形象”,强调政府是一个值得信任的公共机构,正在努力学习一套新的政治行为方式。在战争结束到1830年之间,托利党大臣们适时地实施了经济和行政改革措施,这些措施让激进人士相信国家不可能继续贪婪下去了。这样做的动机是为了孤立那些要求彻底变革政府制度的激进人士。通过说服“受人尊敬的”批评人士——特别是独立议员和不满的“乡村”绅士,让其相信政治精英可以进行高效且节约的治理,他们的权力得以保留,既有政治制度得以合法化,也避免了特权的进一步扩大。托利党大臣们对批评的回应降低了腐败水平,政治精英们更为积极地致力于满足公众对“勤勉公正服务”的期望。内阁大臣们努力树立自己勤俭诚信的形象,声称自己对权力的追求是基于对公共责任的奉献,且具有“商业家”的能力。然而,公务员在19世纪早期形象的转变并不是完全成功的,托利党曾试图避免改革国会,但在社会渴望消除寄生的统治精英、要求宪政改革的呼声不断高涨的情况下,这种尝试最终在1832年失败了。1830年的税收让步使得政府面临着对财政不负责任的指控,并且未能承受住改革国会的压力。尽管激进主义者关于削减开支的说辞夸大了实际情况,但是“旧式腐败”的象征仍然代表了对政治制度的偏见。[②]

1815～1830年,托利党大臣们缩减开支的努力确实导致财政—军事国家发生了转折性变化,国家对支出的要求回落到了低于18世纪时的水平。[③] 但是不断收缩的国家开支没有像托利党大臣们希望的那样,获得合法性和信任,这部分是因为政策设计旨在防止公民权利定义过于宽泛,还有一部分是因为人们广泛认为,为已经缩减的公共开支所支付的税款是不公平的(确实是这样)。正如我们看到的那样,政府在战后被迫废除了所得税——政府认为不应

---

① Harling, *Warning of "Old Corruption"*, p. 150; I. Dyck, *William Cobbett and Rural Popular Culture* (Cambridge, 1992), p.135; Daunton, *Progress and Poverty*, pp. 52—56.

② Harling, *Warning of "Old Corruption"*, pp. 138—139, 150—196; S. Collini, *Public Moralists: Political Thoughts and Intellectual Life in Britain*, 1850—1930 (Oxford, 1991), pp.104—112.

③ Harling, *Warning of "Old Corruption"*, pp. 165, 177—178.

该废除所得税,其导致的结果就是不得不依赖关税和消费税,关税和消费税的负担又主要落在了劳动阶层消费者和国内生产者身上。[①] 废除所得税加重了政府缩减开支的压力,政府部门的做法又加剧了对税收不公平的批评,激进主义者对此的回应是政府应该进一步削减开支。托利党试图重新建立人们对贵族精英和国家信任的努力失败了,19 世纪 30 年代早期,辉格党提出了托利党曾经激烈反对的宪政改革。

1832 年,重新定义了国会辖区,取消了“有名无实的选区”;1835 年,经选举产生的地方议会取代了内部产生的自治市议会,并对司法制度进行了改革,减少了英国国教(Church of England)的特权。人们认为这些制度改革是对“旧式腐败”架构的打击,而且会进一步降低政府支出水平。然而,这未能重建国家的合法性,而且在要求废除农业保护、赋予成年男性普选权以使工人阶级控制国家的压力下,19 世纪 30 年代的公共抗议活动不减反增了。辉格党政府面临的问题是,其缩减开支的政策招致了对其财政管理不善的指责,特别是当经济萧条导致预算赤字时尤甚。尽管减少了间接税,但没有通过引入新税种对税制体系进行改革,激进人士非常憎恨所得税,将所得税视为推动战争和国家权力膨胀的引擎。[②] 尽管到 1840 年时政府规模已经大大缩减了,但仍然没有获得合法性和信任。谷物法对土地利益集团的保护表明,公共政策仍然是有利益倾向的,税收制度仍然严重依赖间接税,而间接税的主要负担落在了劳动阶层消费者和中产阶级生产者身上。

建立一套可行的关于国家合法性和信任感的说辞,离不开保守党首相罗伯特·皮尔爵士采取的措施,之后威廉·格莱斯顿领导的自由党继承了他的主张。他们是托利党政治家在拿破仑战争之后培养起来的关于公共责任概念的继承人,差别在于此时这一概念与他们当前的公务员身份是一致的,而不是面对外部压力做出的玩世不恭的回应。最重要的是,他们对公共责任的奉献与对自己及国家将公正无私行事的承诺紧密联系在一起。虽然他们的目标是保守的,但是与战后托利党大臣们的目标有所不同——托利党的目标是在不

① O' Brien, “Political economy of British taxation”, 1—32; Hilton, *Corn, Cash and Commerce*, pp. 32—33.

② Harling, *Warning of “Old Corruption”*, pp.197—227.

改变宪政制度的情况下,保持少数政治精英的统治。皮尔认为,保持政治精英秩序和保护财产的最好策略,是制定能够公平对待各类财产以及有财产者和无财产者的政策。通过限制国家开支,尽可能地使国家不参与经济利益之争,就可以保护政治精英不受挑战,并把国家塑造为不同利益群体之间的公平仲裁者。政治家应该克服个人贪婪和利己主义,应该拒绝利用国家通过打压一个利益群体从而支持另一利益群体的诱惑,无论这个利益群体是寻求保护的商业组织,还是谋求赋税减免的社会团体。这也意味着国会在财政制度中的角色发生了转变,在18世纪,国会是解决对抗性控诉的论坛,但是在维多利亚时期,国会变为公共支出的审计员。下议院的财政徇私舞弊行为大大减少了。这个转变是如何实现的呢?

1842年10月的《潘趣》(*Punch*):在队伍的后面,罗伯特·皮尔爵士和威灵顿公爵指挥痛苦的纳税人完成填满国库这个根本无望实现的任务。

插图2 “一个政治平行线”

“最严格的限制”:束缚国家

1828 年,公共收入和支出专门委员会(Select Committee on Public Income and Expenditure)委员约翰·查尔斯·赫里斯(John Charles Herries)[①]认为,首要任务是“制定能够约束年度公共服务支出最严格的限制”。[②] 政府缩减开支的努力取得了意外的成功,除了通过刺激经济增长以减少政府税收占国民收入的比重和削减国债规模外,政府还采取了一些约束政府支出水平的限制措施,这些措施有效地“束缚了利维坦”。很多策略在汉诺威时期(Hanoverian)的英国就已经存在了,现在又被重新提出来,并且要求更严格了,结果是两方面的。

一方面,公共支出削减幅度过大,导致国民福利下降:城市基础设施投资太低了,以至于大城市中的预期寿命情况恶化了,对大众教育的投资也严重不足。[③] 较为慷慨的济贫支出在国民收入中的比重也下降了。皮特·林德特(Peter Lindert)估计,英格兰和威尔士的济贫支出占国内生产总值(GDP)的比重从 1820～1821 财政年度的 2.7%降到了 1850 年的 1.1%,1880 年进一步下降到 0.7%。教育方面的公共支出也处于低水平:1860 年,英国公共教育支出占国民生产总值(GNP)的 0.18%,美国为 0.48%;1880 年,英国的这一数字上升到 0.29%,而同期美国为 0.74%。[④] 因此很多历史学家认为,维多利亚时

① 约翰·查尔斯·赫里斯(1778—1855),1798 年在财政部任职,担任财政大臣秘书;1811 年,任陆军首席军需官;1814 年,与盟国进行了关于财政条约的谈判。1816 年,他担任王室年俸审计员;1821 年,担任爱尔兰财政调查委员会委员。1823 年,他进入议会,被任命为财政部财务大臣,帮助进行关税改革。1827 年,他短期担任财政大臣;1828 年,担任铸币厂主管。他是 1828 年公共收入和支出专门委员会的领导性人物,在委员会中“建立了前所未有的清晰的公共账簿”。随后他担任贸易委员会主席和国家战争事务大臣。[DNB, vol. XXVI, ed. L. Stephen and S. Lee.(London),1891,pp.255—258.]

② PP 1828V, *Fourth Report from the Select Committee on Public Income and Expenditure of the United Kingdom. Revenue Expenditure and Debt*, p. 565.

③ 见 Szreter and Mooney, “Urbanization, mortality and the standard of living debate”,84—112; on education, 见 M. Sanderson, *Education, Economic Change and Society in England* (2nd edn, Cambridge, 1991), 要了解与国际相比,英国“人力资本形成”水平有多低,见 N. F. R. Grafts, *British Economic Growth during the Industrial Revolution*(Oxford,1985), pp.63—64,141,146,163—164.

④ P. H. Lindert, “Poor relief before the Welfare State: England versus the Continent, 1780—1880”, *European Review of Economic History* 2(1998),114, and P.H. Lindert, “Democracy, decentralization, and mass schooling before 1914”, Agricultural History Center, University of California, Davis, Working Paper Series no. 104, Feb, 2001, table 3.

代早期的集体行动是存在失误的：虽然济贫支出从之前的较高水平下降了，但是教育开支没有随之提高，与美国、德国、法国相比，英国的教育支出占比太低了。

但是，另一方面，“对利维坦的束缚”有利于重建话语体系——重建在拿破仑战争后被严重破坏的人们对公共行动的信心和对国家的信任。在19世纪第二个25年中，公共行动是高度不稳定的，因为人们普遍意识到财政制度的不公平性，也害怕税收被用于发展军国主义和用于支持非生产性的食利者。约束国家，建立对国家行动的信任感，是未来采取积极行动必需的先决条件。本章主要强调的是，为了获得公民的认同和信任，国家采取了哪些方法讨好它的公民，这提供了一个关于信任的政治历史。本章内容还涉及为了诱发公民的特定回应，政治家和公务员采取了怎样的说辞和行政过程。本章仔细分析了政治语言和文化的创造过程，以及机械的管理和会计程序。本章的重点在于分析国家是如何看待它的公民的，以及国家如何相信公民会对特定管理措施和关系做出回应。尽管这些措施是在利益集团和竞选压力下做出的，但它们在很大程度上是由政治和行政精英的文化假设形成的。这些精英们意图向人们显示自己和国家是值得信任的，至于公民和纳税人是不是这样认为则是另外一回事了。这里展示的有关纳税人对国家态度的证据是含糊的，是从税收遵从和收益的不同水平中表现出来的，是从政策制定者对自身成功的自我评价中表现出来的。因此，对税收的这种解释只是更大主题——国家与公民关系的社会历史——的一部分，这一主题研究公民如何看待彼此间以及与国家之间的关系。①

19世纪，英国税收发展趋势与欧洲其他国家有着很大的不同。在英国，税收水平从1815年开始下降，到19世纪末才出现轻微增长；在欧洲大陆国家，拿破仑战争之后税收的下降是温和的，并且很快就扭转了回落趋势。在英国，国家支出占国民生产总值(GNP)的比重在1820～1914年是下降的，而法

---

① D.文森特(Vincent)承担了这一任务的一部分，他在《保密文化：1832－1998年的英国》(*The Culture of Secrecy：Britain，1832－1998*)(牛津出版社，1998)一书中，试图说明国家怎样看待他的公民以及公民如何看待他们的国家，国家怎样试图对公民隐藏信息，以及国家的保密行为受到了哪些挑战。其他领域包括：对公民使用医疗权力(强制接种疫苗或报告疾病)；为了审计支出机构和衡量经济状况，收集统计数据；为了保护消费者，采取垄断性规制；为了确保对死亡的公正调查，建立由公民和医生参加的验尸团。一些要点将在本书结论中予以考虑。

国和德国的情况则刚好相反。在英国，中央政府支出占国民生产总值的比重，由1830年的12%下降到1880年的6%，1910年进一步下降到7%；1830年，包括地方政府在内的所有开支占国民生产总值的15%，1880年为9%，1910年为12%。在普鲁士时期的德国，中央政府支出占国民收入的比重，1830年是17%，1880年为4%，1910年为6%。在德国，统一之后各州的支出比德意志帝国时期还要高：1880年各级政府支出占国民生产总值的13%，1910年这一数字是16%。在法国，中央政府支出占国民生产总值的比重，1830年是7%，1880年为13%，1910年是11%；各级政府总支出占国民生产总值的比重，1880年是18%，1910年这一数字是15%。① 相较于它的欧洲大陆邻国，在第一次世界大战爆发前，英国政府支出受到了更为有效的约束。贝辛格(Baysinger)和托利森(Tollison)在研究格莱斯顿的财政政策时，提出了这样一个问题：利维坦是如何得到束缚的？相比于其他欧洲国家，英国如何能够大幅降低其政府支出占国民生产总值的比重？②

约束国家和建立一种政治文化的能力，是建立在国家和政治精英是值得信任的这一假设基础之上的，这一能力不是简单依靠努力培养公共责任感和“中立”国家概念就能实现的。格莱斯顿和接受传统格莱斯顿式财政理念训练

① Mann, *Source of Social Power*, vol. Ⅱ, table Ⅱ.3, pp.366—367; D. E. Schremmer, “Taxation and public finance: Britain, France and Germany”, in P. Mathias and S. Pollard (eds.), *Cambridge Economic History of Europe*, vol. Ⅶ: *The Industrial Economies: The Development of Economic and Social Politics* (Cambridge, 1989), p. 362; Harling and Mandler, “From ‘fiscal-military’ state to laissez-faire state”, 59. 需要注意的是，这些数字和 L. E. Davis and R. A. Huttenback, *Mammon and the Pursuit of Empire: The Economics of British Imperialism* (Cambridge, 1988, pp. 276—278)中的内容是相矛盾的，后者认为“英国过去是并且将来依旧是世界上税收最重的国家”，因为保卫帝国需要费用，并且这笔费用不能转嫁到殖民地身上。不幸的是，戴维斯(Davis)和哈登巴克(Huttenback)只考虑了1865～1914年这一期间的情况，他们声称，税收占国家净收入的比例提高到了1/6，他们忽略了1815～1870年这一比例的大幅下降，并且在19世纪90年代中期前一直保持稳定；德国和法国增长的时间比较早，并且增长得更为迅速，税收占国民生产总值的比重从19世纪60年代起就超过了英国。迈克尔·曼恩(Michael Mann)也同意这一点，他不认为英国的帝国—军事支出很高，认为1910年英国军事开支占国民收入总值的2.8%，而法国是4.1%，德国为2.9%：Mann, *Source of Social Power*, vol, Ⅱ, p.377. J. M. Hobson, *The Wealth of States: A Comparative Sociology of International Economic and Political Change* (Cambridge, 1997), table 5. 10, p.171 也有同样的数据，1870～1913年军事支出占国民生产净值的比例，英国是3.1%，德国是3.8%，法国1885～1913年是4.0%，俄罗斯是5.1%，日本为8.2%。

② Baysinger and Tollison, “Chaining leviathan”, 206—213; and see also Leathers, “Gladstonian finance and the Virginia school of public finance”, 515—521.

的财政部官员们非常清楚，新的危险来自互相竞争的政治家们对选票的追求和支出部门的扩张野心。他们担心，如果没有设立清晰和严格的约定，其结果将是已被缩减的开支又被其他支出的膨胀抵消了，把开支从拿破仑战争时期的高水平降下来是比较容易的，但是把支出控制在一个新的较低水平是比较难的。国家中立和公共责任这一说辞，以及对缩减开支和自由的追求，体现在详细且技术性的会计准则中。虽然托利党在 1830 年之前就开始规划设计这一准则，但是直到 19 世纪中期，这一准则才成为一个详细定义的制度。这些准则构成了格莱斯顿和财政部官员所设计链条的重要一环，这一链条的目的在于限制国家和公民，使他们富有责任感并且厉行节俭。

这个链条的第一个连环是坚决反对税收担保（hypothecation of tax revenue），即禁止指定将某种税收用于特定用途。在 18 世纪，创立税收担保是为了建立人们对税收制度的信任，通过表明某种税收将被指定用于偿还某一特定贷款，可以让公民相信政府有还本付息的能力。[①] 到 19 世纪中期时，人们的观点发生了变化，人们意识到，税收担保会导致国家职能膨胀——国家职能是一系列服务和功能的集合，在税收担保制度下，每种服务和功能都受到一个具有特定目的收入源的保障。此时的新观点认为，税收应该是统一的，应该被视为一个完整的资金池，应该与征税目的相分离。1857 年，公共收入专门委员会（Select Committee on Public Monies）推荐了这一"整体预算"制度，《1866 年国库和审计部门法案》（the Exchequer and Audit Departments Act of 1866）使其成为正式规则。这一法案任命一位总审计长，由其负责监督所有收入部门都将全部收入交给了英格兰银行，这些收入在英格兰银行形成了一个单一基金，而不再指定特定税源的税收用于特定目的。所有款项都从这一共同基金中支取，用于支付各个部门的支出，任何盈余都要上交国家债务委员会（the National Debt Commission）。[②] 国家从各种渠道获取的收入都集中到了国库，而不是再分散为多个

---

① Brewer, *Sinews of Power*, p. 211

② PP 1857(2nd session)Ⅸ, *Report from the Select Committee on Public Monies*, pp.498—499；29 and 30 Vict.c.39，"这个法案是为了强化财政部和审计部门的责任，规范公共资金的收入和保管，对公共收支项目进行审计"。但是这个规则在电信国有化时期遭到了破坏：1873 年，邮政局的支出被发现超过了国会的拨款数额。See C. R. Perry, *The Victorian Post Office: The Growth of Bureaucracy* (Woodbridge, 1992), pp.126—131. On Treasury controls, see M. Wright, *Treasury Control of the Civil Service*, 1854—1874(Oxford, 1969).

附属子基金,下议院通过投票决定对某一特殊目的的“资金供给”。因此,邮政局(Post Office)的全部收入都要上交国库,而不能只上交净收入,运营邮政服务的所有开支都由国会投票决定。允许政府部门留存收入或者允许政府部门使用指定用途税收的危险在于,这些部门会千方百计地设法多花钱,使得上交国库的净收入尽可能的少。1927 年,财政部又重申了这一原则,并将其视为英国财政的“基石”和“格莱斯顿式改革的主要原则”。这一原则授权国会直接控制支出,防止支出部门因循守旧,它也清晰地提供了政府开支的总体情况。按照财政部的说法,这一原则解释了为什么第一次世界大战后相较于法国,英国可以成功地重建财政制度:“资金分配制度中的专用账户是对大陆国家预算的诅咒,因为专用账户很容易掩盖政府债务和隐藏预算赤字,可以实现账面上的预算平衡。但是一旦使用所有公共资源都需要经过国会批准,这种情况就不可能再伪装下去了。”[①]在 20 世纪 20 年代,财政部仍在捍卫维多利亚时代中期财政宪法奠定的这一核心原则。

链条上同样重要的第二个环节是禁止相互调剂资金,即不可以把某一预算项目的结余资金调剂用于另一个预算项目。尽管税收被汇总为一个没有指定具体用途的总资金库,但是支出被下议院的年度“投票”进行了详细分割,用于完成特定职能和任务。这一制度有助于限制政府开支。比如说,国会投票决定向皇家海军拨款1 000英镑用于建设新的舰船,向亚伯丁(Aberdeen)邮政局拨款 500 英镑用于补偿其支出,那么前者结余的 150 英镑不能用来弥补后者的经费不足,也不能调剂用于其他支出项目,如在曼彻斯特建立一个新监狱,或是在悉尼建造一个新军营。每项支出活动都必须由针对这一事项的“投票”决定,项目间调剂资金的危险在于会导致量入为出,使得支出水平不断攀升。[②]

禁止税收担保和相互调剂资金依赖于建立统一简化的账户。1828 年,公

① PRO, T171/582, Leith-Ross to chancellor, 13 Aug, 1927。在 20 世纪 90 年代和 21 世纪初期,税收担保再次回到了政治辩论中,税收担保被作为保障受社会欢迎的公共支出项目的一种手段,以此应对人们对税收总体过高的抵制。财政部很后悔的一个主要例外是道路基金许可,唐顿(Daunton)的《公平税赋》(*Just Taxes*)一书对此有详细的讨论。

② 剑桥大学很多学院都认识到相互资金调剂的后果,这会将复印账户的结余用到举办的研讨会上:结果导致所有钱款都被花掉了,一分钱都不会返回到学校的中央管理部门手中。

共收入和支出专门委员会制定了基本原则:"除非可以清晰地证明这笔钱非收不可,并且征收成本是最低的,否则政府不能向人民收取一分钱。"这一专门委员会意识到,缩减开支是很困难的,因为每个支出项目都有它的拥护者;非常有必要"将公共支出固定在某个数额上,这将使得人民的真正需求不用给国家的假想需求让道。有很多种原因造成国家的假想需求,通常很难遏制一个不当需求"。正如专门委员会注意到的那样,问题在于财政部在拿破仑战争期间失去了对支出部门的控制,现在没有重新获得预算权威。各部门在财政部制定预算之前就已经建立了各自的年度预算,随后财政部无法真正控制各部门的支出,具体开支由各个部门自行管理。由此导致的结果就是支出水平比之前的和平时期还要高:"各个部门自然都会竭力夸大自己的重要性,都希望提升总体效率,完美地完成每项工作,因此各部门都渴望获得更多的支出项目,而不是处理公共服务中的紧急事件,这样在很大程度上影响了公共支出。"对于财政部而言,恢复对公共支出控制的关键是建立一套清楚统一的账户体系,这样经投票决定的年度预算中的每笔资金都可以被用于指定的服务类别。对预算账户的改革花了之后的三十多年时间。1828 年,专门委员会推荐引入一个"商业的"采用复式记账法(double-entry book-keeping)的账户体系。[①] 这一过程进展缓慢,1831 年在海军、1846 年在陆军中先后开始引入这一商业会计方法。1857 年,公共收入专门委员会建议在更大范围内使用这种方法。财政大臣强调,财政部和议会要想有效控制公共收支,建立一套完整的公共收支账户体系是至关重要的。只有能够对钱款的发放进行有效的检查,从而保证各部门在未被授权的情况下不能随意花钱,分别投票制度才行之有效。尽管 1834 年国会授权财政部有权要求各项拨款都必须用于国会指定的用途,但是只有当账户中的钱款从征收到最终用途都可以被追踪时,这种检查才是高效的。这样看起来,需要做的是更新财政部现有累赘、陈旧和毫无意义的

① PP 1828 V, *Second Report from the Select Committee on Public Income and Expenditure of the United Kingdom*, *Ordnance Estimates*, pp. 6—8; and appendix 53, Treasury minute, 18 Apr. 1828, p.475.

表格。①

接下来就有必要让国会每年都对支出进行投票，支出计划不应该跨年度。必须着重强调，为了保护公共利益，抑制行政部门的扩张野心，国会需要时刻保持警戒。激进的改革者认为，为了净化代表各种“利益集团”的国会，使国会可以更加有效地消除军国主义和浪费行为，与其通过扩大选举权建立更加民主的政治制度，不如改变国会议员的构成方式。约瑟夫·休谟②(Joseph Hume)是一位激进的国会议员，同时也是东印度公司中“旧式腐败”的受益者，他利用1821年建立的国会图书馆中可以获取的资料，对财政支出进行了详细(且冗长乏味)的审查。之后，他仍然坚持批评政府过于浪费，在19世纪50年代的所得税辩论中，他主张缩减政府开支。下议院对支出进行警惕的监督是很重要的：1832～1867年，党派的凝聚力有限，下议院被视为一个自治的竞技场，行政机关由下议院选举产生，下议院有效防止了行政部门变得过度强大。尽管在19世纪70年代基于选举需要，更加强调强大和稳固党派的作用，但是人们仍然认为下议院将会详细检查各项支出计划。③

1889年，格莱斯顿详细解释了这一原则，当时的保守党财政大臣乔治·

---

① PP 1857(2nd session) IX, *Report from the Select Committee on Public Monies*, pp. 498－9 and appendix I, “Memorandum on financial control put in by the chancellor of the Exchequer”, pp. 519－47. 政府账户的发展是一个更广现象的一部分，见：M. Poovey, *A History of the Modern Fact: Problems of Knowledge in the Sciences of Wealth and Society*(Chicago, 1998).

② 约瑟夫·休谟(1777－1855)，生于蒙特罗斯(Montrose)，他的父亲是一名船长，他寡居的母亲经营着一个陶器店。他是一位外科医生的学徒，随后在亚伯丁、爱丁堡和伦敦学医。之后，他成为东印度公司船队的外科医生，随后转到陆地上担任翻译、外科医生和出纳。他在印度赚了一笔钱，1808年返回英国。在1812年短暂担任国会议员之前，他到处旅行，翻译但丁的作品。他发表了关于储蓄银行的文章，积极参加兰开斯特学校运动和印度事务；他揭露了东印度公司的残暴行为，支持与印度的自由贸易。他尝试成为东印度公司的董事，但是没有成功。1818年，他再次进入国会，除了1841年曾短暂离开之外，一直担任议员直到逝世为止。他是激进主义的领导性人物，也是缩减开支的主要倡导者。1820年，他呼吁人们注意征税成本；1834年，他推动废除了谷物法。他主张安排专门人员分析公共支出的收益。他反对设立偿债基金，开展运动反对军队中的鞭刑，反对因债务囚禁债务人，支持天主教解放法令，呼吁废除连带法律。正如DNB评价的那样，“他比其他议员发言更为积极和激进”。[DNB, vol. XXVIII, ed. S. Lee(London, 1891), pp.230－231.]

③ M. Taylor, *The Decline of British Radicalism*, 1847－1860(Oxford, 1995), pp. 30－32, 45, 135; A. B. Hawkins, “‘Parliamentary government’ and Victorian political parties, c. 1830－1880”, *English Historical Review* 104 (1989), 638－669; Harling, *Warning of “Old Corruption”*, pp. 172－174, 196, on Hume.令人感兴趣的是，休谟负责管理皮尔纪念馆，这表明激进派接受当前国家的公平性：Harling, *Warning of “Old Corruption”*, p.255.

戈申[①](George Joachim Goschen)违反了这一规则——年度支出计划应该以国会投票决定的年度收入为资金来源。戈申建立了一项海军国防基金(Naval Defence Fund),用其支付海军战舰的建造费用,这笔钱将在接下来的7年里用税收偿还。格莱斯顿感到很震惊,因为这一提议公然违背了下议院不得用未来收入进行支出担保的宪政原则。他担心,政府很容易抵挡不住寅吃卯粮的诱惑,为了获得表面的短期繁荣,会导致长期的财政困难。[②] 当格莱斯顿重新掌权之后,他和他的财政大臣威廉·哈考特[③](William Harcourt)取消了戈申"伟大的宪政创新"。[④] 继任的自由党政府财政大臣——赫伯特·阿斯奎斯[⑤](Henry Herbert Asquith)重申了格莱斯顿的原则:任何陆军和海军的基本建造费用都应该从当年税收收入中支取,而不能通过借款

---

① 乔治·乔基姆·戈申(1831—1907)(也译为葛逊),是伦敦一名商业银行家的儿子,他从德国和牛津大学毕业后也加入了银行界。1858年,他成为英格兰银行董事;1861年,他出版了《外汇理论》一书。1863~1880年,他代表伦敦市当选自由党国会议员;1865年,担任贸易委员会副主席;1866年,担任兰开斯特公爵郡大臣;1868~1871年,他担任济贫法委员会主席(在这期间,他加强了院外救助方面的支出);1871~1874年,他担任海军大臣,他拒绝减少海军支出,从而导致国会解散。他不赞成格莱斯顿的外交政策,在1886年北爱尔兰自治危机时,加入了自由统一党。1886~1892年,他担任保守党政府的财政大臣。1895~1900年,他再次担任海军大臣,扩大了海军支出。他反对约瑟夫·张伯伦(Joseph Chamberlain)的关税政策,一直是一名自由贸易者。[DNB, *Second Supplement*, vol. Ⅱ, ed. S. Lee (London, 1912), pp. 134—140.]

② PRO, T 168/22, E. W. Hamilton Financial Papers 1891—1892, quoting Gladstone's speech at Hastlings, 17 Mar. 1891, reported in the *Times*, 18 Mar. 1891, p. Ⅱa.

③ 威廉·哈考特(1827—1904),是英国一名国教牧师、牛津郡地主的小儿子,就读于剑桥大学三一学院,是一名基督教徒。之后他成为一名成功的律师,代表都市工程委员会(Metropolitan Board of Works)参与了泰晤士河堤建设计划。1859年,他作为一名独立自由党候选人参加国会竞选,但是遭遇了失败。他研究和写作国际法,在美国内战时期,他在皇家归化和引渡委员会(Royal Commissions on naturalisation and extradition)工作。1869~1887年,他担任剑桥大学法学教授,后来从法学转攻政治学。1868年,他成为自由党议员;1880年,他担任内政大臣;1886年和1892~1895年,他担任财政大臣;在罗斯伯里(Rosebery)担任首相时,他是下议院自由党领袖。1898年,他辞去了自由党领袖职务。他谴责布尔战争和关税改革。1904年,他继承了家族财产,按规定缴纳了遗产税,而遗产税是他之前参与改革的。(DNB, *Second Supplement*, vol. Ⅱ, ed. Lee, pp. 198—212.)

④ M. J. Daunton, "The political economy of death duties: Harcourt's budget of 1894", in N. Harte and R. Quinault (eds.), *Land and Society in Britain*, 1700—1914 (Manchester, 1996), pp. 149—150.

⑤ 亨利·赫伯特·阿斯奎斯(1852—1928),就读于伦敦城市学校和牛津大学贝利奥尔学院;1876年,他取得了律师资格;1890年,他成为皇室法律顾问。1886~1918年,他担任国会议员,并于1892~1895年担任内政大臣。在布尔战争期间,他是一名自由派帝国主义者。1905年,他担任财政大臣,直到其1908~1916年间担任首相。(DNB, 1922—1930, ed. Weaver, pp. 29—40.)

获得,因为借款会混淆资本性支出和收益性支出,使得这一巨额年度支出项目逃避了国会的有效监督,并且"会不可避免地鼓励支出部门盲目进行急于求成和铺张浪费的支出试验"。违背这项规则不仅会增加没有资金来源的债务,还会削弱国家,因为一方面"这会严重妨碍突发危机时政府的借款能力",另一方面"政府会努力获取和占有资金,否则的话,这些资金会被用于商业和工业用途"。①

尽管国会每年都会对支出进行投票,但是英国国会影响支出整体结构和重塑收入的能力是很有限的。相较而言,在法国和美国,国会对国家支出有更加直接和详细的控制权。在英国,尽管偶尔会有人提出这样的建议——下议院的一个专门委员会应该拥有类似美国和法国国会的控制权,②但是这项提议一直没有获得通过,因为这被认为侵犯了行政机关的支出建议权。下议院可以批准或拒绝任何支出,但是不能干涉行政机关制定政策。正如詹姆斯·格里格③(Percy James Grigg)指出的那样,允许下议院拥有更多权力会带来一定的危险性,如在行政机关与下议院之间可能造成僵局,或者下议院可能会请求增加特定支出。④

任何关于税率或者减免税的讨价还价都将利益集团排除在外。税收法律尽可能地一般化而不是特殊化。与英国不同的是,美国税收制度包含了为数众多的减免税、扣除以及针对特定地区特定活动的优惠条款,税法是由受利益集团公开游说的国会制定的。在英国,税收措施是在一定保密环境中首先由行政机关提出的:预算是由财政大臣制定的,通常他很少与其他内阁同事就此进行讨论,但会采纳少数财政部官员的建议,这些官员强烈支持采取一般性税

① H. H. Asquith, *Parliamentary Debates*, 4th ser.156, 30 Apr. 1906, cols. 289—291, 294.

② University of Birmingham Library, Austen Chamberlain Papers ,AC 17/2/20,讨论了一项关于建立一个专门委员会检查国家开支细节的提议。

③ 珀西·詹姆斯·格里格(1890—1964),就读于剑桥大学圣约翰学院,1913年进入财政部工作。1921～1930年,他担任五位财政大臣的秘书(包括丘吉尔)。他是关税和消费税委员会主席,还是国内收入委员会主席;1939年,他担任陆军部(War Office)常务秘书;1942～1945年,他加入政府担任战时国务大臣。(DNB, 1961—1970, ed. E. T. Williams and C. S. Nicholls (Oxford, 1981), pp. 460—462.)

④ P. J. Grigg, Prejudice and Judgement (London, 1948), pp. 66, 68.

收措施。当休·道尔顿[①](Hugh Dalton)1945年成为财政大臣时，他想知道在预算公布之前，到底有多少内阁成员已经正式知晓了预算详情。他认为实际情况已经发生了很大变化。正如他指出的那样，伦道夫·丘吉尔(Randolph Churchill)[②]和威廉·哈考特担任财政大臣时，已经向内阁全体会议提交了他们的预算。他还补充说，内阁在几个场合详细考虑了格莱斯顿1853年的伟大预算，但观点存在很大的分歧。[③] 最近，一些财政大臣们有其自己独特的行事方式。就道尔顿而言，他向首相和两位年长的同事展示了预算的主体部分，但是直到发表预算演说前一天，他没有向内阁全体会议透露任何信息，到预算演说这一天，已经不可能做出任何重大改变了。[④] 道尔顿在1945年的做法似乎是19世纪下半叶的标准情况，即在预算被提交给国会的前一刻，财政大臣才将预算作为既成事实(fait accompli)向内阁进行说明。19世纪后期，财政部的汉密尔顿[⑤](E.W. Hamilton)向大臣们展示了当前收支现状相关信息，并且就下年度预算的税收优惠范围以及需要增加的税收提出了建议，除

---

① 爱德华·休·约翰·尼尔·道尔顿(1887—1962)，是乔治王子(后来的乔治五世)专职教师的儿子；就读于伊顿公学和剑桥大学国王学院。1914年，他取得了律师资格，并在战争期间服役；战后他加入了伦敦政经学院经济学系，1920～1936年在那里担任高级讲师。1923年，他出版了《公共财政原则》一书，尝试区分学术中立和党派争论；他的其他主要著作是关于收入公平的。1924～1931年和1935～1959年，他担任工党国会议员。在战时联合政府中，他在1940～1942年担任战时经济部长，1942～1945年担任贸易委员会主席。1945～1947年，他在战后的工党政府中担任财政大臣；1948～1950年，他担任兰开斯特公爵郡大臣；1950～1951年，他担任城镇和乡村规划部长。(DNB，1961—70，ed. Williams and Nicholls，pp.266—269.)

② 伦道夫·亨利·斯潘塞·丘吉尔(1849—1895)，是马尔堡(Marlborough)公爵的小儿子，就读于伊顿公学和牛津大学墨顿学院(Merton College)；1880年，他当选为保守党议员。1885～1886年，他担任印度事务大臣；1886年，他担任财政大臣和下议院领袖，后因要求削减陆军和海军经费而辞职。他是大众保守主义的创立者之一。(DNB，*Supplement*，vol.Ⅱ，ed. Lee，pp. 9—22.)

③ M. R. D. Foot and H. C. G. Matthew (eds.)，*The Gladstone Diaries*，vol. Ⅳ：1848—1854(Oxford，1974)，pp. 513—518，and J. Brooke and M. Sorensen(eds.)，*The Prime Ministers' Paper Series*. W. E. *Gladstone*，vol. Ⅲ：*Autobiographical Memoranda*，1845—1866 (London，1978)，pp. 132—145.

④ BLPES，Dalton Papers，1，diary entry for 7 Dec.1945.

⑤ 爱德华·沃尔特·汉密尔顿(1847—1908)，生于索尔兹伯里(Salisbury)，其父亲是格莱斯顿的朋友，同时也是一名主教。他就读于伊顿公学和牛津大学基督教堂学院，1870年，他进入财政部工作；1872～1873年，他担任财政大臣罗伯特·洛厄尔(Robert Lowe)的私人秘书；1873～1874年和1880～1885年，他担任格莱斯顿的私人秘书。他与格莱斯顿关系密切。1885年，他成为财政部财务处的特等办事员；1902年后，他担任财政部常任财务大臣，或者与乔治·默里(George Murray)共同担任常任财务大臣。1907年，他光荣退休。他主要关注财政部的财务问题，精通伦敦市和银行事务。他积极参与了戈申的债务转换方案，还就此写了一本书。[DNB，*Second Supplement*，vol.Ⅱ，ed. Lee，p. 193.]

非有要求改变财政宪法核心条款的重大提议，否则的话，不会对此进行过多的讨论。政府通常很少征询自己内阁成员的意见，由于有党派纪律作为保证，下议院通过财政议案（the Financial Bill）通常不是问题。[①] 这个法律可能会为某些活动提供税收优惠——例如购买人寿保险——或者，可能会向儿童和受供养的家属提供津贴。但是，这些措施具有普遍适用性，税务机关没有执行上的自由裁量权，例如，人们强烈反对因公司把储备金用于生产性投资就允许其申请享受税收减免。权力机关不希望卷入利用税收制度鼓励特定活动的争议中去，因为这会加大在法庭中如何定义普遍原则这个业已存在的难题。权力机关的目标在于尽可能地制定在执行过程中没有自由裁量权的税法，如果政府想要鼓励某些活动，应该通过外在的补助方式进行，并且这种补助要受到国会的详细审查。如税务局在第一次世界大战期间强调的那样，“税收的目标——正如在这个国家中众所周知的那样——仅是提供资金；税收具有普遍性，平等对待每个纳税人是一项基本原则，法律详细定义了税收责任的范围和条件，自由裁量权是明文禁止的”。[②]

禁止税收担保和相互调剂资金，坚持每年对收支进行投票表决，意味着只有在两种情况下才会在年末出现结余：一种情况是繁荣时期实现了高税收收入，另一种情况是压缩了某项支出。这种结余提供了一个诱惑，那些自私且有野心的政治家们可能无法抵抗这种诱惑，因此结余应该被转移到他们触及不到的地方。财政大臣可以把结余留到以后使用，这样就可以在选举时为了赢得纳税人的支持，大幅降低税收，这就把税收制度变成了一种贿赂方式。正如财政部官员、税收专家巴兹尔·布莱克特[③]（Basil Phillott Blackett）在1910年解释的那样：

---

① See Steinmo, “Political institutions”, 329—372.

② PRO, 7171/168, Reconstruction Committee. Encouragement of industries by means of revision of internal taxation, “I. Memorandum to the chancellor of the Exchequer from the Board of Inland Revenue, E. E. Nott-Bower and N. F. Warren Fisher, 30 Aug. 1916”.

③ 巴兹尔·菲尔波茨·布莱克特（1882—1935），出生于印度加尔各答，他的父母都是传教士，就读于马尔堡和牛津大学学院。1904年，他进入财政部工作；1913～1914年，他担任皇家印度财政委员会秘书；1917～1919年，他担任财政部驻华盛顿代表。1919～1922年，他担任财政部财务主管；1922～1928年，他担任印度委员会总督的财政专员；1929年开始，他担任英格兰银行董事.［*Dictionary of National Biography*, 1931—1940, ed. L.G. Wickham Legg (London 1949), pp.83—84.］

> 有很多理由反对将某年的偶然结余用于下一年的正常支出——这一机制可能会造成很多政治上的假公济私问题,一个强大的政府可能会在早年积累大量税收盈余,当其支持率下降时,再使用这些盈余减税,并且这种做法会给其反对党继任者留下一个空虚的国库。

因此,一个新的财政公约规定,任何结余都不得结转用于下一年。为了减轻国债负担,自 1829 年以来,所有结余都被转移到了偿债基金中,由此释放的资金在其他地方可以被更加有效地利用。偿还国债还可以增强贷款人的信心,表明国家是值得信任的,这样可以保持英国的国家信用,确保在战争时期年度税收收入不足时,公众会借钱给国家。[①] 正如我们将要看到的那样,政治家们一方面严格限制新增借款,另一方面也努力偿还既有债务。在这个过程中,国债从英国自由的一个威胁者,转变成为国家安全的一个守护者。

通过这些方法,建立起了很多限制国家膨胀的屏障。专业的会计程序和下议院的年度投票表决,逐渐发展成重要的宪政原则,这对英国的自由和国家认同是必不可少的。在格莱斯顿掌权时,年度预算成为一件颇具戏剧风格的事情,或者更准确地说,成为一件颇具宗教仪式感的事情。在格莱斯顿看来,国家不仅仅是个体的集合,而且是一个具有"国家良知"的"有机体"——是在对正确和错误综合认知的基础上形成的。刚开始,他认为国教为国家提供了一个何为对错的指导,为建立一个各阶级可以携手合作和有道德的有机国家提供了基础。19 世纪 40 年代,他转变了立场,认为自由贸易和财政公平应成为新的道德标准。他的预算将经济个体主义与正直以及自治与道德结合在一起塑造了一个新理念,取代了个人有责任和义务追求均衡有机社会的旧式观念。[②] 预算和统一基金——把各种来源的收入都汇集到一个账户中——使政府财政变得透明了:对于公众和纳税人而言,可以很清楚地知道钱从哪里来,以及花到哪里去了。最重要的是,支出每年都要接受国会的详细审查。1891 年,格莱斯顿在黑斯廷斯(Hastings)发表演讲,谴责戈申违背了这些原则,他

---

① PP 1857(2nd session) IX, *Select Committee on Public Monies*, appendix Ⅰ, "Memorandum on financial control put in by the chancellor of the Exchequer", pp.519—547; pp 1828 V, *Second Report from the Select Committee on Public Income and Expenditure of the United Kingdom*, pp.5—7; PRO, T171/9, Basil Blackett, 22 Nov. 1910.

② Matthew, *Gladstone*, 1809—1874, pp. 62—63, 76—77.

之所以选择在黑斯廷斯发表演讲,是因为黑斯廷斯在英国的国家认同形成过程中具有重要地位。维多利亚时代后期的历史学家将英国国家认同解释为:在被打败的撒克逊人(Saxons)的民主原则与获胜的诺曼人(Normans)的集中倾向之间,形成的一种有益的融合。① 二者缺少任何一个,要么会导致政权软弱分裂,要么会导致专制独裁;因此为了平衡这两种力量,非常有必要通过下议院聚集来自全国各地的代表,由其对野心勃勃的行政机关进行严格的财政检查。正如格莱斯顿在这次演讲中所强调的那样,国家财政是“英国自由的基础”,并且依赖于国会对所有公共支出进行详细的审查。② 行政审查、国会程序和洞悉英国限制支出诱惑的历史,共同构成了格莱斯顿的财政正统说辞。

这些程序变化导致了中央政府的重构。正如英尼斯(Innes)认为的那样,17 世纪末 18 世纪初,“中央政府变得越来越多头化——多中心化,很多机构共享权力,各机构之间的协调是通过主要政治家之间或多或少的非正式合作实现的”,部长们组成的“内阁”主要处理外交和军事事务。③ 政府会计程序改革和 19 世纪第二个 25 年间的预算控制,意味着中央政府事务的协调越来越依赖财政部和财政大臣控制支出计划的能力,以及国会对年度支出的审查能力。其后,中央层面一个更加集权的制度取代了 18 世纪的多中心国家格局。但是,中央政府仍然给地方政府留了很大的责任空间,特别是在城市基础建设投资和福利支出方面。正如我们之后将在第 9 章讨论的那样,在这方面采用了不同方式,开征了很多用于实现特定职能的特别税,这些职能通常由特定机构承担,或者由地方税纳税人投票决定。就中央政府而言,利维坦被束缚住了,同时国家也是值得公民信任的。

---

① J. W. Burrow, *A Liberal Descent: Victorian Historians and the English Past* (Cambridge, 1981), p. 143.

② PRO, T168/22, 格莱斯顿 1891 年 3 月 17 日的演讲,见《泰晤士报》1891 年 3 月 18 日的报道。这次演讲在盖伊提剧院进行,进一步加强了维多利亚后期英国的国家认同感。

③ Innes, “The domestic face of the military-fiscal state”, pp. 98—99.

4 “廉价获取未来安全的方式”：确立所得税(1842～1860)

我强烈相信，大量低收入阶级会接受国会的这一自发决定，支持为了减轻国家的财政负担向富人征税——我坚定认为，这种做法会在全国受到欢迎，因为上层阶级承担了主要税收份额。

——罗伯特·皮尔 1842 年关于再次引入所得税，
Parliamentary Debates，3rd ser.61，18
Mar.1842，cols.916－917

所有财产都应该为国家税收做贡献，只要公正且明智地对其征税，就不应该认为征税是对财产施加的罚款，而应该认为征税是促进所有者高效使用财产的一个必要手段。

W.E. Gladstone，*Parliamentary Debates*，
3rd ser.170，16 April.1863，col.224g.

建立严格的会计准则，要求财政公开透明和接受国会审查，有助于建立人们对国家的信任。但是财政制度的批评者还关心另外一个主要问题：税收在不同阶级与利益群体之间是不公平的，税收负担主要落在贸易和工业、生产者和贫穷消费者的身上，土地、食利者和奢侈品消费者所承担的税收要少得多。回顾英国税收历史我们不难发现，1816～1842 年，英国的税收范围十分狭窄，战时所得税的废除使得政府严重依赖关税和少数几种消费税，这导致财政制度具有很强的累退性，由此威胁到财政制度自身和国家的合法性。1842 年，皮尔重新引入了所得税，他说服了选民和纳税人，让其相信英国的税收分

配可以变得更加公平，并且让财产所有者和上层阶级为了救济穷人自愿接受这一负担。

回顾过去，从维多利亚时代后期以来的观点来看，1842 年重新引入所得税标志着一个新的政治经济局面的开始，为经济繁荣和社会稳定奠定了基础。但是在当时来看，似乎并不是这样。这个策略并没有立刻获得成功，因为并不是所有人都认为所得税有利于财政制度的公平和收支平衡，有些人害怕所得税为国家提供了新的用于军国主义和挥霍浪费的税收来源。持这种观点的人认为，应该通过削减法院开支、债务还本付息支出和军事支出，恢复收支平衡和实现税收公平。所得税可能适得其反，加剧了财政制度的不公平性，税收负担可能主要落在了积极创造财富的生产者身上，而不是坐享土地收益和政府公债利息的寄生者身上。与此同时，贸易保护主义支持者也出于不同理由，攻击所得税，因为设计这项政策是为了弥补废除谷物法所减少的收入——废除谷物法是全国所有城镇的利己主义要求。像金本位、英格兰银行法案和自由贸易一样，虽然所得税成为维多利亚时代后期英国身份认同的核心组成部分，但是它的引入在当时是非常有争议的。皮尔的任务是重新引入所得税，格莱斯顿的成就是使人们接受了所得税，使人们认为它是实现和平与缩减开支的保障，是实现收支平衡和税收公平的保障，而不会引起军国主义、挥霍和偏见。

1842 年的皮尔预算：重新引入所得税

皮尔清楚地意识到英国财政制度面临的紧张局势，在 1830 年英国陷入财政困难和政治动荡时，他开始考虑减少针对“人民生活必需品”的征税，以此作为确保稳定的一种手段：

> 他认为，立法机关的首要职责是尽力激发起下层阶级对文明社会舒适享受和奢侈品的兴趣，让下层阶级渴望它们并且想拥有它们，这将会是对上层阶级继续拥有其目前所享财产和权力的最好保证。他坚称，减免税收是一种有效手段，因为它可以极大影响人们最渴望的东西。[1]

---

① *Parliamentary Debates*, new ser. 23, 19 Mar. 1830, col. 658.

皮尔的说法很有意思,他建议扩大人民“必需品”的范围,把舒适享受和奢侈品也包括在内,改变商品的定义是为了能够扩大征税范围。尽管皮尔的税收减免标志着缩减开支的重要一步,但批评者认为在财政上是草率的,主要是为了应对国会改革压力。扩大征税范围能够完全不受政治因素的影响吗?

无论如何,很多激进主义者认为皮尔的妥协是不够的。比如财政改革家查尔斯·波利特·托马森①(Charles Poulett Thomson)就呼吁对税收的“有害性本质”进行详细调查,因为生产行业承受了太沉重的税收负担。在他看来,价格主要由工资和利润构成,在设定价格时要考虑其他国家的竞争。工资已经降到了最低水平,所以利润承担了主要税收,将因此破坏工业和企业。荷兰就是一个很糟糕的例子,正是“沉重的税收”使其丧失了对贸易和工业的控制权,这为可能发生的事情提出了一个警示。在波利特·托马森看来,这个问题其实就是税收归宿问题:对原材料和制造业征收的税率太高了,由此导致消费减少和税收收入下降。降低关税税率可以刺激消费和增加税收收入。② 关于更低的关税税率可以带来更高税收收入的观点,获得了19世纪30年代很多财政改革家,特别是亨利·帕内尔③(Henry Brooke Parnell)主编非常有影响力的《财政改革》杂志的支持。④ 19世纪30年代和40年代,降低了关税和消费税,这有利于缓解对税收制度不公的攻击。

但是问题仍然存在,由于辉格党的让步,政府的财政状况恶化了。1842年,皮尔面临着预算赤字难题,相较于其他三个备选方案,重新引入所得税是一种更容易被接受的选择。其中一个备选方案是借款,但考虑到政治可行性或希望确保财政独立性不受制于伦敦市,这并不是一个好的选择。皮尔还有两个方案可供选择,虽然这两个方案都要求改变间接税,但它们是两种完全不

① 查尔斯·波利特·托马森(1799—1841),在1826年成为国会议员之前,在国外参与父亲的生意;1830年,他担任贸易委员会副主席,1834年成为主席;1839年,他担任加拿大总督。[DNB, vol. LVI. ed. S. Lee (London, 1898), pp. 224—266.]

② *Parliamentary Debates*, new ser. 23, 25 Mar.1830, cols.857—96.

③ 亨利·布鲁克·帕内尔(1776—1842),出生于爱尔兰一个地主家庭;1797年,他当选为爱尔兰国会议员;1802年,他代表威斯敏斯特区当选国会议员,并且成为辉格党自由派成员。自1810年起,他支持天主教解放法令。1831～1832年,他担任战争事务大臣;1835年,他担任海军财务主管和军需总监;1836～1842年,他担任新设立的财政部主计大臣。(DNB, vol. XLIII, ed. Lee, pp. 342—345.)

④ See Brown, *Board of Trade and Free Trade Movement*; Parnell, *On Financial Reform*.

同且相互冲突的方案。一种方案是寄希望于通过降低关税刺激消费和增加税收,但皮尔认为这一政策“纯粹是幻想”。实际上,引起赤字的部分原因是1840年引入了便士邮资制(无论寄多远,都只收1便士邮资),因为罗兰·伊尔[①](Rowland Hill)声称,降低邮费会导致邮政局业务和收入大幅增长。但是实际上,邮政局的收入下降了。[②] 另一个方案是提高对工人阶级消费征收的税款,但皮尔是不会考虑这一方案的。尽管政府在19世纪30年代做出了一些让步,但是在这个动荡时期,人们热衷于激烈抨击税收制度的不公平性,任何增加消费税的做法都具有政治危险性。皮尔的解决办法是引入一个为期三年的所得税,目的在于弥补当前的赤字和为降低关税提供充足的收入,并且希望借此刺激工商业发展,降低生活成本。因此,此时引入所得税的目的在于为收入提供暂时来源,为经济从高关税、低收入向低关税、高收入的动态转变提供资金支持。[③] 皮尔决定再次引入所得税主要是为了增加国家收入,消除预算赤字,而不是为了试图消除政治紧张局势和提升治理能力。他关心的是,如何通过建立一个在不同利益群体之间保持中立的税收制度为财产提供普遍保护,以此实现政治和社会稳定。

在皮尔看来,所得税是一个“谨慎的保守主义”措施,[④]相当于一种保险政策,目的是为了避免人们对财产和政治稳定进行更加激烈的攻击。皮尔在

---

① 罗兰·伊尔(1795－1879),出生于基德明斯特(Kidderminster),就读于他父亲所办的学校,之后他和他的兄弟接管了这所学校;他们开设了一个实验学校,这个学校后来搬到了伦敦,他们与功利主义者关系密切。自1835年开始,他担任南澳大利亚委员会大臣,提议实行便士邮资制。1840～1842年,他在邮政局任职;自1843年开始,他担任布赖顿(Brighton)铁路主席;然后又回到邮政局,1846～1854年担任主计大臣秘书;1854～1864年,他担任邮政局大臣。(DNB, vol. XXVI, ed. Stephen and Lee, pp.416－420.)

② M. J. Daunton, “Comments”, in M. A. Crew and P. R. Kleindorfer (eds.), *Competition and Innovation in Postal Services* (Boston, Dordrecht and London, 1991), pp. 13－16; see also M. J. Daunton, *Royal Mail: The Post Office since* 1840 (London, 1985), pp. 19, 22－25.

③ *Parliamentary Debates*, 3rd ser. 61, Ⅱ Mar. 1842, cols. 431, 437－439, 444.

④ 这是马修(Matthew)描述皮尔政治继承人——格莱斯顿政策的用词,见H. C. G. Matthew, *The Gladstone Diaries with Cabinet Minutes and Prime-Minister Correspondence. Introduction to Volumes* Ⅻ *and* ⅩⅢ, 1887－1896(Oxford, 1994), p. xxxvi.

1842年对约翰·威尔逊·克罗克(John Wilson Croker)①说道:"就我个人观点而言,如果国家处于目前这种状况,为了减轻工业及靠此谋生的数百万人的负担,国家中的财产必须要纳税;如果财产所有者自愿且乐意这样做,这将是一种廉价获取未来安全的方式。"②皮尔认为,税收可以团结社会各阶级和消除社会动荡,作为刺激经济增长、实现繁荣富足的一种手段,征收三年的所得税就可以了:

> 尽管我承认来自贸易和专业服务的收益具有不稳定性,税收可能会对其造成严重困扰,但是当我一想到这项措施的主要目标之一在于减少用于生产的原材料的关税,而降低关税是实现贸易复兴的最好机会时,我就禁不住认为,这个措施对那些与国家贸易有关的人们是非常有帮助的。对于那些拥有土地或是从专业服务中获得收入的人,我有信心通过减少生活成本补偿他们由此增加的大部分负担,但是如果我不能为他们提供这个优势——通过让他们认同由此增加的所得税负担,会由此减轻国家目前面临的困境,制造不满和分裂的人也会减少——如果实现了这一目的,他们就一定会收获足够的补偿。我希望,我三年内复兴贸易的期望不会令人失望——我对所得税暂时作用的预期也将实现。然后,当幸福时刻来临和我们有能力废除所得税时,我们将发现贸易和工业复兴了,我们将对人民的安乐团结感到心满意足。人民已经收到的证据表明,在面对经济和财政困难时,一旦国家紧急事件要求必要的支出,那些身处高位的人、那些相对富裕的人,将准备承担他们的应尽责任。③

① 约翰·威尔逊·克罗克(1780－1857),生于戈尔韦(Galway),他的父亲是爱尔兰关税和消费税检测总长(surveyor-general),就读于都柏林三一学院和林肯律师学院。他在爱尔兰是(有资格出席高等法庭并辩护的)专门律师,也写诗和新闻。1807年,他当选为托利党国会议员;1808年,他担任爱尔兰临时首席大臣;1809年,他参与创建《评论季刊》(*Quarterly Review*),是主要领导者之一。1809－1830年,他担任海军大臣,其间他改革了管理方式。他反对国会改革法案,1832年离开了国会。尽管他是皮尔的朋友和支持者,但是他们在废除谷物法方面存在分歧。[DNB, vol. XIII, ed. L. Stephen (London, 1888), pp.123－132.]

② L. J. Jennings (ed,), *The Croker Papers: The Correspondence and Diaries of the late Rt Hon John Wilson Croker* (2nd end, 3 vols, London, 1885), vol. II, p.379.

③ *Parliamentary Debates*, 3rd ser, 61, 18 Mar. 1842, cols. 916－917.

皮尔并不认为所得税是一个长久之计，他期望一旦危险解除，经济复苏，这一防范政治灾难的“保险费”将被终止。

并不是每个人都坚信所得税是“重新均衡”财政宪法的一种有效手段，直到19世纪60年代，所得税的定期延续仍然是颇具争议的话题。皮尔在1842年和格莱斯顿在1853年的演说都强调了所得税在促进不同阶级、不同利益群体之间平等方面的重要作用，试图反击所得税只会加剧不同阶级间和利益群体间不平等的说法。针对所得税的批评主要来源于以下两个方面：一个站在激进主义者和自由贸易者立场，另一个站在托利党的贸易保护主义者立场，两者有时也存在共同点。

重新引入所得税没有得到一些激进主义者和贸易保护主义者的热情欢迎，他们认为，更加有必要采取的政策是缩减政府开支，特别是战争支出。尽管自1815年以来，政府支出水平不断下降，但是仍有人怀疑所得税可能被用于支持军国主义行为，并且会对积极的生产性企业造成负担。在亨利·彼得·布鲁厄姆（Henry Peter Brougham）[①]看来，只有在不可避免的严重紧急情况下需要特别支出的时候，才可以使用所得税。但是在和平时期这种情况是不会发生的，所得税只会“诱惑政府继续浪费挥霍”，让政府不再审慎控制“浪费性支出，不再寻求通过压缩支出减少税收”。所得税也被批评会威胁个人自由，因为这可能要求“在全国范围内对私人事务进行讯问和调查”。布鲁厄姆认为，所得税不会帮助穷人，因为它只会减少用于支付工资的基金，进而减少生产性劳动者的数量；与此相反的是，商品税可以增加用于支付生产性劳动者的基金。[②]

---

① 亨利·彼得·布鲁厄姆（1778—1868），就读于爱丁堡大学，之后成为一名专门律师，积极鼓吹改革。他是《爱丁堡评论》的创立者，1810年当选为国会议员。他支持缩减政府开支和改革慈善、法律和教育；他积极参与有用知识传播社（the Society for the Diffusion of Useful Knowledge）的活动，是伦敦大学（后来的伦敦大学学院）的创立者。他支持废除奴隶制，但是反对废除航海法案。1830～1834年，他担任大法官。（DNB, vol. Ⅵ, ed. Stephen, pp. 448—458.）

② *Parliamentary Debates*, 3rd ser. 61, 14 Mar. 1842, cols. 508—509; 17 Mar. 1842, cols. 730—749; Hawes, in *Parliamentary Debates*, 3rd ser. 61, 21 Mar. 1842, col. 945；还见 Brougham（17 Mar. 1842, cols. 746—747）, Howick（18 Mar. 1842, col. 899）, Dalmeny（21 Mar. 1842, cols. 979—981）, Buller（23 Mar. 1842, cols. 1130, 1134）, Russell, 62, 8 Apr. 1842, col. 90. 还有其他人也声称，只应在战时迫不得已的情况下征收所得税，如 Howick（18 Mar. 1842, cols. 899—900）, Labouchere（18 Mar. 1842, cols. 919, 925, 927）, Hawes（21 Mar. 1842, cols. 951, 953）, Dalmeny（21 Mar. 1842, cols. 979—981）；关于对就业的影响，还见 C. Buller 23 Mar. 1842, col. 1128.

回顾所得税的引入过程,虽然事后看起来像是皮尔 1846 年废除谷物法的先兆,但是在当时看来并不是这样的。在 19 世纪 20 年代,自由贸易推崇者乔治·坎宁[①](George Canning)对所得税怀有很大的敌意,希望将减少直接税作为对选民的让步。很多自由主义经济学家都反对征收所得税,他们更倾向于减少被视为生产负担的税收,批评所得税是对投资和雇佣的打击。与此相反,利物浦勋爵——支持贸易保护——希望增加直接税、减少间接税,认为“通过减轻商业负担,可以极大增加国家财富和收入来源”。[②] 实际上在激进主义者和贸易保护者的眼里,所得税是与维持谷物法和财政不公平联系在一起的。他们认为,人们根据谷物法纳税,支付较高的食品价格,因此维持了较高的租金,这使得钱主要到了地主手中。所得税仅仅收回了部分租金,地主实际上没有向政府贡献什么;相比之下,其他形式的收入受到了谷物法和所得税的双重影响。而且自 1694 年以来,对租金征收的土地税就没有提高过,激进主义者认为,税收的任何提高都是一种形式的土地税改革。在自由贸易者看来,继续实施谷物法会阻碍经济增长,减少税收收入;废除谷物法会带来经济复苏,因此也就没有必要实施所得税了。他们斥责所得税是维持农业保护的一种手段,约束了工业市场,压榨了制造商的利润:

> 这种做法是在保护既有的垄断,庇护某些特权阶级,为了少数人的利益牺牲多数人的财产……鼓励农业专家和种植园主的垄断,皮尔号召大家从赤贫的工业身上榨取微薄的收入,派出大群政府官员侵犯私人生活的圣殿。[③]

虽然到 19 世纪晚期,所得税和自由贸易已被认为是互补的,有利于维护自由贸易和促进经济发展,但是在 19 世纪早期,它们曾被认为是相互对立的。

---

① 乔治·坎宁(1770—1827),由其叔叔抚养长大,他的叔叔是伦敦一名辉格党银行家。他就读于伊顿公学和牛津大学基督教堂学院,之后进入林肯律师学院。他对法国大革命持敌对态度。1794 年,他当选为国会议员;1796～1799 年,他担任副外交大臣;1799～1800 年,他担任印度委员会成员;1800～1801 年,他担任财政主计长;1804～1806 年,他担任海军财务主管;1807～1809 年,他担任外交大臣。他与陆军部的卡斯尔雷(Castlereagh)意见不合,并与之进行了决斗。1816～1821 年,他担任印度委员会主席;1823～1827 年,再次担任外交大臣;1827 年,他短暂担任首相和财政大臣。[DNB, vol. Ⅷ, ed. L. Stephen (London, 1886), pp. 420—431].

② Hilton, *Corn, Cash and Commerce*, p. 260.

③ *Parliamentary Debaets*, 3rd ser. 62, 21 Mar. 1842, cols. 979—981 (Dalmeny); see also W. Clay, cols. 963, 971.

人们批评所得税对待不同类型的收入不公平,对产品和企业施加了不公平的负担。批评者认为,“再也不能设计出一个实施起来比所得税更加不公平、不正义和具有压迫性”的税种了。他们的理由是,对两种类型的不同收入——父亲传给儿子的“永久财产”所带来的“自发性”收入和基于个人努力且要留出部分金钱供养家庭的暂时性或“不稳定”收入——竟然一视同仁地采取了相同的税率。①

> 这一税收对持久性收入和波动性收入竟然采取了相同的税率。如此不公平,如此让人不安,它的缺陷实在太让人无语了……不公平是指对收入方式不同的人征税同样的税——一个人的一生都被扭曲了,扼杀了一个勤劳能干但收入不稳定的人,出于谨慎和远见给家人留下一些东西的可能性……对收入不稳定的人征收重税的原因在于,拥有地产者可能会逃避纳税。男爵阁下(皮尔)不敢向地主征税,因此只能向这些不幸的可怜虫们施以重税,这些人除了规规矩矩挣钱谋生的能力外,几乎一无所有。②

约瑟夫·休谟(Joseph Hume)极力抨击所得税,他提出的解决方法是从两方面修正财政制度目前的“不公平性”。首先,应该缩减开支,这样就不再需要依靠所得税增加税收了。其次,不应该对来源于工业利润的所得征税,但是应该对不动产的继承征收继承税(succession duties)。这样既可以避免所得税带来的危害,又可以获得关税改革和废除谷物法的好处。③ 根据这种观点,根本不需要开征所得税。休谟后来改变了自己的立场,声称如果能够对不同形式的收入区别对待,他可以接受所得税。

在重新引入所得税之后的10～20年间,最有争议的话题是,所得税对下面两种收入——隐藏在死后可以继承的资本背后的“自发性”收入和需要用来供养老年人和被抚养人的“不稳定”收入——应区别对待,还是一视同仁。所得税没有考虑是资本提供了收入流,人们谴责所得税违背了“所有财产应该根

---

① *Parliamentary Debates*, 3rd ser. 61, 18 Mar. 1842, col. 857 (Baring); 23 Mar. 1842, cols. 1125—1126 (C. Buller), 1139—1140 (Bowring), 1156 (M. Attwood); 62, col. 89 (Russell) 8 Apr. 1842.

② *Parliamentary Debates*, 3rd ser. 61, 23 Mar. 1842, cols. 1167—1170 (J. A. Roebuck).

③ *Parliamentary Debates*, 3rd ser. 62, 25 Apr. 1842, cols. 1079—1846.

据其价值按照相同比例纳税”这一基本原则。[①] 不稳定收入(劳动收入)承担的税率高于基于绝对所有权获得的收入(自发性收入),因为“劳动收入通常很难逃税,会被足额征税”。[②] 结果,人们认为所得税对待不同类型的收入是不公平的,造成了歧视,因为“它欺骗了受害者,使其相信他们和其他社会阶级一样公平或按相同比例缴纳了税收”。根据这种观点,斯密的第一个准则——税收应该与纳税人的能力或纳税人在国家保护下获得的收益成比例——被忽视了。所得税在不同利益群体间完全不是中立的;它是:

> 一个非常聪明的设计,为了让财富**拥有者**享有一定比例的税收豁免,它从勤劳聪明的财富**创造者**口袋中攫取了最大比例的税额;这是在对社会蜂巢中的工蜂(工人阶级)征收税款,目的是为了救济“雄蜂”(懒汉)。[③]

这种观点主导了1853年之前关于所得税的讨论,一直持续到19世纪60年代早期,导致人们要求区别对待不稳定收入和自发性收入,以此确保税收公平。差别征税的提倡者没有考虑人与人之间的平等性,这“有违上帝的安排,破坏了个人权利,离通向社会主义仅一步之遥”。[④] 他们关注的是,在修订税收制度时应保证平等对待不同*来源*的收入,应消除社会和经济体系中的任何歧视。最重要的是,他们不希望所筹集的收入被用于增加国家开支,因为他们认为这是将生产性财富用于贵族挥霍和军事冒险主义。直到1860年,税收说辞——比如如何定义道德的或者不道德的、社会有用的或者社会有害的、不稳定的或者自发性的等收入和活动,一直是英国政治的主要议题。当然,激进主义者对收入性质的定义也受到了挑战。收到政府债券利息这一“自发性”收入

① *Address of the Birmingham Income Tax Reform Association to the Electors of Great Britain and Ireland* (Birmingham, 1857), pp. 5—6.

② PP 1861 Ⅶ, *Select Committee on Income and Property Tax*, draft report, P. II. 虽然这本书是哈伯德(Hubbard)主席写的,但是委员会不同意他的看法。

③ G. C. Lewis, *The Shade of Cocker and the Chancellor of the Exchequer: A Dialogue on the Income Tax* (London,1856?), pp. 4—5. 刘易斯(Lewis)描写了财政改革家和对此持怀疑态度的财政大臣之间的假想对话。爱德华·科克尔(Edward Cocker,1631—1675)写了一篇关于算术的文章,声称“基于科克尔所言”,任何事情都是对的。

④ J. G. Hubbard, *How Should an Income Tax Be levied? Consideration in a Letter to the Rt. Hon. B. D'Israeli* (London,1852), p. 31, and PP 1861 Ⅶ, *Report from the Select Committee on Income and Property Tax*, Q.1119.

的食利者很容易成为攻击目标；靠投资所得为生的实业家的寡妇虽然收到的也是非劳动收入，但是很少受到批评。因此认为“自发性”收入是不道德的这一观点受到了质疑，通过一个有高度争议的论证过程，建立起了两种经济分类。

自由贸易者和激进主义者对皮尔的动机表示怀疑。[①] 他（以及之后的格莱斯顿）做出的回应是坚称所得税只是暂时的，一旦实现了缩减开支，就会立即将其废除：在自由市场经济增长带来较高的税收收入之前，在这一过渡期中，所得税是社会公平性较高的一种收入筹集方式。[②] 自由贸易者接受所得税，因为他们认为可以借此约束国家，而不是为国家提供额外的资源。皮尔和格莱斯顿也强调，所得税通过将选民的公共和私人选择结合在一起，可以创造出一种政治责任感。根据1832年的国会改革法案，个人只有缴纳了所得税，才能在国会选举中拥有投票权。因此，选民有动力投票支持一个更为节俭的政府，因为他们的公共选择会立刻对他们的税收账单带来好处（可以少纳税），并且所得税也会约束财政—军事国家。[③]

过了相当长一段时间后，所得税才被人们普遍接受。当1848年需要延续所得税时，休谟再次攻击所得税是为军国主义提供资金的一种方式，并且没有实现缩减开支这一目标。[④] 在休谟看来，所得税只是为了满足内阁的挥霍浪费，延续所得税仅仅是为内阁大臣提供了一个挥霍金钱和损害国家信用的机会。休谟还认为，对军队的高额投入绝不是确保国家安全最明智的选择：

> 对国家和平与安全来说，更重要的事情是让人民与王室情感相依，通过让政府对人民施以公平正义，使人们感到满意。这将会比十万战士更能给王权带来安全和稳定，更能给国家带来安宁……国家的目的在于让人民当家做主，但是内阁大臣们正使其成为一个军事国

---

① Hilton, *Corn, Cash and Commerce*, pp. 261－265, 267; Taylor, *Decline of British Radicalism*, p.138.

② Peel, *Parliamentary Debates*, 3rd ser. 61, Ⅱ Mar. 1842, cols. 431, 437－439, 444; Biagini, “Popular Liberals, Gladstone finance, and the debate on taxation”, p.156.

③ Matthew, Gladstone, 1809－1874, pp. 125－128; Daunton, “Political economy of death duties”, pp. 149－150.

④ Taylor, *Decline of British Radicalism*, pp. 134, 141.

家。[①]

对所得税的态度包含了对国家作用与国家的认同,以及对和平贸易与军国主义的不同假设。[②]

所得税被延长了3年,但是对所得税的攻击仍在继续,尤其是威廉·格莱斯顿的兄弟罗伯森(Robertson)[③]领导的利物浦财政改革协会(the Livepool Financial Reform Association,FRA),以及1849年提出"人民预算"理念的理查德·科布登(Richard Cobden),二者对其攻击最甚。为了实现自由贸易,财政改革协会和科布登主张缩减开支、大幅降低关税和消费税。休谟支持科布登就国家财政前景进行辩论的要求,休谟认为:

> 外敌威胁、文官政府必要的成本、为境外属国提供服务的必要支出,都不能为继续增加政府支出提供正当理由……要求税收满足当前的开支水平,会阻碍农业和制造业的正常运转,减少生产性工业部门用于雇佣劳动力的资金,由此增加了贫困和犯罪的可能性。[④]

财政改革委员会(FRA)描述了英国财政制度和财政状况的凄惨前景。国债的目的在于保护人们的财产权,但是其成本却是由穷人和工业部门承担的,政府和下议院无视穷人和工业部门的救助请求。结果是一副悲惨的情景——"商业受到了鄙视和排斥,被束缚了手脚的工业绝望地哀号"。同时,贫困劳动者赚得的收入被转移给了"奢侈和懒惰之人"。财政改革协会抱怨,一个被广泛传播的错误观念——英格兰的"漂亮上层建筑"是"所有社会福利的

---

① *Parliamentary Debates*, 3rd ser.97,3 Mar. 1848, cols. 197—199.

② Taylor,*Decline of British Radicalism*, pp. 134—135, mentions the campaign to reduce spending on imperial defense in PP 1847—1848 XXXI pt Ⅰ, *Report form the Select Committee on Navy, Army and Ordnance Estimates*; PP 1849 Ⅸ, *First and Second Reports from the Select Committee on Army and Ordnance Expenditure(Ordnance)*; PP 1850, Ⅹ,*Report from the Select Committee on Army and Ordnance Expenditure (Army)*;PP 1851 Ⅶ, *Report from the Select Committee on Army and Ordnance Expenditure*.

③ 罗伯森·格莱斯顿(1805—1875),在伊顿公学就读过一段时间,之后进入格拉斯哥大学学习,在读大学时就显示出了杰出的商业才华,毕业后他加入并随后接管了父亲在利物浦的商业。他拒绝进入国会,将精力放在市议会的保守政治上,并于1842年成为市长。之后他改变了保守主义立场,转为支持自由主义和激进主义,由支持英国国教派转为支持唯一神教派。[S. G. Checkland, *The Gladstones: A Family Biography*, 1764—1851 (Cambridge, 1971).]

④ *Parliamentary Debates*,3rd ser.102,26 Feb.1849,cols.123—125.

基石”——忽略了工业和劳动者,他们才是国家赖以繁荣的基础。为了促进商品需求和就业,需要做的是减少工业和劳动者的税收负担,这样还可以改善社会物质和精神条件。结果将证明这样做有助于保护财产。“这一时刻已经到来——为了自身安全,财产所有者必须承担国家支出责任;为了享受权利,财产所有者必须履行税收义务。”①

所得税因此受到了攻击,因为这个不公平的财政制度有利于财产所有者,损害了生产性的工业部门和劳动者的利益。但是,托利党贸易保护主义者的观点却恰好相反:因为没有谷物法保护农业部门,所得税才导致了财政宪法的严重不公平性。1842年,很多地主怀疑皮尔重新引入所得税的动机,因为从税收角度来讲,他们害怕这将使得继续维持包括谷物法在内的进口税没有必要了。克罗克(Croker)最初支持皮尔重新引入所得税,认为所得税是团结社会各阶级和消除社会动荡的一种有效手段。他当然没有把所得税看作是消除农业保护的手段——之后他和皮尔对这个问题的看法产生了分歧。在克罗克看来,所得税是富裕的资本家为了救助和支持某些工业部门,提供的一种短期垫款,这些部门虽然当前正在经受困难,但是,通过这次及时帮助能够自我恢复,并且在不久之后就可以向通用基金(general fund)偿还它们的债务了。在克罗克看来,针对不动产的所得税,可以帮助减轻间接税对工业造成的负担;税收制度不存在根本性的不公平问题,最初设计所得税收是为了克服工业面临的暂时性困难,最终工业应该偿还所减免的税收。②

像克罗克这样的贸易保护主义者追随了马尔萨斯(Malthus)的观点,马尔萨斯认为生产和消费不会自动实现平衡。为了获得平衡且可持续地发展,应该保护国内生产者的利益。解决经济衰退的办法是建立稳定的国内和殖民地市场,以此促进消费,同时还要制定一个体现社会包容性的经济政策,消除人民宪章运动带来的政治威胁。他们的策略更多的是为了保护一般性的国内生产,而不

① 关于利物浦财政改革协会的建立、原则和目标,体现在1849年1月17日于利物浦举行的一次公开会议上发表的演讲中(London,1849),p.5;利物浦财政改革协会理事会对英国纳税人的演说,表明了寻求财产保护的阶层如何通过增加国债和改变税制将负担转移给人民(Liverpool,1849),p. 2. 要了解这一运动,见 W. N. Calkins,“A Victorian free trade lobby’,*Economic History Revue*,2nd ser.13(1960—1961),90—104.

② J. W. Croker,“Policy of Sir Robert Peel”,*Quarterly Review* 120(Sept.1842),485—531,at 492 and see also 512—513.

是为了保护农业。正如安娜·甘布尔(Anna Gambles)评论的那样，

> 稳健的社会和经济变革应该植根于安全的国内和殖民地市场。贸易保护主义者认为，英国制造经济面临的基本问题是，生产能力与消费其产品的收入之间缺少稳定的均衡性。因此，保护国内生产者的收入，是解决结构性经济难题的一个长期的行之有效的手段。

但是，在这方面，他们又与自由贸易者如李嘉图(Ricardo)的观点不同，李嘉图认为，农业保护会导致农业过度扩张，直至达到边际土地[①]产出才会停止，并由此导致经济中资本积累下降和利润减少。同时，谷物法导致了较高的食品价格和高工资，这也造成了低利润。与之相反，贸易保护主义者认为，高工资并不是由谷物法导致的，而是由劳动力市场操纵造成的。食品价格的下降不一定有助于工业发展。最重要的是，他们拒绝承认降低工资和增加资本是经济增长的关键。他们认为，真正重要的是实现生产和消费的均衡，一旦工资下降或是消费者需求减少，这种均衡就很容易被打破。正如霍兰德[②](George Calvert Holland)认为的那样，贸易保护将为"国内消费提供宽广的基础，所有阶级都可以从中受益"。[③]

贸易保护主义者由此可以声称他们的政策是具有社会包容性的，谴责自由贸易者制造了经济和政治不平等。贸易保护主义者认为，城市制造商的权力导致了预算扭曲，打破了不同利益群体之间的均衡。在他们看来，废除谷物法"象征着抛弃，而不是体现了英国国家的公正性"。这并不纯粹是为了诉求土地是共和主义美德的基石这一传统观点，虽然确实有人这样认为。最重要

---

① 边际土地是西方土地经济学研究分析土地利用水平时常用的概念，指在一定的生产条件下，生产收益正好足以补偿所需费用(包括开垦土地的垫付费用和投资，以及生产过程中的各项生产费用)的土地，此时生产无利可图。——译者注

② 乔治·卡尔弗特·霍兰德(1801—1865)，先在爱丁堡和巴黎学医，之后在曼彻斯特和谢菲尔德行医。他支持谷物法。他后来改行投身于银行和铁路公司，但是遭遇了失败，随后转向顺势疗法(又称同类疗法，是一种替代疗法)和催眠术的研究。[DNB, vol. XXII, ed. S. Lee (London, 1891), pp. 139—140.]

③ G. C. Holland, Suggestions *towards Improving the Present System of Corn Laws* (London, 1841), p. 31, cited by A. Gambles, *Protection and Politics*: *Conservative Economic Discourse*, 1815—1852(Woodbridge, 1999), pp. 70—71；关于保护对维持消费的作用，还见 Gambles, *Protection and Politics*, pp. 45—45, 54—55, 208—209. 引自 Gambles："Rethinking the politics of protection: Conservatism and the corn laws, 1830—1852", *English Historical Review* 113 (1998), 936.

的是,贸易保护主义者害怕,1832 年的国会改革法案只关注城市选民的利益,因此扭曲了政治过程。正如阿奇博尔德·埃里森[①](Archibald Alison)在 1839 年所说的那样,关于财政政策的辩论意味着“为了部分社会中产阶级,牺牲了国家的根本利益”,这将导致“国家活力的进一步丧失”。正如他在 1831 年辉格党预算案失败之后所抱怨的那样,这一预算没有很好地均衡各利益群体的要求。[②] 宪政中和利益群体之间的“平等”理念因此受到了质疑,辩论双方都声称对方追求的平等和公平是令人不安的,是以牺牲公共物品为代价的自利行为。贸易保护主义者证明自己合理性所用的说辞与自由贸易者如出一辙。这不只是一场特定经济利益群体渴望维持自身特权的辩护活动,它还是“将不同利益群体和不同阶级维系在一起,为实现互惠平等”,进行持续协商的一种方式。[③]

很多贸易保护主义者担心,1846 年谷物法的废除将打乱不同利益群体之间的均衡关系。他们也许认同,皮尔的 1842 年预算有助于继续维持不同利益群体之间的平等和让人们公平认识城市消费者的需求。用克罗克(Croker)的话来说,它“既可以按照我们的价值观整合和调节各利益群体,又可以遵守我们永远公平保护农民利益和保障人民富足的承诺”。[④] 但是克罗克不支持废除谷物法,他认为这是一个具有偏见性的政策,把农业和工业对立起来了,放弃了不同经济利益群体和社会阶层通过协商实现均衡的传统做法。[⑤] 因此,所得税不再是实现均衡谈判的一部分,而是成了财政制度失衡的一个标志,是一个取代关税提供税收的财政工具。

所得税是造成政治冲突的源头,受到了立场相反的两派的共同夹击。至

---

① 阿奇博尔德·埃里森(1792—1867),就读于爱丁堡,之后成为一名律师;他写了一本非常有名的欧洲史。1834 年开始,他成为终身有薪水的拉纳克郡(Lanarkhire)郡长,在任时他积极镇压“骚乱”。在美国内战期间,他反对北方,认为奴隶制和贸易保护都是有必要的。他认为理查德·科布登是一个偏执狂。[DNB, vol. Ⅰ, ed. L. Stephen (London, 1885), pp. 287—290.]

② A. Alison, “Wing and Tory finance”, *Blackwood's Edinburgh Magazine* 46 (Oct. 1839), 500, 501, and “On the financial measures of the reformed parliament No 1. The Whig budget”, *Blackwood's Edinburgh Magazine* 29 (June 1831), 975, quoted in Gambles, “Rethinking the politics of protection”, 946; see also Gambles, Protection *and Politics*, pp. 59—60, 123, 206.

③ Holland, *Suggestions*, p. 22, cited in Gambles, *Protection and Politics*, p. 63.

④ Croker, “Policy of Sir Robert Peel”, 528, cited in Gambles, *Protection and Politics*, p.63.

⑤ Based on Gambles, “Rethinking the politics of protection”, 928—952.

少在开始时,所得税加剧了税收中的政治纷争,接受所得税的过程充满了争议性,人们过了很长一段时间才认识到,与其他财政制度"不那么科学的"国家相比,所得税是造就英国强大的一个重要因素。在这个过程中,核心节点是1853年的格莱斯顿预算,这个预算宣称所得税是实现财政公平和阶级平等的一种有效方式。格莱斯顿在1853年的成功与本杰明·迪斯雷利①(Benjamin Disraeli)1852年预算的失败,形成了鲜明对比。

迪斯雷利、格莱斯顿和财政政治

在废除谷物法之后,托利党贸易保护主义者对待财政事务的态度开始发生转变。贸易保护在某种程度上是创造一个均衡的经济、社会和政治体系的有效手段。谷物法的废除导致一些贸易保护主义者强烈要求摒弃所得税,他们认为所得税应该建立在对农业的保护基础之上。但是其他人开始持有不同态度,他们认为在创造一个和谐平等的社会过程中,应该由直接税取代贸易保护的作用。如果贸易保护不能再协调不同阶级和利益群体,也许一个改革后的直接税制度可以承担这一协调功能。阿奇博尔德·埃里森就是立场转变的一个典型例子。他最初反对皮尔1842年重新引入所得税,但是在谷物法废除之后,他转变了自己的立场。他认为皮尔的改革会导致不同利益群体之间严重失衡,并且会威胁公共收入;他提出的解决办法是让低收入群体也缴纳所得税,其目的是让更多的纳税人对财政保守主义感兴趣和建立一个更加公平合理的所得税制度。正如安娜·甘布尔(Anna Gambles)指出的那样,"直接税服务的政治和宪法目标与1846年之前是相同的"。② 因此,激进主义者为缩减开支和改革税收制度而开展的运动受到

---

① 本杰明·迪斯雷利(1804－1881),出生于伦敦,先接受私人教育,1824年进入林肯律师学院,但是很快就放弃了法律,于1826年出版了他的第一本小说。1837～1876年,他担任国会议员,被授予比肯斯菲尔德(Beaconsfield)伯爵。他反对皮尔和废除谷物法;1848年,他成为下议院领袖。1852年,他担任财政大臣,抛弃了贸易保护主义立场;1858～1859年和1866～1868年,他再次出任财政大臣。1868年和1874～1880年,他担任首相。[DNB, vol. XV, ed. L. Stephen(London, 1888), pp. 101－117.]

② Gambles, "Rethinking the politics of protection", 21, citing A. Alison, "Direct taxation", Blackwood's Edinburgh Magazine 61 (Feb.1847), 243－260.

了攻击,称其是为了博取“多数人的自私利益”,由此造成了“不同阶级间的仇恨、对国会的不信任,以及最终对宪法的疏远”。阶级敌对是有害的,因为“穷人与富人间的阶层划分实际上是在支持当前的财产制度”。[①] 问题在于在宪法保守主义下,如何建立一个平等团结的社会,如何抑制被认为是自私自利的政治群体?

所得税的定期延续为追求差别征税提供了机会。当首个期限于1848年到期时,约瑟夫·休谟和其他激进的国会议员们仍然支持废除所得税;休谟最多只同意将所得税延长一年,以此换取完全废除或者至少改革所得税。当所得税又被延续了三年后,休谟提议,应该将所得税提交给一个专门委员会审议,目的是废除其“显而易见的违规行为”。他的这一动议失败了,但是休谟和科布登发起了一项将开支降至1835年水平的运动,要求降低陆军和海军支出,同时减少关税和消费税。这些运动导致1847～1851年任命了许多关于国防开支和公务员工资的专门委员会。[②] 当1851年需要下议院再次延续所得税,休谟提议只延长一年,专门委员会应该同步考虑如何解决自发性(spontaneous)收入与辛劳性(industrious)收入之间的不公平问题。正如科布登意识到的那样,这一策略也有其危险性。仅延续一年的提议可以获得不支持改革所得税的贸易保护主义国会议员的支持,他们希望差别征税运动导致所得税崩溃,或者最终被进口税取代,这是科布登这样的自由贸易者害怕看到的结果。尽管休谟1851年和1852年两次担任所得税和财产税专门委员会主席,但是一些著名的贸易保护主义者也加入了这一委员会,这使得几乎没有可能将针对贸易和专业服务的税收减少到与土地和“自发性”收入一样低的水平。专门委员会由两个立场截然相反的派别构成——自由贸易者希望改革所得税、取消进口税,贸易保护主义急于埋葬作为主要税收来源的所得税。[③]

寻找解决“自发性”收入与“不稳定”收入二者之间税收失衡的尝试,很快

① T. Spring-Rice, “Financial prospects, 1849”, *Edinburgh Review* 89 (1849), 536.

② Taylor, *Decline of British Radicalism*, pp. 134—135.

③ *Parliamentary Debates*, 3rd ser.116, 2 May 1851, cols.437—438, 442—443, 457—459, 462—463, 477; 5 May 1851, cols. 511—537; 8 May 1851, cols.726, 727, 732.

就迷失在休谟自己的技术性细节中。他希望把所有收入都转换成资本价值,这样税收就符合了斯密的税收第一准则——纳税人按照其拥有的受国家保护的财产价值,缴纳相同比例的税收。① 正如威廉·法尔②(William Farr)认为的那样,最关键的一点在于"创造价值的能力"。③ 比如对一个年收入150英镑的人来说,他的收入可能来源于即将到期的租约,或只够用几年的养老金;也可能来源于面临贸易和健康状况很大不确定性的职业或经营收入,或是永续统一公债。尽管每个人都支付同样10英镑的税收,或者是6.7%的税率(即每英镑征收1先令4便士的税),但是不同类型收入资本化后的价值是不同的:来自即将到期租约的150英镑所得的资本化价值是416英镑,来自以后15年贸易和专业工作的150英镑所得的资本化价值是1 667英镑,来自永续统一公债的150英镑所得的资本化价值是3 750英镑。因此,虽然同样是10英镑的税收,但是其占纳税人三类收入资本化价值的比重,最低为0.3%,最高为2.4%,差异很大。法尔坚持认为,斯密"神圣的比例原则"要求根据收入的安全性,将收入流进行资本化折算。④

这个任务绝不简单,因为资本化取决于所有财产提供的收入流,为了准确计算享用收入的预计期间,要根据财产所有权和受益者的年龄对其进行调整。简而言之,将所有收入资本化会使得所得税难以实施。税务局担心,将收入资本化"完全不具可行性",因为获得资本收益非常困难,且耗费时间。这种尝试将会"彻底失败",因为将高度复杂的税收规则运用到不同种类的财产和收入

---

① PP 1852 Ⅸ, *Second Report from the Select Committee on the Income and Property Tax together with the proceedings of the committee, minutes of evidence, appendix and index*, Joseph Hume's draft report, pp.481—494.

② 威廉·法尔(1807—1883),生于什罗浦郡(Shropshire)一个贫困的农民家庭;他被当地一名士绅收养,帮助这名士绅处理个人事务。1826~1828年,他跟随什鲁斯伯里(Shrewsbury)的一位医生学习医学,在继承了士绅和医生的遗产之后,1829~1831年他到巴黎学医;1832年,他进入伦敦大学学院学习,获得了药剂师学会颁发的行医资格。之后他在伦敦行医,1837年,他为麦卡洛克(J.R.McCulloch)《大英帝国的账目》一书贡献了重要的数据分析章节。1838~1879年,他担任注册总署的摘要编辑;1851~1861年,他担任人口普查专员助理;1871年,他担任人口普查专员。[DNB, vol. XVIII, ed. L. Stephen (London, 1889), pp. 226—227.]

③ PP 1852 Ⅸ, *Second Report from the Select Committee on the Income and Property Tax*, Q. 4913.

④ PP 1852 Ⅸ, *Second Report from the Select Committee on the Income and Property Tax*, Hume's draft report, pp. 487, 493; Lewis, *Shade of Cocker*, pp. 4—7, 12.

上，只会造成纳税人之间更大的不平等。[①] 正如梅特兰（J.G.Maitland）评论的那样：

> 这次对于税收资本化的尝试，像过去那样注定会失败。利益群体间——既得利益群体和新生利益群体，当前利益群体和昔日利益群体——不断增加的复杂性，会导致今天这样的尝试仍将以失败告终。进一步来讲，这种做法在一年内比现有税收在过去一个世纪内造成的不公正还要多。[②]

收入资本化被证明是一条死路，人们的注意力开始转移到一种更简单和粗略的程序。

谈到差别征税运动，不可避免地要提到一位主要推动者——约翰·盖利布兰德·哈伯德[③]（John Gellibrand Hubbard），他提出的解决办法与利物浦政府 1907 年采取的程序非常类似，即使后者所处的政治环境已经发生了很大变化。他假定，如果一个人收到的 100 英镑收入来自其积累资本的“自发性”利息，他可能会将 90 英镑用于消费；与之相反，如果他收到的 100 英镑收入来自其贸易和专业工作的“不稳定”所得，他可能会留出 40 英镑用作储蓄和增加投资。哈伯德的提议很简单：因为 90 英镑的自发性收入和 60 英镑的不稳定收入被消费掉了；所以来自贸易和专业工作的收入应该以二者之比，即“自发性”所得税率的 2/3 征税。在哈伯德看来，这样做会铸就税收公平，不会打击冒险和抑制资本积累，也可以实现不同利益群体间的平等。他认为，这符合“任何税款的征收都不应该改变纳税人的相对支出能力，所以无论是否征收所

---

① PP 1852 Ⅸ，*Second Report from the Select Committee on the Income and Property Tax*，在收集收入资本化的证据方面花费了很多时间；see especially the evidence of William Farr，Qq. 4853－5027，and for more sceptical view by the Inland Revenue，Qq. 5055－5144 and NLW，Harpton Court MS 3421，ff. 1－11 “Memorandum on Mr Muntz's notice of motion for capitalising incomings，with a view of property tax”，Inland Revenue，12 Nov.1856.For a critical discussion，see J. Coode，“The income tax”，*Edinburgh Review* 97（1853），530－584.

② J. G. Maitland，*Property and Income Tax*：*The Present State of the Question*（London，1853），quoted in NLW，Harpton Court MS 3421，ff. 10－11

③ 约翰·盖利布兰德·哈伯德（1805－1889），是一名伦敦商人，在俄罗斯拥有巨大商业利益。1838 年，他担任英格兰银行董事；1853～1889 年，他担任公共工程借款委员会主席。1859～1868 年和 1874～1887 年，他担任保守党国会议员。（DNB，vol. XXVIII，ed. Lee，pp. 135－136.）

得税,不同收入所有者拥有的支出能力应该保持相对不变"这一原则。[1] 这种征收方式旨在保持"不稳定"与"自发性"收入之间的平衡。这样做不会改变社会结构,现行税收制度反而扭曲了社会。当然,哈伯德的计划是建立在"不稳定"收入的获得者确实会将40%所得用于储蓄这一假设基础之上的。但是这一数字缺少实证支撑,存在一种滑入规范性表述的倾向——"不稳定"收入的获得者就应该储蓄这么多。哈伯德的计划还假定,所得税的征税对象要么是自发性收入,要么是不稳定收入。正如阿尔弗雷德·米尔纳[2](Alfred Milner)1893年指出的那样,针对土地的A税目很明显是自发性收入,B税目和E税目只针对来自农业和办公室工作的不稳定收入。但是,他认为D税目混淆了不同的收入类型。虽然一些专业性和贸易性收入是完全不稳定的,但是大型私人公司的收益有一部分是资本利息,可以归为自发性收入一类。米尔纳认为,很难界定私人制造商、银行家和贸易商的收入,这是实施差别征税的难点所在。按照他的观点,试图区分两种不同类型的收入"将产生更多的复杂难题,可能比绝大多数诡辩家一生决策中遇到的难题还要多"。[3] 这个难题也许可以借助约翰·斯图亚特·密尔(John Stuart Mill)的支出税建议加以

---

① Hubbard, *How Should an Income Tax Be Levied?* pp. 4, 8—15, 47—48; draft report to PP 1861 Ⅶ, *Select Committee on Income and Property Tax*, pp. 9—20 and minutes of evidence, Q. 1120.

② 阿尔弗雷德·米尔纳(1854—1925),出生于德国,他的父亲是一名医生,先后就读于德国、伦敦大学国王学院和牛津大学贝列尔学院。1876年,他担任牛津大学新学院(New College)研究员;1879年,他移居至伦敦;1881年,他在伦敦获得了律师资格。他之后从事新闻业,在约翰·莫利(John Morley)及之后斯特德(W.T.Stead)主管的《帕尔·马尔报》任职。他积极参与大学推广运动,是汤恩比馆(Toynbee Hall)——为了纪念他的牛津朋友阿诺德·汤恩比——的创始人之一。他关注社会改革和帝国主义。1884年,他担任乔治·戈申的私人秘书,他支持戈申的观点——反对张伯伦的"赎身"学说和格莱斯顿的外交与帝国政策。在自由党因爱尔兰地方自治分裂后,他与戈申一起创建了自由统一党联盟(Lierbal Unionist Association),在1886年戈申担任财政大臣期间,担任戈申的私人秘书。1889年,他作为会计账目总督和财政部副大臣被派往埃及。在他1892年返回英国后,戈申任命其为国内收入委员会主席,他参与了哈考特的遗产税修订工作。1897年,张伯伦任命他为南非总督,在这一职位上他一直干到1905年。返回英国后,他在伦敦市工作,特别是为力拓公司(Rio Tinto)工作,也在伦敦港口管理局和罗德信托公司(Rhodes Trust)任过职。他参与了关于兵役、帝国主义、关税改革以及改进伦敦大学帝国研究的讨论。他反对劳埃德·乔治的1909年预算案和地方自治。第一次世界大战期间,他担任劳埃德战时内阁成员。1918～1921年,他担任殖民事务大臣。1921年,他又回到伦敦市工作,着手撰写有关社会和帝国问题的著作。[DNB, 1922—1930, ed. J. R. H. Weaver(London, 1937), pp. 589—602.]

③ Bod.Lib., MS Harcourt dep.69, ff. 79—93, "Note on differential income tax", A. Milner, 27 Apr. 1893, and ff. 100—110, A. Milner, 30 Apr. 1893.

解决:基于对个人和社会利益的支持,对所有储蓄和商业留存都不征税。他强调,“收入中被储蓄和转为资本的部分应该免税”,然而现有税收制度对存款征收了两次税,在对收入征税时没有扣除储蓄,然后对来自储蓄的收入又征了一次税。但是,密尔也承认他的支出税是行不通的,认为哈伯德的建议才是唯一可行的解决之道。

> 你根本无法考虑某个人实际储蓄了多少,你必须考虑这个阶层应该储蓄多少。如果你认为这个阶层平均应该储蓄某个数额,你应该对这部分数额的所得免予征税……你被迫遵循的原则是他应该有多少存款,而完美原则是他实际上有多少储蓄。[①]

因此,哈伯德和密尔的方法传递出一个共同主题:鼓励通过储蓄增加经济活力,减少来自“技术和知识”的税收。[②]

迪斯雷利(Disraeli)是1851年和1852年所得税和财产税专门委员会成员,他承认所得税是不公平的,对自发性收入和辛劳性收入应该差别征税。[③]在其遭遇失败的1852年预算中,迪斯雷利的目标在于放弃对农业的保守性保护,为实现不同利益群体的均衡和团结建立一个新基础。虽然农民和土地失去了保护,但是国家会通过减少麦芽税补偿他们,这会使以工人阶级为主的啤酒消费者受益。随后他还提出通过实施差别所得税,对城市、商业和工业利益群体做出让步。正如格莱斯顿晚年解释的那样:“这是为获取自由主义多数支持者所押的一个最大胆的赌注,因为我们清楚知道,辉格党和自由主义者目前都支持这一计划,但是实力雄厚的金融家不赞成这一计划”。[④] 1852年预算的另一个主要内容是将增加的住宅税(inhabited house duty)用于国防支出,这一税收负担主要落在了城市居民头上。当然,这些预算提议很容易被解读为是一揽子不平等政策,相较于农业和土地利益群体,城市利益群体承担了太多的税收。很多人抨击减少麦芽税是对农业利益群体的一个政治交易,不切实

---

① PP 1861, Ⅶ, *Report from the Select Committee on Income and Property Tax*, Qq. 3543, 3581—3584, 3597, 3708—3712, 3789.

② The phrase is Hubbard's in PP 1861 Ⅶ, *Report from the Select Committee on Income and Property Tax*, draft report, p. 15; see also below, pp. 156—157.

③ *Parliamentary Debates*, 3rd ser.96, 2 May 1851, col. 477.

④ Note written on 14 Sept.1897, in J. Brooke and M. Sorensen (eds.), *The Prime Ministers' Papers. W. E. Gladstone, vol. I: Autobiographica* (London, 1971), p.77.

际地期望"房屋所有者出于爱国之心,会承担所增加的税收"。[①] 这项预算遭遇了失败,一直在历史学家中饱受争议,一点也不比当代所受的非议少。

一种观点认为,迪斯雷利为了打击中间派,建立一个由立场完全相反的两派——支持差别征税的激进派和乡村党(country party)——组成的联盟,拼命地将"一揽子权宜之计"凑在了一起,这种尝试以失败告终,因为城市利益群体反对为了减轻土地税收,增加自己的税负。[②] 另一种观点认为,迪斯雷利在进行"有原则且连贯的立法尝试"。这种解释认为,差别所得税不仅仅是激进派力求缩减开支的一项政策,它还是辉格党旨在弥补高水平支出的一项政策。换句话说,迪斯雷利在努力获取中间派的支持,试图安抚温和的多数派和建立一个稳定的财政宪法。这种解释还认为,迪斯雷利试图利用直接税建立一个保守的产权者联盟,他的计划已经获得了下议院中的多数支持,因为这一计划为城市和乡村利益群体都提供了某些好处。这项计划之所以失败,是因为首相在最后时刻坚持提高住宅税用于增加国防开支,这一做法得罪了城市利益群体。[③]

这种解释不能完全令人信服。下议院中持温和观点的多数人是否支持差别征税一直没有定论。相反,对差别征税的支持主要来自两个立场相互冲突的群体。1851 年,所得税和财产税专门委员会的任命就是由休谟和贸易保护主义者共同结成的联盟发起的,后者希望削弱所得税,而不是希望通过差别征税让所得税更加公平和持久。在 1847~1852 年期间,国会中大约有 60 名改革派下议院议员与税收保护主义者结成了联盟。改革者对税收的态度很矛盾。一方面,他们怀疑"食税者"国家,希望通过缩减开支减少间接税;另一方面,他们认识到,只要所得税不扩张公共支出,这一税收收入也为降低间接税提供了可能。[④] 到 1852 年,像休谟这样的激进主义者已经放弃了他们废除所

---

① G. C. Lewis, "The fall of Derby ministry", *Edinburgh Review* 97(1853),256—259.

② R. Blake, *Disraeli* (London,1966), chapter 15, 将 1852 年的预算辩论视为维多利亚时期很关键的一点; the quote is from p.348. 还见 Matthew, "Disraeli, Gladstone and the politics of mid—Victorian budgets", 615—643. 关于迪斯雷利财政政策和保守党一个模棱两可的评价,见 G. C. Lewis, "The late elections and free trade", Edinburgh Review 96(1852), 526—566.

③ P. R. Ghosh, "Disraelian Conservatism: a financial approach", *English Historical Review* 99 (1984), 268—296.

④ Taylor, *Decline of British Radicalism*, pp. 138—139.

得税的要求，将差别征税视为一种变通选择。尽管迪斯雷利一直努力把差别征税作为其弥补分歧和实现财政均衡这一基本政策的一部分，但是他误判了差别征税的本质和其可以获得的支持程度。很多托利党后座普通国会议员只是把支持差别征税看作是阻止所得税和迫使重回贸易保护的一种手段。[①] 迪斯雷利所在的党派并没有改变立场，而是他自己走得太远太快了。虽然首相执意提高住宅税起了反作用，但是他的计划本身也有缺陷。他在 1852 年的政治环境中看到了一个可以重新统一保守政治派别的有利时机。他遭遇了失败，由于计划不周，他没有抓住这个机会实现自己的抱负，因为保守党“撕裂的财政说辞”使得其不可能既取消贸易保护，又对所得税改革达成共识。正如一位评论家讽刺的那样，财政改革计划缺少“现实性和成熟性”，威斯敏斯特应该任命一位决疑论（Casuistry）教授解释这种前后不一致性问题。[②]

格莱斯顿 1853 年预算的成功之处在于，他让反对差别征税在接下来的 40 年中处于正统地位。迪斯雷利预算的失败在很大程度上是格莱斯顿介入争论的结果，托利党政府的倒台意味着格莱斯顿在 1852 年 12 月首次成为财政大臣。[③] 正如他在 1854 年记下的那样，当时他面临一个令人担忧的前景：所得税就快要到期了，但是“下议院多数人认为除非重构所得税，否则不应该延续这一税收”。[④] 格莱斯顿在其 1853 年首个预算中采取的策略是不借助差别征税方式均衡财政制度，在很多大臣看来这是个不可能完成的任务。正如格莱斯顿指出的那样，“为了克服差别征税面临的巨大困难，我调整了我所有的计划”。[⑤] 在他看来，差别征税是商人和制造商要求享有特殊待遇，就像地主要求谷物法保护或是船主要求航海法保护一样。皮尔在 1842 年就意识到了这一危险，当时他坚决反对差别征税：

我制订的是这个国家的所得税计划；一旦我打算对不同类型收入区别

---

① Ghosh, “Disraelian Conservatism”, 276.

② Gambles, *Protection and Politics*, pp. 234－238; [Lewis], “The late elections and free trade’, 526－566.

③ See Blake, *Disraeli*, pp. 345－347. 马修也强调了 1853 年预算的重要性，“Disraeli, Gladstone and the politics of mid-Victorian budgets”；要了解更为模棱两可的评价，见 A .B. Hawkins, “A forgotten crisis: Gladstone and the politics of finance during the 1850s”, *Victorian Studies* 26 (1982－1983).

④ *Parliamentary Debates*, 3rd ser. 132, 8 May 1854, col. 1469.

⑤ Foot and Matthew (eds.), *The Gladstone Diaries*, vol. Ⅳ, pp. 513－518.

对待,那么我就完全有必要废除所得税……如果要开征所得税,它必须统一适用于所有收入,在任何情况下我都不允许实行差别征税方式。①

相对于托利党人迪斯雷利的怀疑,格莱斯顿更加确定差别征税有利于商业和工业利益群体。尽管一些托利党人也许把支持差别征税作为阻止所得税的一个策略,但是几乎没有人相信这种方法对促进社会团结有帮助。正如之前的皮尔一样,格莱斯顿的雄心在于确保税收制度不会导致不同阶层——无论是工商业中产阶级与地主之间,还是富人与穷人之间——发生冲突。在维多利亚时代中期"撕裂的财政说辞"政治中,格莱斯顿比迪斯雷利更为成功地建立了共识。

在格莱斯顿看来,所有类型的收入都应该适用相同的税率。他担心差别征税很快就会导致累进税制,因为其基本原理是类似的:如果税收要与纳税人的纳税能力成一定比例,这一原则也适用于纳税人不同的收入水平和类型。

累进制在实施过程中通常对财产、积累和产业发展具有破坏性,也损害了穷人和富人的利益……这意味着广泛的战争,各阶级互相争夺,每个阶级都努力以邻为壑、损人利己,将终结社会和平,调节国家税收负担所适用的共同原则将不复存在。②

格莱斯顿认为,国家不应该因此陷入纷争,他看到了违背单一税率原则很快将导致的危险性——各种不同利益群体会要求政府做出更大的让步。他的策略是既抑制差别征税要求,又做出一些不会颠覆所得税整体基础的妥协。实际上,格莱斯顿看起来似乎同时做出了两个相互矛盾的主张:一方面,因为所得税是暂时的,所以没有必要细究不同类型财产的税负差异;另一方面,因为所得税是应对突发事件的一个永久性收入来源,所以不应该频繁对其进行修订。③ 他反对差别征税,因为所得税是权宜之计,所以程序不必要太精细和烦琐。目标是通过强化人们对增加税收的抗拒心理,利用税收约束国家行为。

---

① *Parliamentary Debates*, 3rd ser. 61, 18 May. 1842, cols. 914—915.

② *Parliamentary Debates*, 3rd ser. 170, 23 Apr. 1863, cols. 617—622.

③ Matthew, *Gladstone*, 1809—1874, p. 123.

一旦实现了财政责任，所得税应该被废除。[①] 虽然他也认为所得税很适用于紧急事件，但是频繁的修订将弱化它的作用。格莱斯顿建议：

> 下议院不要在国家政策这一重大问题上吹毛求疵，不要通过眼前的重构所得税计划，并且说“如果这今天不起作用，我们就明天再试一次”。这种方式不能促进各阶级的良性竞争，一个直接税计划应该做到这一点……对于所得税，你们无论做任何事情，都必须大胆勇敢、聪明睿智和坚决果断。你们千万不能对其含糊其词、敷衍应对。如果你们这样做的话，只要我还在位，我都会奋力指出你们违背了对国家的责任，你们会有负罪感，你们在将一种最有效的收入资源置于危险境地……我相信，无论你们是保留还是舍弃所得税，这种资源都是至关重要的。你们应该保留所得税，或者至少让其在国家出现紧急事件时可以弥补收入不足。如果你们破坏了所得税的这一基本原则，它不可能发挥这样的作用。[②]

1853年，格莱斯顿向差别征税的支持者做出了妥协，他没有承认他们更加宽泛的原则，而是希望抑制他们的诉求。正如我们看到的那样，哈伯德和密尔希望对储蓄给予税收优惠减免。哈伯德认为，根据亚当·斯密的第一税收准则，纳税人在国家保护下享用的收入仅是他们可以消费的那部分。这一解释没有获得罗伯特·洛(Robert Lowe)[③]的支持，他指出来自储蓄的收入也受到了国家保护，因此也应该对国家税收做出贡献。“储蓄和消费都是恶习。贪

---

① 实际上，格莱斯顿被称作是弗吉尼亚经济学派的先驱，见 Leathers, “Gladstonian finance and the Virginia school of public finance”, 515－521, and Baysinger and Tollison, “Chaining leviathan’, 206－213. 然而，比亚吉尼(Biagini)认为这项策略适用于1874年，而不是19世纪50年代和60年代：Biagini, “Popular Liberals, Gladstonian finance and debate on taxation”, p.156, n.123.

② *Parliamentary Debates*, 3rd ser. 125, 18 Apr. 1853, cols. 1383－1384.

③ 罗伯特·洛(1811－1892)，是一位英国国教牧师的儿子，就读于温彻斯特和牛津大学学院。1842年，他获得了律师资格，同年移居悉尼，在那里执业，并为市立法委员会服务，打击大量存在的“擅自占用土地”行为。他在法律和产权交易方面都很成功。1850年，他回到了伦敦，最初担任《泰晤士报》的社评作者。1852年，他当选国会议员；1852－1855年，他担任控制委员会(Board of Control)联合大臣；1855～1858年，他担任贸易委员会副主席和财政部主计长；1859～1864年，他担任教育委员会副主席；1868～1873年，他担任财政大臣；1873～1874年，他担任内政大臣。他享有唐突、尖刻和蔑视一切的名声；他在1871年提出的火柴税导致了广泛的抗议，并最终被取消。[DNB, vol. XXXIV, ed. S. Lee (London, 1893), pp. 197－201.]

婪与浪费一样令人作呕,不是每个人都有储蓄的机会。储蓄意味着在满足日常需求之后可以省出一部分钱,对储蓄给予税收豁免就是对财富的豁免。"[①]另一方面,储蓄是自力更生和节俭的一种方式,格莱斯顿向一种非常特殊形式的储蓄做出了让步,这在某种程度上满足了差别征税要求。他对人寿保险支出和为年老与退休提供保障的养老金储蓄给予了税收减免。相较于休谟复杂棘手的提议——对储蓄的用于保障的不稳定收入(辛劳性收入)给予减免,这是一个简单得多的权宜之举。格莱斯顿在1853年做出的妥协是为了实现其迫切的政治目的——防止对劳动收入实行更低税率,直到1907年采取了差别征税方式,这一情况才得以改变。随着20世纪边际税率的提高,差别征税又成为减轻税收负担的一个有效手段。[②] 1853年的让步是策略性的,目的在于抑制财政改革要求和维持无差别的税收政策。这一政策适用于所有纳税人,因此没有造成阶级对立。它避免了如何将收入分为自发性收入和辛劳性收入这一复杂问题,迎合了节俭和自力更生理念,对互助会(friendly society)的支持以及格莱斯顿后来建立的邮政储蓄银行(the Post Savings Bank,1861)也有助于这一政策的实施。格莱斯顿还把遗产税作为实现整体财政制度均衡的一个备选方案(详见第8章)。休谟和哈伯德煞费苦心建立所得税内部公平的尝试让位于了应支持无差别税收这一共识。格莱斯顿认为,财政制度的一个基本特征就是需要在不同税种间寻求均衡,目的是确保各种形式的收入都能够被公平对待。在格莱斯顿看来,自发性收入和不稳定(辛劳性)收入实现税收公平的关键因素在于遗产税负担,它使维多利亚时代中期的财政宪法免遭大的根本性变化。除了对劳动收入采取低税率以鼓励储蓄外,为什么不能对自发性收入征收遗产税呢?所得税的差别征收方式既是煞费苦心的,也是没有必要的。大部分自发性收入都在源头被征过税且足额缴纳过税款了;不稳定(辛劳性)收入是在评估基础上征税的,可能被低估了。实际上,所得税已经

① Hubbard, *How Should an Income Tax Be Levied?* p.15; PP 1861 Ⅶ, *Report form the Select Committee on Income and Property Tax*, chairman's draft report, p.13, and Lowe's draft report, pp. 21—25.

② M.Zimmeck, "Gladstone holds his own: the origins of income tax relief for life insurance purposes", *Bulletin of the Institute of Historical Research* 58 (1985), 167—188.20世纪时这成为一种重要的避税方式,1984年,作为鼓励其他形式储蓄新政的一部分,这一政策被废除。

在差别征税了。无论如何，没有理由单独强调某个税种应该是“公平的”。正如前大臣亨利·古尔本(Henry Goulburn)指出的那样：

> 到目前为止，人类智慧还无法设计出一个能够对所有阶层都产生相同程度影响的税种；处理税收的唯一合理模式就是把税收制度视作一个整体，通过一个税的不平等纠正另一个税的不平等，这样整个税收制度的负担就可以平等和公正地落在所有阶层身上。[①]

古尔本的原则是19世纪后半期税收制度的核心思想：重点在于看税收制度作为一个整体，是否实现了不同阶级和利益群体之间的总体均衡，而不是看某单个税种是否是公平的。

虽然哈伯德不满意，要求再成立一个专门委员会考虑差别征税问题，[②]但是1853年的预算标志着在之后的四五十年中，所得税不再面临巨大的差别征税要求。19世纪50年代和60年代，差别征税努力的失败，部分是因为收入资本化不具可操作性，部分是因为很难区分和界定自发性收入和不稳定(辛劳性)收入。在19世纪50年代，自由贸易与贸易保护之间的矛盾被化解了，这意味着财政改革者和贸易保护主义者建立联盟变得更加困难了。至此，撕裂的财政说辞让位于共识，直到世纪末自由贸易共识被打破时，“财政宪法”争论才再次开启。格莱斯顿将差别征税要求从政治议程中消除了，这一成功不仅仅依赖于他在1853年预算中使用政治技巧建立了不同阶级和利益群体间的“社会契约”，还依赖于更加受到各方接受的程序，这种程序缓和了对税收的尖锐批评。“束缚利维坦”基本大功告成：到19世纪50年代，对“食税”国家的攻击被认为是牵强附会和卖弄学问的。财政改革协会(FRA)和财政改革联盟(Financial Reform Union)的宣传看起来是过时和牵强的。真的可以声称政府部门“对支出有不可控制的渴望吗”？真的可以说政府部门像是“财政部、下议院和人民的主人吗”？[③] 与其在财政部当权的兄弟利用预算建立了一个有

---

① *Parliamentary Debates*, 3rd ser.97, 3 Mar.1848, cols.192; a similar point about the inequality of all taxes was made by Gladstone, *Parliamentary Debates*, 3rd ser.170, 23 Apr.1863, col.617.

② This was PP 1861 Ⅶ, *Select Committee on Income and Property Tax*.

③ 关于FRA的这一评估，见Calkins, “Victorian free trade lobby”, 104，以及Taylor的评论：*Decline of British Radicalism*, pp. 93—94; and above, pp. 86—87. 这一引用来自FRU, *Papers on Taxation and Expenditure Issues by the Financial Reform Union*: *Number* 3, *A Budget for* 1869 *Based Upon Mr Cobden's "National Budget" Proposed in* 1849 (London, 1868), pp. 1—2.

机均衡的社会相比,"财政改革派"发言人罗伯森·格莱斯顿(Robertson Gladstone)的意见是偏执的。这一转变过程部分在于成功创造了一个叙事性的说辞,这一说辞将民主社会中的下层阶级和中产阶级团结了起来,使其携手共同反对懒惰和浪费。[①] 皮尔和格莱斯顿能够把自己描绘成具有公共责任和

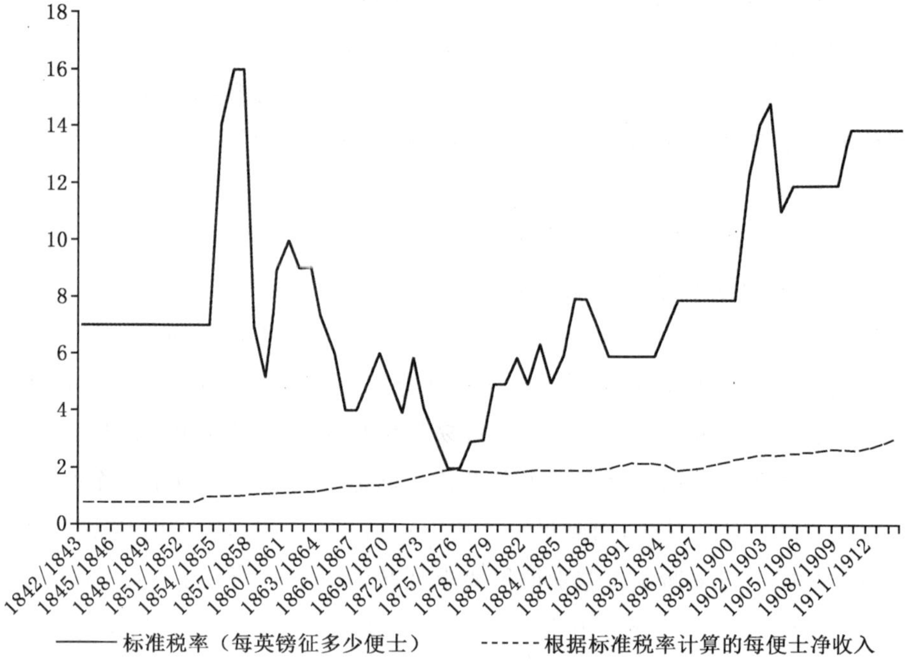

资料来源:PP 1919 XXIII,pt I,*Report on the Royal Commission on Income Tax*,pp. 131－134.

图 4.1 所得税标准税率和收入:1842/1843～1913/1914 财政年度

公信力的人,人们可以相信他们一定会努力把支出控制在最低水平,一定会减轻人民的负担。但是,这并不仅仅是说辞的改变,而是国家形态本身也发生了变化。[②] 他们用华丽言辞宣称国家在各种利益群体之间是中立的,国会制度可以确保支出高效而不是浪费,越来越透明的会计技术、支出的持续下降和国

① E. F. Biagini, *Liberty, Retrenchment and Reform: Popular Liberalism in the Age of Gladstone*, 1860－1880 (Cambridge, 1992), pp. 11－12.

② 见 M. Hewitt 的评论, *The Emergence of Stability in the Industrial City: Manchester*, 1832－1867 (Aldershot, 1996), pp. 12－13.

家债务的减少支持了这一说辞。

在19世纪最后一个25年中,人们已经接受所得税将是财政制度永恒的一部分,认为这一税收有助于促进平等和维持英国的国力。1875年,保守党大臣斯塔福·诺思科特(Stafford Northcote)肯定了所得税的作用,认为它应该再延续20年。他指出,所得税在过去发挥了两种功能。第一种是发挥了“推动我们税收制度重大改革发动机”的功能,现在这一任务已经完成。间接税已经被降低了,财政制度已不再迫切需要重大改革了。他抱有这样一个希望,即经济繁荣和每年收入的增长允许所得税保持每英镑2先令的低税率,这将使得任何有关所得税负担不公平的抱怨变得毫无意义。之后所得税还会被用于实现第二个目标,“作为一个战时税收,所得税极大地提升了国家的国力,有效缓解了军事资源紧张状况”。所得税将不必再维持旨在满足昂贵军事支出的高税率,它将被“暂时搁置——只有在发生某些特别重大的紧急事件时,才会恢复征收,不会用于不重要的事情”。财政宪法很好地发挥了作用:正如诺思科特所说的那样,它也许不完美,但是已经发挥应有的作用了。[①] 当然,问题在于所得税在和平时期是否应该作为重要收入来源,而不是仅用在紧急时刻。到19世纪末期,特别是随着布尔战争的爆发和工党力量的壮大,维多利亚时代中后期的财政宪法又面临着新的挑战。

接受财政宪法

皮尔和格莱斯顿在人民宪章运动和“宪政激进主义”运动中所取得的成就是显著的。宪章派对腐败和国家压迫的攻击在19世纪40～50年代失去了活力,因为政府向人们显示它有能力进行内部改革。[②] 英国和欧洲大陆国家明显不同,特别是在1848年革命之后。在1848年革命到1871年巴黎公社运动这段时间,欧洲大陆的经历与英国完全不同,这有助于英国向自由主义转变。之前的宪章派(Chartist)和中产阶级激进派,都表达了对意大利和波兰民族主义运动的同情。民族主义引起了争论,它加强了阶级和爱国主义认同,提供了

① *Parliamentary Debates*, 3rd ser. 223, 15 Apr. 1875, cols. 1034—1036.

② Stedman Jones, *Languages of Class*, pp. 177—178.

一个表达共同或不同政治信仰的工具。正如费恩(Finn)所说,之前的宪章运动者和中产阶级激进派都没有停止反抗,但是他们都做出了让步,这使得各方可以重新谈判他们的政治角色、价值观和期望,自由文化有所改变。因此,民族主义情感连接并表达了不同的阶级利益。建立在英国自由和欧洲大陆专制主义鲜明对比基础之上的爱国主义和国家认同感,造就了这种政治。格莱斯顿是这次改变的中心人物,他支持国内外的民族主义和自由,致力于通过缩减开支和改革打造一个非军国主义国家。①

激进主义没有简单地随着宪章主义的失败而消失,因为作为一种不受国会控制的运动,它的衰落反映出国会更加坚信自己有能力改革国家和建立一个公平的社会秩序。激进的改革家坚持认为,为了消除下议院中的利益群体,应该拓展改革法案,因为19世纪30～40年代,下议院允许增加公共支出。扩大选举权可以改变国会议员构成,通过国会对行政机关的有效控制消除军国主义。这些激进主义者获得了很多希望控制政府支出的国会议员们的支持。独立的自由党人也希望利用国会控制支出,但是他们认为除非鼓励投资,否则国家财富不会增长。这种观点促成1849年成立了互助会专门委员会和1850年成立了中产和工人阶级储蓄专门委员会。正如迈尔斯·泰勒(Miles Taylor)表明的那样,这些独立的自由党人是"维多利亚时代中期自由主义默默无闻的推动者",可以认为,他们比高度活跃的以科布登和布莱特为代表的曼彻斯特学派更加重要。1847年以后,这些改革占据了自由党政治的中心——不论是在大城市选区还是在威斯敏斯特,这使得他们可以与之前的宪章派重新修好。与其说宪章派经历了失败,不如说他们"融入了激进主义和国会政治主流"。国会议员是容易接近且独立的,乐意听取人们的诉求和陈述,愿意控制行政机关:这形成了不同于欧洲大陆的英国自由主义特征的一部分。泰勒认为"宪章主义和国会激进主义是相互连结在一起的",都试图创立一个"负责任且受欢迎的政府",通过代表国家和公共利益而不是阶级和部门利益的独立国

① M. Finn, *After Chartism: Class and Nation in English Radical Politics, 1848－1874* (Cambridge, 1993), pp. 6, 10, 59, 188－189, 224－225, 227, 304－305, 307; for a critique, see D. Wahrman, "The new political history: a review essay", *Social History* 21 (1996), 346－348. On Gladstone, see Biagini, *Liberty, Retrenchment and Reform*, especially chapter 7.

会议员，监督行政部门。1832年国会改革法案的首要目的是通过不受外部影响的独立国会议员，增加下议院控制行政部门和表达公共意见的有效性。这样做的目标在于加大对行政机关的控制，激进派赞扬了国会议员们绅士般的独立和美德。[①]

“激进立宪主义”(radical constitutionalism)一直活跃到1860年前后，他们相信，下议院会为进步运动提供展示其立场的舞台，会为独立议员防止行政机构侵犯公共利益提供舞台——尤其是通过确保行政机构遵守严格的节俭规定，保护了纳税人不受行政部门挥霍浪费的损害。约瑟夫·休谟等国会议员们明确表达的这种观点，一直到1860年都对下议院有着相当大的影响，虽然此时立宪激进主义这一派别的重要性已经下降了。随着更加严格的党派原则的出现，独立议员们的自主权变小了，此时人们希望下议院为行政机关提供支持。大城市选区不愿意选举独立议员为其代表，并听从于他们，而是喜欢选择熟悉本地区及其贸易和城市政府事务的本地人士。不从国教者道德主义(non-conformist moralism)的兴起也促进了国会议员从独立代表向“人民”代表的转变。同时，随着郡县席位的恢复及其在爱尔兰、威尔士和苏格兰力量的壮大，自由党对城市选区的依赖有所减少。到1860年前后，休谟推动削减支出和改革税制运动的政治环境已事过境迁了。[②] 关注的重点从强调独立议员控制支出和立法机构对行政机关进行检查，转移到更加强调财政部如何控制纳税人的需求。这种转变具有非常重要的含义。首先，这意味着对公民选举权的态度发生了变化。对公共支出的控制不再依赖独立议员，不再依赖为了创造一个负责任的下议院而进行的选举权改革。在对第二个国会改革法案进行的辩论中，重点在于选民对支出的影响以及他们可能投票支持代价高昂的政策和再分配性税收的危险。[③] 其次，这导致了财政政策制定过程的改变。预算逐渐由财政大臣及财政部官员们在保密状态下制定，然后提交给下议院

---

① Taylor, *Decline of British Radicalism*, pp. 30—33, 44—55, 99, 337, 338, 340, 342, 343; PP 1849 XIV, *Report from the Select Committee on the Friendly Societies Bill*, pp.3—8; PP 1850 XIX, *Report from the Select Committee on Investment for the Middle and Working Classes*, pp. 171—2.

② Taylor, *Decline of British Radicalism*, pp. 340—341.

③ Taylor, *Decline of British Radicalism*, pp. 333—335.

获得程序性的多数支持。虽然国会在审查收入和年度支出投票中仍然很重要,但是独立议员监督行政机构的任务现在让位于财政大臣和财政部,他们有更大的权力限制支出部门的需求。

在19世纪60年代早期,可以宣称英国是一个赋税较轻的国家。乔治·沃德·诺曼①(George Warde Norman)认为,英国财政制度是"较为公正和平等的,总体来说政府是高效的"。他满意地指出,1815年以来英国的人均支出出现了显著下降,相较而言,法国的支出是上升的,因为法国的征兵成本负担沉重。此外,因为英国国民收入是法国的两倍,所以英国的实际税收负担还要轻得多。诺曼坚信"与其他欧洲国家相比,英国人民缴纳的税款得到了更好的回报",因为英国的军队规模要小得多,公务员数量也只有欧洲大陆国家的1/4～1/3。诺曼相信,英国在经济中起到了示范和引领作用,因为中产阶级对议员选举的影响最大;他们是最伟大的纳税人,"自然地,会把密切关注经济作为他们的第一要务",这与其他国家不同——这些国家的统治阶级可以从政府高额支出中获益。所以,财政大臣是"这个帝国中最严格的经济学家之一"。诺曼的不满之处在于,与其他国家相比,英国在教育、艺术和科学方面的支出太少了。②

诺曼讲得确实有道理,因为通过限制开支使国家看起来值得信任这一做法,也不是没有危险的。在19世纪第二个25年中,大城市过低的基础设施投资水平导致城市环境的恶化和人均寿命的降低。③ 对国家支出浪费和低效的攻击导致了公民意识的弱化,削弱了人们对公共行动具有积极作用的信念。从短期和中期来看,在重新建立国家行动具有积极作用这一信念之前,约束利维坦会导致对国家的不信任。但是从长期来看,当前约束国家的政策会产生不同的结果,既可以建立对国家行动可靠性的信任,也可以使民众相信国家是

---

① 乔治·沃德·诺曼(1793－1882),1830年之前是一位木材商,与挪威有贸易往来;1821～1872年,他担任英格兰银行董事。1831～1876年,他担任财政部议案专员,是政治经济学俱乐部的创始人之一。他撰写过关于货币和税收方面的著作。[DNB, vol. XLI, ed. S. Lee (London, 1895), pp. 112－113.]

② G. W. Norman, *An Examination of some Prevailing Opinions as to the Pressure of Taxation in This and Other Countries* (4th edn, London, 1864), pp. 10, 116－21; 见Greg, "British taxation", 236－46, 虽然数据不同,但是得出的结论是一样的,即英国不存在税收负担过重问题。

③ 见本书第9章中的相关内容.

高效而不是挥霍浪费的。通过把财政宪法凌驾于政治辩论之上,公共行动得以挣脱桎梏。但与此同时,很多支持政府发挥积极作用的人士被选为了地方代表,这就提出了一个问题,即地方政府——特别是大城市的地方政府,能够在多大程度上应对它们所面临的压力。

相对于经济增长速度的加快,战争和国防支出需求却减少了,这可以解释为什么政府对国民经济的索取下降了。但是“和平红利”并没有马上到来,因为减少“漫长的 18 世纪”积累起来的庞大政府债务需要一个过程。国债从对英国繁荣的一种威胁,对产品和财富的一种攫取,转变为对国家安全和力量的一种保证。再次强调,这是严格的行政管理和会计准则的胜利,也是政治说辞和文化的胜利。同时,帝国的国防成本也受到了大都市和边远地区的质疑。在“漫长的 18 世纪”,对法战争给国内经济造成了沉重负担,试图把一部分成本转移到帝国身上导致了北美 13 个殖民地的反抗。在拿破仑战争之后,庞大的国债规模和狭窄且累退性的财政制度导致了大都市的不满。英国能否以牺牲殖民地和税收遵从为代价,降低国内税收?国家不是仅仅把责任和负担转移给英国内部的地方政府,而是致力于建立一个可以在帝国内合理分配财政负担的复杂过程。

5 “我们真正的战争基金”：国债、战争和帝国

……承认债务的宪法带有致命的毁灭种子。

A.Young,*Travels in France during the Years* 1787,1788 *and* 1789, *ed.* M.*Betham-Edwards*(4*th edn*,*London*,1892),*p*.337.

部长们清楚地意识到，他们正在攫取资本家和商人的利息；他们正在向殖民地征税，正在破坏公共债权人的信心；但是为了确保获取制造商的支持，他们愿意得罪这些人。这就是被这样一个政府——寻求广泛支持，为了维护自己的利益被迫牺牲了帝国的最佳利益——控制的结果。

A.Alison,“On the financial measures of reformed Parliament.No 1. The Whig budget”,*Blackwood's Edinburg-Magazine* 29 (June 1831),975,cited in Gambles,“Rethinking the politics of protection: Conservatism and the corn laws,1830—1852” *English Historical Review* 113(1998),946

一个社会偿还债务的能力，与其在工业、商业、艺术以及科学中取得的进步是正相关的，这些活动在自由和平等法律的良性影响下，得到了繁荣发展。一个社会偿还债务的可能性，与其尊重契约信仰的程度是正相关的。一股来自很大区域由很多好战人士组成的势力，一个粗鲁的不懂法律但又充满幼稚幻想和任性激情的暴君，或一群宣称应该剥夺所有财产的社会主义者，都有可能让最好和最聪明的政府碰到。但是，这样一个暴君和这样一群人都不可能

拥有源于资本家信心的力量。这种力量……具有强大的生命力,推动野蛮和欺骗、暴虐和混乱向文明和道德、自由和秩序转变。

T.B Macaulay, *The History of England from Accession of James II*, vol, Ⅳ(1855);Folio Press edition,London (1986),pp.249—54.

拿破仑战争结束时,英国国债规模超过国民生产总值的 2 倍,所支付的利息超过税收总收入的一半。丝毫都不令人感到奇怪,为什么国债被视为经济累赘和生产性社会成员——要养活寄生的食利者和道德上麻木的奢侈者——的沉重负担了。这一争论与其他有争议的经济政策问题紧密联系在一起,因为实际债务负担会随着通货紧缩政策加重和通货膨胀政策减轻。因此,货币政策变得至关重要,1829 年回归金本位以及 1844 年的《银行特许法案》(the Bank Charter Act)将黄金储备与流通货币数量密切挂钩,这进一步强化了货币政策的地位。尽管为了放松货币限制,19 世纪 80 年代将白银也增列为货币基础,但是 19 世纪下半叶时,货币问题已不再饱受争议:黄金成为维持货币稳定的一种保证,以一种自然和有如神助的方式调控着经济事务,不会因利益集团的干预而扭曲。几乎可以说黄金是道德的:它创造了一个可以清晰决定金钱数量和信用的商业世界,任何一个沉溺于投机和过度借贷的人,都会在不久之后面临惩罚,这种惩罚表现为其经营失败。[①] 在国债中,可以发现具有相同文化意义的许多变化。1855 年,麦考利(Macaulay)将这些变化解释成“文明和美德、自由和秩序”的象征。如果一个商人有着良好的声誉,在债权人对这个商人可以按时偿还本息充满信心的情况下,那么他借钱给这个商人这一冒险行为将是值得的。对商人财务信用的评估部分与他们(以及其家庭)的私人行为相关,但是也越来越与会计诚信密切

---

① 这些观点由希尔顿在《谷物、现金和商业以及赎罪时代》一文中提出,尽管已出现一些反对金本位制、支持复本位制的著作,但是这仍是少数人的立场。金本位制的恢复通常被认为完全是伦敦市为了私利的产物,令人惊讶的是,很少有关于对黄金和货币态度的著作,或者很少有关于对 19 世纪后半期黄金的文化诠释。关于复本位制,详见 E. H. H. Green, “Rentiers versus producers? The political economy of the bimetallic controversy, c. 1880—1898”, *English Historical Review* 103 (1988), 588—612, and the response by A. C. Howe, “Bimetallism, c. 1880—1898: a controversy re-opened?”, *English Historical Review* 105 (1990), 377—391. 对黄金和货币解释的一些评论,见 Brantlinger, Fictions of Slate, chapters 3 and 4.

相关,只有认真记账才能评估他们的利润、现金流和资产。对国家也是同样如此:为了能在紧急情况下借到大笔资金,国家应该如何创造廉洁和信任感? 1815～1914 年没有发生大规模战争,军事策略也没有发生大的变化,这意味着帝国不需要维持像 18 世纪那样的常备军了。他们真正需要的是能够在短期内筹集大量资金建造舰艇,或是派遣一支军队的能力。因此,人们对国债的信心至关重要,第一次世界大战前英国民众乐意将钱借给国家,这与德国民众的勉强形成了鲜明对比。①

在 19 世纪第二个 25 年中,约束国家过程中的另一个要素是帝国负担从大都市向其周边地区的转移。美国独立战争的经历表明了这种负担转移的危险性,但是在国内面临政治紧张局势的时候,这似乎值得冒险一试。宪章派在伦敦和省级城市街道上的游行示威太引人注目了;为了满足国内紧缩支出和自由贸易的迫切需求,将这一成本转嫁给印度、好望角、加勒比或者加拿大的吸引力是显而易见的。这些地区的不满不会立即引发危险,而且可以对其进行武力镇压——在国内运用武力要谨慎得多。对于国内民众,英国政府也许会采取一种更加和平、公正和合意的方式,但是随着攫取水平的不断提高,这能够以对殖民地更加军国主义的政策为代价吗?②

借款和国债

"漫长 18 世纪"的财政—军事国家依靠税收收入为借款提供担保。为了保证收入流足以支付利息,特定的税收被用于偿还特定的借款。1786 年,皮特(Pitt)引入了偿债基金(sinking fund),即需要政府每年留出固定数额的收入用以偿还债务。1815 年以后,沉重的偿债成本是一个具有巨大争议的话题,皮特因为在战争初始阶段严重依赖借款而受到了攻击。亨利·帕内

① 关于德国 1913 年借款的失败,及随之需要征收国防税,见 PRO, T171/167, "Paper prepared at the request of the chancellor on the German defense levy of 1913".

② 关于在殖民地采取更加军事化和压制性的政策,见 A. Bank, "Losing faith in the civilizing mission: the premature decline of humanitarian liberalism at die Cape, 1840—1860", in M. J. Daunton and E. Halpern (eds.), Empire and Others: British Encounters with Indigenous Peoples, 1600—1850 (London, 1999), pp. 364—383, 从中可以看到种族主义思想的上升和一个更加野蛮专制的方法。

尔(Henry Parnell)是诸多评论者中比较有代表性的一个,他认为“皮特被精于算计的有钱人欺骗了”,如果他早点引入所得税,借款将是不必要的。[①] 皮特使用偿债基金偿还债务的方式饱受指责。尽管皮特曾期望用税收盈余向偿债基金注入资金,但是由于对法战争费用高昂,只得放弃了这种想法。他面临的选择:一是抛弃偿债基金,二是通过借钱继续维持它。他选择了第二种方式,为了偿还早期利率较低的借款,他又借了更多利率较高的新债。在战争结束时,国债规模及偿债成本居高不下,已经发现了一些可以降低债务成本的方法。[②] 这不是一个容易的任务:借款利息的获取者受到攻击,认为他们是靠生产性社会成员供养的寄生性的食利者,任何为了偿还债务要求提高税收的建议只会招来强烈抱怨。直到 19 世纪最后 25 年,国债政治仍是相当重要的。

正如我们已经指出的那样,大卫·休谟对国债的成本感到恐惧,他支持国家破产。虽然亚当·斯密更加乐观,但是他的《国富论》是在英国与拿破仑战争导致的债务规模大幅上涨之前写作完成的,19 世纪初期的大部分古典经济学家都对债务感到不安。他们担心,虽然债务缓解了眼前的困难,但却将负担扔到了未来,都需要通过减少私人资本消费(后来的经济学家称之为“挤出效应”)和增加税收偿还债务。一些 18 世纪评论家认为,征税偿还利息只是社会成员间的收入转移,不会对经济造成任何严重后果。李嘉图(Ricardo)继续认同这一观点,其他古典经济学家[尤其是麦卡洛克(J.R.McCulloch)]承认,税收可以在一定程度上刺激经济活动,因为为了维持自己的税后收入不变,生产者必须更努力地工作,同时也可以鼓励储蓄。但是他们也担心,税率太高会抑制纳税人的积极性和主动性,减少用于生产性投资的资金,甚至会导致资本外逃。对经济的刺激也许会变成对经济的冲击。正如约翰·斯图亚特·密尔指出的那样,如果有充足的资本,像英国一样,增加政府借款对社会也许没有危害;它也许仅仅加快了资本输出,因为资本无

① Parnell, On Financial Reform, pp. 285, 297;还见 J. R. McCulloch, “Finance accounts of the United Kingdom for the year ended 5 Jan. 1823”, Edinburgh Review 77 (1823),1—43,详细描述了对偿债基金的攻击,称其是“一种愚蠢的由幻觉和欺骗构成的复合体”(34)。

② Hargreaves, National Debt, pp. 99—134.

法在国内找到盈利机会。检验方式是看利率是否上升:如果利率上升了,密尔将感到后果是非常严重的,它暗示资本从"工资基金"中撤出了,因此除了加重税收负担之外,还会导致工资降低。大多数古典经济学家(除了李嘉图)赞同,在战争时期为了防止因税收过重对经济造成冲击,政府应该借款。但是太依赖借款可能只是把问题推向未来。因此,必须谨慎地平衡债务和税收,而且应该尽可能地减少未来的债务还本付息负担。当和平导致较低的借贷成本时,利率会降低。李嘉图和麦卡洛克①一度认为,可以通过征收一个史诗性的一次性资本税减少债务。但最重要的是,偿还借款不应该来自皮特采取的偿债基金,而应该来自预算盈余。②

事实上,1819 年下议院通过了一项决议:为了减少国家债务,每年实现 500 万英镑的预算盈余是"绝对必要的",以此代替当前每年向偿债基金注入 1 550万英镑的做法——这导致每年借更多的债。然而,当前可得的盈余只有 200 万英镑,因此,财政大臣提出增加 300 万英镑的税收。政治上的难题是显而易见的:国债规模招致不满,降低债务的唯一方法是实现预算盈余,但是这将导致更高的税率和更大的政治困难。当然,较为激进的方法是大幅削减"旧式腐败"支出,但是在债务还本付息和官员的养老金或者半薪支出水平已经居高不下的情况下,要做到这一点是极其困难的。虽然税收在增加,但是政府没有实现 500 万英镑财政盈余,而且由于决定回归金本位制度,还需要付给英格兰银行1 000万英镑。结果,政府被迫继续借款。1822 年,政府尝试了一种新方法。陆海军军官的养老金和半薪支出在 1822 年合计为 490 万英镑,随着这些人逐渐离世,这方面的支出会持续降低。财政大臣提出了所谓的"等额年金法"(dead weight annuity),即用一个长期低利率借款替换当前的高利率债务。通过发行一个为期 45 年每年支付 280 万英镑固定年金的债务,政府可以获得用于发放半薪工资和养老金的资金,而且能够立刻节约 200 万英镑。然

① 约翰·拉姆齐·麦卡洛克(1789—1864),就读于爱丁堡大学;1818～1837 年,他投身于《爱丁堡评论》工作。他的《政治经济学原理》于 1825 年问世。1828～1837 年,他在伦敦大学担任政治经济学教授;从 1838 年到其去世,他担任文书局(Stationery Office)局长。[DNB, Vol. XXXV, ed. S. Lee (London, 1893), pp. 19—21.]

② 关于古典经济学家和国债,见 O'Brien 的讨论:Classical Economists, pp. 259—265; on J. R. McCulloch, see D. P. O'Brien, J. R. McCulloch: A Study in Classic Economics (London, 1970), pp. 237—238, 263—269.

而,由于没人愿意购买这一债务,这一计划在1828年被放弃了。[①]

1828年的公共收入和支出专门委员会批评了“等额年金法”,理由是它们仅仅是一个创造了新债的“复杂发明”,而不是基于收入盈余的“真实”偿债基金。委员会将他们的不满从这个特定例子扩大到对政府处理国债和偿债基金的方式进行了广泛攻击。在亨利·帕内尔(Henry Parnell)担任委员会主席期间,它的第4份报告标志着反对为偿债基金进行借款的运动达到了高潮。1822年,约瑟夫·休谟向下议院提出了38个决议案,他攻击政府为偿还较低利率的债而借了更高利率的债。作为回应,财政大臣在1823年改革了偿债基金,他预期每年实现500万英镑的收入盈余。这一期望再次落空了,政府继续借债。休谟用更多的决议案再次发起了攻击:偿债基金“是在谬误中建立的,一直是靠幻觉维系的”。虽然休谟的决议案被否决了,但他的意见得到1828年专门委员会的支持,这一委员会非常认同“为了削减先前困难时期积累起来的债务,在不需要筹集特定资源的时候,仍应该坚决执行收入盈余(Surplus Revenue)政策”。这样做对确保将来危险时期的信用和安全是非常必要的,因为届时政府也许需要再次借款。根据和平与战争交替的人类一般历史规律,这一时刻并不遥远,当过去和现在的债务负担叠加在一起变得非常大,以至于连最富裕的人都不能承受的时候,不断累积的压力必然导致公共信用体系崩溃。因此为了确保未来战争中的国家安全,减少债务是至关重要的:

---

① Parliamentary Debates, 40, 8 June 1819, cols. 990—997;这一决议受到了休谟和帕内尔的反对,因为在500万英镑盈余中,有300万英镑是需要通过提高税收筹集的;3 Geo. Ⅳ c. 51, “An act for aportioning the burthen occasioned by the military and naval pensions and civil superannuations by vesting an equal annuity in trustess for payment therefore”1822;4 Geo.Ⅳ c.19,“An act for further regulating the reduction of the national debt”,1823;PP 1828 V,*Second Report from the Select Committee on Public Income*,pp.5—7;PP 1857(2nd session)Ⅸ,*Select Committee on Public Monies*,appendix Ⅰ, “Memorandum on financial control put in by the chancellor of the Exchequer,April 1857”,pp.519—547;PP 1890—Ⅰ XLVII,*National debt.Report by the secretary and comptriller general of proceedings of commissioners for the reduction of the national debt frm* 1786 *to* 31 *Mrch* 1890,*pp*.530—535.要了解关于国债和偿债基金的辩论,见 R. Hamilton,*An Inquiry Concerning the Rise and Progress, the Redemption ... and Management of the National Debt of Great Britain*(Edinburgh,1813);W. Genville,*Essay on the Supposed Advantages of a Sinking Fund*(London,1827),and the response in W.Cobbett,*Noble Nonsense! Or Cobbett's Exhibition of the Stupid and Insolent Pamphlet of Lord Grednville*(London,1828),and W. Boyd,*Observatons on Lord Grenville's Essay on Sinking Fund*(London,1828).要了解总账户,见 Hargreaves, National Debt, chapter Ⅸ.

在战争中借债,然后在和平时期逐渐偿还由此积累的债务,这是一个折中方案。除此之外还有两种方案,一个方案是利用税收即刻筹集所需要的全部物资;另一个方案是不考虑利息或是后代安全,用当前最容易的手段解决燃眉之急。

公共收入和支出专门委员会倾向于每年用 500 万英镑削减债务,但是前提是可以从收入盈余中获得这笔资金。由于不存在这样的盈余,因此委员会提出放弃固定支付方案(即每年偿还固定数额的债务),改用每年的“实际盈余”削减债务。虽然委员会希望每年“实际盈余”达到 300 万英镑,但是它坚持这笔钱不应该来自借款。在 1828 年的预算中,亨利·古尔本[①](Henry Goulburn)采纳了这些原则,将其作为临时措施。1829 年,关于偿债基金的既有法律被废除了,规定只有实现预算盈余,才能向偿债基金注入资金。虽然古尔本希望 1829 年的预算盈余能达到 300 万英镑,但是结果只有 170 万英镑,而且未来的财政大臣们更倾向于优先考虑减税,而不是将大量盈余用于偿还债务。[②]

应该是通过税收还是借款为战争筹集资金,虽然 1828 年的专门委员会没有给出任何明确建议,但是其言外之意是很清楚的。正如帕内尔在 1831 年坚持宣称的那样,应该尽量通过税收解决战争资金需求。在克里米亚战争中,这一问题已经成为一个现实性难题,此时比先前的对法战争更加依赖税收筹集资金。后来的评论家将税收视为“我们伟大战争的最好融资方式”,它为布尔战争(the Boer war)和第一次世界大战提供了一种评判标准。[③] 很多人认为,相对于现在和未来,或者相对于“男子气地”接受负担(将可以约束军事冒险行

---

① 亨利·古尔本(1784—1856),就读于剑桥大学三一学院。1808 年,他成为托利党国会议员。1810 年,他担任内政部副大臣;1813 年,他担任战争和殖民事务副大臣;1821～1827 年,他任爱尔兰首席大臣,他反对天主教解放法令,被斥为是奥兰治会成员。1828～1830 年,他担任财政大臣;1834～1835 年,他担任内政大臣;1841～1846 年,他担任财政大臣。皮尔负责向国会提交 1842 年和 1845 年预算。[DNB, vol. XXII, ed. L. Stephen and S. Lee (London, 1890), pp. 283—285.]

② PP 1828 V, *Fourth Report from the Select Committee on Public Income and Expenditure of the United Kingdom*, pp. 561—563; PRO, T171/9, Basil Blackett, 22 Nov. 1910, outlines policy towards the national debt; PP 1890—1 XLVIII, *National Debt. Report by the secretary and comptroller general*, pp. 539—542, 552; 10 Geo. IV c. 27, “An act to amend the several acts for regulating the reduction of the national debt”, 1829.

③ F. W. Hirst, The Political Economy of War (London, 1915), p. 143.

为）和不负责任地将成本转移到子孙后代（将失去对支出和军国主义的约束），依靠税收而不是借款是一种公平正义之举。正如格莱斯顿解释的那样，为战争借款意味着：

对人民进行系统性的持续欺骗。在这样一个体制下，人民实际不知道他们在做什么。其后果被延迟到遥远的未来。应该让人民知道，为了得到他们期望的收益，他们要付出的代价有多大，只有这样，他们才能做出明智选择，而不是以透支未来欺骗自己。

但是应该认识到，还有另一个也许更有意义的问题，这一问题关系到不同阶级的公平性：为了给偿债基金持有者提供利息，工人和工业需要交纳税收。结果是“以牺牲穷人为代价，为富人装备了一个储蓄银行”。①

格莱斯顿认为，税收的危害性比借款小，因为借款来自生产性资本，由此减少了商品供给，抬高了商品价格。所以借款获得了两次补偿，先是通过更高的价格，后是通过支付的利息，如格莱斯顿解释的那样：

如果你通过新增税收筹集军费，你只是让每个人拿出自己收入多出支出的一部分。相反，如果你进入市场借款，你的这种行为将对那部分资本产生直接和百分之百的影响，这部分资本本来是可以立即全部投入生产、促进贸易的。在前一种情况下，你从剩余资本中得到了大部分你所需要的资金；在后一种情况下……你直接触及了资金供给的源头——廉价商品的生产和贸易活动在很大程度上依赖于这些资金。②

根据这种观点，税收优于借款，因为借款会浪费资本，给企业造成负担。

---

① O. Anderson, *A Liberal State at War: English Politics and Economics during the Crimean War* (London, 1967), pp. 206—208, and O. Anderson, “Loans versus taxes: British financial policy in the Crimean war”, *Economic History Review 2nd ser.* 16 (1963—1964), 314—327; see also J. E. Cairnes: *On the Best Means of Raising the Supplies of a War Expendture* (London, 1854), p. 6; G. K. Rickards: *The Financal Policy of a War: Two Lectures on the Funding System and on the Different Modes of Raising Supplies* (London, 1855), p. 14; W. E. Gladstone, Parliamentary Debates, 3rd ser. 131, 6 Mar. 1854, col. 376.

② Gladstone, *ParliamentaryDebates*, 3rd ser. 131, 6 Mar. 1854, col. 375. 要想了解格莱斯顿和借款的简要讨论，见 J. Maloney: “Gladstone and sound Victorian finance”, in Maloney (ed.), *Debts and Deficits*, pp. 30—31.

正如里卡兹[①](George Kettelby Rickards)解释的那样,

> 借款制度就像有害健康的“兴奋剂”,给政治提供了虚假的能量,在不知不觉中伤了国家元气,损害了国家声望。相较而言,税收对一个国家活力的影响是大不相同的。如果征税数额不是太过量或者不是太让人措手不及,税收压力可以刺激工业发展和激励个人更加努力工作,因为只有这样,他们才能在不侵蚀自己资本的情况下,满足国家的征税要求。它为个人努力和经济发展提供了新动力。但是对于借款,正如他们设想的那样,当代人只承担了一部分成本,大部分借款需要后代偿还,将不会产生税收那样的激励作用。相反,它阻碍了努力工作和储蓄……在不用通过战争引起斗争和牺牲的情况下,税收打开了一条通向荣耀或强大的道路。[②]

借债是对不道德行为的一个诱惑,同时对企业和生产具有破坏性。格莱斯顿将税收的经济争论上升为一个宗教和道德准则:

> 战争费用是上帝对一些国家与生俱来的征服野心和欲望的道德检验。有的国家喜欢炫耀武力,有的国家追求战争荣耀和刺激……对所需支出每年进行审议是一个有益的全面检查,使他们认识到自己在干什么,使他们知道自己所获收益需要付出多大的成本。通过这些方式,可以引导他们做出理性和睿智的战争政策。[③] 更高的税收有助于实现和平。

因此,格莱斯顿将战时的所得税税率提高了1倍,从每英镑7便士上调为每英镑1先令2便士。然而,他仍然不得不寻找其他收入来源,他的增税原则与政治算计相冲突。格莱斯顿意识到,进一步增加所得税会导致人们要求对不同类型的收入差别征税。他采取的解决办法是增加消费税,“相较于为了国家目的必须筹集的收入数额,增加税收的方式应该对贸易的干扰最少,对人民

---

① 乔治·凯比·里卡兹(1812—1889),就读于威斯敏斯特公学、伊顿公学、牛津大学贝列尔学院、三一学院和女王学院。1836～1843年,他在女王学院任教,1837年起,他担任专门律师。1851～1882年,他担任下议院议长的法律顾问;1851～1857年,他担任牛津大学政治经济学德拉蒙德教授。(DNB, vol.XLVIII, ed. Lee, p. 261.)

② Rickards, Financial Policy of War, pp. 54—55.

③ Parliamentary Debates 3 3rd ser.131, 6 Mar. 1854, col. 376.

的干预最少，对消费的干扰最少……因此他提高了针对烈酒、糖和麦芽酒的税收，这些税收占额外战时税的1/3。格莱斯顿仍有400万英镑赤字，因而仍不得不寻求借债。他通过“逃避和诡辩”掩盖他的借款行为，声称借款只是“为了不时之需”，因为预计可以从新税收中获取更多收入，只有需要的时候才会借款，而不是为了满足实际支出需求。①

格莱斯顿的继任者——财政大臣里维斯②(George Cornewall Lewis)，更注重避免道德扭曲，不那么教条也认为税收在经济上就比借债更胜一筹。在他看来，借债也具有经济意义，因为与大革命和拿破仑统治下的法国交战时期相比，当前的财政形势已经发生了根本变化。在先前的战争中，政府借款是以折价出售的，利率很高，因此借款成本居高不下，导致了物价飞涨。但是在克里米亚战争期间，政府债券是以溢价出售的，因此很容易以优惠条件借到钱，而且不会影响价格。此外，在先前的战争中，拿破仑的“大陆经济封锁政策”向英国商品关闭了欧洲大门；但是在克里米亚战争期间，欧洲贸易是开放的，生产没有中断。③ 因此里维斯认为，高税收可能与借债的危害一样大：

> 过度征税会侵蚀劳动阶级的储蓄，与通过借债抽取资金相比，过度征税且将税收用在战争上是更大的罪恶……过度征税会侵蚀劳动阶级的储蓄，这一点是确凿无疑的……如果税收削弱了企业，损害了工业，或者干扰了资本的正常配置，则它对社会的危害比受政府影响的借债更大。④

资本也许会被输出国外或浪费掉了，因此政府借款未必以牺牲国内生产

---

① Anderson, Liberal State at War, p. 195; Parliamentary Debates, 3rd ser. 132, 8 May 1854, cols. 1448, 1452, 1456, 1458—1462, 1471.

② 乔治·康沃尔·里维斯(1806—1863)，就读于伊顿公学和牛津大学三一学院；1833年，他担任助理专员调查爱尔兰贫困阶层的状况。1839～1847年，他担任济贫法专员，并成为自由党国会议员；1847年，他担任控制委员会大臣；1828年，他担任内政部副大臣；1850～1852年，他任财政部财务大臣。1852～1855年，他主编了《爱丁堡评论》；1855～1858年，他重返政坛，担任财政大臣。1859～1861年，他担任内政大臣；1861～1863年，他担任战争事务大臣。[DNB, vol. XXXIII, ed. S. Lee (London, 1893), pp. 178—183.]

③ G. F. Lewis (ed.), Letters of the Rt Hon Sir George Cornewall Lewis to Various Friends (London, 1870), Lewis to Head, 17 Aug. 1855, p. 298.

④ Parliamentary Debates, 3rd ser. 137, 20 Apr. 1855, cols.1560—1561.

性投资为代价。[1] 借债的危害性更小,因为借款是由有负担能力的富有资本家自愿承担的。[2] 因此,没有一成不变的准则:[3]

> 让子孙后代承担过重的债务,很可能会损害国家的未来和长远利益。毕竟,继承一个被抵押了的祖产,要比继承一个已经衰竭的财产要好得多。对于一个财富和人口正在增长的国家来说,财政负担的相对压力是在逐渐减少的。不管我们身后留下的债务是几百万英镑多一点还是少一点,也许不必计较;但是对子孙后代,我们肩负的重要责任是不采取损害国家资本、破坏国家贸易和打击产业活力的措施,因为这些构成了国家收入的永久来源。

一个案例能够有力证明借款对经济繁荣的危害更小。实际上,格莱斯顿1855年也不得不承认,借债是应对"无法控制的"支出增长的唯一方式。

> 我们不可能期待一个自由国家……能在任何情况下都追求最合理的经济准则。你们必须记住,你们是在与血肉之躯打交道,你们不能要求血肉之躯承受其无法承受之重。更进一步,我承认当税收突然累积到某一个点时,它将变成一个大恶魔,会严重扰乱所有人以及社会关系,因此更好的方案是将资金攫取限制在一定范围内,即使存在一定的资金短缺,但也比扰乱整个国家秩序要好得多。[4]

国债的形象改变了,成为自由和繁荣的保护者,而不再是"巨大的几乎无法抵抗的无底洞"——前提是通过战后预算盈余已经清偿了国债。这是一个介于"坚决运用"更高的税收与较容易的"借债计划"之间的"折中方案"。当托马斯·巴宾顿·麦考利[5](Thomas Babbington Macaulay)的《英

---

① Anderson, Liberal State at War, pp. 210－211.

② Rickards, Financial Policy of War, pp. 64－68.

③ Rickards, Financial Policyof War, p. 73.

④ Parliamentary Debates, 3rd ser. 137, 20 Apr. 1855, col. 1594.

⑤ 托马斯·巴宾顿·麦考利(1800－1859),就读于剑桥大学三一学院,并于1824年成为学院的一名教师。1826年,他获得了律师资格,为《爱丁堡评论》撰写了大量文章。1828年,他被任命为负责破产的专员;1830年以及1832～1834年,他担任自由党国会议员;1832年,他担任控制委员会专员,1833年担任控制委员会大臣。1834～1838年,他担任印度最高委员会成员,致力于印度法典的制定。1838年,他回到伦敦,开始着手写作《英格兰历史》,前两卷于1848年出版,第三和第四卷于1855年出版。1839～1847年以及1852～1856年,他重返国会;1839～1841年,他担任战争事务大臣;1846～1847年,他担任军队军需官。(DNB, vol. XXXIV, ed. Lee, pp. 410－418.)

格兰历史》第四卷于 1855 年面世时,他通过向人们展示经济是多么繁荣,嘲笑了那些担心巨额债务会导致毁灭的人。债务“让智慧战胜了暴力,让诚实战胜了欺诈”,从而促进了“幸福和美德”。[①] 当然,对国债的批评仍在继续,从迪斯雷利到约翰·拉斯金(John Ruskin),再到第一次世界大战后对债务的攻击——这一攻击再次提出了李嘉图征收资本税的建议。1865 年,经济学家杰文斯(W.S. Jevons)提出了一个新的担忧,他认为,英国的煤炭储量将会在一个世纪内被开采完,因此应该在英国繁荣的“巅峰”期内尽快还清国债。为了筹集收入,他提议对煤炭出口征税,打击竞争性厂商,保护英国货。这些观点增强了格莱斯顿尽快还清国债的决心,正如他告知杰文斯的那样,让工业摆脱税收束缚一直是他的优先目标,削减债务的时机现在到来了。但是,此时的英国政治文化并不认为债务负担会导致近在眼前的灾难。19 世纪下半叶,麦考利的观点获得了认同,国债变成了繁荣的源泉和英国自由的保障,成为商业社会中道德美德的体现。在 19 世纪早期,国债——像保护费一样——与军国主义和战争紧密联系一起。但是在当前的和平与繁荣时期,自由贸易会将不同国家团结起来。[②] 在 19 世纪下半叶新的政治经济环境中,债务发挥的作用是向人们展示了商业诚信和资

① Anderson, Liberal Stateat War, pp. 214—16; W. Newmarch, “On the loans raised by Mr Pitt during the first French War, 1793—1801”, *Journal of the London Statistical Society* 18 (1855), 104—140; Brantlinger, Fictions of State, pp. 133—134.

② B. Disraeli, *Sibyl, or the Two Nations* (London, 1845; Longman's edn, 1899) pp. 23—5; J. Ruskin, *Fors Clavigera*, vols, XXVII and XXVIII of Works, ed. E. T. Cook and E. T. Wedderburn (London, 1903—1912): letter 7, “Charitas”(1870)称赞所得税是“唯一诚实和正义的税收”,税收主要由富人承担,认为没有比发动战争机器更严重的罪行了。letter 8, “Not as the world giveth”(1871) 表达了对战争和战争财政的敌视。letter 58, “The Catholic prayer”(1875) 认为国家储备应该分发给穷人,而不是用作不道德的国债,但是,其现在所做所为是一个肮脏的犯罪活动。支付利息的国债都被富人买走了,他们有向穷人课税的权力。letter 61, “The care of Machpelah”(1876)严厉谴责了游手好闲阶层所导致的悲惨情形。W. S. Jevons, *The Coal Question: An Inquiry Concerning the Progress of the Nation, and the Probable Exhaustion of our Coal-mines* (London, 1865), chapter XVII; J.Morley, The Life of William Ewart Gladstone (3 vols., London, 1903), vol. II pp. 57—58; Maloney, “Gladstone and sound Victorian finance”, p. 34. 关于如何在布尔战争期间引进煤炭税,见 p. 315, and a revised editon of Jevons's book was issued in 1906, edited by A. W. Flux.

本主义信心。19世纪的英格兰著名历史学家莱基[①](W. E. H. Lecky)十分认同麦考利的观点。虽然莱基1865年曾说过国债也许是“最强大的战争发动机”,但是他也说过借贷“是最具社会说教影响力的东西之一,因为它赋予了个人品行无限的重要性;它是保证和平的最有力手段之一,因为它促成了不同国家的团结”。在莱基看来,通过政治经济的说教影响,信贷会促进和平而不是引发冲突。法国哲学的观点不足以阻止“互相冲突的激情”,“信贷为政治经济提供了一个更加强大和更加持久的团结原则。这个原则是一种文明的利己行为”。政治经济学不再把战争看作是保护贸易的唯一手段,而是教育人们,每个国家都希望其贸易伙伴实现繁荣昌盛,因为每个新兴商业企业都将给和平多增添一份保证。当工业成为主导性的政治影响力量,并且大众将这一观点视为公理时,政治经济学的道德真理将会重塑政策。换言之,对于像莱基或科布登这样的自由贸易者来说,商业确保了和平;如果像看待其他商业信贷一样对待国债,国债将不再是严重威胁。借款作为税收的一种替代方案,不应该超出国家的承受能力;军事支出对税收的直接影响(需增税)可以抑制好战者的激情。正如布兰特林格(Brantlinger)评论的那样,债务变成了一个“个人责任”问题,依据个人的人品或声誉及其偿付能力判断其债务风险。就国家而言,英格兰银行和财政部“在经济上和道德上是具有偿付能力的”,它们受正直和诚实公职人员

① 威廉·爱德华·哈特波尔·莱基(1838—1903),出生于都柏林,就读于都柏林三一学院。他发表诗歌,著述历史,到西班牙和意大利旅行;他撰写了关于迷信衰退和理性崛起的两卷报告,尽管报告逻辑散乱,但是1865年一经出版就获得了巨大成功。随后,他于1869年出版了《欧洲道德史》(*History of European Morals*)。他的主要作品——十二卷的《英国史》于1878～1892年问世,最后五卷是关于爱尔兰的,纠正了弗劳德(J. A. Froude)历史书中对爱尔兰的攻击。他拒绝了牛津大学提供的历史学钦定讲席教授一职。在自由党1886年因爱尔兰自治法案分裂后,他加入了自由统一党(Liberal Unionist);1895～1902年,他代表都柏林大学担任国会议员;他支持在爱尔兰建立罗马天主教大学,还支持贺瑞斯·普伦基特(Horace Plunkett)的土地改革方案。他的《民主和自由》(*Democracy and Liberty*)(1896)一书也被认为结构性很差;正如DNB评价的那样,“尽管有些不连贯,但是这本书有很多深入思考,作者所站的立场总体十分保守,对未来民主没有抱太大希望。这在很大程度上是一个疑问、一个抗议和一个遗憾”。1902年,他当选为英国科学院院士,并被授予荣誉勋章。(DNB, Second Supplement, vol. 11, ed. Lee, pp. 435—440.)

的控制,会谨慎公正地处理借款。①

当然,总是存在一定的风险:由于没有明确承诺一个要偿还的固定数额,财政大臣可能会用盈余减少税收,而不是赎回债务。1875 年,正如斯塔福·诺思科特②(Stafford Northcote)指出的那样,1829 年后采用的还款方式只偿还了4 000万英镑债务。更值得注意的是,随着有期限年金的到期,减少了 1.2 亿英镑债务。这些年金要求政府在固定年限内每年都必须支付一定数额;当它们到期后,财政大臣会有一笔意外之财,也许会被诱使减税,而不是偿还更多的债务。诺思科特承认,当高税率给经济带来负担时,减税的确是诱人的。同样地,如果税收负担是适中的,经济是繁荣的,那么应该优先减少债务。他提议建立一个新偿债基金,每年向这一基金注入固定数额的资金,目的是加快偿还债务和给财政大臣施加更多的约束。每年注入新偿债基金的数额被设定为“恒定偿债支出”(1877/1878 财政年度设定为2 800万英镑)与债务实际还本付息支出之间的差额。换言之,即使实际还本付息支出仅有2 000万英镑,但是财政大臣仍不得不安排2 800万英镑资金用于偿债,多余的 800 万英镑将被注入新偿债基金。任何多出的盈余“都是由于错误估计偿债支出导致的意外之财”,而不再是债务减少导致的必然结果。新的会计方法意味着,财政大臣用意外之财或盈余减少税收的权力被削弱了。1889 年,戈申(Goschen)将

---

① W. E. H. Lecky, *History of the Rise and Influence of the Spirit of Rationalism in Europe* (2 vols., London, 1865), vol. 11, pp. 379,385—395; 见 Brantlinger, Fictions of State, pp. 138—142, 讨论了对债务的态度。用税收约束军国主义是自由党政治文化中的一个共识,见本书第 8 章中的相关内容。关于第一次世界大战之后的债务,见 Daunton, “How to pay for the war”。当然,鲁斯金(Ruskin)对债务有截然不同的政治经济观,他创造了“贫乏”(illth)一词——其意思与富裕正好相反,他担心债务不是发展而是摧毁了经济。对于鲁斯金来说,真正的政治经济科学……是指导国家如何追求和生产可以过上更好生活的东西(J. Ruskin, *Unto This Last*: *Four Essays on the First Principles of Political Economy*, London, 1862, essay Ⅳ, “Ad valorem”。如我们将看到的那样,爱德华时期的新自由主义者(尤其是 J. A. 霍布森)集成了鲁斯金和科布登的观点:只有在国内收入和财富公平分配的情况下,商业才能创造和平;否则的话,追求海外市场的帝国主义金融巨头将支配一切。换句话说,莱基(Lecky)的商业发展可以抑制战争的观点只是历史巧合,而不是一个自然法则,见本书第 11 章中的相关内容。

② 斯塔福·亨利·诺思科特(1818—1887),就读于伊顿公学和牛津大学贝列尔学院。1842 年,他担任格莱斯顿的私人秘书;1847 年,他成为律师;1855 年,他当选保守党国会议员;1866 年,他担任贸易委员会主席;1867 年,他担任印度事务大臣;1874～1880 年,他担任财政大臣(1876 年成为下议院保守党领袖)。1880～1885 年,他是下议院反对格莱斯顿的领袖;1886 年,他担任外交大臣。(DNB, vol. XLI, ed. Lee, pp. 194—199.)

现有债务置换为一个利率更低的借款,由此降低了偿债成本,恒定偿债支出被减少至了2 500万英镑。[①]

表 5.1　　1840～1890 年国家净负债总额

财政年度(每年 1 月 3 日结束)	单位(百万英镑)
1840	837.6
1850	819.8
1860	812.9
1870	783.8
1880	739.5
1890	685.0

资料来源:PP 1890—I XLVII, *Return showing...the aggregate gross liabilities of the state...at the close of each financial year from 1835—1836 to 1890—1891...*, pp.328—331.

自由党财政大臣威廉· 哈考特向他的继任者——保守党人迈克尔·希克斯·比奇[②](Michael Hicks Beach),描述了维多利亚时代后期的共识:

> 在我看来,只有真正还清债务的国家才是最伟大的……这一声誉“值很多战舰”。这将使我们未来在发生紧急状况又没有额外税收可用时,可以轻松从偿债基金收益中借 2 亿英镑。这是我们真正的战争基金(War Chest)。[③]

---

① PP 1890—1 XLVIII, *National debt. Report by the secretary and comptroller general of the proceedings of the commissioners for the reduction of the national debt from 1786 to 31 March 1890*, pp. 558—559; *Parliamentary Debates*, 3rd ser. 223, cols. 1036—1043, 15 Apr. 1875; 38 and 39 Vict. c. 45,“这个法案是为了修正与减少国债规模和统一基金恒定偿债支出相关的法律”, 1875; PRO, T171/9, Basil Blackett, 22 Nov. 1910. 关于戈申的版本,见 E. W. Hamilton, *Conversion and Redemption: An Account of the Operations under the National Debt Conversion Act, 1888 and the National Debt Redemption Act, 1889* (London, 1889), and Hargreaves, National Debt, pp. 194—195.

② 迈克尔·希克斯·比奇 (1837—1916),就读于伊顿公学和牛津大学三一学院;1864 年,他成为保守党议员。1868 年,他被任命为济贫法委员会国会大臣,随后担任内政部副大臣。1874～1878 年,他担任爱尔兰首席大臣;1878～1880 年,他担任殖民事务大臣。1885～1886 年,他担任财政大臣,然后让位于伦道夫·丘吉尔(Randolph Churchill)。1886～1887 年,他担任爱尔兰大臣;1888～1892 年,他担任贸易委员会主席;在保守党政府 1895 年重新执政后,他担任财政大臣一直到 1902 年,这期间他面临布尔战争导致的财政困境。他反对关税改革。[DNB, 1912—1921, ed. H. W. C. Davis and J. R. H. Weaver (London, 1927), pp. 253—257.]

③ Gloucestershire Record Office, 2455 PCC/81, Harcourt to Hicks Beach, 18 Nov. 1895.

偿债基金奠定了维多利亚时代后期财政的基石,减少了过去积累的债务负担,维持了英国的“非凡信用”。“它实际上是一个紧急时刻我们可以依靠的国家储备基金或者战争基金”,这一说法很快得到了布尔战争的验证。[①]

在布尔战争期间,汉密尔顿将财政部关于借款与税收的想法制度化了。在他看来,自从皮特(Pitt)在与大革命时期的法国交战伊始严重依赖借款以来,没有其他政治家会采取极端措施。1854 年迪斯雷利和 1860 年格莱斯顿都承认了借款与税收二者之间的划分原则。最重要的是,这种方法是符合实际和行之有效的,考虑了可能的战争成本、政府收入状况和从敌人那里获得赔偿的可能性。在汉密尔顿看来,没有简单绝对的答案:

> 如果像巨额借款一样向工商业无节制地征税,你会毁掉工商业的活力,进而摧毁一个国家。实际上,向资本借债造成的伤害要小于向收入征税。因为与任何增税方案相比,自然调整过程可以减轻向国家资本借债对劳动力市场的伤害。

之前的战争经验提供了一些指导,汉密尔顿估计,税收承担了 1793～1815 年 47%的战争成本,借款承担了 53%的战争成本;在克里米亚战争期间,税收承担了 47.4%的战争成本,借款承担了 52.6%的战争成本。“难道我们打心里期望留给子孙后代的借款比例,比克里米亚战争期间还要高吗?”[②]实际上,在布尔战争期间,借款比例高达 64%。对此的解释可以部分用希克斯·比奇的假设:战争开始时,看上去就像举办一场“廉价舞会”,预计花费不超过1 000万英镑或1 100万英镑,用德兰士瓦(Transvaal)的金矿就可以付清这些费用。在战争伊始,没有提高税收,当战争费用上升到 2.5 亿英镑时,仍没有做好征税准备。[③] 正如我们将在后面章节看到的那样,难题在于布尔战争让人们开始质疑财政宪法。所得税已经到极限了吗? 应该再回到间接税吗? 或者说为了增加未来的税收收入,应该改革所得税吗? 在近四五十年内,财政宪法的这一核心问题第一次成为争论的热点。两个原因导致市民—军事

① PRO, T168/42, memo, by E. W. Hamilton on die sinking fund, 30 Sept. 1897.

② PRO, T168/47, vol. Ⅸ, misc. memo, “Taxation versus loans”, E. W. Hamilton, 18 Feb. 1900; this memorandum was also in Bradbury's papers, at T170/31.

③ Hirst, Political Economy of War, pp. 146—147.

国家(civilian-military)的支出需求不断增长:一是新增加的国防成本,二是新出现的选举规则。同时,政府将帝国主义成本转嫁给边远地区的能力受到了约束。

输出财政—军事国家

1831 年,阿奇博尔德·埃利森(Archibald Alison)抱怨说,辉格党减轻大城市和制造商税负的举措打乱了政治和社会平衡,将财政负担转移到了殖民地身上。[①] 乍一看,他好像是在为遭受奴隶解放主义者压力的西印度奴隶主,以及遭受自由贸易者压力的蔗糖种植者,进行强词夺理的辩护。但是他确实是有一定道理的,因为在英国国内重构财政—军事国家的同时,这种国家形态也被输出到了殖民地身上。正如我们看到的那样,亚当·斯密在《国富论》中认为,北美殖民地应该承担一部分帝国的国防支出,他认为英国不应该独自承担维持重商主义贸易体系的全部成本。[②] 当然,美国殖民者对英国试图征收更多税收的企图进行了反抗,这暴露了将税收从大都市转嫁到殖民地的局限性。相反,东印度公司从印度攫取税收的行动更加成功,将自己从一个贸易企业转化为由税收支撑的地方权力机构。在 1781/1782 财政年度,虽然东印度公司为了实现更有效的征税,重新定义领土和主权的企图遭到了抵抗,但是与北美相比,东印度公司更为成功地克服了阻碍。正如贝利(Bayly)认为的那样,在英格兰和苏格兰低地,财政—军事国家不复存在了(或者至少进行了重构);支出成本被转移到了苏格兰高地外围地区、爱尔兰,尤其是印度——“印度农民承担了可以让英国发挥世界作用的绝大部分成本,这些成本是英国人民不准备承担的”。成本转移帮助英国国内政府实现了“裁军和民事化”。英国国内之所以能够避免 1848 年欧洲革命的创伤[③],部分是因为减少了殖民地

① Gambles, “Rethinking thepolitics of protection”, 946, quoting Alison, “On the financial measures of the reformed parliament”, 975.

② See Smith, Wealth of Nations, vol.u, pp. 723, 924—930, 933—934.

③ 1848 年欧洲革命,是指反对君主政体的一系列共和派的叛乱。1848 年 1 月,革命运动首先在西西里岛掀起,然后蔓延到法国、德意志和意大利诸国,以及奥地利帝国。发生于欧洲的 1848 年革命,是平民与贵族间的斗争,主要是欧洲平民与自由主义者对抗君权独裁的武装革命。这次战争的重大意义是打击了欧洲各国的封建专制制度。——译者注

军事支出对国内政府的财政需求，以及在一定程度上将成本从城市转移到外围地区，从而确保了国内纳税人的忠诚。同时，以牺牲西印度群岛（West Indies）和加拿大为代价，减少对殖民地商品如蔗糖和木材征收的进口关税，有利于国内消费者。英国本土能够幸免发生暴乱和革命，是以大英帝国内部的矛盾和财政危机为代价的。与其他欧洲国家爆发的革命以及大英帝国内部其他地方相比，1848 年伦敦宪章派举行的示威运动要温和多了。在加拿大，国会大厦被付之一炬。在好望角和新南威尔士，出现了民间反抗行为。在牙买加，公共支出先是被大幅削减，随后被停止了，因为对帝国内部和其他国家蔗糖实行的平等关税政策严重影响了其经济发展，进而引发了暴乱，帝国动用军舰才得以维持住秩序。在锡兰（Ceylon），种植者成功地阻止了引入土地税的意图，这种土地税意味着在经济危机时增加了间接税，结果导致大英帝国残酷镇压了其抗税行为。缩减殖民地支出让英国政府可以不必在 1848 年增加所得税，这为维持国内和平做出了重要贡献。但是在北美殖民地内，结果却大为不同，因为种植者和移民不愿意交税承担政府的成本。13 个北美殖民地的抗税行为虽然发生在同一时期，但结果却是大相径庭的。正如迈尔斯·泰勒（Miles Taylor）所说，一系列改革使得大英帝国得以幸免：建立了经选举产生的议会制度，这给殖民者提供了参与感；同时，供养皇家的皇室年俸支出是永久性的，不需要国会每年都进行表决。但是，扩大投票权和减少自治权相结合的这一组合策略，未必在更长时期内仍行之有效。1865 年，牙买加爆发了更加猛烈的反抗。殖民地内的财政遵从难题挥之不去，并且继续影响着国内政策。①

在某种程度上，对税收的认同依赖中央政府对地方机构的权力下放。在帝国，需要培养值得信赖和可靠的地方精英，但这绝不是一件容易的事情。实际上，在现代欧洲早期税收国家萌芽时期出现的许多问题，在新环境下不断重

---

① C. A. Bayly, “Returning the British to south Asian history: the limits of colonial hegemony”, *South Asia* n.s. 17 (1994), 16, 18—19, and “The British military-fiscal state and indigenous resistance: India, 1750—1820”, in Stone (ed.), *Imperial State at War*, pp. 322—354; M. Taylor, “The 1848 revolutions and the British empire”, *Past and Present 166* (2000), 146—180. 要了解如何使用导致爱尔兰和苏格兰地区失衡的财政政策巩固英国政府，请见 A. Gambles, “Fishing for free trade? The political economy of fisheries policy in Britain and the UK, 1780—1850”, *Journal of British Studies 39* (2000), 288—316, 他认为是财政因素导致了凯尔特人的衰落。

现,英国政府忙于与贵族和农民、酋长和村民就税收问题进行复杂的谈判。结果绝不可能是简单的或者一成不变的。问题首先出现在印度,东印度公司攫取税收的能力依赖一个已经变化了的主权概念。在印度的理论和实践中,土地的主权和权利依赖一个复杂且不断变化的权利等级制度,而不是依赖对土地的绝对支配权和所有权。在印度,获取土地收益的权利与获取"租金"的权利并不是完全等同的,所有权和税收攫取权存在交叉重叠。东印度公司持一个更为简单观点,以单一所有权取代了对土地的多重权利要求。这意味着不再维系印度原来不稳定的王权和权力等级制度,将地税包收人(zamindar)转变为类似英国领地贵族式的土地所有者。东印度公司确认或创造了地税包收人的土地所有权,并且将其与代表政府的征税权联系在了一起。如果土地所有者不向东印度公司上缴税收,将失去他们的土地所有权。1793 年,通过所谓的"不变结算制"(permanent settlement)将孟加拉国的这个模式制度化了,这一制度明确了每块土地的所有权人[①],通常将所有权赋予那些之前只拥有一部分土地权利,并愿意帮助政府征税的人。虽然建立一个有效的税收征管体系需要很长时间,但是不变结算制改变了印度的税基。支付多少税是确定的,不再允许讨价还价,税收负担由土地及其所有者承担,这些土地所有者的身份都有确切记录。因此,东印度公司以牺牲农民阶级为代价,与大地主结成了联盟。[②]

不变结算制让东印度公司获取了更多的税收,这些税收有助于支付军事开支,因此也有助于维系它的统治。与其他印度统治者相比,东印度公司税收征管更为严厉,地主和农民几乎没有逃税机会。虽然这一新制度损害了一些群体的利益——他们失去了先前在权力等级制度中拥有的地位,但是通过将印度地主转变为类似于英格兰或者也许更像苏格兰的领地贵族——氏族首领(the clan chieftains)被转化为土地所有者而不是氏族土地的守护者,东印度公司度过了危机,稳定了局面。[③] 不变结算制通过在财产中形成一个中间利

① Bayly, "British military-fiscal state", pp. 322—354.

② P. G. Robb, *Ancient Rightsand Future Comfort*: *Bihar*, *the Bengal Tenancy Act of* 1885, *and British Rule in India*(Richmond, 1997), pp. 40, 45, 66—67.

③ Bayly, "Britishmilitary-fiscal state"; on Scotland, see A. Mclnnes, *Clanship*, *Commerce and the House of Stuart*, 1603—1788 (East Linton, 1996).

益群体,遏制了抗税行为——这一方案创造的中间人使得东印度公司不必与人民大众直接打交道。[①] 然而,领地贵族提供的重大支持也限制了东印度公司从土地攫取税收的能力。

不变结算制带来了与英格兰土地税导致的同样问题:政府无法从扩大种植或提高生产力增加的利润中多分一杯羹,而且不能对不同地区和作物的收成差异做出针对性的调整。西北省(the North-West Provinces)[②]苏达收入委员会(the Sudder Board of Revenue)高级成员威廉·缪尔[③](William Muir)解释道,政府通过授予绝对土地权利创设土地所有者的做法得不偿失。结果是“政府完全放弃收益权提高了土地所有者的财产价值,牺牲了其他社会团体的利益,因为这些社会团体不得不承担可能出现的亏损”。解决这个问题的一个办法是实施可变结算制(temporary settlement),1833 年西北省采取了这一模式。在详细调查和登记后,政府向所有者授予了土地所有权,但是为了能够分享土地增值收益,政府将定期对税收进行重新评估。这与东印度公司对莱特瓦尔[④](raiyatwari)或土地耕种者承租权利的巨大关注密切相关,与通过东印度公司地方官员实施的直接管理制度密切相关——这个地方官员直接与人民大众和村长打交道。这意味着紧密的个人管理和更大的财政攫取权力。不变和可变结算制以及地税包收人和莱特瓦尔都是建立在印度农业结构基础之上的,对其的争论贯穿了整个 19 世纪。1857 年爆发的叛乱在某种程度上源于东印度公司官员采取了更加干涉性和反地主的政策。[⑤] 结果,缪尔和西北省省督(Lieutenant-Governor)认为,尽管可变结算制有利于增加财政收入,但是

① Robb, *Ancient Rights and Future Comfort*, pp. 67, 216.

② 西北省是英属印度的一个行政区。——译者注

③ 威廉·缪尔(1819—1905),出生于格拉斯哥,是一个商人的儿子;就读于格拉斯哥大学和爱丁堡大学,1837 年加入东印度公司。他积极参与土地收入评估和在西北省暴动之后建立不变结算制。1868～1874 年,他担任西北省省督;1874—1876 年,他担任印度委员会财政委员;1876～1885 年,他担任伦敦印度委员会委员。1885～1905 年,他担任爱丁堡大学校长,其间他写了很多关于印度和伊斯兰历史的文章。(DNB, Second Supplement, vol. Ⅱ, ed. Lee, pp. 659—661.)

④ 英国殖民当局在印度实行的一种田赋制度,莱特瓦尔以莱特为对象确定地权和应交的田赋数额,其办法是政府对莱特耕种的土地进行测量、分级、估税,取消中间人,政府与莱特直接订约,莱特直接向政府缴纳田赋,通常每 30 年重新核定一次赋率。——译者注

⑤ Robb, *Ancient Rights and Future Comfort*, pp. 216—217; E. Stokes, *The Peasant and the Raj* (Cambridge, 1978), chapter 2.

仍应该被不变结算制取而代之,因为不变结算制可以消除可变结算制每次重新评估导致政治冲突的危险性。最重要的是,他们认为不变结算制给地主提供了提高土地生产力的动力,因为地主知道自己将获得全部利润。这些省份的省督解释道:

> 对政府需求的长久限制会大大激励对土地的投资,这会增加农业阶层的财富,促进国家繁荣,增强社会力量。土地价格将大大提高。潜在损失——政府放弃的来自种植扩大和产量提高而增加的利润,可以部分——如果不能全部的话——通过国家财富增加和繁荣带来的间接回报得到补偿。

不变结算制这一策略可以鼓励所有者增加投资和提高生产效率,同时在政治上可以确保土地所有者对统治者的忠诚。正如省督所言:"农业阶级将非常支持政府对其土地征收定额税,甚至会对政府产生依附感,相信政府致力于实现国家的最大利益。[①] 争论在持续,因为19世纪70年代的主流观点又转为支持可变结算制和个人管理。[②]

1858年,英国王室取代东印度公司直接管理印度事务。此时的财政状况十分糟糕,因为20多年来债务一直在不断攀升,镇压1857年"叛乱"耗费了巨额军事支出,这使得债务规模猛增。印度政府出现了巨额财政赤字,不得不向英国求助。英国政府对此感到十分忧心,因为来自印度的财政压力威胁到了其国内的缩减开支过程。印度事务大臣(内阁成员,意识到了国内政治压力)坚持认为,为了减少印度债务,实现预算平衡,以及继续向英国支付所谓的"保护费",应该增加印度的税收。印度应该向英国上交收入,承担一部分政府运行和国防开支成本,而不是反过来向英国财政部寻求援助。但是从哪里能够

① PP 1867 L, *Copy of correspondence between the secretary of state for India in council and the government of India in 1865, 1866 and 1867 on the subject of the permanent settlement of the land revenue in India*, 见"Minute of W. Muir, esq., senior member of Sudder Board of Revenue, on the expendiency of forming a permanent settlement of the North-Western Prvoinces, dated 5th December 1861", pp.286—291;"Minute by R.Money, esp., junior member of the Sudder Board of Revenue, North-Western Provinces, dated 21st December 1861", p.299;"Minute by the Honourable the Lieutenant Governor of the North Western Provnces, in the Revenue Department, under date the 27th May 1862", pp. 300—301.

② Robb, *Ancient Rights and Future Comfort*, p. 221; but see his general comments on the alliance with zamindars in Bengal, pp. 235—238, 282—286.

增加收入呢？[①] 在不变结算制下，来自土地税的收入是不变的。缪尔认为，鼓励地主投资可以推动经济增长，进而可以增加其他税收收入。事实上，印度政府不得不提高已有税种的税率，并引入新税种，如提高了关税、印花税和盐税，在1860年引入了一种所得税；同时，削减了政府支出。最终，印度财政实现了平衡，债务减少了，英国财政部不用再向其提供援助了。到了19世纪70年代，印度已经可以减少先前为了恢复财政平衡而提高的税收了。1873年，印度废除了所得税，降低并最终于1882年废除了进口税。[②] 同时，印度总督梅奥勋爵[③](Lord Mayo)引入了一个新的省级土地税。他的目标是通过让地方政府自谋财路以此控制它们的支出，这样可以刺激经济发展和为减税创造条件。[④] 因此，在19世纪60～70年代和80年代早期，印度财政给人们留下了一个审慎管理的好印象：债务减少了，预算是平衡的，赋税减轻了，收入足以应付国内开支。1874年的专门委员会为英国与印度之间的财政关系制定了一个新标准，这个新标准奠定了两个国家费用分担的基础。虽然不能指望印度可以缓解英国的支出压力，但是它应该承担部分帝国成本；应当仔细计算这些费用，并且在一定期间内保持不变。[⑤] 这是一段财政和谐时期，治理印度几乎

---

① pp 1859 session 1 XIX, *Copy of financial despatch to the government of India*, 19 *January* 1859. *Review of the finances of India as shown in the actual accounts of* 1856—1857 *and as estimated for* 1857—1858 *and* 1858—1859, pp. 17, 30—31; PP 1859 session 1 xix, *A copy of financial despatches between the government of India and the secretary of state for India respecting new loans required for India and of all notifications of the government of India concerning the public debt*, pp. 35—36, 38—39.

② PP 1900 XXIX, Final Report of the Royal Commission on the Administration of the Expenditure of India, pp. 589—600, 678—685.

③ 李察·索思韦尔·伯克(Richard Southwell Bourke)，第六世梅奥勋爵(1822—1872)，出生在一个爱尔兰家庭，就读于都柏林三一学院(Trinity College)。1864～1869年，他担任国会议员；1852年、1858年和1866年，他三次担任爱尔兰首席部长；1869年，他被任命为印度总督，在任期间被暗杀。[DNB, vol. vi, ed. L. Stephen (London, 1886), pp. 21—24.]

④ PP 1874 XLVII, *Copy of a paper entitled "Observations on some questions of Indian finance, by Sir John Strachey"*, 6 Feb. 1874, pp. 249—250, 256; see also PP 1878—9 lv, *Copy of a circular to all local governments and administrations in India, dated Simla*, 16 June 1879, *in explanation of the present financial position of the government of India, and of the recent orders issued regarding the reduction of expenditure and the revision of provincial assignments*, pp. 569—573. 关于其在印度的制度演变及局限性，见：D. Kumar, "The fiscal system", in D. Kumar (ed.), The *Cambridge Economic History of India*, vol. II: c. 1757—c. 1970 (Cambridge, 1983), pp. 905—910.

⑤ PP 1874 VIII, Report from the Select Committee on East India Finance, pp. 4—5.

没有给英国财政部带来负担。

但是,这一财政福利没有持续到19世纪后期。早在1874年,约翰·斯特雷奇爵士[①](Sir John Strachey)就注意到,税收已经招致了印度人民的"怀疑和不满"。斯特雷奇乐观地认为,经济繁荣会带来税收收入的增加,收入盈余将使减税成为可能——在接下来的十年中确实实现了这一点。[②] 与不变结算制相反,出于实现地方目的征收的土地税是令人厌恶的,并且威胁到了英国统治阶层与地税包收人之间结成的联盟。[③] 19世纪80年代中期以后,形势开始发生变化,财政状况变得越来越困难了。白银相对黄金价值的下降意味着卢比相对英镑贬值了,因此"保护税"负担增加了。同时,军事支出不断上升。不变结算制意味着不得不增加其他税收收入:土地税从1861～1865年占政府收入的52%降到了1891～1895年的49%,再降到了1921～1925年的28%。[④] 1886年,政府重新引入所得税;1888年,提高了盐税的税率;1894年,引入了进口税。[⑤] 这些税收为印度政府的扩张奠定了基础,但是也导致了问题。在没有提供政治代表权的情况下,征收所得税将导致难题:它与格莱斯顿式说辞的主要精神——纳税和政治责任相关联——是冲突的。盐税是不受欢迎的,对必需品征税容易被民族主义者利用。印度政府偏好的解决办法是引入进口税,它可以辩解说这样做是为了保护印度商业和应对英国竞争,还可以减征其他不受欢迎的国内税。但是,英国政府有其他考虑。进口税——尤其针对棉花类商品的进口税,将会打击英国出口商,受此影响最大的是兰开夏郡(Lan-

---

① 约翰·斯特雷奇(1823－1907),就读于凯雷伯利(Kaileybury)学院,1842年进入孟加拉国公务员体系工作;1874～1876年,他升任西北省省督;1876年,他被任命为总督委员会财政委员;1880年,他因为严重低估阿富汗战争开支引咎辞职。1885～1895年,他担任印度委员会委员。他与自己的哥哥理查德(1817－1908)携手合作,在下放省级财政方面发挥了巨大作用,废除了内部关税,扩大了自由贸易。1857年暴乱后,他帮助英国政府巩固了在印度的地位,他与哲学上的激进主义关系密切。(DNB, Second Supplement, vol. Ill, ed. Lee, pp. 437－439.)

② PP 1874 XLVII, Copy of a paper entitled "Observations on some questions of Indian finance, by Sir John Strachey", 6 Feb. 1874, pp. 245－282.

③ Robb, *Ancient Rights and Future Comfort*, p. 68.

④ Calculated from B. B. Misra, *The Administrative History of India, 1834 － 1947: General Administration* (Bombay, 1970), pp. 364－365 quoted in Robb, *Ancient Right and Future Comfort*, p.68, n.89.

⑤ PP 1900 XXIX, *Final Report of the Royal Commission on the Administration of the Expenditure of India*, pp. 594－597.

cashire)。棉花利益集团十分团结一心,具有很强的话语权。在19世纪末和20世纪初,兰开夏郡议会选区对赢得国会选举至关重要。印度事务大臣需要权衡英国国内选举考量与印度引入进口税渴望二者之间孰轻孰重。① 印度政府要求“自由处理国内支出”,认为印度承受了过多的大英帝国军费开支。尽管皇家印度支出管理委员会(the Royal Commission on the Administration of the Expenditure of India)没有答应这些请求,但是很明显,印度财政收入已经到了极限。② 大约在1880年之后,维多利亚时代早期和中期的情形出现了逆转。在英国国内,民众对财政宪法的遵从和信任增强了,这使得在国内获取税收更加容易了;同时,在殖民地遭遇的抵抗增加了,这使得在印度的征税能力下降了。正如皮特·罗布(Peter Robb)所言:英国提高殖民地税收和扩大征收范围的企图,加剧了殖民地对英国统治的反抗。增加税收较少是为了军事目的,更多是为了积极干预社会变革和经济发展。在重新定义国家行动界限的过程中,印度的英国殖民政府也鼓励民族主义者的参政诉求。③

无论是从潜在收入还是从支出来看,印度都是帝国中最重要的一部分。其他殖民地的税收与18世纪的英国财政制度十分相似,收入主要来自对易于辨识的货物和商品开征的税收。例如在牙买加,1869年关税收入占总收入的55.5%,国内收入包括对朗姆酒征收的消费税(16.6%)和对烈酒征收的特许经营费(2.3%);其他收入主要来源还有对马、驴、车轮和家畜征收的税(6.1%),房屋税(4.0%),贸易许可费(1.6%)以及免役税或土地税(1.6%)。④ 从1865年牙买加的抗税运动及艾尔总督(Governor Eyre)的残酷镇压可以清

---

① 关于进口关税和棉花,见 I. Klein, “English free traders and Indian tariffs, 1874—1896”, *Modern Asian Studies* 5(1971), 251—271; and for the postwar outcome when the balance shifted from Lancashire to India, C. Dewey, “The end of the imperialism of free trade: the eclipse of the Lancashire lobby and the concession of fiscal autonomy to India”, in C. Dewey and A. G. Hopkins (eds.), *The Imperial Impact: Studies in the Economic History of Africa and India* (London, 1978), pp. 35—67.

② PP 1900 XXIX, *Final Report of the Royal Commission on the Administration of the Expenditure of India*, pp. 589—600, 678—685, 691.

③ Robb, *Ancient Rights and Future Comfort*, p.70.

④ PP 1871 XLVIII, *Return of all taxes and imposts from which the revenues of the several colonies of the British empire are raised, together with the gross amount yielded by each tax or impost*, pp. 716—720, for Jamaica.

晰看出牙买加面临的税收约束。① 虽然此时英国的税收可以称得上是公正和均衡的;但是在牙买加,税收与受到激进主义者和宪章派挑战的英国财政框架仍然有很多相同之处。

19世纪后期,大英帝国扩张到了非洲,这带来了一系列新的财政问题。在牙买加,政府可以对出口商品如蔗糖和朗姆酒征税。但是在一些非洲国家,其对外贸易量很小,而且局限于某些特定地区,这使得政府很难征收进出口税。1898年,塞拉利昂(Sierra Leone)对"棚屋税"(hut tax)的反抗清楚显示了这一税收困境。大英帝国的解决方案是再次寻求建立地方联盟和向地方机构下放权力。被征税的酋长对棚屋税并非一无所知。问题是棚屋税是一个新增税种,而不是代替一个现有税种,棚屋税没有被纳入酋长的现有权力范围之内,因而酋长感到自己的权力受到了威胁。统治者基于常用原则——"政府有权强迫被统治者为国家做出贡献,因为政府确保他们享有了最先进文明所有的生命和财产安全、公正法律和所有其他好处"——对税收进行了辩护。② 相似地,1905年在纳塔尔(Natal)开征人头税导致了1906年祖鲁人(the Zulus)的反抗。正如德班(Durban)刑事治安法官意识到的那样,祖鲁人反对人头税是因为他们"认为这个税收会打乱他们的社会制度"。③ 在南非,结果是白人统治者运用军事力量强行征税;在西非,由于没有大量移民涌入,因此需要采用一种与之不同的解决办法。

答案似乎是将这些族群首领纳入英国统治体系,而不是削弱他们的权威。

---

① B. A. Knox, "*The British government and the Governor Eyre controversy*, 1865－1875", *Historical Journal* 19 (1976), 877－900, and C. Hall, "Competing masculinities: Thomas Carlyle, John Stuart Mill and the case of Governor Eyre", in her *White, Male and Middle Class: Explorations in Feminism and History* (Cambridge, 1992), pp. 255－295.

② PRO, CO/267/438, governor's confidential despatch of 28 May 1898, governor's secret despatch to the secretary of state, 28 May 1898, cited in L. Denzer and M. Crowder, "Bai Bureh and the Sierra Leone hut tax war of 1898", in R. I. Rotberg and A. A. Mazrui (eds.), *Protest and Power in Black Africa* (New York, 1970), p. 177.

③ S. Marks, "The Zulu disturbances in Natal", in Rotberg and Mazrui (eds.), Protest and Power, p. 224.

弗雷德里克·卢格德[①](Frederick Lugard)最清晰地阐述了这种方法,他认为在西非征收直接税更有意义,尤其是在对人口的道德影响方面:纳税需求将鼓励经济发展而不是引发冲突,而且直接税还允许废除奴隶制和强制劳役制。因此,直接税代表了文明。然而在西非不同地区,情况有所不同。在有些地区——主要是伊斯兰地区,这些地区原有的本土统治者或埃米尔(Emirs)[②]可以依照之前的惯例征税,然后将这些收入与统治者和法官进行分享。这一策略意味着当地精英掌握了绝大部分税收,这些税收为"本土管理机构"(native administration)提供了收入来源,这种管理是一种形式的机构授权或间接统治。在其他地区,不存在本土统治者,或者本土统治者很弱势,而且之前没有开征过税收。针对这些地区,卢格德提议基于乡村首领和酋长建立一种新形式的权力机构,从乡村首领或酋长征收的税额中拿出一部分作为他们的薪酬。此时,税收将直接交给英国政府,而不再交给"本土财政部门"——如那些地方管理良好的地区所做的那样。这些手段的目的是希望通过供养统治者取代当前的强制劳役制和奴隶制,这些统治者现在可以通过在管理机构中发挥积极作用获得收入;之前的奴隶需要向国家纳税,以此作为获取自由的代价。正如卢格德评论的那样:

> 看得见的目标是尽可能保留古老的贡物制——这一制度受到本土法律和习俗的支持,保持国家机构的独特个性,利用本土机构实现目的,以及实现不同省份税负的统一和平等。它的目标是既不让人民好逸恶劳,又使其摆脱强制劳役制,培养他们的高度公共和个人责任感。

因此,税收是一项重建本土社会制度和政治机构策略的一部分,这一策略通过税收评估、征收和支出体系发挥作用。它将当地精英和英国统治密切联

① 弗雷德里克·约翰·迪尔特里·卢格德(1858—1945),先是在印度和非洲从军,然后进入殖民地管理机构任职,1900~1906年,他担任北尼日利亚高级专员;1907~1912年,他担任香港总督。1914~1919年,他回到尼日利亚担任南尼日利亚和北尼日利亚总督,在那里他基于本土机构建立了间接统治制度。[DNB, 1941 50, ed. L. G. Wickham Legge and E. T. Williams (London, 1959), pp. 532—537.]

② 埃米尔,穆斯林统治者。——译者注

系在了一起,取代了原有的奴隶压榨、强制劳役和强夺豪取。[①]

结果是双方对如何分配收入展开了竞争。“本土财政部门”保留了一半的直接税收入,将剩余部分交给了英国政府,因此给人留下的印象是,税收是属于埃米尔的,他只是向政府朝贡以获得保护。但是,不是所有英国行政官员都接受这个提议。地方官员和各省省督通常支持加强本土管理,但是总督和伦敦殖民部(the Colonial Office)更渴望对分配给地方的税收拥有更大的控制权。20世纪早期,这种竞争时起时落,而且与另一个关于在之前免税区如何征税的争论联系在了一起。这些地区应该开征需要进行个人评估和由地方首领征收的所得税吗?这个所谓的埃米尔税收将会加强间接统治,削弱中央控制。或者,这些地区应该开征一个简单的由政府征收的人头税吗?这个所谓的国王税将给中央政府更大的权力。埃米尔税的优点在于可以加强本土管理机构的权威,但是会削弱英国政府确保税收的能力。国王税也许会加强英国当局对税收的控制,但是可能会导致地方抗税行为。[②] 与在印度一样,英国政府在西非也要在两个愿望中进行艰难的平衡:其中,一个愿望是建立本土管理制度,但是这意味着要将税收控制权交给地方精英;另一个愿望是确保税收能够弥补帝国在这里的统治成本。尽管中央政府关注的重点是要保证殖民地承担国防成本,但是确保殖民地对帝国统治的支持束缚了政府的税收行为。毕竟,以动荡为代价所能多攫取的税收微乎其微,而且增加了军事干预的成本。

对于英国中央政府来说,税收发展是三角关系的一部分。在维多利亚时代早期和中期,财政—军事国家逐渐衰退,这一变化在某种程度上是因为中央政府将成本转移到了英国内部的地方政府和英国外部的殖民地身上。在某种意义上,梅奥(Mayo)在印度采取的政策与英国内部的政策是一致的。在英国

---

① F. J. D. Lugard, *Political Memoranda: Revision of Instructions to Political Officers on Subjects Chiefly Political and Administrative*, 1913—1918 (3rd edn, reprinted London, 1970), “Memorandum No. 5: Taxation”, pp. 163—215. 这一备忘录于1905年首次出版,1907年进行了修订。在尼亚萨兰(Nyasaland),非洲税收在人头税、棚屋税以及二者同时征收三种情况之间变化。税收被视作增加劳动供给的一种手段:1901年,提高税率具有附带条件——如果有偿雇佣一个欧洲人,税收可以对半分。见S. Roberts, “The direct taxation of Africans in the Nyasaland protectorate, 1892—1939: some determinants of revenue policy”, *British Tax Review*(1967).

② J. White, *Central Administration in Nigeria*, 1914—1911, 48: *The Problem of Polarity* (Dublin and London, 1981).

伯明翰(Birmingham)或是印度比哈尔(Bihar),通过确保让地方承担政府成本,让支出受益者支付相应成本,建立了财政公平。19世纪末,在英国内部对地方政府和英国外部对殖民地的权力转授过程停滞不前了。正如我们将在第8章中看到的那样,英国地方政府日益增加的费用导致其要求中央政府给予更多的援助。相似地,对殖民地政治稳定与和平的关注限制了中央政府对大城市的税收转移能力;所以中央政府有更大动力利用税收刺激殖民地的经济发展,以及向地方精英下放更多权力。因此,英国财政国家面临的束缚受到了挑战,19世纪建立的市民—军事(civilian-military)国家达到了极限。

6 “神圣的比例法则”：纳税能力和社会结构(1842～1906)

……公平税收想法和变形杆菌(Proteus)的形态一样多。

G. W. Hemming, *A Just Income Tax How Possible* (London, 1852), p. 4

每个国民都应该尽可能地按照自身能力的相同比例为政府提供的服务纳税，即按照他们在国家保护下所获收入相同比例向政府交税。政府花费在一个大国个人身上的费用，类似于房东花费在一套大房子内每个租户身上的管理费——房子内的租户有义务按照他们各自获得的收益大小缴纳租金。

Adam Smith's first maxim of taxation, *An Inquiry into the Nature and Causes of the Wealth of Nations*, ed.R. H. Campbell, A. S. Skinner and W. B. Todd (2 vols., Oxford, 1976), vol. Ⅱ, viib, p. 825

产业工人收入及其积累的财产都不应该被征税。但是另一方面……所有财产，如土地、房屋、财产、固定资产、资本、可根据遗嘱处理的或可移动的财产，构成了一个合适的征税对象。将税收范围限定为资本所得而不是工业利润，可以减少其对社会造成的伤害。

Joseph Hume, opposing the reintroduction of the income tax, *Parliamentary Debates*, 3rd ser., vol. 62, 25 Apr. 1842, cols. 1082—1083

人们完全同意,如果可以的话,应该将选举权与纳税多少挂起钩来。

W. B. Gladstone, 1859, quoted in H. C. G. Matthew, *Gladstone*, 1809—1898 (Oxford, 1997) p.127

税收应该满足牺牲的平等性,我不知道除了通过某种形式的累进税——税率随着纳税人收入的提高而增加,如何实现这一目标。

C.W. Boyd (ed.), *Mr Chamberlain's Speeches*, vol. 1 (London, 1914), "The radical programme", speech delivered at Warrington, 8 Sept. 1885, p.193

税收制度的基础是先要假设如何最佳衡量纳税人承受国家税收要求的能力。显然,只有纳税人存在超过其基本生存需求的剩余时,政府才可以征得到税,税率不能高到对生产具有抑制作用。正如我们之前在国家债务讨论中指出的那样,古典经济学家认同下面这一观点:在税收提高到某一点之前,会激励人们更努力地工作,但是一旦超过这一点,就会从激励变成“打击”。然而,任何对应该包括何种“能力”的评估以及到何种程度激励会变成“打击”,需要大量的社会和政治算计与假设,不同的经济性质、社会结构、政治意识形态和选举权对这些算计与假设影响很大。正如约瑟夫·熊彼特(Joseph Schumpeter)在第一次世界大战结束时评论的那样,财政史可以让我们洞察“社会发展变化的规律以及国家命运的驱动力量”——虽然二者都推动了变革,但是财政史更具有“象征意义”(到目前为止,发生的所有事情都可以在财政上找到解释)。如其所言:

人们应该根据自身“能力”大小对国家支出做出应有的贡献,所有人都接受这一公平准则,“纳税能力”一直都是第一准则,但是知易行难……这句话意味着在实践中必须妥善解决两个人的相对税收负担公平性问题,但是在过去二十年中,离达成共识似乎越来越远了。[①]

税收会导致索取社会剩余的冲突。正如熊彼特指出的那样,“税收的种类

① Schumpeter, "*The crisis of the tax state*", p. 7.

和水平由社会结构决定,但是一旦税收存在,它们就会成为一个‘把手’,社会力量可以利用这个‘把手’改变社会结构”。[①] 因此,有关税收政策的辩论暴露了对社会应该采取何种形式的巨大分歧。应该减少对“积极进取”的企业家课征的税收吗?应该增加对从累积财富和土地中获取的收入课征的税收吗?应该鼓励为退休生活、供养家属或是向慈善机构馈赠而进行的储蓄行为吗?应该以个人为单位进行征税,还是以家庭责任及其所得进行征税?政治党派不能完全代表各种业已存在的社会群体的财政优先考量,因为这些利益群体及其身份特征是通过政治说辞逐渐形成的。财政政策很好地界定和表明了这些利益群体的身份特征。更进一步,身份特征的构建是与一场激烈辩论联系在一起的,这场辩论是关于现有社会结构在多大程度上是“自然的”,或是病态且需要进行纠正的。税收应该为了维持政府运转调用资金并且仍保持社会结构不变吗?或者,税收应该为了改革社会结构——实现社会公平和提高经济效率——调配资金吗?当然,也存在一种担忧——试图改变社会结构也许实际伤害了经济,因为这种做法打击了增长动力和抑制了富人储蓄。这些问题显然既是政治辩论的焦点,也是经济理论的核心。

经济学家和税收

在有关税收负担的辩论中,经济学家起到了主导作用,他们努力解决政府对收入的索取难题。经济理论与政策二者之间的发展关系是错综复杂的,这绝不仅是经济思想变化在财政制度中的简单反映。当然,高级公务员确实读过经济学,而且经常可以将经济思想和专业知识结合起来。统计学的出现以及经济学家对其的利用,依赖政府收集到的数据,尤其是来源于税收体系的数据。经济知识的增长与国家紧密相关,新兴的经济学专业与公共服务之间的关系比一些历史学家认为的更密切。至少经济学可以为出于其他动机所采取的政策提供辩护。国家也许需要筹集更多收入支持战争或社会改革;或者,政

① Schumpeter, “*The crisis of the tax state*”, p. 17; see also R. Goldschied, “Sociological approach to the problems of public finance”, in R. A. Musgrave and A. T. Peacock (eds.), *Classics in the Theory of Public Finance* (London, 1967), pp.202—213

治家们也许希望为了获得损人利己的选举优势而改革税收制度,以此应对来自社会特殊利益群体的压力,或者以此解决社会和经济问题。经济学语言可以为事后(post hoc)的正当性和权威性提供辩护。最重要的是,政治家们经常在税收辩论中提及经济学家,引用经济学家的语言和概念,但是通常不能正确把握他们的论证逻辑,并且经常更改条件。因此,问题是政治经济思想如何进入一个更加通俗的政治文化。[①]

19世纪中期,一个主导概念是“比例性”,即为了获得国家提供的保护和保障,每个纳税人应向国家缴纳相同比例的收入。这是亚当·斯密的第一税收准则,但是对此有许多不同的解释。最明显的含义是,所有纳税人都应该向国家缴纳相同比例的收入份额。举一个农场租户的例子,如果一个租户得到了其农场1/4的收入,假定是2 000英镑,则他应该支付1/4的管理费用,假定是200英镑;如果另一个租户得到了一半的土地收入(4 000英镑),则他就应该支付一半的管理费用,即400英镑。他们都支付了占其收入1/10的管理费用。类似地,一个收入为100英镑的工匠和一个收入为1 000英镑的富有实业家,应该为政府支出缴纳占其收入相同比例的税收。可以将不同负担的税收混合在一起,共同满足这一“比例”要求,因此会对工匠消费的啤酒和茶征税——这些商品支出只占富有实业家收入的很小一部分,但是后者还需要支付所得税和遗产税。重要的是,要确保税收制度整体上等比例地施加于不同形式和水平的收入之上,只有这样它才是中性的,不会改变既有社会结构。基于社会契约概念——纳税人应为从国家中得到的收益付费,因此对财富和收入进行再分配是理所当然的,这可以被称为“受益原则”(benefit approach)或公平交易原则(quid pro quo principle)。[②]

也可以对斯密准则进行不同的解读,即根据不同假设和内在含义用多种

① 亚当·图兹(Adam Tooze)当前的工作将为这些问题提供详细解释,我很感激与他在这些问题上进行的讨论。弗兰克·特伦特曼(Frank Trentmann)对于自由贸易的分析提供了一个经济思想如何渗透政治话语与文化的分析模型。有关国家与经济的相关知识,详见 the comments in Furner and Supple,“Ideas,institutions, and state”, pp. 3－39.

② O'Brien, *Classical Economists*, p. 241.要了解关于福利方法更全面的讨论,见 E. R. A. Seligman 关于这一方案的案例:*Progressive Taxation in Theory and Prictice* (2nd edn, Princeton, 1908),第二章和关于福利方法如何可以引致比例性和非比例性税收的历史附录Ⅰ和Ⅱ;以及 R. A. Musgrave, *The Theory of Public Finance* (New York, 1959), chapter 4.

方法测量纳税人的“纳税能力”。[①] 它可能仅仅是比例性的改良品。从积累资本中获得的收入可能有更强的纳税能力,因为它提供了一份与贸易或个人情况无关的稳定收入,这些资产的存续时间比受其供养者或者继承人的寿命更长。相比之下,贸易或专业收入会因经济萧条或疾病而中断,并且会随着死亡而消失。因此,为了供养家属,必须进行储蓄。根据这种观点,不应该根据相等的毛收入定义比例性,一个更加复杂的计算比例性的方法,应该区分“自发性收入”“辛劳性收入”或“不稳定收入”。这种方法不一定试图通过税收改变社会结构,而是仅仅力图考虑不同来源收入的差异性,目的是确保自发性收入和不稳定收入比例性地承受实际税收负担。19 世纪中期,是否对不同形式的收入差别征税,是最具争议的财政话题。格莱斯顿担心这个问题会导致阶级对立,如实业家与地主的对立,或者生产者和食利者的对立。税收由此可能会成为导致冲突的一个根源,而不是促进稳定的一个社会契约。正如我们已经看到的那样,格莱斯顿的成就之一,是在 19 世纪 60 年代打压了差别征税要求,并将这种情形保持了整整一代人时间。直到 1906 年,差别征税才成为自由党政府政策的重要议题。

也可以把差别征税视为促进经济发展的一种手段,因为它对“积极进取”资本和企业实行轻税政策。这一做法认为,税收承受“能力”应该首先反映其对经济增长的影响。麦卡洛克(J.R.McCulloch)强调,为了促进经济增长,应该调整不同经济部门之间的税收。事实上在 19 世纪末之前,有关税收的辩论更关注工业与农业或者生产者与食利者等不同部门之间的税收负担,而不是为了个人福利的个人之间的税收负担高低。在 19 世纪第二个 25 年中,由于高额间接税具有累退性,对于部门税收政策出现了一些争论,如批评税收政策以牺牲生产性工人和工业为代价,保护了农业和垄断者。维多利亚时代中期,愈发关注不同经济部门税收制度的公平性,同时间接税比重显著下降了,这意味着对个人间税收负担的关注度下降了。19 世纪早期,高额间接税受到了猛

① O'Brien, *Classical Economists*, p. 241. O'Brien 将边沁和大卫·休谟归入“福利”学派,将密尔和麦卡洛克归入能力学派。还见 Seligman, *Progressive Taxation*, chapter 3, 关于“能力理论”及其如何可以引致比例性、累退性或者累进性税收的历史附录Ⅲ,Ⅳ和Ⅴ;以及 Musgrave, *Theory of Public Finance*, 第 5 章,关于“支付能力”方法。

烈批评，因为它扭曲了不同经济部门之间的税收负担；同时，这种税的第二个问题是富人和穷人的税收负担不公平。到19世纪末，间接税大幅降低了，可以将其看作是对政府提供福利的合理补偿。事实上，改革后的间接税体系意味着，其经常被看作是“自愿”缴纳的。麦卡洛克认为，纳税人可以自行决定是否购买应税商品。很多自由党人也同意这一观点，因为像啤酒和烟草这类应税商品不是必需品，甚至可能是有害物品。当然，这种观点没有考虑消费者的偏好，如他们是否愿意减少对应税商品的消费，转而购买其他商品。[①]

麦卡洛克的方法没有考虑富人是否比穷人更有购买力，对个人间税收负担的关注直到19世纪末才成为一个重要议题。约翰·斯图亚特·密尔(John Stauart Mill)指出了维多利亚时代中期情形面临的局限性。他反对“收益”(benefit)这一概念，因为实际上穷人需要*更多*的保护——这一观点支持累退税制，但是密尔认为基于其他理由累退税制是不可接受的。他认为，政府需要关注所有人，不可能仅仅询问谁得到了更多或更少的收益。每个人都有义务为全体社会成员共享的收益纳税，这就像在一个所有会员都受益的协会中，每个成员都应该义务缴纳会费一样。在一个志愿组织中，“当每个成员都根据自身能力做出了应有的贡献时，这时所有人都被认为公平地力尽其能了，这就是为一个共同目标做出了平等的牺牲；强制摊派原则也应该遵循同样方式”。因此税收贡献与收益大小无关，密尔将斯密的第一税收准则定义为“均等牺牲”(equality of sacrifice)。税收“的征收应该使每个人都承受尽可能相同的压力”。但是，密尔不认为均等牺牲就意味着实施累进所得税。他只愿意承认，税收不应该影响用于购买“生活必需品”的收入。因此，如果一个人的收入只有50英镑，对其征收5英镑的税将会影响他购买生活必需品的能力；但是，如果一个人的收入为10 000英镑，对其征收1 000英镑的税将不会影响他购买生活必需品的能力。这说明从牺牲角度来看，按10%的税率征税是不平等的，解决办法是对满足生活和健康必需的基本收入不征税。为了实现这个目标，密尔愿意对所得税进行温和改革。按照原有规定，一旦收入超过150英镑，所有收入都要被征税，因此收入为149英镑时不需要交税，但是收入达到150英

---

① O'Brien, *Classical Economists*, p. 241 and O'Brien, McCulloch, pp.233－235. 关于19世纪最后一个25年中，自由党认为间接税是“自愿”缴纳的这一观点，见本书第7章中的相关内容。

镑时,要缴纳4英镑7先令6便士的税。密尔建议,收入达到151英镑时,应该只对多出的1英镑征税。作为一个通用准则,比例税制的公平意味着应该只对超过“必需品”支出或者生存性收入的部分征税,对小额收入和不稳定收入免税:

> 在我看来,平等和公平比例规则意味着,应该对超过生存性收入的部分征收相同比例的税;生活必需品应该是免税的,超出部分在任何情况下都应该按照同样的比例纳税。这完全满足了对低收入者的公平正义性,符合累进所得税理论,但是在我看来,累进所得税完全是一种非正义的税收模式,实际就是累进性的抢劫。事实使得这样做具有合理性:当前最低收入群体的税收负担过重了。[①]

密尔不打算进一步推进累进所得税。他不认为10 000英镑收入承担的税率应该高于10%,因为这是“对勤勉和节俭征税,是在惩罚那些比其邻居们更努力工作和更节俭的人”。因此,累进所得税会损害经济增长,打击人们的进取心;但是对继承的财富征税则另当别论。正如密尔所言:“竞争者之间的公平包括起点公平,但是不应该为了缩短领先者与落后者之间的差距,人为给领先者增加负担,使其负重难行”。更进一步,他坚持认为应该对穷人购买的奢侈品征收间接税,税收豁免应只针对生活必需品,任何用于“享乐”的收入都应该为国家支出做贡献。[②] 所以,密尔在简单区分生活必需品和非必需品的基础上,严格审视了税收的福利含义。

19世纪末,麦卡洛克和密尔采用的这种观点被经济学中的边际革命颠覆了。阿尔弗雷德·马歇尔(Alfred Marshall)的经济学原理强调多生产一个单位产品所需要的边际成本,以及多消费一单位产品所带来的边际满足程度。

---

① See Mill's evidence to PP 1852 Ⅸ, *Second Report from the Select Committee on the Income and Property Tax*, Qq. 5222—5269, 5277—5447, and PP 1861 Ⅶ, *Report from the Select Committee on Income and Property Tax*, Qq. 3539—3544, 3567, 3578—3597; J. S. Mill, *Principles of Political Economy*, ed, W. J. Ashley (London, 1909), pp.804—809. 一旦收入超过门槛,对全部收入征收所得税将会激怒人们;雇主也许会选择向其职员支付的报酬正好低于门槛,税务局(很难)试图将其定为逃税行为。See PP 1852 Ⅸ, *First Report from the Select Committee on the Income and Property Tax*, Qq. 3019, 3020, 32—35.

② Mill, *Principles*, ed. Ashley, pp. 804—809; PP 1861 Ⅶ, *Report from the Select Committee on Income and Property Tax*, Qq. 3581—3597; O'Brien, *Classical Economists*, pp. 241—242, 252.

根据这一方法,对于收入为1 000英镑和收入为 100 英镑的人来说,再增加 1 英镑收入给其带来的边际满足程度是不一样的。当 19 世纪末学者们卷入这个让人迷惑的争论中时,“均等牺牲”的含义要比之前复杂得多,他们必须搞清楚前人所说的“平等”或者“比例”的内在含义,还需要知道如何用“边际”这个新词重新阐释这些规则。均等牺牲就意味着每个纳税人都应该放弃他们同等比例的效用吗?这就是说,目标不应该是对不同水平的收入征收相同比例的税(对 500 英镑收入征 5 英镑税,对1 000英镑收入征 10 英镑税),而应该是征收同等比例的幸福感或者是牺牲感,幸福感和牺牲感会随着收入变化而变化。或者说,这意味着为了使负效用最小化,应该实现均等边际牺牲吗?根据这一定义,目标是要计算最后增加的那一单位收入,给人们带来的额外满足感,要保证这一单位收入所适用的税率,给人们带来了相同的效用损失或者牺牲。对收入分别为 500 英镑和1 000英镑的两个人来说,如果最后 10 镑收入给前者带来的效用是后者的 3 倍,因此,为了实现相同的边际负效用,高收入者的税率应该是低收入者的 3 倍。当然,为了为公平的这一新定义进行辩护,学术权威可以重新解释斯密准则,延续根植于英国政治文化中的这个珍贵准则。①

弗朗西斯·伊西德罗·埃奇沃思②(Francis Ysidro Edgeworth)是牛津大学政治经济学教授,他致力于完成一项非常复杂棘手的任务,即利用边际理论建立一个“税收的纯理论”(pure theory of taxation)。他从“快乐主义”税收原则——即纳税人牺牲的幸福感——出发,假定“幸福最大化原则”是检验政府

① 见 F. Y. Edgeworth 的讨论:“Minimum sacrifice versus equal sacrifice”, in his *Papers Relating to Political Economy*, vol. Ⅱ(London, 1925), pp. 234—242 (reprinted from “The subjective element in the first principles of taxation”, *Quarterly Journal of Economics* 24 (1910), 459—470, and “The pure theory of taxation”, pp. 107, 115—116 [reprinted from *Economic Journal* 7 (1897), 46—70, 226—238, 550—571]; and Seligman, *Progressive Taxation*, pp.213—215.

② 弗朗西斯·伊西德罗·埃奇沃思(1845—1926),是小说家玛利亚·埃奇沃思(Maria Edgeworth)的侄子。他就读于牛津大学;1888 年,他成为伦敦国王大学政治经济学教授;1891～1922 年,他担任牛津大学德拉蒙德政治经济学教授;1891～1926 年,他先后担任《经济学期刊》(*Economic Journal*)编辑、编委会主席和联合主编。他善用数学方法,1881 年出版了《数学心理学》(*Mathematical Physics*)。(DNB, 1922—1930, ed. Weaver, pp. 284—285.)

税收行为的标准。这一理论源于实用主义哲学家杰里米·边沁[①](Jeremy Bentham)。在某种意义上,经济学中的边际革命要求重构边沁实现全社会总幸福最大化的收入分配方法。边沁对这一原则的追求使其力主平等;埃奇沃思不认同这一观点。他赞同亨利·西奇威克[②](Henry Sidgwick)的观点(与马尔萨斯对旧济贫法的批评类似),即那些从收入再分配中获益的人,可能只是让他们有了更多的闲暇时间或生育了更多的孩子,这会导致可分配的总收入越来越少,总收入需要供养的人口越来越多。同密尔一样,埃奇沃思也担心平等会对自由造成威胁,而且可能不符合:

> 人类本性的多样化发展要求,这些各种各样的差异,如口味和智力差别、各种各样的知识观点,不仅构成了人类生活兴趣的很大一部分,也是精神和道德进步的主要源泉,因为它们引发了知识分子的思维碰撞,让知识分子想方设法阐明每个概念,并且这样深远的影响是知识分子自己也没有想到的。

埃奇沃思赞同密尔和西奇威克的观点,都认为"无趣的平等"会威胁自由和知识,这一观点受到有钱人和有闲人的支持。人们有不同的性格和能力,因此收入平等会导致不平等的幸福分配。通过税收手段追求平等可能会降低人们储蓄的积极性,打击收入超过一定水平的人群的进取心,进而阻碍了社会财富的增长。鼓励穷人储蓄、通过教育增加人力资本投资和提高穷人的效率,可以抵消这些消极影响。结果,埃奇沃思宣称又回到了密尔的立场,即平等必须符合常识——支持"限制继承和对非劳动收入征税"。事实上,埃奇沃思比密尔走得更远,他接受累进所得税制。他认为,平等的边际牺牲是不切实际的,

---

① 杰里米·边沁(1748－1832),就读于威斯敏斯特公学和牛津大学皇后学院;他曾担任律师,但是将大多数时间都用于政治学和法学的写作。1776年,他出版了《政府片论》(*Fragments on Government*);1780年,他出版了《道德和立法准则概论》(*Introduction to Principles of Morals and Legislation*)。他在济贫法、监狱改革以及教育和国会改革方面著述颇丰。1823年,他参与了《威斯敏斯特评论(*Westminster Review*)》的创建工作。他最为人熟知的是"最大多数人的最大幸福"原则或者功利主义。[DNB, vol. iv, ed. L. Stephen (London, 1885), pp. 268－280.]

② 亨利·西奇威克(1838－1900),就读于拉格比(Rugby)公学和剑桥大学三一学院,1859年成为剑桥大学教员。1869年,他被任命为哲学系讲师;1883年,他担任哲学系主任,直至1900年去世。他支持剑桥女性教育,他的妻子后来成为纽纳姆学院(Newnham College)的校长。(DNB, Supplement, vol.Ⅲ, ed. Lee, pp. 342－345.)

因为很难知道收入增加与牺牲减少之间的确切关系,也很难知道满足感增加的速度。更进一步,不可能将一般公共支出的收益分摊到每个人身上,使其正好匹配每个人从所纳税收中获得的满足程度。"最小牺牲"原则避免了信息不完全难题。埃奇沃思建议,从具有最低边际效用的小部分收入中征收全部税收。这不需要精确测量资源与效用之间的关系,而且超越了传统观点——效用不随着财富比例性地增加。换句话说,从百万富翁具有很低边际效用的最终收入部分征收全部税款,要比从大量低收入人群具有更高边际效用的最终收入部分征税,对整个社会造成的效用损失小得多。结果可能不是完全平等的,但是对高收入征税会导致最小的社会总牺牲。正如他在1899年向皇家地方税收委员会(the Royal Commision on Local Taxation)解释的那样,在税收分配中"表面上最好的分配方式是,最富裕的市民承担全部税收,高于某一水平的收入都应该被削减至该水平,低于该水平的收入应该免税,这一收入水平由需要征收的税收数额决定"。为了避免资本外逃,或者"唤醒穷人的掠夺本性",应该审慎使用这种调平性的征税原则。①

埃奇沃思的"纯理论"问世于1897年,是在1894年引入累进遗产税制之后出现的,哈考特转而支持累进所得税制,这一税制在当时因管理难题被搁置了。埃奇沃思(以及其他经济学家)的作用不在于改变了财政政策,而在于打击了反对累进税制者的学术权威。这一过程一直持续到1912年阿瑟·塞西

① Edgeworth, "*The pure theory of taxation*", in *Papers Relating to Political Economy*, vol. Ⅱ, pp. 100—118; he cited Mill, *Principles*, Book 11, chapter 1, section 3 (at p. 211 of the Ashley edition), and H. Sidgvvick, *Principles of Political Economy* (2nd edn., London, 1887), chapter 7, on "economic distribution". 西奇威克认为,一个更加平等的财富分配方式乍看起来会提高幸福感,但是它最终一定会导致损失,因为它鼓励了懒惰,减少了储蓄,降低了资本效率。边沁的平等观见他的著作:*Constitutional Code for the Use of All Nations and All Governments Professing Liberal Opinions* (London, 1830), Book Ⅰ, chapter iii, sec. v. 要了解埃奇沃思对皇家地方税委员会的评论,见"对地方税委员会所提问题的回答",载于 *Papers Relating to Political Economy*, vol. Ⅱ, pp. 130—131. 埃奇沃思的回答对于功利主义思想从边沁到西奇威克的发展演变具有重要意义。如 Robert Skidelsky 认为的那样,西奇威克试图建立一种世俗哲学取代神学,坚持把经济学作为伦理学的一部分;他是一个边沁主义者,认为关键问题在于理性利己主义(追求个人幸福)与理性乐善好施之间的关系。难点在于如何让人们追求后者。他未能成功解决这个问题,但是他"让剑桥的边沁主义信徒继续遵循边沁的社会理性。马歇尔将经济学从伦理学中独立了出来,但是仍然遵从"快乐论计算法"。见 R. Skidelsky, *John Maynard Keynes*, vol. 1, Hopes Betrayed, 1883—1920 (London, 1983), chapter 2.

尔·庇古[①](Arthur Cecil Pigou)《财富和福利》(*Wealth and Welfare*)一书的问世,他第一次尝试将马歇尔的边际主义理论应用到福利经济学中。庇古将经济福利定义为与获取和支出国民红利(national dividend)相关的满足感。他关注的是如何创造最大可能的国民红利,如果不同用途之间资源的边际净产品是不相等的,那么国民红利就没有达到最大。问题在于,如何配置资源才能确保不同用途之间资源的边际净产品是相等的?解决方法是在一定程度上抑制垄断,消除资金和劳动力自由流动的阻碍。另一种可能是将资源从富人手中转移到穷人手中。这样做的结果是以牺牲富人和机器消费的商品为代价,增加穷人的商品消费。庇古认为,减少富人的收入不会改变他们的实际效率,但是增加穷人的消费能够产生更高的回报率——只要穷人以恰当方式投资自己,这个原理同样适用于机器使用的边际资源。但是问题也恰恰在这里:庇古认为穷人不可信,因此需要受到控制和指导。更进一步,如果把资源转移给社会中"有缺陷的"成员或者老年成员,将不会产生更高的回报率,因此应该把资源重点用于两类人:一类是正常的中年人,帮助他们应对疾病和失业;另一类是"健全的"儿童,用于其身体和智力投资,后一类更重要。[②] 这种方法没有考虑个人的边际满足感,只是考虑了他们的效率——这引发了一系列关于英国竞争力、"优生学"以及种族性的争论。

这些经济学家不是在支持收入平等,而是希望抑制国家的"掠夺本能"以及社会主义者。他们认为,实现财政正义只需要适度调整现有财富和收入分配制度就可以了,不需要从根本上改变社会结构。埃奇沃思的出发点是保持政府需要的税收总额不变,大约是国民收入的10%:他只是希望以最小牺牲分配税收负担,没有假定支出和税收的显著提高。实际上可以认为,更高的边际税率只是消除了单一比例税率造成的扭曲状况,因为单一比例税率让不同来源和水平的收入承担了不平等的税收负担。无论如何,经济理论的变化的确改变了税收争论的依据,这为支持累进税制的学术权威提供了一个可以提

---

① 阿瑟·塞西尔·庇古(1877—1959),就读于哈罗公学和剑桥大学国王学院,主修历史学和道德科学。1902年,他担任国王学院教员;1908年,他接任马歇尔担任经济学教授,并一直任职到1943年。[DNB,1951—1960 ed. E. T. Wilson and H. M. Palmer (London, 1971), pp. 814—817.]

② A. C. Pigou, *Wealth and Welfare* (London, 1912), especially chapter 9.

高总幸福感和“国民红利”规模的审慎手段。经济思想提供了大部分政治辩论的语意和词汇,限定了可能的选择方案。[①] 这一点在1909年表现得尤为明显,当时劳埃德·乔治“人民预算”的反对者向阿尔弗雷德·马歇尔(Alfred Marshall)进行了求助,希望马歇尔用其学术知识支持他们的观点。马歇尔没有这样做,他拒绝斥责劳埃德的预算是社会主义式的,是将责任从个人转移给了国家。相反,马歇尔认为,在富人与穷人之间重新分配税收负担是有益的。“因为贫困摧毁了个性:虽然穷人创造财富的过程增强了他们的个性,但是这些财富却被那些未付出努力的富人(无论男女)消费了,这肯定不是一件好事情。”富人消费了穷人创造的财富,这会降低富人的道德水准;而且他认为,放松对富人财富增长的审查,只是缓解了资本外流趋势。实际上,只要不被个人“铺张浪费掉”,国家支出是有益的。“有种观点认为,将资金用于工人教育、卫生系统和为孩子们提供户外娱乐设施减少了‘资本’,我非常讨厌这种观点。”正如1902年马歇尔向皇家济贫法委员会(the Royal Commission on the Poor Laws)委员、慈善组织协会(the Charity Organisation Society)领袖海伦·鲍桑奎(Helen Bosanquet)指出的那样,

> 在我看来,富人的高消费过多了,是以其他人的生活贫困为代价的……在全部社会产品中,体力劳动者获得了其应该得到的份额吗?我们能够凭空指望实业巨头和金融寡头自愿减少他们当前获得的巨大利润吗?

马歇尔提出这些问题的方式意味着,“反驳环境”已经改变了,反对再分配者有责任证明再分配损害了自由和效率。[②]

当然,关于“公平”税收负担的争论已经超出了正统经济学的范畴,涉及了对奢侈品和必需品、应得和不应得收入或财富、生产者和寄生虫的道德定义。经济学家的这些术语和争论以非系统方式扩散并普及开来,并且通过特定争

---

① See Furner and Supple, “Ideas, institutions, and state”, p. 15.

② Marshall's views are in J. K. Whitaker (ed.), *The Correspondence of Alfred Marshall, Economist*, vol. Ⅲ: *Towards the Close*, 1903—1924 (Cambridge, 1996), pp. 231—234, and A. C. Pigou (ed.), *Memorials of Alfred Marshall* (London, 1925), pp. 443—444. I would like to thank Tamotsu Nishizawa for these references. The notion of the “context for refutation” is from S. Collini, *Liberalism and Sociology*: L. T. *Hobhouse and Political Argument*, *in England*, 1880—1914 (Cambridge, 1979), p. 9.

论和场所进入了政治文化,这些争论和场所影响了参与者的说辞。本章剩余部分分析了讨论税收负担的环境,首先从选举权(franchise)与国会改革的关系谈起。

选举权和税收

对收益和能力的不同解释并不仅仅是抽象的概念,因为它们与正在变化的选举制度和社会结构紧密相关。例如,皮特·林德特(Peter Lindert)已经指出了人口统计和收入分配的重要性。他认为在任何社会中,老年人的比例越高,越有可能支持社会支出,这样做不仅仅是为了养老金,更是为了穷人、失业者和病人。在他看来,19 世纪末和 20 世纪初的人口老龄化有助于解释社会支出为什么会增加。第二个因素是收入分配,或者他所称的"社会喜好"(social affinity)。在一些社会中,收入分配不是正态的,中间选民的收入远低于平均收入,在这种情况下,大部分选民都是低收入者,都支持对富人征税,将富人的财富重新分配给穷人。在其他社会中,中间选民的收入接近富人,因此实行累进再分配性税收的可能性很小。问题是:大部分选民支持穷人还是富人的立场? 粗略地看,英国是第一种情况,美国是第二种情况。[①] 同样地,可以考虑影响税收态度的其他结构性特征,如:商业企业规模和对垄断利润的威胁;不动产所有权的范围和资本获益的机会;慈善活动的性质和程度;婚姻和家庭状况。

这些结构性特征对选民的税收态度具有重要影响,但是我们应该提防决定论(determinism)。毕竟,喜好不仅仅是收入分配的反映——收入分配的统计结构本身就是一种需要理解的社会现象。税收制度不是简单地源于业已存在的收入分配,而是在某种程度上,收入分配成了一个重要的意识形态问题和社会"事实"。实际上,有关收入和财富分配的数据,大部分是从财政信息中得

---

① P. H. Lindert, "*The rise of social spending*, 1880—1930", *Explorations in Economic History* 31 (1994), 1—37, and P. H. Lindert, "What limits social spending?", *Explorations in Economic History* 33 (1996), 1—34.

到的，如里奥·奇奥萨·马尼[①](Leo Chiozza Money)和乔赛亚·斯坦普[②](Josiah Stamp)著作中的那些数据。[③] 政治文化改变了“社会喜好”的定义，把收入分配(和再分配)作为一个政治问题加以解决。这不仅仅只是收入水平问题，因为工人们也许对雇主更有亲近感，因为这些雇主是努力进取且生产能力强的社会成员，与寄生的食利者和低效率的穷人形成了鲜明对比。进一步，工匠们也许认为，国家支出是为了维持战争和官僚作风，而不是为了提升他们的福利。因此，问题不仅仅是社会结构对政治态度的影响，而是社会结构是如何被感知的。这一点适用于人口结构。考虑的重要因素也许不是人口老龄化问题，因为对出生率下降的关注，也许会导致政府以牺牲老龄无子夫妇或未婚者的利益为代价，为有孩子的已婚家庭男性提供税收减免。以人口分类定义免税代码是一个复杂的文化过程，林德特(Lindert)的分析完全没有涉及这一点。

---

① 里奥·乔治·奇奥萨·马尼(1870－1944)，出生于意大利热那亚。1898～1903年，他担任《商业情报》(*Commercial Intelligence*)总编辑；1903年，他修订了商务统计表；1906年，他成为所得税专门委员会的一名证人；1907～1908年，他担任内政专门委员会成员；1906年，他当选为自由党国会议员；1916～1918年，他担任运输部国会大臣；1918年，他辞去该职务加入了工党，但未能赢得国会席位；1919年，他服务于皇家煤炭产业委员会，其后他的职业生涯因性丑闻戛然而止。[Who Was Who, vol. Ⅳ: 1941－1950 (London, 1952), p. 806.]

② 乔赛亚·查尔斯·斯坦普(1880－1941)，出生于伦敦，是一个店主的儿子。1896年，他进入税务局工作，成为一名少年职员；1911年，他从伦敦经济学院(LSE)获得了经济学校外学位；1916年，他凭《英国收入和财产》一文获得理学博士学位；1916～1919年，他担任税务局局长助理，后来成为税务局局长和诺贝尔工业集团(Nobel Industries)董事；1926年，他成为伦敦、米德兰和苏格兰铁路总裁，并担任该职务直至去世。1919/1920财政年度，他是皇家所得税委员会委员；1924～1927年，他担任国家债务和税收委员会委员；1930～1941年，他服务于经济咨询委员会；1928年，他成为英格兰银行董事。他还是德国赔款Dawes(1924)和Young(1929)委员会的英国代表。此外，他还是卫理公会教派(Methodist church)的积极分子、艾比路建筑协会(Abbey Road Building Society)主席，他还担任伦敦经济学院(LSE)校长和皇家统计学会主席。他的著作包括《英国收入与财产》(*British Incomes and Property*，1916)，《当代发展中的税收基本原则》(*Fundamental Principles of Taxation in the Light of Modern Developments*，1921)，《财富和税收能力》(*Wealth and Taxable Capacity*，1922)《战时税收》(*Taxation during the War*，1932)。他和他的妻子及大儿子在一次空袭中不幸遇难。(DNB, 1941－1950, ed. Legg and Williams, pp. 817－820).

③ L. G. Chiozza Money, *Riches and Poverty* (London, 1905). See also the work carried out by Josiah Stamp within the Inland Revenue: *British Incomes and Property: The Application of Official Statistics to Economic Problems* (London, 1916). 他讨论了早期作者对税务资料的使用，指出了一些困难及其估算中的错误之处。见第13章关于“收入分配和纳税人的数量”，以及Dudley Baxter在税务局帮助下试图对1865/1866财政年度所做的估计，以及Leone Levi对1850/1851, 1879/1880和1882/1883财政年度的估计。

同样的文化建构也适用于选举权与税收之间的关系。维多利亚时期的政治家们已经很好地意识到了选举权与税收制度之间的联系,当时人们普遍认为,选举权和税收应该以某种方式联系在一起。皮尔和格莱斯顿式财政宪法的基础是:缴纳所得税的选民群体是受托人,他们为了缓解非选民的间接税负担,缴纳了直接税。[①] 但是还不完全清楚,1832 年选举权与税收之间的关系是否完全基于此。我们已经注意到,约瑟夫·休谟担心不动产所有者控制了国会,他们不愿意支付“公平”份额的税收,而是将税收转嫁给积极进取的其他社会成员。但是更大的担忧源于这样一个事实:1842 年,所得税的纳税门槛被固定在了 150 英镑,这是一个相对较高的金额,这意味着很多选民不用缴纳所得税。自利的反对高税收的选民不一定会承担财政责任,因为当选民的收入低于 150 英镑时,他们即使投票支持成本高昂的支出项目,也无须为此承担任何费用。

据查尔斯·巴贝奇[②](Charles Babbage)估算,1852 年每 100 万选民中有 85 万选民的收入是低于所得税门槛的,这会激励他们要求向少数高收入者征收更高的税。巴贝奇对政治危险感到恐慌。“在本世纪所有的政治错误中,我从未见过任何一个错误有如此革命性的特征——其自我积累的动力加速了它的毁灭过程——虽然这个错误看似只对富人是致命的,但实际上对所有产业都是毁灭性的。”[③]巴贝奇并不是唯一持下面观点的人:引入普选制度(universal suffrage)是“不安全和不公正的”,因为这将导致工人阶级控制选举结果。他们只贡献了 31%的税收,会通过减少耐用品的消费逃避纳税。当选举权扩大到下层阶级时,将把下层阶级从间接税中解脱出来,因此《爱丁堡评论》(*Edinburgh Review*)抱怨说,“有问题的政策和不确定的问题”创造了财政上

---

① Matthew, Gladstone, 1809—1874, p. 127.

② 查尔斯·巴贝奇(1791—1871),就读于剑桥大学彼得学院(Peterhouse);他是 1820 年天文协会的创始成员,并担任会长至 1824 年。1823 年,他得到政府资助制造一个“差分机”进行数学计算;1842 年,一项用于新设计的资助被政府撤回了。他痴迷于建造机器。1828～1839 年,他在剑桥大学担任教授(从没有上过课),他是 1834 年统计协会(the Statistical Society)的创始人之一。他于 1827 年出版了《对数表》(*Table of Logarithms*),1832 年出版了《制造业经济学》(*The Economy of Manufactures*).(DNB, vol. 11, ed. Stephen, pp. 304—306.)

③ C. Babbage, *Thoughts on the Principles of Taxation with Reference to a Property Tax and its Exceptions* (London, 1852), reprinted in M. Campbell-Kelly (ed.), *The Works of Charles Babbage, vol. v: Scientific and Miscellaneous Papers, II* (London, 1981), pp. 52—53.

不负责的选民,他们有权力增加支出,却无须承担成本。[1] 巴贝奇的解决方法是降低免税额,以及剥夺任何要求税收豁免的人的选举权。他的方法是基于“交易”[或收益(benefit)]国家理论的,纳税是为了获得国家提供的财产和人身保护,是为了使用国家提供的制度而支付的许可费用。他认为,保护小资本家的成本要远高于大资本家,因为一个在街头卖苹果的小贩,需要警察保护防止小偷偷其东西,而一个大企业如巴林(Barings)银行为了规避风险,有能力在全球范围内转移资本。[2] 很少有评论家像巴贝奇想得那样深远,我们前面强调过,密尔反对巴贝奇对收益的消极解释。然而“交易”或收益说的国家理论获得了广泛的认同与支持。财政改革协会(FRA)将税收视作为获取政府服务所支付的费用,与其获取服务的多少成比例;税收是一个国家保险基金(National Insurance Fund),国家从中获取经费用于保护个人安全和享有财产,“确保个人有充分自由在诚实合法的职业中发挥其勤劳和技能”。财政改革协会认为,税收是为获取国家提供的个人保护而支付的适度费用,以及基于财产价值为获取国家提供的财产保护而支付的额外费用。这一理论促使一位改革者建议对所有14岁以上的人征收人头税(capitation tax)。财政改革协会更为谨慎,因为相对于技术娴熟的工匠,“人头税”对无技能的劳动者的负担更大——而且他们比富人更有价值。财产税已经通过高租金转嫁给了工人,因此任何针对工资的新税种都能够被看作是双重征税。财政改革协会认为,任何针对工资的新税,都应该采用对雇主收取的小额磅税(poundage)方式征收。正如财政改革协会指出的那样,“每个公民都应该计算自己从仁爱和节俭的政府行为中获得了多大个人利益,以及他们为此需要直接承担的政府支出费用,毫无疑问,这样的计算会激励他们做出合理选择,做到这一点意义重大”。按照这一逻辑,在克里米亚战争期间,为了让支持军国主义的中低产阶级和工人阶级承担财政责任,约瑟夫·休谟建议将所得税的门槛降低至60英

---

① W. R. Greg, “The expected reform bill”, *Edinburgh Review* 95 (1852), 262.

② Babbage, *Thoughts on the Principle of Taxation*, p. 49; Coode 表达了相似观点:“*The income tax*”, 544—548. 还见 G. W. Hemming 对他方案的评论:*A Just Income Tax How Possible* (London, 1852), pp. 5—7,“这一方案是危险的”,因为国家所做的不仅仅是保护公民社会的自然权利,实际上国家还创造了很多财富,如版权以及将财产转移给继承人的权利。

镑。①

格莱斯顿采取了一个类似的但不那么极端的方法,希望缴纳所得税的选民采取审慎的财政态度,既为了自己的利益,也为了受托人——缴纳间接税的非选民——的利益。在他的1853年预算中,他关注的是如何调整税收门槛让选民承担财政责任,方法是把投票权与纳税行为紧密联系在一起。1853年,他将所得税的纳税门槛从150英镑降低到了100英镑,对介于100～150英镑之间的收入实行较低的税率。他评论道,100英镑收入水平"是社会中知识分子与劳动人民的分界线",也是选民与非选民的分界线。他正在恢复投票权与缴纳所得税之间的关系:获得选举权资格需要家庭纳税额超过10英镑,他估计,至少需要96英镑收入才能取得该资格。正如他评论的那样,"公平而言,我认为工人阶层无法满足10英镑税的选举权门槛要求。② 他在1863年指出,收入介于100～150英镑的人,从繁荣的商业贸易和不断降低的间接税中获益匪浅,这些低收入者应该"为基金做出一些贡献,因为这一基金给所有阶层都带来了巨大好处" ③,对于那些收入高于150英镑的人来说,这是一个公正之举。

1867年,选举权的扩大改变了这一情形,并且很有可能打破投票权与缴纳所得税之间的联系。1866年,格莱斯顿改革选举权的计划是非常慎重的,他提议将自治市镇(borough)的家庭纳税资格要求从每年10英镑降低至7英镑,这一金额是格莱斯顿经过深思熟虑后选择的[林德特也有着类似的逻辑]。正如格莱斯顿指出的那样,如果降至6英镑,将会导致城市选区的工人阶级占明显多数——换句话说,中间选民将会是不缴纳直接税的穷人。格莱斯顿不赞成"工人阶级占据城镇选区选民的多数"。相反,他希望把选举权交给技术工人,因为他们"自制自律、尊重秩序、吃苦耐劳、相信法律、尊重上级"。这些技术工人属于拥有福利计划的互助会(friendly societies)和工会(trade

① Tennant, *The People's Blue Book*, p. 23－26, 以及对人头税的批评,见 Greg:"British taxation",253－256; FRA, Report on Taxation, pp. 7, 21. 关于所得税和工人阶级的争论,见 O. Anderson:"*Wage-earners and income tax: a mid-nineteenth century discussion*", *Public Administration* 41 (1963), 189－192.

② H. C. G. Matthew, *Gladstone 1809－1898* (Oxford, 1997), p. 127; 格莱斯顿关于10英镑家庭纳税资格影响的计算,见 W. E. Gladstone, *Speeches on Parliamentary Reform* (London, 1866), p. 53.

③ *Parliamentary Debates*, 3rd series 170, 16 Apr. 1863, cols. 224 j－k.

unions)组织,他们的结社权是得到国家支持的。这些技术工人很可能极力支持支出紧缩政策,他们乐于通过向自己组织缴纳会费的方式为自己谋取福利,而不是通过再分配性的税收或者卑微地依赖政府获取福利。然而,格莱斯顿的温和改革提议失败了,迪斯雷利(Disraeli)扩大了家庭选举权范围,这的确让工人阶级在城市选区中占据了大多数。格莱斯顿接受了这一既定事实(fait accompli),甚至竭力让自己看上去像这一结果的主要设计师。但是,他也迫切地希望确保选举权的扩张不会导致阶级冲突和更高的政府支出。在格莱斯顿看来,即使给予工人投票权,也没有理由指望这些工人"将会作为一个阶层一致行动"——他的政治说辞和项目都是为了实现自己的这一目标,极力强调公民和国家权利、和平与改革,鼓励发展自助组织。[①]

在降低所得税门槛的同时,人们的收入水平也在随着经济增长而提高,这使得D税目(schedule)下缴纳所得税的人数从1868/1869财政年度最低时的75 577人,增加到了1869/1870财政年度的195 296人,1873/1874财政年度进一步增加到273 544人,选民纳税人数的增多形成了一个更有纪律和更具财政责任的选民群体,这一群体对所得税率是高度敏感的。即便如此,大部分选民没有缴纳所得税:1881年,联合王国有120万个郡(county)选民和190万个自治市镇选民。[②] 这种情况给格莱斯顿废除所得税的雄心壮志带来了新力量,因为所得税可能会成为一个强大的支出引擎,而不是一个"约束利维坦"的手段。在他1860~1866年担任首相期间,曾数次试图废除所得税,但是他的计划直到1873/1874财政年度才看到了一丝胜利的曙光,因为此时有可能出现预算盈余。这个计划没有成功——并且获得的支持远少于格莱斯顿的期望。废除所得税可能使政府重新依赖间接税,这将导致自由党分裂。事实上,在激进分子和自由贸易者中都可以找到所得税的支持者,他们此前曾经担心所得税助长了军国主义。约瑟夫·张伯伦(Joseph Chamberlain)非常成功地

---

① Matthew, *Gladstone*, 1809—1898, pp. 139—142.

② Biagini, "*Popular Liberals, Gladstonian finance and the debate on taxation*", p. 150, citing PP 1873 XXXIX, *Return showing the number of persons charged to the income tax ...*, p. 297, and PP 1878—1879 XLII, *Return of the number of persons charged to the income tax for the year ended ...* 5 April 1873 to 1878, p. 234; H. J. Hanham, *Elections and Party Management: Politics in the Time of Disraeli and Gladstone* (London, 1959), pp. 403—404.

创建了由一个熟练工人、非国教徒(nonconformists)和伯明翰自由党团(the Liberal caucus)中的实业家等组成的城市联盟，他强烈谴责格莱斯顿的计划，认为该计划只是为了取悦自私的中产阶级。对于张伯伦和保守政治家们来说，似乎危险更多地来自中产阶级而不是工人阶级。事实上，政府垮台和自由党在选举中的失败，导致了格莱斯顿没有机会实施他的计划。①

1867 年的选举制度改革对最小政府的短期影响并不像格莱斯顿担心的那样大。中间选民可能相对较贫穷，收入低于平均水平——但是财政威胁并不明显，而且自由党能够继续维持一个跨阶级的联盟。但是到 19 世纪 90 年代时，财政压力变得越来越明显了。部分原因是帝国国防和海军支出不断上升，这种趋势在 19 世纪 90 年代初期——在布尔战争费用导致重新讨论财政宪法之前——就已经十分明显了。更进一步，社会支出压力也开始显现。虽然要求税收提供资金来源的养老金是一个因素，但是原因不仅仅只是人口老龄化和老年选民的大量涌现。19 世纪 90 年代，非技术工人工会的发展给依赖自助福利的自由党和工党联盟带来了挑战。技术工人可以通过他们的工会和互助会为其所享受的福利支付费用；非技术工人支付不起会员费，开始要求一个更加积极的政府进行干预。问题是：谁应该为此付费？② 正如在第 8 章讨论遗产税时我们将看到的那样，1894 年的预算标志着自由党开始转变态度，在 1906 年自由党重新执政时，人们可以明显观察到这种转变。

差别征税和累进制

19 世纪末，由于选举环境发生了改变，差别征税(differentiation)重回政

① The plans for 1860 to 1866 are mentioned by E. W. Hamilton in BL Add. Mss 48,654, Hamilton Diary, vol. XXV, f. $6, 25 Nov. 1890. 关于格莱斯顿的选举权观点及其废除所得的计划，见 Matthew, *Gladstone 1809－1898*, pp. 123, 127, 139－142, 222－225; the quote from Chamberlain is on p. 225, from *Fortnightly Review* 22 (Oct. 1874), 412. 国内收入委员会认为，废除所得税的可能性很大，发布通告呼吁加快完成政策评估，见 B. E. V. Sabine, "The abolition of income tax: a dream of 1873/4", *British Tax Review* (1973). Biagini, *Liberty, Retrenchment and Reform*, on support for retrenchment; 关于张伯伦如何在伯明翰、谢菲尔德和全国试图建立一个由实业家和劳动者组成的联盟，见 P. Marsh, *Joseph Chamberlain: Entrepreneur in Politics* (New Haven and London, 1994), chapters 3, 4, 5.

② 关于工会内部的这些争论，见 Duffy, "*New unionism in Britain*".

治议程，并且比19世纪40～50年代更加激进。差别征税可能只是调整不同类型收入间税收负担的一个手段，除此之外没有其他含义。差别征税也可能意味着一个社会的道德观点，这个观点假定某些形式的财产和收入更有价值，对社会更有利。根据这一观点，为了激励积极进取的生产者和冒险者，为了促进经济蓬勃发展，税收应该成为打断消极累积财富的食利者的贪婪之手的一个工具。这一征税方法对实业资本家颇具吸引力，因为他们将自己定义为反对地主和食利者之人。到20世纪初，差别征税也可能会导致一个更大范围的对整个资本主义的挑战。“自发性收入”可以被重新定义为“非劳动收入”(unearned income)——这一所得来自社会整体发展共同创造的财富，但是被少数人侵占了。社会创造的财富应该由社会整体合法取得，这个观点隐含着一个激进的重新界定产权的诉求。对不劳而获的社会性财富采用的这一差别征税方式，最初仅限于土地，认为土地价值的上升是由房屋建筑商和工厂主推动的，而不是由垄断稀缺资源的地主的进取心推动的。因此，工人和产业资本联合起来反对地主；煤矿工人和他们的雇主有共同理由反对矿主收取高昂的矿区土地使用费。这是张伯伦赎金学说(doctrine of ransom)的基础，赎金学说是一个危险的词，它暗示着胁迫和抢夺。根据张伯伦的观点，地主破坏了公共财产和人民的自然权利，他认为财产现在必须为其安全支付“赎金”，以此换取人们失去的自然权利。① 这一建议很受伯明翰城市工人阶级的欢迎，将他们与实业家联合了起来，携手对抗同一个敌人。然而，社会性财富的定义也可以扩展到实业财富上来，这些财富是以牺牲工人和消费者为代价创造出来的。因此有关差别征税的议题，可能从一个最初希望实现自发性收入与辛劳性收入之间税收公平的合理要求，最终转变为对土地所有者的攻击，或者说，作为最初意在从根本上改变收入与财富分配以此实现平等的一项政策的一部分，最终转变为对财富更加广泛的社会主义攻击。

最终于1907年采取了差别征税方式，紧接着在1909年采取了累进所得税。正如我们所见，格莱斯顿成功地将差别征税要求边缘化了，因为他担心这

① Marsh, *Joseph Chamberlain*, pp. 186—187, 202; sec C. W. Boyd (ed.), Mr Chamberlain's Speeches, vol. 1 (London, 1914)5, p.137, speech on “The doctrine of ransom” at Birmingham, 5 Jan. 1885.

会造成阶级对立,或者迈向累进所得税。但是在19世纪40～50年代,即使是差别征税的最狂热支持者也强烈反对累进制。约翰·斯图亚特·密尔就是一个典型例子:他接受差别征税,但是拒绝累进所得税,尽管他意识到富人比穷人更容易支付10%的税:

> 无论是出于正义还是出于策略,我不明白你们怎么能因为一个人赚得多,或者因为赚得多且储蓄得多,就对他课征更重的税。我认为你不可以对活力、勤劳或是节俭征税。在我看来,抛开策略不说,即便是出于正义,也没有比充分释放自我更加强大或者更有效的规则了,这要求不干预富人相对于穷人的自然优势。

密尔实际接受的是累进的遗产税制,因为继承遗产毫不费力,继承人"获得此项特权应该感谢法律和社会,因此国家有权力对其施加条件"。他的政策是"允许人们在世期间保留其获得的全部利益,但是国家可以在继承时对其进行处理",这样既可以让人们投身于积极进取的实业和企业,又可以分散他们的财富。①

因此,密尔与哈伯德(Hubbard)的征税方法有着共同目的:鼓励依赖储蓄的充满活力的经济活动,减少对"技术和知识"的征税。他们支持差别征税,但是为了鼓励储蓄,都反对累进制。差别征税可以减轻人们承担风险的负担。相比之下,累进制惩罚了那些为国家创造了财富的人们的"节俭和美德行为",影响了资本积累,并且令企业沮丧。② 然而乍一看,哈伯德和密尔提倡的差别征税对储蓄有着相互矛盾甚至相悖的态度。一方面,对劳动收入征收低水平所得税的目的是为了鼓励储蓄和资本积累,但是另一方面,来自劳动收入结余形成的储蓄中的未来所得,需要缴纳更高的税率。差别征税的提倡者既支持旨在鼓励储蓄的税收,又支持旨在鼓励资本积累的税收政策,因为对储蓄所得实行高税率将会减少资本积累。结果,不止一个时事评论者指责密尔没有意

① PP 1861 vii, *Report from the Select Committee on Income and Property Tax*, Qq. 3578—3597,3708—3712,3757,3770.

② PP 1861 VII, *Report from the Select Committee on Income and Property Tax*, draft report, p. 15, Qq. 747—750, 1119.

识到资本与经济增长之间的关系,太关心公平问题而忽视了效率。[①] 这一点对差别征税的当代批评者也具有重要意义,他们不明白,为什么一个寡妇从她丈夫生前收入所转化的储蓄中获得的利息,要接受高税率的惩罚?为什么一个需要抚养孩子的小制造商的遗孀,要比负有更少家庭责任的富有律师按更高的税率纳税?格莱斯顿想知道,为了“对银行家、啤酒商、医生和律师征收低税”,应该对靠年金生存的寡妇和孤儿征收高税吗?那些靠年金生活的人如凄凉的寡妇、孤儿和无助的女人们,应该适用比富有的银行家、啤酒商、医生和律师更高的税率吗?格莱斯顿反对下述观点:无论所得税在自发性收入与辛劳性收入之间的税收负担如何不平等,但是在每个类别中都有着其他的不平等和异常情况,因此一些“自发性”收入应该比其他收入多交税。财政政策应该如何公平地在它们之间进行抉择?[②]

然而,批评密尔和哈伯德没有理解储蓄、资本积累和经济增长之间关系,并非是完全公道的。毕竟,一些储蓄避免了针对“非劳动”收入的高税率。大多数工业和贸易都掌握在家族和合伙企业手中,因为企业为创造资本留存的利润将会提供不稳定或劳动收入,这些利润仍然被积极用于贸易中。因此,差别征税的范围被限制在了企业之外的被动储蓄上,并没有影响积极的资本积累。无论是密尔在其政治经济学著作中,还是哈伯德在其伦敦金融城的商业实践中,他们都反对股份公司,认为其效率低下,是对竞争的一个威胁;他们支持家族企业,因为家族企业具有积极进取的所有者。极力推崇自由主义和自由贸易的经济学说支持积极参与小企业,而不是消极投资。[③] 如何界定来自公众公司(Public Company)股息的收入性质具有重要意义。它应该被认为是“劳动”收入吗?因为它涉及的所有权关系和风险与私人合伙企业完全一样;或者,它应该被认为是被动的自发性收入吗?就像来自政府债券或公司债券

---

① M. Veseth, *Mountains of Debt: Crisis and Change in Renaissance Florence, Victorian Britain and Postwar America* (New York and Oxford, 1990), pp. 115－116.

② 当阿斯奎斯 1907 年考虑引进差别征税方式时,向他解释了格莱斯顿的观点,见 PRO, T172/22, “Memorandum to the chancellor of the Exchequer”, 26 Mar. 1907. See *Parliamentary Debates*, 3rd ser. 125, 18 Apr. 1853, cols.1368－1383.

③ See F. Trentmann, “Political culture and political economy: interest, ideology and free trade”, *Review of International Political Economy* 5 (1998), 232, and also T. Alborn, *Conceiving Companies: Joint Stock Politics in Victorian England* (London, 1998).

的收入一样。哈伯德的回答是,这是从投资财产衍生出的"自发性"收入,因此它应当适用更高的税率。最重要的一点是,它不需要个人参与,这些资产不受个人生病或者退休的影响。尽管在商业运作中似乎难以区别合伙制企业和股份公司,但是哈伯德坚持认为,二者存在一些足以影响其课税待遇的实际差异。

> 在一家贸易公司中,对职员、经理和主管的劳动都要支付报酬,需要为折旧、人员伤亡或者损耗储备资金,股息代表了股东投入资本的净收益。
>
> 在一家私人合伙企业中,管理和监督由公司中的合伙人负责,也许一些人提供的是资金,一些人提供的是监督,但是利润包括了对管理的报酬和对资本的回报,它们是可以在合伙人之间进行分配的实业利润。那些只贡献资本的合伙人被称为沉睡的合伙人,就他们的个人财富性质而言,他们与一家公众公司的股东可能没有重要区别;但是公众公司股东承担的是有限责任,而私人企业中的合伙人承担的是无限责任。实践中,税务官对沉睡的合作伙伴一无所知,他评估的是整个合伙企业,无论资本和劳动的贡献比例如何,合伙人都有权享有辛劳所得的税收优惠。①

因此,哈伯德给予了私人合伙企业(比如他自己在伦敦的企业)更低税率的优惠政策;但是只要私人合伙企业转变为公众公司,股息将支付更高的税率。当然,一些资金会被从私人合伙企业中转移到安全资产如土地或政府债券上,目的是帮助寡妇和需要抚养的孩子,避免家族企业风险和承担无限责任的危险。哈伯德自己就是一个主要的土地购买者。富有的家庭设立了信托,在公司外为家庭成员建立了居住场所。② 但是,保障家庭安全是以牺牲原本要积极投入充满活力的经济部门的资金为代价的。支持勇于冒险的商人——减少其税务负担,让他们可以储蓄供养家属——是一回事;但是让这些受人供养的家属享有税收优惠是另一回事。换句话说,密尔和哈伯德的财政政策与

① PP 1861 VII, *Report from the Select Committee on Income and Property Tax*, draft report, p. 14.

② 哈伯德的儿子认为没有必要区分家庭财产和公司财产,支持对继承企业家庭中其他成员的财产征收重税,见 M. J. Daunton, "Inheritance and succession in the City of London in the nineteenth century", *Business History* 30 (1988), 272—276.

一个特别的社会视觉及其对经济增长源泉的认识是完全一致的。1907 年之所以最终采用了差别征税方式,是因为使用了一套不同的政治算计和意识形态假设,这套政治算计和意识形态假设与累进制密切相关。

格莱斯顿反对“累进制”,认为“累进制”对财产、资本积累和工业具有“普遍的破坏性”,进而损害了富人和穷人的利益。它将导致“广泛的战争,一场遍及所有阶层的广泛战争,每个人都竭力以邻为壑减轻自己的税收负担,将终结社会和平,使国家无法基于任何共同原则调整税收负担”。但是,他确实接受了限于“适度范围”的累进制理念。1864 年,他打算推行累进的住宅税(inhabited house duty),因此,住宅税将从每 10 英镑租金,每镑税率一年不足 8 便士,上升为租金收入超过 500 英镑的,每镑税率 3 先令 4 便士。正如他评论的那样,这一方案不同于累进所得税内含的没收式的原则。事实上,格莱斯顿认为住宅税比所得税好,并且可以替代所得税——这是一个他从未实现的抱负。此外,为了减轻“相对贫困的男人们”的税务负担,他还同意所得税具有适度的“累退性”,或者给予减免政策。格莱斯顿承认,收入处于 100～200 英镑的群体有一个难言的“痛处”,因为与许多商业和专业人士相比,他们的税收是被精确征管的:

> 一般而言,低收入群体的活动比他们富有同胞的私人事务更透明。每个邻居都可以看透他们;他们就像是住在玻璃房子里;即使他们有意通过欺骗方式少交税,但几乎是不可能的。他们必须乖乖地全额纳税,他们看到或者猜测,世界上很多收入在其之上的人,没有并且不可能一直受到同样严格的税收管控。[①]

他的解决办法是取消针对 100～150 英镑收入的较低税率,取而代之的是一个单一税率,并对 100～200 英镑之间的收入给予一个新的“减免”或者免税额,以此减轻这部分收入的税收负担。

这一改变具有重要的心理上的优点,即让所有人都感受到的是同一税率。累进制与累退制之间的区别是非常重要的。累进制对富人征收更高的税率,因

---

① *Parliamentary Debates*, 3rd ser. 170, 16 Apr. 1863 col. 2241－m, and 23 Apr. 1863, col. 622; BL, Add. MSS 48, 654, Hamilton Diary, vol. XXV, ff. 56－57, 25 Nov. 1890; BL, Add. MSS 44,789, f. 1, “Two schemes of graduated house duty”, to Feb. 1864.

此受到富人的憎恨，认为其是财产充公法案。累退制是对低收入者税收负担的减轻，是对某些需要照顾的财富给予税收减免，而不是增加富人的负担。因此，税收的累进性必须保持在“适度范围”内。这种方法也有管理上的优点。从源头征税只需要按照标准税率从每类收入或者账目——租金、股息、工资——中扣除税收就可以了，而无须计算一个人所有来源的总收入。但是累退制和累进制适用于总收入，这导致了管理上的困难。与累进制相比，累退制有一个重要优点：税收最初是以标准税率计征的，因此为了获得退税，纳税人有动力自愿申报他们的总收入。累进制会增加应纳税额，强制纳税人申报总收入会遇到很大的阻力。因为减少了那些最没有纳税能力的人的税收负担，累退制可以作为另一个增加所得税合法性的手段，由此抑制了重新分配收入的压力，避免了阶级对立。通过将税收制度描述为平等的，使得一个中立和超越私利的国家得以运转，对社会团结和稳定发挥了重要作用。这个中立的国家也是受到约束的，因为标准税率和对低收入者的税收减免对所得税施加了限制。增加政府收入需要提高标准税率，这将导致纳税人的反抗；在累进制中，大部分纳税人也许想把更高的政府支出成本转嫁给少数高收入纳税人。直到19世纪末，格莱斯顿的观点——政府规模应尽可能的小，税收水平应尽可能的低，政府的征税行为应受到约束——仍然受到有组织的工人阶级和激进派的青睐，他们担心税收被用于支持战争，而不是为穷人提供福利，而且几乎没有人支持重新分配收入和改变社会结构。[①] 然而，富有创造性的财政大臣可以将税收减免作为操纵选举的手段，为了获取在投票中具有举足轻重作用的某类选民的支持，他可以降低这类选民的税负水平(见第8章，1894年哈考特的预算)。

表6.1　　1854年和1868年英国缴纳D税目所得税的人数

	1854年		1868年	
	人数	%	人数	%
100英镑以下	23 692	8.4	76 888	19.2
100～200英镑	174 741	61.9	191 342	47.9

① Biagini, “Popular liberals, Gladstonian finance and the debate on taxation”, pp. 134－162. Gladstone’s proposal on the inhabited house duty are in BL Add. Mss 44,798, f. 1, “Two schemes of graduated house duty”, 10 Feb. 1864.

续表

	1854年		1868年	
	人数	%	人数	%
200~300英镑	35 063	12.4	56 933	14.2
300~1 000英镑	39 070	13.8	58 834	14.7
1 000~5 000英镑	8 655	3.1	13 434	3.4
5 000英镑以上	1 261	0.4	2 166	0.5
总计	282 482	100.0	399 597	100.0

资料来源:PP 1870 XX,*Report of the Commissions of Inland Revenue on the duties under their management for the years 1856 to 1869 inclusive*, vol. Ⅱ,pp.580—584.

表6.2　　1842~1905年所得税结构的变化

1842/1843~1852/1853	150英镑以上的收入,每英镑征收7便士的税 超过150英镑的全部收入的有效税率为2.9%
1853/1854	100~150英镑的收入,每英镑征收5便士的税,即有效税率为2.1% 150英镑以上的收入,每英镑征收7便士的税,即有效税率为2.9%
1863/1864	100英镑以上的收入实行单一税率,即每英镑征收7便士的税 100~200英镑的收入有60英镑的免税额 例如:150英镑的收入,只需要为90英镑纳税
1872/1873	200英镑以上的收入,免税额提高到80英镑
1876/1877	400英镑以下的收入,免税额为120英镑 150英镑以下的收入,免于征税
1890/1891	150英镑收入以上的收入,实行单一税率 150~400英镑的收入,有120英镑的免税额
1894/1895	160英镑以上的收入,实行单一税率 160~400英镑的收入,有160英镑的免税额 400~500英镑的收入,有100英镑的免税额
1898/1899	160英镑以上的收入,实行单一税率 160~400英镑的收入,有160英镑的免税额 400~500英镑的收入,有150英镑的免税额 500~600英镑之间的收入,有120英镑的免税额 600~700英镑之间的收入,有70英镑的免税额 200英镑的收入,只需为40英镑纳税,即有效税率为0.67%

资料来源:PP 1870 XX, *Report of the Commissioners of Inland Revenue on the duties under their management for the years 1856 to 1869 inclusive*, vol.Ⅱ,p.568;PP 1881 XXIX, *Supplement to the 24th Report of the Commissioners of Inland Revenue on the Inland Revenue for the year ended 31 March 1881*,*being a continuation of the tables of accounts contained in volume* Ⅱ *of the report of 1870*,p.510; PP 1900 XVIII,43rd *Report of the Commissioners of Her Majesty's Inland Revenue for the year ended 31 March 1900*, pp.473,478.

均衡财政制度:直接税与间接税

1842年,英国财政制度比许多其他欧洲国家都更依赖间接税,因为其他欧洲国家对特定收入和财富的征税范围更广。在19世纪20年代和30年代,对间接税的讨论集中在其征收的合理性上,改革者如帕内尔(Parnell)认为,降低当前的高关税税率将会增加进口商品的消费量,进而会增加税收收入。他不一定认为应该减少间接税对政府财政收入的贡献,而是认为,政府获得收入时应该尽可能地减少对贸易和纳税人负担造成的扭曲。亚当·斯密的第二、第三和第四税收准则强调,为了方便纳税人和限制征税官的权力,应该明确纳税的金额、时间和方式。在斯密看来,较低程度的不确定性比较高程度的税收负担不平等带来的危害更大。征税时间和征税方式应该方便纳税人,在他看来,通过购买商品缴纳小额税款有其优点,因为它让人们可以自由选择是否纳税。更进一步,“应该精心设计每个税种,让人们从钱包中支付的税款数量尽可能地接近国库收入总额”。换句话说,征税成本应该是低的;税收不应阻碍产业发展;它不应该诱惑纳税人避税,然后面临毁灭性的罚款;它不应该通过“可憎的检查”导致纳税人的愤怒。如果不遵守这些原则,税收对人民造成的负担将超过其对国家的好处。① 事实上,自由贸易者并非完全反对间接税。辉格党主办的《爱丁堡评论》认为,对消费征税“非常具有公平性”,因为它是纳税人“根据自己的收入能力支付的,受限于纳税人的支出水平”,他们可以根据自己的意愿自由调整支出。事实上,甚至可以认为“穷人缴纳间接税是完全自愿的。穷人会评估自身情况,除非他高兴,否则他一分钱的税也不用交。必要的生活必需品是免税的”。这一说法也引发了一个有关如何定义必需品的有趣问题。《爱丁堡评论》指出,除了啤酒,大多数应税商品对英国来说都是相对新鲜的事物。

> 因此茶、咖啡、糖、烟草都不是公认的必需品……它们都是奢侈品

① Smith, *Wealth of Nations*, vol. Ⅱ, vIIb, pp. 825—826; Parnell, *On Financial Reform*, pp. 1—17, 支持基于以下原则的税收改革:征收公共服务所需资金的方式,应该尽可能少地影响纳税人的资金和幸福感,尽可能小地阻碍国家产业的发展和国民财富的增长。

和非必需品——工人当然可以拥有和消费它们，如果他喜欢的话；但是为什么与富人不同，工人无须付税就可以拥有和消费它们呢，这很难说得过去。如果工人可以购买它们，这是因为他有钱可以用在非必需品上，他用于购买非必需品的收入当然应该被征税。如果他缴纳了税收，那是因为他自愿跨入了纳税阶层。[①]

插图 3 “间接税”,1842 年 5 月的《潘趣》:纳税人受到间接税幽灵的恐吓

也许有人怀疑，工薪阶层消费者是否会如此轻易地接受这一说法，更教条主义的自由贸易者尤其是财政改革协会(FRA)反对这种说法。他们的反应很简单，认为消费这些新商品是有益的，是进步的标志。正如约翰·诺布尔(John Noble)解释的那样，“我们文明的整体框架……基于这样的事实：过去的奢侈品已成为现在的必需品；运用这一原则得出的结论是，我们应该不断回

① Greg, “*British taxation*”, 262—263.

到未开化状态"。[①] 因此间接税引发了重要的消费道德问题,以及如何确定必需品和奢侈品或者嗜好之间的界限。

一些评论家认为,区分直接税和间接税意义不大,重要的是它们最终是由谁负担的。麦卡洛克(J. R. McCulloch)指出,直接税和间接税都打击了"劳动阶级"。他认为,间接税无法转移给其他阶级,因此税收负担就落在了工薪阶层消费者身上。同样,所得税减少了支付工资的资金,进而打击了工人。[②] 因此,将间接税改为直接税对工人没有好处,因为二者最终都是由工人承受的。其他评论者担心,穷人对税收的反对可能会使得他们获得税收豁免权;与此同时,上层阶级可以利用他们对立法机关的控制减少自己的负担。按照这种说法,处于"中间阶层"的中产阶级承担了最重的税收负担。"这就是权力的滥用——强者对弱者权利的侵犯;因为在公民社会中,再也没有一个比平等承受公共负担更清晰的权利了。"[③]这一方法更加强调通过调整所得税减轻专业服务收入的税收负担,贸易和工业也可以在一定程度上从赋税减免中受益。

在19世纪40～50年代,科布登(Cobden)和财政改革协会(FRA)采取了一种更为教条主义的武断观点,认为有必要降低甚至废除间接税。他们要求停止对贸易征税,因为这种依赖消费或"肚子"的税收"使得相对于自身收入的比例而言,穷人的负担远远超过富人"。[④]

> 在这样一个压榨性的税收负担下,穷人靠什么追求舒适和幸福?住房、食品、燃料,**所有东西**都要被征税,除了地球上几乎天然存在的产品——土豆、水和泥土之外,**所有东西**都不是他能够触手可及的。他也许可以用土豆和水维系自己的身体和灵魂,用泥土为自己建造一个悲惨的小屋;但是如果一个数百万人的国家都是这样的话,最终结果将是爱尔兰现在和刚刚过去的状况。但是对于本国来说,这正是我们目前的税收制度。

---

① FRU, *Papers on Taxation and Expenditure Issued by the Financial Reform Union. Number 2. J. Noble, Suggestions for a Revision of Taxation* (London, 1868), p. 2.

② J. R. McCulloch, *A Treatise on the Principles and Practical Influence of Taxation and the Funding System* (London, 1845), pp. 157—158, 377.

③ H. Merivale, "M'Culloch ontaxation and funding", *Edinburgh Review* 82 (1845), 367—380.

④ FRA, *Report on Taxation*, p. 18.

这样的税收制度会导致人们质疑政府的合法性,“真正的保守政策指出了消除这些不满源头的重要性”。[①] 危险是很明显的:间接税收会不可避免地引发阶级利益冲突——它激发了阶级仇恨。[②] 更进一步,间接税可能不利于政府节俭,因为税收是在“不知不觉中”缴纳的。因此,其结果可能会导致政府过度支出。毕竟,选民们能够偷偷地将成本转嫁给广大消费者。

> 这是因为公共资金是容易且偷偷获得的,它的支出也很糟糕。这是因为税收不再是直接和公开的,而是隐藏在商品价格中,主要由大众支付的。国会对待公共资金支出的态度是极端懒散和马虎的,对于侵犯基本权利的行为表现出了奴隶般的顺从,这些特权是他们的先辈用流血斗争换来的,这些行为已经成为当前国会的显著特征。[③]

最重要的是,间接税可能被用于军事支出。现在对直接税进行了重新诠释,它不是作为筹措战争经费的手段,而是通过财政纪律确保和平的方式。“如果在将间接税用于军事支出时,也像将直接税那样,对战争的正义性、必要性和侵略性进行审查,这对英格兰而言将是幸运的”,[④]极端的财政改革者承认废除间接税存在一个主要难题:穷人不愿意为政府开支做出应有的贡献,也没有动力成为负责任的政治公民。为了让大家认识到经济和财政纪律的必要性,我们已经注意到了关于人头税或工资定额税的建议。[⑤]

自由贸易者和财政改革者也抨击间接税阻碍了工业和企业发展,阻止了“资本的自由流动”。废除间接税,用直接税取而代之,将迎来商业自由发展大繁荣,使英国成为世界贸易中心。它将会带来和平,因为全人类都将成为消费者,“人类大家庭的共识和共同利益将很快取代赤裸裸的战争想法”。[⑥] 这将创造“有利可图的就业机会和自力更生的人民,这一人口给予了一个国家力量和独立性”。这将确保国内外的和平,因为另一种选择将是:“懒惰和贪婪侵占并最终吸光他人的财富,即使没有发生暴力和血腥革命,最终也会导致混乱的

① FRA, *Financial Reform Tracts*, 3, Taxation Part Ⅰ (London, 1848), pp. 6—7.

② FRA, *Report on Taxation*, p.17.

③ FRA, *Report on Taxation*, p. n; also FRU, *Papers on Taxation and Expenditure*... Number 2, p.3.

④ FRA, *Report on Taxation*, p.12.

⑤ 见本章前面的相关内容。

⑥ Times, 16 Jan. 1857.

无政府状态”。对国内资本来说,间接税使得它们缺少有利可图的投资机会,进而导致它们到外国进行投机活动以及“人为地由财政导致的贫穷”,这种贫穷使得救济院和监狱拥挤不堪,人满为患。[①] 废除这些税收将创造一个繁荣的国内市场,为非熟练工人提供了大量工作机会,进而清空监狱和救济院。直接税在道德上和经济上都将使土地所有者受益。间接税提供了“一种激励……让特权阶级从生产车间撤出资本,完全或者部分无所事事地生活”。[②] 直接税会促进消费和生产的扩大,因此提高了土地价值。“直接税取代间接税不会造成阶级利益冲突。”[③]就像财政改革协会(FRA)一个成员在1848年解释的那样:

> 他们争吵的原因是:勤劳者反对懒惰者——就像辛勤工作的工蜂反对懒惰的雄蜂一样——而且他们声称,每个愿意且能够工作的人,应该拥有到自由、不受限制的世界市场中工作的权利,这是上帝赋予他们的权利,而且上帝会保佑他们获得胜利。但是……他们一直被社会中的懒人们统治着,这些人吹嘘说自己和自己的父辈们不曾通过勤劳赚过一分钱——而且他们可以为了自己的利益随意向劳动阶层征税。现在,这种情况将不再出现。让他们承受应该负担的那部分税收份额,基于此,他们会以一种非常不同的方式关注政府开支……在这个伟大的工作中……他相信,他们应该得到帝国中从最高到最低所有勤劳阶级的帮助。这是每个工人关心的问题,这是每个贸易商关心的问题,这是每个商人和银行家关心的问题,这是每个店主关心的问题。[④]

财政说辞将勤劳的生产者团结了起来,共同反对懒惰的“寄生虫”。这一财政说辞也应该被解读为与贸易保护主义者争论的一部分,贸易保护主义者

---

① FRA, *Financial ReformTracts*, 3, Taxation Part 1, p. 7; FRA, Report on Taxation, pp. 28—29.

② FRA, *Financial ReformTracts*, 15; Direct Taxation (London, 1850?), p.1.

③ FRA, *Report on Taxation*, p. 17.

④ FRA, Financial Reform Tracts, Number 6, The National Budget for 1849 by Richard Cobden MP in a Letter to Robertson Gladstone, President of the Financial Reform Association of Liverpool, with a Report of the Public Meeting Held at the Concert Hall, Liverpool, December 20, 1848, at which the Budget was Announced to the Nation (London, 1848?), pp. 13—14.

对于建立在强大国内市场上的公平社会有自己的观点。对贸易保护主义者来说,废除保护性关税是以牺牲国内市场为代价的,将导致对国外市场的危险性依赖,实业家行事自私,以牺牲社会其他人的利益为代价。但是对于财政改革者来说,废除间接税可以促进国内消费;土地所有者的行为是自私的,需要让他们加入勤劳的社会中。第一次世界大战前,一个类似的说法再次兴起,霍布森(J. A. Hobson)和新自由主义者将其进行了拓展。

表 6.3　英国中央政府 1841/1842 至 1901/1902 财政年度直接税和间接税收入比例(%)

	间接税	直接税
1841/1842	73.0	27.0
1861/1862	62.2	37.8
1881/1882	59.5	40.5
1901/1902	47.5	52.6

资料来源:PRO, T168/58, E.W. Hamilton, Financial Papers 1902—1903.

寄生者对生产者的说辞以及对间接税的敌视,成为 20 世纪初自由党为自由贸易辩护的僵化教条。在 19 世纪 40 年代、50 年代和 60 年代,大多数政治家——自由党的和保守党的——都比财政改革协会(FRA)和财政改革联盟(FRU)更加谨慎和现实。问题是如何均衡直接税和间接税,如何均衡“明显的”或者无处不在的税收和“不明显的”或者隐藏的税收。刘易斯(G. C. Lewis)是一位知名的辉格党政治家,他在一次贸易萧条期间面临要求大幅削减间接税的压力时,采取了明智务实的方法。他认为,税收不应该因为经济困难而受到指责。① 废除间接税和过度依赖所得税的危险在于,它“严重削弱了我们为特殊或暂时目的增税的权力,一旦发生这种情况,我们不得不立刻求助于借款”。② 在刘易斯看来,格莱斯顿的 1860 年预算为了大幅削减间接税而增加所得税的策略是:

> 建立在自由和博爱观点之上的,其基于的假设是一切事情都不断向预定目标发展。如果这些期望都实现了,那么我们的对外贸易就会增

① Lewis (ed.), Letters of George Cornewall Lewis, Lewis to Head, 24 Nov. 1848, pp. 188—189; Lewis to Head, 4 Sept. 1849, p. 210.

② Lewis (ed.), *Letters of George Cornewall Lewis*, Lewis to Head, 12 Mar. 1860, pp. 376—377.

加,我们的制造业就会扩张,我们工人阶级的生活状况就会改善,税后的生产效率就会提高。英国与法国之间也会有更加和平与稳定的关系,进而可以减少海峡两岸双方的军备。[①]

刘易斯反对这些观点,认为它们是不切实际的;相反,他支持亚瑟·扬[②](Arthur Young)的建议,即"作为促进公平的一种手段,一个税收制度应该有多个税收负担点,每个点上的税收负担都很轻,而不是过于集中在一个点上"。刘易斯又增加了一个要求:"税率适中"。无论一个税的负担或者征收方式如何,如果税率过重,都是不可接受的;相比之下,"支付一个温和的税收通常不会对纳税人造成严重的困扰",无论这个税收有什么其他不足。[③] 刘易斯认为,人们不应该期望税收可以满足不切实际的公平标准。

也有人认为间接税容易征收。就像《爱丁堡评论》所说的那样,依赖直接税要求"税务官能够固定和确定纳税人与征税对象,征税时冷酷无情";相比之下,针对商品的间接税意味着"商品的价格和税额被混在了一起,以至于难以分清税收究竟是多少"。《爱丁堡评论》质疑,为了对投票者施加财政纪律约束,让税收变得尽可能透明和具有法律强制性的做法是否明智。相反,《爱丁堡评论》强调易于征收的优点。"如果一个人天生喜欢隐性出汗胜过强制出汗怎么办?……纳税必然是一个十分痛苦的过程;在没有实施麻醉的情况下征税是十分残忍和愚蠢的。"因此,最佳的征税方式是让纳税人痛苦程度最小和最难以察觉的方式,《爱丁堡评论》认为间接税可以做到这一点。当然,正是间接税的"无意识性"警醒了财政改革者们,他们"希望把税收变得尽可能地透明,并且是让人感到厌恶的,其目的是激怒人民,增加政府征税的难度,这样就

---

① Lewis(ed.), *Letters of George Cornewall Lewis*, Lewis to W. R. Greg, 24 Mar. 1860, p. 378.

② 亚瑟·扬(1741—1820),出生于伦敦,他的父亲是萨福克郡的巴德菲尔德牧师,是下议院议长的专职牧师。他在林恩(Lynn)的一个商人那里做学徒,先后当过农民、记者和一个爱尔兰地主的经纪人。他写了很多关于英国、爱尔兰和法国农业方面的书,1793年被任命为农业委员会(Board of Agriculture)大臣。[DNB, vol. LXIII, ed. S. Lee (London, 1900), pp. 357—363.]

③ NLW, Harpton Court MS 3605, undated notes on taxation, NLW, Harpton Court MS 3463, citing A. Young, *Travels in France during the Years 1787, 1788 and 1789 Undertaken More Particularly with a View to Ascertaining the Cultivation, Wealth, Resources and National Prosperity of the Kingdom of France* (Bury St Edmunds, 1792), p. 531.

会形成持续的共同压力，迫使政府将支出削减到最小”。[①] 19 世纪末，财政部的观点有所变化，认为一些外国政府(尤其是拉美)需要将税收“隐藏”在商品价格中的做法表明了对直接税缺乏共识。财政部远不认为间接税是容易征收的，间接税需要检查成千上万商家的账簿，这会引起摩擦和抵触。[②]

在 1860 年之前，当政府需要筹集更多的税收收入时，会同时提高直接和间接税。这在克里米亚战争时期最为明显。1854 年，格莱斯顿将所得税增加了一倍，至每英镑 1 先令 2 便士；1855 年，刘易斯又增加了 2 便士；与此同时，间接税也增加了。在克里米亚战争爆发之初，格莱斯顿宣称：“我们不会增加，也不建议你增加一分钱的间接税”，但在 1854 年后期，他提高了对烈酒、麦芽和糖的税收。格莱斯顿是不得已被迫做出这一改变的，他努力使自己对税收的调整“对贸易的干扰最少，对人民无害的享乐影响最少，对消费的影响最少——与国家需要筹集的税收数额相比，实际上，这对人们舒适程度、优势地位和愉悦享受造成的影响最小”。他的继任者刘易斯更喜欢广辟税源，而且他进一步提高了烈酒、糖、咖啡和茶的税负。[③] 即使如此，在增加的战时税收收入构成中，约2 400万英镑来自所得税，1 350万英镑来自间接税，前者远高于后者。[④]

格莱斯顿不是教条主义式地致力于废除间接税，因为他持之以恒的主题是均衡不同形式税收的负担。他希望废除殖民地商品与外国货物之间的差别性关税，以及对国内生产者的保护性关税，因为这些税收严重扭曲了贸易。这些关税意味着消费者为他们的商品支付了更多的钱，但是大部分钱都进了生产者的腰包，而不是到了国家手中。总的来说，为了让消费者从更低的价格中受益，为了刺激贸易和减轻穷人的负担，格莱斯顿希望减少间接税——但是他认为，可以接受必要的财政性关税。当然，减少或者废除财政性关税，不应该

---

① Spring-Rice, “*Financial prospects, 1849*”, 519—520, 530—537; Greg, “British taxation”, 259—260.

② 因此财政部在第一次世界大战后反对征收销售税，见 Daunton, “How to pay for the war”, 911—912.

③ Anderson, *Liberal State at War*, pp. 201—206; *Parliamentary Debates*, 3rd ser. 132, 6 Mar. 1854, cols. 371—372; 132, 8 May 1854, col. 1452.

④ The estimate of S. C. Buxton, *Mr Gladstone as Chancellor of the Exchequer* (London, 1901), p. 144.

以增加所得税负担为代价,因为所得税也是他希望废除的。格莱斯顿的 1860 年预算十分清晰地表明了他对间接税限度的定义,这与其 1853 年第一份预算对格莱斯顿式财政宪法的定义是保持一致的。

当格莱斯顿 1860 年提出他的预算时,他面临一个预计大小约 940 万英镑的潜在财政赤字。自 1853 年以来,所得税已经延续了 7 年,对茶叶和糖征收的战时税收也即将到期。显然,为了弥补赤字,他不得不做出艰难抉择。他应该提出一个"小气的预算"(保留战时的茶税和糖税,将所得税税率提高到每镑 9 便士),还是应该提出一个"更慷慨的预算"(将所得税税率提高到每镑 1 先令,同时废除战时的茶税和糖税)呢？虽然格莱斯顿宣称,他原则上支持降低这些"大众普遍消费的"商品的关税,但是他仍选择了保留它们。人民是富有且有支付能力的,而且这些关税完全是财政性的,不是为了保护国内生产,对外国商品和殖民地商品是一视同仁的。他坚称:"认为让劳动阶层受益的最好方式是在他们消费的物品上下功夫,这种观点是错误的。如果你想做最有利于劳动阶层的事,你应该在能给他们最大就业机会的商品上下功夫"。这需要自由贸易创造更多的具有更高工资水平的就业机会。因此,他支持 1860 年的科布登—希瓦利埃条约(the Cobden-Chevalier treaty of 1860),这个条约降低了英国与法国之间的商品关税,他采取了更广泛的策略,废除了几乎所有现存的差别关税和保护性关税。1846 年,谷物法的废除并不意味着立即就实施了自由贸易,这仅是平均关税长期下降过程的一个中点。1860 年预算才最终完成了整个过程。正如格莱斯顿在 20 年后指出的那样,应遵循两个原则:一是不应该对原材料、食品或者制造商征收保护性关税;二是关税收入应该仅来自少数商品。为了追求这些原则,他废除了几乎 400 种商品的关税,对一些进出口商品仅保留了名义上的"登记性"关税,但是保留了针对 15 种商品有重要意义的非保护性关税。在其他税收改革中,他致力于废除对纸张征收的关税,这个提议具有很重要的象征意义,它意味着废除针对信息和知识的征税,这受到了要求廉价出版物的激进派的欢迎。正如他指出的那样,他的所有提议都是为了摒弃保护性原则,"由此消费者将知道他缴纳的每一先令都将进入国库,而不是进入了反对外国生产商的本国生产者的口袋"。他相信,虽然这会减少大约 400 万英镑的间接税收入,但是将促进贸易和带来繁荣。随之而来的问题是:如何弥补减少的税收收入和由此导致的财政赤字?他决定放弃更“慷慨”的选择——实行税率为每镑1先令的所得税,同时废除战时的茶税和糖税。取而代之的是,他保留了这些战时税收,选择对150英镑以下的收入实行每镑7便士的税率,对150英镑以上的收入实行每镑10便士的税率。换句话说,他做出了巨大让步——既对“大众普遍消费”的物品征收关税,又提高了所得税。

格莱斯顿对1860年预算的积极影响充满了期待,这个预算延续了他在1853年预算中致力于让社会团结、稳定、满意和自立的预期设想。

> 它将在人民中散发福利……你不是为人们提供机械的帮助,也不是努力为他们做那些他们自己应该做的事情,你是在不限制他们自由的情况下增加他们的收入,你正在增加他们劳动的价值,你正在唤起他们的责任感,你没有损害他们令人尊敬的自立感。

他做了一个奇特的比喻,以前国王在全国巡游时会向人群散发硬币。现在,女王正在以一种不同的方式散发福利,通过

> 明智而审慎的法律……丝毫没有削弱税基或者成年男子的地位,但是这将破除束缚工业手脚的枷锁,给辛苦劳作新的刺激和回报,这将为王权和国家机构赢得人民越来越多的一致信任和感激……这激发了男人们的爱国热情,这种爱国热情来自其内心深处,增强了他们对统治者的信心,这让他们感到和知道自己是被公正对待的,以及代表他们的我们正在全力为他们的利益真诚地付出——他们的利益本身并不是微不足道的,是受到国防保护的。

因此,没有必要在国防和战争上投入太多资金,因为自由贸易和经济繁荣将创造国际和谐,这种和谐将使得不再需要修建对抗法国的昂贵防御工事。它还将创造一个忠诚可靠的群体,这些人可以被号召起来保护国家免受外敌入侵。如他在1880年指出的那样,废除保护性关税将消除政治腐败,因为保护性关税只是支持了“最自私的阶级本能,抑制了对公共福利的正当需求”,赋予了生产者“权力和影响力,生产者获得这种权力和影响力是以牺牲社会其他

人为代价的,这违背了自然、自由和正义原则”。①

格莱斯顿的提议引起了高度争议,因为他的政策遭到了许多(甚至大多数)内阁成员的明确反对,废除纸张税使他与上议院(the Lords)发生了冲突,导致1832年以来两院之间发生了第一次重大宪政斗争。废除纸张税受到了攻击,因为它增加了1便士的所得税,它在下议院仅以微弱优势获得通过。当这项提议作为预算的单独一部分送交上议院时,被上议院否决了,由此引发了一场宪政争议。上议院无权征税或修改财政法案。支持他们这样做的观点认为,拒绝废除一个税种与拒绝开征一个税种是不一样的。首相帕默斯顿勋爵②(Lord Palmerston)没有被说服应废除这一关税,他默许了上议院的决定。但是格莱斯顿没有屈从,他谴责上议院“巨大而危险的创新”。下议院同意格莱斯顿的看法,强调了下议院对税收事务的控制权,以及征收或免除税收的权力。1861年,废除纸张税与预算其他部分被放在了同一个议案中,这使得上议院无权再对其进行干涉了。③

在格莱斯顿的1861年预算中,他关于直接税和间接税的观点经常会在下面的讨论中被引用:

---

① *Parliamentary Debates*, 3rd ser. 156, 10 Feb. 1860, cols. 818—819, 826, 830—8, 850, 867—872; details are in S. C. Buxton, *Finance and Politics*: *An Historical Study*, 1789—1885 (2 vols., London, 1888), vol. Ⅰ, chapters 10, 11, 12; Buxton, Mr Gladstone as Chancellor, chapters 3 and 4 on the budget of 1860, chapter 8 on purging the tariff; Matthew, Gladstone, 1809—1898, pp. 113—114, 124—125; W. E. Gladstone, “Free trade, railways and the growth of commerce”, *Nineteenth Century* 7 (1880), 374, 377. 要了解格莱斯顿对间接税的简要讨论,见 Maloney, “Gladstone and sound Victorian finance”, pp. 41—44.根据 Nye 的计算,1821—1825年间,净关税收入占净出口价值的比重英国为53.1%,法国为20.3%;1861～1865年,这一比例两个国家分别为11.5%和5.9%。到1881～1885年,相对情况发生了翻转,英国为5.9%,法国为7.5%:J. N. Nye, “The myth of free trade Britain and fortress France: tariffs and trade in the nineteenth century”, *Journal of Economic History* 51 (1991), 26.

② 亨利·约翰·坦普尔(Henry John Temple,1784—1865),第三代帕默斯顿子爵,出生于伦敦,就读于爱丁堡哈罗公学和剑桥大学圣约翰学院;他是个爱尔兰贵族,因此可以担任下议院议员,从1807年起直到去世一直是下议院议员。1808年,他担任海军事务大臣,1809～1828年,他担任战争事务大臣(负责财政事务);1830年,他担任外交大臣,除了一小段间隔外,一直任职到1841年,1846～1851年,他再次担任这一职位。1852～1855年,他担任内政大臣(中间有中断);1855～1858年和1859～1865年,他担任首相。与格莱斯顿一样,他一开始是个保守党人,后来加入了辉格党,但是他不像格莱斯顿那样追求帝国主义和扩张性的外交政策。(DNB,vol.LVI,ed.Lee,pp.16—33.)

③ Matthew, *Gladstone*, *1809—1898*, pp. 113—114; Buxton, *Mr Gladstone as Chancellor*, chapter 9; and Buxton, *Finance and Politics*, vol. Ⅰ, pp. 211—214 and chapter 13 on the paper duty.

> 直接税和间接税就像已被带到伦敦同性恋世界中的迷人的两姐妹,她们都很富有,有相同的出身——对于她们的父母来说,我相信就像是必需品和新发明一样——只是在某些方面有所不同……我想不出任何理由这两个少女的追求者之间应存在敌意的竞争。而且我坦率地承认,无论在道德上是否允许,作为财政大臣……我一直认为同时向两姐妹求婚是应该被允许的,而且甚至是一种负责任的行为。因此,我在直接税与间接税之间是完全公正的。

减少间接税在政治、社会和道德上来看都是合理的,因为它“将社会各阶层的利益和感情交织在了一起”。同时,它还促进了物质繁荣。但是减税的目的不是要摧毁间接税,而是去修剪这棵树,让它变得更有活力。“它的状况让我想起了维吉尔(Virgil)描述的那棵长满金色叶子的树,维吉尔让他的英雄们扯下树干上的枝条,当一根树枝被扯下时,立刻就从远处长出了新枝条”。因此,间接税在格莱斯顿的财政宪法中扮演着主要角色:保护性关税和差别性关税都是令人厌恶的。收入性关税是可以接受的,只要它们没有扭曲经济或者威胁到社会和谐。他认为不应该以直接税为代价减少间接税,因为他主张废除所得税。但是,他在1861年指出:“我确实不认为我废除税收的责任是完全无条件的,认为这个责任与需要为支出提供多少收入是毫无关系的。”1861年,他仅实现了少许预算盈余:他废除了纸张税,将茶税和糖税延长了一年,并在这一年的后三个季度将所得税降至每英镑9便士。他同时向两姐妹发起了求婚——但是他的追求是充满情感的。[①]

1861年,格莱斯顿发表评论认为,英国当前的税收高于和平时期的欧洲。[②] 对于下一代人来说,财政大臣们面临着非常有利的环境。19世纪中期,经济增长速度加快,税收收入同步增加。1842/1843财政年度,每英镑1便士的所得税创造了772 000英镑的财政收入;1860/1861财政年度,这一数字上升到1 122 000英镑;1870/1871财政年度,上升到1 588 000英镑;1880/1881财政年度,上升到1 867 000英镑;1890/1891财政年度,上升到2 214 000英

① *Parliamentary Debates*, 3rd ser. 162, 15 Apr. 1861, cols. 584—586, 592—593.

② *Parliamentary Debates*, 3rd ser. 162, 15 Apr. 1861, col. 594.

镑。[1] 同时,国防费用和军事支出增速放缓,因为英国没有卷入欧洲战争,大多数帝国内战争都是小规模的,军事技术和战略不需要大量常备军或庞大舰队。此外,大部分社会福利的成本都是由地方政府承担的。因此,还有减税的腾挪空间,财政大臣需要决定的是,应该向哪个姑娘殷勤地求婚(即削减直接税还是间接税)。在19世纪60年代以及1873/1874财政年度,格莱斯顿确实考虑过能否以提高住宅税或者遗产税为代价,废除所得税。[2] 虽然他没有实现自己的这一宏伟目标,但是开始降低所得税税率,从克里米亚战争时期每英镑1先令4便士的峰值,降到了战后每英镑5便士;随后在1860年又上调至和平时期每英镑10便士的峰值,1863年又降到了每英镑7便士,1864年和1865年先后降到了每英镑6便士和4便士。在大幅降低所得税税率的同时,也同步削减了关税。战争期间,茶税从每英镑1先令6便士增至每英镑1先令9便士,到1865年,又降回到了每英镑6便士。同样也削减了糖税,格莱斯顿对两个姐妹(直接税和间接税)的殷勤程度几乎是相等的。[3] 继任的财政大臣们能够接力完成同时与两姐妹调情这一微妙任务吗?

1870年,罗伯特·洛(Robert Lowe)重申了格莱斯顿的政策。他预计会得到450万英镑的财政盈余,不得不决定继续削减直接税和间接税。他采取了不同但同样奇特的比喻:纳税人像是在水下深处生活的动物,因为“压力均等”才得以生存。这意味着,如果不给一些纳税人难以忍受的压力,给另一些纳税人“不该有的税收优惠”,而是将税收分摊在很多来源上的话,税收压力将会被认为是最轻的。

> 我不愿意……丢掉任何类型征收时具有可以忍受的优惠和没有遇到任何较大压力的收入……同时希望将人们的负担降至尽可能低的水平。总而言之,我不愿意放弃任何类型我认为征收时不会给社会带来巨大痛苦的收入。

为了实现这一目标,他将所得税率降至了每英镑4便士(减税1 250 000

---

① Stamp, *British Incomes and Property*, table G4, pp.318—319.

② 见本章前面的相关内容。

③ Buxton, *Mr Gladstone as chancellor*, pp. 144—146.

英镑),将糖税减了一半(减税2 350 000英镑)。[①]

洛面临的首要困难,似乎是“要知道如何应对税收收入的持续快速增长。那个年代的普遍看法是,国家永远不必再担心税收不足或收入萎缩了”。经济的增长和繁荣意味着税收收入将增加,财政大臣们有相当大的减税空间。与此同时,由于偿还国债成本的降低、不存在大规模军事承诺以及社会支出保持在低水平,这意味着中央政府支出的增长速度低于经济增速。1871 年,洛做出了一次严重的误算,他在预算中宣布打算引入一个对火柴的新关税,这个新关税是与对继承税的调减结合在一起的,但是这个建议招致伦敦东区(the East End)贫穷火柴制造商的强烈反对。洛最终收回了预算,他退回到一个更安全的政策,这个政策减免了更多的税收。1873 年,他将糖税降至了一个极低水平,以至于他的保守党继任者斯塔福·诺思科特(Stafford Northcote)于 1874 年废除了糖税。1873 年,洛还废除了仅存的玉米登记税。悉尼·巴克斯顿(Sydney Buxton)认为,1873 年的预算偏离了洛自己的“压力均等”原则,开启了一个新政策。正如巴克斯顿评论的那样,以前废除的税收都是保护性的或毫无意义的。1873 年的预算标志着一个新方案的诞生,该方案废除了“对普通消费品的简单关税”——这些关税征收成本低,并且不会危害贸易。所造成的结果是,间接税的征收范围被缩至了仅对小部分商品征收,纯粹的收入性关税被废除了。[②]

未来的主要问题是:当需要增加而不是减少税收时,会发生什么?间接税的显著降低改变了政府的处境,因为自由贸易是按照 1873 年而不是 1860 年

① *Parliamentary Debates*, 3rd ser 200, 11 Apr. 1870, cols. 1626, 1638—42.

② Buxton, *Finance and Politics*, vol. Ⅱ, especially chapters 23 and 25 on Lowe and 27 on Northcote. 巴克斯顿对洛的评论在 pp. 157—159。关于火柴税的溃败,见 Morley, *Life of Gladstone*, vol. Ⅱ, pp. 373—374. 他提议将一个拉丁双关语印在火柴印记上,Morley 评论说,这一做法用看似轻浮的方式“改变了一个大学公共休息室的用途”。杰文斯(W. S. Jevons)的 *The Match Tax: A Problem in Finance* (London, 1871)一文也讨论了税收问题,他承认税收是不受欢迎的。但是,他对税收进行了辩护,认为“除了靠救济度日的人外,所有阶层的人都应该按照自己收入的一定比例向国家纳税”。对穷人的救济似乎是受欢迎的,但是杰文斯警告要提防“考虑欠妥的人道关怀”:其结果也许伤害了穷人,因为对资本征税会使得资本流向外国和殖民地,进而减少了穷人的就业机会。他怀疑如此过度依赖对少数商品征收间接税是否明智,认为对生活必需品征税是可以接受的,这可以确保普通大众对政府收入做出一些贡献。对生活必需品征税优于对利润征收重税,因为对工业原材料没征税,也没有保护。

的标准定义的。格莱斯顿废除了保护性关税,仅保留了一小部分与自由贸易相适应的收入性关税。到19世纪末,对少数关税的依赖造成了重要的政治后果,因为剩下的这些应税物品在总消费中所占的份额越来越小,再增加任何收入都可能需要重新征收糖税或扩大关税范围——但是这种建议现在被认为是违背自由贸易的。很难明确区分何为收入性关税,何为保护性关税,对于大多数自由主义者来说,1873年和1874年预算中的减税政策是神圣不可更改的,这种观点广泛融入英国政治文化中。

英国和其他欧洲国家的显著差异是从19世纪末开始产生的,当其他国家开始采取贸易保护主义时,英国的关税却没能同步提高(见第10章)。历史文献强调1846年废除谷物法及其与1842年所得税之间的关系,但是这模糊了一个重要事实:在19世纪60年代之前,是国内消费税的增长为自由贸易减税提供了基础。但是到19世纪末,形势发生了变化,许多其他欧洲国家的间接税比重在上升,英国间接税的份额却下降了。部分原因是直接税收体系的结构不同,与一些欧洲大陆国家僵化的直接税(修改起来要难得多)相比,英国的直接税结构能够获取本国经济增长的收益。

1842年之后,英国政治家和公务员们不断强调英国税制的现代性、科学性和自然性,这与落后过时和"不科学"的欧洲税收制度形成了鲜明对比。事实上,重新引入所得税标志着英国税收与法国趋于一致,二者都从相似的收入范围汲取税收。在1816～1842年,与法国和其他欧洲国家相比,英国没有对不同形式的收入广泛征税。1842年之后,英国的所得税与法国的直接税收具有一定的相似性,因为对不同形式的收入使用不同的税目——这些税目有不同的评估和征收方法,这意味着所得税的有效税率因收入类型的不同而不同,就像在欧洲其他国家对一些特定形式的收入征收特别税一样。因此,A税目涵盖了来自房地产的收入,相当于法国对房屋和土地收入征收的房产税(contribution fonciere)。D税目对贸易、工业和专业收益征税,相当于法国的特许税——对工业、贸易和专业服务的一种许可形式。法国的特许税(droits de patentes)是1791年引入的,用以替代同业公会的许可,任何缴纳了特许税的人都可以从事某种商业活动。在英国,同业公会的权力日渐式微,无法像税收制度那样为国家提供收入。因此,英国的所得税制度在某些方面类似于法国,标志着财政制度扩展到了相似的经济要素中。

然而,英国与法国税制对不同形式收入施加"把手"的方式是不同的。在英国,评估和征收方式有助于形成对税收的高度认同感,税收收入与经济增长更加同步。两国直接税收的主要区别在于,英国税制具有更大的灵活性和自主性,这使得政治斗争不会侵蚀税基,比较一下法国特许税和英国对利润的A税目,就可以证明这一点。法国的特许税由固定费用和比例费用两部分构成,前者根据业务类型和地区人口按固定数额收取,后者根据商业场所的租金——由地方市长和财政部代理机构评估确定——按一定比例收取。法国特许税并不一定比英国自我评估收入方式的征收效率低,两种征收方式面临的主要问题都是如何最好地为难以捉摸的收入加上"把手",因为纳税人有很多机会隐瞒或低估自己的收入。然而,法国的特许税不能对经济结构或活动水平的变化做出及时反应:它们实质上是特定贸易的许可费用,不随经济增长和经济结构的变化而增加。更进一步地,根据不同地区和贸易类型,特许税会创设很多不同的税收种类,这使得进行任何税收调整都变得非常困难,需要对该贸易或该地区的确切税率进行复杂的讨价还价。相比之下,无论英国的D税目存在多大的低估风险,都不会在不同阶级和利益群体之间制造严重的对立。英国财政大臣通过所得税率的一次调整,就可以改变所有应税项目的税率,这对法国财政部长们来说是不可能的,因为他们需要调整一系列相对独立的税收,这一过程是复杂的,并且在政治上是十分敏感的。同样,法国来自土地、股息或雇佣的收入不太可能随着税基的增加而提高。在英国,A税目反映了租户实际支付的租金水平,但是在法国,还要对估计的租金进行重新评估,这种方式是落后的和官僚的。同样,英国C税目和E税目能够有效地从政府债券和雇佣中汲取收入,但是在法国,门窗税(door and window taxes)和动产税(contribution personnelle mobilière)无法随着国民总收入的增加而提高。因此,英国和法国税收制度在税基上施加"把手"的效果是不同的。在法国,一方面,调整现有直接税的范围受到很大的约束;另一方面,使用新所得税代替旧所得税会造成更大的问题。结果是,法国政府变得越来越依赖普遍性的间接税,这一税收能够随着经济活动同步增长。在英国,对经济施加的有效"把手"

有助于向直接税转变,而且不受任何意识形态承诺的束缚。[①]

结果是,英国和法国的税收结构发生了显著变化。在1816～1842年,英国比法国更依赖消费税;但是在1842年到第一次世界大战这段时间,直接税在英国所占的比例上升而在法国却下降了。法国税收制度开始导致社会和政治冲突,与之相反的是,英国财政制度对待不同利益群体和阶级的方式是公平的,达成了广泛共识。当然,支持英国财政结构自发和逐渐向直接税制转变是有政治基础的,这体现了英国的特点。到19世纪末,财政改革协会(FRA)对间接税的强烈反对集中在自由党对"免税早餐桌"支持形式的花言巧语上。但是,从间接税向直接税转变的步伐太快了,问题开始出现了。财政制度吸取收入的能力达到了它的极限,迫使政府重新考虑单一税率的所得税,或者扩大间接税的征收范围。

结　论

当皮尔(Peel)在1842年再次引入所得税时,他的目的在于从两方面平衡预算:一是消除辉格党遗留的财政赤字,恢复政府的财政秩序;二是建立不同类型财富和收入之间的公平感。1846年,他采取了进一步措施,废除了保护性的农业税收。格莱斯顿延续了他的政策,这在格莱斯顿的1853年预算中表现得尤为明显。皮尔和格莱斯顿确立了国家不应该偏袒任何特定经济利益群体的基本原则,同时认为应该精心设计税收制度,使其具有检查和均衡功能。与"自发性的"或非劳动收入相比(这些收入是由资本性的资产支撑的,与健康状况和经济萧条无关),任何对于"辛劳性的"或劳动收入(这些收入在生病期间和贸易萧条时期很容易遭受损失)的所得税失衡问题,都应该通过遗产税进行均衡,而不是将所得税变为不同利益群体冲突的战场。格莱斯顿支持激进的假设,他认为小政府和缩减开支将消除维系社会寄生虫和鼓励战争的收入

① R. L. Koepke, "*The Loi des patentes of 1844*", *French Historical Studies* 11 (1979—1980), 398—430. 当然在法国,所得税和累进制被雅各宾主义或者激进社会主义污名化了,过了很长时间它们才被认为是平等和公平的。见 J.-P. Gross, "Progressive taxation and social justice in eighteenth-century France", *Past and Present* 140 (1993), 121, 123—125.

来源,因为缩减开支提供了和平与自由。皮尔和格莱斯顿清晰地阐述了一个令公众信任的话语体系。[①]

英国比其他欧洲国家更加成功地建立了至少表面上的中立性。[②] 精英们愿意承受所得税负担和废除谷物法,这标志着“非功利性”的胜利。这种政策的成功在1848年表现得尤为明显,其他欧洲国家爆发的革命与英国宪章运动的终止形成了鲜明对比。英国维多利亚时代中期的激进派愿意信任像皮尔和格莱斯顿这样的精英政治家,愿意接受国家的合法性和“中立性”,而不是谴责政客们自私和腐败,将国家斥为一个特殊利益集团。激进主义者变得支持宪法了,与国会携手控制政府支出,监督行政部门,这种情况一直持续到工党采取了相似的国会策略。[③] 当然,工党不是简单地屈服于格莱斯顿式财政的主导权。由于建立了对国家和公共行动的高度信任,这导致人们对国家的态度发生了转变——从批评国家是浪费的,转变为认同国家是有效率的。格莱斯顿预算的成功可能会导致颠覆他的主张:如果财政制度是公平和平等的,为什么不能用它筹集资金并将其用于支持福利和其他集体行动呢?

这些关于纳税能力的专业性争论提出了一些有关国家性质及其与公民关系的基本问题。公民与国家签订了付费获取其财产保护的契约了吗?但是1852年,亨明(Hemming)意识到也许财产本身就是由国家创造的,因此双方之间不存在一个简单的契约:两者是相互依存的。密尔接受了这一观点,认为继承财产取决于“人造”的法律机构,因此国家可以对其征收重税——部分因为财产是消极的。在争论这些问题时,人们经常运用亚当·斯密第一准则的

---

① Harling, *Waning of “Old Corruption”* pp. 228—254; Harling and Mandler, “From ‘fiscal-military’ state to laissez—faire state”, 70; Hilton, *Corn, Cash and Commerce*; Matthew, “Disraeli, Gladstone and the politics of mid-Victorian budgets”; Matthew, *Gladstone*, 1809—1874; Biagini, “Popular Liberals, Gladstonian finance and the debate on taxation”, pp. 134—162; Biagini, *Liberty, Retrenchment and Reform*; McKibbin, “Why was there no Marxism in Great Britain?”; on the emergence of free trade as an orthodoxy, see A. C. Howe, *Free Trade and Liberal England*, 1846—1946 (Oxford, 1997), chapter 4.

② G. Eley and D. Blackbourn, *The Peculiarities of German History: Bourgeois Society and Politics in Nineteenth-Century Germany* (Oxford, 1984), pp. 105, 122, 125, 256—285.

③ D. Read, *Peel and the Victorians* (Oxford, 1987), pp. 288—289, 319; Biagini, *Liberty, Retrenchment and Reform*, pp. 6—8 and *passim*; on Labour and parliamentarism, see P. Ward, *Red Flag and Union Jack: Englishness, Patriotism and the British Left*, 1881—1924 (Woodbridge, 1998).

一个特别定义,争辩享受财产的意义。在维多利亚时代中期,这些争辩包含了激进的含义;19 世纪末,这些争论带着新力量再次出现在人们面前。社会性创造的或非劳动财富不“属于”业主,而是属于共同创造它们的社区。经济学中的边际革命影响改变了“享受”的定义,让人们认识到与一个年赚 75 英镑的人相比,一个年赚10 000英镑的人再多赚 1 英镑,给其带来的满意度要比前者低得多。当然,政治家们也敏锐地察觉到了选举权范围扩大产生的政治影响。但是直到 1894 年之前,这种潜在的爆炸性力量一直都是受到控制的,它们将在世纪末被巨大的战争支出释放出来,并且改变了人们对社会支出的态度。

7 “最小刺激”：财政管理与公民社会(1842～1914)

每个公民都必须要缴纳的税收应该是确定的，而不是任意的。缴纳时间、缴纳方式以及缴纳金额，都应该清晰明白地告知纳税人和其他每个人。否则，每个纳税人都将或多或少地受到税务官的压榨，税务官可以加重自己讨厌的纳税人的税收，或者利用纳税人对重税的恐惧敲诈他们，从而为自己谋求一些礼物或额外收入。税收的不确定性会加重税务官的傲慢和腐败，即使这些税务官本身并不傲慢和腐败，他们也是天然不受欢迎的。在纳税时，每个人应纳税收的确定性是非常重要的，从所有国家的经验来看，我认为很小程度的不确定性，比很大程度的不平等性更加可怕。

Adam Smith's second maxim of taxation, *An Inquiry into the Nature and Causes of the Wealth of Nations*, ed. R. H. Campbell, A. S. Skinner and W. B. Todd (2 vols., Oxford, 1976), vol. Ⅱ, viib, pp. 825—826

……迄今为止，法律政策一直……不让征税完全由中央政府意志决定，因为人们认为征税应该遵循宪制性法律，应该将征税数额交由地方决定，雇用对自己邻居持信任态度的本地居民征税。

Sir Robert Peel, *Parliamentary Debates*, 3rd ser. 61, 18 Mar. 1842, col. 912

好的行政管理的主要目的是促进效率，在所得税问题上，就是征税方式既可以筹集足额税收，又可以使得对纳税人的刺激最小，对纳税人之间造成的不平等最低。如果一种行政管理是富有同情心并且绝对公正的,采取了适当措施防止逃税,则这种管理非常有助于让纳税人心甘情愿地承受税收负担,让纳税人相信向其征收的税是在法律限制之内的,是得到认真对待和符合公平正义的。

PP 1920 XVIII, *Report of the Royal Commission on the Income Tax*, p. 177

英国人在如何与税务官合作方面非常具有天赋。

J. M. Keynes, "Notes for the budget statement, 1941", in J. M. Keynes, *The Collected Writings of John Maynard Keynes*, XXII *Activities, 1939－1945. Internal War Finance*, ed. D. Moggridge (London, 1978), p. 302

埃德蒙·伯克(Edmund Burke)1774 年评论道:"就像男人们不可能理智地爱一样,他们也不可能愉快地纳税。"[①]在纳税中产生愉悦感几乎是不可能的,但是征税可以建立起"自愿"顺从和相互信任,进而可以减少仇恨和不满。纳税人与政府之间的"攫取关系"是可以被塑造的,政府通过良好的收入获取和支出方式,可以让人们广泛相信其与公民之间的交易是"公平的"。这种认同取决于政府要让人们相信在税收征收或者公共支出中,没有哪个群体会被不适当地惩罚或偏爱,政治家们和公务员都是值得信赖的,会按照承诺花纳税人的钱。当然,"公平性"是一种取决于特殊平等定义的意识形态建构或者说辞,正如前一章所示,具有很大的争议性。但是,只要人们普遍接受这一定义,税收制度就被认为是公平和合法的,征税时导致最低程度的冲突是可能的。

19 世纪下半叶,征收关税和国内消费税成为司空见惯的事情了。消费税仅针对很小一部分商品,征收相对简单:一个小型精干的官僚机构就可以应对大型生产者,如啤酒商或烟草商。这种征收方式对零售商和消费者的干扰非常小——这可以解释为什么第一次世界大战结束时,英国扩大消费税范围遭

① E.Burke,"speech on American taxation", in E.Burk, *The Writings and Speeches of Edmund Burke*, vol. Ⅱ: *Party, Parliament and the American Crisis*, ed. P. Langford(Oxford,1981), p.454.

到了强烈反对。[①] 同样,进出口关税的简化意味着管理变得更加容易了,此时仅针对少数货物按照重量或长度计征,而不是像19世纪早期那样按照复杂的比例计征。正如海关委员会(Customs Board)解释的那样,格莱斯顿的1860年预算对关税的简化几乎达到了可以接受范围内的极限。19世纪初,英国有1 500种不同的关税,而在1860年,只剩下26个大类,其中10类是针对进口商品征收的“抵销性”关税,目的是均衡对国内商品征收的消费税。有两种关税即将到期,届时将只剩下14类以收入为目的的关税。这一过程还在继续:1866年和1869年先后废除了收入规模较小的对木材和玉米征收的关税,1873年将糖税减少了一半,1874年最终废除了糖税。只保留了9个主要关税,在1896/1897财政年度,四种商品——进口烈酒、烟草、茶和酒——提供了96.1%的关税收入。[②] 1863年和1886年,曾经先后两次考虑合并税务局和海关,以便完成始于1848年的整合过程——当年消费税委员会(the Board of Excise)并入了国内收入委员会(Board of Inland Revenue)。但是,拟议的合并未能实现,相反,1908年的预算又将消费税从税务局中剥离了出来,并入了海关,这样就在直接税与间接税之间划定了一个清晰的管理界限。结果是,针对直接税和间接税有两个独立的委员会,有两个建议和专业征管机构,这有助于形塑19世纪末和20世纪初的税收制度。[③] 最重要的是,税务局认为它的征税方式不像间接税那样——需要检查大量贸易商与企业的个人事务和账簿,具有很大的侵扰性和争议性。

如何衡量纳税人对财政管理制度的态度是极其困难的,本章主要分析政府对公民社会的看法,以及政府对如何实现税收认同所持的观点。关注点主要是看政治家和公务员的反应,即看他们如何认识纳税人实际或者可能对政府管理模式做出的反应。在如何看待征税方面,政府有相当程度的自我意识

---

① See Daunton,“How to pay for the war”,911—912.

② PP 1898 LXXXV, *Customs tariff of the United Kingdom from 1800 to 1897*, *with some notes upon the history of the more important branches of receipt from the year 1660*, pp. 39—41.

③ PP 1863 VI, *Report from the Select Committee on Inland Revenue and Customs Establishments*, p. 311; PRO, IR74/181, “Memorandum for Sir M. Hicks Beach on the proposed amalgamation of the Board of Customs with the Board of Inland Revenue”, Sir A. West, 7 Jan. 1886; B. Mallet, *British Budgets*, *1887—1888 to 1912—1913* (London, 1913), p. 290.

和严格的评估方式,通过政府向公民仔细解释可以确保他们的顺从。[1] 正如我们以前讨论过的那样,1842 年后英国政府的一项主要成就是,消除了人民对财政制度“不公平”以及政府铺张浪费和效率低下的不良印象。“公平性”这一说辞对财政政策有很大的影响,因为无法在不付出沉重政治代价的情况下获得公平性;政府受制于征税方式,征税方式在不同阶级和不同利益群体之间是公然地不平等的。[2] 但是,认同感并不仅仅取决于建立平等和公平感,它还依赖精确的政府管理方法,这些管理方法可以使政府在对纳税人“最小刺激”的情况下向其征税。1842 年采用的程序主要是针对所得税的,这是维多利亚时期财政宪法的一个核心特征,无论财政大臣何时提出一项改革计划,税务局和财政部的官员们都会诉诸财政宪法。行政程序开始变成教条,它给官员们提供了一种可以运用其广博的专业评估和征税知识阻止变革的手段。存在一种危险性——在某种情况下,官员们的反对会导致人们对一致认同的质疑,由此导致税收制度在面临社会变化时变得十分僵化。新的政治环境意味着一致性认同要求采取累进税率,但是税务局可能会坚持单一的标准税率,因为其是易于管理的。类似地,经济结构的变化可能意味着,随着从就业中得到的收入越来越多,为了减少与纳税人之间的摩擦,需要政府改变征税方式。

至少到 19 世纪末,所得税都是一件让人骄傲和令人称颂的事。事实上,所得税显而易见的易于操作性和纳税人的广泛接受性,造成了间接税收入比重的下降和直接税收入比重的上升,这种状况一直持续到第一次世界大战之后。与先前存在的诸多矛盾冲突相比,现在所得税已成为英国国家身份的一个重要特征,表明纳税人与政府之间的关系是牢固互信的,这与更加专制和官僚化的欧洲国家形成了鲜明对比。根据这种观点,其他国家是被迫依靠间接税的,因为它们无法通过协商与公民社会建立一种和谐与合作的关系;在英国,这种关系

① 可以从对死因调查陪审团的改革中得出类似的观点:这一事务应该被交给专家,还是交给一般的从业者?如伊恩·伯尼(Ian Burney)所言,把死因调查陪审团与“英国自由”结合在一起,是关于其未来应何去何从争论的一个宪法性特征,创建了一个“框架性论述方式”:与税制中的外行委任专员和评估者如何参与税收征管的争论,有很大的相似性。详见 I. A. Burney, *Bodies of Evidence: Medicine and the Politics of the English Inquest, 1830－1926* (Baltimore, 2000)。我很感谢皮特·曼德勒(Peter Mandler)让我关注这一类似问题。

② McKibbin, “Why was there no Marxism in Great Britain?”

已经建立，而且在任何情况下，都不会受到“审判似的”国家行动的威胁。当然，在大多数情况下，“审判似”的国家行动只是一种说辞，而不是对不同国家中政府管理的一种准确描述。然而，这对于形成人民对所得税的一致认同，以及建立阻止财政宪法改革的强大壁垒相当重要。财政部和税务局在漫长但最终徒劳的反对累进制的斗争中，喜欢使用这一说辞。在第一次世界大战结束之际，这一说辞又被成功地用于阻止采取间接税。其他国家采取销售税的决策，被认为证明了其政府与纳税人之间的关系不如英国那样令人满意，英国人民普遍接受所得税的合法性。本章的目的在于评估政府在税收征管中如何协调其与公民之间的关系，尤其是所得税的征管，因为它最有可能引发冲突。

所得税的评估及征收

1799 年，皮特引入了所得税，要求纳税人报告他们的全部收入，然后将收入作为一个整体对其进行征税。在经历了 1802～1803 年短暂的和平之后，亨利·阿丁顿[①](Henry Addington) 于 1803 年重新引入了所得税，此时他放弃了试图评估纳税人全部收入的想法，税收被分为不同的税目(schedule)或不同类型的收入(详见表 7.1)。按税目征税对于大幅增加收入的好处是显而易见的：1801 年，每英镑 2 先令的税率收取了5 628 813英镑的收入；1803 年，每英镑 1 先令的税率收取了5 341 907英镑的收入。[②] 1842 年，皮尔重新修订了阿丁顿的方法——这一方法在 1806 年被编入了《所得税法案》(the Income Tax Act)。对特定类型的收入在源头征税要优于直接评估纳税人的总收入，后一种方法被认为“是更加审判似的、更加麻烦的、更加困难的”。[③] 可以采取不同方式对不同类别的收入进行征税。对 A 税目和 C 税目中的租金和股息，对 E 税目中的官员薪水，采取源头征

① 亨利·阿丁顿(1757—1844)，是一个内科医生的儿子，就读于牛津大学温彻斯特和布雷齐诺斯学院(Winchester and Brasenose College)。1783 年，他担任国会议员，1789～1801 年，他担任下议院议长，然后担任大臣和首相。1803 年，他与儿时的朋友皮特发生了争吵，1804 年辞职。1805 年和 1812 年，他两次短暂担任地方议会主席。1812～1821 年，他担任利物浦政府的内政大臣，因支持采取强硬手段而著称。他在内阁中一直服务到 1824 年，他反对天主教解放法令和改革法案。(DNB, vol. Ⅰ, ed. Stephen, pp. 117—121.)

② Hope-Jones, *Income Tax*, pp. 22—23.

③ PP 1852 Ⅸ, *First Report from the Select Committee on the Income and Property Tax*, C. Pressly of Inland Revenue, Q. 367.

税方式。这一程序被认为是英国税收制度1842年重新引入所得税后取得成功的关键因素，这使得征收所得税“引起的摩擦最小，获得的收入最大”，在不用纳税人向税务机关披露任何信息的情况下，实现了对股息、工资和租金收入的“应征尽征”。[①] 当然，也存在逃税行为。1843年，税务局发现一个威尔士(Welsh)地主要求自己的租户低报他们的租金，因为这样可以减少地主在A税目中和租户在B税目中的应纳税额。实际上，其中一个犯人自己就是一名评估员(assessor)，他申报的租金是60英镑而不是64英镑。但是，这样的勾结案件并没有引起税务局的过多关注，税务局强调源头征税这一简易方式的优点。

表7.1　　所得税税目

A税目：不动产和房屋租金

在源头从租金中扣除税收，因此财产所有者收到的是税后净所得。征税对象是总租金，不允许扣除修理或改善费用。1894年改革遗产税时，对A税目给予了宽免：允许从土地租金收入中扣除10%，从房屋租金收入中扣除15%，对扣除后的剩余部分征税。作为对死亡时不动产实施累进税制的补偿，这有效降低了所得税税率。

B税目：来自占用土地如农业的收益

这一税收无法在源头征收，因为收益取决于诸多交易的共同结果，如销售农作物，购买种子、化肥和牲畜等。为了免于计算农民复杂的收益，假定英格兰的土地收益为租金的3/4，苏格兰的土地收益为租金的1/2；1842年，这一比例分别降至1/2和1/3；1851年，当农民的实际收益低于租金的这一比例时，允许农民按照其实际收益纳税。

C税目：来自政府债券和股息红利的收益

在英格兰银行支付债券利息时，从源头扣税。

D税目：来自贸易、商业和专业服务的收益

无法在源头征收，因为收益取决于诸多交易的共同结果，也无法把租金(或者其他简单计量方式)作为衡量收益的指标，因此税收基于对单个贸易商和专业人士收益进行的评估。为了消除贸易波动的影响，纳税金额根据前三年收入的平均值确定，不像其他税目仅基于上一年收入确定纳税额。应用于政府债券的程序被扩展用于了公司，这些公司被认为是支付股息的扣缴义务人，要按照标准税率对收益扣除所得税，因此当公司发放股票股息、红利和债券利息时，它们是扣除税收后的净收益。可以享受免税待遇或者按低税率纳税的人，有权要求税收当局退税。

E税目：来自工作的薪金和养老金

如果是政府雇员，薪金和养老金是在源头扣除所得税的，因此支付的是税后净所得。当引入所得税时，除政府部门外，其他雇主支付固定年薪的做法并不常见。雇主向税务官员申报其雇员的收入，并从雇员薪水中扣除要缴纳的税收，但是随着大型官僚组织如铁路公司或股份制银行的发展，税后净收入也延伸至这些机构。

资料来源：A. Hope-Jones, *Income Tax in the Napoleonic Wars* (Cambridge, 1939), pp. 20—21; PP 1870 XX, *Report of the Commissioners of Inland Revenue on the duties under their management for the years 1856 to 1869 inclusive*, vol.1, pp.326, 328.

---

① PP 1852 IX, *First Report from the Select Committee on Income and Property* Tax, Q. 373.

汉密尔顿描述了一个普遍看法:英国所得税征收的简易性是“世界奇迹之一,其他国家都羡慕它”。[①] 1910 年,一位美国评论者认同这一观点,认为“它一方面不必采取审判似的程序,另一方面消除了欺诈和逃税机会”。[②] 税目表制度意味着没有必要了解每个纳税人的全部收入,因此减少了纳税人与税务局官员的冲突;同时,源头征税降低了收入低估和逃税的机会。人们一直强调,这一制度意味着纳税人与征收者之间的关系不会遇到太大困难,源头征税被认为是“英国所得税制度的核心特征……如果不在源头征税,收入将完全取决于纳税人填写所得税申报表(Income Tax Return)的认真性和准确程度,逃税将是十分容易的”。[③] A、C 和 E 税目下的所有税收都是在源头征收的,这些税收占 1855/1856 财政年度所得税净收入的 63.5%。1910/1911 财政年度,这一比例降至 36%,但是在源头征收的 D 税目中公众公司股息红利所得以及 E 税目中固定薪金所得的税收收入,占所得税净收入的比重却不断上升(详见表 7.2)。1905 年,70%~80%的税收是在源头征收的,或者是对能够以某种方式确认的收入征收的。[④]

表 7.2　1855/1856 和 1910/1911 财政年度英国按税目征收的所得税净收入结构(百分比)

	1855/1856	1910/1911
A 税目(租金)	47.2	25.3
B 税目(农业)	5.6	0.5
C 税目(股息红利)	10.4	4.0
D 税目(贸易和专业服务)		

① PP 1905 XLIV, *Report of the Departmental Committee on Income Tax*, p. 221; PRO, T168/68, miscellaneous memorandum by E. W. Hamilton, vol. XIII, “Graduation of income tax”, Hamilton to chancellor of the Exchequer, 6 June 1906; administration is outlined in PP 1870 XX, *Report of the Commissioners of Inland Revenue*, vol. I, pp. 307—313. PRO, IR40/308, Thomas Kite, assistant inspector, Hereford, 11 Feb. 1843, and Timm, solicitor to Inland Revenue, 17 Feb. 1843.

② K. K. Kennan, *Income Taxation: Methods and Results in Various Countries* (Milwaukee, 1910), pp. 58, 73—74.

③ PRO, T176/18, undated and unsigned paper, ff. 17—18.

④ PRO, T176/18; PP 1905 XLIV, *Report of the Departmental Committee on Income Tax*, p. 223.

续表

	1855/1856	1910/1911
公众公司和外国股息		38.7
贸易和专业服务		20.1
总计	30.9	58.8
E税目(雇主)	5.9	6.7
附加税		4.6

资料来源:PP 1857 (1st session) Ⅳ, First Report of the Commissioners of the Inland Revenue, pp. 251—252; PP 1911 XLV, Return showing for the year ended 31 March 1911 (1) the amount contributed by England, Scotland and Ireland respectively to the revenue collected by imperial officers(2) the expenditure of English, Scottish and Irish services met out of such revenue; and (3) the balances of revenue contributed by England, Scotland and Ireland respectively, which are available for imperial expenditure... , p.415.

对于来自D税目中非法人企业的所得——来自专业服务或者家庭公司和合伙企业的收益,不可能在源头征收。这些所得的税收负担是由外行委任专员和评估员(lay commissioners and assessors)决定的,这使得所得税更被人们接受,不会威胁到政府与公民社会的关系。人们认为,依赖从纳税阶层中挑选的成员评估、征税和解决争端,可以保护纳税人不受过于强权的管理机构和贪婪政府的压榨。当然,由纳税人运作的这一管理制度容易低估所得,需要清醒认识这种认同性带来的好处和可能产生的逃税风险。常任官员(permanent officials)有权监督这一制度,阻止明显的欺诈和逃税行为,否则这将会威胁纳税人之间的相互信任。当一个纳税人认为另一个纳税人正在逃避其应缴纳的税收时,税收遵从将会被打破;一个人的纳税承诺取决于其相信,其他纳税人是与自己一样可靠和值得信赖的。但是必须注意的是,官僚机构的权力并没有增加很多,因为其被认为是一种政府"专制主义"行为,这一行为将会破坏纳税人与国家之间的关系,威胁其对税收的一致认同。需要在两种制度模式之间小心翼翼地寻求平衡,一种模式是将纳税人纳入管理制度;另一种模式是建立一个更加官僚的制度,前者可以确保公民对税收的高度认同,但是可能会出现一定程度的避税行为;后者可以消除异常现象和权力滥用,但是可能会导致冲突或动荡。当然,这一平衡也随着纳税阶层结构的变化而改变:在第一次世界大战中,当矿工收入达到了所得税征收标准时,他们对这种税收制度——将矿主纳入评估和征税系统中——心存疑虑,担心其有失公允。同时,总是存在这样一种危险性——税务局更关心维持现有成熟可靠的管理程序,而不愿应对正在变化的社会征纳关系。

政府对所得税的管理依赖一个由专业管理者和外行组成的混合体系,这对于获得税收认同和减少征税阻力是至关重要的。所得税的征收和评估基于现有土地机构和估算出的税收,这种征税方式将税收责任转移给了纳税阶层。在英格兰的每个郡,大陪审团从潜在的纳税人中挑选土地税委任专员,土地税委任专员必须满足一定的财产条件——他们一年的房地产价值要在 100 英镑以上;这些土地税委任专员负责任命一般委任专员(commissioners of general purpose),一般委任专员要缴纳所得税,且其全部来源的年收入必须在 200 英镑以上。皮特评论道,这些一般委任专员具有相当大的自由裁量权,应该是“在社会中处于受人尊敬地位的人,不偏袒某一方或者不施加不正当的影响,是正直诚实和独立性很强的人”。再由一般委任专员任命评估员(assessor),由评估员选择征收员(collector),通常一个人既是评估员,又是征收员。评估员和征收员通常是城镇中的商人或者乡村中的小农场主,他们担任公职的方式与教区官员(parish officer)担任济贫监督员的方式是一样的:教区官员是从教区居民中选取出来的,任期一年,如果他们拒绝,会面临被罚款的危险。1860/1861 财政年度,英国大概有54 000名评估员。征收员和评估员每征收 1 英镑税款,会获得 1.5 便士的佣金。最后,一般委任专员还从年收入达到 100 英镑的居民中选出补充委任专员(additional commissioner)。这些官员都来自纳税的公民,不是国家官僚机构的成员。一般委任专员可以任命一个办事员(clerk)为自己提供管理支持服务,从所征税款的佣金中向其支付薪酬。大多数办事员都另有其他职业,如律师,他们独立于政府。补充委任专员也有办事员相助,由中央政府直接向办事员支付薪水,但是这些办事员是兼职的,不是常任官员。因此,政府依靠地方社区对所得税进行管理,利用同类型的人充当地方执法官(justice of the peace),这一特征被格莱斯顿概括为“通过一个志愿的中间机构"征税。①

地方的外行管理由伦敦的一个中央机构进行协调,1785年任命了税收事务委任专员(commissioner for the affairs of the taxes),由其负责对土地、房屋和评估的税收进行总监督。1799年,税收事务委任专员负责所得税监管;1805年,任命了三个特别委任专员(commissioner for special purpose),由其专门负责处理所得税。特别委任专员负责监督税目A和C中最大的收入。位于萨默塞特宫(Somerset House)的中央办公室——国内收入委员会,开始被人们熟知,它通过向一般委任专员告知税收法律变化和向其提供标准表格,以此确保税收在全国各地是统一管理的。尽管给地方留了相当大的自由裁量权,但是在某种程度上,这也是一种可以使中央政府免受利益集团压力的保护性举措。② 国内收入委员会在全国派驻常任官员,他们以调查员(surveyor)身份的形式管理房产税。他们有责任监督新开征的所得税,解决一般委任专员们遇到的难题,从萨默塞特宫特别委任专员们那里寻求建议。因此,所得税的运转是基于两种不同财政管理风格的一个折中方案:一种风格是土地税,根据评估收入征税,依赖地方纳税人;另一种风格是消费税,完全由中央政府常任官员进行管理。③ 需要小心翼翼地维持这一折中方案,因为任何试图改变地方政府授权与中央监督之间均衡关系的尝试,都会威胁到对税收的一致认同,也导致了拿破仑战争后所得税的失败。一般委任专员被广泛视为是公民反对压迫的保护者。④

每三年,评估员对A税目和B税目中年价值超过10英镑的房屋进行一

---

① *Parliamentary History of England from the Earliest Period to* 1803, vol. 34, 3 Dec. 1798 col. 6; on administration, see PP 1870 XX, *Report of the Commissioner of Inland Revenue*, vol. I, pp. 308—310; PP 1862 XII, *Select Committee on Inland Revenue and Customs Establishments*, evidence of C. Pressly, chairman of Inland Revenue, Qq. 163, 167—8; PP 1863 VI, *Select Committee on Inland Revenue and Customs Establishments*, *Parliamentary Debates*, 3rd ser. 173, 8 Feb. 1864, col. 234; C. Stebbings, "The clerk to the general commissioners of income tax", *British Tax Review* (1994); B. E. V. Sabine, "The general commissioners", *British Tax Review* (1968).

② 为众多目的设置的"委任专员"一词导致了困惑,1880年的《税收管理法案》把委任专员特指位于萨默塞特宫的国内收入委员会;PP 1920 XVIII, *Report of the Royal Commission on the Income Tax*, p. 178, 建议把这一术语用于将来的立法。

③ Hope-Jones, *Income Tax*, pp. 18—19, 24—25, 28—32; PP 1920 XVIII, *Report of the Royal Commission on the Income Tax*, p. 178.

④ Kennan, *Income Taxation*, pp. 55, 68—69, 114.

次评估。他们列出D税目下可能要缴纳所得税人员的名录表,要求雇主提供职员的名字,在大小教堂门口张贴通告,以此要求人们申报D税目和E税目下的收入。评估员检查申报的A税目、B税目和E税目收入,评估任何没有申报或申报信息不全的财产的价值。[①]在两种情况下几乎没有避税可能:一种是不用费多大劲就可以评估的土地价值,另一种是几乎不存在疑问的C税目中来自政府债券的利息收入和E税目中的公共收入和养老金收入。国内收入委员会派驻的调查员负责检查填报的表格,他们在第二年和第三年将担任评估员。一般委任专员负责批准评估结果,他们的办事员向纳税人发送通知,告知其有向一般委任专员上诉的权利;然后,征收员要求纳税人纳税。租户从租金中扣除税金,将税金和自己C税目和E税目中的应纳税额一起上交至英格兰银行和政府。最大的难题出现在D税目中,因为商业和专业服务的收益界限十分模糊,而且难以核查。这时熟知地方贸易的补充委任专员就有用武之地了。他们清楚地知道如何合理地界定商业和专业服务的收益,更重要的是,他们建立了纳税人的认同感。D税目下的所得申报表被送给评估员,评估员估计每个人有意或者无意没有申报的收入数额;一般委任专员的办事员制作一份清单,这份清单被送给调查员,用来检查有疑问的纳税行为和调查来自公众公司账户的收益。然后,补充委任专员基于申报表中的信息、评估员和调查员的估计以及公司账户,对所得进行评估。一般委任专员发出纳税通知,并宣布上诉日期。如果调查员感到不满意,他有权拒绝任何已做出的评估,提议向纳税人征收一个附加税(surcharge)——纳税人有权就此向一般委任专员提出上诉。大多数情况下,是将调查员的检查证据作为定性结论,但是最终决定权在于一般委任专员们,如果他们愿意,可以向三个仲裁人寻求裁决,一个仲裁人由纳税人提名,第二个由一般委任专员提名,第三个由中立方提名。事实上,没有针对一般委任专员的上诉规定,有关法律争议可以交由高等法院(High Court)解决。通常情况下,一般委任专员会批准评估员或者调查员做出的评估决定;更重要的是,他们在解决税收减免要求、处理上诉案件和实施惩罚方面,具有准司法功能。[②] 因此,纳税义务的最终决定权掌握在应纳税的公众成员手中,

---

① PP 1920 XVIII. *Report of the Royal Commission on the Income Tax*, pp. 186—187.

② PP 1920 XVIII, *Report of the Royal Commission on the Income Tax*, pp. 199 —200.

而不是在政府官员手中，整个过程几乎不受行政权力和法庭决定的影响。

在将所得税作为临时措施实施了三年之后，1806年，皮尔在没有对所得税提出任何重大变革的情况下，为了使其能够永久存在，要求立法机构对其进行立法。最重要的是，皮尔关注如何确保纳税人对税收的一致认同，让外行委任专员和评估员继续参与税收征管，对纳税人的高度自愿遵从是至关重要的。经验显示，1806年的征管程序更容易建立对税收的一致认同和信任，尤其是在一个对政府意图充满怀疑的时代。皮尔恪守1806年征管程序承诺导致的一个结果是，所得税没有被立刻应用于爱尔兰。爱尔兰没有土地税，因此也没有外行委任专员，所以税收不是通过外行辅助人员征收的，但是通过政府官员征税又会导致不满和冲突。[①] 皮尔在这方面做出了改变，这些改变意在加强共识。皮尔认识到，人们主要反对的是D税目中"评估所具有的审判性特征"。在伦敦、布里斯托尔（Bristol）、赫尔（Hull）和其他省级城市，根据"特殊指令"（special direction）任命委任专员，这赋予一些权势机构一项正式职能，因此也有助于确保人们接受财政制度。例如，在伦敦金融城，委任专员主要由大公司、英格兰银行和几个主要码头公司、保险公司和特许公司提名。这一程序至少可以使得委任专员象征性地独立于行政部门。皮尔也意识到，纳税人可能不会向他们担任外行评估员的邻居们透露自己的隐私，因为这可能会威胁到评估员对自己的信任。因此，他给纳税人提供了一个选择权，让纳税人有权与从遥远的萨默塞特宫和财政部常任官员中挑选出来的不带个人色彩的特别委任专员们打交道。事实上，这一权力很少被使用，在1867～1869年间，有380 000个人需要缴纳D税目下的所得税，但是特别委任专员仅仅评估了其中的2 388个人。[②] 实际上，特别委任专员的主要作用是评估铁路公司支付的股

---

① *Parliamentary Debates*, 3rd ser. 61, 11 Mar. 1842, col. 445.

② PP 1852 Ⅸ, *Second Report from the Select Committee on the Income and Property Tax*, appendix pp. 912—913; *Parliamentary Debates*, 3rd ser. 61, 18 Mar. 1842, cols. 910—912; 5 & 6 Vict. c. 35, "An act for granting to Her Majesty duties on profits arising from property, professions, trades and offices until 6 April 1845"; PP 1920 XVIII, *Report of the Royal Commission on the Income Tax*, pp. 179—180, 186; Hope-Jones, *Income Tax*, pp. 15—16; PP 1870 XX, *Report of the Commissioners of Inland Revenue*, vol. Ⅰ, pp. 308—310, 327—328; PP 1905 XLIV, *Report of the Departmental Committee on Income Tax*, pp. 222—223.

息和薪水。1853 年，为了将所得税推广至爱尔兰，格莱斯顿也利用了特别委任专员制——一个源于英国现有模式由中央政府控制的官僚化征收方式。[①] 19 世纪中期的突出特征是，所得税需要的官僚机构规模很小。1870 年，英国只有 361 名调查员、助理调查员和稽查员(inspector)。[②] 还有待观察的是，政府对所得税的管理是否可以继续依赖 1806 年的程序，或者外行委任专员与政府官员之间、地方自治与中央控制之间的边界是否将发生变化。一个相关问题是，税目式所得税是否能够满足收入变化要求，或者是否能够维持一个公平的财政制度。财政需求上的必要性或对社会公平正义的要求，可能使人们支持对高收入征收一个更高的累进税，这要求回到 1799 年采用的综合所得税制。

如我们将在下一部分看到的那样，英国税务当局常常夸大这个管理制度的和谐性，他们还将自己的征税方法与欧洲大陆其他国家进行强烈和夸张的对比。尽管其他国家也存在地方性的评估委员会(Assessment Commission)，但是这些评估委员会被指责受到了国家官员的控制，因此，“在欧洲大陆国家，政府在评估事务中长期居于主导地位”。例如在普鲁士，地方社区领导人担任预备委员会(Preliminary Commission)主席，预备委员会负责制定收入列表和纳税申报表。这些表格被送给由一名政府官员领导的评估委员会，评估委员会的大多数成员由地方议会选举产生，其他成员由政府部门任命。此外，每个部门还有一个特别上诉委员会(Special Commission of Appeal)，特别上诉委员会的部分成员由部门政府任命，部分成员由省级委员会选举产生，特别上诉委员会主席由财

---

① *Parliamentary Debates* 3rd ser. 125, 18 Apr. 1853, cols. 1392—1393, 1402—1403; PP 1870 XX, *Report of the Commissioners of Inland Revenue*, vol. Ⅰ, p. 310; 16 & 17 Vict. c. 34. 1853 年，“一项法案授权女王陛下可以对来自财产、专业服务、贸易和工作的收益进行征税”。将所得税扩展到爱尔兰提出了饥荒救济费从哪里来这一重要问题，救济费部分来自贷款，部分来自爱尔兰支付的所得税。但是在 1848/1849 财政年度，罗素(Russell)未能在爱尔兰开征所得税，将其作为弥补爱尔兰救济成本的一个更好方式。在英国，激进派抱怨爱尔兰地主逃避了他们的责任，由此加重了英国纳税人的税收负担。在爱尔兰，440 万英镑债务及预计要产生的 300 万英镑利息是难以承受的。1853 年，这些债务被一笔勾销，以此换取在爱尔兰开征所得税。详见 Morley, *Life of Gladstone*, vol. Ⅰ, pp. 465—467, 646—647; P. Gray, *Famine, Land and Polities: British Government and Irish Society, 1843—1850* (Dublin, 1999), pp.248,275, 301—303,313,317,324,333。

② PP 1870 XX, *Report of the commissioners of Inland Revenue*, vol. Ⅰ, p. 307.

政大臣任命,负责整个评估过程。[①] 虽然税务局和财政部十分喜欢将普鲁士地方选举的代表,与英国自我选举的委任专员进行比较,但是普鲁士和英国之间的反差,并没有税务局和财政部希望表明的那样大。两个国家政府管理过程中最大的不同在于:在普鲁士,被选举出来的委员会成员与国家官员一样,都是政府机器的一部分;在英国,委任专员与国家官员之间存在着清晰界限,外行委任专员对地方的控制更强。但是,英国与普鲁士之间的主要不同源于德意志帝国(the Reich)和大英帝国的结构性差异。普鲁士于1894年引入所得税,但是个别州反对帝国在本州开征所得税,因为这将影响它们的收入,改变州与帝国之间的权力平衡。德意志帝国于1913年才最终采用所得税,这与其发生了严重的财政和政治危机有关。德意志帝国的所得税缺乏合法性和一致认同,这主要不是因为其征收和评估方法导致的,而是其联邦制度内部的紧张关系和帝国区别对待不同阶级造成的后果。[②] 这是主要的差异——但是英国采取的管理制度的确缓和了一些税收遵从难题——这是任何税收制度都面临的一个问题。不像其不幸的欧洲同伴,英国人确实有与税收征收者进行合作的精神,这种精神是通过宪政自由话语培养出来的,这是一个令人欣慰的政治文化神话。

遵从、逃税和避税

国内收入委员会如何应对税收遵从、逃税和避税难题?必须要在两者之间达成某种平衡,一是采取可能得罪纳税人的侵犯性措施,二是为了确保税收遵从,接受纳税人一定程度的避税行为。如果对逃税和避税放任不管,那么税收的公平性就会受到质疑,纳税人会认为逃税是合理的,因为其他人都在这样做,或者逃得更多。对税收的遵从取决于纳税人之间的相互信任,认为大多数人都会坚守基本诚

---

① PRO, T168/96, "Differentiation and graduation in the income tax and estate duty and some comparisons with foreign and colonial systems", B. Mallett, Dec.1905; see also PP 1905 LXXXV, *Reports from His Majesty's representatives abroad respecting graduated income taxes in foreign states*, pp. 49—51, 67—69.

② J. M. Hobson, "The tax-seeking state: protectionism, taxation and state structures in Germany, Russia, Britain and America, 1870—1914", PhD thesis, University of London (1991), p.106; Hobson, *Wealth of States*, chapter 2; N. Ferguson, "Public finance and national security: the domestic origins of the First World War revisited", *Past and Present* 142 (1994), 155—164; J. von Kruedener, "The Frankenstein paradox in the intergovernmental fiscal relations of imperial Germany", in Witt (ed.), *Wealth and Taxation*, pp. 111—223.

信。一旦这一假设受到了威胁和税收遵从受到了侵蚀,税务机关将需要采取更强硬的措施,这又会进一步削弱纳税人的合作意愿和增加征收成本。

税务局和财政部为一般委任专员进行了辩护,认为其是“纳税人与国家之间的缓冲剂”,是公民的一个“古老安全屏障”,坚称混合管理模式有助于确保纳税人对税收的一致认同。[①] 然而,萨默塞特宫和财政部官员们也意识到了将权力委托给纳税人阶层的缺点,(按照一位评论家的观点)“这一制度所实施的温和检查和限制让他们感到焦虑和不安”。管理机构确实在很多情况下提出了一些改革建议,但是受到了议会反对派和地方政府的束缚,因此管理机构极力夸大向地方授权的优点,尽管他们已经意识到了其操作上的缺点。[②] 地方自治和授权存在缺陷,要求中央政府加以监管,同时需要以一定程度的逃税为代价换取纳税人对税收的认同,这一机制必须通过英国式的“自由”和宪政过程精心协商。这是维多利亚时代中期英国的一个常见主题:政府官员们希望施加更多的稽查和控制;“专家们”希望发挥自己的权威,顶住压力维持地方自治和公民参与。中央政府开始着手建立信息收集和稽查系统,在1832～1875年间,设立了二十多个中央稽查组,负责监督和强化地方政府实施国家制定的法律和标准。税务局是这一信息收集和监督官僚机构的一个重要组成部分。正如迈尔斯·奥格伯(Miles Ogborn)评论的那样,无论是济贫法的管理、警察部队的建立还是公共卫生的监测,每个政策领域都会创立不同的权力机构和专业知识政治小集团。这一过程不是中央与地方之间固定数量权力的简单转移:通过争论和协商过程,权力的本质特征以服务不同目的的不同形式呈现出来,在不同地区之间表现得也不一样。地方可以通过城镇议会和慈善机构发起新的专项行动,以此规避中央政府试图控制济贫法监护人(即地方当局)的企图。政府官员可以通过加强与专业机构的合作,或者可以在全国范围内派驻自己的稽查员,以此规避被选举出来的地方当局。税收管理是这一宏大(和开放)过程的要素之一。[③]

---

① PRO, T171/120,“1915”,unsigned and undated.

② 要了解对这些建议的批判性观点,见 PRO, T171/120,“Administration of income tax”。

③ 这一方法多见于关注国家空间再造的历史地理学者的著作,详见 M.Ogborn,“Local power and state regulation in nineteenth-century Britain”, *Transactions of the Institute of British Geographers* n.s. 17 (1992), 215—226; F. Driver, *Power and Pauperism: The Workhouse System* 1834—1884(Cambridge, 1993)。

评估员和征收员可能身处两难困境。一些小商人受其所在的行政区之命担任评估员和征收员,他们经常"夹在两个利益相互冲突的群体之间,一边是国家,一边是他们的生意客户"。一些人确实拒绝履行这一职责,如兰开夏郡韦弗特里(Wavertree)的威廉·科默福德·凯西(William Comerford Casey),他是一个肥皂制造商,在1850年被罚了10英镑,是1850～1856年兰开夏郡普雷斯科特(Prescot)区中拒绝履行职责的7个人之一。这一制度的批评者指出,不能因为这些地方行政区官员没能够做出评估或者估值过低,就惩罚或者解雇他们。1862年,税务局局长查尔斯·普雷斯利(Charles Pressly)认为,所得税将会长期存在,是时候用一个由常任官员组成的"合适机构"代替当前的"罪恶组织"了。事实上他认为,相较于将自己的收入信息告诉一个地方行政官员,大多数纳税人更喜欢由中央政府官员对其进行税收评估。① 格莱斯顿赞同下述观点,即国内收入委员会对于整个评估和征收过程缺少足够的控制力。1864年,他提议国内收入委员会有权任命自己的官员担任征收员。他这一提案的目的是让地方行政区不必再承担征收员失职的责任。因为尽管征收员是地方行政区官员,但是地方行政区对他们的任命和工作效率没有控制权:征收员是由评估员提名的,而评估员又是由一般委任专员提名的。格莱斯顿建议,国内收入委员会应该有权接管伦敦城外任何区域的所得税征收工作;如果一般委任专员会中有1/3的成员反对,将维持原状。因此,做出改变是很容易的,只要把英格兰征收员置于与苏格兰相同的基础上就可以了——自1833年起,苏格兰的土地评估税就是由政府官员负责征收的,爱尔兰也是如此。然而,这个提议最终不得不被收回了。因为毕竟所得税意味着只是暂时征收的,那么为什么必须要改变呢?为了挽回失职征收员带来的微不足道的损失,就应该给予政府更多的任免权吗?而且,这不是"破坏了对国会的信任吗"?因为皮尔是在允诺采用地方评估

---

① PP 1863 Ⅳ, *Report from the Select Committee on Inland Revenue and Customs Establishments*, draft report by T.B. Horsfall, p.313; PP 1856 L,征收员的罚款(普雷斯科特区):所有申报者的名字和职业等详细信息,1850年1月1日至1856年6月23日之间,在兰开夏郡普雷斯科特区,哪些人因拒绝履行政府税收征收员和评估员职责而被征收了罚款,……, p. 25; PP 1862 Ⅻ, *Select Committee on Inland Revenue and Customs Establishments*, evidence of C. Pressly, Qq. 163, 470—473. 纳税人是否同意普雷斯利的观点是另一回事;1896年,《泰晤士报》的一篇报道抱怨税务局过于专横;C. Stebhings, "One hundred years ago: 'official insolence'", *British Tax Review* (1996).

征税方式这一前提条件下,才成功引入所得税的。这个看似微不足道的议题,提出了关于委托权力的责任性这一重要原则性问题。①

1870年,罗伯特·洛(Robert Lowe)再次回到了这个议题上,他十分小心地宣布,他打算就以下问题寻求下议院的观点:“我们当前结束通过地方行政区官员征税这一机制的时机是否成熟?”他报告了税务局的观点:很多征收员是没受过教育的和腐败的,而且“完全漠视财政大臣的想法”。格莱斯顿对征收员的攻击基于他保护地方行政区的主张。洛尝试另辟蹊径:向国会议员们表明征收员辜负了下议院的期望。通过唤起议员们强烈的自尊心,他试图谴责征收员们的违宪行为,而不是谴责他们可能会做出的专制行为。② 1871年,税务局提出了一项更加全面的改革建议。一般委任专员得到了保留,因为税务局认为:

> 很难设计一个可以比一般委任专员制更好地确保公平和公正的模式了,纳税人深信这一模式保护了他们的权益:地区委任专员(District Commissioners)是一个特别上诉法庭,由不具个人利益的独立绅士担任,他们居住在附近,熟悉相关事务,在一切必要情况下能够做出公正的评判,具有崇高的威望,人们不怀疑他们会不恰当地偏袒某一方。

但是国内收入委员会认为,一般委任专员提供的安全保障在很大程度上是其作为一个上诉机构实现的。通过保留一般委任专员的上诉功能,同时将评估和征收工作交给调查员,可以简化管理和保护纳税人的利益。但是,这个提案未能获得通过。国内收入委员会认为,只有得到一般委任专员的支持,改革才可能取得成功,他们极力游说自己的观点。对这一改革提议,国会中有270人反对,261人赞同,66人中立。此时,税务局建议财政部不要害怕国会中的“激烈反对”。③ 1879年,一项改革措施得到了实施,允许一般委任专员将征收责任移交给国内收入委员会。与1864年不同,这次主动权掌握在一般委任专员手中。为了减轻地方行政区的失职责任,英格兰许多大城市将D税目

---

① *Parliamentary Debates*, 3rd ser. 173, 8 Feb. 1864, cols. 234—242; 175, 9 June 1864, cols. 1463—85; PP 1871 XXXVII, *Return of the amount of income lax collected in Great Britain together with the percentage of loss upon such amount*, p. 227.

② *Parliamentary Debates*, 3rd ser. 200, 11 Apr. 1870, cols. 1611—1612.

③ PP 1871 XXXVII, *Copies of the circular letter addressed by the Board of Inland Revenue to the District Commissioners of Taxes in England and Wales*, 16 May 1860, pp. 235—237.

和E税目所得税的征收责任移交给了国内收入委员会。[①]

1887年,评估员的地位再次受到了挑战。这一年政府提议,当出现职位空缺时,授权国内收入委员会将评估事务交给调查员,还提议废除D和E税目的征收员职位。这一提议引起了愤怒,尤其是在伦敦市。哈伯德(J. G. Hubbard)是一位经验丰富的所得税改革者,他谴责这一提议是对自由和正义的一个威胁。他坚称,与其这样做,政府还不如把权力交给警察。任何改变都可能

> 极度损害纳税人的利益,对那些承受重压从事体力劳动的人来说是不公平的……目前的评估员是精挑细选出来的,是在其社区享有盛誉的绅士,他们不仅商业知识渊博,而且还熟知如何经商和记账,但是官方调查员或评估员实际对此一无所知,只会按照镌刻在税务局大门上一条规则——攫取——办事,如果这个规则能被人们看见的话。[②]

经过这次挫败后,只在1891年和1892年对政策进行了微调,用固定薪酬取代了对评估员、征收员和办事员按镑支付佣金的方式。[③] 直到20世纪20年代,这一制度才发生了根本改变,此时一般委任专员仅承担上诉功能,评估和征收工作被交给了政府官员。在许多方面,改变只是反映了现实,因为委任专员通常会接受评估结果,不会积极主动地发挥作用。[④]

最大的遵从和避税难题来自D税目中的非法人企业收入,这里存在"大

---

① PP 1900 XVIII, *43rd Report of the Commissioners of Her Majesty's Inland Revenue for the year ended* 31 *March*. 1900, pp. 473—474; PRO, IR74/94, "Poundage to assessors and collectors of income tax"; see also T171/120, "Administration of income tax".

② *Times*, 19 Aug. 1887.

③ PP 1900 XVIII, *43rd Report of the Commissioners of Her Majesty's Inland Revenue for the year ended 31 March*. 1900, pp. 472, 474; PRO, IR 74/94,"Poundage to assessors and collectors of income tax".

④ See *Just Taxes* for the political controversy over the proposal of PP 1920 XVIII, *Royal Commission on the Income Tax*,在战争结束时,国家权力受到了严厉批评。C. Stebbings 的文章讨论了一般委任专员的管理和司法功能:"'A natural safeguard': the general commissioners of income tax", *British Tax Review* (1992), 398—406, and C. Stebbings,"The general commissioners of income tax: assessors or adjudicators?", *British Tax Review*(1993)。一般委任专员在履行上诉职能时,不进行调查取证,只是根据当事人提供的证据做出决定。斯特宾(Stebbing)认为,尽管委任专员们声称自己是中立的,但实际上他们无法完全独立于税务局,因为他们要负责税收征收和评估。他认为,应该强化委任专员的独立性和公正性。这一点对于保护公民权利具有更广泛的意义:在过去,依赖与地方精英的合作提供了某种保护,但是现在出现的制度模式不能提供足够的保护了。

量欺诈和逃税”。[①] 1870 年,国内收入委员会声称,其中 40%的评估是低估的;1893 年,国内收入委员会主席阿尔弗雷德·米尔纳(Alfred Milner)认为,来自商业和专业服务的所得税收入实际少缴了 20%。[②] 事实上,纳税人很容易辩称,逃税是确保税收“公平”的一种手段。阿瑟·张伯伦[③](Arthur Chamberlain)代表伯明翰商会(the Birmingham Chamber of Commerce)为高逃税率进行了辩护,声称商业收入确认方法对折旧和报废的处理是不公平的。“不公平感与无力获得公正感结合在一起,导致产生了以欺诈应对欺诈的信念——因此要逃税。”[④]犯罪者把低估收入看作是一种正义行为,而不是简单的自私行为。这一态度对税收构成了严重威胁。

调查员同样担心难以从雇主那里获得信息。1842 年的法案只要求雇主提供一个包含其雇员名单和住所的列表,不用列明每个雇员的收入及其由此要缴纳的税额。为了克服这个缺点,调查员要求(没有任何强制权力)雇主提供收入超过 100 英镑的所有雇员名单,从而找出那些收入也许将超过所得税门槛的人——一旦他们还有其他收入入账的话。詹姆斯·阿克罗伊德(James Akroyd)是哈里法斯克(Halifax)的一个知名纺织品制造商,他在 1860 年抱怨说,这些“压迫性的、违反宪法的权力迫使我们成为与雇员作对的

---

① PP 1905 XLIV, *Report of the Departmental Committee on Income Tax*, p. 223.

② PP 1870 XX, *Report of the Commissioners of Inland Revenue*, vol. I, pp. 336—337; Bod. Lib., MS Harcourt dep. 69, ff. 100—110, A. Milner, 30 Apr. 1893; see also G. H. Blunden, “The future of the income tax”, *Economic Journal* 2 (1901), 166, and the critical comments of J. Ingenbleek, *Impots direct et indirects sur le revenue: la contribution personelle en Belgique. l'Einkommemteurer en Prusse, l'income tax en Angleterre* (Brussels and Leipzig, 1908), pp. 312—314. Stamp 也研究了避税问题: *British Incomes and Property*, pp. 315—329,他认为,这一数据稍微有点保守,1913 年的总收入大约为 11.67 亿英镑,避税额大约为1 700万英镑(相比较而言,奇奥萨·金的估计数是7 000万英镑)。

③ 阿瑟·张伯伦(d.1813),是约瑟夫·张伯伦的弟弟,从 1863 年开始,他担任史密斯和张伯伦公司——一家铸铜公司——的合伙人。他与他哥哥一样,也是伯明翰市议员,对他哥哥的政治生涯帮助很大。他有能力拯救公司,他最大的成就是 Kynochs 公司,这是一家火药和子弹制造厂。1895 年,约瑟夫利用军队持有低价火药公司股票这一问题,帮助哥哥击败了罗斯伯里(Rosebery),这家公司与陆军部(War Office)关系密切,为其提供军需。劳埃德·乔治(Lloyd George)恶意攻击约瑟夫与伯明翰市企业之间的联系,认为这导致伯明翰市变成了一个帝国兵工厂,攻击他的家族是奸商。阿瑟一直致力于奉行自由贸易,与其哥哥不同的是,他对工会充满了敌意。(Marsh, *Joseph Chamberlai*, pp. 18, 85, 321, 364, 494, 502—504, 569, 663.)

④ PP 1905 XLV, *Report of the Departmental Committee on Income Tax*, Qq. 1888, 1890, 1905.

告密者”。尽管阿克罗伊德不愿意配合提供其公司员工的名单,但是很难处理他的不遵从行为。没有权力打击那些拒绝提供收入信息的人,一般委任专员也不愿意惩罚那些不提供员工名字和地址的雇主。结果是,很难评估来自雇佣的应纳税额。查尔斯·西尼尔(Charles Senior)是英国黑区[①](Black Country)的一名调查员,他在1860年报告中说,工业部门的主要关注点是如何不让他们的雇员缴纳所得税。在钱斯兄弟(Chance Brothers)——一个主要的玻璃制造商——的例子中,年收入在100～300英镑的128名工人中,只有26人缴纳了所得税。西尼尔认为,这应该是最糟糕的例子。无论如何,必须切记不要侵犯地方的自治权,只能主要依赖雇主的自愿合作——政府对一些典型案例采取的过于严格的法律制裁,威胁到了雇主的自愿合作。试图增强税务局权力的尝试遭到了国会的抵制。1861年,财政大臣提议获取授权,可以强迫股份公司提交所有应纳所得税职员的名单和地址。在这一提议被指责是对公司“强迫和审判似的干扰”后,他撤回了这项提案。1871年,财政大臣再次提议获取授权,可以要求所有雇主提供其雇员的收入及其姓名和住址。在国会中,这项提案遭到了强烈批评,认为其是“不必要和不公正的”。这使得雇主变成了告密者,向人们暗示,雇员在提交自己准确收入的纳税申报表时,不如商人诚实。在任何情况下,这一信息都可能具有误导性:一些工人用从雇主那里收到的款项支付自己下属的工资;家庭还有其他收入来源。尽管财政大臣认为,简化税收征管、降低征税成本对每个人都有好处,但是他还是谨慎地放弃了这一提案。[②]

---

① 指英格兰中部烟雾弥漫的工业密集区。——译者注

② PRO IR40/904, Charles Senior, report to the Board of Inland Revenue, 19 Apr. 1860; IR40/1090B, Thomas Irving to secretary of Inland Revenue, 12 Nov. 1860; J. Ackroyd to J. Timm, solicitor of the Inland Revenue, 23 Nov. 1860; Inland Revenue to Messrs Ackroyd and Son, 3 Dec. 1860; J. Ackroyd and Son to Inland Revenue, 28 Dec. 1860; IR40/904, C. Senior to J. Timm, 19 Apr. 1860; Income Tax. Schedule D. Evasion of Duty, J. Timm, 25 Apr. 1860; see also IR40/799, on cases of tax evasion in Birmingham, 1858—1860. 关于如何试图要求雇主提供信息,见 *Parliamentary Debates*, 3rd ser. 164, 19 July 1861, cols. 1166—1169 and 201, 9 June 1870, cols. 1810—1813。Forms with the column for incomes were in fact printed and issued in the City and, as the Inland Revenue remarked, no one objected: PP 1871 XXXVII, *Copy of a letter from the clerk to the commissioners of income tax for the City of London as to returns required from private employers of the salaries which they give to their clerks; also, of a memorandum from the Board of Inland Revenue thereupon*, pp. 231—232.

税务局处理纳税人虚假申报——或者根本就不进行申报的权力是有限的。1/3 的人该提交而没提交纳税申报表,如果可以证明他们实际上是要交税的话,他们不提交纳税申报表只会被处以一定数额的罚款。税务局担心,纳税人会算计是否值得为此冒险,因为不提供或者提供虚假纳税申报表,受到的惩罚很小,而且不会公开。当然,补充委任专员和调查员可以不认可纳税人申报的收入,如果怀疑纳税人逃税,可以根据其更高的收入评估税收,或者对其征收附加税。纳税人有权提出上诉,这使得委任专员们有权要求查看他的账户,并且一旦上诉失败,纳税人要缴 3 倍的税款。很明显,当评估员调高纳税人的收入后,其税收仍然被低估时,纳税人是不会提出上诉的。此外,严格的时间限制削弱了税务局的权力,必须在一年内决定是否征收附加税,需要在四个月内完成补充评估,因此逃税的可能性非常大。在 1842 年 4 月到 1851 年 4 月这段时间,只有 239 个人因为未能提供收入信息或者提供虚假收入信息遭到了起诉,并且没有一个人真正走到审判阶段。正如税务局律师指出的那样,实际上很难获得纳税人提供 D 税目中虚假收入信息的证据,因为“只有他自己知道其收益数额到底是多少”。在税务局律师看来,现有税收征管体制导致缺少官方监管,助长了逃税行为。结果是,“税收征管部门的权力不足以应对纳税人长期故意的逃税行为,如果不对纳税人进行侦查的话,这种行为将会持续很长一段时间;并且即使他最后被发现了,也只有少部分偷逃的税款可以被合法追回,只能给予其微不足道的惩罚”。[①] 税务局支持将征收附加税和补充评估的时间延长至 6 年。税务局律师强烈认为,唯一有效的补救方法是将低报收入者交给治安法庭,由治安法庭对其处以罚款,由此使得其“声名狼藉”。当然,这些提议也有起到反作用的危险。税收征管机构需要证明纳税人提供的信息是故意造假的,税收法律的复杂性意味着在大多数案例中,法庭会对被告作无罪推定,这将以恶化纳税人与税务机关之间的关系为代价。[②] 无

① PP 1905 XLIV, *Report of the Departmental Committee on Income Tax*, pp. 223—225, and appendix I(a) the prevention of fraud and evasion, pp. 251—254.

② PP 1905 XLIV, *Report of the Departmental Committee on Income Tax*, appendix I(a), the prevention of fraud and evasion, p. 252, and evidence of F. C. Gore, Qq. 783—786, and W. Gyles, Qq. 902—903; PP 1852 IX, *First Report from the Select Committee on the Income and Property Tax*, evidence of J. Timm, Qq. 394—403, 414—415, 454—455.

论如何,人们的态度的确发生了变化。正如所得税专门委员会于1905年指出的那样,公众最关注的不再是认为所得税具有审判性和压迫性这一感受问题。他们现在关注的是,由于一些纳税人有能力逃避纳税,由此加重了那些没有能力逃税的人的税收负担,人们越来越质疑税收的认同性。因此,所得税专门委员会提议通过强制申报、提高罚款数额和延长附加税征收期等手段,加强税收管理。① 但是这一改革一直被拖延到第一次世界大战之后才得以实施,第一次世界大战给现有管理制度带来了巨大压力,由此促成了皇家所得税委员会(Royal Commission on the Income Tax)的设立。②

随着所得税制度变得越来越复杂,这一制度的良好运作变得愈发依赖税务局与纳税人专业顾问之间的关系,而不是外行评估员和委任专员。这些专业顾问与税务机构之间的关系是相互支持的:专业顾问需要高度信任税务机构对税收规则做出的解释,税务机构需要高度信任专业顾问的诚信。提供税务咨询的主要机构是律师协会(Law Society)和注册会计师协会(Institute of Chartered Accountants),理解它们的作用需要追溯到17世纪后英国社会环境出现的两个特征。第一个特征是观念的变化,人们认为理想的法律形式是有先例可循的,是古老的习俗,它保证了个人自由和集体自由。大卫·苏格曼(David Sugarman)认为,法律中的个人自由定义将"英国风格"与法律和集体自由联系在了一起,使得国家合法化了。第二个特征是18世纪出现的公共领域,它们以俱乐部、慈善医院或者铺路委员会的形式出现,组成了公民社会,并且经常利用私人立法提供必要的服务。这两种元素结合在一起意味着,国家要小心翼翼地避免干涉专家的行为,这使得专家具有高度的自主权,此时法国和德国自治型的专家受到了国家的严格控制。③ 这一结果不仅对专家很重要,对英国国家认同的构建也很重要。

---

① PP 1905 XLIV, *Report of the Departmental Committee on Income Tax*, pp. 224－225.

② 唐顿的《公平税赋》(*Just Taxes*)对此有更加详细的讨论。

③ D.Sugarman,"Bourgeois collectivism, professional power, and the boundaries of the state: the private and public life of the Law Society, 1825－1914", *International Journal of the Legal Profession* 3 (1996), 257－301.关于与学院法和法典发挥更大作用的德国相比,英国法律的独特性和审判的重要性,见 R.C. Van Caenegem, *judges, Legislators and Professors: Chapters in European Legal History*(Cambridge,1987)。我很感谢阿里斯泰尔·里德(Alistari Reid)的参考书。

对公司账户的处理方式说明了英国与欧洲大陆国家之间的差异。在英国，公司法几乎不要求公司向公共机构提交财务报告，会计师在履行公司审计职能时没有受到国家的严格监督。这一专业自主性与英国税收制度的运行方式密切相关，因为法律对于什么是“为了促进贸易而采取的行动”这一关键术语的内涵，给予的指导很少，或者几乎就没有。如何解释这些术语对公司税收负担有很大的影响。在1874年之前，如果对定义存在争议，将交由地方委任专员解决，这些委任专员不一定受到过法律训练，不熟悉判例法，不知道不同地区之间的巨大差异。1874年，政府和纳税人都被授权可以要求委任专员在最高法庭“陈述一个判例”，因为他们的决定在法律上可能是错误的，然后律师将在法官面前对这个问题进行辩论。法律和经济考量交织在了一起，因为这一决定对实业家有重大影响——他们希望坚持应税收益应该是扣除成本和折旧后的净值，矿主希望考虑矿产枯竭对利润的影响。除此之外，法庭应该扮演什么样的角色成为一个值得关注的问题。应该利用它们规范政府职能吗？或者它们应该成为一个复杂社会管理机构内在的一部分吗？大多数律师都对此表示怀疑。税收当局聘用的法律顾问是艾伯特·维恩·戴西[①]，他是知名的反“集体主义”者。戴西和律师协会敌视“官僚主义”，认为不应该将律师作为终结政府运用复杂法规的手段。律师有很强的捍卫个人权利的专业意识，这与采取的特别方法和反对运用法律一般原则密切相关，这使得税务当局、会计师和律师之间对法规的非正式理解具有重要意义。因此在做决定的时候，法院倾向于使用传统的特别判例法。结果如雷蒙德·科克斯(Raymond Cocks)认为的那样，产生了“大量难题”：

> 正是因为对税收法规的解释是一门艺术，几乎完全靠直觉，因此起草税收法规就是一场噩梦。公务员、会计师、税务顾问、初级律师、高级律师和法官数量众多，为了消除不确定性，起草者必须制定非常详细

① 艾伯特·维恩·戴西(Albert Venn Dicey，1835—1922)，就读于牛津大学贝列尔学院；1860～1872年在牛津大学三一学院任教。1860年，他取得了律师资格；1876～1890年，他担任税务局法律顾问；1890年，他成为王室法律顾问(QC)；1882～1909年，他担任牛津大学英国法瓦伊纳(Vinerian)教授和万灵学院教员。他是一个坚定的自由统一党党员(主张北爱尔兰留在英国)，反对“集体主义”。他出版的著作有：《宪法研究介绍》(1885)、《英国法摘要》(1896)、《英国的法律和公意》(1905)。(DNB，1922—1930，ed. Weaver，pp. 259—261.)

的法律条款，结果导致现代税收法规变得越来越庞杂。维多利亚时代中期处理税收案件的决心留下了一个奇怪的遗产——制定了大量法律，经常就连最聪明和最通晓“常识”的公民也难以掌握这些法律。①

外行委任专员和律师对税法定义的介入，导致特殊判例法越来越令人困惑和冗长，国会里的起草者们试图通过更为复杂和技术性的法案加强控制。特别是在第一次世界大战期间，随着税收和遗产税的增加，律师变成了纳税人的税收顾问，向纳税人解释年度预算的含义，帮助纳税人设法减轻税收负担。在税务局关上一扇门时，律师又可以找到一个新漏洞，因此税法变得越来越复杂。②

英国将中央集权的官僚和地方性的外行控制结合在了一起，这种模式对于所得税在19世纪能够被人们接受是非常重要的。这有助于确立税收的合法性，避免一个过分强大的行政机构的干扰。这也是英国政府严重依赖转授权力的一个典型特征。③ 例如，医疗和法律职业的注册登记和控制权掌握在医学总会(General Medical Council)和律师协会，而不是政府机构手中；对公司账户的审计职责交给了注册会计师协会成员，其对在公开账户中披露财务信息的要求相对较低。总是存在这样的危险性——委托的权力被专业人士用于牟取私利，而非保护公众利益，或者，审计员可能被他们要审计的公司收买了。为了保证公正和平等，可以向专业人士强行指派其要服务的纳税人，但是这也存在同样的危险。结果可能会掩盖其他更深层次的不公平，并且对使用一种让很多人感到更加公平和公正的方式改革税收制度制造了障碍。然而，转授权力有助于增强税收的合法性，减少不遵从难题，使国家变得更为“强大”

---

① R. Cocks, “Victorian barristers, judges and taxation: a study in the expansion of legal work”, in G. R. Rubin and D. Sugarman (eds.), *Law, Economy and Society*, 1750—1914: *Essays in the History of English Law* (Abingdon, 1984), pp. 445—469; see also Sabine, *A History of Income Tax*, p. 106.税收法律解释的两个案例如下：慈善和折旧。正如我们所见，并不是所有法官都赞同运用“常识”，一些人对法规的含义持自由和“开明的”观点，但大多数法官在立法中是自由主义者。科克(Cock)认为，税法变得越来越复杂和难懂。

② D. Sugarman, “Simple images and complex realities: English lawyers and their relationship to business and politics, 1750—1950”, *Law and History Review* Ⅱ(1993), 277.

③ 当比利时评论家英格布利克(J. Ingenbleek)认识到，建立在自治基础上的英国财政管理方式无法应用于欧洲大陆，但是其他习惯和偶然事件却可以时，他深感震惊。见：*Impôrt directs et indirects*, pp.307, 309—310。

和高效。因此,国家会以牺牲公民社会的其他领域为代价,接管一部分社会功能,许诺更加慷慨的福利支出,削弱具有 19 世纪英国特色的志愿主义。税收制度的合法性和高度认同性是决定国家边界的主要因素。一再强调所得税的管理效率和高度遵从性,可以被用来束缚所得税的变革,特别是可以被用来阻碍实施累进制。无论如何,在第一次世界大战结束之际,税务局对直接税可以确保税收高度认同性优点的肯定,以及对间接税可能疏远店主和其他小企业危险性的强调,有助于维持具有再分配功能的所得税制度。① 相比地方税收,中央政府税收的合法性有助于从累退的地方财产税,转向通过税收融资的福利制度。② 维多利亚时代中期和晚期,人们对财政制度的广泛接受对英国的国家结构具有深远影响。

界定收入

正如我们已经看到的那样,由于采用了不同的评估和征收方法,所得税对不同类型收入实行不同的实际税率。当然,有些改革者希望更进一步,对“辛劳性”和“自发性”收入实行差别税率。这种差别征税的困难在于,如何从道德和经济性质上对收入进行界定。还有一种更宽泛的语意上的争论:到底什么是一项收入?在 A 税目中,在 1894 年减税之前,收入是土地和房屋所有者收到的总租金,不允许剔除任何修理、折旧和改善费用(见下文)。如果房东对房屋加以改善,他也许可以获得更高的收入,但是改善费用不能在税前扣除。但是,当改善增加了房产价值,应该对增加的那部分价值征收所得税吗?一个地主应该对其一个租赁期内收到的年地租交税,但是当租约到期后,他还应该对自己拥有的建筑物实现的资本价值交税吗?同样地,税收在支付股息时就被从中扣除了,但是当股东出售股票时,这些股份实现的资本增值收益也应该作为收入征税吗?这些问题给税务局留下了一定程度的自由裁量权:任何具有贸易性质的交易都应该交税,但正常贸易之外的资本收益不应纳税。在 D 税

① Daunton, “How to pay for the war”, 910—913.

② M. J. Daunton, “Payment and participation: welfare and slate formation in Britain, 1900—1951”, *Past and Present* 150 (1996), 169—216.

目中，立法机构把税收范围定义从贸易、商业和专业服务中得到的“年度性利润和收益”，这被解释为意味着可以每年获得的合理可靠的收入，而不是这一年所有来源的收入。因此“偶然利得”或一次性所得就不在征税之列。①

因此，英国所得税区分了年收入(需要征税)和资本增值收益(不用征税)。相反，许多其他国家的税收制度在评估纳税能力时，把资本增值收益也作为收入对待，采用了一个完全不同的收入概念。例如在德国，所得税由附加税(supplementary tax)和净财富税(net fortune tax)共同构成，净财富税是一种财富收益税，不管这一财富收益是否已经实现，都要征税。② 在美国联邦所得税中，已实现的资本增值收益——售价超过初始投资成本的部分，被作为本年度收入——需要纳税。在英国，资本利得被排除在收入之外，因为它们是不规律的，缺少像专业服务或商业那样的持续来源。更进一步地，既对资本征税又对其产生的收益征税，意味着双重税收——假定已实现的资本收益将被用于再投资，其产生的年收益会在未来几年被征税。当然，没人能保证已实现的资本收益都会被用于再投资，因为它们可能被用于消费，因此不用交税。这种可能性在第二次世界大战后变成了现实，对股息收益征收的高额所得税，增加了免税资本收益的吸引力。然而在19世纪，资本增值还不是一个主要问题，因为在财产所有者死亡时，还要对遗产征税。③ 但是从1900年开始，这的确是以不同方式变成了一个问题，人们开始争论，对社会性创造的财富和租金是否应该征税。许多自由党人士认为：土地供应是固定的，任何土地价值的增长都是社会发展的结果；它是社会性创造的，因此也应当由社会享有。这种争论可

---

① L. H. Seltzer, *The Nature and Tax Treatment of Capital Gains and Losses* (National Bureau of Economic Research, New York, 1951), pp. 1—16, 256—262; P. H. Wueller, “Concepts of taxable income Ⅰ. The German contribution”, *Political Science Quarterly* 53 (1938), 85, 注意：英国没有系统性的收入概念，经济学家接受税务局的定义方法，例如：A. Marshall, *Official Papers*, ed. J. M. Keynes (London, 1926), “Memorandum on the classification and incidence of imperial and local taxes”, p. 338; and A. C. Pigou, *A Study in public Finance* (London, 1928), p. 98. PP 1920 XVIII, *Report of the Royal Commission on the Income Tax*, p. 108, 他们没有试图定义收入，而是一再强调：“如果收入类别不能归属到要征税的几个税目中，那么这类收入就不应该要缴纳所得税。”当然，对于劳动和非劳动收入以及辛劳性和自发性收入的本质特征存在争议。

② Wueller, “Concepts of taxable income, Ⅰ”, 88—89.

③ H. B. Spaulding, *The Income Tax in Great Britain and the United States* (London, 1927), pp. 18—19, 34—36, 120—121; Seltzer, *Nature and Tax Treatment of Capital Gains*, p.38. On the debates after the Second World War, see Daunton, *Just Taxes*.

以扩展到产业资本中其他形式社会性创造的财富,正如我们所见,这是 20 世纪早期工党内部税收辩论的核心议题。①

英国与美国之间关于收入概念的差异,部分源于两国经济和社会结构的不同。在英国,靠固定收入生活的人比美国多;在美国,人们对从迅速升值的土地或证券价值中获取收益抱有更大的期望。② 资本利得是美国巨大财富的主要来源,例如,纽约土地价值的增值造就了阿斯特家族(Astors)财富的暴涨,油田价值的增长使洛克菲勒家族(Rockefellers)赚得盆满钵满。③ 然而,区别不仅仅源于英国更稳定的财富模式和美国更为投机的经济,英国对收入的定义在很大程度上归因于农业经济中世袭财产的法律传统。核心在于,对要保全的本金或资产的理解不一样。在英国,强调的是真实存在的土地或物体,而不是账面价值。

在一个农业经济中,收入来自一段时间后某个持续固定的来源,比如一块农田,用威廉·皮特(William Pitt)的类比来讲,来自一棵果树结出的果实。所获收入的使用可以独立于其产生的实体,如果农田或果树这种实体资产还存在的话。世袭贵族财产的例子说明了财产性收入(可供终身受益人和其他受益人使用)和创造性收入如土地资本或者本金(不能任意支配)之间的差异。除非将来可以获得大量的持续性收入,否则庄园资本价值的增值不能作为终身受益人的收入。这同样适用于婚姻信托安排,这种信托安排通过持有证券为妇女提供了一种收入保障。法庭认为,通过变现获取的收益是信托基金的一部分,受托人不能将其作为受益人的收入,动用这一收益。换句话说,受托人的责任是维持构成信托基础的实体,而不是维持一个稳定的资本价值。假定一个信托持有初始价值为1 000英镑的证券,如果这些证券升值到了1 200英镑,组成这一信托资本的是证券实体本身,而不是一开始投资的1 000英镑,因此多出来的 200 英镑收益不能算作收入。假设证券市值跌到了 800 英镑,同样,核心在于特定的证券实体本身,而不是1 000英镑这一账面价值,因此,所有利息都可以作为收入使用,不需要受托人将其用于保持基金的价值。实际上,资本作为实体的物理定义从土地扩展到了有价证券,被纳入了所得税范

① 见本书第 11 章中的相关内容。

② Spaulding, *Income Tax in Great Britain and the United States*, pp. 133—135.

③ Seltzer, *Nature and Tax Treatment of Capital Gains*, pp. 5—6.

畴。麦纳顿勋爵[①](Lord Macnaghten)1901年评论道:“原谅我这样讲,所得税是对收入征收的税,它不应该对其他任何东西征税。”1903年,大法官(Lord Chancellor)也表达了相同的意思:

> 所得税法案的目的是要把资本当作收入一样征税吗?基于所得税法案的语言和目的来看,我认为不是这样的,它从来无意把资本当作收入征税……我认为这不是一个能够武断地说清楚的问题。当你对一项来自煤矿租金的所得征税时,你在这种意义上实际上是在对那一资本征税,征税对象是对煤矿的购买,而不仅仅是租金。我从事物的本质假定,很难从逻辑上清晰地界定所得税的征税对象,因此,为了证明税收的合法性,首先必须特别界定税收对象。

既然在所得税法案里没有关于“收入”和“资本”的定义,因此这个问题被丢给法庭寻求解释,这显示了税法的复杂性和混乱性。美国法律基于与英国同样的假设,但在1913年最高法院(the Supreme Court)修正了资本的实体概念,赞同基于1909年公司所得税法,对公司实现的资本收益征税。本金被定义为某一数量的货币或者某一价值的资产;任何已经实现的增值都是一项可征税的收益。[②]

---

① 爱德华·麦纳顿(Edward Macnaghten,1830－1913),是爱尔兰一位准男爵的儿子,他是国会议员,在加尔各答平衡法院(Court of Chancery)担任过前台接待员。他生于伦敦,就读于都柏林大学三一学院和剑桥大学三一学院,并在1853年成为学院教师。1857年,他进入法庭担任平衡法官(equity junior);1880年,他成为王室法律顾问;1880年,他代表安特里姆郡(Co. Antrim)当选国会议员;1886年,他婉拒了内政大臣提名;1887年,他成为上诉法院常任高级法官(Lord of Appeal in Ordinary),这是一个史无前例的任命,因为他之前没有任何担任低级司法职务的经历。他在上议院中致力于爱尔兰事务和法律草案,1912年签署了阿尔斯特盟约(Ulster covenant)。1895～1913年,他担任法律教育委员会(Council of Legal Education)主席,帮助建立了一个新的专业培训制度。(DNB, 1912－1921, ed. Davis and Weaver, pp. 361－362.)

② Seltzer, *Nature and Tax Treatment of Capital Gains*, pp. 25－46, 257; N. Isaacs, “Principal: quantum or res”, *Harvard Law Review* 46 (1932－1933), 776－781; R. Lachs, “Income tax on capital profits”, *Modern Law Review* 6 (1942－1943), 148－156; *The Law Reports* 1901. *House of Lords. Judicial Committee of the Privy Council* (London, 1901), HL (E) 1900, London County Council and Attorney-General, pp. 35－36; *The Law Reports* 1903. *House of Lords, Judicial Committee of the Privy Council* (London, 1903), HL (E) 1903, Secretary of State in Council of India and Sir Andrew Scobie, pp. 302－303; Wueller, “Concept of taxable income, Ⅰ”, 85, 注意:19世纪早期的英国经济学家们专注于“工厂”分配而不是个人分配,前者对所得概念具有更大的影响。P. H. Wueller, “Concepts of taxable income. Ⅲ: the American contribution”, *Political Science Quarterly* 53 (1938), 557－558; R. F. Magill, *Taxable Income* (New York, 1945).

英国定义收入的方法对工业投资具有重要影响。在英国，资本损失和折旧不能在税前扣除。根据标准税率计算公司所得税，从其利润中扣除应缴税款。公司在向股东支付股息时，要扣除所得税。收入低于所得税起征点或者适用优惠税率的人，可以要求退税。公司留存和积累的用于折旧或者购买新工厂和新机器的利润，要按照标准税率征税。工厂或者矿场的厂房与机械设备的折旧和报废，得不到任何减免，因此增大了应税利润，这使得人们不愿意进行资本密集型投资。然而，三年平均的房屋修缮和补充或修理工具发生的实际支出，可以在税前扣除，因此这一规定鼓励公司修缮现有厂房，而不是推倒重建它们。[①] 修理机器破损齿轮的费用可以在税前扣除，但是拆解和更换一台已经磨损的机器，或者用一款效率更高的机器代替旧机器的费用，不可以在税前扣除。1905 年，税务局局长也承认了这一瑕疵。正如他评论的那样，在 1842 年和 1853 年的税收法案中，所得税被定义为是对利润征收的一种税收。在他看来，如果一家煤矿的运营和设备成本是100 000英镑，在 40 年中每年创造了10 000英镑的利润，那么它的利润是400 000英镑减去100 000英镑，这是“无可辩驳的”事实。但是，这个法案是建立在所得税是暂时性的这一假设之上的，因此是基于短期而不是长期评估利润的。正如他承认的那样，花如此长的时间才认为利润应该扣除产生收益所需要的支出，是令人奇怪的。[②]

在实践中，地方委任专员和调查员采取了一个更加随意的方法。有的将“补充和修理”视作更新——这个定义没有得到法定机构的认可，不适用于所有地区。1878 年，折旧首次得到了明确承认。法定机构授权地方委任专员“许可这样的税前扣除，如果他们认为在厂房或者机械设备使用期间，替换磨损部件的支出是合理的”。即便这样，税收减免的范围还是模糊不清的，经常被狭隘地加以解释。在苏格兰铁路公司诉班克斯(Caledonian Railway Co. v. Banks)一案(1880)中，委任专员和法庭裁定，税前扣除只能考虑实际发生的修理支出，不能考虑不需要修理的车辆价值的减少。很明显，如果车辆和发动机用了 5 年之后再作为商品出售，其价值肯定不如新的，但委任专员拒绝给予

① Veseth, *Mountains of Debt*, p. 118.

② PP 1905 XLIV, *Departmental Committee on Income Tax*, appendix Ⅲ, “Memorandum submitted by Sir H. Primrose: c. depreciation of assets charged to capital account”, pp. 258—263.

其任何税前扣除,因为他们认为其没有被修理。法庭也支持这一观点,认为价值取决于成本一致情况下生产相同利润的能力,而不是“把设备的价值当成可交易买卖的物品”。换句话说,替代陈旧但仍可使用的设备,是得不到税收减免的。[①] 相似地,钢铁和煤炭公司也不能因资源枯竭和要投入成本开采新矿井代替枯竭矿井,得到税收优惠。在法庭看来,“用在井矿开采上的资本早晚都会消耗殆尽,这在支出之前就是可预见的”。这项投资可能会在项目结束时创造很大的利润,也可能会造成巨大的损失;但是在法庭看来,唯一值得关注的是逐年产生的收益。在柯尼斯钢铁公司诉布莱克(Coltness Iron Co. v. Black)一案中,法庭裁定认为,没有账目记载这些收入是怎么来的,是来自投入的资本还是技术,是暂时的还是永久的,是稳定的还是变动的。法庭坚持认为,1842 年法案要对“全部收益”征税,不用考虑创造这些收益耗用的资本。这一对利润的定义不同于通常的公司商业账簿——要考虑运营费用、偿还资本利息以及资本账户状况。评估所得税时没有考虑这些问题:

> 如果有一部分资本损失了,或者从业务性质来说,投入的资本再也不能收回或恢复了,这对于公司财务状况及其实际净收入有重要影响。但法律条文拒绝使用普通资产负债表或者由此确定的利润作为评估基础,而是要求对全部收益征税——除了运营费用外,不允许扣除任何其他成本,也不考虑资本账户状况、运用资本的数额、沉没和枯竭或已撤回的资本。[②]

虽然法庭对 1842 年法案的解释是正确的,但商业账目与税法对利润的理解显然是相互冲突的。在估计利润时,所得税没有考虑企业使用资本数额的大小,不允许在税前扣除对更新、更昂贵和更高生产效率设备的投资。

在实践中,税务局不反对地方委任专员对企业为更新设备而减低报废设备的账面价值,给予企业一个年度折旧税前扣除额。但实际操作差异很大,除

① *Reports of Tax Cases under the Act* 37 *Vict cap* 16 *and under the Taxes Management Act*, vol. Ⅰ: 1875—1883 (London, 1884), Court of Exchequer, Scotland, Second Division, 1880: *Caledonian Railway Co. v. Banks* (surveyor of taxes), pp. 487—501.

② See *Reports of Tax Cases*, vol. Ⅰ, in *re Adie and sons*, in the Exchequer, Scotland, 1875, pp. 1—4; *Forder v. Handyside*, in the Exchequer, England, 1876, pp. 65—70; and *Coltness Iron Co. v. Black*, in the Court of Exchequer, Scotland, 1879/1880, pp. 287—324.

了明确规定船舶的主要成本可以按每年 4%税前扣除之外,税前扣除数额取决于地方委任专员的自由裁量。税务局没有公开宣称其愿意给予折旧税前扣除。1897 年,全国工商总会(Association of Chambers of Commerce)抱怨说,更换旧设备没有获得税前扣除。作为回应,财政部告诉地方调查员,引入新机器时可以给予税前扣除,扣除数额取决于现有机器而不是新机器的价值。但是,这些税前扣除只是为了满足特定请求,税务局没有向厂商解释这个政策。在不同地区和行业之间存在着相当大的差别,因为税务局认为行业协会——可以代表有组织的贸易商达成协议——应该主动提出要求。结果就是政策缺乏一致性。例如,在哈德斯菲尔德(Huddersfield),允许给予纺纱、染色、梳理和研磨机器 7.5%的税前扣除,但在布拉德福德(Bradford),只允许给予织布机 5%的税前扣除。无论某一公司的实际投资或者会计方法有何不同,税前扣除都被固定为一定比例的机器价值。亚瑟·张伯伦(Arthur Chamberlain)认为,只应该对公司可用于分配的收入征税,因此,任何数额的折旧都应该可以在税前扣除,所有留存利润都应该是免税的。因此,税收制度对资本密集型工业是不利的,支持继续利用现已存在的资本。[①] 当然,这个问题会导致纳税人与税务局之间关系紧张,一致性认同也遭到了质疑。这一问题在第一次世界大战后变得尤为突出,因为战后对新设备的投资需求很大,高税收使得工业对于折旧扣除非常敏感。1918 年,税务局最终准许报废设备可以在税前扣除,条件是必须更换新设备。即便如此,这种减轻也是历史性的,虽然在高通胀时期不断攀升的更新成本受到了猛烈抨击。[②] 公司税收的政治性成为政府和实业组织间争论的焦点。

---

① Seltzer, *Nature and Tax Treatment of Capital Gains*, pp. 256—257; *Parliamentary Debates*, 2nd ser. 239, 4 Apr. 1878, col. 552; PP 1905 XLIV, *Departmental Committee on Income Tax*, evidence of A. Chamberlain, Qq. 1905, 1908—1909, 1911—1912, 1929 and *Report*, pp. 231—233; appendix Ⅲ, “Memorandum submitted by H. Primrose: c. depreciation of assets charged to capital account”, pp. 258—263; appendix Ⅳ, “Statement showing the special rates of allowance for the wear and tear of machinery and plant”, p. 264; appendix Ⅴ, “Copy of letter from the chancellor of the Exchequer dated 28 May 1897 to the secretary of the Association of Chambers of Commerce on wear and tear of machinery”, p. 265. PRO, T171/38, Finance Bill, 1913, Income Tax 12, schedule D, allowance for depreciation of machinery and plant; Veseth, *Mountains of Debt*, p. 119.

② Daunton, “How to pay for the war”, 898—899. 第二次世界大战后,解决通货膨胀问题变得更为迫切,见唐顿《公平税赋》。

公司、慈善组织和合作社

对资本和收入的定义以及它们的纳税义务，导致了另一个问题:除了个人股东外，公司本身是应当纳税的实体吗？在美国，公司与其股东是两个实体，都负有纳税义务。事实上，公司税可以追溯到1909年，早于1913年再次引入的联邦所得税。这反映了美国对大公司垄断力量的担忧，担心其会影响小农场主和城市消费者，威胁公民共和主义(civic republicanism)。19世纪90年代，平民主义者(Populists)和民主党希望利用所得税摧毁经济力量堡垒；1909年，政府之所以开征公司所得税或者“特别消费税”，在很大程度上是为了防止受到更猛烈攻击的一个防御性举措。在美国，企业法人是第一次世界大战前政治辩论的中心议题，它们被当作独立的实体，对公司法人的收益征收所得税，对公司分配的收益作为股东收入还要再次征税。相反，英国所得税仅仅将公司视为扣缴义务人——负责将扣除的税款转交给税务局，不把公司视为应税实体。

> 背后潜藏的理论是，所得税只应该对个人按其纳税能力征税……一个公司只被视为一个便于多人共同经营的载体，不应被视为一个独立的征税对象。一个公司就其本身而言，不是一个潜在的纳税人，而是诸多可以纳税或者可以不纳税的个人的集合体。[①]

对这一规定的第一次挑战出现在第一次世界大战中，此时如果公司的收益超出战前水平，公司要对超出部分交税。但是随着收益回到了战前水平，这种超额收益税(excess profit duty)被废除了，因为存在这样的危险性:如果利润率回落到了战前水平以下，将使得政府有义务返还税收。虽然第一次世界大战后政府的确模仿美国税制引入了公司税，但它被视为一个应急措施，在1924年就将其废除了。[②]

---

① J. D. Buenker, *The Income Tax and the Progressive Era* (New York and London, 1985); Brownlee, *Federal Taxation in America*: pp. 36—43; Spaulding, *Income Tax in Great Britain and United States*, pp. 35, 86—93; Kennan, *Income Taxation*, pp. 280—282.

② Daunton, “How to pay for the war”, 896—901, 914.

在英国,并不是所有法人团体都是免税的,少部分法人在某一时期也缴纳过所得税。1799年,皮特免除了“仅为慈善目的建立的公司法人、互助会和个人社团”的所得税义务,并且一直持续到1842年。然而皮尔认为,这些组织应当为公共收入做点贡献,1845年,他建议对慈善组织单独征收每英镑6便士的税。但是这项提议没有被采纳,这引发了一个公平问题:许多接受捐赠的慈善组织被斥为是腐败和低效的,是为小集团而不是社会整体服务的。这个问题在1863年格莱斯顿“严厉对待所谓慈善组织”的行动中再次呈现出来。如我们将在第8章看到的那样,格莱斯顿将遗产税征收范围扩展到了不动产和固定的动产上,他认为接受捐赠的慈善组织不会死亡,不应该不缴纳遗产税和所得税。其结果是,个人纳税者——“家庭中的父亲,努力工作养活妻子和孩子的男人们”——向慈善机构提供了过多的可以免税的遗赠,这些捐赠纯粹是为了给捐赠者博取“赞誉和名望”。[①] 格莱斯顿认为,在慈善组织当初获得税收减免之后,情况已经发生变化了:当时它们对于提供教育和救济穷人是至关重要的,但是现在这些事情由国家在做了,因此再给予其税收减免就没有必要了。许多通过接受捐赠设立的慈善组织被认为是不负责任的、无效率的。给它们税收减免违背了“一条重要原则”,即如果能够进行公平合理的征税,那么所有财产都应该向国家交税,这不应被视作是对财产的罚款,而是一种促进所有者有效使用和享用财产的必要手段。因此,格莱斯顿希望通过对牛津和剑桥的学院、公立学校和伦敦同业公会(the liberty companies of the City)等通过接受捐赠设立的慈善组织的收入,征收一种年度公司税,因为激进者经常批

---

① Exemption was given by 39 Geo. III c. 13 s. 5, and 5 & 6 Vict. c. 35 s. 105. Gladstone referred to Peel's proposed tax in 1845 in *Parliamentary Debates*, 3rd ser. 170, 4 May 1863, col. 1075. On the attack on endowed charities, see D. Owen, *English Philanthropy, 1660—1960* (London, 1964), chapter VII on Brougham's attack on the charities and the establishment of the Charity Commission by the Charitable Trusts Acts, 1853 and 1860, and pp. 318—321; the reference to “deadly encounter” is on p. 331.曾经长期有一种担心,即担心慈善组织有能力集聚大量土地,这将剥夺继承人的继承权利,限制土地市场的发展,无法有效管理财产。因此,永久占有权法律解决了这一担忧,这一法律禁止把土地赠与公司法人组织(不久后法庭将这一范围扩展到了运河和铁路公司的股份)。这个限制在某些例子中有所放宽,比如剑桥和牛津大学的某些学院,以及神职委任专员。但是,这一法律是混乱或者自相抵触的。不仅没有控制土地的收购,也没有控制土地的转让。慈善组织可以利用捐助购买财产,但是国会认为,为了确保合理利用资产,不应当再卖出这些财产。慈善委员会(Charity Commission)控制财产的转让。要想了解复杂且混乱的慈善法律情况,见C. Stebbings, “Charity land: a mortmain confusion”, *Journal of Legal History* 12 (1991), 7—19。

评这些慈善组织将资金用于谋取成员私利,征税目的是均衡其他财产缴纳的遗产税。正如格莱斯顿指出的那样,国家给予慈善组织216 000英镑的补助,这违反了国会审慎审查支出的规定。的确,慈善组织可能是无用的,甚至还是有害的。在他看来:

> 如果这笔钱花在了所谓的慈善组织上,为什么这部分国家支出从公众视野中消失了呢?……使得我们对此一无所知,失去对这笔资金的控制。为什么对国家认为应该使用公共资金的其他每个项目,我们每年都对其支出的修改或缩减非常谨慎呢?如果我们对这些慈善机构继续给予税收豁免,对其倾泻我们的慷慨,那么我们将对这笔巨大支出完全视而不见,不仅无法支持这些机构继续获得一大笔钱,也无法对其运用必要的管理哲学和宪法控制原则——我们认为,这些原则对国家普遍治理和财政管理是非常必要的。

格莱斯顿认为,“志愿”设立的慈善组织比通过接受捐赠设立的慈善组织(endowed charity)更好,因为前者使得捐助者可以参与社团运营,建立了积极的公民责任感和一个认真的“管理哲学”过程,而不只是追求身后之名。由于对志愿组织的捐赠来自纳税人的税后收入,这就使得这类组织在与通过接受捐赠设立的慈善组织的竞争中,处于不利地位,因为后者不用对其从地产和投资中得到的收益纳税。格莱斯顿的公司税提议受到了强烈抵制,“慈善机构巧妙的集体行动方式”让他深感震惊。面对下议院内外的强烈反对,他不得不撤回了这一提议。[①] 最终于1885年才引入了公司税,对通过接受捐赠设立的慈善组织实行5%的税率。然而,对于宗教和慈善目的、教育以及任何对一个地方大多数公众和地方纳税人都有好处的事情,仍给予税收豁免。结果是,大约90%的捐赠免于纳税,这些机构的税收主要是由伦敦同业公会、律师学院(Inns of Court)、伦敦金融城公司(The City of London Corporation)缴纳的,

---

① *Parliamentary Debates*, 3rd ser. 170, 16 Apr. 1863, cols. 224d-g, and 4 May 1863 on the Customs and Inland Revenue Bill, cols. 1072—1102 for Gladstone and cols. 1102—1135 for the debate. The speeches are also in W. E. Gladstone, *The Financial Statements of* 1853, 1860—1863 (London, 1863), pp. 365—371, 435, 438, 458. See also H. C. G. Matthew (ed.), *The Gladstone Diaries*, vol. Ⅵ: *1861—1868* (Oxford, 1978), "Memorandum on charities, 24 April 1863", p. 197, and on the withdrawal, 4 May 1863, p. 199. For an account of the issue, see Owen, *English Philanthropy*, pp. 330—333; see also Matthew, *Gladstone*, *1809—1898*, p. 139.

1912/1913 财政年度,这一税收收入仅为49 441英镑。[①]

由于慈善组织收到的租金和股息是免交所得税的,因此这就引出了如何界定慈善组织这个问题。可能产生将慈善组织用作避税工具的危险,将其伪装成合法形式以牟取私利。私立学校和运动俱乐部能否要求获得慈善组织地位,从而免于纳税呢? 1842 年,任何慈善捐赠是否可以免除所得税,是由一位对特别委任专员负责的官员决定的,他最初采用了广泛的、几乎包罗万象的伊丽莎白时代的慈善定义,把救济穷人、发展宗教和教育以及广义范畴的“公共目的”都认定为慈善。1856 年,税务局律师采取了更严格的定义,但是在其 1863 年退休时,他仍然觉得对慈善的税后减免过于慷慨了,因此国内收入委员会向财政部寻求建议。虽然财政部支持更广泛的伊丽莎白时代的慈善定义,但也建议慈善委员会(Charity Commission)调查伦敦最大的免税慈善机构。慈善委员会的调查报告总体是有利于慈善组织的,虽然它的确揭示了基督公学[②](Christ's Hospital) 在运营上存在的缺点——基督公学是伦敦城里的一所学校,捐赠学校委员会(Endowed Schools Commission)将其纳入了慈善或者“公立”学校改革范畴。因此,其结果是加强监管和改革,而不是实施革命性的变革。[③]

税务局仍然担心收入流失。财政部认为,目前税务局对慈善免税的管理是不令人满意的,敦促税务局遵守现有规定,在国会解决这一问题之前,不要“再扩大已有的管理烦琐的免税范围”。危险在于,税务局似乎可以在未经国

---

① See H. C. G. Matthews (ed.), *Gladstone Diaries*, vol. Ⅹ, 1881—1883 (Oxford, 1990), p. 29, for Gladstone's request to C. Herries of the Inland Revenue, 5 Mar. 1881, to consider an annual tax in lieu of death duties on charities; PRO, IR 74/241, “Memorandum on the scope and yield of corporation duty, 1915”.

② 又称作 The Blue Coat School(蓝袍学校),是英国一所著名的传统公学,由英皇爱德华六世创办于 1552 年,最早为伦敦无家可归贫穷学生提供免费教育,到 17 世纪,学校逐渐成为一所名校。——译者注

③ PP 1865 XLI, *Copies of correspondence between the Treasury and the Board of Inland Revenue m August and September 1863 respecting the exemption from income tax of rents and dividends applied to charitable purposes and of correspondence between the Treasury, the Home Office and Charity Commissioners, respecting an inquiry into the management of certain charitable institutions, together with the reports of the Charity inspectors by whom such inquiry was conducted*, pp. 7—13, 36—109; Owen, *English Philanthropy*, pp. 324—329, 333—334.

会批准的情况下改变规则。1887 年,税务局再次试图限制济贫慈善组织的免税待遇,当时它们否决了一个信托基金的慈善组织地位,这一信托是莫拉维亚教会(Moravian church)为支持传教和向传教士子女们提供教育而设立的。这一做法激怒了哈伯德(J.G.Hubbard),他代表教堂建筑协会(Church Building Society)——该协会也不能享受税收豁免——采取了行动。他根据免税范围从税务局得到了一大笔钱:总共有2 050 962英镑被退还给了慈善组织,其中778 528英镑给了教育,534 701英镑给了医疗,236 523英镑给了养老基金,193 834英镑给了失业救济,157 101英镑给了救济院,102 232英镑给了教会。[①] 很明显,这笔巨额资金引起了巨大争议,这一问题最终由上议院最高上诉法庭法官(Law Lords),在 1891 年税务局特别委任专员诉帕姆塞尔(Pemsel)一案中得到解决,这是一个由莫拉维亚教会地位引起的判例案件。

上议院最高上诉法庭法官解决了对莫拉维亚教会地位的争议,裁决结果对教会有利,接受了伊丽莎白时代宽泛的慈善定义。但是法官们对如何正确解释法规——无论是"情理上的"还是"字面上的"——没有完全达成一致意见。正如麦纳顿勋爵指出的那样,在一些高级法官的支持下,税务局坚持认为,应在"慈善"一词最常见和最普遍的用法中理解立法机关的意图。苏格兰法院采纳了税务局的这一观点,指出不能以旨在覆盖三个王国地区的英国法律的技术含义解读这个词:慈善一词必须遵循其救济穷人的常见本意。根据这个定义,转变了信仰的异教徒不能享受慈善待遇。但是麦纳顿勋爵坚持认为,应在法律条文的技术性定义中理解"慈善"一词的意思——伊丽莎白时代的法律将慈善分成四类。麦纳顿勋爵还批评税务局在没有国会参与的情况下,自行搁置了已经实施的做法。这个判决涉及法律哲学中非常重要的一点:一切取决于国会的意志,只能从技术、法律层面而不是其日常含义理解一个词的意思。大多数法官采用的"排除法则"取决于根据字面释义对法律条文做出的解释,没有考虑国会内部的辩论和立法者的公开声明。因为,也许存在各种各样的观点表述,很难揭示其真实意图,所以最好还是依靠法案本身。当然,在法庭拒绝给予企业资本折

① PP 1865 XLI, *Copies of correspondence*, Treasury minute, 30 Sept. 1863, p. 11; Owen, *English Philanthropy*, pp. 334—335.

旧税收豁免一案中正好涉及这一问题。[①] 作为帕姆塞尔判例的结果,慈善组织从分红或收益中得到的收入,都免交所得税。

实际上,税务局必须根据伊丽莎白时代的慈善定义,判断一个社团是否是慈善组织。20 世纪 20 年代的一项审查发现了大量矛盾和异常现象,提出了一些关于慈善组织的定义准则。虽然基督教青年会(Young Men's Christian Association)是一个宗教组织,但是它没有获得税收豁免权,因为它向捐赠者提供了社交和娱乐活动。冥想僧侣协会(a community of contemplative monks)也要交税,因为其祈祷者的工作不是为了公共利益;但是如果他们也承担社会工作,将可以获得税收豁免权。科布登俱乐部(Cobden Club)的慈善组织地位没有得到承认,因为它追求的是特定政治目的;国际联盟协会(League of Nations Association)被给予了慈善组织地位。专业教育享有豁免权,但旨在保护自己成员的专业协会不享有税收豁免权。这个名单还有很多,因为税务局尝试将各种各样的活动进行归类,防止机构把慈善组织地位作为一种避税手段。[②]

当然,志愿设立的慈善组织收到的收入,大多来自捐赠者的税后所得,而不是可以免税捐赠的利息和租金。捐赠人对志愿组织的馈赠应当被给予税收豁免吗?正如格莱斯顿认为的那样,如果志愿主义在道德上是受欢迎的话,为了鼓励形成一个积极的公民社会和阻止政府边界的进一步扩大,是否应当对它们的捐赠给予税收减免?实际上格莱斯顿认为,公平应当建立在对接受捐赠的慈善组织征税,而不是将免税范围扩大到志愿设立的慈善组织。[③] 1914 年,志愿医院提出了对其捐赠给予减免税的要求,战后它们与大学携手再次提出了这一问题。税务局和财政部坚决反对给予任何减免。正如财政部评论的那样,国家会“成为所有慈善组织——无论这些慈善组织的目标是什么——的义务捐助者”。税务局担心个人将捐赠用作少缴税的手段,这将使得个人可以

---

① *Reports of Tax Cases*, vol. Ⅲ: *1890—1898*(London, 1899), *Special Commissioners of Income Tax v. Pemsel*, House of Lords 1890 and 1891, pp. 53—103, 333—335; van Caenegem, *Judges, Legislators and Professors*, pp. 17—18. 我十分感谢露易丝·提(Louise Tee)对税收立法解释的评论。

② PRO, IR75/70, Report of the Charity Committee, 1926.

③ *Parliamentary Debates*, 3rd ser. 170, 16 Apr. 1863, col. 224g.

为了自身偏好,逃避用于公共支出的税收责任。结果是,政府对大量慈善机构给予了隐蔽的补贴,这些慈善机构也许是相互矛盾的——既对从天主教徒转变为新教徒的人补贴,也对从新教徒转变成天主教徒的人补贴。税务局还担心,为了支持学校和医院——它们是为其他人服务的,必须给予富人税收减免,但是与此同时,为子女教育和妻子医疗费用辛苦工作的穷人,却得不到税收减免。税务局采用一个普遍公共服务策略:一项减税政策可能开始无关紧要,但会导致得寸进尺的严重后果,因为一旦同意了慈善组织的要求,那么不久就会出现一个无法驳回的新情况——要求对所有医疗和教育支出都免税。因此,对于向志愿组织的捐赠,税务局反对给予其税收减免,认为任何为了社会目的的公共支持都应当明确:

> 如果国家认为需要鼓励基于公共目的的慈善捐赠,那么国家应该直接公开地补助慈善组织——这些慈善组织服务公共利益,应该给予大力扶持——而不是通过税收减免,在社团中不公平地分摊成本,还使得政府失去了对这些慈善组织的公共控制。

当某一项目获得税收减免时,财政部是非常不情愿的。第一次世界大战后的高税率诱使人们通过特定年度赠与方式——与不付税或者税负水平较低的家庭成员签订赠与契约——进行避税。为了抑制这种避税行为,1922 年的财政法案(Finance Act)规定,赠与契约不满 6 年的应当交税。这个试图堵塞漏洞的规定给慈善组织创造了一个机会:这意味着 7 年以上的赠与契约是免税的。因此,慈善组织提供免税的契约性的会员费。结果是,所有被认定为慈善组织的机构都获得了大量国家补助,造成了严重的税收损失。税务局估计,1927 年的收入损失约为100 000英镑,1934 年的收入损失约为 100 万英镑。[①]

---

① PRO, IR 63/103, "Finance bill, 1923: exemption of donations to universities from taxation", Board of Inland Revenue, undated; T172/1400, Royal Commission on the Income Tax: memorandum by the Board of Inland Revenue on the subject of the exemptions from income tax enjoyed by charities, Nov. 1919; T171/60, Budget 1914. Income Tax (I). "Inland Revenue note on proposal for the allowance of income tax on the amount of a taxpayer's subscription to charities, 7 May 1914"; T171/176, "Contributions to hospitals, universities, etc: note by the Board of Inland Revenue", 15 May 1920; T171/318, Forber to chancellor of Exchequer, 5 July 1934. See also Daunton, "Payment and participation", 192—193; Owen, *English Philanthropy*, pp. 336—338. 关于 1922 年的变化,见 D. Shopforth, "Charitable covenant by individuals: a history of their tax treatment and their cost to the Exchequer", *British Tax Review*(1986)。

虽然格莱斯顿相信积极参与志愿组织有其好处,但是财政部警告说,这是在资助不受其监管的活动。财政部认为,国家资助的集体行动更加经济和可靠。

在处理会员拥有的互助组织或合作企业的所得税时,税务局还面临着许多其他的界定难题,因为这些会员通过多种方式获取收益。在相互保险公司的例子中,比如诺维奇联盟(Norwich Union)或公平人寿保险公司(Equitable Life),它们自己成员缴纳的保费比市场价格要低(理论上可以按照任意费率缴费),政府对这部分收益没有征收所得税。但是合作社——年终时向其成员发放“红利”,按照股东从商店中购买的比例向其分配贸易盈余——就要交税吗? 私人贸易商认为,合作活动应该得到税收优惠待遇,不应对股息红利和组织留存的盈余征税。税务局认为,这种抱怨是没有理由的,合作组织的地位源于管理上的实用主义而不是法则。合作社的大多数成员是达不到所得税起征点的工人,税务局认为,源头扣税只会徒增退税麻烦和成本,还会引起不满和关系紧张。更进一步地,有人争辩说合作社没有赚取利润:他们向其成员收取的价格仅仅略高于商品成本,因此,向成员分发的红利“明显不是利润,只是对其成员的——他们的付出超过了商品的成本价格——一个返还”。合作社被视为鼓励节俭的有效手段。当然,合作社也许会利用这个边际利润开设新店,这将使得它们可以获得相对于竞争对手的优势。实际上相对于商业竞争对手,合作社可以获得成本低廉且免税的内部基金来源,商业竞争对手有理由认为受到了不公平待遇。[1] 很明显,这些讨论提出了一个关于所有权和财产权性质的重大问题,这个问题也出现在对合伙企业和公司的差别征税讨论之中,以及对慈善组织的定义和合作社的解释之中。这个主题将在第 9 章关于公用事业公司“纳税”能力的讨论中再次出现。

税收与家庭

对收入和应税实体的界定与一个深层次问题密切相关:家庭的本质。赞

① PRO, IR 74/69, “Income tax: exemption in favour of co-operative societies”; IR74/21, “Income tax in relation to co-operative societies”, Jan. 1903; PP 1905 XLIV, *Report of the Departmental Committee on Income Tax*, pp. 241—243.

成采取差别征税方式的观点认为,挣取不稳定或者辛劳性收入的男人,需要储蓄一部分收入以满足其退休之用,以及维持其去世后遗孀和孩子们的生计。这一点很容易被用来延伸要求税收制度应当承认育儿成本——至少是 16 岁以前或者完成中等教育以前的成本。虽然 1799 年刚开始征收所得税时规定了儿童扣除,但 1842 年的所得税法案删除了这一规定,直到 1909 年才再次引入这一优惠规定(见第 11 章)。在这之前,没有对家庭责任给予税收宽免,单身汉和需要养育孩子的已婚男人都是按相同税率交税的。如果一个男人娶了一个有收入来源的女人,该怎么办呢?在 1870 年《已婚妇女财产法案》(Married Woman's Property Act)颁布之前,法律立场很清楚:一个妇女的财产通过婚姻关系转移给了其丈夫,一个与丈夫一同生活的已婚妇女的全部收入,都被视为属于丈夫所有。结果是,妇女失去了其婚前享有的税收宽免或者优惠待遇。因此,如果一个已婚妇女收到一笔数量为 50 英镑的小额投资收益,要计入其丈夫的收入(假定是 140 英镑)一并纳税。如果两个人都是单身,则他们都不用交税;但是如果他们两个结婚了,他们的合计收入就超过了所得税起征点,必须为其 190 英镑总收入缴纳所得税。

1870 年的《已婚妇女财产法案》以及 1882 年的进一步措施,允许妇女以自己的权利持有财产。也许有人认为,她们的收入现在可以被单独评估和交税了。实际上,已婚妇女的课税情况没有改变,因为税务局继续坚持认为,丈夫和妻子收到的是单一收入,不考虑他们实际的财产所有权和收入来源情况。哈考特的 1894 年预算给予了已婚妇女一项税收减免待遇:如果她们有独立挣得的收入,并且夫妻共同收入不超过 500 英镑,允许已婚妇女单独评估收入和交税。然而,税务局对这一收入范围的解释是相当严格的,仅限于来自就业的收入,比如教书等妇女收入很容易确认的工作。税务局担心,扩大定义范围会被当作一种避税手段。在家庭企业中,比如商店或者小作坊,为了减轻税收负担,在丈夫和妻子之间"分劈"收入——实际上是一个企业,将造成税收流失。因此,在 1897 年以前,来自贸易活动的收入被排除在优惠范围之外,只有妇女的贸易活动完全独立于其丈夫,并且是在单独房产内经营的,才允许进行分开评估。税务局希望限制分开评估的范围,这不仅仅是家长式假设的结果,因为完全有理由担心 D 税目下对贸易商进行的评估会造成避税。米尔纳(Milner)指出,"对稳健经

营的店主们的税收低估,比其他任何阶层更常见”,并且

> 一旦做出让步,已婚妇女也许会就其来自普通贸易的收入,要求给予单独的税收减免,进而所有商人的妻子——她们会千方百计声称在丈夫生意中占有一定的份额——会向税收当局提出这样的要求……必须极力避免出现这样的危险。

税收减免没有扩展至对投资收入的单独评估之中,因为已婚夫妇为了减轻税收负担,可以轻而易举地在夫妇之间调配投资。在权利事务上,将已婚妇女视为自立的个体,在征税方面,税务局又担心已婚夫妇利用分开评估进行避税,这二者之间是相互冲突的。①

即便允许丈夫和妻子分开评估,也要把他们的收入加总起来决定适用的边际税率,并且丈夫要负责缴纳税款。换句话说,不允许在夫妻之间调配收入,从而使得两人的收入都低于标准税率或附加税的起征点。正如税务局指出的那样,这种减免对富人有利,是以牺牲其他纳税人为代价的——他们为了填补国家损失的收入,必须适用更高的税率。② 对不同收入水平之间公平性的关注,远高于妇女权利。按照税务局的观点,已婚夫妇合并了他们的收入,因此应当对他们的总收入进行评估;他们比收入相同但分开居住的单身男性或者女性,有更高的纳税能力。“夫妇的收入都用于满足同样的需求,即家用,理应作为一项收入纳税。”③

税务局的这一征税方法在1912年受到了考验。威尔克斯(Wilks)先生是一位学校教师,年收入为171英镑15便士,他的妻子是一位外科医生,年收入约为700英镑,威尔克斯先生拒绝为其妻子缴纳所得税。税务局很快发现,它在法律上很难对威尔克斯先生采取行动。威尔克斯先生宣称,他没有足够的钱支付自己妻子的税单。税务局无法扣押他们的家用物品进行抵税,因为它

---

① PRO, IR63/5, “Income tax on married women's property: claim to exemption or abatement”, A. Milner, May 1895.

② PRO, T171/166, N. F. W. Fisher to A. Chamberlain, 31 Mar.1919; “Husband and wife: separate treatment for income tax and super tax purposes. Note by the Board of Inland Revenue”, 28 Apr. 1919; “Note on Mr Locker-Lampson's proposed motion on the adjournment on 19 March 1919”, Board of Inland Revenue, 19 Mar. 1919.

③ FRO, T171/37, “Income tax: proposals for separate assessments of the incomes of husband and wife”.

们属于威尔克斯先生的妻子所有。威尔克斯先生因此被关进了监狱。这个案子使得税务局饱受批评,因为它还在坚持1842年妻子收入属于丈夫的假设。这不仅受到了妇女权利支持者如博特兰·拉塞尔(Bertrand Russell)的批评,也受到了右派批评家的指责,他们认为,威尔克斯先生的入狱反映了国家对收入贪得无厌的需求,以及"为了实施财政制度的某些规定,做法有点矫枉过正了"。① 税务局关于国家收入流失的观点是一个很严重的问题,不仅仅只是表达了其对家庭结构毋庸置疑的家长式假设。分开纳税的大部分好处都将由相对富裕的家庭获得,它们拥有非劳动收入,为了使收入低于附加税门槛,会在夫妻之间调配投资。政府喜欢用其他方式给予已婚夫妇税收减免优惠。为了均衡夫妻的收入,对于有妻儿的家庭,丈夫可以获得一定的免税额。这种方法反映了一种家长式的推断:一家之主的男性应当养活其妻子和家庭成员。这种方法还回应了对维持一个强大的帝国家庭的关注,也可以被视为鼓励负责任的中产阶级家庭的一种手段。减少勤勉的中产阶层群体的纳税义务,还具有很好的政治意义。② 政府可以根据婚姻状态和家庭责任分隔选民,以此抑制对高所得税和附加税的反对意见。单身汉和富有的丁克夫妻要全额交税;有家庭的已婚男人会得到税前扣除,这将减轻他们的税收负担(见第11章)。

英国处理家庭收入的方法与其他国家不同,它假定所有收入都应该集中在家庭男主人手中。法国在引入所得税时,家庭总收入是在其成员间进行划分的,因此减轻了大家庭的纳税负担。这反映了法国政策强烈的鼓励生育和女权主义倾向,还辅以向妇女支付家庭津贴(family allowance)。在英国,工会反对向妇女支付家庭津贴,因为这会削弱它们对"男性养家糊口"工资的诉求;相反,法国工会较为弱势,雇主协会支持家庭津贴,并将其作为减少工人工资需求的一种手段。英国把对妇女单独征税和要求提供家庭津贴与女权主义联系在了一起,认为这会破坏家庭结构的稳定性,如在威尔克斯案中的那样。相较而言,法国对津贴和分别计税的支持来源于社会天主教徒,他们将其作为

---

① FRO, IR74/43, "Memorandum by P, Williamson, 9 Oct.1912"; undated and unsigned typescript; Niemeyer to Bradford, 1 Oct. 1912; J. E. Piper, 2 Oct. 1912; *Times*, 4 Oct. 1912.

② PRO, T171/166, "Note by the Board of Inland Revenue on the cost of certain possible reliefs from income tax in favour of small taxpayers", 24 May 1919.

支持大家庭的一种手段。①

1948年,美国引入了“分劈纳税”方式,允许已婚夫妇平分他们的收入——不管这些收入是谁挣的,从而降低了他们的边际税率。这一措施源于每个州不同财产制度的复杂性,以及它们与税收的密切关联性。许多州制定了“夫妻共有财产法”(community-property law),该法认为丈夫和妻子对一方挣得的收入和婚姻期间获得的财产,具有相同权益。1930年,财政部曾辩称,因为丈夫控制了“家庭”,所以妻子不能为了税收目的分劈家庭收入。然而,最高法院否决了财政部的观点,认为丈夫只是家庭的代理人,因此夫妻每个人都应该仅就其一半家庭财产纳税。既然联邦所得税遵从州财产法的这一规定,因此在实施夫妻共有财产法的州中,家庭在纳税方面更为有利,税收负担更轻。一点也不令人奇怪,1939～1947年,一些州纷纷采取了夫妻共有财产制度,但是让人意外的是,从财政优势角度来看,并不是所有州都这样做了。一些州反对采用夫妻共有财产制度,因为他们强烈反对妻子在家庭收入和财产中应该与丈夫具有相同权益这一观点,还因为在普通法中塞入一个新的财产定义存在法律难题。在采用普通法的州中,可以通过建立夫妻合伙企业分劈收入;在这些合伙企业案例中,联邦税收机构的判定标准是看妻子是否积极参与企业管理,或者贡献了她的资本。它们的裁决体现了男女作用有别这一观念,认为如果妻子向丈夫提供的是无偿服务,那么这种合伙企业就是无效的。英国的规定与美国非常相似。1948年,美国引入了收入分劈法,这解决了纳税人减少纳税义务的策略性难题。但是,这只反映了联邦税收规定,没有反映财产权利或者性别的差异。它没有涉及对夫妻共同财产的控制问题,也没有规定妇女必须积极参与合伙企业。因此,关于所得税法的讨论反映了对家庭结构和男女作用的不同观点。在英国,由于不存在两种财产制度之间的冲突,由此使得税务局可以在更长时间里坚持其立场。②

所得税引起了许多如何界定收入和应税实体的重要难题,比如如何界定

① 关于法国和英国对家庭津贴态度的差异,见 S. Pedersen, *Family, Dependence, and the Origins of the Welfare State: Britain and France*, 1914—1945 (Cambridge, 1993)。

② C. C. Jones, “Split income and separate spheres: tax law and gender roles in the 1940s”, *Law and History Review* 6 (1988), 259—310.

资本利得和收入、公司法人和股东，以及家庭和个人。政府决策反映了法律传统、经济和政治利益的权衡、对国家收入的关注，以及家长式的假设。同样，间接税也夹杂着对消费的道德和社会假设，如何界定必需品和奢侈品对市场发展具有重要影响。“廉价面包”就是一个典型例子。在洛(Lowe)降低糖税时，他指出糖“不是一个兴奋剂，而是一个非常好的营养品”。[①] 纸张税之所以能够被废除，与知识的传播和知识分子的努力密切相关。在维多利亚时代晚期和爱德华时代，自由党和工党追求“免税的早餐桌”，他们认为应该取消对茶、咖啡和糖等必需品征收的税收。大多数间接税落到了烟草、啤酒和烈酒身上，虽然社会总体对间接税持反对立场，但是这些商品并不包括在内。正如菲利普·斯诺登(Philip Snowden)指出的那样，这些税是个人不当花费的证据，这些钱应该用在“必需品和有益的消费”之上。[②] 对间接税的态度掺杂了对消费的道德假设，如同对直接税的讨论充斥着生产性和非生产性财富、不稳定收入(辛劳性收入)和自发性收入等术语一样。

结　论

贯穿本章财政制度管理讨论的一个要点，是不断重申要维持纳税人对税收的认同。税务局以及关税和消费税局(Customs and Excise)的官员们一再强调这个问题，在某种程度上将其作为限制政治家决策独立性的一种手段。官员们丰富的专业技术知识能够阻止政治家们的行动，防止采取他们认为的危险革新。他们极力寻找为什么变革——无论是采取累进税制还是差别征税，或者是引入新的间接税——是不可能的或不可取的理由。总体而言，19世纪和20世纪早期的官员们是抵触创新和消极保守的，这使得意志坚强和见识多广的大臣们推动任何变革都非常艰难。但是不能就此认为这些官员们喜欢因循守旧，他们确实有自己的坚守：他们优先考虑的是需要确保国家收入和纳税人的一致认同，反对政治家们将财政制度用于社会或者选举目的。到19世纪末，当政治家们开始寻求新的变革方向时，在税务局和财政部占据领导地

① *Parliamentary Debates*, 3rd ser. 200, 11 Apr. 1870, col. 1641.

② P. Snowden, *Labour and National Finance* (London, 1920), p. 20.

位的官员们是格莱斯顿财政体制的捍卫者,这反映了不同的选举考量和意识形态影响。在哈考特的 1894 年预算和劳埃德·乔治的 1914 年预算这段时间内,财政制度被重塑了。在经历了 40 年对税收的普遍接受之后,税收政治变成了一项高度政治化的事件和议题。

8 “逝者的权利”:死亡与税收

如果有人说——也许确实如此,那些继承了遗产的人,比那些虽然勤奋但是父辈没有留下任何遗产的人,拥有一些他们本身不应该有的优势,我不仅承认这一点,还极力主张削弱这种不劳而获的优势,这对那些希望恰当处理自己财产——将财产留给后代——的人来说,也是符合公平正义原则的。

财产的不平等源于不平等的产业、节俭程度、勤奋程度、天赋差异,甚至在一定程度上与运气有很大的关系。财产的不平等性与私人财产制度密不可分,如果我们接受了这种制度,那我们必须承担这种制度带来的不公平后果;但是我看到,所有人都赞成对不劳而获和接受他人馈赠的财富加以限制,认为一个人如果希望得到超过一定限额的财产,应该为之付出代价……

就通过馈赠和继承得到的高额财产来说,财产继承权(power of bequeathing)是财产权的基本权利之一,适合基于普适性原则对其进行调控……我认为如果继承的财富超过一定的限额,就应该对其征税。

J.S. Mill, *Principles of Political Economy*, ed. W.J. Ashley(London, 1909), pp.219,228,809

大自然对每个人都是一视同仁的,没有授权任何人对世间物质的占有时间可以超过其寿命。人类拥有的死后延续其遗愿的权利——逝者有权处置他的财产——纯粹是法律的产物。因此,国家有权规定这种权利实现的条件和应受到的限制。遗嘱权(wills)、处置权(settlements)、继承权(successions)都是成文法的产物。

W. Harcourt, *Parliamentary Debates*, 4th ser.33

16 Apr. 1894, cols.489－490

如果从所得税的出现开始撰写维多利亚时代的财政史,那真是太容易了,这一时期自1842年罗伯特·皮尔爵士(Sir Robert Peel)重新引入所得税开始,到20世纪早期一个更为复杂的所得税制度——对不同水平的收入实行累进制、对不同形式的收入实行差别税收——的建立为止。与那些直到第一次世界大战爆发时仍对所得税存在争议的欧洲国家不同,英国政府通过所得税获得了安全、灵活、被广泛认可的财政收入。当然,在1842～1914年,直接税在税收收入中的占比上升了。根据科林·马修(Colin Matthew)的分析,在维多利亚女王执政初期(1836～1840),英国中央政府的间接税收入占比为78.9%,到其长期执政的末期(1901～1905),这一比例下降到了48.8%。①

在英国财政制度从对消费征收的间接税为主,向对收入和财富征收的直接税为主的整体转变过程中,人们经常忽视了遗产税的重要性。1871年,遗产税在中央政府税收收入中的占比为7.6%,1881年上升至9%,1891年上升至11.8%,1901年上升至14.0%(详见表2.1)。② 对英国财政制度来说,遗产税的意义不仅在于其提供了税收,更在于它对所得税的成功做出了重要贡献。遗产税起到了一个“均衡”作用,为所得税营造了平等和公平氛围,有助于缓和其他政治冲突。事实上,人们认为遗产税的开征平息了维多利亚时代中期所得税引起的紧张氛围,从而解决了政治难题,消除了人们对所得税的批评,即

① Matthew, *Gladstone, 1809－1874*, p.126,还见本书第6章中的相关内容。

② Mitchell and Deane, *Abstract*, pp.393－394.要了解遗产税的详细收入情况,见 L. Dunn, “A history of inheritance taxes in England”, PhD thesis, university of London(1956)。

认为所得税不能公平对待来自贸易与产业的不稳定收入和来自投资的自发性收入。1894 年,财政大臣威廉・哈考特改革了遗产税,这对财政宪法的转变十分重要。遗产税的累进制比所得税的累进制更容易被人们接受。此外,遗产税的累进制为阿斯奎斯(Asquith)和劳埃德・乔治(Lloyd George)的后续改革铺平了道路。

遗产税的形式

1894 年之前,英国有四种不同形式的遗产税:遗嘱公证税(probate)、动产税(legacy)、继承税(succession)、房地产遗产税(estate)(详见表 8.1),威廉・哈考特在其 1894 年预算案中对遗产税进行了简化。如他指出的那样,有两种形式的遗产税:第一种形式(A 类)只考虑遗产的数量,不考虑遗产的目的;另一种形式(B 类)考虑遗产接受者的差异。[①] 最早的遗产税属于第一种类型:遗嘱公证税可追溯至奥兰治亲王威廉(William of Orange)为了发动对法战争对英国财政制度进行的改革。在 1694 年首次开征这一税种时,它是一种简单的单一税率的印花税。但是到了 18 世纪晚期,迫于战争带来的财政压力,这一税种的税率从单一制变为浮动制——税率根据死者遗留财产总价值的大小比例性地变化。动产税遵循了斯密的第二税收原则。1780 年,诺斯勋爵(Lord North)在小范围内开征了动产税,这是对任何继承动产的行为征收的一种印花税。亚当・斯密在《国富论》中解释了为什么诺斯勋爵不能像荷兰那样,在全国范围内对旁系亲属继承者征税。最初,预期印花税每年获得21 000 英镑税收收入,然而结果表明,即使这一较为保守的数字也过于乐观了。印花税根据动产转移凭条征收,执行者和受益人为了避税可以不要凭条。[②] 1796 年,为了获得每年 25 万英镑的收入,威廉・皮特提议扩大征税范围,对从旁系亲属继承的遗产也征收遗产税,税收由每个受益者获得的财产总额决定,税率

① *Parliamentary Debates*, 4th ser.33, 16 Apr.1894, cols.485—486.

② S.Dowell, *A History of Taxation and Taxes in England from the Earliest Times to the Present day*, vol. Ⅱ: *Taxation from the Civil War to the Present Day* (London, 1884), pp.173—174, 213—214; Smith, *Wealth of Nations*, vol.Ⅱ, viih, p.859, of 5 to 30 percent.

根据他们与死者的亲疏关系有所不同。

这两个税种对不动产较为有利,因为不动产不在征税对象之列。将不动产排除在遗嘱公证税之外是不难理解的,因为出于政治和财政上的考虑,已经对不动产征收了年度性的土地税,对动产征收了补充税(complementary duty)。然而,土地税税率是固定不变的,尽管在18世纪后期土地租金水平显著上升了。皮特意识到土地税收负担太轻了①,因此他1796年提议的目的是像对动产那样,对“旁系亲属继承”的土地也征收遗产税。遗产税受到了查尔斯·詹姆士·福克斯(Charles James Fox)的强烈批评,他是皮特政府和对法战争的最大反对者。福克斯担心,“资本税收原则的创新”会将“整个国家的财富都聚集到政府手中”。总之,针对土地的任何税收都增加了国民对政府意图的担心。一位警觉的国会议员声称,对土地征收遗产税是“一项明显增加了王权影响力的政治措施,它的危险性充分体现在其对宪法和国民自由产生的显而易见的后果中”。② 在下议院议长投出决定性的一票后,不动产税以极其微弱的优势在下议院获得通过。由于政治风险太大,皮特最后撤回了这项提议,因此蒙受了14万英镑的收入损失。③ 针对动产征收的遗产税也受到了抨击,因为其不管关系的亲疏远近,对所有继承人继承的动产都征税。正如一名国会议员在1805年抱怨的那样:

> 遗产税特别不利于相貌丑陋的人、年老体弱的修女、疾病缠身的人、身体有残疾的人和盲人。他们本应该受到特别关怀,而不是被作为征税对象。如果要征税的话,应该将这一税收头两年的收入用在修建医院和修道院上,不让这类群体不体面地挨饿受冻。④

1815年,遗孀可以免交遗产税(详见表8.1)。根据亲疏关系确定不同税率清楚表明了遗产继承是基于道德上的继承权利这一假设。

---

① 要了解税收负担,见O' Brien,“political economy of British taxation”。

② Quoted in Buxton, *Finance and Politics*.vol. Ⅰ, pp.117—118.

③ Dowell, *Taxation and Taxes*, vol. Ⅱ.214—215.

④ Quoted in Thorne(ed.), *The History of Parliament: The House of Commons, 1790—1820*, vol. Ⅴ, pp.245—246.

表 8.1　　1894 年改革之前的遗产税

遗嘱公证税

课税对象：动产

包括逝者拥有的所有值钱的东西，在财产分割之前缴纳

税率：按照遗留财产的价值总额征收

1881 年的税率：净值 500 英镑内的，每 50 英镑征收 1 英镑

净值 1 000 英镑内的，每 50 英镑征收 1 英镑 5 便士

净值 1 000 英镑以上的，征收总价值的 3%

1888 年，为了弥补地方税收的不足，将一半遗产税收入给了地方。

动产税

课税对象：动产

由继承人在继承遗产时缴纳

税率：根据继承人和逝者的亲疏关系决定

根据继承动产的可售价征收

1815 年的税率：	遗孀	免税
	直系亲属	1%
	兄弟姐妹及其后代	3%
	叔伯姑母及其后代	5%
	叔祖姑婆及其后代	6%
	其他人	10%

1881 年，300 英镑以内的动产免税，而且已被征收过遗嘱公证税的直系亲属，也可免征动产继承税（为了保证财政收入，这一年提高了遗嘱公证税税率）。

继承税：1853

课税对象：不动产及世袭动产

将动产税应用于应付税的动产，或者对不动产征税，即它对动产税未涉及的对象征税

税率：继承税根据"享用年数"资本化后的价值或终身权益征收。假设一个 35 岁的人继承了 100 英亩土地，这块土地价值5 000英镑，年净收入为 150 英镑；按照寿命统计表计算，一个 35 岁年净收入 150 英镑的人，应该缴纳2 362英镑继承税。继承税可以在 8 年内分期缴纳，每半年缴纳一次，万一在这期间纳税人死了，余下的税就不用交了。

1888 年，原有税率对于那些要征收遗嘱公证税和继承税（如租赁权）的财产仍然有效，但是对于其他财产，如果遗赠给直系亲属，继承税上涨了 0.5%，如果遗赠给非直系亲属，继承税上涨了 1.5%。

1888 年的税率	直系后代	1.5%
	兄弟姐妹及其后代	4.5%
	叔伯姑母及其后代	6.5%
	叔祖姑婆及其后代	7.5%
	其他人	11.5%

房地产遗产税：1889

课税对象：不动产和动产

税率：无论怎样分割财产，如果个人全部财产达到或者超过10 000英镑，税率为 1%；就土地财产和固定动产而言，单个继承人得到的财产价值达到10 000英镑的，才征收房地产遗产税。

注：租赁权被认定为要征收遗嘱公证税的动产，以及要征收动产税和继承税的不动产。

资料来源：S.C.Buxton, *Finance and Politics: An Historical Study, 1783－1885*（2 vols. London, 1888）, vol. Ⅰ, pp.117－118, and vol. Ⅱ, pp.292－298, 384－385; S.C.Buxton and G.D. Barnes, *A Handbook to the Death Duties*（London, 1890）, pp.1－65.

1799 年，所得税的开征提供了对不动产收入的另一种征税方式。1816 年，所得税的废止意味着土地的税收负担降低了，更多的政府收入来自对进出口货物和消费品征收的间接税，这些税收主要是由工人阶级、工业和商业承担的。如反谷物法联盟（Anti-Corn Law League）宣称的那样，地主获得的高租金是由保护性关税提供支撑的，但是其收入却不用交税。遗嘱公证税和动产税是失衡财政制度的部分体现，因为它们主要对动产征收，税收负担主要落在了商人、制造商和专业服务人士积累的收益上，土地财产不用交税。事实上，拥有大量土地的贵族和名流仍然有能力在动产上避税。免税的不动产范围扩大到有永久产权的房屋的附着物，包括壁橱及不能移动的雕像、壁画、镶板等。因此，嵌入房屋结构中的壁画和挂毯也被豁免征税。① 更进一步，如果动产被认定为构成世袭不动产一部分的“祖传遗物”，那么这部分动产也可以不用交税。祖传遗物最初仅限于显示家族地位的纪念碑、武器、盔甲和枪旗。18 世纪，为了能够涵盖新出现的贵族地位身份象征，扩大了祖传遗物的范围，如鉴赏家在游学（the Grand Tour）②途中获得的盘碟、珠宝和工艺品。正如一位法官 1740 年在一项裁决中为祖传遗物新定义所作的辩护那样，这一附加条款是为世家大族量身定做的，是为了维系他们的荣誉和尊严。③ 1796 年，皮特的遗产税明确豁免了盘碟、家具以及其他不产生任何收益的物品的税收，前提是个人只有权继承而无权出售它们。换句话说，继承人通过一项协议继承的作为祖传遗物的私人动产，不能被征税，除非约定在未来某个时点这项协议将终止，其后继承人将对这项财产拥有绝对权利。④

---

① The cases(*Scarsdale v. Curzon*, I J and H 40, 1859－1860, and *D'Eyncourt v.Gregory*, 3Eq382, 1866) are in P. Mandler, ‘Art, death and taxes: the taxation of works of art in Britain’ 1796－1914, *History Research*, 74(2001), 272－273，这篇文章详细记录这一主题和与地主精英阶层相关的遗产税中的文化建设。

② 英国大学生毕业前的欧洲大陆旅行，上流社会子弟将其作为毕业的最后一部分。——译者注

③ See the discussion in Mandler, *Art, death and taxes*, 273－274; the judge's comment is cited by Mandler from *Gower v. Grosvenor*, Barn C 56－57, 1740.

④ The complications are covered by Mandler, “Art, death and taxes”, 274－277, discussing 36 Greo. Ⅲ c.52.s.14. 当然，征收机构很难追踪这些动产何时应该交税，因此试图加强管理。

遗产税中的这些偏倚受到了公开挑战。正如约瑟夫·休谟在1842年评论的那样,1796年对某些不动产豁免征税是“阶级立法”,这只能解释为国会不能代表人民的利益:“每个人都心知肚明,将这一问题提交给下议院讨论,就其目前的构成而言,其像将其提交给由地主组成的陪审团一样,这些地主的利益与国家大多数人的利益是不一致的。”人们指责政府不能均衡财政制度,不能“公正”地对待各方利益,相反,“以侵犯国家大多数人的利益为代价,维护地主阶层的利益”。[①] 这一弊端持续遭人诟病。“只要这一不公正继续存在,我们就不要再吹嘘英国式自由或者法律面前人人平等了,”理查·科布登抱怨道,“与这样一个厚颜无耻和赤裸裸的免税规定相比,贵族特权还能以其他形式提出一个更加令人发指和代价更高的要求吗?”[②]事实上,1842年约翰·罗素勋爵[③](Lord John Russell) 坚称,改革后的遗产税比“不可避免的、不必要的”所得税“更公平、更好和更公正”,后者将打击“活跃的劳动收入”。[④]

1853年,格莱斯顿将遗产税目光转向了房地产,将其作为均衡不同阶级和利益团体税负的财政政策的一部分。为了让财政制度更公平,与其他改革举措结合在一起,格莱斯顿的预算创造了第三种遗产税——继承税。正如我们已经看到的那样,所得税遭到了激进分子和反谷物联盟支持者的猛烈指责。在他们看来,解决问题的方法不在于开征一个新税种,而应在于实施严格的节俭和紧缩政策,后者将会使得可以最终废除多数税收。人们认为,政府开支会导致铺张浪费,造就一批寄生虫般的官员和持续的军国主义。在很多商人和制造商看来,所得税也是不公平的,因为不同形式所得的税收负担存在巨大差异。正如格莱斯顿评论的那样,人们普遍认为,与财产税相比,征收所得税是对知识和专业技能的沉重打击。[⑤] 财政改革协会(FRA)和很多自由党议员主张对不同来源的收入差别征税,对来自投资和

---

① *Parliamentary Debates*, 3rd ser, 62, 26 Apr. 1842, col. 1153.

② FRA, *Financial Reform Tracts*, *Number 6*, *The National Budget for 1849*, pp. 8－12.

③ 约翰·罗素勋爵(1792－1878),是第六代贝德福德公爵的第三个儿子,就读于威斯敏斯特公学和爱丁堡大学。1813年,他成为辉格党国会议员,支持国会改革。1831年,他担任财政部主计大臣;1835年担任内政大臣;1839年担任殖民事务大臣。他支持废除谷物法,1846～1852年,在皮尔辞职后担任首相。1852～1853年,他担任外交大臣,1854～1855年短暂担任过殖民地理事会主席和殖民事务大臣。1859～1865年,他重返政坛担任外交大臣;1865～1866年担任首相。

④ *Parliamentary Debates*, 3rd ser. 62, 8 Apr. 1842, cols. 96－97, and 26 Apr. 1842, cols. 1139－1167.

⑤ *Parliamentary Debates*, 3rd ser. 125, 18 Apr. 1853, cols. 1386－1387.

资产“自我实现的”或者“自发性的”非劳动收入实行重税，对“不稳定的”劳动性实行轻税，因为后者要承受贸易和个人辛劳风险。但是格莱斯顿反对差别所得税，因为他对以此为基础区别不同个人和群体的可能性深表怀疑。最重要的是，差别征税将制造阶级对立，进而会破坏所得税和财政宪法。格莱斯顿坚信，正确的可持续方式是将税收制度看作一个整体，寻求在其他方面弥补所得税负担不公平这一缺陷。[①] 他将遗产税改革作为确保财政制度均衡的一个重要手段，认为这是比差别所得税更稳妥的一个选择。[②]

针对一些人抱怨“税收制度对知识和专业技能征税太重，对财产征税太轻”，格莱斯顿认为，这一问题可以通过一个“安全、公正和有效的”机制加以解决，即通过新开征继承税改进遗产税，这一税收将动产税范围扩大到对不动产、世袭动产以及一般动产等所有财产的继承。[③] 这是哈考特 B 类形式的第二种税。在格莱斯顿看来，这一遗产税提供了最安全的方式，既可以确保不动产在国家税收中的公平份额，又可以避免知识与专业技能被过重征税。一般而言，对自发性收入和不稳定收入实行差别所得税造成的危险，可以通过遗产税加以避免：

> 对财产征税最大的危险是其可能导致阶级抗争，这种抗争一再出现，经常与财产税如影随形。但是提高遗产税不会导致这一问题，因为只有少数人需要缴纳遗产税，并且只有当一个人去世时才对其征收遗产税……这是税收设计者深思熟虑的结果，他们需要考虑如何最大限度地消除财产税可能引发的社会风险。[④]

因此，不动产应该缴纳遗产税，但是格莱斯顿认为，对不动产征收的遗产税率应该与动产不一样。

之所以对动产和不动产实行不同税率，原因在于土地和房屋还要承担其他地方税收负担，如对租金收入要征收土地税和所得税。格莱斯顿认为，应纳地方税的财产受到了遗嘱公证税和动产税与对不动产征收的地方税的“双重打击”。因此，“应纳地方税的财产”的遗产税负担应该低于动产，因为动产没

---

① *Parliamentary Debates*, 3rd ser. 125, 18 Apr. 1853, cols. 1386—1387.

② *Parliamentary Debates*, 3rd ser. 132, 8 May 1854, cols. 1468—1469.

③ *Parliamentary Debates*, 3rd ser. 125, 18 Apr. 1853, cols. 1394.

④ *Parliamentary Debates*, 3rd ser. 125, 18 Apr. 1853, cols. 1395.

有这些额外的税收负担。格莱斯顿还断定:最公平的方法是基于不动产的终身收益向继承者征税,而不是对其资本价值征税。① 因此,动产应该根据遗产的全部资本价值缴纳动产税,不动产应该受到"优待"——根据不动产终身收益的价值缴纳继承税,允许继承者在4年内缴清,如果继承者意外死亡,会返还部分已交税款(详见表8.1)。② 对不动产和动产征收不同的遗产税是故意为之的。格莱斯顿精心设计了这一制度,目的是补偿"不稳定的"劳动收入——这些收入不来自个人拥有的动产或者不动产——承受的过高所得税负担,同时也为了调整地方税收负担对不动产和动产的不同影响。③ 格莱斯顿保留了动产税的祖传遗物继承条款。虽然新遗产税适用于不动产和固定动产的终身受益,但是祖传遗物仍然得到了豁免。这导致了税收的不公平,因为贵族阶层在游学旅行中收集的古代大师作品,依据祖传遗物继承条款可以免税,但新贵阶层(nouveaux riches)收集的现代英国作品却无法享受这一优惠,因为他们适用的继承物法律形式不同于地主精英阶层。④

1853年,格莱斯顿承诺最终会废除所得税,因此他希望来自继承税的财政收入可以帮助实现这一目标(废除所得税)。在他看来,遗产税比所得税更容易被人们接受。但是,来自这一新遗产税的收入没有达到他期望的年收入200万英镑的目标;到1885年,继承税收入仅仅只有93.5万英镑。⑤ 兑现格莱斯顿废除所得税诺言的机会似乎在1873/1874财政年度闪现,当时预期会实现600万英镑的预算盈余。他计划通过一项提议弥补废除所得税减少的收入,"这项提议就是重构和扩大遗产税。将废除令工商业头疼的所得税,所得税非常不利于工商业发展,应该直接向应征税的财产征收直接税"。⑥ 但是格

① *Parliamentary Debates*,3rd ser.125, 18 Apr.1853,cols.1397.

② Buxton, *Finance and Politics*, vol.Ⅰ, p.118 .

③ 巴克斯顿(Buxton)解释了格莱斯顿1853年的策略,见 *Mr Gladstone as Chancellor*, pp.13—16,122—123,135—137。

④ Mandler, "Art, death and taxes", 276—277.

⑤ S.C. Buxton and G.S. Barnes, *A Handbook to the Death Duties*(London, 1890),pp.22,25—26.

⑥ W.E. Gladstone, "Lecky's History of England in the eighteenth century", *Nineteenth Century* 21(1887), 934—935; 见格莱斯顿和莱基(Lecky)之间的交流,这表明格莱斯顿没有公开这个意图,仅仅提到需要"谨慎调整"税收和使税收更加公平: W.E.H. Lecky, "Mr Gladstone and the income tax", *Nineteenth Century* 22(1887),54 and W. E. Gladstone, "Mr Lecky and political morality", *Nineteenth Century* 22(1887),281. 还见 Buxton, *Finance and Politics*, vol.Ⅱ, pp.166—167。

莱斯顿输掉了1874年的选举,废除所得税的机会也因此擦肩而过。但是可以清楚地看到,相较于所得税来说,格莱斯顿更偏爱遗产税,因为遗产税可以调节不同类型的收入,有助于最大限度地减少社会冲突。

为什么罗素和格莱斯顿更加偏爱遗产税呢?不仅仅是因为遗产税可以避免更大的要求差别征税的危险,更是因为从某种意义上说,一个人继承的财富是社会和法律构造的产物,不是继承者凭借个人努力挣得的。积极追求财富是值得称赞的,被动享受财富可能会使社会失去活力。正如我们已经看到的那样,格莱斯顿对通过接受捐赠设立的慈善组织(endowed charity)的态度不同于互助协会,这反映了他的偏好。前者要求受托人和董事会管理资产,不需要个人参与,后者要求捐赠者积极参与管理。通过接受捐赠设立的慈善组织不会破产,所以不用缴纳遗产税。因此,在格莱斯顿看来,应该对其征收一种年度性税收。[①] 换句话说,格莱斯顿希望鼓励个人积累财富,鼓励他们积极参与协会管理,而不是被动地享受财富。社会普遍认为,遗产比其他形式的收入有更高的税收承受能力。实际上,接受这一主张为更激进的征税方式提供了一个切入点。

遗产税和地方税收

遗产税与棘手的地方税收(local taxation)问题密切相关,地方政府筹集的收入规模比中央政府大,承担了城市基础设施中很多项目的投资。地方税收的仅有形式是对不动产征收的税。因此,为了确保公平,格莱斯顿同意地方政府拿不动产税收的大头,中央政府拿小头。这在1885年成为一个有争议的问题,这一年格莱斯顿为了增加财政收入,避免出现巨大的财政赤字,提议改革遗产税。格莱斯顿建议提高对不动产征收的继承税,并且作为遗产税的替代办法,向公司和通过接受捐赠设立的慈善组织征收5%的所得税。格莱斯顿的预算案没有获得通过,下议院通过了一项“拒绝对不动产征收新税”的动议,除非向纳税人征收的用于国家服务的地方税费得到了减轻。[②] 换句话说,

① Matthew *Gladstone*, *1809－1874*, p.139, 关于1863年的流产计划,见本书上一章相关内容。

② Buxton, *Finance and Politics*, vol. Ⅱ, pp, 297,314－316.

为了提供教育类的公共服务，财产还要缴纳地方税收，但是这类服务不仅仅只有益于地方财产的升值。这一问题被留给了保守党财政大臣乔治·戈申(George Goschen)，1888年，他在新基础上加大了中央政府对地方的支持。他将来自某些牌照税的收入以及一半的遗嘱公证税收入交给了地方政府，目的是通过转移中央政府的某些税源，减轻不动产的地方税收负担。这也可以避免中央政府无限制地向地方政府承诺提供用于特定目的的补助，因为来自牌照税和遗嘱公证税的收入用途会被清晰地加以界定。因此地方政府需要谨慎行事，不能再求助中央政府向其提供补助了。未来，地方政府会收到一半的遗嘱公证税收入——这是一种对动产征收的税，将会减少不动产的地方税收压力。为了保持整体财政制度的公平性，戈申提高了对不动产征收的继承税(详见表8.1)。通过这些举措，他宣称运用对遗产税和地方税收互补性的调整，保持了整体财政制度的均衡性。[①] 虽然这些复杂且令人困惑的改革对政府收入影响甚微，但是它们对定义选举人身份确实有着重大意义。

自由党政治家们担心，人们会把戈申的提案视为减轻城市地方税纳税人(ratepayer)负担的一种手段，会由此减少他们在城市中获得的支持。实际上，不仅地主的地方税负下降了，工厂、矿井、钢铁厂、铁路等所有被认定为"有形动产"的地方税负都下降了。因此保守党可以宣称，这一改革帮助了绝大多数城市地方税纳税人，而不是仅仅只对地主有利。自由党进行了反击，声称戈申已经破坏而不是维持了财政制度的均衡：在已经减轻了不动产地方税收负担的情况下，不动产没有任何理由再享受中央税收(national taxation)中的特殊优待。亨利·福勒(Henry Fowler)[②]是一位著名的自由党政治家，他指出了现有税收制度中的两个不平等：一是在地方税收中，不动产缴纳的税额要比其

---

① The best account of local taxation and debates over land is Offer, Property and Polities.

② 亨利·哈特利·福勒(1830—1911)，出生于森德兰(Sunderland，英格兰东北部港市)，是一个卫斯理牧师的儿子。1855年，他搬到了伍尔弗汉普顿(Wolverhampton，英格兰中西部城市)，在那里当一名实习律师。他后来进入了城市政治圈，1863年，他担任市长；1880～1908年，他担任国会议员。1884年，他担任内政部副大臣；1886年，他担任财政大臣；1886～1892年，他是反对保守党财政政策的头号批评者；1892～1894年，他重新出山，担任地方政府委员会(Local Government Board)主席；1894年，他担任印度事务大臣；从1897年起，他担任全国电话有限公司董事，自1901年起担任董事长。他支持布尔战争，反对关税改革。1905年，他出任兰开斯特公爵郡大臣；1908～1910年，他担任枢密院长。(DNB, *Second Supplement*, vol. Ⅱ, ed. Lee, pp.49—52.)

合理份额多;二是在中央税收中,不动产缴纳的税额要比其合理份额少。福勒认为,戈申过多地减少了不动产的地方税收负担,使得不动产已经从税负过重转变为纳税不足。因此,要求在中央税收中给予不动产特殊优待的唯一理由已经不复存在了,自由党现在应该追求绝对的平等。福勒认为,不动产占总财产的45%,动产占总财产的55%,但是它们对遗产税的贡献分别为142万英镑和697万英镑。他坚持认为“现在我们必须提出和解决这个问题”。在他看来,戈申的方案是一项旨在帮助地主阶层的自私措施。① 戈申的这一提议为自由党提供了获取政治优势的机会。

福勒只是简单地要求通过重新均衡财政宪法,恢复不同类型财产的同等税收待遇。格莱斯顿接受了福勒的逻辑,对戈申的举措进行了修正:“为了均等对不动产和动产征收的税,从遗产中获得的总收入应该是固定不变的”。② 因此,格莱斯顿对继承税进行了精心设计,精确地考虑了地方税收负担,使得对不动产征收的继承税低于对动产征收的遗嘱公证税,地方税收负担的降低意味着现在对动产和不动产征收的遗产税是均等的。③ 他的雄心壮志是“应该对不动产和动产均等征收遗产税”④,相较于政府提议征收的其他税来说,这既可以增加政府的收入,同时又可以减少对工商业的伤害。格莱斯顿认为:“在当前遗产税制下,不动产与动产之间存在巨大的税收不平等,人们之所以容忍这种不平等,是因为享受优惠待遇的动产对地方收入的贡献有限,很大部分动产对地方收入没有任何贡献。”⑤他认为,在从中央税收中获得资助后,应该取消动产在地方税收中享有的优惠,因为这些中央税收主要是由动产承担的。⑥ 为了均等对动产和不动产征收的地方税,不动产在遗产税中获得的税收优待也应该取消。⑦ 戈申的做法则恰好

① Bod. Lib, MS Harcourt dep 23, ff. 203—209, Fowler to Harcourt, 4 Apr.1888.

② *Parliamentary Debates*, 3rd ser. 325,23 Apr. 1888, col. 190.

③ For Gladstone's reaction, see *Parliamentary Debates*, 3rd ser. 325,23 Apr. 1888, col. 190—214.

④ *Parliamentary Debates*, 3rd ser. 325,23 Apr. 1888, col. 192.

⑤ *Parliamentary Debates*, 3rd ser. 325,23 Apr. 1888, col. 192.

⑥ *Parliamentary Debates*, 3rd ser. 325,23 Apr. 1888, col. 192.

⑦ *Parliamentary Debates*, 3rd ser. 325,23 Apr. 1888, col. 197;Buxton, *Finance and Politics* vol. Ⅱ, appendix M, pp. 384—385.

相反:为了减轻不动产的地方税收负担,他将通过遗嘱公证税从动产获取的收入交给了地方政府。认为遗产税不公平、有利于不动产的观点"失去了其全部也是唯一的辩护理由"。[①] 虽然地方税收水平的大幅度上升意味着所有地方税纳税人都有意愿强烈要求救助,但是格莱斯顿认为地主的要求是最站不住脚的。事实上,他指责地主在对所有形式不动产叫屈时和向城市国会议员寻求支持中的伪善与欺诈行为,因为他们无视真实的税收负担。"地主佯装成令城市居民同情的朋友",与其一道提出抱怨,但是实际上,他们从地方税收的支出中获得了巨大收益,因为这些支出增加了他们不动产的价值,而且在很多情况下,他们通过提高租金将税收转嫁给了自己的租户。"有形动产"所有者要求救助的呼声比不动产所有者更为强烈,因为几乎所有增加的地方税收都落到了他们头上,同时他们还要缴纳遗产税。正如格莱斯顿认为的那样,有形动产所有者通过缴纳遗嘱公证税对政府收入做出了贡献,因为税收负担沉重,他们理应从政府收入中获得补偿,但是地主在没有对政府收入做出贡献的情况下,也从政府收入中获得了补偿。[②] 因此,格莱斯顿 1888 年接受了均等遗产税的诉求,将其作为恢复税收制度均衡的一个必要步骤。

1889 年,戈申在遗产税改革方面做出了进一步尝试,这一年他引入了一个全新的"房地产遗产税"(estate duty)。在自由党看来,他只是让情况变得更糟了。戈申争论道,虽然当前的遗产税已经实现了不动产与动产之间税负的均衡,但是还存在另外一种不平等:小额财产比大额财产税收负担要重。他提议对价值 1 万英镑及以上的房地产再征收一道税,税率为不动产和动产总资本价值的 1%。这是新开征一种 A 类税。他认为,现有遗产税在不动产与动产之间的不平等是有其道理的;他的目标是新增一个税种,这个税种将平等对待不动产和动产。事实上,他对不动产给予了比动产更优惠的政策,这反映了在面临农业萧条时,来自地主利益集团要求援助的政治压力。这一税收按

① *Parliamentary Debates*, 3rd ser. 325,23 Apr. 1888, col. 199. 1885 年,格莱斯顿曾经计划在不给予不动产地方税收优惠的情况下,提高不动产遗产税。See Buxton an Barnes, *Death Duties*, pp. 27—28.

② *Parliamentary Debates*, 3rd ser. 325,23 Apr. 1888, cols. 206,209—211.

照动产的总价值征收，不管其是由一个人继承，还是由几个人共同继承。对于不动产，只有单个人的继承价值超过 1 万英镑时，才对其征税。更进一步，对动产征收的税必须一次交清，而对不动产征收的税可以分摊到 4 年内交清。这一税收按照动产的全部资本价值征税，但是只按照土地的部分价值征税。①不管戈申的初衷是什么，实际上新的房地产遗产税对动产采取了比不动产更高的税率，这招致了自由党的猛烈批判，他们认为遗产税对不动产太优待了，当前不动产的地方税收负担本身已经大大减轻了。②

批评遗产税的自由党人士发现，戈申 1889 年的遗产税改革中存在大量不平等和异常。悉尼·查尔斯·巴克斯顿(Sydney Charles Buxton)③和乔治·巴恩斯(George Barnes)④评论道：“遗产税的历史就是一个漫长的修修补补的故事。”财政大臣们没有进行全局性的税收改革，只是为了增加财政收入对现有遗产税修修补补，或者创设一个新税种，其结果是“永无止境的细分、异化和变形，形成了一个没有人能够有望走出去的迷宫，人们也不愿意在这方面花太多时间耐心学习”。⑤ 在巴克斯顿和巴恩斯所著的《遗产税手册》(*Handbook to the Death Duties*)中，他们解开迷宫的尝试仅仅列出了格莱斯顿在下议院所解释的观点，即不动产对地方税收的贡献更大，但对中央税收的贡献不足。但是，表明存在异常是一回事，提出一个可操作的改革方案又是另一回事。是应该将整个遗产税制度推倒重来，用一个新的统一税种代替它？还是应该继续进行调整，以均衡不同征税对象的税收负担？但是更重要的是，目标是什

---

① 这是一个非常技术性的问题，详见 Buxton and Barnes, *Death Duties*, pp. 31—33, 50。

② Buxton and Barnes, *Death Duties*, pp. 29—33.

③ 悉尼·查尔斯·巴克斯顿(1853—1934)，就读于剑桥大学克里夫顿(Clifton)学院和三一学院。1876～1880 年，他供职于伦敦学校董事会；1883 年，他当选为自由党议员；1892～1895 年，他担任殖民事务副大臣；1905～1910 年，他担任邮政大臣；1910～1914 年，他担任贸易委员会主席；1914～1920 年，他担任南非总督。(DNB, 1931—1940, ed. Legg, pp. 131—132.)

④ 乔治·昆士兰·巴恩斯(1858—1946)，出生于印度，是驻印度外交秘书的儿子，他娶了巴克斯顿的妹妹。他就读于伊顿公学和牛津大学学院。1883 年，他取得律师资格。1886 年，他担任贸易委员会破产事务法律顾问；1893 年，他成为官方接管人，1896 年成为高级接管人。1904～1911 年，他加入贸易委员会，担任公司部门审计官；1911～1913 年，他担任劳工部门审计官。1913 年，他成为第二常务秘书；1915 年，他成为贸易委员会常务秘书。他还担任过公司法修订委员会委员(1906)、重构铁路账户和统计法定形式委员会委员(1909)，以及战争时期新资本发行委员会委员(1915)。1916～1921 年，他是印度总督委员会的一员。(*Who Was Who*, vol.Ⅳ, p.62.)

⑤ Buxton and Barnes, *Death Duties*, p. 34.

么:是恢复总体税收制度的均衡,还是仅把遗产税作为提高某些形式收入和财产税收负担的一种手段?激进派强烈主张,土地财产应该首当其冲纳税。根据这种观点,土地的价值是社会性创造的,因此应该由社会共享。地方税收不但没有对土地过度征税,而且是严重征税不足的。关键问题从对穷人必需品征收间接税的影响,转变为工薪阶层和中下阶级承担的地方税收和所得税负担。[①] 争论的核心变成"土地问题",这成为维多利亚时代晚期政治的一个主要转折点。

土地问题和遗产税改革

1853年,格莱斯顿的策略是调整遗产税,使其正好能补偿不动产较高的地方税负担,同时确保遗产税能够抵消所得税对不稳定和已实现收入的不同影响。这是一个聪明而又周密的法案,它利用遗产税为整个税收制度创造了一种平等和公平感。遗产税是比例税制(proportionate taxation)的一部分,在这一税制下,在把所有要求放在一起考虑时,每个社会团体或收入类型都应该缴纳相同的地方税。到了19世纪80年代,这种方法受到了威胁。由于教育、公共卫生、贫民区改造、救济穷人和维护公共秩序支出的增长,地方税收水平不断提高。地方收入来源面临巨大压力,政党内部和政党之间对如何解决这一问题存在巨大分歧。保守党认为,不动产正承受着越来越重的地方税收负担,应该如戈申1888年方案中建议的那样,减轻其负担。1888年,格莱斯顿和福勒(Fowler)做出的回应坚持认为,已经向土地提供了太多的优惠。不管怎样,他们继续把遗产税作为均衡整体财政制度的一个手段,确保土地在由地方税收、所得税和遗产税构成的总税额中承担应有的份额。对1888年和1889年改革的批评,继续建立在比例税制这一假设之上。

1890年前后,自由党中出现了一种新观点,这种新观点与亨利·乔治

---

① Biagini, "Popular Liberals, Gladstonian finance and the debate on taxation", p. 150.

(Henry George)[①]的《进步与贫困》(*Progress and Poverty*)一书密切相关，这一观点认为：土地的地方税收负担不仅远未达到过重的程度，而且它正在逃避其应该做出的贡献。在某种程度上，这一观点的论据建立在下面的信念之上：财产所有者通过上涨的租金将税收负担转嫁给了租客和占用人，但是实际情况远不止这样简单。土地价值的上升——就像它被认为的那样——完全是贸易商、实业家和屋主的个人行动以及对基础设施的集体投资，共同推动社区发展的结果。因为土地价值是社会性创造的，所以应由社区共享。土地的税收负担应该更高，因此，戈申以牺牲中央税收为代价，减轻不动产地方税收负担的政策是一种倒退。[②] 应该做的是提高不动产和非劳动收入的税收负担。

1892年，自由党重新执政，在格莱斯顿最后一次担任首相之后，这次轮到威廉·哈考特(William Harcourt)来寻找解决之道了。哈考特应该继续格莱斯顿1888年的方法吗？即通过遗产税的全面均等化减轻地方税收和不动产税收负担，通过调整遗产税均衡财政制度和保持比例税制。19世纪50年代，一个均衡的税收制度要求遗产税负担具有差别性；但是到了19世纪90年代，随着其他税收的变化，此时意味着均衡税收制度要求遗产税均等化了。无论如何，目标始终未变：通过调整压舱物保持财政这艘船的均衡。或者，哈考特应该走得更远吗？即利用遗产税增加土地的税收负担。因为土地有更强的纳税能力。又或者，他应该变换一种策略吗？即虽然背离格莱斯顿的财政正统做法，但是仍然追求格莱斯顿的目标——在不引起群体冲突的情况下，利用税

---

① 亨利·乔治(1839—1897)，出生于美国费城，他的父亲是一位海关职员和宗教手册出版商。他早前当过职员，出过海，接受过印刷工培训，然后搬到了西海岸，他在那里过了很长一段漂泊贫困的生活。后来，他成为一名记者，1871年出版了《我们的土地和土地政策》(*Our Land and Land Policy*)一书，这本书注意到了日益增加的贫困以及同步出现的土地价值上涨问题，认为私有产权和租金是对劳动人民的抢劫。在阅读李嘉图和其他经济学家的著作之后，他在《进步与贫困》一书中详细阐述了这个问题，这本书的私藏版于1879年出版，普通版于1880年出版。后来他移居至纽约，访问了爱尔兰和英格兰，1881年写了《爱尔兰的土地问题》(*Irish Land Question*)一书，并开始接触爱尔兰土地联盟(Ireland Land League)。1883年，他重返英格兰，并为土地改革协会授课；1884/1885年他再次回到英格兰，在35个城市作了75场巡回演讲。1886年，他担任纽约市长，并于1888年和1889年再次回到英格兰。[*Dictionary of American Biography*, vol. Ⅳ, ed. A. Johnson and D. Malone (New York, 1931), pp. 2011—2015.]

② This change in perceptions is analysed by offer, *Property and Politics*.

收制度维持一个完整的和法治的社会政治制度。在 19 世纪 90 年代的新环境下,随着强大激进团体的出现和工人阶级政治力量的发展,需要一项比 1853 年政策更有力度的团结策略。事实上,哈考特的志向是采取上述第三种选择,这似乎是最佳的选举策略,既避免了得罪中产阶级,同时又留住了忠诚的激进派。

当哈考特 1892 年出任财政大臣时,他面临一项艰巨任务,由于先前保守党政府实施了大型海军建设项目,财政可能出现赤字。这种情况在 1888/1889 财政年度已经出现过,在布尔战争时期,由于军事支出不断攀升,戈申面临政府收入压力,这种压力迫使政府重新评估税收制度。为了给海军项目提供经费,1888 年,戈申动用了通过将高利率国债转换为低利率国债节约的资金,但是他仍然需要通过啤酒税和新房地产遗产税增加收入。保守党内部的酿酒和土地利益集团不喜欢这些税,但是很多致力于禁酒和对集聚财富怀有敌意的自由党人,很欢迎这些税。自由党不能容忍的是戈申"伟大的宪制创新",他设立了一个独立的海军国防基金(Naval Defence Fund),在接下来的 7 年里每年从税收中向其拨付1 000万英镑。这一提议让格莱斯顿感到恐惧,他认为对于下议院来说,危险在于每年都要固定支出这笔钱(详见第 3 章)。财政部的汉密尔顿同样对此深表担忧,他认为:"这是用一部分税收为今后很长一段时间的某个支出进行了担保,但是国会对此类支出更喜欢实施年度性的控制。"[①]格莱斯顿和哈考特试图限制海军支出,但是他们遭遇了令人沮丧的失败,并因此最终导致了格莱斯顿 1894 年的辞职。格莱斯顿认为,海军扩张是"军国主义祭台上曾经供奉过的最昂贵的祭品。这是极为荒唐的……我担心这种想法会对欧洲产生影响。欧洲和平是我考虑的首要因素。财政上的考虑,如对偿债基金(Sinking Fund)的致命影响,只是我考虑的次要因素"。[②] 对于哈考特来说,他担心"我们的税收在和平时期就山穷水尽了",他设法确保可

---

① BL, Add. MSS 48,650, Hamilton Diary, f. 69, 5 Feb. 1889; ff. 61—62,24 Feb.1889; f.72, 9 Mar.1889.

② As reported by Hamilton in D. Brooks (ed.), *The Destruction of Lord Rosebery: From the Diary of Sir Edward Hamilton, 1894—1895* (London,1986), entry for 22 Mar.1894, p.126.

以“根据财政收入总量削减”海军支出。[①] 遗产税可以作为束缚国家的一种手段，减少国家进行军事冒险的欲望。以相同方式，所得税会使代价高昂的对外政策不受欢迎。正如托马斯·亨利·法勒[②](Thomas Henry Farrer)评论的那样，海军项目“不是为了满足那些消费大量应税商品的人们的要求，而是为了满足海军军人、外行人士以及缴纳直接税的人们的要求”。因此必须对财政制度进行修正，确保“点曲子的人必须为吹笛手付费”：

> 人们常说在民主制下，直接税尤其是累进制直接税是危险的，因为在这样一种税收制度下，大众有花钱而不需为之承担成本的兴奋感。但是就海军及军事支出来说，它不是大众而是某些阶层的要求；因此，如果我们希望把军事支出限制在这些阶层而不是大众可以接受的范围之内，那么应该降低税收负担。[③]

可以依据格莱斯顿的紧缩政策理由证明遗产税的正当性，遗产税是建立选举责任和限制军国主义的手段，而不是对财产的激进攻击。

第二个财政压力来自地方政府，尤其是保守党政府创立的伦敦郡议会(London County Council，LCC)。[④] 伦敦的政治格局对自由党政府至关重要，因为大都市选区能够决定大选的胜败。[⑤] 伦敦自由党和激进派联盟认为，自由党之所以能在1892年的选举中获得12个伦敦席位，在很大程度上是因为民众预期自由党政府将会减轻伦敦较贫困地区地方税纳税人的负担；自由党

---

① Brooks(ed.) *Destruction*, p. 16 and entries for 13 Nov.1894, p,189; 28 Nov. 1894, p. 193; 14 Dec. 1894, p. 197;11 Jan. 1895, pp.204—205; 16 Jan.1895,p.208.

② 托马斯·亨利·法勒(1819—1899)，就读于伊顿公学(在学校他成为斯塔福·诺思科特的朋友)和牛津大学贝利奥尔学院。1844年，他获得了律师资格；1848年，他离开律师岗位，到贸易委员会起草议案；1850年，他担任贸易委员会海运部助理秘书；1854年，他担任贸易委员会助理秘书；1865～1886年，他担任贸易委员会常任秘书。他抨击戈申的财政政策，1889～1898年，他担任伦敦郡议会成员。他积极参与金本位捍卫协会(Gold Standard Defence Association)的工作，1899年成为科布登俱乐部的主席。(DNB, *Supplement*, vol. Ⅱ, ed. Lee, pp.201—202.)

③ T. H. Farrer, “Sir William Harcourt's budget”, *Contemporary Review* 66(1894), 153, 164, and T. H. Farrer, “The imperial finance of the last four years, Ⅲ”, *Contemporary Review* 58(1890), 497.

④ 伦敦郡议会是1889～1965年伦敦郡的主要政府机构，是第一个由市民直接选举组成的市政局。伦敦郡议会是当时最大的、最有影响力的和最雄心勃勃的市政机构。——译者注

⑤ P.Thomson, *Socialists, Liberals and Labour: The Struggle for London*, 1885—1914(London, 1967), p.90; K. Young, *Local Politics and the Rise of Party*(Leicester, 1975), pp.42, 223.

担心,如果在下次选举之后才出台相关财政纾困措施,本党所获席位将会比1892年大大减少。[①] 法勒评论道:“向地主征税的要求是很强烈的,这股力量十分强大,因为工党和地方税纳税人结成了联盟。伦敦很快就出现了爱尔兰式的土地问题。”[②]呼吁对租金采取激进政策的要求越来越强烈,因为土地的价值源于其稀缺性,与地主的个人投入无关。控制伦敦郡议会的进步派(Progressives)和自由党分成了两派:一派是以法勒和罗斯伯里勋爵[③](Lord Rosebery)为代表的较为保守派,一派是以约翰·威廉·本恩[④](John William Benn)和悉尼·韦伯[⑤](Sidney Webb)为代表的激进派(Radical),后者在1892年的选举中占了上风。两派在土地问题的争论中立场迥异。韦伯评论说:“一堂‘租赁法律’课就可以将一个纯粹的激进派,改造成一个社会主义者,而这正

---

① Bod. Lib, MS Harcourt dep. 187, f. 126, memo by the executive committee of the London Liberal and Radical Union,9 Jan.1893;and ff. 134—135,resolutions passed at a meeting of the Council of the London Liberal and Radical Union, 8 May 1893.

② Bod. Lib, MS Harcourt dep.119,ff. 111—115, Farrer to Harcourt,23 Nov.1892.

③ 阿奇博尔德·菲利普·普里姆罗斯(Archibald Philip Primrose,1847—1929),第五代罗斯伯里勋爵,就读于伊顿公学和牛津大学基督教堂学院,1868年继承了爵位,1869年宣布支持自由党。他积极支持苏格兰的要求,1881年,他担任内政部副大臣,专门负责上议院中的苏格兰事务。1883～1884年,他开启了澳大利亚和新西兰之旅,形成了他把大英帝国建成国家联邦的想法。1885年,他出任掌玺大臣;1886年,他出任外交大臣。他帮助自由党接受帝国主义,提议对上议院进行改革,使其成为一个有效的议事机构。1889～1890年,他担任伦敦郡议会主席。从1892年出任外交大臣开始,他与哈考特在帝国对乌干达和埃及的政策上就存在分歧;格莱斯顿1894年辞职后,他战胜哈考特成为首相,即使哈考特在众议院中领导自由党。1896年,他辞去了自由党领导人职务;1902年,他成为自由党联盟(Liberal League)主席,这标志着自由党在全国范围内的分裂;1905年,他切断了与自由党的联系。他反对爱尔兰自治,谴责1909年预算案。(DNB,1922—1960, ed. Weaver, pp. 687—696.)

④ 约翰·威廉·本恩(1850—1922),出生于英国柴郡(Cheshire),是一个牧师的儿子。他后来移居至伦敦,在那里他成为了一名出版商。1892～1895年和1904～1910年,他担任自由党国会议员;1889年,他被选入伦敦郡议会,并于1904—1905年担任主席。[*Who Was Who*, vol. Ⅱ:1916—1928 (London, 1929), p.62.]

⑤ 悉尼·詹姆斯·韦伯(1859—1947),出生于伦敦,他的父亲是一名公共会计师,他的母亲是一名美发师。他就读于伯贝克学院和伦敦城市学院,1875～1878年在伦敦市政府担任办事员;1878～1891年在行政部门任职。1885年,他获得律师资格并加入了费边社(Fabian Society);1892～1910年,他担任伦敦郡议会成员。1892年,他与玛莎·比阿特丽丝·波特(1858—1943)结婚,玛莎是一个富有实业家的女儿。他们共同写作了《工会史》(1894)、《工业民主》(1897);1906～1929年,完成了九卷本的《英国地方政府史》。1895年,韦伯夫妇成立了伦敦经济学院,为皇家济贫法委员会起草了少数派报告。1915～1925年,他担任工党执行委员会委员,为工党起草了《工党和新社会秩序》(1918)政治宣言;1922～1929年,他担任工党国会议员;1924年,他出任贸易委员会主席;1930～1931年,他担任自治领和殖民事务大臣。(DNB, 1941—1950, ed. Legg and Williams, pp. 935—940.)

是法勒和罗斯伯里所担心的。”[①]1893 年 1 月，35 名自由党议员、40 名伦敦郡议会成员以及来自不同自由党和激进派俱乐部的代表，要求哈考特开征土地价值税。他们认为，这比遗产税改革更重要：

> 有人说，为了替换这项重要改革，应该采取其他替代措施，如增加遗嘱公证税和将其收入用于土地上；无论这些替代措施本身有多么好，它们都不能满足现实需要，因为遗产税不能筹集到足够的资金，它平均 20 年才征收一次，而且很容易避税……因此，这些提议显然都无法完全替代直接的土地价值税；单这一个税种就能从土地所有者手中征收到足以满足创造土地价值所需要的开支。[②]

哈考特面临巨大压力，党内一些团体要求直接打击地主和租赁行为，而不是恢复比例税制。存在令哈考特左右为难的严重政治风险：不出台这样的政策会得罪激进派，使其远离自由党政府，但是出台这样的政策又将得罪温和派。格莱斯顿坚决拒绝直接打击地主，因为这可能会让税收制度变成阶级冲突的一部分。正如法勒意识到的那样，这个问题的解决方案是“对帝国税制的一次重大改革——在未来的政治博弈中，这将会成为你手中最好打的牌之一”。[③]

因此，哈考特在应对海军军费支出压力的同时，还必须压制地方税纳税人的抱怨，以及控制伦敦激进派全面改革地方税收的要求。他需要找到一个政策，这个政策既要能够满足激进派的要求，又要不至于疏远中产阶级投票者，把他们赶到保守党阵营中。对法勒和哈考特来说，遗产税是能够同时满足这两个要求的最佳方案。遗产税为海军和地方公共服务提供了一种筹资手段，既满足了格莱斯顿限制军国主义的期望，又在一定程度上满足了激进派对不劳而获收益的攻击。事实上，通过限制激进派对土地的猛烈攻击，遗产税改革也许使土地的地位更加牢固。当然，如约翰·斯图亚特·密尔（J. S. Mill）清

---

① Young, *Local Politics and the Rise of Party*, pp. 42, 223; Thompson, *Socialists, Liberals and Labour*, pp. 90—99; J. Davis, *Reforming London: The London Government Problem, 1855—1900* (Oxford, 1988), pp. 119—122, 149—152.

② Bod. Lib., MS Harcourt dep.187, ff.127—131, memorial to Harcourt, 23 Jan. 1893.

③ Bod. Lib., MS Harcourt dep. 119, Harcourt to Farrer, ff. 116—117, 24 Nov. 1892; ff. 198—202, 25 Dec. 1892.

晰表明的那样,自由经济学普遍认为,一个人死时遗留的财产特别适合征税,因为它不会影响活跃资本,而且遗产继承离不开社会机制的保障。因此,遗产税改革可以被视为有利于创业干事的谨慎保守举措。问题是应该进行多大力度的改革。

格莱斯顿对任何关于实施累进制的提议都保持警惕,甚至谴责了戈申1889年的温和方案,认为这种方案最后"相当于没收财产或收入"。① 他仅仅希望恢复比例税制,使税收制度公平对待不稳定收入和自发性收入,而不是通过支持一方打击另一方。1892年7月,格莱斯顿告诉哈考特,为了使遗产税更平等,必须采取一些措施。比例税制可以很好地实现这一目标,为了均衡税收制度,它可以调整不同类型财产的税收负担。罗斯伯里、理查德·霍尔丹②(Richard Haldane)以及自由党帝国主义者(Liberal imperialist)持有类似的观点,他们希望提出一个新诉求,以此拉拢那些被格莱斯顿"跟风式"自由主义(支持与爱尔兰结盟,但不支持帝国主义)疏远的中上层阶级。自由党中的保守分子担心党在某种程度上已经成为反对力量之一,他们旨在通过唤回"根植于1886年分裂之前的老自由党精神"和重建自由党与"英国大众意见"的联系,吸引"中间最大群体的投票者"。③ 正如霍尔丹在1888年看到的那样,这一策略是想"重获少数上层阶级和中产阶级的支持,他们本来是天然支持自由党的,但是现在却没有投票给它"。④ 正如比阿特丽丝·韦伯(Beatrice Webb)评论的那样,自由党保守分子的策略把重点放在"资本家或者专业人士群体上——他们希望社会保持稳定,维持帝国制度"。在她看来,一个更优的选举

① BL. Add MS 48,650, Hamilton Diary, f. 114, 2 May 1889.

② 理查德·伯登·霍尔丹(1856－1928),就读于爱丁堡大学和哥廷根大学;1879年,他获得了律师资格;1890年,他成为王室法律顾问。1885～1911年,他担任自由党国会议员;1905～1912年,他担任战争事务大臣;1912～1915年,他担任大法官。他与韦伯夫妇一起积极参与伦敦的大学改革以及财政事务。1924年,他成为第一届工党政府的大法官。(DNB,1922－1960,ed. Weaver, pp. 380－386.)

③ H. C. G. Matthew, *The Liberal Imperialist*: The Ideas and Politics of a Post-Gladstonian Elite (Oxford, 1973), quoting Haldane(p. 130), Rosebery(p. 130) and Ferguson (p. 131); also pp. 132－133. On the loss wealth in 1886, see the comments of P. W. Clayden, *England under the Coalition*(London, 1892), p. 150.

④ R. B. Haldane, "The Liberal party and its prospects", *Contemporary Review* 53(1888), 160, quoted in Matthew, *Liberal Imperialists*, p. 130.

策略是吸引“规模庞大的中下阶层和工人阶级”。① 从 19 世纪 80 年代后期开始,这些关于税收结构的争论就一直与自由党的主要困境——它担心会失去温和的中产阶级的支持——交织在一起。

1894 年,哈考特改革的目标是获得处于应纳所得税较低级距,但是对选举具有决定性作用的这部分中产阶级成员的支持。在他的策略中,遗产税改革是重中之重。虽然哈考特怀疑格莱斯顿的爱尔兰政策,但是在其他方面,他是自由党帝国主义者定义的麻烦制造者。他是一个“跟风者”,因支持戒酒得罪了很多人;还坚决反对海军和帝国探险支出。人们很容易就可以判定,他的 1894 年预算案——改革遗产税,引入了一个新的基于总财产规模的累进制——是对财产所有者的进一步打击,使他们疏远了自由党,转身投到了保守党的怀抱中。这正是罗斯伯里担心的,哈考特的儿子刘易斯②(Lewis Harcourt,又名 Loulou)评价说,他正在“像一个恶魔一样反对”遗产税累进幅度过大过快。罗斯伯里说:“我们将失去所有富有商人阶级的支持,那么我们在选举中应该怎么办?我们如何能筹到钱去赢得选举?自由党的分裂将是水平的,而不是垂直的。”③哈考特的策略不同于自由党帝国主义者,但是他对激进派也没有多少同情心。他正在努力赢得主要中间群体——那些收入较低的所得税纳税者——的支持。他没有基于帝国主义方式吸引他们,而是采取了一项明智的税收减免策略,为了能够确保获得关键选民的支持,他把遗产税改革作为更广意义上的财政政策的一部分。哈考特试图做三件事:一是为海军提供经费,但是控制海军部(Admiralty)的过分要求;二是遏制伦敦的激进派,但是让他们相信正在采取措施;三是重新设计税收制度,使其符合收入水平较低的所得税纳税人的利益。

---

① Matthew,*Liberal Imperialists*, pp. 130—133; B. Webb, *Our Partnership*, ed. B. Drake and M. I.Cole(London,1948), p. 225.

② 刘易斯·哈考特(1863—1922),1881～1886 年、1892～1895 年以及 1895～1904 年间担任他父亲的私人秘书,1904～1916 年担任自由党议员。刘易斯帮助组建了自由贸易联盟。1905～1910 年,他担任工程局首席专员,1910～1915 年担任殖民事务大臣,1915～1916 年又回到工程局。为避免恋童癖身份暴露,他在 1922 年自杀身亡。[DNB, 1922—1960, ed. Weaver, pp. 390—392; M. Parris, *Great Parliamentary Scandals: Four Centuries of Calumny, Smear and Innuendo* (London, 1995), pp. 84—86.]

③ Bod.Lib., MS Harcourt dep. 406, ff. 88—90,2 Apr.1894.

1894年预算:累进制与房地产遗产税

在自由党再次掌权时,仅仅就减少混乱和恢复秩序而言,对遗产税采取行动是十分必要的。格莱斯顿建议哈考特均等遗产税,恢复比例税制。但是,也可以往相反方向更进一步,采取累进制征收遗产税,把遗产税作为获取更多收入的主要来源,因为积累的财富有更高的税收承受能力,遗产税比所得税更适合实行累进制和差别征收。这是悉尼·巴克斯顿(Sydney Buxton)的观点。他赞成将遗产税作为获得更多收入的手段,认为从心理层面看,与财富要缴纳的其他形式的税收相比,遗产税的不受欢迎程度要小一些,而且对非直系亲属继承者征收重税更容易让人们接受,因为这种继承是更加出乎继承人意料的。[①] 与其他税种相比,遗产税还有经济上的优势,因为"遗产税的征收和增加丝毫不会束缚和干扰工业与贸易,或者影响现有收入的支出能力。从遗产税的影响来看,它们是中性的,这一中性是它们最大的优点"。[②] 他反对下述观点,即认为遗产税是对资本征收的一种税,会损害资本,进而会减少来自其他税种的收入。遗产税对资本的"损害"远没有重新分配资本那么大,而且遗产税收入使得政府能够减少其他税收——这些税对贸易的破坏更大。[③]巴克斯顿认为,单从管理角度来讲,遗产税比所得税更适合采取累进制。所得税是根据"税目表"对不同形式收入征收的,不需要计算每个纳税人的累计收入,但是采取累进所得税就必须计算累计收入。巴克斯顿担心,要求每个纳税人申报全部收入会引起冲突,这将导致实施累进所得税困难重重。"但是就遗产税而言,即使引入一个详尽的累进税制表,也不涉及征收制度的根本性变化,因为现有征收制度已经要求纳税人必须申报应税的财产价值了。因此,只需基于一个统一的级距标准,按照累进制征收必要的税收就可以了。"[④]巴克斯顿还认为,可以利用遗产税均衡永久性收入与不稳定收入之间的税负差异。所

① Buxton and Barnes, *Death Duties*, p. 67.

② Buxton and Barnes, *Death Duties*, p. 68

③ Buxton and Barnes, *Death Duties*, p. 69—70.

④ Buxton and Barnes, *Death Duties*, p. 72—74.

得税的征税对象是靠知识和技能获取的不稳定收入，通过对获取永久性收入的资本征税，税收制度将会变得更公平。[①]

哈考特希望比格莱斯顿和巴克斯顿走得更远，因为他要求财政部官员不但要为遗产税负的均等化做准备，还要为遗产税和所得税的累进制做准备。1863年，格莱斯顿警告，除了免除小额收入的税收以外，不要采取累进所得税。格莱斯顿表达了他的担忧：“如果你将累进制作为税收法律中的一条普遍准则，这将意味着广泛的战争——在所有阶层中掀起的一场广泛争抢，每个人都会竭力以邻为壑减轻自己的税收负担，所有社会和平都将终结，调整国家负担的共同原则将遭到破坏。”[②]在19世纪90年代早期，很多自由党人已经做好准备对所得税实行累进制，他们认为格莱斯顿太专注于爱尔兰自治问题了，忽略了具有吸引力的国内政策。一个国会议员团体劝告哈考特：“男人不可能靠爱尔兰自治为生”，要求出台“一个好的英国式的项目”，其中就包括一项激进的预算。刘易斯·哈考特赞同这样做，对格莱斯顿持有的“均等遗产税就足够了”这一天真观点表示同情：“这个可怜的男人！我们想要的改革远比那多……明年我们必须有一个革命性的预算方案。”[③]哈考特面临必须全面改革所得税和遗产税的巨大压力，1894年1月，他收到了一份由94名自由党议员联名写来的请愿书，他们抱怨道：

> 我们目前的财政安排公然违反了根据纳税能力调整税收负担这一重要原则……拥有很少财产的人实际上感受到了沉重的税收负担，应该通过提高富人的税收——他们现在根本没有感受到税收压力——减轻穷人的税负，在不强迫富人做出任何实质性牺牲的情况下，就可以大大增加他们的税收份额。

这是明确反对比例税制原则，并且重新定义了“纳税能力”，他们要求整合不动产和动产的遗产税，引入累进税制，并且以所得税的累进制和差别征税作补充。由于获取了更多的税收收入，将使政府能够减少对茶叶、咖啡和可可征

---

① Buxton, *Finance and Politics*, vol. Ⅱ, p.173; Buxton and Barnes, Death Duties, p. 74.

② *Parliamentary Debates*, 5th series 170, 26 Apr. 1863, col. 622.

③ Bod.Lib., MS Harcourt dep. 383, ff. 2—3, Lewis Harcourt Journals, 19 July 1892, and ff. 20—22, 21 July 1892.

收的税，从而可以实现一张“免税的早餐桌”。正如刘易斯·哈考特评论的那样，“这么多年来，预算或多或少是对富人有利的——现在是时候我们应该有一项对穷人有利的预算了”。[①] 如结果表明的那样，这些目标没有完全实现。尽管哈考特对累进所得税表示赞同，但是累进制仍仅限于遗产税。

哈考特可以很容易找到理由为遗产税改革进行辩护，如需要扫除当前的混乱情况，需要解决不同类型财产税收待遇的不平等问题。正如他解释的那样，过去的政策一直是通过零碎改变解决不平等问题的，这“只会让混乱的情况更糟糕”，结果导致他所称的“碎片式立法”。改革整个税收制度、停止利用遗产税修正其他财政不平等的时候到了。解决方法是实行一个 A 类遗产税和一个 B 类遗产税。遗嘱公证税和房地产遗产税被合并成一个新房地产遗产税，这一新税对所有财产都按价值征税，包括死者遗留下来的不动产和动产。税率实行累进制，财产价值在 100～500 英镑范围内的，最低税率为 1%；财产价值在 100 万英镑及以上的，最高税率为 8%。相似地，B 类下的继承税和动产税由受益者承担，二者税基相同，因此税负相等。更小额的财产免税，因此从整体来看，这一改革减少了小额遗产的税负，增加了大额遗产的税负。哈考特希望遗产税收入一年能增加 350 万～400 万英镑，总收入达到1 400万英镑。[②] 但是，最终结果是令人失望的。

虽然遗产税看上去很严苛，但是慷慨的土地估价条款以及哈考特对世袭房地产征税难题的顾虑，削弱了遗产税的严苛程度。人们一般不会通过出售世袭房地产规避遗产税，因此在世袭过程中征税比在每次继承时征税更可靠。作为对这一让步的交换，哈考特额外征收了 1%的世袭房地产遗产税。事实上，通过投保一份人寿保险就可以轻而易举地规避这一税收。但是，新遗产税确实创造了一个出人意料的巨大收入来源。祖传遗物和世袭动产在下次继承时都要交税，这为政府筹集了2 000万英镑税款，是预期收入的两倍。[③] 地主很

① Bod. Lib., MS Harcourt dep. 122, ff. 21—27, memorial to Sir William Harcourt, 12 Jan. 1894.

② The duties were outlined in *Parliamentary Debates*, 4th ser. 33, 16 Apr. 1894, cols. 484—498.

③ Mandler, “Art, death and taxes”, 289, citing PRO, IR74/2, “Finance Act, 1894. Experience of the first year of the new Estate Duty”, A. Milner to M. Hicks Beach, 12 Aug. 1895, and T 168/33, “Death duties, 1895—1896”. A Milner, 10 Apr. 1896.

HAMLET AND THE SKULL.

Hamlet (Sir W. H-rc-rt). "This fellow might be in's time a great buyer of land, with his statutes, his recognisances, his fines, his double vouchers, his recoveries," &c., &c.

插图 4 “哈姆雷特和头盖骨”,1894 年 5 月 12 日的《潘趣》:威廉·哈考特修订遗产税

快就要求对祖传遗物免税,1896 年,希克斯·比奇(Hicks Beach)勉强做出了让步。他免除了画作、书籍、艺术品、科学收藏品等形式的世袭动产的税收,“以及财政部认为具有国家、科学或历史意义且不产生收入的其他物品的税收”。只要这些东西是被世袭继承的,就可以免于征税,因此也逃避了 1894 年条款的规定——每次继承都要缴纳遗产税。希克斯·比奇已经在遗产税上开了一个大口子。哈考特最多同意对那些具有国家和历史意义并留作公众收藏的艺术品免税。[①] 相较而言,希克斯·比奇虽然对地主阶级做出了巨大让步,但是没有给公众任何补偿。正如哈考特评论的那样,这是"送给全国最富有的百万富翁们的一份厚礼"。一个年轻的自由党国会议员——戴维·劳埃德·乔治[②](David Lloyd George)试图推动通过一项修正案,要求授权公众参观任何免税的艺术品,以此表达他对地主贵族的不满。[③] 但是他的这一提案没有获得通过,财政部关于税收减免的解释给予了地主非常慷慨的优待。国家深涉艺术品市场,要定义乡村大宅里哪些物品具有国家或者历史意义,实际上甚至包括家具、瓷器、挂毯、小画作等。正如一个法官评论的那样,这些东西是"一个公爵宅邸的合理配件"。希克斯·比奇做出的税收让步远超他最初的设想,在1906年遗产税负提高到新水平后,进一步要求税收豁免的压力特别大。劳埃德·乔治此时担任的职位(财产大臣)足以让他有所作为。但是,他不但没有取消对贵族收藏品的免税政策,反而将免税范围延伸至非世袭的动产,这大大增加了税务局艺术顾问的苦恼,因为现在他需要检查中产阶级的收藏品。[④]

尽管有很多缺点,但是在激进派看来,1894年的遗产税改革为哈考特赢得了一定程度的公信力。虽然遗产税提供了哈考特需要的部分收入,但仍是远远不够的。他最初的想法是通过进一步提高所得税,以及对啤酒与烈酒征

---

① Mandler, "Art, death and taxes", 289, citing Finance Act, 1896, section 20, on Hicks Beach's concession, and, for Harcourt's views at the time of his budget, *Parliamentary Debates*, 4th ser. 26,2 July 1894, cols. 726—736, 10 July 1894, cols. 1344—1357, 1361—1372,1381—1382; and 27,16 July 1894,cols.38—46. See also C. Stebbings, "One hundred years ago: works of art", *British Tax Revue* (1996).

② 戴维·劳埃德·乔治(1863—1945),出生于曼彻斯特,他的父亲是一位老师,在1864年就去世了。他由母亲和舅舅抚养成人,他舅舅是卡那封郡(Caernarfonshire)的一名鞋匠。1884年,他成为一名初级律师;1890～1945年,他担任自由党国会议员。他反对布尔战争和贵族特权,反对用税收收入资助英格兰教堂和罗马天主教学校。1905～1908年,他担任贸易委员会主席;1908～1915年,他担任财政大臣;1915～1916年,他担任军需部长;1916～1922年,他担任首相。(DNB, 1945—1950, ed. Legg and Williams, pp.515—529.)

③ Harcourt's comment is from *Parliamentary Debates*, 4th ser. 42,7 July 1896, cols. 993—994, and Lloyd George's intervention is in *Parliamentary Debates*, 4th ser. 42,14 July 1896, cols. 1497—1499, both from Mandler, "Art, death and taxes",289—290.

④ Mandler,"Art, death and taxes",295.

收更高的税，筹集更多的收入。[①] 这一揽子计划存在明显的政治风险，因此为了最大限度地减少阻力，哈考特希望调整税收负担。他显然相信，政府支出水平的提高已经改变了税收政治。通过啤酒税增加穷人的负担不是权宜之计，必须减轻低收入者的所得税压力，唯一的解决办法是对高收入征收一项附加税(surtax)。“我必须拿所得税开刀，因为在目前情形下，不可能从间接税得到更多的税收，如果要提高所得税收入，不可避免地要从高低收入两端对其进行改革。”[②]但是，在哈考特向下议院提交预算之前，这个雄心勃勃的目标——建立一个累进、分级的所得税——就被排除掉了。他的计划是对5 000英镑以上的收入，征收每英镑 0.5 便士的附加税，在收入达到100 000英镑前，收入每增加5 000英镑，每英镑税率提高 0.5 便士。刘易斯·哈考特写道，他的父亲“对此热情高涨，说如果要消灭赤字的话，必须有充足的火药填充枪炮”。[③] 这个计划的吸引力是十分明显的：

> 显而易见，随着已经增加和正在增加的政府支出，必须把所得税作为一个永久税，因此必须修正所得税中公认的不平等问题。普遍认为，所得税对低收入者负担太重，对高收入者负担太轻。因此，你必须拥有一个可以称之为正常的所得税，它有两个特征：(1)减轻较低收入者的负担(这受 500 英镑以下补贴的影响)；(2)你还必须增加较高收入者的负担。

换句话说，为了减轻低收入者的税收负担，收入低于 500 英镑的，可以得到补贴；收入在 500～5 000英镑的，按正常税率纳税；收入超过5 000英镑的，需要缴纳一个累进的附加税。[④] 这就是哈考特的计划，但是由于一些高级官员认为管理难度大，这个计划只实现了一部分。

因此，哈考特 1894 年的所得税改革计划是受限的。他放弃了对高收入的累进制，取而代之的是对其征收一项附加税。他将每英镑税率提高了 1 便士，为了减少反对，又将一些收入返还给了纳税人。他对 A 类下的财产所有者给

---

① Bod. Lib., MS Harcourt dep.398, f. 8, 27 Dec.1893, f.17, 1 Jan. 1894; 399, ff. 27—28, 12 Jan. 1894.

② Bod. Lib., MS Harcourt dep.70, ff.56—57, Harcourt to Milner, 19 Feb.1894.

③ Bod. Lib., MS Harcourt dep.399, ff.45—46, 7 Feb.1894.

④ Bod. Lib., MS Harcourt dep.70, ff.40—43, notes on surtax, undated(1 Feb.1894?).

予了税收优惠,为了弥补发生的修缮和维护费用,允许他们按照85%的毛收入纳税。这一优惠减少了大约61万英镑税收,牺牲了一大部分来自新遗产税的收入。更重要的是,哈考特对低收入纳税人给予了更大的优惠。他的保守党竞争对手迈克尔·希克斯·比奇(Michael Hicks Beach)认识到,遗产税改革不能仅仅是为了增加财政收入。[①] 相反,它应是一项新财政政策和选举策略的一部分。哈考特修订了底端的所得税办法,因此尽管标准税率提高了,但是低收入者缴纳的税收却更少了。现有的所得税纳税门槛是年收入150英镑;年收入在150英镑至400英镑之间的,有一个120英镑的免税额。哈考特认为,年收入在400英镑至500英镑的,最需要减轻税收负担:"他们是一个庞大且最值得尊敬的阶层,他们大多数通过自食其力获得了经济独立,通过他们自己的勤劳,从免税阶层奋斗到了需缴纳所得税的阶层。"因此,哈考特将所得税的纳税门槛提高至160英镑,而且对400英镑以内的收入,提供了一个160英镑的免税额。不久,他对年收入为400～500英镑的,给予一个100英镑的免税额。[②]因此,标准税率的提高没有增加500英镑以下收入阶层的税收负担。这些税收优惠使很多人受益,尤其是中产阶层——他们正是自由党需要着力吸引的选民群体。

哈考特可以把房地产遗产税(estate duty)解释为是一种形式的累进制和差别征税,这种累进制和差别征税可以帮助来自贸易和雇佣的"不稳定"收入。换句话说,他可以美其名曰房地产遗产税促进了创业和冒险精神,打击了来自累积财富的不劳而获所得。房地产遗产税的累进制可以被看作等同于所得税的累进制,而且没有累进所得税的缺点。事实上,汉密尔顿(E. W. Hamilton)——格莱斯顿正统财政思想的主要代表人物之一,愿意支持累进的房地产遗产税。累进遗产税较容易征收,因为它不需要调查收入。它只影响来自资本的收入,来自薪水的收入不用交税——个人依靠挣取的薪水维持生计。累进房地产遗产税不影响年收入在1 000英镑以下的人,不对现有所有者征

① See comments of Hicks Beach, Gloucestershire Record Office, 2455, PCC/12, Hicks Beach to Balfour, 8 May 1894.

② *Parliamentary Debates*, 4th ser. 33, 16 Apr. 1894, cols. 499—501.

税。[①] 与所得税的差别征税和累进制相比，汉密尔顿很明显更愿意支持房地产遗产税。哈考特向下议院承诺，通过房地产遗产税，“你可以得到一个累进所得税想要达到的结果，其税收负担主要由与‘辛劳性收入’明显不同的‘自发性收入’承担”。[②] 通过一些简单的精算，这一税收的周期效果与一个年度所得税具有异曲同工之妙。假设年收益率为 4%，则价值 3.75 万英镑的动产(personal estate)每年将产生1 440英镑的收入，多征的房地产遗产税等同于每英镑征收 1.25 便士的一个年度所得税。20 万英镑的动产每年将产生7 680英镑的收入，多征的房地产遗产税等同于每英镑征收 6.25 便士的一个年度所得税；120 万英镑的动产每年将产生 4.508 万英镑的收入，相当于每英镑征收 10 便士的一个年度所得税。[③]

哈考特只能通过推销他的预算应对罗斯伯里的强烈反对，后者在 1894 年接替格莱斯顿成为首相。罗斯伯里担心，这项政策会被看作是对地主的攻击，会因此疏远自由党中“仅存的”财产所有者，将他们变为“活跃且令人胆寒的对手”。罗斯伯里认为，保留贵族阶层是必要的，因为“在英国，用美国式的财阀集团替代地主阶层是一个糟糕的选择”。罗斯伯里担心自由党既失去了富人的支持，同时又不能确保能够得到不那么富裕的阶级的拥护。他认为，每年挣 500 英镑的人数量不多，且不知道感恩。最重要的是，他对“在本国横向划分阶层”保持警觉，因为“这将使自由党除了依靠工人阶级外别无选择，失去了原先组成该党的富人和知识分子的支持”。[④] 哈考特对此不以为然，宣称“罗斯伯里的这些废话毫无意义，大可置之不理”。他告诉罗斯伯里，他很乐意接受地主的仇视，因为他们只是失去了其本来就不应该拥有的特权。事实上，他在 A 税目中给予的减免向地主们返还了很多税收，而且在许多方面他抑制了对地主更猛烈的打击。哈考特坚信他的策略对选举有帮助，因为年收入在 500

① Bod. Lib., MS Harcourt dep. 65 , ff.1—4, 7 Apr.1894.

② *Parliament Debates*, 4th ser. 33, 23 Apr. 1894, cols. 502—503.

③ Bod. Lib., MS Harcourt dep. 65 , ff.1—4, E. Hamilton, 7 Apr. 1894; he also made some “rather fanciful” calculations for income from real property in MS Harcourt dep. 65, ff .78—82, 13 Apr. 1894. In 1906, the same point was still being made by H. W. Primrose of the Inland Revenue: PRO, IR74/Ⅱ, “Note as to methods of estimating the annual tax on property which would be equivalent to the present occasional taxes on transmission of property at death”, 3 July 1906.

④ Bod. Lib., MS Harcourt dep. 57 , ff.77—89, Rosebery,3 Apr. 1894.

英镑以下的人,占了选民的 90%。正如他态度生硬地告诉罗斯伯里的那样,获得选民感激的最好方式是赢得他们的心,以前自由党领导人所犯的错误就在于:“让该党被认为是富人财政特权和免税待遇的捍卫者,从而失去了支持,因为财政特权和免税待遇是受到人们普遍谴责的。”[①]

自由党可以将哈考特的举措描述成“一个伟大的民主预算”。遗产税的改革和简单化意味着:“迄今为止,土地缴纳的税太少了,现在必须缴纳与其他形式财产一样多(即使不多于)的税。”遗产税的累进制意味着,百万富翁的纳税比例要高于只有1 000英镑财产的人。遗产税减少了年收入在 500 英镑以下的纳税人的所得税负担。“这个预算是公平的预算,是诚实的预算——它实现了收支平衡。它建立了一个重要的具有深远意义的原则——多出来的税收应该由那些最有支付能力的人负担。它消除了地主阶层过去拥有的一些不公平的特权。”[②]实施这一预算可以帮助“收入较高的工人、职员、努力奋斗的专业人士、小店主、制造商以及农业专家”。[③] 哈考特指出,累进制遗产税体现了社会公正,实现了对“不稳定”(或者辛劳收入)与“自发性”(或者消极收入)二者之间的差别对待,而且他可以向激进派解释,他正在采取措施抑制社会性创造的租金。哈考特和格莱斯顿追求的最终目标是一样的,即利用税收制度团结而不是分化不同阶级。哈考特从中产阶层入手,向收入较低的所得税纳税人提供优惠。提高遗产税有助于缓解激进派要求打击地主阶层的压力,避免了地主阶层被作为一个单独的资本团体受到更加严厉的攻击。提高遗产税呼应了激进派的诉求,抑制了他们要求实施更广泛——也可能更加野蛮的——计划的压力。正如法勒(Farrer)评论的那样,哈考特的预算可以“与皮尔爵士和格莱斯顿先生的伟大贡献相提并论”,将在“众多伟大措施中占有一席之地,这些措施有助于调和资本与劳动的关系,使政府需求适应业已改变的社会环境,提高人民的福利”。[④] 当然,地主阶层和保守党是否同意这一观点就是另一个问题了。在保守党看来——更不用说罗斯伯里了,哈考特的“均衡”税负概念

---

① Bod. Lib., MS Harcourt dep. 57 , fos. 93—109,4 Apr.1894.

② Liberal Publication Department, leaflet 1653, “The budget: what it is and how it was carried”, in Bod. Lib., MS Harcourt, dep.125.

③ *Birmingham Daily Post*, 23 Apr. 1894, quoted in Brooks(ed.),Destruction, p. 24.

④ Farrer,“Sir William Harcourt's budget”,153,164.

明显就是失衡的和重新分配的。但是在19世纪90年代业已变化的政治环境中,在哈考特看来,这不是什么坏事情:地主阶层已经抛弃了自由党,现在更需要做的是确保自由党能够得到激进派、国家主义者、底端中产阶层和工人阶级的支持。

插图5 “沮丧的公爵们”,1894年6月30日的《潘趣》:凝视着他们的财产损失

因此在19世纪,遗产税是英国财政宪法争论的焦点。对很多政治家来说,对遗产征税比对其他当前收入征税更易于被人们接受,因为遗产税不会损害积极进取的企业,而且继承权是需要得到国家及其法律保障的。虽然格莱斯顿用遗产税取代所得税的目标没有实现,但是遗产税确实成为他实现税收公平愿景的核心举措。最重要的是,格莱斯顿认为,不应该利用所得税制造阶级或利益群体之间的对立,为了说服支持对自发性收入和不稳定收入采取差别征税方式的人,让他们相信遗产税可以实现收支平衡,他很好地利用了遗产税。对格莱斯顿来说,通过征收遗产税可以确保每种形式的收入都按照相同比例缴纳所得税。这让他可以平息维多利亚时代中期时要求差别征收所得税的运动。到 1894 年,哈考特采取的手段不同于格莱斯顿。选举权的扩大、土地问题的涌现以及对地方税收的关注意味着,差别征税和累进制压力比维多利亚时代中期时更大,有着更加激进的要求。遗产税是哈考特抑制激进要求策略的一部分,向激进派表明他正在采取措施,同时又不必接受他们更野蛮的要求。最重要的是,哈考特希望减轻低收入中产阶层的负担,因为他们的选票是如此之重要。通过向辛勤工作、爱冒风险和自食其力的家庭提供所得税减免优惠,利用遗产税打击不劳而获的高收入者,哈考特可以将自己装扮成他们的朋友。

因此,哈考特继续执行这一财政和选举策略,在 1907～1914 年,在保守党找到基于关税改革的策略之前,这一策略一直被阿斯奎斯与劳埃德·乔治采用和拓展。然而,哈考特和他的继任者之间有很重要的不同之处。与阿斯奎斯不同,哈考特不建议对辛劳性收入和自发性收入——或者用现在更具有道德意义上的术语,称之为劳动收入(earned income)和非劳动收入(unearned income)——差别征税。与劳埃德·乔治不同,哈考特没有毫不留情地打击地主阶层。哈考特希望达到的目标是实现不动产与动产之间的税收平等,这将会消除人们对地主的潜在抱怨,抑制对地主阶层的激进批评。事实上,米尔纳(Milner)向希克斯·比奇保证,遗产税负的均等化最符合地主阶层的利益。遗产税对不动产“站不住脚的”税收优待意味着地主阶层可能失去更多,因为他们不能确保自己向地方征税机构申请救助的要求可以得到满足。米尔纳估计,哈考特土地遗产税每年的净附加成本约为 60 万英镑,“这一牺牲(增税)首次将土地置于与其他财产平等的位置上,这使得能够找到充足理由减轻土地的负担，对于土地本身来说，这种牺牲最终可能会因祸得福”。[①] 均等化的遗产税是一种保险费而非勒索。到1907年，情况有所改变，因为自由党一方面需要面对更强烈的关税改革要求，另一方面还要面对分离出来的工党日渐壮大的威胁。在这些新的选举环境中，作为打击“非生产性”财富的手段，遗产税具有更大的吸引力。1907年，阿斯奎斯将房地产遗产税税率提高到11%的上限，劳埃德·乔治又将其提高到15%，并征收2%的世袭遗产税。[②] 也许确实有理由打压一下这些公爵们。

---

① PRO, IR74/2, “Finance Act 1894. Experience of the first year of the new Estate Duty”, A. Milner to M. Hicks Beach, 12 Aug. 1895.

② Mallet, *British Budgets*, p.490.

9 “雅典式民主”：财政制度和地方政府(1835～1914)

[托克维尔对美国和法国的分析]让他极其重视在没有政府干预的情况下，人民可以在多大程度上自己顺利完成社会集体事务……他不仅将这种公民自发的政治实践活动，视为训练公民社会责任感和实践智慧的最有效方式之一……而且把它看作是应对民主制度某些明显缺陷的特定手段，把它看作是避免社会倒退到专制制度的一个必要防护措施。在现实世界中仍然存在这样的危险——行政首脑对一个由独立个体构成的群体具有绝对权威，虽然表面上看似人人平等，但是实质人人都是奴隶。事实上，英国当前不存在这样的危险，因为在英国，政府将90%的国内贸易通过谈判或协议方式，移交给了独立于政府的外部机构；人们不仅仅在理性上不赞成集权，而且对集权抱有非理性的偏见；警惕政府干预成为一种盲目的情感，这种情感阻止或者抵制了如何最有效地利用立法机关纠正过度的地方自治问题——很多事务看似是地方自治的，但是经常被利益集团用来谋取私利，受到某个短时的或世袭的地方寡头集团的控制。我小心翼翼地避免犯这两类错误，而且……已经……坚持同等重视两类错误，已经找到了调和这两者优点的方式，使之成为一个严肃研究的主题。

J. S. Mill, *Collected Works*, vol Ⅰ: *Autobiography and Literary Essays*, ed.J. M. Robson and J. Stillinger (London and Toronto, 1981), pp. 201－203

在维多利亚时代中期的英国，对最小政府和自由贸易的激进要求并不意味着简单追求个人经济私利。其目的在于打破特许垄断特权，创造一个积极协作的生活方式,这种生活方式是建立在公民广泛参与基础之上的。[①] 用尤金尼奥·白奇尼(Eugenio Biagini)的话来说,格莱斯顿的自由主义依赖“自治政府、高度尊重公共服务和与之相关的公民美德、理想化的‘独立性’、重视自助,以及将教育视为道德责任”。[②] 最重要的是,约翰·斯图亚特·密尔强调需要积极参与地方社区事务,对地方社区事务的参与建立在“雅典式民主”的积极自由之上,目的在于限制因城镇扩大和经济生活日益复杂而衍生的潜在有害的道德结果。在一个每个人都熟识的小社区,一个店主在不损害自身声誉的情况下,只能欺骗自己的顾客一次;但是在一个大城镇,一个店主为了赢得顾客,会在利益驱使下吹嘘和误导性地宣传自己产品的质量。换句话说,“公众观点很容易从理性审视退化为易于受到操纵的非理性行为”。零售商的做法也同样适用于政治家,导致在个人追求私人利益的商业社会中,受过良好教育的“公共布道家”这一精英群体——他们的观点逻辑缜密——的地位下降了,更加民粹主义的方式受到了欢迎。通过培育广泛的直接参与和公民美德,可以避免这些危险,也可以防止地方社区陷入自私的不当管理之中。[③]

密尔相信,地方政府可以有效防止当权者对独立个体使用其潜在的专制权力。但是,也可以用一种不那么积极的方式解释地方政府——它代表了低劣行为,而不是公民参与,这是密尔已经意识到的危险。帕特里克·奥布莱恩(Patrick O’Brien)是一位现代历史学家,他批评了维多利亚时期的政治家们,批评他们将管理和财政责任下放给地方政府的策略,并把这一策略作为“维多利亚统治时期财政紧缩和社会忽视政策意识形态”的一部分。在奥布莱恩看来,中央政府可以回避为公共服务征税这一“困难且不受欢迎的任务”,仅仅专注于制定外交和战略性的重大政策。[④] 19 世纪第二个 25 年中英国城市人口预期寿命的缩短和婴儿死亡率的上升,支持了帕特里克对维多利亚时代早期政府节俭政策的批评。在英格兰和威尔士人口超过 10 万的城市中,婴儿出生时的预期寿命从 19 世纪 20 年代的 35 岁,下降到了 19 世纪 30 年代的 29 岁;

---

① 关于自由贸易文化,见 Trentmann,“Political culture and political economy”。

② Biagini,“Liberalism and direct democracy”, pp. 22—23.

③ Biagini,“Liberalism and direct democracy”, pp. 29, 30—31, 36. On the notion of “public moralists”, including Mill, see Collini, *Public Moralists*.

④ O’Brien,“Taxation”, 7.

之后,一项意义重大的改进措施将预期寿命先后分别提高到19世纪70年代的38岁,以及19世纪80年代的40岁。[①] 18世纪晚期和19世纪早期对公共卫生基础设施投入的不足,对社会福利造成了严重的后果。用克拉夫茨(N.F.R.Crafts)的话说,19世纪早期对城市环境的投入不足是"一种典型的市场失灵——在搭便车、受益不公平以及税基狭窄等因素的共同作用下,公共产品支出没有达到最优"。[②] 对城市环境的投资可以提高经济效率,得到一个可观的投资回报率,但是停止污染空气和河流、花钱修建新下水道或者铺设道路,不符合任何单个企业家的利益。在分析地方政府财政时,必须首先考虑导致这一结果的政治环境。在19世纪第二个25年中,为什么会出现这样的政府投资失灵呢?这一失灵导致了城市环境的脏乱和人均寿命的缩短。

19世纪下半叶,通过重塑有利于集体行动的环境,这一问题得到了缓解,各地采取的方式差异很大。19世纪最后一个25年中预期寿命的提高在很大程度上是城市环境改善带来的结果,环境改善得益于对修建下水道、供水设施以及铺设道路进行的大量资本性投资,城市清洁和管理标准的提高,以及隔离医院和产科诊所的增加。在总的政府开支中,地方政府负责的份额越来越大。在19世纪20年代,地方税收只占总税收收入的14%;到第一次世界大战时,这一比例上升至34%。[③] 正如查尔斯·范因斯坦(Charles Feinstein)向我们展示的那样,在1870～1914年,地方政府完成的固定资本投资占到了所有公共投资的95%,而且占据了国内总固定资本相当大的份额——19世纪70年代这一比例为11%,19世纪90年代为15%。[④] 到了1914年,地方政府债务

① Szreter and Mooney, 'Urbanization, morality and the standard of living debate', table 6, 104.

② Crafts , "Some dimensions of the 'quality of life' during the British industrial revolution", 633—634; see also J. G. Williamson, *Coping with City Growth during the Industrial Revolution* (Cambridge, 1990) , and J. C. Brown, "The condition of England and the standard of living: cotton textiles in the north-west, 1806—1850", *Journal of Economic History* 50(1990), 591—614; on the gains as a result of intervention in public health, see S. Szreter, "The importance of social intervention in Britain's morality decline c. 1850—1914: a reinterpretation of the role of public health", *Social History of Medicine* Ⅰ(1988), 1—37, and A. Hardy, *The Epidemic Streets: Infectious Disease and the Rise of Preventive Medicine*, 1856—1900(Oxford, 1993).

③ O'Brien, "Taxation",6.

④ C. H. Feinstein, *National Income, Expenditure and Output of the United Kingdom*, 1855—1965(Cambridge, 1972), table 39, T85—86.

上升至6.562亿英镑,已经与中央政府债务——达到7.06亿英镑——相差无几了。[①] 在维多利亚时代晚期,尽管存在地方税纳税人不愿纳税的持续影响,但是对城市基础设施的投资确实在增长,这种增长一直持续到1900年左右达到地方税基的上限,以及借贷成本的不断上升时才停止。

为什么19世纪下半叶的投资会增多呢?这使得城市中的死亡率明显降低,预期寿命大幅提高。在某种程度上,答案在于大型煤气、自来水和运输公司进行的巨大私人投资,以及无数小建筑商和屋主进行的大量私人投资。两种形式的私人投资都提出了政治难题。公司经常导致地方垄断,程度达到了具有对消费者“征税”的权力。结果,人们认为需要限制它们索要高价和获取超额收益的能力,这可能会抑制它们将来的投资,或者导致将其收归公有。相反,房屋市场的投资是非常碎片化的,由地主、建筑商、屋主以及抵押贷款提供者共同完成。住房市场是地方政府的主要收入来源,因为住房缴纳的主要是地方税——而且需要复杂的政治协商。为了获取佣金,屋主可以代表地方政府收税——但是,他们也许无法将税收转嫁给租客。因此,地方财政的融资行为可能会侵蚀住房市场的收益,损害住房市场的未来投资。[②] 本章的重点是公共投资,探索如何创造一个可以进行更高水平集体行动的环境。这个任务绝不是轻而易举可以完成的。人们也许渴望通过增加支出解决城市卫生、公共秩序和经济效率等难题,一些政府部门积极鼓励地方政府投资下水道、水库、学校和医院。但是,谁应该以及以什么方式为资金密集型的大型工程投资埋单呢?谁应该以及以什么方式为范围不断扩大、成本不断增加的市政服务埋单呢?地方税收负担被公平地分摊到不同利益群体和收入阶层中了吗?由地方政府而不是中央政府承担支出公平吗?地方政府不断增加的支出会迫使中央政府提供补助和贷款,从而破坏财政部降低税收和偿还国债的努力吗?财政部应该如何应对这一影响自己对公共支出和债务控制的潜在威胁?地方政府投资的陡然上升引出了让人头疼的技术问题和棘手的政治难题。

---

① J. F. Wilson, “The finance of municipal capital expenditure in England and Wales, 1870—1914”, *Financial History Review*, 4(1997), 31.

② 我在其他地方分析过这两类难题,见“The material politics of natural monopoly”, and *House and Home in the Victorian City: Working-Class Housing*, 1850—1914(London, 1983)。

城市支出的失灵

18 世纪,为了发动与法国的战争,英国强大的财政—军事国家的兴起,是与中央政府不再致力于实施社会政策和维持公共秩序联系在一起的,这些事情都交给了地方政府。法国和普鲁士的结果却大相径庭,在这两个国家,中央政府调动资源的努力,导致在地方政府建立了一个新的中央机构。在英国,如乔安娜·英尼斯(Joanna Innes)评论的那样,"新发起和已有的管理责任都下放给了地方政府 ——它们拥有丰富的管理经验,有一支完善的、具有事业心的和善于反思的公务员队伍,可以很好地维持地方政府的运转——至少它们可以很好地应对这一挑战"。[①] 但是仍然出现了很多难题,因为英国人口出现了史无前例的快速增长,并且在向城市迁徙。城市规模和政府结构没有系统性的必然联系,因为 19 世纪早期一些最大的城市——比如曼彻斯特(Manchester)和伯明翰——没有市政公司,而是尽其可能地依赖各种权力机构和制度——庄园法庭、郡法官、市场章程、教堂、改善委员会(improvement commissions)。正如英尼斯评论的那样,传统的城市形式已经明显跟不上时代要求了。[②]

公司(corporation)也许代表着一种积极的市民文化,可以通过产权、市场和港口对城镇需求做出快速反应,可以为改善需求筹集到所需要的资金。尽管如此,在 18 世纪末期和 19 世纪早期,公司还是受到了越来越多的指责。对公司关注的主要问题之一是贸易管制和学徒制,这保护了城镇自由民免受竞争的冲击。但是,这个作用受到了法律挑战和意识形态攻击,认为其无助于竞争性的商业经济。同样,公司的代表性功能也遭到了质疑。一些公司落入某个政治或宗教团体手中,削弱了公司宣称的可以保护整个城镇经济利益的说法。来自公司财产以及收费收入的使用情况成为争论的焦点,因为公司财务缺少透明度,人们攻击公司滥用公共资源满足党派利益。结果导致这个"封闭的"、自我选举的实体无法对整个城镇征收地方税,大多数城市改善投资是通过借款筹资的,

---

① Innes, "Domestic face of the military-fiscal state", pp.96, 102; see also D. Eastwood, *Governing Rural England: Tradition and Transformation in Rural England*, 1780—1840(Oxford, 1994), pp.1—4.

② Innes, "Governing diverse societies".

因此债务负担不断攀升。[①]

但是无论如何，一个公司的缺失或者低效未必会阻止城镇对治理难题做出迅速回应。为了与公司进行竞争或替代公司，可以将现有政治权力用于新用途，如庄园法庭、市场章程、民事法庭、教堂、郡法官。新的机构也被建立起来了。自治组织(voluntary association)数量激增，这些组织提供了学校、医院、图书馆、文学和哲学社团、机械研究所、植物园等服务。[②] 与封闭和神秘的公司不同，任何缴纳会费的人都可以成为自治组织的会员，所有活动都被记录在公开出版的财务报表和报告中，这些报表和报告要在会议上公开讨论。通过地方性的私人法案建立了各种委员会(commissions)，这些委员会负责铺设道路、提供照明和守护城镇，有独立的征税权。这些委员会的委员通常是当然(ex officio)任命或者通过增选(co-opted)形成的。尽管城市政府结构存在“不合理性”，但是它足以灵活应对 18 世纪中的城市增长问题，因此预期寿命延长了，婴儿死亡率下降了。难题出现在 19 世纪第二个 25 年中——在此期间，公共卫生恶化了，集体行动的失灵问题越来越明显。

18 世纪晚期和 19 世纪早期，国家机构、地方组织、英国圣公会(the Church of England)，以及从大学到救济院等各种形式的慈善机构(charitable foundation)都受到了攻击，因为它们在行使权利和履行义务时对公众不负责任。保守党辩称，国家机构只对制定明确特定义务的法律、王室以及上帝负责。任何改革都应该从国家机构——它们已经意识到了环境的复杂性——内部开始，而不应该从无知的局外人开始；最重要的是，国会应该授权而非强制推行改革，应该相信这些机构能够以一种负责任的方式行事，因此只需它们显示如何开展自愿性的改革就可以了。杰弗里·贝斯特(Geoffrey Best)将这种方式定义为“值得信赖的不负责任”。[③] 保守党为慈善机构和公司进行的辩护建立在一种信念之上——相信它们为了履行责任，能够以一种负责任的方式

---

① Innes, “Governing diverse societies”; Dawson , “Finance and the unreformed borough”.

② 关于这些自治组织的建立，见 Clark, *British Clubs and Societies*, 他认为这些自治组织无法弥补正式政府机构的缺陷; and Langford, *Public Life and the Propertied Englishman*, for a more positive view。

③ G. F, A. Best, *Temporal Pillars: Queen Anne's Bounty, the Ecclesiastical Commissioners and the Church of England* (Cambridge, 1964), pp. 178—183.

行事,公众的信任和鼓励可以维持它们的这种行为。辉格党更倾向于怀疑这些机构只享有特权但没有担负起责任,因此需要对其进行管理,让其对一个外部机构负责。在19世纪第二个25年中,伦敦同业公会、济贫院、牛津大学和剑桥大学都受到了批评,因为它们滥用基金为自己的成员谋取利益,并且通过向其他社团成员"征税"逃避自己的财政责任。[①] 调查主要是围绕着英国圣公会、通过接受捐赠设立的慈善机构、市政公司以及学校的资产进行的,目的是通过选举过程和积极的国会改革建立一种更高水平的公共责任。相似的问题也出现在公司层面——通常是垄断性公司,如煤气公司或者自来水公司。这些公用事业公司的股东和董事们拥有与老式特许垄断公司(比如说东印度公司)相似的权力,可以制定价格和向消费者"征税"。因此,为了阻止这些公司收取高价,需要对它们进行规制。公共团体、慈善机构和公司是责任和税收这一讨论主题的重要组成部分。[②]

回应城市管理压力的一种方法是制定花费低且简单易行的规程,建立特设(ad hoc)机构承担铺路、照明和守护职责。《1830年照明与守护法案》(the Lighting and Watching Act of 1830)取消了每建立一个新改善委员会都需要通过一个花费昂贵的私人法案这一规定;在未来,英格兰和威尔士社区中的任何3个居民都可以申请举行一个会议,只要3/4的多数同意,就可以成立一个委员会。委员会委员不再通过增选形成或者当然任命产生,而是通过选举产生,拥有财产越多的人在投票中的权重越大:根据财产价值,缴纳济贫税的财产价值在50英镑以下的屋主,拥有1票投票权,财产价值每增加25英镑,就增加1票投票权,但最多只能拥有6票投票权。《1818年斯特奇斯·伯恩法案》(the Sturges Bourne Act of 1818)开启了这种累进制投票权的先河,这种选举方式允许教区在贡献较大的地方税纳税人的领导下,用"开放性的"教区委员会代替"封闭式"或内部选举产生的教区委员会,由此将济贫法置于贡献较大的地方税纳税人而不是潜在受益者的控制之下。1818年和1830年这两

① 关于慈善组织,见本书第7章中的相关内容;要了解关于慈善组织公共责任的争论,见Owen, *English Philanthropy*, chapter 7。

② 唐顿深入研究了这一问题:"Material politics of natural monopoly"。

个法案的原则受到了约翰·卡姆·霍布豪斯(John Cam Hobhouse)①1831 年许可法案的挑战,这个法案提出了另外一种选举方式:允许教区在一个地方税纳税人一票制的基础上成立教区委员会。1833 年,辉格党政府朝着霍布豪斯的方向迈进了一步,修订了 1830 年法案,需要 5 个地方税纳税人才可以要求召开一个会议,更少的多数人(2/3)同意就可以建立一个委员会,委员会委员基于一个地方税纳税人一票制选举产生。

这些不同的选举方式对集体行动和公共支出结果具有重要影响。一方面,广泛参与的"开放性的"教区委员会意味着,那些缴纳很少或者根本不纳税的人可以控制支出和税收,当济贫支出很高时,将会引起人们极大的警觉;另一方面,"封闭性的"不具有公共代表特征的公司和慈善机构——它们的管理机构是自我选举产生的,是具有自身利益的——以及通过增选或任命方式产生的改善委员会,又带来了合法性以及对税收缺乏认同性难题。在改革这些团体时,不同的投票权对社会资本支出具有重要影响。霍布豪斯一个地方税纳税人一票制的原则,潜在地赋予了交税很少的地方税纳税人扩张支出的权力——这些支出主要是由交税较多的地方税纳税人承担的。这样的预期让威灵顿公爵(the duke of Wellington)②感到恐慌,他谴责霍布豪斯法案"将每个人的财产交由其所在教区的底层民众处置,在城镇中尤其如此"。但是,结果

① 约翰·卡姆·霍布豪斯(1786—1869),就读于剑桥大学威斯敏斯特和三一学院,他在剑桥大学成立了剑桥辉格党俱乐部。他和拜伦一起旅行,是拜伦的遗嘱执行人。1819 年,他作为一名激进派竞选威斯敏斯特选区国会议员,因为蔑视权势被关进了监狱;1820 年,他当选国会议员。他积极支持希腊独立。1832～1833 年,他担任战争事务大臣;1833 年,他担任爱尔兰事务大臣,后来因为房屋和窗户税辞职。他在威斯敏斯特选区竞选国会议员遭遇了失败,1834～1847 年,他代表诺丁汉当选国会议员;1848 年,他代表哈里奇当选国会议员。1834 年,他担任木材和森林委员会会员;1835～1841 年以及 1846～1852 年,他担任控制委员会(Board of Control)主席。(DNB, vol. XXVII, ed. Lee, pp.47—50.)

② 阿瑟·韦尔斯利(Arthur Wellesey, 1769—1852),第一任威灵顿公爵,就读于伊顿公学、布鲁塞尔大学以及昂热军事学院;1786 年,他进入军队服役;1790～1795 年,他担任国会议员;1797～1805 年,他在印度工作,在军事和民事管理部门都担任过职务;1806～1809 年,他返回英国后再次担任国会议员,并于 1807～1809 年担任爱尔兰事务首席大臣。他随后担任驻葡萄牙、西班牙和法国军事指挥官;1814 年,他担任驻巴黎大使;1815 年,他担任驻维也纳会议代表。1815 年,他指挥军队在滑铁卢大胜拿破仑。1818～1827 年,他在内阁中担任军械总管,他反对天主教解放法案,不承认拉丁美洲西班牙殖民地和希腊的独立。1828 年,他成为首相,背弃自己以前的观点通过了天主教解放法案。1830 年,他宁愿辞职也不接受国会改革;1834 年,他再次短暂担任首相以及内政大臣,并在皮尔首次执政时担任外交大臣;1841～1846 年,他担任没有具体事务的内阁部长。[DNB, vol. LX, ed. S. Lee (London, 1899), pp.170—223.]

也许是更节俭而不是铺张浪费,因为小额财产拥有者——投资小房子用来出租的投资者、小店主以及小贸易商——掌握了大多数选票,他们害怕公共支出损害自己的利益。一个地方税纳税人一票制的投票方式也许会提高中下阶层纳税人的地位,他们关注节俭,但是对公共支出缺乏兴趣。相反,累进制的投票方式给予大额财产拥有者和地方税纳税人更多的权力,虽然他们也许会在济贫方面非常节俭,但是他们可能会在城市基础建设方面采取不同的做法(无论是从提高他们自身商业效率的自利角度出发,还是从更广泛的公共信任角度出发),因此复式投票法也许会违背中下阶层缩减开支的意愿。[1]

1830年和1833年照明与守护法案中的不同投票方式,再次出现在两个重要改革中:《1834年济贫法修订法案》(the Poor Law Amendment Act of 1834)和《1835年市政公司法案》(the Municipal Corporations Act of 1835)。济贫法采用了累进式的投票权方式,将其作为严格控制开支的手段之一,因为很多改革者认为济贫支出过多了,不利于生产,鼓励了穷人不负责任的行为。按照改革者的观点,英格兰的老济贫法不是由可靠的人控制的,不像在苏格兰,大地主从18世纪中期开始就控制了济贫支出。在英格兰,救济补助金掌握在穷人的监工者手中——他们对教区中的居民负责,虽然他们会为了把税收保持在低水平,对申请者采取严厉的控制标准,但是他们也可能会基于自身利益考量,大规模增加支出,因为在未来他们自己也许就会成为申请者,或者会将维护性的季节性劳动成本转嫁给公共财政承担。更进一步地,济贫法是建立在尊重和自由基础之上的社会秩序与制度的一部分。一个申请救助失败的人可以向郡中的任何法官就监工者的决定提出上诉,郡法官可以要求监工者给予其救助。从理论上来说,在家长式或者等级式的社会秩序下,法官的自由裁量权造就了一种权威。然而,19世纪30年代早期发生的农业动荡表明,这样的权威不再有效了,一种不同形式的权威机构出现了,这一权威机构建立在确定性的惩罚和专业警察力量之上。济贫法改革旨在通过打破受益者的权

---

① 要了解不同形式的投票权的特点,见 J. Prest, *Liberty and Locality: Parliament, Permissive Legislation and Ratepayers' Democracies in the Nineteenth Century* (Oxford, 1990), pp. 8—9, 12—13。他认为,不同形式的投票权既无法增强支出责任,也无法应对城市难题。See also P. M. Ashbridge, "The power and the purse: aspects of the genesis and implementation of the Metropolitan Poor Act, 1867", PhD thesis, University of London (1998), chapter 2.

力和确保地方权力掌握在“可靠的”人手中,防止穷人过多享受福利。教区抱团结成了联盟(Unions),联盟选举产生了监护人委员会(Boards of Guardians)。为交税较多的地方税纳税人设置的复式投票机制削弱了受益人的权力:财产价值在50英镑以下的所有者,拥有1票投票权,财产价值每增加25英镑,增加1票投票权,但最多只能拥有6票投票权;财产价值在200英镑以下的地方税纳税人,拥有1票投票权,财产价值在400英镑及以上的,拥有3票投票权,这也是投票权数量的上限。这些关于投票权累进幅度的规定于1844年进行了修订,不久被《1848年公共卫生法案》(the Public Health Act of 1848)和《1858年地方政府法案》(the Local Government Act of 1858)采用:财产价值低于50英镑的所有者或者占有者拥有1票投票权,财产价值每增加50英镑,增加1票投票权,但最多只能拥有6票投票权。更进一步地,只有大额财产拥有者或占有者才有资格被选入监护人委员会,地方法官是委员会当然(ex officio)成员。[①]因此,济贫法变得“安全了”,支出受到了控制。

与济贫法改革不同,1835年的市政公司改革采取了一个地方税纳税人一票制投票的方式。市政公司法案对于增强有效应对公共卫生难题的财政能力作用甚微,西蒙·斯莱特(Simon Szreter)甚至认为,这一改革削弱了城镇对公共问题的反应能力,导致城镇在政治和管理上几乎陷入瘫痪状态。乍一看,市政公司的投票权产生方式似乎比济贫法更民主,但是并没有出现威灵顿公爵担心的危险。市政投票权要求地方税纳税人及时交税,这使得投票权成为潜在投票者可以自我掌控的一笔财务交易。很多地方税纳税人被豁免交税,或者仅是因为管理上存在困难和占有者非常贫困导致地方税收不上来。选民规模还受到地方议会及其官员如何确定地方税的影响,因为他们可以控制超过门槛的特殊财产是否有资格获得投票权。因此投票权是积极形成的,而不是被动授予的。对地方政府的控制落到了小店主、房东以及小制造商手里,他们不愿意为污染或糟糕的环境卫生埋单,他们渴望抑制最终由其财产和收益承担的相关税收。因此,狭窄的税基和有限制的投票权导致了一种持续的危

① Prest, *Liberty and Locality*, pp. 15—16; Mandler, “The making of the new poor law redivivus”, Ashbridge, “The power and the purse”, chapter 2.

险:一项支出政策会导致在政治上受到惩罚。虽然市政公司法案打破了自我选举的寡头机构的控制,通过将税收和代表性(投票权)联系在一起,创造了一种对整个城镇征税的潜在可能性,但是从短期来看,这种投票权结构将权力给予了支持财政节俭的人。在很多情况下,它也替代了由乡绅和城市商人组成的贵族式寡头——他们愿意在改善城市环境方面增加公共支出。1835 年以前,公司面临的难题是尚未改革的公司缺少合法性:由于很难征税,一些公司陷入负债累累的困境。但是改革后的公司仍然没有解决这个问题,因为它虽然破坏了旧的市民或者公司文化,但是无法做出一个自己将致力于推进集体行动和维持市政尊严的新承诺。相互猜疑取代了合作。正如斯莱特评论的那样,“不同意比同意要简单得多,因为按照这一时代的自由和自由主义概念,每个人只关心自己的事情”。重点放在了如何减少公共支出上,无法通过政治协商实现大规模市政投资。①

当然,对城市基础设施的投资可以留给私人企业来做,但是像公共支出一样,依然会出现问题。19 世纪 50 年代,依据授予垄断权利的特许状或者国会法案,建立了很多股份公司。垄断性的贸易公司,如哈德逊湾公司(the Hudson Bay Co.)和东印度公司(the East India Co.),被激进派谴责说是“旧式腐败”体系的一部分;伦敦的西印度码头公司(West India Dock Co.)也遭到了同样的批判,因为它被授权可以强迫贸易商使用自己的码头设施。这是一种

---

① Szreter,“Economic growth”, 705—706; Prest, *Liberty and Locality*, p.17; G. B.A. M. Finlayson, “The politics of municipal reform, 1835” , *English Historical Review* 81(1966), 673—692; G. B. A. M. Finlayson, “The Municipal Corporation Commission and Report, 1833—1835”, *Bulletin of the Institute of Historical Research* 36(1963), 36—52; P. Salmon, “Electoral reform at work: local politics and national policies, 1832—1841”, DPhil thesis, University of Oxford(1997). The classic account of ratepayers' reaction is E. P. Hennock, *Fit and Proper Persons: Ideal and Reality in Nineteenth-Century Urban Government* (London, 1973); E. P. Hennock, “Finance and politics in urban local government in England, 1835—1900”, *Historical Journal* 6 (1963), 212—225. The problems of local government finance are also dealt with by Offer, *Property and Politics*. See also Williamson, Coping, pp. 294—298, and A. S. Wohl, *Endangered Lives: Public Health in Victorian Britain* (Cambridge, Mass., 1983); D. Fraser, *Urban Politics in Victorian England: The Structure of Politics in Victorian Cities* (Leicester, 1976); 关于地方对《市政公司法案》的反应以及改革前政府的特征,见 Dawson, “Finance and the unreformed borough”。关于对小额财产征收地方税的困难,见 PP 1837—1838 XXI, *First Report from Select Committee on Rating of Tenements*, Qq. 108—110, 375—379, 1010—1011, 1512—1517, 2641—2647, 2765, 3357—3363。

与代表性无关的征税形式,可以强行收取费用而又无须对消费者或者“税收”支付人负责。[①] 人们同样担心铁路公司盘剥贸易商和通过既得利益集团“腐化”国会。1844 年,《铁路法案》(the Railway Act)制定了许多保护消费者的条款,包括政府可以在 21 年后将铁路收归国有。格莱斯顿担任贸易委员会主席时修改了这一法案,1865 年,他希望通过收购铁路实现国有化,然后在一个政府委员会的监督下再将其反租给商业公司。[②]正如威廉·法尔(William Farr)1873 年辩称的那样,“虽然东印度公司和铁路公司在其创立时犯了很多错误,甚至是罪行,但是它们也为人类提供了卓越的服务;它们有相似的赚钱方式,应该受到同样的褒奖——收归国有”。也可以基于“财政—军事国家”和“旧式腐败”这一相同理由,对这两个公司进行批判,因为它们以牺牲绝大多数人的利益为代价,仅使一小部分人受益,只有通过国有化或者公正无私的公务员对其实施严格管制,才能解决这些弊端。东印度公司 1858 年被收归国有,铁路公司直到 1947 年才被国有化。无论如何,在《1868 年铁路管制法案》(the Regulation of Railways Act of 1868)和《1873 年铁路和运河交通法案》(the Railway and Canal Traffic Act of 1873)中,这些公司都被强迫必须接受国家就其与贸易商关于收费争端做出的仲裁。就铁路来说,如基础设施中的其他部分一样,关键在于如何确定大型私人企业领域和政府公共领域二者之间的边界。正如蒂莫西·阿尔伯恩(Timothy Alborn)认为的那样,其结果取决于对股份公司的政治观,以及消费者(他们关注收费价格)、股东(他们关注利润)、雇员(他们关注工资)和管理者(他们关注长期的稳定性)之间的关系。[③]

城市公用事业——如煤气、自来水以及后来的电车和电力,或者码头和港口——的结果会如何?这些领域需要巨额资本投入,不适合由一个家庭或者几个合伙人控制和所有这一常见模式。在没有竞争规则或者政治控制

---

① Daunton, *Progress and Poverty*, p. 294. For a recent account, which links debates over the East India Company to debates on domestic companies, see Alborn, *Conceiving Companies*, chapter 2.

② F. Dobbin, *Forging Industrial Policy*: *The US*, *Britain and France in the Railway Age* (Cambridge, 1994); Matthew, *Gladstone*, *1809－1874*, pp. 119－120.

③ Alborn, *Conceiving Companies*, Part Ⅲ, deals with railways; the quote from Farr is on pp. 51－52. See also Dobbin, *Forging Industrial Policy*.

的情况下,它们也许会利用自身权力欺压消费者,这些“堕落”行为是所谓的“不值得信赖的不负责任行为”的典型例子。在某种程度上来说,可以认为公用事业公司模仿了自治组织的形式:所有者基于股份所有权参与公司决策,形式上与一个由捐赠者管理的慈善医院(voluntary hospital)相同。结果,至少可以在一段时间内避免严重的政治冲突。问题在于公用事业公司很快就偏离了这种模式,受到了与东印度公司和铁路公司同样的指责,人们指责它们变成追求自身利益的垄断者,它们通过收取高价或者降低服务质量,变相向消费者征税。公共事业公司无法通过搬迁逃避这些政治难题,它们必须始终面对来自煤气和自来水消费者的压力——这些消费者在市镇选举投票中拥有政治权力。

应对煤气公司垄断性控制的一种方法是建立竞争性的“消费者”公司——消费者和股东共同控制重大问题,就像捐赠者与自治组织的关系一样。另一种方法是通过促进相互竞争限制这些公司的权力。因为可以理解的经济原因,这两种方法都失败了:由于进入成本很高,公司喜欢组成垄断机构为一个城镇或者一个行政区(例如伦敦)提供服务。[①] 约翰·斯图亚特·密尔对后果深感忧虑,坚决认为垄断公司是不负责任的。理论上,股东的权力大于公司的经理;实际上,他担心股东投入公司的精力太少了。相反,政府机构对选民更负责任。正如密尔看到的那样,与所有者亲自管理相比,任何“委托管理”都可能是“投机的、粗心的和无效率的”,但是大公司比国家更容易犯这些错误。尽管会存在这样一种风险——一个强大的国家官僚机构会使市民永远长不大,但是密尔认为,公司控制煤气和自来水带来的威胁甚至更大:公司比政府更不容易接近和更不负责任,它们实际有权征收某种强制性的税收。密尔感到,公用事业公司带来的危险可以与财政—军事国家和贸易保护主义相提并论:“一个政府将这样一个垄断权力毫无保留地让渡给一个私人企业,等同于允许一个人或者组织为了其自身利益,随意对本国产的麦芽酒或者所有进口的棉花征税。”因此,为了控制私人企业的价格和利润,需要对私人企业实行严格的管

① D. A. Chatterton, “State control of public utilities in the nineteenth century: the London gas industry”, *Business History* 14(1972), 166—178; the issue is considered at more length in Daunton, “Material politics of nature monopoly”.

制,或者授权政府在某一固定期限后,可以将其收归公有。按照这种观点,这些公司对自由竞争市场是一种威胁,在废除关税或者特许垄断的同时,控制公司的权力是非常必要的。[①] 因此,保护消费者不受“自然垄断企业”的剥削,可能要求一个更活跃的地方政府,需要建立一个“雅典式民主”——在这个制度中,所有市民都可以参与决策,可以真正地将公用事业变为公共所有。

在19世纪早期和中期,城市规模的不断扩大和日益增加的复杂性带来了污染和环境卫生等诸多问题,需要对城市基础设施进行空前规模的投资。但是,现有制度结构无法提供进行这种投资所必要的决策环境。市政制度和私人公司都受到了严峻的考验,纳税人和消费者对它们缺乏信任。为了打破对投资的束缚,需要解决这种紧张局势和消除猜疑。如果无法增加投资,城市环境会继续恶化,会对预期寿命和城市经济效率产生令人恐慌的影响。

创建集体支出

只有建立一个有利于采取公共和私人行动的机制,才能解决或者至少减缓城市基础设施中出现的投资不足难题。很明显,城市环境的恶化导致死于霍乱或伤寒的危险大大增加,这也为采取行动提供了一种激励,但是这并不是全部原因。境况恶化不会直接导致行动,如哈姆林·克里斯托弗(Christopher Hamlin)指出的那样,“无法容忍论……没有说明无法容忍这一结论是如何以及由谁做出的,为什么在脏乱差达到顶峰前一天可以忍受,在接下来的一天就宣布无法忍受了呢”。一些人支持虽然环境脏乱但是支出低廉的政府,一些人支持理性和进步,与二者之间的斗争这个简单故事相比,卫生改革要复杂得多。地方议会(local council)和官员们所处的决策环境十分恶劣,“技术和法律上的复杂性令人困惑和沮丧,他们害怕做出错误的决策”。哈姆林(Hamlin)的案例研究介绍了工业重镇梅瑟·蒂德菲尔(Merthyr Tydfil)和度假胜地莱名顿·斯巴(Leamington Spa)的两个污水处理工程,他发现这两个

① Mill, *Principles*, chapter XI of Book IV.

案例中污水处理工程的建造都是法律引致的结果:一个私人团体采用普通法程序申请到了一项禁令,阻止人们污染河流。当然,这项禁令没有对一个基本问题——治理污染的钱应该从哪里来——给出解决方案,因为决定如何以最优方式处理污水还需要考虑资金问题。相同地,在度假胜地和居住大镇切尔滕纳姆(Cheltenham)以及工业镇韦克菲尔德(Wakefield),市政收购和改善供水计划也引发了同样的担忧——自来水公司拟议的供水方式变化将威胁城镇的繁荣。在切尔滕纳姆,供水公司希望打井抽水或者从塞文河(the Severn)中取水,但是这会破坏城镇温泉胜地的美名。在韦克菲尔德,供水公司希望用从深水井中抽取的纯净硬水代替被污染的河水,但是这会给大型羊毛制造商带来不便,因为他们需要用软水清洗和染色。对卫生问题的诉求只是众多议题中的一部分,只有在一个更为复杂的利益群体相互影响的大环境中才可以理解这一诉求。当然,哈姆林强调在相互冲突的技术性选择中,存在决策困难有其道理。[①] 然而,这种方式可能会非常容易导致陷入细枝末节的争论,比如在不同城镇中应该采用哪种水源,或者应该采取哪种污水处理方式。也可以向人们表明,发生了许多更加普遍性的变化,这些变化提高了地方机构对大规模基础设施投资和提供更加广泛的公共服务等需求做出快速反应的有效性。至少需要解决两个问题:一个是需要建立对征税的政治支持;另一个是能够借到大笔钱收购私人公用事业和投资更大范围且花费不菲的设施,如新排水系统、学校、道路、公园和艺术画廊等。

《1867年第二次国会改革法案》(the Second Reform Act of 1867)和《1869年市政投票权和地方税评估法案》(the Municipal Franchise and Assessed Rates Acts of 1869)扩大了选举权,这削弱了地方税纳税人节省支出的权力。地方选民数量翻了两番,包括60%的工人阶级男性,他们中的多数人不直接交税,而是将税收与租金"混合"在一起交给房东。结果,与1835年改革后狭窄的基于财产获得投票权的地方选民相比,投票权扩大后的地

① C. Hamlin, "Mudding in Bumbledom: on the enormity of large sanitary improvements in four British towns, 1855—1885", *Victorian Studies* 32 (1988—1989), 55—83; on the differences over water purity, see C. Hamlin, *A Science of Impurity: Water Analysis in Nineteenth-Century Britain* (Bristol, 1990).

方选民对成本变得不再那么敏感了——支持对《第二次国会改革法案》尽快进行修正的人认识到了这一点,修正案取消了"混合纳税人"的选举权,将缴纳直接纳税作为获得投票权的前提条件。威灵顿公爵的担忧现在更加近在眼前了。至少在某些城镇和某些环境中,可以建立各种新形式的跨阶级联盟,建立斯莱特(Szreter)所说的"新贵族式的政治领导"。① 越来越多的富有商人开始谋求公职,将其作为荣誉和尊严的一种象征。城镇中的各种利益集团寻求在市政领域发挥影响力,市政当局进入一个新阶段——开始提供公园、图书馆、艺术画廊、市政厅和水利工程阶段。正如莫里斯(Morris)评论的那样,"'市政'这个词与地方骄傲、改善和成就等概念紧密联系在一起"。② 18 世纪的公司或者市民文化至少在某些行政区内,现在能够以活跃的市政文化这一新的伪装形式重现了。当然,不同地区之间仍然存在着相当大的差异,这取决于当地的政治和社会环境,一些城镇在投资城镇基础设施的意愿方面远远落后于它们的邻居。尽管如此,19 世纪最后一个 25 年中的总投资的确上升了,约瑟夫·张伯伦(Joseph Chamblerlain)③在伯明翰的行动并不是如某些历史学家认为的那样,仅仅是已经出现的历史潮流中微不足道

---

① Hennock, *Fit and Proper Persons*, p. 12 显示,1841 年和 1861 年,伯明翰的市政投票者占总人口的 3%,1871 年上升至 18%,1911 年上升至 19%;在利兹,这一比例在 1841 年是 10%,1861 年是 13%,1871 年是 19%,1911 年是 20%。J. Davis and D. Tanner, "The borough franchise after 1867", *Historical Research* 69(1996), 306—327 讨论了国会选举权问题;要了解授予混合纳税人投票权的影响,见 313; Szreter, "Economic growth", 717。关于很快剥夺了混合纳税人的投票权以及由此产生的难题,见 Parliamentary Debates, 3rd ser. 190, 19 Mar. 1868, cols. 1893—1921, and 197, 21 June 1869, cols. 360—380; PP 1867—1868 XIII, *Report from the Select Committee on Poor Rates Assessment together with proceedings of the Committee*, *Minutes of Evidence and Appendix*; D. Englander, *Landlord and Tenant in Urban Britain*, 1838—1918 (Oxford, 1983), pp. 85—100。

② R. J. Morris, "structure, culture and society in British towns", in M. J. Daunton (ed.), *Cambridge Urban History of Britain*, vol. III: 1840—1950(Cambridge, 2000), p.412.

③ 约瑟夫·张伯伦(1836—1914),就读于大学学院学校(University College School)。1854～1874 年,他在伯明翰一家生产螺丝的公司中工作;1868 年,他担任全国教育联盟伯明翰市主席;1870 年,他担任全国教育联盟主席。1873～1875 年,他担任伯明翰市长;1876 年,他成为伯明翰自由党国会议员。1880 年,他担任贸易委员会主席,出于对其同事的同情,他在外交事务中采取了帝国主义政策,但是在国内事务中采取了他在其非官方的自由党项目中倡导的激进政策。1886 年,他担任地方政府委员会主席,但是很快因爱尔兰自治问题辞职,并建立了自由统一党(Liberal Unionists)。1895～1903 年,他在保守党执政期间担任殖民事务大臣,之后为了推动他发起的关税改革运动,辞去了这一职务。(DNB, 1912—1921, ed. Davis and Weaver, pp. 102—118.)

的一点而已。①

这种变化是各种力量共同作用的结果。在某种程度上,持异见者和福音教徒将他们的热情从自治社团(voluntary societies)转移到了市政身上,约瑟夫·张伯伦的例子就说明了这一点,因其对教育的投入,他在1870年被选入了伯明翰市议会。② 在某种程度上,这也是经济追求私利的结果,因为投资基础设施通常有利于商业活动——可以确保工业生产获得廉价的水资源,或者更普遍地,当很多公司依赖"外部性"时,它提高了城市经济的效率。面临激烈竞争的小型家族企业的内部管理层级制度不健全,依赖外部机构提供培训和销售、处理劳动关系和社会福利。商会(Chambers of Commerce)能够处理复杂的法律问题,能够通过缔结合同和仲裁规则,建立一个让每个人关心的事情都能够从中找到解决方式的组织架构,还能够同中央政府就印度棉花关税等问题进行讨价还价。在19世纪中期,由于正式的内部管理层级制度不健全,企业将招聘或维持工作纪律方面的很多权力都下放给了一线工人。为了与工人谈判,在城镇层面建立了一些协会,协会在高度竞争的市场中建立了统一规则和秩序。虽然单个公司不能决定其产品的出售价格,也不能独自控制工资成本,但是通过确保公司采取统一工资水平,能够将竞争和不确定性限定在一定程度内,还可以联合起来设定重新协商的时间表。单个企业将与工会的谈判权委托给在城镇或者工业区层面独立运作的外部协会,由此"外部化"了其劳资关系。③ "外部化"也

---

① The classic account of differences in local political circumstances and the power of ratepayers is Hennock, *Fit and Proper Persons*；要了解邻近城镇公共卫生投资差异的典型例子,见 K. S .M. Göschl, "A comparative study of public health in Wakefield, Halifax and Doncaster, 1865—1914", PhD thesis, University of Cambridge (2000)。F. M. L. Thompson, "Town and city", in F. M. L. Thompson (ed.), *The Cambridge Social History of Britain* 1750—1950, vol. Ⅰ, *Regions and Communities* (Cambridge, 1999), 更加强调投资失灵,仅把张伯伦看作投资失灵的标志;这个观点忽视了公共卫生总支出的显著增加,这种趋势一直持续到20世纪初期利率上升、海外投资增加和地方税收限制束缚了支出增加时为止。

② Hennock, *Fit and Proper Persons*, pp.83, 93.

③ For example, W. Lazonick, *Competitive Advantage on the Shop Floor* (Cambridge, Mass., 1990); H. F. Gospel, *Firms and the Management of Labour in Modern Britai* (Cambridge, 1992); R. Price, *Masters, Unions and Men: Work Control in Building and the Rise of Labour*, 1830—1914 (Cambridge, 1980); J. Zeitin and C. Sabel, "Historical alternatives to mass production: politics, markets and technology in nineteenth-century industrialisation", *Past and Present* 108(1985), 133—176; D. Reeder and R. Rodger, "Industrialisation and the city economy", in Daunton (ed.), *Cambridge Urban History*, vol. Ⅲ, pp.554—557.

同样运用于新技术的开发和产业培训,因为一些公司无法开展快捷的内部研发和培训。在很多情况下,在某个镇如谢菲尔德(Sheffield)或者某个行政区如克勒肯维尔(Clerkenwell)内的工艺团体中,相互关联的专注于某几个生产过程的公司会共享信息和技术。19 世纪末,这种合作方式开始走向崩溃,企业家们开始寻求通过艺术设计学校或者技术学院提供这类服务,依赖外部公共机构为企业提供培训。[①] 相同地,家族企业非常依赖当地的社会网络,因为地方社会网络建立了信任和声誉,让企业家可以在其信任的圈子内分包生产任务。[②] 对单个公司来说,这些社会网络是外在的,是建立在由小教堂、商会、慈善机构和城镇议会等形成的地方社区之上的。19 世纪城镇经济的扩张不仅依靠对工厂、机器和城市基础设施与服务的大规模投资,而且还依靠信任的积累。公司能否融入一个脆弱的信任网络对其成功至关重要,这一能力需要精心培育和受到各方监督,需要借助宗教团体,需要积极加入商业协会和慈善团体。有清晰的经济理由表明为什么要加入城镇市民社会团体——树立信誉,这种信誉可以让市政机关认为其是值得信赖的团体。用西蒙和纳丁尼(Nardinelli)的话来说,“一谈起资产阶级,不能认为只是冒烟的工厂,而应该强调现代城市经济的典型特征”,信息——如谁值得信赖、最新的市场趋势以及技术发展——决定成败。这些包罗万象的活动也为强大的市政文化提供了基础,增强了纳税人之间的信任感以及对集体行动的认同感。[③]

如果无法获得资金,发展市政文化将只能是纸上谈兵。提供造价昂贵的污水处理设施和水利工程,不仅因对什么是最好的工程解决方案存在不同认

---

① P. Johnson, “Economic development and industrial dynamism in Vicotrian London”, *London Journal* 21(1996), 27—37; H. F. Gospel(ed.), *Industrial Training and Technological Innovation: A Comparative and Historical Study* (London,1991).

② For example, S. Nenadic, “The small family firm in Victorian Britain”, *Business History* 35 (1993), 86—114; J. Brown and M. B. Rose, “Introduction”, in J. Brown and M. B. Rose(eds.), *Entrepreneurship, Networks and Modern Business*(Manchester, 1993), p.3; M. B. Rose, “Beyond Buddenbrooks: the family firm and the management of succession in nineteenth-century Britain”, in Brown and Rose (ed.), *Entrepreneurship*, pp. 127—128; on credit matrices, see P. Hudson, *The Genesis of Industrial Capital: A Study of the West Riding Wool Textile Industry*, c. 1750—1850 (Cambridge, 1986), pp. 105—207, 262—265.

③ C. J. Simon and C. Nardinelli, “The talk of the town: human capital, information and the growth of English cities, 1861—1961”, *Explorations in Economic History* 33 (1996), 384—413; Morris, “Structure, culture and society in British towns”, pp. 410—414.

识而具有争议性,而且选择何种技术还受其成本以及谁应该为此埋单等重要问题的影响。市政委员会是否愿意为要求大规模资本支出的昂贵解决方案埋单,取决于其是否能获得低息贷款,以及就地方政府借款条款是否容易达成一致。积极鼓励对公共卫生和教育进行投资的中央政府部门更喜欢非常宽松的条件,允许地方市政机构以低息向政府或者私人投资者长期借款。但是,财政部有不同的考虑。低息贷款会鼓励铺张浪费和无效的政府支出吗?市政机构能够控制它们的预算并持续还贷吗?地方政府会与中央政府在贷款市场中形成竞争吗?或者,这会推高财政部正急于降低的公共债务吗?

必须在严格控制与制定一套会计规则之间实现某种平衡,前者会抑制生产活动的积极性,后者要足够有效,可以通过塑造透明、责任、信任建立起公共行动的合法性。在19世纪第二个和第三个25年中,我们已经看到了中央政府如何通过一套清晰的会计规则极大地增强了人们对税收的信任感,这套会计规则确保国会可以在完全透明的情况下,对每项开支每年都进行投票决定。目标是防止支出失去控制,建立起人们对政府正直和诚实的信任。地方政府也必须实施相同的可以增强信任和责任的项目,这样经济就可以被认为不仅仅只是节俭的,而且支出也是有效的、高回报的和受控的。一旦中央政府对地方政府的效率和可靠性有了信心,下放财政支出就会带来很多好处。正如查尔斯·伍德爵士[①](Sir Charles Wood)1850年对约翰·罗素勋爵(Lord John Russell)所说的那样,"非常明智的做法是让中央政府尽可能地少承担责任,让地方团体尽可能地多承担责任,因为前者被推翻会导致革命,后者就算被推翻几十次,也没有人会因此更糟糕"。[②] 这一策略在有争议的教育领域运用得十分明显,因为在这一领域,政府资助与宗教认识有冲突。位于伦敦的教育部(the Education Department)热切希望解决中央向地方下放权力中出现的冲突,为了填补自治组织提供教育的不足,1870年,教育部创立了地方教育委员

---

① 查尔斯·伍德(1800—1885),就读于伊顿公学和牛津大学奥里尔学院。1826~1866年,他担任自由党国会议员;1832年,他担任财政部联合大臣;1835年,他担任海军大臣;1846年,他担任财政大臣;1852年,他担任控制委员会主席;1855年,他成为海军部第一位勋爵;1859~1866年,他担任印度事务大臣。[DNB, vol. LXII, ed. S. Lee(London, 1900), pp. 353—354.]

② Quoted by P. J. Waller, *Town, City and Nation: England*, 1850—1914(Oxford, 1983), pp. 244—245.

会(School Board)。作为这一策略的一部分,1887年,教育部要求进一步下放权力。[①] 正如卫生委员会(Sanitary Commissions)1871年解释的那样,目标应该是"不再由中央管理,而是相反,要调动地方的积极性"。[②] 1889年,约翰·莫利[③](John Morley)认为,"分权"有其优点,"可以把危险的事务交给地方政府办"。他首先想到的是具有高度争议性和存在巨大分歧的问题,如强制性的土地买卖或者对酒类贸易的控制——这些问题会威胁到中央政府的合法性,[④]但是他也许还想到了其他可能引起争议的问题。这一过程被定义为"外围化":中央政府政治家旨在通过向地方政府中值得信赖和依靠的"地方精英合作者"的授权,实现"高度"的地方自治。[⑤] 这绝非是一个简单易行的任务。

伦敦为这一过程提供了一个很好的示例,这个过程使得伦敦的大规模支出成为可能。为了阻止污水排入泰晤士河,资金问题对于建造新的污水主干管网系统至关重要。现有管网只是为了排放雨水,1815年之前禁止居民向其排放污水。政策变化使得私人供水公司的利益(它们通过大量使用抽水马桶增加利润)不受污水处理委员会委员(他们没有财政资源提高污水排放能力)的控制。公司以严重威胁公共卫生为代价获取了不义之财,因为泰晤士河为很多伦敦市民提供了水源。虽然1847年将8个区的污水处理委员会合并为一个都市委员会,但是它们从污水费(sewer rate)中获取的收入仍然是有限的。1852年,污水处理委员会委员通过辞职以示抗议。1853年,他们的继任者没能够用收费做担保获得贷款。伦敦污水排放系统短缺的危机是19世纪

① G. Sutherland, *Policy Making in Elementary Education*, 1870—1995(Oxford, 1983), pp. 92,94—95.

② Quoted in J. Davis, "Central government and the towns, 1840—1950", in Daunton (ed.), *Cambridge Urban History*, vol. Ⅲ, p.268.

③ 约翰·莫利(1838—1923),就读于切尔滕纳姆学院(Cheltenham College)和牛津大学林肯学院。1860年开始,他成为伦敦的一名新闻记者;1867～1882年间,他担任《双周评论》(*Fortnightly Review*)编辑。此后,他开始接触约翰·斯图亚特·密尔和约瑟夫·张伯伦,他支持政教分离、世俗教育、土地改革、累进税制以及太平洋外交和帝国政策。1881年,他出版了《科布登的生活》(*Life of Cobden*)一书;1883年,他当选国会议员。他与张伯伦因爱尔兰问题绝交,1892～1895年,他担任爱尔兰首席大臣。他与哈考特携手反对布尔战争。他著有《格莱斯顿的生活》(3卷本,1903)。1905～1910年,他重返政坛担任印度事务大臣。(DNB, 1922—1930, ed. Weaver, pp. 616—624.)

④ BL, Add. MS 48,651, Hamilton Diaries, vol. XXII, f. 132, 20 Nov. 1889.

⑤ J. Bulpitt, *Territory and Power in the United Kingdom: An Interpretation* (Manchester, 1983), pp. 3, 60—66, 143—161.

第二个 25 年中集体行动难题的典型例子。[①]

制度结构随着 1855 年都市工程委员会(Metropolitan Board of Works, MBW)的成立发生了显著变化,这一委员会的成员都来自教堂和市政公司。然而,资金问题没有得到解决。新下水管网的建设成本非常巨大,从最初估计的 280 万英镑猛增到最终的 410 万英镑。怎样才能获得这样一大笔资金呢?政府最初的想法是授权都市工程委员会以收费做担保向财政部借钱,但是这项政策没有被纳入法案,并且对此实施了非常严格的控制。地方政府有限的征税能力严重阻碍了项目的融资行为。只有当地方税纳税人从新下水管网项目中得到了直接好处时,他们才愿意纳税,如果他们从这个项目中获取的好处比别人少,可以向季审法庭(Quarter Sessions)提出上诉。换句话说,地方税纳税人被定义成单个消费者,他们是在为某一特定服务付费,而不是为整个都市卫生进行的集体投资付费。都市工程委员会扩张支出的能力也受到了控制,因为任何超过50 000英镑的支出都必须经过公共建设和工程委员会委员们的同意,任何超过 10 万英镑的支出都必须经过国会的同意。1858 年,不顾格莱斯顿的警告,这些限制被取消了。格莱斯顿认为,伦敦——世界上最富有的城市——应该负担清洁自己河流的费用;在他看来,无论是对个人还是对城市而言,成本和收益应该是对称的。尽管格莱斯顿反对,都市工程委员会仍然获得了通过发行信用债券和担保债券筹集 300 万英镑资金的权力,因为有财政部的担保,这笔资金的利率很低。这笔贷款可以在今后 40 年内用向伦敦各区收取的每英镑 3 便士的排污费(drainage rate)偿还,单个地方税纳税人不再享有上诉权;阻碍 5 万英镑以上支出的权力约束机制也被取消了。1863 年,格莱斯顿——尽管他之前持保留意见——批准了新一笔为数 120 万英镑的贷款。在 19 世纪 50 年代和 60 年代,为贷款设计了严格的规则,要用明确标明的收入来源为贷款提供担保,因此增强了债权人向都市工程委员会提供贷款的信心,也为公共投资的效率赢得了信任。[②]

关于都市工程委员会(MBW)征税和借贷权力的争论蔓延至全国,延续了

① S. Halliday, "Sir Joseph Bazalgette and the main drainage of London", PhD thesis, London Guildhall University (1998), pp.22, 36—37, 41—42, 50, 56—57.

② Halliday, "Sir Joseph Bazalgette", pp.82—83,106—110, 201, appendix 3.

1830 年和 1833 年关于最优投票方式的讨论。交税较少的地方税纳税人在选民中占据了多数,这一权力结构可能会导致过度节俭和卫生状况恶化,支持卫生改革的人在选民中只占少数,为了战胜谨慎的大多数、强制推动集体支出,应该给予支持卫生改革者多大的权力呢？在能够改变教区结构之前,1830 年和 1833 年的照明与守护法案要求获得 3/4 或 2/3 多数地方税纳税人的同意。相反,《1848 年公共卫生法案》(Public Health Act)规定,10%的少数地方税纳税人就可以请求综合委员会(the General Board)实施这一法案。或者,如果死亡率上升到很高水平,综合委员会自己可以主动干预。如果市议会(town council)愿意的话,它也可以实施这一法案,或者也可以如济贫法中规定的那样,用累进制投票权方式建立一个独立的地方卫生委员会(Local Board of Health)。在综合委员会的支持下,市议会(或地方卫生委员会)获得了空前的借贷权力,最高借贷金额可达一年的应评税价值,或者以 30 年地方税收入做抵押。因此,1848 年公共卫生法案授予了一群积极推动改革的少数人相当大的权力,节俭的交税较少的地方税纳税人难以再控制地方委员会了。毫不奇怪,综合委员会的集权化和小额财产所有者的边缘化引起了人们的愤慨。1858 年,《公共卫生法案》又回到了之前 1830 年和 1833 年照明与守护法案所定的原则。负责实施法案的综合委员会这一机构也被撤销了。取而代之的是,如果 20 个地方税纳税人提议实施这一权力,或者一个地方税纳税人反对实施这一权力,可以召开一个地方税纳税人会议;在两种情况中,都需要2/3多数同意,才可以执行或者暂停这个法案。因此 1848 年的条款是不寻常的,为了建立对税收的一致认同,标准方法是举行一场地方税纳税人参加的全体投票。举例来说,这一方法运用于《1845 年博物馆法案》(the Museums Act of 1845)、《1846 年公共浴室和洗衣房法案》(the Bath-houses and Wash-houses Act of 1846)和《1850 年和 1855 年图书馆法案》(Libraries Acts of 1850 and 1855)中。相同地,《1872 年自治市基金法案》(the Borough Funds Act of 1872)坚持要求,一个城市在通过一项承担某些新权力的私法案(private bill)之前,必须得到由所有者和地方税纳税人参加的一个公开会议的批准。事实上,公民投票被用来限制铺张浪费和建立共识。结果,地方税纳税人可以反对他们认为支出过大的项目,比如在伊斯灵顿(Islington),他们在 1855 年、1870

年、1887 年和 1897 年均投票反对用地方税收入建设一个公共图书馆。不是每个地方都像伊斯灵顿那样节俭,该城市 19 世纪晚期沦为一个贫穷的内城区。在很多省级城市,实业家和富有商人调动资源开展集体行动要容易得多,他们通常以提供慈善捐款的方式开展行动。[①] 一方面,这个制度允许"节俭者"阻止政府将钱用在新服务上;另一方面,公民投票方式又为实现特殊形式的公共支出建立了一种决策机制。

仅有征税权力是不够的,因为一些新职能需要巨额资本性支出,年度收入无法满足这些资本性支出。地方机构(local authority)需要借款,但是需要克服 19 世纪早期资本市场发展不成熟这一难题。到 1871 年,《1848 年公共卫生法案》批准的借款达到 296 万英镑,《1858 年公共卫生法案》批准的借款达到 736 万英镑;还有一些借款是根据私法案获得的。正如地方政府委员会(the Local Government Board,LGB)看到的那样,问题在于很难获得有担保的灵活、便捷和低息的借款,这极大地阻碍了社会资本投资。为了向具有"公共利益"的项目发放贷款,1817 年成立了公共工程借款委员会(the Public Works Loan Commission,PWLC),但是《1853 年公共工程借款法案》(the Public Works Loan Act of 1853)设定的条款是非常严格的。借款期限最长仅为 20 年,而且条件不宽松;1859 年,借款利率被设定为 5%。当兰开夏郡(Lancashire)的棉花遭受灾害时,向其提供的借款利率是 3.5%,用于以工代赈(work relief)。1872 年,《公共卫生法案》把这种优惠扩展到了卫生机构。为了鼓励投资,地方政府委员会的做法是为公共借款争取优惠条件——这项政策使委员会和财政部发生了冲突。格莱斯顿和他的财政大臣——罗伯特·洛反对低息借款,因为他们认为低息借款是对地方机构的隐形补助。公共工程借款委员会主席——哈伯德(J. G. Hubbard)—— 强烈支持实施严格的借款条件,认为"国家没有理由成为一个放贷者。只有在特殊情况下,我担任主席的这样一个借款委员会才有存在的必要"。因此,地方政府委员会(以及其他支出部门)与财政部在公共借款条件上发生了冲突。地方政府委员会希望

---

① Prest, *Liberty and Locality*, pp. 30, 35, 42—45; A Clinton and P. Murray, "Reassessing the vestries: London local government, 1855—1900", in A. O'Day (ed.), *Government and Institutions in the Post—1832 United Kingdom* (Lampeter, 1995), pp. 70—71.

借款利率更低和偿还期限更长,但是财政部主张采取更高的贷款利率和更短的偿还期限,认为公共借款只应该作为最后一种解决方案。1873 年,地方政府委员会在与财政部的抗争中赢得了部分胜利,获得了 3.5%的借款利率和 30 年的还款期限。1875 年,财政部成功将贷款利率恢复为固定的 5%;在一个短暂的试验中,每个部门都被要求上交一份该部门全部公共借款需求的年度报告,并将其列入需经国会投票批准的《公共工程借款法案》中。1879 年,限制每个地方机构最多只能从公共工程借款委员会获得 10 万英镑贷款。1900 年,大型地方机构被禁止借款。虽然国会允许地方机构为特殊用途借款,比如住房建设可以 3.125%的利率借款,但是只有小型地方机构可以获得无特定用途的政府借款,因为它们无法通过资本市场融资。①

置身于 19 世纪 70 年代中期的国债难题大背景中,应该可以理解财政部的担忧,因为地方机构从公共工程借款委员会获得的借款被记作国债附加——这个简单的会计程序引发了相当大的担忧,特别是在国家债务委员会(the National Debt Commission,NDC)似乎将无力偿还借款的时候。信托储蓄银行(trustee savings banks)将它们的存款交给国家债务委员会,后者用这笔存款购买需要赎回的政府债券,国家债务委员会向银行承诺的固定利率高于市场水平,因此它在这笔交易中是亏本的。② 1875 年,当斯塔福·诺思科特(Stafford Northcote)设立一个用于偿还国债的新偿债基金时,他禁止地方机构从长期统一公债(consols)募集的资金中借款。结果造成地方借款都是无保障的债务——由利率更高的短期财政部融资券和国库债券组成。在约瑟夫·张伯伦看来,不断增加的地方机构债务不会有什么问题,因为它形成了资产。但是财政部不这么认为,它担心巨额地方借款会对货币市场造成冲击。1880 年,通过允许国家债务委员会(NDC)使用邮政储蓄银行(the Post Office Savings Bank)的存款发放地方政府贷款,在一定程度上减轻了无保障债券的压力。更进一步地,1887 年,戈申决定在国家债

---

① C. Bellamy, *Administering Central-Local Relations*, 1871－1919: *The Local Government Board in its Fiscal and Cultural Context* (Manchester, 1988), chapter 3; Willson, "Finance of municipal capital expenditure", 34－36.

② H. O. Horne, *A History of Saving Banks* (London, 1947); Daunton, *Royal Mail*, pp. 92－106.

务委员会中设立一个单独的地方借贷基金,因为地方借款增大了国家债务水平,损害了国家信用。戈申和财政部旨在增强地方机构的借款透明性和更大的责任感,因为现在地方借贷基金中的任何损失都将是显而易见的,补足地方借贷基金需要得到国会专门投票的同意,因此这消除了任何对地方借款形成隐性资助的危险。[①]

事实上,较大型的地方机构通过资本市场而不是中央政府获得了大部分借款。这些借款需要得到一个私法案或地方政府委员会(LGB)的批准。在 19 世纪 70 年代以前,地方机构很难以某种有效方式发行债券。大多数情况下,地方机构是为特殊目的借款的,借款利率和期限都是固定的,并且要以财产或地方税收做抵押。除了用于都市工程委员会(MBW)以及摩西码头和港口委员会(the Mersey Dock and Harbour Board)最大工程项目的部分债券之外,其他借款都不能转让和交易。但是,地方政府委员会和地方机构希望改革这一制度,通过整合分散的债务和使借款变得容易交易,从而创造一个具有活力的借款市场。这样地方议会就可以在货币市场中主动作为了,在利率高的时候偿还已有的借款,在利率低的时候举借新债。但是地方政府委员会希望允许其更容易进入货币市场的要求,是与财政部对财经纪律的担忧相冲突的。1875 年,诺思科特的《地方借款法案》(Local Loan Act)比同年的《公共卫生法案》采用了更为严格的要求。第一项措施坚持,借款期限最长只能是 30 年,仅限于地方政府委员会为合理执行法定权力批准的长期工程,还要以收入进行抵押担保。第二项措施提议,任何部门批准的任何资本性支出最长只能为 60 年。财政部也试图实施更严格的管理,借款账户需要接受审计,要确保所有债务都能得到偿还。由于市政公司协会(the Association of Municipal Corporations)和约瑟夫·张伯伦的反对,审计规定没有得到执行,但是 19 世纪晚期专业的财务主管的确加强了地方机构内的财政控制。《地方借款法案》虽然取得了一些成功,但是它在很多方面是失败的。它没有扩大地方机构借款的来源;它不允许利用利率变化主动整合借款或者再借款。解决办法来自大的地方机构的创新举措,它们在伦

① Bellamy, *Administering Central-Local Relations*, pp. 86—92; Wilson, "Finance of municipal capital expenditure", 34, 39.

敦和省级证券交易所发行债券。1869年,都市工程委员会(MBW)首创了这种方法,当年它获准发行利率为3.5%的借款债券(loan stock),这些债券可以被交易,也可以被用来偿还早前用更高利率获得的借款。19世纪70年代,其他大型地方机构相继效仿。1888年,新的郡议会(county council)获得了发行债券的权力。1889年,通过了适用于私法案的标准条款。1890年,地方政府委员会获得了批准城市地方机构发行债券的权力。大型地方机构发行了越来越多的地方债券,这使得小型地方机构只能依赖地方政府委员会批准的抵押借款,最小的地方机构只能依赖公共借款。①

地方机构的大额借款能力还受到金融市场总体变化的影响。19世纪90年代,输向国外的资本减少了,利率处于低谷水平,因此地方机构能够以优惠条件获得借款,激励它们增加投资,或者用更优惠条件置换原来的借款。当地方机构偿还借款以及储蓄者将钱存进邮政储蓄银行(POSB)时——2.5%的固定利率现在看起来是非常高的了,资金都进入了公共工程借款委员会(PWLC)的账户。结果,地方机构能够更容易以更优惠条件获得借款,这使英国城市可以进行更大规模的投资。1889/1890财政年度,借款占英格兰和威尔士地方机构总收入的10.9%,到1904/1905财政年度,这一比例上升至23.3%。② 随着1905年后对外投资的迅猛增长,货币市场的供求关系变得越来越紧张了。利率开始上升了,这极大地束缚了地方机构,也使得财政部意识到自己正在与地方机构竞争有限的货币市场资金。到1912/1913财政年度,借款在英格兰和威尔士地方机构总收入中的占比下降到了11.1%。③ 地方政府委员会不得不违背财政部的警告,它要确保地方机构的财政稳定,保证地方机构能够获得资金履行中央政府要求其完成的职责。这些困难能够解释,为什么第一次世界大战前地方机构在社会间接资本和基础设施投资中所占的比重下降了,而且在这一领域中出现了普遍性的下降。无论如何,学校、医院等

① Bellamy, *Administering Central-Local Relations*, chapter 3; Wilson, “Finance of municipal capital expenditure”, 35—38.

② G. C. Baugh, “Government grants in aid of the rates in England and Wales, 1889—1900”, *Historical Research* 65(1992), 235—237.

③ Baugh, “Government grants in aid”, 235—237.

社会资本和基础设施中的资本形成都是 1850～1910 年英国经济增长最快的领域。①

19 世纪 60 年代,还改革了济贫法的资金筹措方式,这使得地方有能力建立更广泛的机构——避难所、医院、孤儿院,这些机构需要相当巨额的资本性支出和日常管理费用。改革的目的部分是为了控制院外救助活动——其规模在 19 世纪 60 年代达到一个很高的水平。建立这些机构需要"彻底重组"济贫法财政制度。虽然 1834 年的新济贫法案②创立了地方教区联合区(unions),但是联合区内的每个地方教区(parish)仍然按照其救助贫民数量的比例缴纳济贫税,因此贫民很少的富有教区没有按照其可估财产价值的比例交税。结果,教区联合区的财政资源受到了限制,很难进行资本性支出。最贫穷的教区承担了大部分救济成本,城郊和乡村教区逃避了其应尽的责任。丝毫不足为奇,较为贫穷教区中的地方税纳税人一心想节省支出,这意味着他们不愿意建立成本高昂的专门济贫机构。1861 年,对这种制度进行了部分改革,由联合区共同承担"无法消除的贫民"(连续三年有权获得救助的居民)的救助成本。《1865 年联合区负担法案》(the Union Chargeability Act of 1865)完成了这一改革,联合区被视为一个独立的财政单位,各个教区按照它们可估财产价值的比例交税;无法消除贫困的期限也被降低为一年。③

把部分救助责任从单个教区转到联合区没有解决伦敦市的难题,在伦敦市,穷人控制了东伦敦中的联合区,西伦敦中富有的联合会没有对济贫支出做贡献。

---

① R. Millward and S. Sheard, "The urban fiscal problem 1870—1914: government expenditure and finances in England and Wales", *Economic History Review* 2nd ser. 48 (1995), 5, 22; Bellamy, *Administering Central-Local Relations*, pp. 94, 99; C. H. Feinstein and S. Pollard (eds.), *Studies in Capital Formation in the United Kingdom, 1750—1920* (Oxford, 1988), tables 13.1, 13.2 and 13.3 on fixed assets in gas, water and electricity; tables 16.2, 16.3 and 16.5 on education, medical and poor law services and other public services; compare with table 11.2 on mining and quarrying and table 12.4 on manufacturing. A. Offer, "Empire and social reform: British overseas investment and domestic politics, 1908—1914", *Historical Journal* 26 (1983), 119—138.

② 1834 年国会通过了《济贫法(修正案)》,这是 1601 年以后最重要的济贫法,史称新济贫法,该法取消了家内救济,改为受救济者必须是被收容在习艺所中从事苦役的贫民,各教区负责向居民和房地产所有者征收济贫税,以此为来源给无力谋生的贫民发放救济。——译者注

③ M. E. Rose, "The crisis of poor relief in England, 1850—1890", in W. J. Mommsen (ed.), *The Emergence of the Welfare State in Britain and Germany, 1850—1950* (London, 1981), pp. 52—53; F. Driver, *Power and Pauperism: The Workhouse System, 1834—1884* (Cambridge, 1993).

为了从富有的西区向贫穷的东区重新分配财政资源,1867 年通过的《都市济贫法案》(the Metropolitan Poor Act)为伦敦建立了一个共同济贫基金(Common Poor Fund)。与 1865 年法案一样,这项措施由两个相互关联的政策组成。第一项政策是建立可以提供专业“有效”治疗的机构,如 1867 年新大都市避难所委员会(Metropolitan Asylums Board ,MAB)建立的医院。第二项政策是提供遏制性的济贫院,将其作为反对院外救助运动的一部分。通过在独立机构中对患病的贫民进行治疗,这使得以严厉方式对待其他人员成为可能。结果,英格兰和威尔士的院外救助水平从 19 世纪 50 年代和 60 年代的 45‰降低到 1908 年的 22.1‰,同时院内贫民从 1850 年的 6.5‰缓慢地上升到 1908 年 6.8‰,同期的济贫支出也显著增长。在 1871/1872 和 1905/1906 财政年度,救济院内的穷人数量上升了 76%,济贫支出上升了 113%。完全实施 1834 年新济贫法案要求进行大规模的资本性支出,如必须通过建立隔离医院应对传染病。但是,关键在于必须由可信赖的人掌控支出,这解释了新都市避难所委员会的成员结构。都市避难所委员会可以调动整个伦敦的财政资源,但是当选成员须经中央政府提名,这冲淡了地方政府的代表基础,同时拓展了国会的选举权。这种方式阻止了激进派的攻击,他们已经发起了均等化地方税的运动,会以牺牲富人利益为代价增加贫困地区的支出。同时,这些被提名者也可以抗衡小额财产所有者的节俭态度,因此可以在都市卫生上支出更多。必须意识到,这些地方附属机构是可靠的,愿意以一种有效率和有效益的方式承担必要的开支。值得信赖的责任性被创造出来了:只有充分理解地方政府投票权的复杂性,才能更好地理解国会投票权改革。①

不仅集体公共行动需要迅速响应社会需求,为了保护消费者免受自然垄断企业“征税”权的剥削,私人拥有的公共事业公司也要受到控制。大型商业企业极力争取特许控制和所有权,对所有者与消费者确切关系的关注,与纳税人和公共支出受益者之间的关系非常相似,它们经常使用同样的词汇。《1847 年煤气工程和供水工程条款法案》(the Gas Works and Water Works Clauses

---

① Rose, “Crisis”; M. E. Rose(ed.), *The Poor and the City: The English Poor Law in its Urban Context, 1834－1914*(Leicester, 1985), for the application of the poor law in various towns; on the MAB, see the Contribution by P. Ryan, “Politics and relief: East London unions in the late nineteenth and early twentieth centuries”, pp. 140－141. Driver, *Power and Pauperism*, especially chapters 4 and 5; Ashbridge, “The power and the purse”.

Act of 1847)将付给股东的最高股息限定为10%;当达到这个水平时,任意两个煤气消费者都可以向季审法庭(Quarter Sessions)申请降低煤气价格。在19世纪60年代,通常会设置最高价格,将权力授予贸易委员会(Board of Trade)任命的仲裁员。就煤气而言,从19世纪70年代中期开始,浮动计算法逐渐取代了"最高股息"制度,根据这一方法,气价和股息可以自动调整:煤气价格每下降1便士,将会允许股息增长0.25%,反之亦然。其目的在于使股东和消费者都能从生产效率的提高和改进中受益,但是这可能会对工资和工人造成不利影响。有轨电车和电力的发展依赖约翰·斯图亚特·密尔建议的另一种控制方式:让公众有权获得一种"可收回的收益"(reversionary profit)。《1870年有轨电车法案》(the Tramways Act of 1870)授权地方机构颁发一个为期21年的固定期限牌照,当合约到期时,地方机构有权按照当时的价值赎回牌照;1882年将同样的权力授予电力机构。因此,人们对这些"自然"垄断企业的权力有着根深蒂固的担忧,需要建立民主的问责方法应对可能出现的"委托管理"问题。[①] 事实上,从19世纪中期开始,这些责任通常转由公共所有的市政公司承担。

与公共事业公司相比,铁路成功地保留了私人所有权,阻止自己成为国家"最高权力"的一部分。造成这一结果的部分原因是管制,通过削弱公司的赢利能力和取消对长期投资的担保,管制限制了铁路公司追求有效经济策略的能力。最重要的是,公用事业公司存在一个政治难题:它们的消费者和城市内

---

① 有很多相关文献,例如见J. A. Hasson, "The growth and impact of the British water industry in the nineteenth century", *Economic History Review* 2nd ser 38 (1985), 531—547, D. Matthews, "Laissez-faire and the London gas industry in the nineteenth century: another look", *Economic History Review* 2nd ser 39 (1986), 244—263; Chatterton, "State control of public utilities"; PP 1918 Ⅲ, *Select Committee on Gas Undertakings (Statutory Prices)*; R. Millward, "The emergence of gas and water monopolies in nineteenth-century Britain: contested markets and public control", in J.Foreman-Peck(ed.), *New Perspectives on the Late Victorian Economy: Essays in Quantitative Economic History* (Cambridge, 1991), pp. 96—124; J. P. McKay, *Tramways and Trolleys: The Rise of Urban Mass Transport in Europe* (Princeton, 1976); J. Foreman-Peck and R. Millward, *Public and Private Ownership of British Industry, 1820—1990* (Oxford, 1994); J. Kellett, "Municipal socialism, enterprise and trading in the Victorian city", *Urban History Yearbook* (1978), 36—45; M. Falkus, "The development of municipal trading in the nineteenth century", *Business History* 19(1977), 134—161; on telegraphs and telephones, Perry, *Victorian Post Office*. I have considered the issues in "Material politics of natural monopoly".

的投票者在很大程度上是相互重叠的。就铁路而言,地方贸易商很难战胜由全国各地选拔出来的董事和股东们代表的国家权力,尤其是当股息被保护在一个很高水平的时候。[①] 在公用事业中就是另一回事了,因为消费者就是地方选民,这使得管理者和董事们很难伪装成地方选民的代表。实际上很多消费者认为,建立参与感和民主责任的最好方式是实施地方自治,因为这使得公用事业的消费者和所有者是同一批人,为通过地方议会和会议让他们参与管理提供了一个机会。

公用事业的所有权变化还存在一个更深层次的相关原因:通过为公共目的谋取利润,为应对地方政府税基过窄这一困境提供了一种解决方法。可以用公用事业收入降低地方税,由此可以避免地方税纳税人的反抗威胁;或者还可将公用事业收入用于其他目的,比如在伯明翰市,来自煤气公司的利润被用于向市民提供艺术画廊。实际上,约瑟夫·张伯伦能够将城市所有权描绘为一种负责和高效的股份公司或志愿组织形式,在这种公司或者组织形式中,所有人的利益都是一致的,消除了“腐败”机会:

> 英国的城市政府制度是一种先进理念,它是一种形式的股份或者合伙企业,它收到的红利是社区卫生状况的改善和居民舒适感与幸福感的提高。城市议会(Councils)的成员是这个大公司的董事,他们的投入获得了其所生活社区居民的信任、团结和感激。在任何其他公司中——无论是慈善的还是商业的,都没有如此迅速、显眼和丰厚的回报。[②]

为什么一些公用事业公司仍然由私人控制呢?部分原因是政治性的:公司服务的面积可能大于地方机构的边界。这一点在伦敦体现得最为明显。在伦敦,公司服务的面积比任何单个教区或都市行政区都大,因此伦敦非常强调将更多的权力授予伦敦郡议会(LCC)。在其他情况下,如果公用事业公司覆盖了相邻的地方机构,相邻机构需要共同协商条款和管理服务,它们通常斗不过独立性很强的市政公司。当地方机构有其他替代性收入来源或是人口增长

---

① Alborn, *Conceiving Companies*, Part Ⅲ.

② Quoted in L. Jones, “Public pursuit of private profit? Liberal businessmen and municipal politics in Birmingham, 1865—1900,” *Business History* 25(1983), 240—259.

率很低的时候——这意味着资源需求压力很小,私人公用事业也可能得以存在。①

在关于19世纪的著作中,通常仅从边际和技术角度描述股份公司和公用事业的发展。事实上,股份公司和公用事业投资规模巨大,对经济发展意义深远。能够完成如此巨额投资,既有政治方面的原因,又有经济方面的原因,可以用关于国家本质争论相同的模式进行分析。所使用的语言和争论的主题在广义上是税收本质论述的一部分:可以用与攻击谷物法相同的理由攻击煤气和供水的自然垄断。要改革"腐败"的国家和建立责任标准与公众信任,必须改革公用事业公司,这些公司正在为英国维多利亚时期不断扩张的城镇和城市提供服务。结果是,市政公司和济贫法教区联合区能够不必只关注节俭,拥有了更大的促进新资本性支出和提供广泛服务的能力,获得了纳税人和地方机构以及中央政府和可靠"辅助机构"的更大信任。仍有待观察的是,在重大约束出现之前,这种情形能够持续多长时间。

地方政府的财政危机

约束出现在19世纪90年代,此时地方政府不断攀升的开支给地方税基造成了巨大压力,因为地方税基仅限于财产。理论上,地方税的征税对象包括动产和不动产,但是实际上出于管理上的便利考虑,征税对象仅限于不动产的年度价值——这是《1840年低收入者地方税豁免法案》(the Poor Rate Exemption Act of 1840)正式批准的征收模式。② 在英格兰和威尔士,每个财产总地方税应税价值(rateable value)的估价和调整可以考虑修理费用和其他支出,政府机构设定每英镑财产的地方税额——这个税是专门为济贫法、教育、

① 关于市有化的财政激励和可能出现的政治难题,见 Foreman-Peck and Millward, *Public and Private Ownership*, chapter 4, on profit levels in public ownership and pp. 176—181 on revenue as a reason for municipalization; R. Millward and R. Ward, "The costs of public and private gas enterprises in late nineteenth-century Britain", *Oxford Economic Papers* 39(1987), 719—737; R. Millward, "From private to public ownership of gas undertaking in England and Wales, 1851—1947: chronology, incidence and causes", *Business History* 35(1993), 1—21; Millward and Sheard, "The urban fiscal problem".

② E. Cannan, *The History of Local Rates in England* (London, 1896), pp. 85—101.

公共卫生和市政当局征收的。到19世纪晚期,绝大多数城镇地方税应税价值的增速慢于地方政府开支,这不仅是因为地方政府职能不断扩张,还因为很多繁荣的城郊地区位于城市边界之外,由此逃脱了纳税责任。地方税对房地产市场的影响引起了人们的关注,特别是在1900年以后。在英格兰,房屋占有者要缴纳地方税,这产生了管理难题。按周租住的工人阶级租客频繁搬迁,很难对他们征税;即使他们在一个地方住了很长时间,对于一些收入十分有限的贫困家庭来说,很少有家庭能够从其周薪中留出一部分收入,积攒起来缴纳年度性的地方税。结果导致在19世纪早期,很多工人阶级的房屋实际上不用缴纳地方税。地方机构采取“组合式”方法解决了这一难题:一方面,地方议会向工人阶级所住房屋的所有者支付一笔佣金,要求房屋所有者直接向地方议会缴纳地方税;另一方面,房屋所有者提高向租户收取的周租金,从而代替地方政府向租户收取了地方税。因此租客的变化变得无关紧要了,这解决了贫穷家庭的预算难题(他们每周随租金缴纳地方税),提高了地方税收入。然而,到19世纪末,一方面,为了提高地方税收入,地方议会希望减少付给房屋所有者的佣金;但是另一方面,工人阶级财产所有者对他们财产收益的减少感到惊慌。19世纪90年代末的建筑热潮导致房屋市场供大于求,但是此时工人阶级的收入增长却陷入了停滞。因此,房屋所有者很难将更高的地方税转嫁给他们的租客了,结果导致爱德华时期的财产收益和财产价值都下降了。虽然苏格兰的制度与英格兰不同,但是财产收益能力的变化结果却是相似的。在苏格兰,大部分财产都有长期租约,所以征收地方税不存在多大困难;地方税还对屋主和租客设置了不同的税率,因此很少采用“组合式”征收方法。但是,对长期租约不灵活的抱怨促成了1911年的立法,旨在改变苏格兰的房屋长期占有制。法案引入了短期租约制,这种租约经常需要采用组合式征收方式。向房屋所有者支付的补贴被设定在一个很低的水平,低于他们向自己代收租金机构支付的佣金。因此,房屋所有者的收益空间受到了挤压,与英国房屋所有者一样,苏格兰房屋所有者也很难将更高的地方税转嫁给他们的租客。①

---

① Daunton, *House and Home*, chapter 9, on rates and compounding, pp. 132—139 on Scottish tenure; Englander, *Landlord and Tenant*, chapter 6, on compounding and chapter 8 on Scotland; Offer, *Property and Politics*, Part Ⅳ.

毫不奇怪,很多房屋财产所有者抱怨他们“不公平地”承担了地方税负担。为什么房屋所有者要就他们的全部收入缴纳地方税,而不是像律师和商人一样,只需要就其廉价办公室而不是酬金或佣金收入缴纳地方税呢?为什么房屋所有者要为向因港口季节性贸易失业的码头工人提供贫困救济缴纳地方税,而商人和船主却在很大程度上逃脱了这一地方税负担呢?社会评论者也意识到地方税具有累退性,因为住房支出在低收入家庭开支中所占的比例更高。郡议会协会(the County Councils Association)、城乡地区协会(the Urban and Rural District Association)以及市政协会联合会(Association of Municipal Associations)表达了地方机构的抱怨:地方税承担了国家服务,国家服务应该由国家税承担。[①] 19 世纪末和 20 世纪初,解决这些问题变得刻不容缓。

解决这一问题有很多方法可供选择。一种是通过引入由地方机构控制的新税种,拓宽地方税的税基。19 世纪末和 20 世纪,激进的自由党和工党提出的主要建议是对土地价值征税,这引发了土地收益不高但税收过重的争论。无论如何,收入都应进入中央政府的口袋。[②] 还有其他可能性,比如开征地方遗产税或者地方所得税。问题在于怎样恰到好处地将所得税地方化。应该根据收入来源地确定所得税的归属地吗?这会使那些主要商业中心受益,因为股息和利息是从它们这里支出的?或者,应该根据收入接收地确定所得税的归属地吗?问题在于税收是在收入来源地源头扣除的,因此如果根据纳税人的居住地确定税收归属,就需要汇总纳税人所有来源的收入,这种征税方法是税务局(Inland Revenue)强烈反对的。汇总征税不仅损害了纳税申报表的保密性,而且还会促使人们虚假申报,威胁到税收制度的信誉。无论如何,这种收入归属方式都将对富有地区有利,对贫困城镇不利。[③] 结果,地方机构无法像中央政府那样——能够从更广泛的税收中获得充足且有弹性的收入——获得可观的新税收收入,仍然依赖狭窄的财产税,这就解释了为什么地方机构试

---

① Daunton, *House and Home*, pp. 218—219, 231; PRO, T172/30, local taxation and imperial contributions, 1908.

② 本书第 8 章深入分析了遗产税与此的关系。

③ PRO, IR 74/118, “Proposals to localise the income tax”, W. J. Braithwaite, 27 June 1910.

图通过城市贸易弥补地方税的不足。

与欧洲其他国家相比,英国和它们的反差是非常鲜明的,大多数欧洲国家的地方机构除了财产税外,还有很多其他税收来源。例如在德国,州政府和地方政府都征收所得税,地方政府可以在州所得税基础上附加征收自己的所得税,或者也可以单独征收自己的所得税。德国的问题在于,联邦帝国很难开征它自己的所得税。① 就英国而言,中央政府非常在意自己的征税权,最多只愿意将部分税收收入(如1888年的牌照税)让渡给地方政府。然而,这项政策的目的是为了限制地方政府对中央政府的补助需求,用确定但有限的收入流代替中央政府对特定目的的补助,因为从中央政府税收中向地方政府支付补助金立即引发了严重的责任问题。在19世纪,中央政府可以依靠地方机构完成公共卫生、贫困救济和教育领域的大部分支出责任。地方政治家被认为是可靠的,在财政上是负责任的;中央政府会确保地方机构的支出计划和借款是切合实际的,但是它对地方政府的直接财政资助是微乎其微的。在20世纪,地方政治家可能被认为是不可靠的,在财政上是不负责任的,这对中央政府产生了严重的后果——中央对地方政府的财政资助不得不一再提高,由此威胁到了中央政府对预算的控制,"雅典式民主"可能成为一个危险源,政治家和财政部都希望控制这种危险。

地方税收专项补助始于1835年,主要用于支付地方刑事诉讼和将犯人转运至港口的运输费用,初始时规模不大。但随着时间的流逝,专项补助项目越来越多。1849年,中央政府开始向济贫法监护人支付薪水,水平与济贫院学校中的老师和工会账户审计员相当,约为济贫法医护官员薪水的一半。1857年,中央政府承担了省级警察25%的薪水和着装费用;1865年,中央政府向伦敦市消防队提供了专项补助;1874年,中央政府向收容所给予贫穷精神病患者的护理提供了专项补助;1887年,中央政府支付了25%的主干道路维护成本。②这种补助方式是零散的、小规模的,目的在于确保实现特殊的管理效果。

---

① Hobson, *Wealth of States*, pp. 62—66; M. Newcomer, *Central and Local Finance in Germany and England* (New York, 1937), pp. 3,11—13. The contrast with Germany was considered in PRO, T171/47, which contains two Inland Revenue notes on taxation of the working class in Germany and abroad; and T171/74, "State grant to local government authorities in Prussia", W. H. Dawson, 8 Apr, 1904 and "German national and local taxation".

② PRO, T168/82, "Grants in aid of local rates", Vincent Griffiths, 12 May 1876.

尽管补助规模不大,但是财政部已经开始担心这些补助对国家财政控制造成的不良影响。财政部的正统思想强调用财政清廉方式激励地方机构,其方式是要确保不断增加的政府支出能够对地方税纳税人产生立竿见影的效果。存在的危险在于,中央政府补助可能会削弱地方机构的节俭需求。正如查尔斯·伍德(Charles Wood)指出的那样,中央政府过度慷慨的补助可能会威胁到地方管理的"节俭和效率"。

> 如果地方行政管理人员知道他和他的邻居们不用支付任何费用,那么他们完成这些事情的最大节俭动力将不复存在——他们原本是可以通过小心谨慎行事最大限度减少浪费的。因为这个原因,我极不愿意动用任何公共基金补助地方政府。
>
> 另一方面,地方行政管理经常退化堕落,对很多问题的观点都是错误的,因此需要一个更加英明的中央政府对其进行大量检查和施加控制,消除地方影响和偏见……因为有了公共基金的资助,这使得地方政府无法反对中央政府对其享有的审查和控制权,中央政府必须严格检查地方政府的滥用资金情况。

伍德认为,地方自治优点的发挥必须与中央政府的控制结合在一起。①

这不像表面看起来的那样容易,因为中央政府承诺支付一定比例的地方开支引发了两个难题。无论国家财政状况如何,地方支出的提高都会迫使中央政府随之增加补助数额;同时,财政部需要严格监督地方政府,确保中央政府补助被地方政府高效使用,由此建立了一套费时耗资的审批和审计程序。② 财政部更喜欢另一种补助方式——将中央政府的补助固定为某个数额,因为这可以消除中央政府补助不得不随着地方支出增长水涨船高的危险,确保增加的地方支出由那些强烈支持"负责任"政府的地方税纳税人承担。1881 年,地方政府委员会主席(LGB)约翰·乔治·多德森③(John George Dodson)领导的一个委员会最

① PRO, T168/82, memorandum, Lord Halifax, 4 Dec. 1872, and also see "Local taxation", R. Lowe, 8 Nov. 1872.

② Bellamy, *Administering Central-Local Relations*, pp. 24—26.

③ 约翰·乔治·多德森(1825—1897),就读于伊顿公学和牛津大学基督教堂学院。1853 年,他取得了律师资格;1857～1884 年,他担任自由党国会议员;1865～1872 年,他担任副议长;1880～1882 年,他担任地方政府委员会(LGB)主席;1882～1884 年,他担任兰开斯特公爵郡大臣(DNB, Supplement, vol. Ⅱ, ed. Lee, pp.144—145.)

为清晰地阐述了这种观点，该委员会认为，中央政府补助不应该与地方政府实际支出需要相挂钩，为了促进节俭，中央政府的补助金额应该“固定不变”。多德森认为，如果中央政府将特定税收入分配给地方机构，可以解决这个难题。[①]

当乔治·戈申担任地方政府委员会自由党主席时，曾经提出过这样的方法。1871年，他曾建议将住宅税(inhabited house duty)下放给地方政府，1888年，他作为保守党政府财政大臣时旧事重提。前任财政大臣迈克尔·希克斯·比奇(Michael Hicks Beach)曾提出过一种不同的解决方法，即把地方税税基拓宽到“从动产和不动产资本投资中得到的全部收益”。事实上，这将相当于一个地方所得税，税务局认为在一些特殊的地方行政区中，很难将收入“地方化”。[②] 作为替代方式，税务局提出了一种更易操作的方法，即将容易地方化的税收转交给地方政府，如戈申1871年提出的消费牌照税(excise licenses duty)和多德森1881年提出的住宅税。[③] 这些建议形成了戈申1888年收入划分的基础。戈申将地方政府从本区域中征收的牌照税收入交给了该地政府，另外还根据地方政府以前获得的补助份额，将一定比例的遗嘱公证税(probate duty)收入分配给了地方政府。随着牌照税和遗嘱公证税收入的增加，分配给地方政府的收入也水涨船高，中央政府希望以此抑制地方政府要求更多补助的压力，同时也希望地方政府能够很好地处理自身事务。在财政部看来，这种制度有很大的优点，因为严格限制了地方政府可以获得的收入，它不像专项补助，不会给人一种取之不尽、上不封顶的感觉。在这种方法下，中央政府也没有必要对地方政府施加严格的控制了。戈申的机制试图将中央政府对地方的补助限定为几种确切的收入来源。在这种情况下，这种收入“抵押”方式具有重要意义，因为它对中央政府补助设置了确切的限制，与比例性补助方式相比，可以更有效地抑制支出。在英格兰和威尔士，中央政府补助占地方政府1889/1890财政年度总收入的11.4%，地方税收入占比为48.3%，正如我们已经强调的，借款收入占比为10.9%；到1904/1905财政年度，中央政

① Bellamy, *Administering Central-Local Relations*, pp. 37—38.

② PRO, T168/82, “Local taxation: 1. Copy of reference by the Chancellor of the Exchequer, 21 Dec. 1885”.

③ PRO, T 168/82, “Local taxation: 2. Report dated 6 Jan. 1886 on foregoing reference”; see also “Local taxation: further report, 1 March 1886”.

府补助占地方政府总收入的比重为13.6%,略有上升,地方政府不断增加的支出主要来源于通过借款获得的收入。[①]有待观察的是这种方式能够维持多久。[②]

戈申试图定义地方与中央政府税收关系的努力,很快卷入了一场关于对不同形式财产与所得征收的地方和中央税的合理税收负担争论之中。在19世纪第三个25年中,格莱斯顿仅仅关注如何"均衡"不同形式的中央和地方税,因此每种形式的财产和收入都严格按其应税比率交税。格莱斯顿认为,不动产承担了地方税,因此"均衡了"与"辛劳性"收入相比,"自发性"收入较低的所得税负担;也"均衡了"与不动产相比,动产较低的遗产税负担。争论很快从关注不同形式财产和收入的税负均衡,转移到一个更加激进的观点,即认为土地有能力承受更高的税负。自由党的观点从19世纪70年代开始发生转变,对不同形式收入和财产地方税负担态度的差异,形成了党派之间的意识形态鸿沟。

1869年,在土地和农业利益集团的压力下,成立了地方税收委员会(The Local Taxation Committee),土地和农业利益集团认为土地的税收负担过重了。这与城市利益集团认为"国家"或者"帝国"服务应该交给中央政府的理由完全相同。事实上,中央政府在1872年的一项议案中被打败了,这项议案规定,只有在中央政府给予地方补助的情况下,国会才能通过增加地方税收的法案。自由党采取的一个应对方法是通过宣称地主纳税不足和城市建筑占有者向地方政府纳税过多,从而将乡村利益集团和城市利益集团对立了起来。但是这不是一个明显的意识形态分水岭,因为高级自由党政治家仍然认为,土地的地方税负担也是过重的。[③] 19世纪70年代,自由党对"土地问题"的关注点集中在控制了土地市场的大地主身上,以及租赁制度的不公平性。根据这种观点,地主通过囤积土地谋取了高价格,租赁制度导致了贫民窟,这种制度使得房屋所有者在租约到期前的几年中,没有积极性维护房屋。在没有给予任

① Baugh, "Government grants in aid", 235—237.

② Offer, *Property and Politics*, chapter 13; Daunton, *House and Home*, pp. 217—218.

③ See PRO, T168/82, "Memorandum by Lord Halifax, 4 Dec. 1872" and "Local taxation", R. Lowe, 8 Nov. 1872; Bellamy, *Administering Central-Local Relations*, pp. 24, 28—29, 33—34.

何补偿的情况下,土地又回到了地主手中。19 世纪 70 年代,自由党内的激进派要求,废除那些允许大地主操纵土地市场的法律保护伞,从而创造一个更为活跃的土地市场。自由党开始为不动产占有者争取续租或者购买的权利。①

戈申 1888 年的计划仍然受到了格莱斯顿的质疑,他认为戈申过多减轻了不动产的地方税负担,破坏了地方税制度的均衡作用(详见第 8 章)。在接下来的几年中,争论所用的措辞发生了变化,因为 1886 年自由党内部因爱尔兰问题发生了分裂,导致自由党的构成发生了改变。同时,亨利·乔治(Henry George)的《进步与贫困》一书也对这一问题产生了很大影响。乔治的极端“单一税”观点认为,所有税收都可以——而且都应该——被一种对土地价值征收的税取代,土地价值是社会成员共同努力创造的一个非劳动性增值收益。他的分析将早期激进派、宪章派和李嘉图(Ricardo)学派的思想带回到自由党政治的中心,认为地主的高收益是以牺牲小土地所有者的利益和大家的共同权利为代价的,地主提高了租金,靠生产阶级的财富养肥了自己。在 19 世纪 80～90 年代,争论不再仅限于要求实行一个自由的土地市场,而是拓展到指责地主是消极的寄生虫,以牺牲活跃的生产阶层利益群体为代价,获取了社会创造的土地增值收益。②

自由党内部不断变化的关注重点在对新伦敦郡议会(London County Council)的权力争夺中展现得一览无余,新伦敦郡议会与戈申的地方税改革同步成立。正如我们在第 8 章中注意到的那样,自由党成员分裂为激进派和进步派[比如本和韦伯(Benn and Webb)]以及更为保守派[如罗斯伯里和法勒(Rosebery and Farrer)]。人们要求伦敦郡议会(LCC)中的地方政府与税收委员(Local Government and Taxation Committee)考虑财产所有者是否应该承担永久性改善措施的支出成本。在委员会主席法勒的领导下,地方政府与税收委员会提出了一项临时性建议,即允许伦敦郡议会借款的法案应该包

① D. A. Reeder, “The politics of urban leaseholds in Late Victorian England”, *International Review of Social History* 6 (1961), 413—430; Bellamy, *Administering Central-Local Relations*, pp. 28—34; Offer, *Property and Politics*, chapter Ⅱ; Daunton, *House and Home*, pp. 227—230; PP 1886 Ⅻ, 1887 ⅩⅢ, 1888 ⅩⅫ, 1889 ⅩⅤ, 1890 ⅩⅧ, 1892 ⅩⅧ, *Report and Proceedings*, *Select Committee on Town Holdings*.

② Offer, *Property and Politics*, chapter 12.

含一项条款:借款利息及其偿还应该以国会指令的方式,由与伦敦房地产存在利益关系的各个阶层人士共同承担;而且租赁合约不应该允许财产所有者将税收负担转嫁给其他人。换句话说,如果地方税税率提高了,财产所有者不应该提高占有者支付的租金。但是如何在不同阶级之间合理分摊费用这一难题仍未得到解决,自由党高层中的分歧开始公开化了。①

1892 年,自由党激进派击败了法勒和罗斯伯里,控制了伦敦郡议会的关键岗位。法勒担心,地方税导致的冲突可能会使得地方税纳税人和左派人士团结起来共同对抗地主。他的解决方法是双管齐下的:为了塑造税负分摊的公平感,对所有者和占有者征收不同水平的地方税;为了帮助"不断抱怨的占有者",开征了市政遗产税(municipal death duty)。法勒强烈反对对非劳动性增值收益征税,他的目标是消除抱怨,"赋予土地更稳定的权利",而不是打击地主利益集团。相反,激进派只是把市政遗产税视为对土地价值征税之前的一个权宜之计。1892 年,罗斯伯里在伦敦郡议会选举中被击败了,当他在 1894～1895 年担任自由党首相时,面临着要求加大力度打击地主的压力。当自由党 1906 年重新执政时,很多国会议员都支持对土地价值征税,这成为劳埃德·乔治(Lioyd George)预算的主要议题。②

中央政府下放部分税收没有一劳永逸地解决地方政府的财政难题。控制地方政府对中央政府过多索取的尝试,很快被中央政府不断增长的比例性专项补助破坏了——这些比例性专项补助与地方为实现特定目的进行的支出相挂钩。中央政府支出部门通常喜欢比例性的专项补助,因为这可以鼓励地方政府主动作为。但是财政部持不同观点,认为上不封顶的按比例补助会使国家财政面临不断攀升的需求压力。为了保护自己,财政部坚持对地方政府支

---

① Thomson, *Socialists, Liberals and Labour*, pp. 91—99; Davis, *Reforming London*, pp. 119—122, 149—152; LCC Minutes of Proceeding January-December 1889, minutes of 21 May 1889, Report of the Local Government and Taxation Committee, 15 May 1889, pp. 352—353.

② Bod. Lib. MS Harcourt dep. 119, ff. 111—115, Farrer to Harcourt, 23 Nov. 1892 and 11 Nov. 1892, ff. 83—84; MS Harcourt dep. 187, B. F. C. Costelloe, "Memorandum as to the finance of the London County Council", Oct. 1892, ff. 86—93, and memorial to Harcourt, 23 Jan. 1893, ff. 127—131; Farrer, "The imperial finance of the last four years, Ⅲ", *Contemporary Review* 58(1890); LCC Minutes of Proceedings July-December 1892, adjourned report of the Local Government and Taxation Committee, 16 Nov. 1892, 29 Nov. 1892, pp.1122—1125, and 1 Dec. 1892, pp. 1142—1144.

出计划实施烦琐复杂的管理和控制。财政部更喜欢对补助实施严格的资金限制,以此避免地方政府对中央政府无休止的资金需求,同时这种方式可以使得财政部放松管理和控制,因为支出的任何增长都会对地方纳税人产生立竿见影的影响,使他们在支持耗资巨大的政策时变得更加谨慎。但是,戈申 1888 年的改革方案承受着巨大的压力,因为来自狗或马车执照税(excise licences)的收入增长缓慢,但同时地方政府的支出却大幅增长。更进一步地,向地方下放的遗嘱公证税(probate duty)数量反映的是过去年份的补助金额,没有反映地方议会的当前支出以及人口分布的变化。戈申的制度是僵化的,而且下放的收入数额很快因后续不断膨胀的特殊目的专项补助规模(如教育、道路、小规模耕地、住房、母婴福利、性病和肺结核治疗等),变得微不足道了。1895 年,为了缓解地方税的压力,中央政府考虑加大收入转移力度,将土地税和住宅税(inhabited house duty)收入也转移给地方;在这方面,保守党政府为缓解地方税负担提出了一个具有偏袒性的替代方案——部分减免农业土地税收。[①] 随着下放收入对地方政府重要性的降低以及中央政府“比例性”专项补助数量的增加,地方政府和选民的财政责任这一问题再次困扰着支持节俭和审慎地方政府的人们。法勒担心,用非地方税源收入补助地方会降低地方政府的节俭动力。

> 我最担心的是,任何阶层的人士——无论是贸易商、地主、牧师还是地方政府——都获得了将手伸向公共钱包的权力,因为他们并不负责如何填满公共钱包。将特定税收交给地方是一种方式,给地方一个固定补助数额是另一种方式,前者优于后者。但是,给地方持续增加且上不封顶的专项补助是所有方式中最糟糕的选择。

此时的问题在于,在支出无法超过一般税收入(general taxes)的情况下,如何向地方政府提供补助。[②]

---

① Bellamy, *Administering Central-Local Relations*, pp. 51—52; PP 1901 XXIV, *Final Report of Royal Commission on Local Taxation (England and Wales)*, pp. 426—429, 431—439; Daunton, *House and Home*, pp. 218,223; PRO, T168/78, “Memorandum by F. L. Robinson”, 30 Jan., 1895, and “Relief to agricultural land”, M. E. Hicks Beach, 9 Mar. 1896; T168/35, Hamilton to Hicks Beach, 19 Oct., 1895; Offer, *Property and Politics*, chapter 14.

② PRO, T168/82, Farrer to Hamilton, 4 Apr. 1897.

财政部偏好的解决方法是更清晰地界定中央与地方服务和税收的边界。1898年,财政部前常务秘书雷金纳德·韦尔比[①](Reginald Welby)告诉伦敦郡议会(LCC),它没有从戈申的计划中得到应有的份额,此时他提议将"国家"服务转由中央税负担和进行管理。在财政部人士看来,这一提议具有很强的吸引力:由中央政府管理和提供资金有利于对支出实施严格的控制,可以防止地方政府对财政部无休止的索取。1901年,皇家地方税收委员会(The Royal Commission on Local Taxation)中的财政部代表发展和修正了韦尔比的观点。汉密尔顿和乔治·莫里[②](George Murray)建议把支出分为两类:第一类支出由要求中央政府提供资助的"具有法律义务的"服务组成,如救济穷人、照料精神病患者以及提供学校。虽然对这类服务中央政府应该提供大部分资金,但这并不意味着中央政府应该承担管理责任,因为这将使得中央政府部门负担过重,无法发挥地方政府熟知情况的优势。第二类支出由纯粹的地方服务组成,地方纳税人从这些服务中获益,因此应该按照受益比例从地方税中获取资金。汉密尔顿和莫里希望通过上述服务划分方式,解决中央政府如何援助地方政府这个棘手难题:在这种方式下,中央政府将根据各种需求的统计标准和地方财政能力,确定一个在一定时期内固定不变的地方政府总补助额。对于地方政府提供的"具有法律义务的"服务,地方政府将不再获得中央政府上不封顶的专项补助承诺,中央政府不会再按一定比例承担地方政府的这些支出。财政部强烈支持用"固定补助"方式代替向地方政府下放部分收入,下

---

① 雷金纳德·厄尔·韦尔比(1832—1915),是一个牧师的儿子,就读于剑桥大学三一学院。1856年,他进入财政部工作,成为一个"热衷规则"的格莱斯顿和科布登财政主义者;他接替法勒成为科布登俱乐部的主席。1880年,他成为助理财务秘书;1885～1894年,他被提升为常务秘书;1900年,他被选为伦敦郡议会议员并担任主席。他是一个自由贸易支持者和厉行节约的推崇者。英国人物传记辞典(DNB)评价说,他优柔寡断,过于注重细节,但是他工作很勤奋,精通财政事务。他相信一个强大的财政部可以监督地方支出。用英国人物传记辞典的话来说,他还是"一个学者中的学者",在伦敦社交圈中非常有名。他还是一位美食家,一位坚持礼仪细节的人。(DNB, 1912—1921, ed. Davis and Weaver, p. 563.)

② 乔治·赫伯特·莫里(1849—1936),是一个牧师的儿子,是万灵教会(All Souls)成员;他就读于哈罗公学、牛津大学基督教堂学院。1873年,他进入外交部工作;1880年,他转到财政部工作;1892～1894年,他担任格莱斯顿的私人助理,后来成为罗斯伯里的私人助理;1897～1899年,他担任国内收入委员会主席;1899～1903年,他担任邮政大臣;1903年,他重返财政部工作,在1907年前与汉密尔顿共同担任常务秘书,1907～1911年单独担任常务秘书。退休后,他就担任了威斯特敏斯特银行和南方铁路公司的董事。(DNB,1931—1940, ed. Legg, pp. 637—638.)

放收入现在受到了严厉批评,因为它相当于变相的担保,打破了“中央政府筹集的所有收入都应该上交国库,中央政府负责的所有支出都应该由国库支出”这一规定。应该严格区分什么是地方收入和地方机构预算收入,什么是国会投票批准的中央收入和支出。①

把服务划分为“具有法律义务的”和“受益性的”两类方式只不过是引发了一系列新难题,在中央税收结构陷入争论以及对不同形式财产的地方税负担存在分歧时,这些新难题将很难得到解决。如果“具有法律义务的”服务应该由中央税收承担,那么中央税收应该采取间接税形式,还是更加累进的所得税形式呢?“受益性的”服务应该主要由地主——他们从更高的土地价格中获得了非劳动性的增值收益——承担吗?由于很难将收入“地方化”,这意味着大多数地方收入来自不动产,但是谁应该纳税,应该如何定义“受益”呢?连皇家委员会的保守党主席贝尔福伯利勋爵②(Lord Balfour of Burleigh)也承认,“很多人认为,城市土地所有者已经占了大便宜,因此让他们出点血是公平的,前提是这样做时不必制定令人讨厌的原则和不会导致对他们的不公平”。他的温和提议——对建筑土地租赁合同征收印花税——得到了汉密尔顿和莫里的高度认同。③ 汉密尔顿和莫里建议区别对待永久性财产和“消耗性”财产的应税价值。这要求对土地价值(site value)征收更多的税,因为土地价值会随着公共改善支出的增加而提高。所以,“城市土地价值天生就是一种特别适合承担与‘受益性’地方支出相关的直接特定负担的财产形式”。土地价值税收

① Bellamy, *Administering Central-Local Relations*, pp. 52—54; PRO, T168/82, “Memorandum on questions to be dealt with in the final report”, E. W. Hamilton and G. H. Murray, 15 Oct. 1898, and “Memorandum on imperial relief, on local burdens and on the system of imperial and local taxation”, E. W. Hamilton, Mar. 1897; PP 1901 XXIV, *Final Report of the Royal Commission on Local Taxation (England and Wales)*, Minority Report by Sir Edward Hamilton and Sir George Murray, pp. 563—564.

② 亚历山大·休·布鲁斯(Alexander Hugh Bruce, 1849—1921),第六世贝尔福伯利勋爵,出生于阿洛亚(Alloa),就读于伊顿公学、牛津大学奥列尔学院。1874～1875年,他担任工厂委员会委员;1882～1889年,他担任教育捐赠委员会主席;1889年,他担任威尔士周日休市委员会主席;1889～1892年,他担任贸易委员会私人秘书;1893～1894年,他担任大都市供水委员会主席;1896年,他担任评级委员会(Rating Commission)主席;1903年,他担任皇家战时食物供应委员会主席;1909年,他担任皇家促进加拿大与西印度群岛贸易关系委员会主席;1916—1917年,他担任战后工商业政策委员会主席。(*Who Was Who*, vol. Ⅱ, p. 35.)

③ PRO, T168/56, Balfour of Burleigh to Llewellyn-Davis, 15 Dec. 1900.

入应该交给地方政府,因为首先是地方政府的努力创造了更高的土地价值。相较而言,土地上的建筑是“消耗性的和易损坏的”,需要持续不断地进行修缮和翻新。①

一些激进的自由党人将汉密尔顿和莫里的建议又向前推进了一步,他们希望占有社区共同创造的“非劳动性的增值收益”,因为这样可以降低积极进取的工业家或者建筑商的税收负担。② 这成为劳埃德·乔治1909年预算攻击地主使用的核心说辞,他在预算中建议,对土地资本价值征收每英镑1便士的税,对土地价值增值收益在其出售时征收20%的税(实际上是对某种形式财产征收的资本增值税)。③1913年,他又提议根据不同的土地等级征收土地税。④ 除了获取收入之外,征收土地价值税还被认为有助于增强经济活力。

> 在目前的征收制度下,财产越是得到好的使用,地方税纳税人承受的负担越重。反过来,如果财产没有得到很好的使用,地方税纳税人承受的负担越轻;如果财产被闲置,则政府一点税都收不到。换句话说,当前的地方税征收方式阻碍和惩罚了创业、进取和成长,没有鼓励土地持有者最有效地利用土地……这些恶果是由所有地方税纳税人共同承担的,束缚和阻碍了整个城市的进步和发展……用土地价值替代地方税应税价值不仅可以调节个人、阶级或者地方税纳税人之间的不平等问题,还可以消除当前阻碍工业、抑制创业的枷锁和惩罚性

---

① PP 1914 XXIV, *Final Report of the Royal Commission on Local Taxation (England and Wales)*, “Report on urban rating and site values, by Lord Balfour of Burleigh, Lord Blair Balfour, Sir Edward Hamilton, Sir George Murray and Mr James Stuart”, pp. 585, 587.

② See for example, PRO, CAB 37/117/92, “Land taxation: the rating of site values; a national site tax”, D. Lloyd George, 13 Dec. 1913.

③ PRO, CAB 37/98/44, “The taxation of land values”, D. Lloyd George, 13 Mar. 1909; 要更好地了解他的政策变化,见 Offer, *Property and Politics*, chapters 19 and 22, and B. B. Gilbert, “David Lloyd George: land, the budget and social reform”, *American Historical Review* 81(1976), 1058—1066; B. B. Gilbert, “David Lloyd George: the reform of British land-holding and the budget of 1914”, *Historical Journal* 21(1978), 117—141.

④ PRO, CAB 37/117/92, 13 Dec. 1913, “Land taxation: the rating of site values; a national site tax”, pp. 8—9; the scheme was elaborated in CAB 37/117/96, “Taxation and rating of land values”, 24 Dec. 1913. See also T171/73, “Budget 1914. Land taxation. Rating of site value. Cabinet memorandum etc.”

规定。①

自由党的土地运动旨在释放创业活力，使生产性的工人和实业家共同对抗寄生虫式的地主，这将会把工党边缘化，重获中产阶级的支持。② 其他人对此并不完全认同，他们各怀不同的动机，担心“这种想法虽然表面上看似乎有道理，但是毫无疑问是不受欢迎和令人厌恶的，让所有阶层的忠实支持者都感到害怕”。③ 这一说辞可能会疏远多数财产所有者，无法实现其目的。保守党政治家很容易建立一套不同的说辞，让拥有较多财产的地主和实业家联合起来共同应对来自较少财产者的威胁。正如我们将看到的那样，保守党以一种新的且威胁性的方式重新诠释了租金的概念，声称土地运动是打击实业家非劳动性财富的一种手段，由此削弱了自由党说辞的说服力，巩固了保守党的立场(详见第11章中的相关内容)。土地运动没有解决自由党的政治难题；在战后废弃该政策之前，土地运动并没有带来明显的财政收入。④

到第一次世界大战之前，无论是保守党政府还是自由党政府，都未能成功地改革地方政府的财政结构。到1912/1913财政年度，在英格兰和威尔士，中央政府补助仅上升至地方政府总收入的13.9%。同时，由于海外投资竞争加剧，使得借款在地方政府总收入中的份额下降了；结果导致在房地产市场陷入严重萧条时，地方税的压力变得更大了。⑤ 1919年，皇家地方税收委员会的最终报告没有提供任何简单的解决方式，保守党政府只是简单地维持现有制度——向地方政府下放更多的收入，同时加大对特定服务的专项补助力度。⑥ 事实证明，自由党的土地税收政策只是一个妄想，丝毫无助于解决中央政府对地方专项补助不断增长这一日益严重的难题。事实上，当劳埃德·乔治提议应该把土地税作为中央收入时，他就得罪了地方政府。他还提议“固定”向地

① PRO, T168/95, E. W. Hamilton to chancellor, 25 May 1906; T171/69, “IIA, Probable effects of the transfer of a portion of the rates from the basis of rateable value to that of site value, E. J. Harper, 15 December 1913”.

② Bod. Lib., MS Asquith 25, Lloyd George to Asquith, 5 Dec. 1913, ff. 63—66.

③ Bod. Lib., MS Asquith 22, ff. 98—99, letter circulated by Asquith from a writer who represented a Midlands constituency.

④ See Offer, Property and Politics, pp.399—400, 403.

⑤ Baugh, “Government grants in aid”, 235—236.

⑥ Bellamy, *Administering Central-Local Relations*, p. 53.

方政府下放的来自汽车和公共房屋牌照的税收数额。市政公司协会(AMC)发起了抵制劳埃德·乔治的运动,因为他未能解决它们的抱怨,而且他确实将一半的土地税收收入让渡给了地方政府——这个让步没有实际意义,因为它没有给地方政府带来收入。① 1911 年,改革中央和地方政府财政关系这一极为复杂的技术性任务被交给了一个部门委员会,中央政府高级会计官员、总审计长约翰·肯普(John Kempe)②爵士担任这一委员会的主席。在其 1914 年的报告中,他反对清晰划分什么是具有法律义务的服务和受益性的服务,认为这是毫无意义的。他提议,用针对特殊目的固定金额的补助方式代替向地方政府下放部分税收收入,固定补助金额是根据公式计算得出的,这个公式会考虑地方对各项服务的需求以及地方政府的财政能力。③

市政公司协会(AMC)对肯普的提议持谨慎态度,担心结果会"彻底改变地方政府的全部规则"。市政公司协会接受了肯普对按地方政府支出金额给予一定比例的专项补助这种方式进行控制的要求,因为地方政府的铺张浪费会导致更高的中央税负担。根据人口数量和其他统计指标计算人均补助金额,会减少中央政府实施严格控制的必要性,这受到了市政公司协会的欢迎。但是市政公司协会仍然怀疑中央政府的动机,担心结果也许不会给地方政府带来更大的自治。中央政府应该降低要求所有地方政府都满足的服务水平和标准吗?市政公司协会担心,中央政府可能会坚持要求地方政府将全部补助用于提供更多的服务,而不是减少地方税,由此导致"中央政府部门成为一个实际的地方税征收机构,在最严重的情况下,地方政府会失去自己对年度支出数额的控制权"。结果是"官僚性的中央政府替代了地方自治"。根据市政公司协会(AMC)的观点,

应该假定,对自己选民负责的市政公司最熟悉其所在行政区域选民的

① Bellamy, *Administering Central-Local Relations*, p. 57.

② 约翰·阿罗·肯普(1846—1928),是一个牧师的儿子,就读于圣保罗公学和剑桥大学三一学院。1867 年,他进入财政部工作;1874～1880 年,他担任财政大臣诺思科特的私人助理;1894 年,他离开财政部,担任海关副主席,一直任职至 1904 年;1904～1911 年,他担任审计长;1911～1914 年,他担任地方税收委员会主席;1915 年,他成为皇家公务员委员会委员。(*Who Was Who*, vol. Ⅱ, p. 445.)

③ Bellamy, *Administering Central-Local Relations*, pp.58—60; PP 1914 XL, *Final Report of the Departmental Committee on Local Taxation in England and Wales*, pp. 543—647.

> 需求……我们正在做这种工作,心甘情愿地在公共服务上花费了大量时间,我们确实希望这个国家的地方政府能够拥有较大的自由裁量权,因为它们已经非常出色地完成了自己的工作。

追求节俭的地方政府——它们希望利用中央政府的专项补助将地方税收保持在较低水平——可以利用上述观点。但是,固定数额补助方式也许会惩罚追求上进的地方议会,因为它们无法确保可以为新措施争取到额外资金。固定数额补助方式既会限制地方议会提供糟糕的服务,也会阻止追求上进的地方议会提高服务水平和增加新服务。劳埃德·乔治对市政公司协会(AMC)的答复强调,中央政府的补助数额会确保所有地方政府都能够完成特定任务。

> 人们在提出这个问题时,一直仅将其作为市政当局和地方税纳税人的问题。但是它意味着,地方税纳税人第一次有了参与权,我认为他们完全有权在地方税管理中表达自己的意见,他们话语权的大小应与其所作的贡献成正比。①

虽然劳埃德·乔治在1914年支持改革中央政府补贴方式,但是在第一次世界大战前他什么都没有做,固定数额补贴方式最终是由温斯顿·丘吉尔和内维尔·张伯伦(Neville Chamberlain)于1929年实施的。② 地方政府混乱的财政结构到第一次世界大战前,也没有得到解决。所采取的一个举措是将一些公共服务资金需求交由中央政府承担,从而暂时回避了这个问题。1908年,养老金制度的实施减轻了济贫法支出的压力,一般纳税人承担了一部分支持老年人的支出。1911年,为了避免所得税负担过重——由此可能导致得罪中产阶级投票者,失业和健康保险采取了一个与养老保险不同的筹资方法,由雇员和雇主共同承担保险成本,中央政府仅负担一小部分费用。福利提供责任发生了变化,由地方税收转为由中央税收或者缴费型保险承担,可以把这解释为表明地方政府的作用和活跃的市政文化开始出现衰退。正如梅灵(Melling)评论的那样,“维多利亚时代中期的政治安排使得实业家能够专注于地

---

① PRO, T172/126, Finance Bill, 1914: deputation from the Association of Municipal Corporations to the chancellor of the Exchequer, 3 July 1914.

② See Daunton, *Just Taxes*, for a full discussion.

方政府和区域行业协会”;保险计划的出现意味着抱成团的雇主联合会需要同中央政府进行谈判。[①] 战争压力加剧了这一趋势,因为企业需要同中央政府协商原材料供应及其价格和利润。不仅如此,工业结构也由依赖城市外部经济的小规模家族企业,转变为具有更强内部管理阶层、所有权与经营权相分离的大企业。地方声誉以及维多利亚时代中期的市政文化就显得没有以前那么重要了,城市精英参与城市政府管理的积极性也开始消退了。按照这一解释,地方政府重要性的下降原因是收入较低的中产阶级和工党争吵的结果。[②] 现在的地方政府可能没有维多利亚时代中期时的可靠。1894 年,济贫法的复式投票机制被废除了,这意味着福利的潜在受益者可能再次占据主导地位,尤其是在 1884 年和 1918 年选举权扩大之后。在 20 世纪 20 年代的大萧条期间,保守党政治家和公务员非常不安地注意到,工党也许会利用地方济贫法增加福利开支,把福利成本转给更大和更可靠的地方政府或者中央政府。[③]

当然在 20 世纪发展进程中,地方税改革的失败对地方自治造成了严重威胁。但是在第一次世界大战爆发前,地方政府的衰退程度不应该被过度夸大。中央政府接管了地方政府的一些职能,但是这也使得地方政府能够发展新的服务。最明显的例子是第一次世界大战后的公共住房,以及很多地方政府提供了广泛的母婴福利服务。地方政府的福利支出仍然占两次大战期间福利总支出的 40%,这一资源配置显著降低了死亡率。[④] 在一些城市,如诺丁汉(Nottingham)和莱斯特(Leicester),小公司和地方主动作为依然重要,它们强调外部性和活跃的市政文化。在其他地方,城市精英逐渐撤退了,地方主动作为无法解决一些以造船或者纺织为经济基础的城镇衰退问题。但是这并不是说,城市中如格拉斯哥(Glasgow)和曼彻斯特这样的地方政府就完全崩溃了。

---

① J. Melling, “Welfare capitalism and the origins of welfare states: British industry, workplace welfare and social reform, c. 1870—1914”, *Social History* 17(1992), 471, 477.

② For example, R. Trainor, “The middle class” in Daunton (ed.), *Cambridge Urban History*, vol. III, pp. 699—712; B. M. Doyle, “The changing functions of urban government: councilors, officials and pressure groups”, in Daunton (ed.), *Cambridge Urban History*, vol. Ⅲ, pp. 298—301; and Morris, “Structure, culture and society in British towns”, pp. 418—419.

③ A. Crowther, *British Social Policy, 1914—1939* (Basingstoke, 1988).

④ M. Dupree, “The provision of social services”, in Daunton(ed.), *Cambridge Urban History*, vol. Ⅲ, pp.388, 391.

中产阶级的撤退给工党在两次大战期间增加城市政府社会职能提供了机会。工党在工人阶级聚居区获得了支持,成立了由女性组成的监护组织,由此解决了大萧条期间工会面临的困难。工党可以标榜自己代表有效的城市政府而不只是工会的利益。监护结构的变化和女性参与将注意力转到城市服务的提供上,尤其是对妇女和儿童的服务。城市政府中城市精英的撤退意味着,工党成为一个新的积极市政文化的主要支持者,这个新的市政文化反对“地方税纳税人”过于强调控制地方支出。①

1914 年,城市政府仍然很重要,而且仍然在扩张,很多人认为,城市政府在 20 世纪 20 年代和 30 年代仍然是充满活力的。但是,城市财政改革的失败确实让它们受到了严重的束缚。相反,中央政府的税收收入弹性,特别是累进所得税日益增强的重要性,意味着中央政府和地方政府的财政能力发生了显著相反的变化。在维多利亚时代中期时,城市政府的跨阶级联盟很脆弱。大城市政府的支出权力使地方税纳税人和财政部感到警觉,财政部担心失去对国家预算的控制;工党政治家意识到,累进所得税通过对富人与穷人以及萧条与繁荣地区之间的收入再分配,为社会服务提供了一种筹资方式。19 世纪晚期和 20 世纪早期地方税改革的失败,以及具有广泛合法性的“温和”所得税的实施,导致了中央政府和地方政府相对重要性的长期转变。

① Reeder and Rodger, “Industrialisation and the city economy”, pp. 572－592; M. Savage, “Urban politics and the rise of the Labour party, 1919－1939”, in L. Jamieson and H. Corr (eds.), *State, Private Life and Political Change* (Basingstoke, 1990), pp. 204－223; M. Savage and A. Miles, *The Remaking of the British Working Class, 1840－1940* (London, 1994), pp. 68－69, 82－85.

10 “我们的税收山穷水尽了”：格莱斯顿式财政宪法的限制(1894～1906)

当财政环境出现困难的时候，一些极具天赋和创造性的政治家——皮特、皮尔或者格莱斯顿—— 发现了他们的机会，正如1841年或者1853年那样，现在有很好的理由，以一种大胆和综合的方式对整个财政制度进行重新思考和修正了。

Times, 27 Feb. 1899

……在过去30年里，工人阶级承担的公共负担比例已经明显下降了……在不远的未来，财政大臣面临的问题将会是——“从这个意义上来讲，继续改革财政制度公平吗？”答案是……似乎是，如果我们接受平等牺牲原则……现在就应该停止减少工人阶级负担这一进程。但是从另一方面来讲，如果我们相信按比例牺牲原则，则继续深入推进这个进程也是合情合理的。

C. P. Sanger, “Is the English system of taxation fair?”, *Economic Journal* 9(1899), 16—17

19世纪90年代早期，因为保守党海军建设项目的巨大财政需求以及城市政府不断攀升的开支，由此造成的财政紧张状况使得格莱斯顿式财政宪法(fiscal constitution)承受了巨大压力。结果，“均衡”的定义再次受到了质疑。1888年，戈申在面对这些问题时，试图限制地方政府的需求，但是在19世纪90年代，城市政府的支出继续增长(详见第9章)。戈申的海军国防基金(Naval Defence Fund)计划违背了格莱斯顿的财政准则，这激怒了格莱斯顿(详见第8章)，但是不断增长的军事和海军支出压力太大了，以至于戈申根本无力反抗，这导致戈申1894年的辞职。1894年，戈申的继任者、财政大臣威廉·

哈考特已经意识到,“在和平年代,我们的税收已经山穷水尽了”。[①] 财政部的汉密尔顿(Hamilton)也同意这样的观点,他指出:“可怕的事实是,除非这个国家准备采取一个新的财政策略,否则我们将很快无法应对我们不断增长的庞大开支。我确信在不久的将来,财政将会成为摆在中央政府面前的棘手难题。”[②]

人们普遍认为,一个财政时代即将终结。罗伯特·吉芬[③](Robert Giffen)指出,在维多利亚时代中期,英国政府支出的紧缩程度已经远超其他欧洲国家。税收收入很低,一些服务的支出之所以能够提高是因为债务负担下降了。事实上,人均债务水平从 1836/1837 财政年度的 33 英镑 9 先令 3 便士下降到了 1896/1897 财政年度的 16 英镑 6 先令 6 便士。[④] 但是在 19 世纪末,情况发生了很大变化——国防支出大幅增长,福利支出压力不断加大,迈克尔·曼(Michael Mann)将其称为“半军半民二元国家”。在 19 世纪的大部分时间里,相较于经济增长和市民社会的蓬勃发展,国家的作用是在收缩的。19 世纪末,另一种变化正在变得愈发明显:军队作为一股政治力量影响力不断上升,军事技术进步迅速,市民国家的范围持续扩大。[⑤] 节俭创造了人民对税收的一致认同,使国家和集体行动具有了合法性,因此允许人民反对过于节

① Brooks(ed.), *Destruction*, 13 Nov. 1894, p. 189.

② Brooks(ed.), *Destruction*,2 May 1895, p. 246.

③ 罗伯特·吉芬(1837—1910),1868～1876 年担任《经济学人》(*Economist*)助理编辑;1876～1897 年,担任贸易委员会统计部门主任;1876～1891 年,编辑了《统计社会》杂志。他在经济问题上涉猎广泛,包括《金融随笔》(*Essays in Finance*,伦敦,1880～1886)和《经济调查研究》(*Economic Enquiries and Studies*,伦敦,1904)。1886 年,他加入了自由统一党(Liberal Unionist),随后成为一名统一主义自由贸易者。(DNB,*Second Supplement*, vol. Ⅱ, ed. Lee, pp. 103—105.)

④ PRO, T168/34, “Memorandum written in preparation of the budget of 1897/1898”, E. W. Hamilton, 17 Apr. 1897.

⑤ 1899 年,罗伯特·吉芬在《泰晤士报》上匿名发表的系列文章指出了这一点,财政部精选和剖析了部分片段: PRO,T 168/43, R. Giffen's article in *The Times*, 13 Feb. 1899。The point is made by Mann, *Sources of Social Power*, vol. Ⅱ, pp. 394—395. 国家性质的这一变化是一个主要话题:关于军事力量,以及 19 世纪末追求霸权而非和平过程中军事与科学的结合,见 F. Turner, *Contesting Cultural Authority: Essay in Victorian Intellectual Life* (Cambridge, 1993), chapter 8, “Public science in Britain, 1880—1919”, and D. Edgerton, *England and the Aeroplane: An Essay on a Militant and Technological Nation* (Basingstoke, 1991)。军队确保广泛支持、参与政治过程和约束政治家的能力,见 K. T. Surridge, *Managing the South African War*, 1899—1902: *Politicians v Generals* (Woodbridge, 1998)。关于福利的文献非常多,要了解 1900 年前后福利是如何逐渐成为国家主要政策的,见 J. Harris, “The transition to high politics in English social policy, 1880—1914”, in M. Bentley and J. Stevenson (eds.), *High and Low Politics in Modern Britain* (Oxford, 1983), pp. 58—79。

俭的政府。结果是,未来似乎将出现下面的前景:“渐进和隐性的公共负担增长将超过税收的自然增长。”①部长和官员们意识到,要求更高支出的压力正在不断加大:现有服务需求如教育在不断增长;对养老金的新需求正在出现,养老金可能要求“中央政府给予无限的补助”;农业正在要求救助;印度正在要求减少它承担的军费支出;武装部队制订了野心勃勃的支出计划。正如汉密尔顿在1895年指出的那样,自从罗伯特·洛(Robert Lowe)说他的主要困难是不知道如何花掉那些“扑面而来、挥之不去”的收入后,时代已经发生了变化。税收“快速增长”的时代已经结束了:“现在我们正处于支出‘快速增长’时期,现在或不远的将来,这个国家财政部面临的主要困难是如何筹集足够资金满足‘扑面而来、挥之不去”的需求。汉密尔顿所强调的危险很快就发生了:正如1901年一份内阁报告指出的那样,中央政府的正常支出(不包括南非战争费用)从1895/1896财政年度的1.051亿英镑,增加到了1901/1902财政年度的1.476亿英镑。六年间,支出增加了40%多,这使得中央政府的财政资源成为一个迫切需要解决的难题。②

不清楚现行税收制度是否能够满足收入需求,因为“税基已经太窄了”。③如何最好地拓宽税基成为世纪之交英国政治的中心议题。格莱斯顿式财政宪法的核心受到了质疑,结果充满了不确定性。让哈考特特别关注和担心的是,财政压力可能会阻碍自由贸易政策。他早在1893年就注意到,

> 核心问题是新税种应该是什么,它们的收入将有多大。我们巨大且仍在膨胀的支出,使得我们的现行税收制度总体上入不敷出。实施麦金利(McKinley)关税④——这种关税通过对所有消费品征收关税,筹集了巨额财政收入——似乎不可避免。但是我担心我太老了,以至于不能接受这一新思想,我很难想象我作为财政大臣能做出这样的提议。

① PRO, T168/5, “Some remarks on public finance”, E. W. Hamilton, 24 July 1895.

② PRO, T168/5, “Some remarks on public finance”, E. W. Hamilton, 24 July 1895; CAB 37/58/85, “Growth of expenditure”, Sept. 1901.

③ *Times*, 27 Feb. 1899, commenting on Giffen's articles: extracted in T168/43, Financial Papers, 1898—1899.

④ 在贸易保护主义驱使下,美国国会于1890年10月通过了麦金利关税法案,全面提高了进口商品关税税率,使之达到平均49%的创纪录水平,而且个别项目的税率比此平均水平还要高得多。——译者注

我深受传统公共经济原则熏陶,如果我最后的政治努力能够保护这一原则,我将死而无憾。[①]

哈考特应对重新评价财政宪法要求的方式是引入累进遗产税,通过调整税负增加所得税收入,并且力求税负调整方式能够避免选民流失。但是其他人对此并不认同,认为直接税已经到了极限。他们认为,现在是时候重新回到19世纪60年代时的直接税和间接税收入构成了。这些关于税收制度的争论和自由贸易讨论交织在一起,因为重新回到19世纪60年代时的间接税收入比例,也许要求增加进口关税,但是这会导致其他国家的关税报复。1903年,这些争论被约瑟夫·张伯伦的关税改革运动推向了一个新高潮。他的改革方案加剧了争论,促使自由党更加坚定地捍卫自由贸易,反对增加间接税。在忙于对其更具雄心的方案进行辩护时,张伯伦错过了对关税进行务实调整的机会,结果不得不寻找其他可替代的收入来源。需要重新审视皮尔1842年创建并受到格莱斯顿1853年预算推崇的财政宪法了,还有待观察的是,将由哪个“具有天赋和创造性”的政治家制定出新的财政宪法。

间接税和关税改革

改革方向稳步从关税和消费税转向了直接税,这使得很多政治家和经济学家认为,财政制度已经变得太过狭窄和僵硬了。英国财政制度应该重新回到1859～1866年格莱斯顿担任财政大臣期间这一“黄金时代”时,直接税和间接税的相对收入构成上(那时候间接税仍然提供了60%的中央收入)吗?毕竟,间接税本身是不公平或“不科学的”,因为它取决于对什么货物征税和税率高低,格莱斯顿同时追求了“两姐妹”——直接税和间接税。甚至有人认为,与更广泛的征税范围或者对富人购买的奢侈消费品征税相比,现行关税和消费税的征税对象仅限定为少量商品(尤其是啤酒和烟草)并对其实行高税率,这使得征税范围很狭窄的间接税具有很强的累退性。

自1878/1879财政年度以来,间接税唯一的增长来自对啤酒和烈酒征收

① Bod. Lib., MS Harcourt dep. 222, ff. 7—11, W. Harcourt to Acland, 9 Jan. 1893. 1890年的麦金利关税法案提高了美国的进口关税。

的关税,为了使这一改革具有正当性,自由党将其作为一项道德举措。除了烈酒之外,其他能获得可观收入的只有对烟草和茶叶征收的关税。正如财政部指出的那样,现有关税收入不可能再增长了,因为对“有害和非必需奢侈品”的消费量正在减少。简而言之,财政部认为这些是最适合征税的物品,因此将那些需求量日益增加的商品和服务排除在了间接税征税范围之外(详见图10.1:1890/1891财政年度的间接税构成)[①]。财政部计算,每个间接税纳税人缴纳的间接税额从1861/1862财政年度的1英镑7先令3便士,上升至1901/1902财政年度的1英镑9先令11便士,或者说上升了10%;同一时期,实际工资也大幅上涨,由此导致间接税纳税人缴纳的税收增速比他们的收入低了17.5%。相反,每个直接税纳税人缴纳的直接税额从1861/1862财政年度的16先令11便士,上升至1901/1902财政年度的1英镑12先令11便士,或者说上涨了94.5%,这比他们的收入增速高了21%。[②] 可以从两个角度来解释这些数据:一是将其视为促进阶级公平的一种完全合理的措施;另一种站在直接税纳税人角度,认为其导致了直接税纳税人状况的严重恶化,应该要加以改正。

汉密尔顿认为,从间接税向直接税转变是合理的,甚至是众望所归的:

> 税收负担……已经很大程度上从社会全体共担,转移到了表面上最有承受能力的人的身上……间接税或者商品税对最贫穷阶层的影响一定远大于对其收入的影响,降低间接税或者商品税毫无疑问有助于消除税收的不公平。[③]

那么,新的财政收入应该来自哪里呢?汉密尔顿抛出了这个他无解的难题。[④] 除了格莱斯顿之外,没有任何人比他更能代表财政正统和维多利亚时代中期的财政宪法了。汉密尔顿对无法推动财政制度做出重大变革的失望,预示了格莱斯顿式财政宪法在19世纪末时面临的约束,这一财政宪法因为布尔战争承受了巨大的压力。汉密尔顿的政策是努力维护现状,但是他无法阻

---

① Bod. Lib., MS Harcourt dep.118, ff. 1123—1126, (E.W. Hamilton?)undated.

② PRO, T168/62,“Comparative burden of taxation in 1861/1862 and at the present day”.

③ PRO, T168/34, E. W. Hamilton, 17 Apr. 1897;根据他的计算,自1836/1837财政年度到1896/1897财政年度60年间,人均间接税减少了4英镑5便士,人均直接税上升了13英镑。

④ PRO,T168/5,“Some remarks on public finance”, E. W. Hamilton, 24 July 1895.

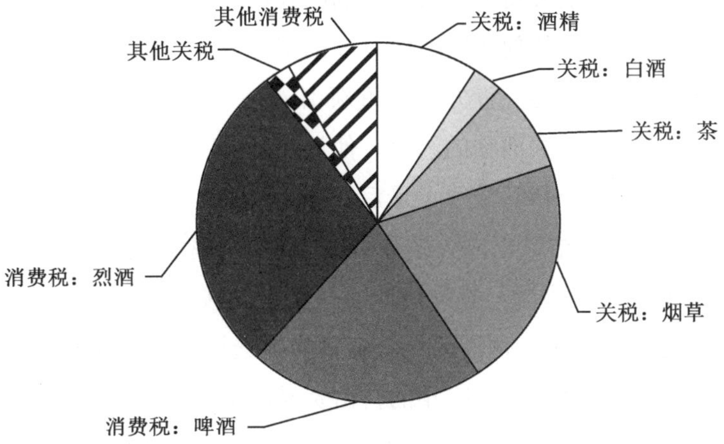

资料来源:PP 1890－1891 XLVIII,*Finance accounts of the United Kingdom*, *years ended* 31 *March*, pp. 18, 20.

图 10.1 1890/1891 财政年度英国关税和消费税主要类别

止实施累进所得税或者进行关税改革。事实上人们认为,在问题因张伯伦的关税运动变得不可挽回之前,正是因为他拒绝考虑采取更广范围的间接税,才使得累进所得税成为唯一可能的替代方案。

1895～1902年间,迈克尔·希克斯·比奇(Michael Hicks Beach)担任财政大臣,汉密尔顿对他的建议一再强调行动的限制性。汉密尔顿对提高现有税种的收入——无论是间接税还是直接税——几乎不抱希望。间接税仅对有限的商品征收,比如烈酒,但它的消费量已经在下降了,或者对具有政治敏感性的商品征收,如啤酒和烟草。茶叶是唯一被征税的“必需品”,而且有望承受更高的关税;汉密尔顿认为,不能轻易提高茶叶的关税,应将其留作战时之需。汉密尔顿已经对直接税不抱任何希望了。他认为,遗产税已经到了能够忍受的最高极限,而对于和平时代来说,所得税的水平也已经太高了。他认为,“如果我们陷入战争,所得税是所有税种中最容易也是最合适的求助对象。”他认为,和平时代的所得税水平“应该足够低,只有这样,遇到危机时才能够容易和立刻提高所得税。事实上,适度低的所得税是一个国家的重要战略储备;只有大幅降低所得税,才能称得上具有良好的财政状况"。[1]

因此,汉密尔顿在如何拓宽财政制度的基础方面面临艰难抉择,一种方式是开征一个全新税种,另一种方式是重新引入一个老税种。他的分析过程表明了19世纪末财政宪法面临的约束。他认为,开征一个新的直接税在政治上不切实际,决定在一个新间接税上最后一搏,这就是洛1871年曾提议的火柴税(match tax),但是结果也以失败告终。所以,汉密尔顿不得不寻求自己之前已经淘汰了的一种选择——重新开征一个老间接税,最好是比国内消费税更容易征收的某种关税。他需要从众多货物中选择适合征收关税的物品。汉密尔顿坚持关税必须同先前60年的自由贸易政策保持一致。他认为,自由贸易关注的是占人口大多数的消费者的利益,然而贸易保护主义更关注的是卖方的利益,这一区别"对我们这样食品不能自给自足、本质上是一个制造性为主的国家来说是非常有必要的"。汉密尔顿将制造商视为进口原材料的消费者,他们的利益与消费食品的劳动阶级是一致的。他还坚持认为,征税只能是为了获取财政收入,税率要低,使商品价格上升的幅度低于向财政部缴纳的税。关税决不能是保护性的,避免陷入这种可能性的最好方法是选择一种国内不生产的商品征税。他必须再次继续他的淘汰过程,但是留给他的选择已经非常有限了。当皮尔1846年废除具有保护主义色彩的谷物法时,开征了谷物登记税(registration duty on corn)。1869年,洛废除了这个税种。汉密尔顿没有考虑这个小税种,他担心重新引入这个税种会被谴责说是重回保护性政策的第一步。因此在这个耗时费力过程的最后,汉密尔顿为解决19世纪末的英国财政难题,采取了一个丝毫不令人惊奇的方案:恢复对糖征收的进口关税。这个税先是被罗伯特·洛降到一个相当低的水平,之后于1874年被斯塔福·诺思科特(Stafford Northcote)废除。这是唯一在国外而不在国内生产的商品,对其征收适当的税率便可以获得可观的收入,而且不会威胁到自由贸易。汉密尔顿努力寻求危害最小的税种,这些税种要尽可能避免导致国家支出的显著扩张。[2] 毕竟,关键在于强调支出面临的收入限制,而不是寻找新的

---

[1] PRO, T168/69, "Mr Speyer on national finance", E. W. Hamilton, 25 June 1905.

[2] PRO, T168/5, "Some remarks on public finance", E. W. Hamilton, 24 July 1895; he repeated the exercise in 1901, T168/52, "The financial problem", E. W. Hamilton, 31 Jan. 1901.

和有弹性的收入来源推动国家支出的扩张。

从根本上说，汉密尔顿是在捍卫格莱斯顿在19世纪第三个25年中认可的直接税与间接税的比例关系，他不想推翻这一财政宪法。他既反对保护政策，又反对自由党“免税的早餐桌”倡议——自由党希望取消对茶和咖啡的关税，这将会导致财政税基更狭窄，会带来令人震惊的政治影响，因为“我们变得越民主，越无力‘免除’大众的税收”。[①] 他的担忧部分源于传统上格莱斯顿主义对福利的恐惧，以及相信缴税是对军国主义的一个必要约束这一信念。汉密尔顿强调：“最合理的信条是税收应该得到大众的同意：对我来说，完全不合理的是与其相反的信条——大众应该同意某种税收（不管税负多轻）。”[②]随着人们越来越担心不纳税的选民会强行推动社会改革，将成本转移给其他人承担，持这种观点的人越来越多了，所需要的是均衡，在重新征收间接税的同时，开征一个“可以起均衡作用的”直接税：

> 自从格莱斯顿将直接税和间接税比作应该同时向她们求婚的“两个充满魅力的姐妹”之后，通常认为，当需要更多的收入时，应该同时提高直接税和间接税；但是由于我们的税收制度缺乏真正经得起考验的公平标准，双“求婚”时无据可依，事实上在过去30年里，向直接税求婚的次数远多于间接税。由于这种趋势，这两姐妹在目前保持了基本均衡；财政专家很可能会在未来一段时间内极力维持这种均衡，即使在这方面没有可以依赖的标准。那就是说，他们的目标是避免严重扰乱目前的均衡态势。[③]

这是一项需要谨小慎微的政策，目的是维持现状。汉密尔顿正在尽力避免这个已经开始主导爱德华七世时期政治的问题：应该仅向姐妹中的一个求婚，并且抛弃另外一个吗？

事实上，很容易从直接税收入上升和间接税收入下降这一变化中得出不同的结论。一个不同的观点认为，“部分阶级”（指贵族和富有的中产阶级）税收负担过重，“普通大众”税收负担过轻，因此为了恢复财政宪法的均衡和公

① BL Add. MS 48,651, Hamilton Diary, vol. XXII, f. 132, 20 Nov. 1889.

② BL Add. MS 48,652, Hamilton Diary, vol. XXIII, f. 23, 4 Jan. 1890.

③ PRO, T168/52, “The question of new taxation discussed”, E.W. Hamilton, 13 Dec. 1901.

正,应该提高间接税。正如《泰晤士报》评论的那样,直接税的政治吸引力在于,它们仅由少数人承担,“受害者都是相对没有权势的人,他们被迫缴纳自认为不合理的税收,感觉就像受到了某种形式的勒索一样”。[①] 1895年,米尔纳强烈谴责了这种状况,认为“将直接税的弓拉得太紧……有财政风险”。他认为,是“自由贸易”使得无法提高间接税,尤其是导致无法开征一个“低水平的全面进口税”。米尔纳否认这样的政策是贸易保护主义:

> 我认为我喜欢自由贸易者就像认为约翰·卫斯理(John Wesley)是一个好基督徒那样。但是,我知道我不属于正统教派,就像卫斯理不属于罗马天主教会那样(在罗马天主教会看来,自己是**唯一正宗的**基督教会)……我反对的是经济中的亚他拿修信经制度[②](Athanasian Creed System)。我认为将我们二者相提并论很幼稚。但这就是正统自由贸易者已经做的。他们不再争论。对他们来说,说“噢! 这是反自由贸易的”就足够了。

他认为,自由贸易已经变成了教条,因此以收入为理由限制了政府活动范围的自由。他坚持认为,应该改变着力点,从原来强调保持低价使消费者受益,转为关注生产者:

> 生产者将会从中获益,因为他们也是英国公民。国家作为一个整体,不会因为一便士变得更穷,但是**纯粹的消费者**——即一个人既不是工业企业的工人,也不是工业企业的股东——很在意大英帝国所生产商品的价格,他们会受到一定的不利影响。但这是规模很小的一个阶层,多年来他们一直极大地受益于经济发展。这个阶层不应该成为财政改革的障碍,不承担哪怕非常轻微的不利影响,即使人们认为这些财政改革在总体上是受欢迎的。[③]

弗兰克·特伦特曼(Frank Trentmann)认为,关注重点从消费者向生产者的转变是世纪之交英国政治的关键所在。事实上,所包含的不仅仅是从消

---

① *Times*, 27 Feb. 1899, extracted in PRO, T168/43.

② 基督教三大信经之一,另外两个信经是使徒信经和尼西亚信经。——译者注

③ PRO, T168/34, “Note on the concluding portion of Sir E. Hamilton’s memorandum”, A. Milner, 31 July 1895; A. Milner to E. W. Hamilton, 15 Aug. 1895.

费者向生产者的转变,因为在一个持续对话中,这二者被定义为是相互对立的。某种特定形式的消费将如何影响生产体系?或者反过来,生产体系将如何影响某种特定形式的消费?[①] 米尔纳的想法引起了一些人的共鸣。1895年,关税和消费税局(Customs and Excise)的亨利·威廉·普里姆罗斯[②](Henry William Primrose)评论说:“站在自由党一方负责任的政治家,会很高兴看到间接税范围不断扩大,不会收回朝这个方向所做的努力。”[③]他可以引用另一句格莱斯顿的名言:

> 在紧急情况下,人民的需求会变大,我认为你必须部分依靠间接税;当人民的需求没那么大的时候,但是如果这些需求看上去将长期存在,那么我也认为应该寻求间接税的帮助。[④]

因此一点都不令人感到惊奇,布尔战争这一“重大紧急事件”导致关税和消费税局局长在1901年做出了下面的评论:“在我们的财政历史长河中,我们已经遇到了一个难得的危机,这个危机给我们提供了唯一既可以增加公共收入来源,同时又可以招致最少反对的机会。”[⑤]

最强烈和最公开的反对声来自罗伯特·吉芬(Robert Giffen),作为前贸易委员会统计部门主任,他基于自己的知识和经验在《泰晤士报》上撰写了一系列文章。吉芬抱怨说,关税的降低幅度已经远超科布登和布莱特的预期,应该通过重新回到19世纪60年代时的直接税和间接税比例,以此满足额外的

---

① 要了解他的方法,见 Trentmann, “Political culture and political economy”; F. Trentmann, “The strange death of free trade: the erosion of ‘liberal consensus’ in Great Britain, c. 1903—1932”, in Biagini(ed.), *Citizenship and Community*, pp. 219—250; F. Trentmann, “Wealth versus welfare: the British left between free trade and national political economy before the First War”, *Historical Research* 70(1997), 70—98; F. Trentmann, “Civil society, commerce and the ‘citizen-consumer’: popular meanings of free trade in late nineteenth-and early twentieth-century Britain”, *Center for European Studies Working Paper 66*。

② 亨利·威廉·普里姆罗斯(1846—1923),就读于牛津大学贝利奥尔学院,是罗斯伯里的表弟。1869年,他进入财政部工作;1880～1884年,他担任印度总督的私人助理;1886年,他担任格莱斯顿的私人助理;1887～1895年,他担任工程办公室主任;1899～1907年,他担任国内收入委员会主席;1912年,他成为皇家公务员委员会委员;1913年,他成为皇家铁路委员会委员。1923年,他在肯辛顿花园开枪自杀。(DNB, 1922—1930, ed. Weaver, pp, 696—697.)

③ PRO,T168/35,H.W. Primrose to E.W. Hamilton, 22 Oct. 1895.

④ *Parliamentary Debates*, 3rd ser. 205, 1 May 1871,cols, 2014—2015;this was cited in PRO, T168/52, “The financial problem”, E.W. Hamilton, 31 Jan,1901.

⑤ PRO, CAB 37/58/93, “Extension of the basis of indirect taxation”, 7 Oct. 1901.

收入需要。吉芬认为,财政制度的税基太狭窄了,过度依赖所得税;间接税的征税范围太有限了,只对少数商品征税,而且税率太高,收入过度依赖烈酒和烟草。这种模式“既无法警示社会,又无法在紧急情况下快速增加收入”。结果导致,每次所谓的暂时性支出增长都是通过所得税筹资的。最终,直接税和间接税的比例逐渐发生了大逆转,财政大臣们接受了这个转变,因为他们意识到这一转变是受欢迎的。《泰晤士报》认为,高税率的所得税之所以能够存续,是因为它们主要是由“在选民中数量极少的”阶层承担的。吉芬认为,所得税最初是作为改革间接税的一种临时措施提出的,如果它成为永久性税种,在和平时代其税率应该很低,只有这样,才可以在紧急时期提高它的税率。在吉芬看来,这种均衡性的安排已经被永久性所得税的高税率破坏了。更进一步地,这将使得政府在应对紧急情况时,很难提高所得税税率,因为提高税率会损害政府的信用,导致政府只能去借款。因此,为了以备紧急之需,吉芬要求降低和平时代的所得税税率。同时,即使恢复对谷物和糖征税,也不会将间接税占收入比例拉回到19世纪60年代时的水平。毕竟,这些税是得到科布登支持的,而且格莱斯顿已经打算废除所得税。“基于自由贸易原则反对征收这些税的自由贸易者,已经走火入魔了,他们强调的是政治上的自由贸易,而不是经济学家、财政专业学生或者具有常识的商人们理解的自由贸易。”

吉芬的观点建立在一个特殊的平等观之上。相对于追求理论上的公正,他更注重实用主义、便利性和国家的需要。他还反对降低所得税是以牺牲穷人利益为代价减轻富人负担这一假设,因为“在一个同质化国家,开始不用过多考虑富人承担了多少税收,穷人承担了多少税收,因为税收负担最终会实现均衡的”。减少对富人征收的直接税将会使穷人受益,因为这会导致更快的资本积累和更高的工资水平。正如《泰晤士报》评论的那样,“从经济学角度来讲,富人购买一件奢侈品也是在雇佣劳动力”。吉芬还反对实行累进所得税和度量纳税能力这一“糟糕想法”,他认为这对英国财政以及国家福利是致命的:

> 在任何社会里,任何阶层的人都不能断言说,一种收入比另一种收入能够承受更高比例的税收。所有公民对国家都负有同等责任,除了他们在国家保护下获得的收入之外,几乎没有度量他们纳税能力的通用办法。纳税能力是满足了某些需求之后还剩下的东西,因此它假定随

着收入的增加,纳税人可以向国家缴纳更高比例的税收,并且与纳税人之前收入较低时相比,不会导致其贫困。但是所有这些都只是想象……据我们所知,在任何情况下,需求占收入的比例都是令人惊奇地保持不变的,比例性负担导致的损失与税率成正比。

这是在为维持现状进行辩护,反对经济学中的边际革命:个人越富有,他的需求也越多,因此富人和穷人最后一英镑收入的效用一样大。更进一步,在一个只建立在少数间接税基础之上且允许很多人逃税的财政制度中,不可能存在公平正义。吉芬财政政策的核心准则很简单:“实用的黄金法则是保证有足够多的收入来源,所有税种的税率都应该尽可能地低,确保没有哪个阶层刚开始就负担过重,确保税收负担能够尽可能地均衡分担。”①因此,他的观点与洛的“压力均等”观点很相近。

适度扭转从间接税向直接税转变这一发展趋势得到了很多官方和正统力量的强烈支持,它们认为这一改变是“合理”的,不必拘泥于自由贸易教条。事实上,对历史记录的解读证实了这一说法。在 19 世纪 30 年代和 40 年代,贸易委员会中的自由贸易者并不反对通过对茶、咖啡和糖征收进口关税,获取财政收入。这些商品不是必需品,它们不会进入工业生产成本,也不会导致更高的工资,以及由此推高出口成本。正如露西·布朗(Lucy Brown)评论的那样,“相较于维多利亚时代后期‘免税的早餐桌’宣传,1840 年的贸易委员会形同虚设”。② 事实上,如我们已经看到的那样,自由党的主导态度在 19 世纪 60 年代前没有发生变化。这些支持适度扩大收入性关税的观点得到了一些实业家的支持,他们越来越认为,教条主义式的自由贸易政策没有考虑英国同其他国家竞争中的不平等性。其他国家设置的贸易壁垒,以及 1890 年美国税和 1902 年德国关税新政之后的最惠国协定谈判,意味着科布登的世界已经在倒退了。补贴式的竞争——对糖用甜菜或航运给予奖励——引发了人们对自由

① 这一资料来自《泰晤士报》上的系列文章:“A correspondent”, Robert Giffen, on “Twenty years finance”: they appeared on 13, 16, 21, 27 Feb. 1899 with a leading article on 27 Feb. 1899; there were further articles on “The reform of taxation”, 5 Mar. 1901, on “The present financial position”, 27 Mar. 1899 and 11 Apr. 1899, with a leading article on 10 Apr. 1899。These were all extracted and commented on in PRO T168/43 and PRO T168/53. See also R.Giffen, “Some economic aspects of the war”, *Economic Journal* 10(1906), 205—206.

② Brown, *Board of Trade and the Free Trade Movement*, p. 157.

贸易的质疑,因为这使得英国消费者能够以人为低价购买国外商品。坚守严格的自由贸易政策可能会受到人们的指责,因为它扭曲了市场,使垄断者获得可乘之机。根据这一解释,单方面的自由贸易不再起作用,保护开放性世界经济的最好方法是征收报复性关税和开展互惠协议谈判。这一行动的目的不是为了实施“与世隔绝的保护主义”——这会创造一个封闭的自给自足经济,而是为了积极避免陷入世界性的贸易保护主义。正如弗兰克·特伦特曼(Frank Trentmann)评论的那样,“自由党中存在一种逐渐增强但又不情愿承认的观点,即在新重商主义(new mercantilism)时代,科布登主义已经不合时宜了”。为了实现贸易条件的均衡,需要开展互惠谈判和实施报复性关税。与此同时,对关注所得税负担的自由贸易者来说,收入性关税是可以接受的。因此1901年,为了筹集收入和提供与其他国家进行谈判的筹码,伯纳德·萨缪尔森(Bernard Samuelson)——一个实业家和自由党自由贸易者——能够建议征收10%的关税。然而,张伯伦的关税改革倡议很快将这场争论推向了两个极端——要么实行完全的自由贸易,要么实行帝国特惠制,由此排除了不那么具有教条主义色彩的报复性关税和收入性关税这一中间地带。虽然报复性关税和拓宽税基都获得了相当多的支持,但是完全教条主义的自由贸易和张伯伦的彻底改革倡议这两种极端想法,将上述可能性排除在了政治议程之外。①

在布尔(Boer)战争期间,如何增加政府收入成为一个关键问题,布尔战争是自克里米亚战争以来最昂贵的军事行动。最初,财政大臣希克斯·比奇乐观估计了战争费用。1899年10月,他坚持认为已经认真和准确地计算了可能的战争花费,并且军队已经取得的辉煌胜利意味着冲突将会很快结束,而且这些战争费用可以转移给德兰士瓦(the Transvaal)的纳税人。比奇认为,增加间接税会损害商业发展,提高税率已高达每英镑8便士的所得税会引起人们的不满。因此,他只能寻求增加借款的权力。② 他的乐观主义用错了地方,

① F. Trentmann, “The transformation of fiscal reform: reciprocity, modernization, and the fiscal debate within the business community in early twentieth-century Britain”, *Historical Journal* 39 (1996), 1005—1048.

② *Parliamentary Debates*, 4th ser. 77, 23 Oct. 1899, cols. 509—517.

因为期望的辉煌军事成功变成了灾难，对战争费用的估计远低于实际水平。在比奇 1900 年 3 月的预算中，他面临着增加税收的迫切需求。汉密尔顿提出的建议是效仿克里米亚战争先例，用税收筹集 47.4％的战争费用，同时均衡 1900/1901 财政年度的直接税和间接税。① 希克斯·比奇认为，直接税和间接税的比例是公平的，因此他不建议对税收制度的均衡作任何实质性的改变。他同时追求了两姐妹：既提高所得税，又提高对啤酒和烈酒、烟草和茶征收的关税。② 他 1901 年预算的目标是从直接税中获得 50.3％的收入，第一次使直接税收入超过总收入的一半。他接受了汉密尔顿的建议，恢复了糖税，辩称这样做是符合自由贸易政策的：国内不生产糖，因此对糖征收关税与贸易保护无关。可以再次效仿格莱斯顿先前的做法，格莱斯顿在克里米亚战争期间提高了税收，并且在 1860 年声称，工人阶级应该承担部分战争费用，因为他们是和平与经济发展的受益者。③ 更进一步，关税还有助于促进阶级平等。数据显示，对于一个周薪为 24 先令的工人来说，如果他喝酒，他缴纳的税收占其收入的 9.4％；如果他是一个禁酒主义者且不吸烟，他缴纳的税收仅占其收入的 0.9％。相较而言，对于一个年收入为 700 英镑的职员(clerk)而言，其缴纳的税收占其收入的 6.4％。糖税会提高工人的纳税额，增加幅度介于 1.4％～9.9％；职员会缴纳收入的 6.5％。换句话说，工人可以通过选择放弃消费烈酒、啤酒和烟草规避纳税，但是职员缴纳所得税是没有任何选择余地的。④

战争引起的财政压力还导致重新引入对所有进口商品征收每英担 1 便士的一般登记税这一想法。尽管汉密尔顿先前对此持保留意见，但是现在他愿意接受这种税，因为其税率很低以至于不易被察觉，而且与贸易保护无关。然而，这种税对原材料和竞争力的影响具有政治敏感性，这使得这种税只适用于谷物，这是一种能引起极大政治共鸣的商品。1901 年，政府还开征了一项出口税，即对每吨煤征收 1 先令的关税。皮尔曾在 1842 年开征了每吨煤 4 先令

---

① PRO, T168/47, miscellaneous memoranda, “Taxation versus loans”, E. W. Hamilton, 18 Feb. 1900, and E. W. Hamilton to the chancellor, 24 Feb.1900.

② *Parliamentary Debates*, 4th ser. 80, 5 Mar. 1900, cols. 53—78.

③ *Parliamentary Debates*, 4th ser.152, 18 Apr. 1901, cols. 628—653.

④ PRO, T168/28, “Comparative taxation of the highly and lowly waged in this country, considered with reference to an increase of indirect taxation”, 21 Mar, 1901.

的出口税,但是面对煤矿主的反对,于 1845 年就将其废除了。但是在英国 1860 年同法国签订科布登—希瓦利埃条约(Cobden-Chevalier treaty)的时候,仍有一些人支持这一关税,因为他们认为英国过度依赖出口自然资源了。这一关税——正如希望的那样——是由外国人支付的。汉密尔顿认为,英国垄断了锅炉用煤,因此这部分出口贸易不会受到影响,关税将主要由国外消费者承担。但是,南威尔士(South Wales)的煤矿主反对这一征税提议,因为他们清楚地意识到了自身的高成本以及工人的更高工资要求,这使得他们在竞争中处于不利地位。尽管汉密尔顿认为工业不会受到影响,但是他仍怀疑这一关税是否是受欢迎的,因为无论是从原则还是从实际来看,它又重新回到了"某项已经过时的财政制度"。毕竟,保护资源的唯一方法是实施一种禁止性的关税,但是这会打击主要的出口贸易,对船主造成严重后果。虽然汉密尔顿本人倾向于只对糖征收关税,但是对煤炭征收出口关税仍被通过了,(像 1842 年那样)这一关税很快遭到了煤矿主的强烈反对。布尔战争时期的财政创新很少而且比较温和,对增加政府收入来源效果甚微。①

虽然希克斯·比奇对汉密尔顿的财政政策能否延续感到信心不足,但是他缺少自己的主见。他对 1895～1901 年"正常"支出 40%的巨大增长感到震惊,由于经济发展强劲和开征了战时紧急税,获得了充足的税收收入,才得以满足这些支出需求。如果经济陷入低迷,或者恢复和平后要求废除战时税收时,会发生什么呢?比奇在 1901 年警告索尔兹伯里(Salisbury):"我认为在和平时代,没有任何财政模式能够长期提供这样高的收入增长率。"虽然他愿意考虑对谷物、肉类、汽油征收小额关税,但是他反对实施任何标志着重新回到保护主义的措施——一些政府官员建议他对谷物和肉类征收进口关税。替代性的措施是削减支出,但是在当前公共卫生、教育和海军支出需求下,削减支

---

① On the registration duty, PRO, T168/45, "The proposed duty of 1d per cwt on imports", T. W. Pittar, 13 Sept. 1899; on the coal tax, T 168/47, "Export duty on coal", E. W. Hamilton, 23 Feb. 1900, and E. W. Hamilton to chancellors, 24 Feb. 1900; for general discussion, T168/52, "The financial problem", E. W. Hamilton, 13 Jan. 1901, and "The question of new taxation discussed", E. W. Hamilton, 13 Dec. 1901. 要了解主要煤矿主、自由党国会议员托马斯(D.A. Thomas)对煤炭税的评价,见 *Parliamentary Debates*, 4th ser. 152, 18 Apr. 1901, cols. 715—718。

出困难重重。希克斯·比奇已经到了格莱斯顿式财政国家的极限。[①]

恢复和平后,问题随之而来:是应该废除为了满足战时需要开征的关税,还是应该在新基础上将其扩展为财政制度的一部分。1902 年,查尔斯·汤姆森·里奇[②](Charles Thomson Ritchie)接任财政大臣,他提供的答案未能说服他的内阁同僚。他认识到,“正常”支出的增加意味着只能够废除四分之一的“战时税收”。虽然他希望优先削减所得税,但是为了避免产生具有政治危害性的争论——富人的受益是以牺牲穷人为代价的,他也看到同样需要减少间接税。事实上,保守党担心谷物关税会使自由党获得巨大的政治优势,因为自由党可以指责谷物关税抬高了物价和减少了就业。对于保守党来说,前景不容乐观,他们担心“我们可能……在任何时候,都只能用小面包对抗摆在我们面前的大面包”。里奇担心,高所得税和不断上涨的物价很可能会造成“暴力反抗,导致大幅或者考虑欠妥地减少国防支出”。他无法在不损害政府信用的情况下借款,他坚持认为必须维持一个相当规模的偿债基金。为了削减所得税和废止谷物关税,似乎唯一的解决方法是减少军事支出。[③] 这一揽子措施暴露了对未来财政政策方向存在的严重分歧。

在某些领域,里奇因减少直接税遭受的攻击比减少间接税多得多:他减少了 4 便士的所得税,这一削减幅度是间接税的四倍。他做出这一决定的理由

---

① PRO, CAB 37/58/109, M. E. Hicks Beach, Oct. 1901; Gloucestershire Record Office 2455, Hicks Beach to Salisbury, 13 Sept. 1901; see also Hamilton's warnings about peace-time expenditure and the need to retain the sugar duty, T168/49, “The financial outlook”, E. W. Hamilton, 27[?] Mar. 1901. The proposal for import duties on grain and meat came in CAB 37/58/93, “Extension of the basis of indirect taxation”, 7 Oct. 1901.

② 查尔斯·汤姆森·里奇(1838—1906),就读于伦敦城市学院,毕业后进入了他父亲的东印度商业公司以及伦敦和邓迪的黄麻纺纱公司工作。1874～1905 年,他担任保守党国会议员。1879 年,他担任一个专门委员会主席,这个专门委员会负责考虑采取措施保护西印度公司的蔗糖不受欧洲对糖用甜菜补助政策的不利影响;1885～1886 年,他担任海军部财务大臣;1886～1892 年,他担任地方政府委员会(LGB)主席,负责筹建郡议会。1895～1900 年,他担任贸易委员会主席;1900～1902 年,他担任内政大臣;1902～1903 年,他担任财政大臣;他反对张伯伦和关税改革。(DNB, *Second Supplement*, vol. Ⅲ, ed. Lee, pp. 202—208.)

③ PRO, T168/57, “A provisional forecast, 1903/1904”, E. W. Hamilton, Ⅱ Nov. 1902, and “Exchequer revenue and expenditure, 1903/1904”, W. Blain, 24 Jan. 1903; CAB 37/63/148, “Preferential treatment”, 31 Oct. 1902; CAB 37/63/155, “Colonial preference”, C.T. Ritchie, 15 Nov. 1902; CAB 37/63/170, “Public finance”, C.T. Ritchie, 23 Dec. 1902; CAB 37/64/15, “Our financial position”, C.T. Ritchie, 21 Feb. 1903.

是,自战争爆发以来税收制度的重心仍然在从间接税向直接税转变:1899/1900财政年度,间接税占总税收收入的比重为52.1%;1903/1904财政年度,这一比例预计为50.9%,间接税比重进一步降低。更进一步地,所得税的暂时增加是"一种特殊战时措施",适合用来满足暂时性需求,因此战时增加的税收不应该成为和平时期的永久举措。减少间接税在政治上具有危险性,因为随着工人阶级政治权力的增加,工人阶级对税收的贡献已经变小了。一位财政部官员认为,应该阻止这一进程:

> 除非我们希望建成这样一个国家:这个国家的压倒性权力掌握在那些只要他们愿意,就可以免除自己承担政府支出责任的人手中。工人阶级作为一个整体,与其他社会成员一样,大部分都非常关心公共服务的可持续性,这些公共服务是我们不断增加的支出必须提供的。并且在一些现有支出项目中,有些是不时强加给国会的,这些项目是直接和专门为了工人阶级利益的。对免费初等教育的补助每年需要近300万英镑,这些补助实际上直接进入小学生父母的口袋中。①

这似乎正是格莱斯顿担心的:选民通过将社会政策成本转嫁给他人,能够利用税收谋求个人利益。对格莱斯顿来说,施加于利维坦身上的束缚似乎有被挣脱的危险。格莱斯顿认为,里奇应该更大力度地将税收制度的均衡从直接税转向间接税,应该保留谷物税,将其作为新关税改革政策和帝国特惠制的基础。最重要的是,约瑟夫·张伯伦有勇气——或者说是有勇无谋——通过提议开征关税筹集收入和提供保护,挑战维多利亚时期的商业政策和财政宪法。他正重新回到五六十年前托利党的贸易保护主义,认为新的财政均衡应该保护生产者。

约瑟夫·张伯伦关税运动的结果是消除了对间接税进行实用和技术性修正的可能性,这些修正旨在对抗其他国家的保护性关税或者为政府筹集更多的财政收入。取而代之的是,一个更加分裂的、更具争议的关税改革思想体系和帝国特惠制在争论中占据了上风,这些争论还与极具争议的英国未来前景联系在一起。结果是既限制了自由党,又约束了保守党。自由党对自由贸易

---

① PRO, T168/52, "The financial outlook of 1904/1905", E.W. Hamilton, 11 Feb. 1904; CAB 37/66/61, "Direct and indirect taxation: memorandum by MrBlain", May 1903.

的承诺使得他们很难基于收入理由支持增加间接税。同时，保守党要求实施实用主义有限关税——将其作为提供保护的一个手段——的能力也被张伯伦的宏大计划压制住了。结果是，财政宪法遭到了近四五十年未曾有的争议，在之前的四五十年中，对国家的职责范围具有广泛共识，尽管政治家们对细枝末节问题争论不休。张伯伦的大动作改变了有关税收结构的争论，但不是以其预想的方式。结果是坚定了从间接税向直接税的转变。解决狭窄财政基础的方式不是开征收入性关税，而是通过对高收入征收附加税、减轻低收入税收负担和实行差别征税重构所得税。这从根本上改变了格莱斯顿式财政宪法。

1903年9月，里奇辞去财政大臣一职，约瑟夫·张伯伦的儿子奥斯汀·张伯伦①(Austen Chamberlain)接任，此时财政状况不断恶化，不但不可能削减税收，反而为了避免1903/1904和1905/1906财政年度发生严重的财政赤字，迫切需要增加税收。一种方法是削减海军和陆军支出，他认为这样实际上可以提高英国的作战能力：“我们的国防力量既取决于陆军和海军资源，也取决于财力，二者同样重要，我可以大胆地说，根据我们目前的财政状况，除非付出绝对毁灭性的代价，否则不可能支撑一场大规模战争。”但是，除了寻求征收更多的税收收入之外，别无他法。汉密尔顿延续了他一贯谨慎的行事方式，在排除了各种可能性之后，(再一次)只剩下糖税可选了，如果将糖税提高一倍，就可以筹集到财政大臣所需要的600万英镑收入。但是，汉密尔顿不建议要增加的所有收入都来自间接税，特别是在1902年已经给予了所得税纳税人很多优惠的情况下，因为“如果提高关税的同时没有增加直接税，会极大改变我们长期已经接受的财政制度”。②

约瑟夫·张伯伦的政策受到了汉密尔顿和财政部的强烈批评，他们反对

---

① 奥斯汀·张伯伦(1863—1937)，是约瑟夫的儿子，就读于拉格比公学和剑桥大学三一学院。1892～1937年，他担任自由统一党国会议员；1895～1900年，他担任海军大臣；1900～1902年，他担任财政部财务大臣(financial secretary)；1902～1903年，他担任邮政大臣；1903～1905年，他担任财政大臣。他在战争时期重返政坛，1915～1917年，他担任印度事务大臣；1918年，他成为战时内阁成员；1919～1921年，他担任财政大臣；1921～1922年，他担任保守党领袖；1924～1929年，他担任外交大臣；1931年，他担任首席海军大臣。(DNB，1931—1940，ed. Legg，pp.163—168.)

② University of Birmingham Library，AC 17/2/17，“The financial situation”，Austen Chamberlain，7 Dec. 1903(also in CAB37/67/84)；AC 17/2/29，“The financial outlook of 1904/5”，E.W. Hamilton，II Feb. 1904(also in PRO，T 168/52).

改变使得直接税和间接税比例趋于均等的财政制度。他们的反对部分是基于原则,但更多的是希望维持现有收入体系,这一收入体系确保税收制度得到了广泛认同。关税改革的难题在于:

> 要对税收做出较大的变革,这是一个非常严肃的问题;因为对于税收负担这个如此棘手和深奥的问题,肯定有很多人深信"已有的税收不是税"这一古老格言以及"如果不受干扰的话,税收迟早会找到自己合适的水平"这一谚语。①

已有税种允许纳税人调整他们的价格和预期。相比较而言,"在所有税收中,人们对新开征税种最为敏感",因为"即使税收是公平正义的,改变税制也是非常困难的,在税收负担转嫁过程中会产生剧烈摩擦",会打乱社会成员之间以及社会成员与国家之间的税收算计。② 新税收还将会扰乱经济,"任何企图改变自然贸易渠道和扰乱其既定路线的行为都是'冒险举动',最终会遇到危险;因为贸易就像信用那样,是一种非常敏感且生长很慢的植物。瓦解和失去贸易易,重组和扩大贸易难"。③ 因此,汉密尔顿更倾向于提高所得税税率。虽然他强调"为了能在紧急情况下用作不时之需,在和平时代保持低所得税率至关重要",但是他认为在未来"正常(和平)时期",所得税税率应该是 11 便士或者 1 先令,而不是 7 便士或者 8 便士;在"战备时期",所得税率应该是 2 先令,而不是 1 先令 4 便士。④ 汉密尔顿采取了维持现状方案,目的是保持直接税和间接税当前的均衡状况,不大幅提高关税或者剧烈修订所得税。

奥斯汀·张伯伦清楚地知道,1904 年预算将"生死攸关中央政府和自由党的命运"。为了应对"极度悲观"的财政前景,需要一个更大胆的解决方法,对他而言,答案是显而易见的,即如同他父亲之前提议的那样,改革关税和实施帝国特惠制。这一政策采取了攻击性策略,而不是懦弱和摇摆不定的防御性立场。虽然张伯伦们的关税改革政策在 1906 年的大选中遭遇了失败,但是

---

① University of Birmingham Library, AC 17/2/5, "The fiscal problem", paper to Cabinet by Treasury, 25 Aug. 1903.

② PRO, T168/64, miscellaneous memo vol. Ⅻ, "The incidence of taxation", E.W. Hamilton, 12 May 1904.

③ University of Birmingham Library, AC 17/2/5, "The fiscal problem".

④ PRO, T168/52, "The financial outlook of 1904/5", E.W. Hamilton, Ⅱ Feb.1904.

通过排除收入性关税,它对随后的贸易发展和财政政策产生了深远影响。因为在不支持全面关税改革和帝国特惠制的情况下,先前要求保护工业和增加间接税还是有可能的。现在约瑟夫·张伯伦让人们很难将二者割裂开来,结果是,他从根本上缩小了爱德华时期政府的政策选择空间。对乔治·戈申(George Goschen)来说,这些难题很明显,他接受了拓宽税基的主张,但是拒绝支持张伯伦,认为张伯伦的政策受到了保护主义的鼓动。[①] 奥斯汀·张伯伦否认了这种指控:

> 一个像你一样年迈的财政大臣,肯定觉得我们财政金字塔的基础已经窄得有点危险了。比奇“拓宽”税基的结果是谷物不见了,煤炭正在流失……糖也受到了威胁。每个现有税种的税率都高于其应有水平,或者与其应有水平一样高;通过税收获取收入所能采取的仅有方法,是进一步实施累进遗产税和所得税,以及掠夺土地和资本,这将加重处在金字塔顶端的那些人的负担。你能够接受这样的项目吗?或者,你如何在别无选择的情况下抗拒这样的项目呢?[②]

奥斯汀·张伯伦对形势的评估基于一系列事实。在财政状况不怎么紧张的时候,哈考特已经实行了累进遗产税,并威胁说要实施累进所得税。戈申的认识非常正确:张伯伦政策的目的是保护工业;正如他指出的那样,只有不足1/10的人认为关税改革是为了拓宽税基。[③] 正是保护主义与间接税之间的联系以及对自由贸易准则的攻击,将自由党对手实施更高税率、更加累进所得税的提议边缘化了。当之后自由党重新执政时,哈考特在1894年预算案中提出累进所得税时面临的约束已经不复存在了。

抑制累进制

哈考特的1894年预算案向累进制迈出了犹豫不决的第一步。正如我们

① University of Birmingham Library, AC 17/3/52, letter from G.J.Goschen, Nov.1905.

② University of Birmingham Library, AC 17/3/53, Austen Chamberlain to Goschen, 14 Nov. 1905.

③ University of Birmingham Library, AC 17/3/54, Goschen to Austen Chamberlain, 20 Nov. 1905.

在第8章中看到的那样,哈考特把遗产税作为筹集海军经费的主要手段,辩称这符合格莱斯顿限制军国主义的原则,让鼓吹帝国扩张的人承担海军费用。遗产税的扩大在某种程度上也能回应激进派对非劳动性增值收益的攻击。当然,自由主义经济学公认,一个人死时留下的财产应该比活跃的资本负担更多的税,约翰·斯图亚特·密尔(John Stuart Mill)最为清晰地阐释了这种观点。因此,遗产税改革可以被看作是一项谨慎鼓励创业的保守主义举措。

问题是这一改革能够走多远。格莱斯顿的确考虑过累进的住宅税,并且汉密尔顿在1894年认为,这提供了“衡量人们消费能力的最好标尺”。[①] 对低收入实行适度累退的所得税符合格莱斯顿式财政宪法,这是将尽可能多的纳税人纳入税收制度计划的一部分,虽然把税收门槛定得低于一般收入水平,但是又不会导致税收负担过重和纳税人的抗拒。汉密尔顿和格莱斯顿都反对给予低收入更多的税收豁免和减税优惠。好像对低收入的累退力度已经太大了,格莱斯顿批评任何扩大税收豁免范围的想法,因为这将会消除投票者对投票结果的敏感性,使其支持花费巨大的支出政策。因此,格莱斯顿反对诺斯科特1876年和哈考特1894年提出的扩大低收入纳税人减免税范围的建议。虽然就打击“无活力的”资本而言,对遗产征税具有合理性,但是格莱斯顿仍对累进制遗产税保持警惕。他甚至谴责戈申1889年采取的温和计划——对超过10 000英镑的遗产征收1%的税。正如汉密尔顿解释的那样,这“打开了累进税制的一个小缺口,其在未来肯定会进一步扩大”。格莱斯顿也有着同样的忧虑,担心累进遗产税以及更慷慨的所得税豁免正在破坏财政宪法。他“准备理论上接受累进税制,但是这样做伴随着危险;最高税率该为多高,如果太高的话,它也许最终相当于将财产或收入充公了”。格莱斯顿仅仅希望恢复比例税制,使税收制度可以均衡不稳定收入(辛劳性收入)和自发性收入的税负,而不是偏袒一方和打击另一方。格莱斯顿把累进制作为实现“税收公平分配”一个手段,谨慎评估税收制度,确保每种形式的收入和财产都承担公平税负,可以通过“补偿性税收”实现这种公平性,而不必采取任何特定税收的累进制。格莱斯顿对1894年引入累进遗产税的回应是通过消极辞职以示反对。他认为,

① BL Add. MS 48,654, Hamilton Diary, vol. XXV, f.57, 25 Nov.1890; BL Add. MS 48,652, vol. XXIII, ff. 98—99, 27 Mar. 1890, Brooks(ed.), *Destruction*, 15 Mar. 1894, pp. 124—125.

“从原则上来讲,累进税制是不公平的,只要这种‘极其可憎和可恶的’军事开支得不到抑制,累进税制就会受到支持,甚至是必不可少的”。但是,他勉强接受了累进所得税。[①]

因此,格莱斯顿对累进制范围的任何扩大都保持警惕,正如我们看到的那样,罗斯伯里、霍尔丹和自由党帝国主义者与格莱斯顿持有相同的观点,他们竭力讨好中上阶层,认为“狂热跟风的”自由主义(Faddist Liberalism)、与爱尔兰结盟以及不支持帝国主义等行为疏远了中上阶层。接受累进制仅仅进一步证明自由党被激进派控制了。虽然哈考特一点都不支持激进派,但是他同样反对自由党帝国主义。哈考特倾向于首先获得中坚力量的支持,他把中坚力量定义为较低收入水平的纳税人。遗产税改革只是其宏大财政策略的一部分,这一财政策略旨在确保关键选民利益集团对自由党的忠诚。累进制将使政府可以对低收入所得税进行调整,这一战略对哈考特以及之后劳埃德·乔治和温斯顿·丘吉尔[②](Winston Churchill)的财政政治至关重要。哈考特1894年预算中提出的一揽子措施预示了1906年后自由党政府的政策趋势,为“现代”累进税制打下了基础。[③] 如他的保守党对手——迈克尔·希克斯·比奇——认识到的那样,遗产税改革不能仅以增加收入为目的[④],应将其作为

---

① BL Add. MS 48,652, vol. XXIII, f.118, 18 Apr. 1890; Brooks(ed.), *Destruction*, p.129, 3 Apr. 1894; MS 48,650, Hamilton Diary, vol. XXI, f.90, 2 Apr. 1889; f.95, II Apr. 1889, ff.101－102, 16 Apr. 1889, f.114, 2 May 1889; MS 48,653, vol. XXIV, f.86, 25 July 1890; Brooks(ed.), *Destruction*, p. 159, 31 July 1894.

② 温斯顿·伦纳德·斯潘塞·丘吉尔(Winston Leonard Spencer Churchill, 1874－1965),是伦道夫·丘吉尔的儿子,就读于哈罗公学和桑德赫斯特军事学院(Sandhurst),其后加入了军队并且成为一名战地记者。1900年,他成为自由统一党国会议员;1904年,他加入自由党的反关税改革阵营;1906年,他成为国会殖民事务副大臣;1908～1910年,他担任贸易委员会主席;1910～1911年,他担任内政大臣;1911～1915年,他担任海军大臣(First Lord of the Admiralty)。1915年,他担任兰开斯特公爵郡大臣(Chancellor of the Duchy of Lancaster),但是后来辞职从军。1917～1918年,他重回政坛,担任军需品大臣(Minister of Munitions);1918～1921年,他担任战争与空军事务大臣(Secretary of War and Air);1921～1922年,他担任殖民事务大臣。1922年,他离开了下议院,1924年作为保守党议员重返下议院,担任议员一直到1964年。1924～1929年,他担任财政大臣;1931年,他因印度法案与保守党决裂。1940～1945年,他担任英国首相;1951～1955年,他再度担任英国首相。(DNB, 1961－1970, ed. Williams and Nicholls, pp.193－216.)

③ B. K. Murray, *The People's Budget*, 1909/1910: *Lloyd George and Liberal Politics* (Oxford, 1980), p. 16.

④ See comment of Hicks Beach, Gloucestershire Record Office, 2455 PCC/12, Hicks Beach to Balfour, 8 May 1894.

一个新财政策略和选举策略的一部分。哈考特相信税收政治已经发生变化了,重返间接税在政治上是不可能的。因此,依靠更高税率的所得税意味着"必须"从高低收入两端对其进行改革。正如我们在第 8 章中看到的那样,他提出了两个相互补充的建议:对顶端收入征收附加税,同时加大对低收入的减免力度。①

1894 年,哈考特为了实现累进制,与财政部和税务局内的正统财政力量进行了一场失败的斗争。"在这个激进时代,累进制遇到了非常大的阻力",刘易斯·哈考特向他自己的杂志诉苦说,财政部和税务局内的主要官员都支持格莱斯顿和自由党帝国主义者,他们"应该把自己视为地主和资本家阶层的守卫者"。② 财政部和税务局内的保守势力很显然是坚决反对改变现状的,他们对累进所得税的反对,是建立在对英国财政制度的性质以及国家与纳税人之间的关系等一套严密清晰的假设基础上的。他们强调要从源头征收所得税,因为这对税务局来说,就不必关注每个人名下收到的总收入了。如果纳税人的收入低于所得税门槛,为了在源头获得税收返还,只需他们自愿申报自己的总收入就可以了。累进制需要对税收制度进行重大调整,要强迫纳税人申报自己的总收入,目的是要他们缴纳*更多的*税。米尔纳解释了税务局的立场。"所得税……*不适合累进制*,因为这一累进制需要的收入数据只能由每个纳税人自己提供,他们有强大动力和无穷手段隐藏自己的收入。"预算法案中授权税务机关收集必要信息的条款"必须是严苛的,它们审问式的调查方式必定会引发争议"。累进制的反对者认为,这不仅仅只是麻烦了10 000个最终会缴纳附加税的纳税人,而是为了发现谁负有纳税义务,必须向100 000个人发送表格。米尔纳认为,80%的人不会回复,而且不可能知道他们不回复的原因,是因为他们没有5 000英镑收入还是因为他们有意隐瞒自己的收入。因此,税务机关必须获得强制个人申报收入的权力,尽管最终可能 4/5 的人都不满足征

① Bod. Lib., MS Harcourt dep. 398, f. 8, 27 Dec. 1893, f. 17, 1 Jan. 1894; dep. 399, ff. 27—28, 12 Jan. 1894, ff. 43—44, 14 Jan. 1894, f. 24, 30 Jan. 1894, ff. 45—46, 7 Feb. 1894; dep. 57, ff. 55—59, Harcourt to Rosebery; dep. 70, ff. 40—43, notes on surtax, 1 Feb. 1894[?], ff. 56—57, Harcourt to Milner, 19 Feb. 1894; PRO, CAB37/98, no.45, Income Supertax, L. Harcourt, 25 Mar. 1901.

② Bod. Lib., MS Harcourt dep. 406, f. 21, 16 Mar. 1894.

税条件：

> 经验显示，因税务官调查引发的愤怒是非常普遍的：这并不仅限于那些他最终会征到税的人。对于一个我们试图征税的顽抗者或者撒谎的富豪，我们都会顺带树立一百个敌人……这个游戏值得吗？如果它造成了公共机构与众多个人之间的长期不和，为了这每年多征的100万英镑收入，代价难道不是太大了吗，这些人中的大多数人是没有礼貌或者缺少文化的。①

危险在于，正如米尔纳看到的那样，改变税收制度会造成“对国家收入的间接伤害”，因为这会导致人们不再遵从税制，危害将“远超所获得的微薄收入”。② 因此，在汉密尔顿和米尔纳的强烈反对下，哈考特1894年废除了附加税。正如哈考特解释的那样，税务局“强烈认为，累进制需要采取刑事侦查和令人恼怒的调查……这会使所得税的征收让人们感到厌恶，以至于危及它的存在，在任何情况下都不可能维持这种税”。③

1906年时，老一代官员仍持有基本相同的观点。普里姆罗斯（Primrose）怀疑：“社会中大约15 000个最有权势的人，是否会温顺地忍受税务机关对他们私人事务的调查？因为这是累进个人所得税不可避免的要求；或者，如果理性的人意识到这么做对社会几乎没什么好处，他们是否还愿意忍受这样的调查？”结果将会加剧税收评估和征税中的冲突，还将得罪那些外行委任专员们。④ 因此，累进制将损害人们对所得税的高度认同：

> 征税是世界奇迹之一，是英国让其他国家非常羡慕的事情。我们一定不能做任何损害这种生产力的事……当听说其他国家实行累进税取得了成功的时候，但是如果累进税产生的收入相对于这个国家的巨大收入总额，几乎是微不足道的，我们能够确定地说它是成功的吗？如

---

① Bod. Lib., MS Harcourt dep.70, ff. 160—166, “Memorandum on various proposed changes in the income tax”, A. Miner, 9 Mar. 1894.

② Brooks(ed.), *Destruction*, pp. 124—125, 15 Mar.1894, and p. 129, 3 Apr. 1894; PRO, T168/96, Milner's memo on income tax graduation, 1894.

③ Bod. Lib., MS Harcourt dep. 405, ff. 57—58, 10 Mar. 1894; *Parliamentary Debates*, 4th ser. 33, 16 Apr. 1894, col. 502.

④ PRO, T168/96, memorandum by H. W. Hamilton, 22 June 1903, “Graduation of income tax, practicability thereof”.

果最高权力机构不能向你承诺,通过累进所得税增加收入的同时,不会没收你的收入,难道你不是处于会随时遭受损失的危险边缘吗?在其他税种中引入累进制不是更好吗?①

1906年的所得税专门委员会报告了实施累进制和差别所得税的“可行性”。虽然报告认为,可以通过采取累退制和税收减让等方式推广累进制,但是如果税收减让水平需要大幅提高“正常或基础”税率,才能使得政府征收到的税收总额显著高于现有水平,并且给纳税人和商业贸易带来了极大不便,累进制将是不可行的。专门委员会认为,如果将收入豁免额从现在的700英镑提高到1 000英镑,现有税收制度将仍然是行之有效的。专门委员会也认为,如果决定对高收入(如5 000英镑以上)征收更高的税率,通过强制个人收入申报,以附加税方式对高收入实施累进制是可行的。专门委员会希望保持源头征税方式,但是也认为,为了防止当前严重的逃税和避税行为,需要强制所有纳税人申报其全部收入。因此,税务局没有说服专门委员会,后者不认为源头征税与累进制是水火不相容的。②

税务局关注的重点是累进制在管理上存在的困难,但是普里姆罗斯还担心,更高水平的税会影响经济发展。虽然普里姆罗斯对税收管理和税收遵从的担忧可能是真心实意的,但是毫无疑问,他更支持当前的收入和财富分配状况。累进所得税会消除本应储蓄的收入,由此减少了资本数量和提高了资本价格吗?普里姆罗斯认为,资本将会变得更稀缺和更昂贵,因此收入分配将会对资本有利和对劳动不利,会减少就业和工资水平。换句话说,当前的收入分配既符合工人群体的利益,也符合资本家群体的利益。普里姆罗斯反对累进制意味着按能力纳税这一观点,因为收入总量没有区分食利者和地主应承担义务的差异,没有区分确定性收入和不稳定收入应承担义务的差异,也没有区分有家庭的男人和单身汉应承担义务的差异。普里姆罗斯认为,为了避免更大的不平等和歧视,税收公平需要将所有这些因素都考虑在内,他还认为试图确定每个纳税人的剩余收入是不可能的,只会引发“恼怒和争论,将很快让人们厌恶这一税收”。差别征税和累进制都受到了指责。差别征税的支持者认

---

① PRO, T168/68, “Graduation of income tax”, E. W. Hamilton to chancellor, 6 June 1906.

② PP 1906 Ⅸ, *Report from the Select Committee on Income Tax*, pp. 661—667.

为,对非劳动收入征收更高水平的税,会鼓励积极的不稳定收入(劳动收入)。差别征税的反对者认为,对来自资本的非劳动收入征收更高水平的税,会打击资本积累,进而导致更高的利率水平和阻碍工业发展。①

财政部和税局官员更容易接受遗产税的累进制,因为它避免了实施不同税率所得税存在的实际困难,不必调查个人生活事务。② 正如我们看到的那样,人们认为对遗产征税是理所当然的,因为一个人处理死后财产的权力是“完全人为创造的,对它附加一些强制性条件不会引起人们的猜疑”,而且它只影响来自资本的收入,不影响来自贸易和专业服务的收入。③ 官员们还认为,遗产税使差别征收所得税多此一举。人们曾经尝试把保险政策的年度成本与要缴纳的遗产税结合在一起,评估所得税和遗产税对“自发性收入”和“不稳定收入”的混合影响。200 英镑的非劳动收入需要支付 2.6%的税和保险费,相比较而言,200 英镑的劳动收入只需支付 1%的税和保险费;当收入达到 500 英镑时,非劳动收入和劳动收入需分别缴纳 5.9%和 3.8%;当收入达到1 000 英镑时,非劳动收入和劳动收入需分别缴纳 7.4%和 5%。差别征税下的实际税负水平相差更大,因为劳动收入水平被低估了大约 20%,而投资性收入在

---

① PRO, T168/96, W. Blain, 5 June 1906; PP 1905 LXXXV, *Reports from His Majesty's representatives abroad respecting graduated income taxes in foreign states*, “Introductory report”, B. Mallet, July 1905, pp. 37—51; PRO, T168/96, “Differentiation and graduation in the income tax and estate duty, and some comparisons with foreign and colonial system”, also in PP 1906 IX, *Report from the Select Committee on Income Tax*, appendix I, “Paper handed in by Mr Mallet. Differentiation in the United Kingdom and foreign countries, etc. compared”, pp. 917—925; Bod. Lib., MS Harcourt dep. 69, ff. 79—93, note on differential income tax, A. Milner, 27 Apr. 1893; PRO, T168/96, “Graduation of income tax, practicability thereof”, H. W. Primrose, 22 June 1903; T171/1, “Finance Bill, 1901. Mr Herbert Lewis's amendment as to rate of income tax”, H. W. Primrose, 6 June 1901(also in T168/96); T168/69, “Mr Speyer on national finance”, E. W. Hamilton, 25 June 1905; T168/68, E. W. Hamilton to Henry, 18 Sept. 1905; T168/68, Hamilton to chancellor, 11 Jan. 1906; PRO, T168/68, miscellaneous memoranda by E. W. Hamilton, vol. XIII, “Graduation of income tax”, Hamilton to chancellor, 6 June 1906, and Hamilton to chancellor, 11 Jan. 1906; T168/96, “Income tax committee: memorandum of evidence to be given by Sir H. W. Primrose”, also at PP 1906 IX, *Report from the Select Committee on Income Tax*, appendix 13, “Paper handed in by Sir H. W. Primrose, 25 July 1906. Memorandum of evidence to be given by Sir H. W. Primrose, 25 July 1906. Memorandum of evidence to be given by Sir H.W. Primrose, chairman of the Board of Inland revenue”, pp. 960—964.

② BL Add. MS 48, 652, Hamilton Diary, vol. XXIII, ff. 78—79, 8 Mar. 1890.

③ 见本书前面第 8 章中的相关内容; the quote is from PRO, T168/96, memorandum by H.W. Primrose, 6 June 1901, on income tax graduation, also in PP 1906 IX, *Report from the Select Committee on Income Tax*, appendix 13.

源头征税时是全额计征的。结果，非劳动收入的税率可能是劳动收入的两倍。伯纳德·马利特[①](Bernard Mallet)从这些数据中得到了“无法避免的结论”，即英国税收制度已经实现了劳动收入与非劳动收入之间的税收公平，而且超过了普鲁士的税收差异水平。他得出结论认为，“如果人们普遍意识到征收遗产税加重了资本和来自资本的收入负担，很难再要求英国实施‘差别’所得税”。[②] 对马利特来说，解决方法是调整所得税和遗产税的相对比重，而不是改变所得税的本质特征。在任何情况下，自发性收入和不稳定收入的区别都不是十分清晰的，而且无法衡量纳税能力。正如米尔纳指出的那样，结果也许会让更柔弱的肩膀承受更沉重的负担，使得一个每年获得 500 英镑投资收入但要养活自己和孩子的寡妇，比一个每年获得5 000英镑劳动收入的律师，缴纳的税还要多。[③]

1894 年，哈考特基于管理上存在的巨大困难，承认无法实施累进所得税。然而，他表示将致力于实现累进制原则，相信可以找到实施累进所得税的方法。事实上，财政部的雷金纳德·韦尔比(Reginald Welby)认为，从对巨额收入征收附加税入手实施累进制是可能的，这“可以在长期的保守政策中找到踪迹”。[④] 因此，累进制只是被推迟而不是被放弃了。哈考特的确改革了较低收入者的所得税。正如我们在第 8 章中谈到的那样，在这方面，在保守党的关税改革运动之前，哈考特正在向阿斯奎斯和劳埃德·乔治 1907～1914 年实施的财政和选举策略靠拢。尽管如此，哈考特与他的继任者之间还是存在很大的不同。不像阿斯奎斯，他不提倡在劳动收入与非劳动收入之间实行差别所得税。随着 1900 年以后对社会创造的财富和租金激烈批判的加剧，要求差别征

---

① 伯纳德·马利特(1859－1932)，就读于牛津大学克利弗顿学院和贝利奥尔学院；1882 年，他进入外交部工作；1885 年，他调至财政部。1897～1909 年，他担任税务局专员；1909～1920 年，他担任英国总登记官(Registrar-General)。1916～1918 年，他担任皇家统计学会主席；1929 年，他担任优生学会(Eugenics Society)主席。[*Who Was Who*, vol. Ⅲ(London, 1941), p. 894.]

② PRO, T168/96, “Differentiation and graduation in the income tax and estate duty, and some comparisons with foreign and colonial systems”, B. Maller, Dec. 1905, also in PP 1906 Ⅸ, *Report from the Select Committee on Income Tax*, appendix 1.

③ Bod. Lib., MS Harcourt dep. 69, ff. 79－93, “Note on differential income tax”, A. Milner, 27 Apr. 1893.

④ Bod. Lib., MS Harcourt dep. 70, Harcourt to Milner, 10 Mar. 1894, ff. 172－179, Milner to Harcourt, 12 Mar. 1894, ff. 142－143, Welby to Harcourt, 11 Mar. 1894.

税的呼声更加强烈，这些批判源于对地主的攻击——这一攻击不同于19世纪中期哈伯德(Hubbard)的观点，哈伯德关注的是如何均衡自发性收入与不稳定收入之间的税负，而当前的批判认为土地应该承受更高的税收。[①]

19世纪末，财政部和税务局的高级公务员们形成了一股反对改革的强大力量，利用他们的巨大权威维持现状，反对自由党的累进制提议。正如我们已经谈到的那样，汉密尔顿也反对大幅度增加间接税，因为这将会威胁税制从间接税向直接税转变的长期趋势。到19世纪末时，汉密尔顿的建议使得财政制度变得僵化和缺乏弹性，严重限制了政府收入——这正是他希望看到的结果。但是，官员们的立场并不是完全一致的。一些政府官员认为，通过重新回到19世纪60年代时的比例税制可以实现直接税与间接税间的均衡，这符合自由贸易政策。但是，这种想法受阻于张伯伦的关税改革运动。其他官员——主要是更年轻的一代——认同财政制度将会更依赖所得税，因此应该改革所得税。他们认为，税收遵从要求已经发生了变化：当前的税收制度很快就会受到抵制，为了确保人们持续认同的公平和平等，需要调整税收负担。汉密尔顿先前对公平和平等准则的承诺，正在威胁到而不是保护财政制度的合法性。财政部和税务局中的新一代官员认为，为了解决财政收入和税收遵从这一眼前问题，需要改革所得税。自由党政府同样关注需要确保税收收入，但是也迫切需要形成一套清晰的选举策略，确保在没有疏远中产阶级纳税人的情况下，继续得到工人阶级选民的支持。他们该怎样解决难题呢，他们在重新定义财政宪法方面能够获得多大的成功呢？

---

① 见本书第8章中的相关内容。

11 “现代所得税”：重塑财政宪法(1906～1914)

(1905年和1906年的专门委员会报告)在1907年以及接下来的几年中，带来了一系列法律变化，这些变化极大地改变了陈旧简单的税收纲要。正是从1907年开始，现代所得税走上了新生之路。

PP 1920 XVIII *Report of the Royal Commission on the Income Tax*, p.106

先前，税务官的唯一问题是“你获得了多少收入?”……但是现在已经提出了一个新问题。我们今天不仅问“你获得了多少收入?”还会问“你是怎么获得这些收入的?”“这是你自己赚来的，还是别人遗留给你的?”“获得这些收入的过程，对其他人除了伤害没有任何好处吗?”

W.S. Churchill, *Liberalism and the Social Problem* (London, 1909), pp. 377—378

社会创造的财富总额每年都在增加。工人所占的份额保持固定或者不断下降。社会改革应该要确保所有社会创造的财富都用于公共利益。在一个民主政府手中，财政是实现这一目标的一件非常有效的工具。

The Labour Party. *Ninth Annual Conference, 1909* (London, 1909), appendix II, “The incidence of taxation”, memorandum by the Executive Committee, p.102

保守党在1906年和1910年大选中遭遇了失败，从而消除了通过进行关税改革将税收重心重新转向间接税的可能性。取而代之的是，自由党政府通过同时采取差别征税和累进制、对土地征收新税以及提高遗产税，极大地改变了所得税(详见表11.1)。19世纪40年代和50年代，休谟和哈伯德(Hubbard)之所以支持差别征税，是因为他们把差别征税作为均衡自发性收入和辛劳性收入税负的一种手段。但是格莱斯顿拒绝这样的要求，因为他担心这将会造成阶级对立。当然，休谟和哈伯德从没有考虑过累进制，因为他们希望创造一个充满活力和生机的经济，在这个经济中，冒险者基于私人而不是公司资本主义追求利润。格莱斯顿担心差别征税仍然会导致累进制，他的顾虑似乎是很有道理的，因为在1907年引入差别征税后不久，便实行了累进制。当差别征税重新回到政治议程时，它与休谟和哈伯德先前对差别征税的理解有着迥异的内涵。现在，差别征税是更广泛打击土地利益集团和“社会创造的财富”举措的一部分，它与累进制是殊途同归的两种手段。随着选举权的扩大以及独立工党的出现，选举环境已经发生了变化。现在，差别征税为猛烈打击“非劳动收入”或者“社会创造的财富”以及支持积极创业和打击消极积累，提供了一种非常诱人的手段。累进制是这个战略中的另一个重要组成部分，根据纳税能力调整税率水平，可以获得更多的收入满足政府社会改革和军事支出等财政需求，并用自由贸易替代了关税改革。一个更深远的变化又重新回到了皮特(Pitt)和阿丁顿(Addington)时代的所得税，即对有家庭负担的纳税人给予税收优惠，可以用此证明对没有家庭负担的纳税人实行更高税率具有正当性，并以此确保获得了税收减免者这一关键选民群体对自由党的支持。因此，所得税法典变得更加复杂，对低收入和劳动收入，对妻子、孩子和需要赡养或抚养的亲属，提供了大量税收优惠。由于更加关注挣了多少、通过什么方式挣的以及需要负担什么样的责任等问题，如何定义“纳税能力”变得更加复杂了。税收语言清晰地表明了政治家对社会结构的规范假设，帮助他们定义了选民的身份特征和利益群体。

虽然自由党政府在1906～1914年对所得税进行的改革标志着抛弃了格莱斯顿式财政宪法，但是仍然可以将其解释为是实现纳税人税收公平的一种手段，目的是确保税收对每个人有相同的边际影响。可以建立一种新的均衡和公平观。一项税收实行累进制和差别征税是有其合理性的,因为它可以确保税收对每笔收入最后一镑的边际影响相同,比如说,一个是从投资中获得的10 000英镑稳定收入,另一个是从劳动中获得的 500 英镑不稳定收入,累进制和差别征税可以使税收对二者最后一英镑收入有相同的边际影响。这种征税方式既可以促进财政均衡和公平,又能够讨得有一定规模的中产阶级收入群体(尤其是对已婚有家庭负担的男人来说)的欢心。自由党及之后保守党政治家的策略都是"减少"已婚有家庭负担男人的税负,其目的是维持这一重要选民群体的忠诚支持,确保获得对更高一般税收水平的政治支持。为了改变追求某个特殊平等观的社会结构,还能够以更加激进的方式利用财政制度。换句话说,政治家们可以不再强调税收制度的中立性,而是强调应维持当前的社会结构,确保税收对所有纳税人的边际负担都一样。现在,他们的说辞可以强调根据(高度争议的)对平等和社会正义的规范性假设,应积极利用税收制度重塑社会。自由党和工党中的一些改革派认为,很大一部分收入是社会创造的,这导致了社会结构的扭曲变形;应该利用税收制度获取这些非劳动性的增值收益,将其用于社会目的。所得税可能已经变成皮尔和格莱斯顿一直担心的那样——成为导致剧烈政治和社会冲突的根源,这将会威胁到它的地位,因为社会广泛认为所得税只是筹集国家收入的一种手段。

这些争论蕴含着一场关于财政宪法"核心理念"的大斗争,而不仅仅只是无关痛痒的小冲突,它们是一个更广泛的关于英国未来国家认同争论的一部分。皮尔派保守党成员(The Peelite)和格莱斯顿式财政宪法受到了布尔战争财政压力、社会改革要求以及地方政府支出膨胀等多重因素的威胁。正如我们已经看到的那样,僵硬和累退的地方税收体系无法适应城市政府不断增加的费用需求,因此必须重新定义地方和中央财政的边界,要么地方政府将责任转移给中央政府,要么中央向地方政府下放更多的资金。对地方税收的关注与主要社会政策问题联系在了一起,因为这涉及由地方提供资金的济贫法何去何从,以及社会服务在多大程度上应该由中央税收提供资金,或者在多大程度上应该通过自我融资的保险计划提供资金。张伯伦偏好的解决方法是帝国特惠制:通过进口税筹集社会改革所需的收入,同时为英国商品在国内和帝国内培养一个强大的市场，从而创造更高水平的工资和更稳定的就业，这将解决贫困和失业问题。自由党偏好的解决方案与他们对自由贸易的一贯承诺相一致，坚信“开放”经济会带来繁荣。可以将此与对非劳动性增值收益的猛烈攻击联系在一起，将其作为增加收入和减轻“活跃”财产负担的一种手段。这一方法还可以作为团结各阶级有进取心、活跃和有生产性的社会成员，共同应对消极的社会寄生虫的一种手段，可以从对土地的批评扩大到攻击各种形式社会创造的租金(Rent)。这种观点的支持者认为，财富和收入的重新分配能解决贫穷和失业难题，因为它可以基于一个更强大的国内市场创造一个更具活力的经济。这一方法也许背离了一个简单的科布登式信条——这一信条忠实相信自由贸易的优点，转而支持国家发挥更加积极的作用，目的是确保社会创造的财富不会被私人挪用。因此，拒绝保护主义和支持自由贸易也许需要重塑国内市场，因为这可以为商品和劳动力创造更大的需求。这可能需要将资源从富人转移给穷人，作为一项促进社会公正和提高国家效率的手段，这将会获得相当大的支持。这一方法还可以更进一步，要求用社会所有制代替私有财产，但是这将会疏远很多中产阶级投票者，因为他们很可能将自己定义为财产所有者，与地主、政府债券和公众公司股票的投资者结成联盟。除了这些意识形态上的假设和政治上的算计之外，财政部和税务局内部的观点也发生了改变，因为官员们开始认同需要进行变革。从某种程度上说，这是向他们新政治领导者政策主张的调整。然而，官员们也有他们自己更实际的认为需要变革财政宪法的理由。

接受变革：官方的观点

采用累进制和差别征税既反映了财政部和税务局内权力均衡的变化，也反映了政治说辞和选举策略的转变。财政部和税务局里的年轻一代官员们认为，改革不会有太大的危害性，而且为了确保财政收入也许是非常必要的。事实上，他们意识到，由于选举现实和社会假设已经发生了变化，抵制改革比孤注一掷地维持现状更可能危害人们对税收的一致认同。汉密尔顿于 1907 年退休,劳埃德·乔治大力支持财政部的约翰·布拉德伯里[①](John Bradbury)和税务局"虔诚的自由党人"罗伯特·查莫斯[②](Robert Chalmers),将其他官员边缘化了。[③] 财政部和税务局内的年轻官员们超越了汉密尔顿的适度改革税收理念,因为他的这一限制性理念仅向政治家们提供了有限选择。普里姆罗斯对此感到震惊,他在1907年告诉汉密尔顿,他对财政提出的累进制建议感到"吃惊",因为其比1906年专门委员会中最具"掠夺性"成员建议的力度还要大。正如他指出的那样,专门委员会只是说征收附加税是可行的,并没有说它是可取的,"如果财政部自身提出的想法比专门委员会更具革命性,那将会是非常不幸的"。[④]

财政部和税务局官员从找理由阻碍政治家期望推动的变革,转变为向人们证明,可以在不失去税收遵从的情况下推行改革。他们现在不再为拒绝变革寻找管理困难上的借口,而是努力证明当前的管理程序可以适应变革要求。他们更关心收入的"弹性",认为累进制会提高政府收入的弹性。很明显,当前的税收优惠方式给变革增添了一些限制,因为大幅度提高正常或者标准税率,要求将征收上来的大笔资金返还给那些有权获得税收减免的纳税人。因此,只有当所得税率较低时,累退性和税收减免才有意义。[⑤] 当前的税收减免给

---

① 约翰·斯旺威克·布拉德伯里(1872—1950),出生于柴郡(Cheshire),是一个石油商人的儿子。他就读于曼彻斯特语法学校和牛津大学布雷齐诺斯学院(Brasenose College),1896年,他进入殖民部(Colonial Office)工作,然后进入财政部。1905年,他成为阿斯奎斯的私人助理;1908年,他成为财政部一个部门负责人。他参与制订了1909年预算案,设计了健康保险计划的融资方式。1911～1913年,他担任保险专员。1913～1919年,他担任财政部联合常务秘书,负责财政收入。1919～1925年,他离开财政部担任驻协约国赔偿委员会(Reparation Committee)代表。1925～1929年,他担任食品委员会主席,并兼任英波石油公司董事(代表政府)。1929～1931年,他担任麦克米兰金融和工业委员会委员:他支持金本位制,认为问题源于生活标准过高;他不支持紧缩公共支出。(DNB, 1941—1950, ed. Legg and Williams, pp. 98—99.)

② 罗伯特·查莫斯(1858—1938),就读于伦敦城市学校和牛津大学奥里尔学院。1882年,他进入财政部工作;1907～1911年,他担任国内收入委员会主席;1911～1913年,他重回财政部担任常务秘书;1913～1916年,他担任锡兰(Ceylon)总督;1916年,他担任临时爱尔兰副大臣;1916～1919年,他担任财政部联合常务秘书;1920～1922年,他担任皇家牛津和剑桥大学委员会委员;1924～1931年,他担任剑桥大学彼得学院院长。人们认为,他的浮夸和玩世不恭掩盖了他的敏锐性。(DNB, 1931—1940, ed. Legg, pp. 154—155.)

③ Murray, *People's Budget*, pp. 77, 80.

④ PRO, T168/96, H. W. Primrose to E. W. Hamilton, 3 Feb. 1907.

⑤ PP 1906 Ⅸ, *Report from the select Committee on Income Tax*, pp. 661—667.

政府收入施加了严格限制:高收入者可以承受高标准税率,但是会加重低收入者的负担。提高税收优惠力度又会导致完全失去从低收入中获得的税收。这种情形使得实行累进制更加合情合理,因为这可以确保从低收入中获得少许税收。换句话说,累进制需要从低收入中获得少许税收,就像其需要从高收入中获得更多税收一样。①

英国带有税收优惠和累退性的标准税率已经比普鲁士所得税的累进力度更大了。在普鲁士,所得税免税额定得更低(45 英镑),因此相较于英国,低收入者承担了更多的税收,所得税影响了更多的人。在英国,只有 2.3%的人接受了税收评估;在普鲁士,这一比例为 11.1%。在英国,只有当收入达到 150 英镑时才需要交税;在普鲁士,当收入达到 45 英镑时,要交 0.67%的税,当收入达到 150 英镑时,要交 1.7%的税。在英国,最高对 750 英镑及以上收入征收 5%的税;在普鲁士,最高对超过100 000英镑的极高收入征收 4%的税。②这些比较表明,英国所得税对低收入者的税收负担是较轻的:问题在于,它的峰值来得太快了。对于 700 到2 000或者3 000英镑这部分收入来说,它们的最重负担是一样的,导致一部分相对富有的中产阶级群体如成功的律师或者医生,与“不诚实的有钱有势者”按相同的税率纳税。正如雷金纳德·麦肯纳③(Reginald McKenna)指出的那样:

这些人对税收的抵制最强烈……年收入在 700 到2 000英镑或者3 000

① PP 1920 XVIII, *Report of the Royal Commission on the Income Tax*, p. 132.

② PRO, T168/96, “Differentiation and graduation in the income tax and estate duty, and some comparisons with foreign and colonial systems”, B. Mallet, Dec. 1905; PP 1905 LIII, *Return showing which of the colonies have established systems of graduated income tax levied at different rates on earned and unearned incomes, or both, with particulars in each case of the rate of tax and the system of assessment and collection*, pp. 185—281, and *Further return*, pp. 283—353; PP 1905 LXXXV, *Reports from His Majesty's representatives abroad respecting graduated income taxes in foreign states*, “Introductory report”, B. Mallet, July 1905, p. 40.

③ 雷金纳德·麦肯纳(1863—1943),出生于伦敦,是一个公务员的儿子。他就读于剑桥大学三一学院;1887 年,他获得了律师资格。1895～1918 年,他担任自由党国会议员;1905～1907 年,他担任财政部财务大臣;1907～1908 年,他担任教育委员会主席;1908～1911 年,他担任第一海军大臣;1911～1915 年,他担任内政大臣;1915～1916 年,他担任财政大臣。1922 年,他先是拒绝担任财政大臣,但是不久之后又愿意接受这一职位,前提是他能够在伦敦市获得一个国会议员席位。从 1917 年开始,他担任米德兰银行(Midland Bank)的董事,其中 1919～1943 年担任董事长。(DNB, 1941—1950, ed. Legg and Williams, pp. 551—555.)

> 英镑之间的这部分群体,对公共意见有很大的影响……通过给予他们所要求的税收优惠,可以使税收变得更加富有弹性。①

当然,这一群体也可能抛弃自由党,转而支持保守党和关税改革。如果他们感到自己的利益被忽视了,将支持工人阶级投票者的诉求和昂贵的福利计划。

为了确保中产阶级纳税人支持更高的总体税收水平,减轻某些中产阶层纳税人的税收负担在选举和财政考量上都有其必要性。从关于爱尔兰自治规则和爱尔兰对联合王国财政贡献的争论中可以明显地看出,相对于穷人的收入而言,这部分群体的税收负担太重了。里奥·奇奥萨·马尼(Leo Chioaaz Money)估计,在1904年,800 000个纳税人的收入在160～700英镑之间;235 000个纳税人的收入在700～5 000英镑之间;只有15 000个纳税人的收入超过5 000英镑。但是,最后这个高收入群体的总收入达到2.4亿英镑,相比较而言,前两个群体的总收入分别为2.5亿英镑和3.4亿英镑。据马尼的计算,当收入介于160～700英镑时,全部税收负担(直接的或者间接的)相当于对每英镑收入征收了18.5便士(7.7%)的税;当收入介于700～5 000英镑时,税收负担达到峰值,相当于对每英镑收入征收了21.4便士(8.9%)的税;当收入超过5 000英镑后,税收负担又回落了,相当于对每英镑收入征收了18.9便士(7.9%)的税。收入低于所得税门槛的税率是每英镑14.9便士(6.2%)。根据马尼的观点:"我们当前的税收实际上没有考虑纳税能力问题",普罗大众与非常富裕的人几乎按相同的税率纳税。解决方法是在不影响绝大多数纳税人的情况下,通过对5 000英镑以上部分的收入征收附加税,从所得税中获得更多的收入。② 正如一位政府官员评论的那样,要深信富人愿意纳税而不是一心只想避税:

> 正是因为在收入构成中一些人的收入远高于平均水平,才使得统一税率的税收负担非常不公平,因此需要通过征收附加税加以矫正……反

---

① PRO, T172/22, R. McKenna to chancellor, "Income tax committee", 17 Dec. 1907.

② PRO, CAB37/87/28, "Notes on the incidence of taxation in the UK", L. G. Chiozza Money, Mar. 1907; see also Chiozza Money, *Riches and Poverty*. Figures provided by the Inland Revenue are in PRO, CAB37/87/24, "Income tax", H. W. Primrose, 1 Mar. 1907.

> 对征收附加税主要是基于下面的假定：要缴纳附加税的人会认为它是不公平的，会千方百计逃避这一税收。这种想法没有充分考虑英国人内心对法律的尊重，也忽视了征收附加税是为了促进公平这一事实。要缴纳附加税的人都受过良好教育，完全能够理解为什么要征收附加税，因为这将使得税收更公平，他们对所得税的贡献在比例上应该高于比其收入低的人……没有理由假定这些有地位和声望的人，会甘冒风险逃避一个自己都无法否认是正当责任的负担。①

因此，作为筹集收入的一个手段，当前的所得税缺乏灵活性，需要通过累进制加以改进。

普里姆罗斯认为，累进制将打击储蓄和资本积累，使资本变得更加昂贵，进而使收入分配对劳动不利，这个观点被财政部新一代官员摒弃了。在中产阶级中，收入不高的人不用缴纳附加税，反而会获得税收减免，因此能够比之前储蓄得更多。他们的储蓄将会补偿富人积累的减少。奇奥萨·马尼提出了一个更加激进的观点，认为国家应该利用税收收入筹集产业资本，否则这些收入将被“浪费”在“奢侈和有害的花费”上，或者被转移至海外。②

新一代政府官员最大限度地解决了所得税在管理上存在的困难。他们不再强调如何从富人手中获得纳税申报单这一难题，而是指出大部分受附加税影响的人已经申报了 D 税目下的收入——事实上为了减少逃税和避税，已经强制要求所有纳税人都必须申报这类收入。米尔纳和普里姆罗斯所强调的管理上存在的困难，现在被认为是“微不足道的”。如果个人全部收入达到 700 英镑，既要对其实行源头征税，又要为了税收优惠对其进行税收评估。结果，每 100 万个纳税人中大约 75 万个已经申报了他们的总收入。很容易检查人们的纳税申报情况，比如可以将他们的红利收入与公共企业的股东名单进行比对。观点发生了翻转，从反对申报总收入——认为纳税人将不愿意提供会增加其负担的信息——转为认为纳税人已经提供了

---

① PRO，CAB37/87/22，“Supertax”，26 Feb. 1907.

② 要了解普里姆罗斯，见上一章中的相关内容。The criticism of his approach is in PRO，T168/96，comment on H.W. Primrose，“Graduation of income tax，practicability thereof”，22 June 1903；and on Chiozza Money，PP 1906 Ⅸ，*Report from the Select Committee on Income Tax*，appendix 14，“Paper handed in by L.G. Chiozza Money”，p.965.

绝大部分必要信息。[①]一种讽刺性的解释是,米尔纳和普里姆罗斯根本就是在利用管理困难借口,阻碍他们意识形态上排斥的变革。但是,这将无法理解其他两个解释。首先,人们非常关注征收官员的遵从度,第一次世界大战后,这被用来反对更高的间接税。其次,在英国公共部门中,官员们的长期经验和连任(相比较于美国的短期政治任命)形成了一个很难改变的固有势力和传统。推论是:一旦发生了改变,新制度会很容易融入公共部门传统中。

最重要的是,其他国家和大英帝国自身的经验证据表明,累进制和差别征税是切实可行的。累进制有三种形式:在德国一些州,每档收入缴纳相同固定数额的税;在瑞士,各档收入缴纳一定比例的税收;在斯堪的纳维亚和荷兰,税收和减免联系在一起。只有英国完全依靠税收减免和扣除。在大多数税收制度中都能够发现存在差别征税,有四种方式:第一种是将所得税与对资本或者财产征收的某个税结合在一起,比如普鲁士的补充附加税(Erganzungssteuer)。第二种是对劳动收入和非劳动收入征收不同的税,例如德国巴伐利亚州和荷兰。第三种是意大利和西班牙采用的,在一个单一所得税内对不同来源的收入实行不同的税率。第四种是征收相互独立和互补性的税,用其代替所得税中的差别征税(如英国的遗产税),或者作为差别征税的补充(比如意大利、西班牙以及荷兰)。与其他国家进行的比较使新一代官员采取了更务实的态度。正如他们意识到的那样,英国财政制度比其他国家已经更大程度地接受了累进制和差别征税,只不过它们巧妙地隐藏在了遗产税和税收减免之中。[②] 先前,官员和政治家们认为差别征税是多余的;现在他们的观点发生了翻转,宣称已经接受了这一准则,认为所得税的差别征收意味着可持续而非破坏。

---

① PRO, T168/96, "Note on income tax reform", 5 June 1906; PP 1906 IX, *Report from the Select Committee on Income Tax*, p. 662 and appendix 14, "Paper handed in by L.G. Chiozza Money", pp. 996—997.

② PRO, T168/96, "Differentiation and graduation in the income tax and estate duty, and some comparisons with foreign and colonial systems", also in PP 1906 IX, *Report from the Select Committee on Income Tax*, appendix 1, pp. 917—925; PP 1905 LXXXV, *Reports from His Majesty's representatives abroad respecting graduated income taxes in foreign states*, "Introductory report", B. Mallet, July 1905, pp. 37—51.

接受累进制和差别征税可以被描述为是纠正极端贫富差距与促进贫富之间税收公平的一个有益尝试,而不是严重违反公平准则的行为。可以认为这一方法有利于促进社会公正,它不但没有损害私人资本,甚至保护了私人资本免受激进派的挑战。累进制可以被认为是一项非常审慎的举措,在法国,人们一点都不担心其会导致财产充公和非法挪用,因为在那里累进制是极端社会主义的同义词。① 在英国,情况有所不同。在格莱斯顿成功地将所得税转变为促进自由贸易和财政节俭的支柱政策之前,初始时所得税与是军国主义而不是社会主义联系在一起的。通过辩称引入累进制是为了促进社会公正和节俭,而不是为了打击财产所有者,改革者可以在不造成政治危机的情况下,较容易地在所得税中引入累进制。毕竟,亚当·斯密的第一税收准则规定,人们向政府缴纳的税收,应该"尽可能地与他们各自的纳税能力和享用的收入成一定比例"。斯密的强大知识权威可以很容易证明累进制的合理性,因为他的税收准则认为随着收入增加,纳税能力会提高,个人从其收入中获得的满足感是由其最后一英镑收入的边际价值决定的。对斯密的这个新解读,与马歇尔(Marshall)、埃奇沃斯(Edgeworth)和庇古(Pigou)等著名经济学家著作的观点是一致的。虽然很少人读过(或者理解)这些更深奥和技术性的经济学,但是对税收福利意义的专业解释是政治文化更广泛变化的一部分。经济学家们的工作提供了知识支撑,用老的关于公平和纳税能力的解释支持自己的新观点,这反映了政治说辞总体转向支持建立一个高效竞争的经济和一个更团结的社会,无论其目的是为了维持一个强大的帝国家族,还是为了提高穷人的福利。

自由党帝国主义者和新自由党人

财政政策的转变对自由党具有选举意义。当前的累退程度意味着所得税主要是由中低收入中产阶级群体承担的,这一群体有可能背叛自由党转投保守党。所需要的是一项能够减轻他们税收负担的财政制度,一套能够唤起积极创业者反对寄生式富人的说辞——特别是要能够与中产阶级关注的东西联系起

① Gross, "Progressive taxation and social justice", 80—81, 121—123.

来。下面提供了一个关于为什么攻击土地是寄生资本的解释,这个攻击受到了自由党激进派的欢迎。对于爱德华时期的很多自由党人来说,攻击地主对他们具有选举上的吸引力,因为此时地主已经转投了保守党。这种攻击还可以把乡村对爱尔兰、威尔士和苏格兰中被疏远地主的攻击,与城镇对土地税改革和如何解决住房难题的关注结合在一起。对城市住房难题的指责可以推到贪婪的地主头上,因为他们索取了过高的地价,对政府支出没有做出应有的贡献,尽管政府支出提高了土地价格。[①] 此外,它还为保守党关税改革这一选举策略提供了替代方案。张伯伦认为,进口税和帝国特惠制将为英国商品创造一个稳定的国内和帝国市场,将会实现稳定就业和更高的工资,由此可解决贫穷问题。同时,进口关税将为社会改革(尤其是养老金)筹集所需要的收入,而不会抬高食品价格,因为可以基于帝国特惠制从帝国内进口食品。这项政策的目的在于通过讨好工人阶级和产业工人中的城市生产者,提高国家产出水平。[②] 当然,自由党可以攻击张伯伦违背了自由贸易政策——这确保了英国前半个世纪的繁荣,宣称张伯伦的政策打击了现有"免税的早餐桌"计划,无论他如何辩解,这项政策都有利于地主阶级。但是制定一项积极政策也是非常有必要的。一个解决方案是推行自由党帝国主义,这与罗斯伯里和霍尔丹(Rosebery and Haldane)密切相关[③];另一个解决方案是推行新自由主义,它的主要支持者是伦纳德·特里劳尼·霍布豪斯(Leonard Trelawny Hobhouse)[④]、约翰·阿特

---

① 要了解土地问题,见 Offer, *Property and Politics*;要了解对劳埃德·乔治和土地的评价,见 Gilbert, "David Lloyd George: land, the budget and social reform"。

② 要了解张伯伦政策一个非常有政治争议的观点,见 E. H. H. Green, *The Crisis of Conservatism: The Politics, Economics and Ideology of the British Conservative Party, 1880－1914* (London, 1995), and E. H. H. Green, "Radical conservatism: the electoral genesis of tariff reform", *Historical Journal* 28(1985), 667－692。

③ 关于自由党帝国主义的经典描述,见 Matthew, *Liberal Imperialists*; 又见 B. Semmel, *Imperialism and Social Reform: English Social-Imperial Thought, 1895－1914* (London, 1960)。

④ 伦纳德·特里劳尼·霍布豪斯(1864－1929),是约翰·卡姆·霍布豪斯的后代;他就读于牛津大学基督圣体学院(Corpus Christi College);1890 年,他成为该学院助教;1894 年,他成为该学院教师。1897～1902 年,他供职于《曼彻斯特卫报》;1907 年,他被任命为伦敦政治经济学院社会学教授。他出版的主要著作有《劳工运动》(*The Labour Movement*)(1893)、《知识理论》(*The Theory of Knowledge*)(1896)、《思想进化》(*The Mind in Evolution*)(1901)、《道德进化》(*Morals in Evolution*)(1906)、《形而上学的国家理论》(*The Metaphysical Theory of the State*)(1918)。(DNB, 1922－1930, ed. Weaver, pp. 420－421.)

金森·霍布森[①](John Atkinson Hobson)和里奥·奇奥萨·马尼。[②]

虽然自由党帝国主义者和新自由党人都同意需要维持自由贸易和实施社会改革,但是他们的理由在某种程度上是相互矛盾的。“自由党帝国主义者(Limps)”的目的是维持一个强大的帝国,这个帝国是建立在一个有效的国内经济和健康的帝国家族基础上的,实现这一目的要求利用自由贸易解决失业和贫困问题。从1898年开始,自由党帝国主义者越来越关心政府财政问题,因为在托利党的领导下,政府支出持续攀升。但是他们认为,缩减开支不是解决方法,一个“有机国家”的发展必然会导致支出不断增加。正如霍尔丹所言,“我们支出的更多是因为我们有更大的房屋、更大的家庭、更高水平的生活和新的必需品,这些来自物质条件的改善”[③],虽然“自由党帝国主义者”希望控制养老金支出,因为它无助于提高“效率”,但是他们承认社会支出将会继续增加,而且当前的财政收入来源是不够用的。他们开始认同,格莱斯顿式财政是为一个不同理念的政府设计的。他们反对把关税作为收入来源,认为直接税是唯一的解决办法。霍尔丹在讨论1902年预算案时认为,英国“在所得税方面还有潜力可挖……我认为到目前为止,我们还没有到达直接税的极限点”。

---

① 约翰·阿特金森·霍布森(1858－1940),出生于德比市(Derby),是一个报纸发行商的儿子。他就读于德比公学和牛津大学林肯学院;他一毕业就开始教授古典文学,一直教到1887年;然后担任一所大学的外聘讲师,一直到1897年。他在《工业机理》(*The Physiology of Industry*)(1889)一书中提出了消费不足思想[与马默里(Mummery)一起提出],支持累进制征税。他深受拉斯金(Ruskin)影响,1898年写了一份关于拉斯金的研究,还写了一本科布登传记。他支持将垄断企业国有化和将工业标准化,支持在一些领域保留私人企业,因为这些企业的经验和技巧对于满足消费者或者生产者的个性要求非常重要。他认为消费不足会导致过度储蓄,会为了追求帝国主义外流到外国去;只有收入的重新分配是在国内进行的,自由贸易才会带来和平。他的这些观点发表在《现代资本主义的进化:关于机器生产的研究》(*The Evolution of Modern Capitalism*:*A Study of Machine Production*)(1894)、《帝国主义研究》(*Imperialism*:*A Study*)(1902)、《分配经济学》(*The Economics of Distribution*)(1900)、《工业体系:劳动和非劳动收入研究》(*The Industrial System*:*An Inquiry into Earned and Unearned Income*)(1909)等著作中。他与霍布豪斯以及其他“新自由党人”共同撰写了《国家》(*The Nation*)一书;他反对布尔战争,帮助成立了第一次世界大战中的民主控制联盟。在战争期间和战后,他出版了《战后民主》(*Democracy after the War*)(1917)、《新国家中的税收》(*Taxation in the New State*)(1919)和《失业经济学》(*The Economics of Unemployment*)(1922)等书。(DNB, 1931－1940, ed. Legg, pp. 435－436.)

② 关于新自由主义,见P. E. Clarke, *Liberals and Social Democrats* (Cambridge, 1978), and M. Freeden, *The New Liberalism*: *An Ideology of Social Reform*(Oxford, 1978)。

③ Quoted in Matthew, *Liberal Imperialists*, p. 252, from *Parliamentary Debates*, 4th ser. 105, 21 Apr. 1902, cols. 828－829.

从《晨星报》(*Morning Star*)中翻印的海报

自由党政府希望对土地而不是食品征税;上议院试图阻止 1909 年的"人民"预算

插图 6 "对土地而不是食品征税"

因此"自由党帝国主义者"迈向了所得税的差别征收和累进制,不再将其作为一个再分配和社会改革的手段,而是将其作为一个确保政府收入的手段,这些收入的支出可以提高社会效率。[1]

[1] Quoted in Matthew, *Liberal Imperialists*, p. 255, *Parliamentary Debates*, 4th ser. 106, 21 Apr. 1902, cols. 827ff; generally, see Matthew, *Liberal Imperialists*, pp. 250—257.

新自由党人基于不同理由支持所得税的累进制。按照他们的观点，帝国主义是棘手难题，社会改革是解决这一难题的有效方法。① 霍布森和奇奥萨·马尼认为，对帝国主义的投资是浪费资金，维持军国主义是为了一小部分金融家和贵族的利益。自由贸易本身不会自然产生科布登所相信的和平，因为贸易体系可能源于不公平的收入分配制度，这将会打击国内投资的积极性，导致服务和基础商品出口部门中的低工资就业。富人的高收入意味着他们将其资金“浪费”在奢侈品进口和仆人的雇佣上了，由此形成了一个依附阶层，将英格兰南部变成了精英阶级悠闲的游乐场。尽管如此，他们还是花不光自己的所有收入，由此导致的“过度储蓄”无法在国内找到出路，但与此同时穷人却“消费不足”。最终导致大量资本投向国外，由此引发了帝国主义战争。换句话说，为了防止形成一个病态的贸易体系，只有国内收入的重新分配是在国内进行的，才能完全实现科布登的和平与节俭梦想。支持布尔战争的金融家与科布登斥责的腐败贵族精英是一丘之貉，为了创造和谐与繁荣，仅仅消除贵族的权力和放任个人在资本主义经济里追求利益是不够的。结果可能只是出现了一种新形式的腐败。虽然霍布森是一个忠诚的自由贸易者，但是他认为当前的贸易体系不是中性的。他撰写了科布登传记，还撰写了拉斯金(Ruskin)传记，他反对单纯追求利益，认为这会导致“贫困”而非富有。拉斯金认为，以牺牲工作质量或者工人享受为代价追求利益是可耻的，这会让他们失去自豪感和满足感。重新分配收入可以解决这个问题，因为提高穷人收入将会培育有鉴别能力的消费者，他们将会购买手工艺人制作的产品，而不会购买工人被当作机器一样生产的廉价产品。为了能让工作使所有人都从中受益，拉斯金希望结束工作与享受以及生产过程与消费互相割裂的状况。他希望将“诚实的生产、公正的分配、明智的消费”三者结合起来。霍布森赞同这一观点，试图对拉斯金提出的社会问题——“为了维持最大多数人的尊严和幸福，社会应如何有意识地安排其成员的生活?”找出解决之道。霍布森的不同之处在于他的解决方法，因为他不同意拉斯金提出的与众不同的解决方法——建立行业公会代替资本家雇主。相反，霍布森强调，为了创造一个有活力的国内经济体和

① Clarke, *Liberals and Social Democrats*, chapter 3.

砍掉帝国主义的主根,应该利用税收制度重新分配收入和财富。他集成了科布登和拉斯金的观点,支持自由贸易经济和追求利润,同时又确保不会导致帝国主义冒险行为以及穷人的物质和精神贫困。①

拉斯金鄙视政治经济学。相比之下,霍布森追求实现自己的社会愿景,希望修正李嘉图的经济学,他重新定义和拓展了租金概念,这为新自由党的政策提供了知识基础。"租金"这个词的普通含义是租客因使用房屋或者农场向所有者支付的钱款总额。"租金"被李嘉图赋予了一个更加技术性的意义。初始时,一个租用肥沃土地的农民向他的地主支付租金,从谷物售卖中得到利润。当人口增加和食物需求上升时,没那么肥沃的土地也将被用来耕种,这一过程一直会持续到耕种土地无利可图时。随着谷物价格上升,耕种肥沃土地的农民可以赚取更高的利润——换句话说,他的利润比平均水平要高,他因此获得了一个租金。李嘉图认为,地主将会随之提高土地使用费用,因此这个租金将会被地主而不是租户获得;随着时间推移,土地所占的收入份额将会增加,但这是以牺牲其他形式的利润为代价的,经济最终将会达到一个"稳定状态"。李嘉图的租金论最初仅应用于土地,它奠定了对贵族地主持续猛烈攻击的理论基础,这种攻击一直持续到第一次世界大战,特别是在亨利·乔治(Henry George)将其进行通俗化解读之后。根据这种观点,地主具有垄断地位,如果社会其他成员的积极进取行为——建设房屋或者工厂——增加了社会需求,地主将可以索取更高的价格。然而,租金概念可以延伸至其他情形。例如,当一个企业具有高超的商业技巧、获得了一项专利或高等级矿产资源,或者是垄断了一个城镇的煤气供应时,它就可以确保获得比正常运营公司更高的利润或者租金。李嘉图经济学认为,租金在道德上是中性的。通常租金的存在是短期的,因为高租金会吸引其他公

---

① 关于为了建立一个强大的国内市场,需要在国内重新分配收入和财富,见 J.A. Hobson, *Imperialism: A study*(London, 1902; 2nd edn 1905); and Chiozza Money, *Riches and Poverty*。要了解霍布森写的这些传记,见 *John Ruskin: Social Reformer*(London, 1898), quotations from pp. 155, 310, and *Richard Cobden: International Man*(London, 1918), and an interesting discussion by H.C. G. Matthew, "Hobson, Ruskin and Cobden", in M. Freeden (ed.), *Reappraising J. A. Hobson: Humanism and Welfare* (London,1990), pp.11—30。After the war ,Hobson worked out these ideas in the ILP's programme, *The Living Wage*: see N. Thompson, "Hobson and the Fabians: two roads to socialism in the 1920s", *History of Political Economy* 26(1994),203—220.

司进入这个市场,或者政府会通过管制或将其收归公有等方式控制垄断企业的寻租行为。霍布森从道德维度给了租金概念致命一刀,对土地进行了猛烈攻击,把租金拓展到通常所言的“非劳动收入”。

霍布森采取了与马克思完全不同的方法,马克思认为劳动创造了价值,资本家剥夺了超过补偿成本的剩余价值。按照马克思主义经济学的观点,剩余价值的分配形成了阶级冲突的基础,对资本主义秩序进行革命性的颠覆可以解决这一冲突。相反,霍布森认为通过政治行动可以改革资本主义,用皮特·克拉克(Peter Clarke)的术语来说,霍布森是一个“道德改革者”,相信通过个人的主动道德行为可以实现和平变革。霍布森租金理论的基础是消费不足概念和他的剩余价值理论。霍布森将土地、资本和劳动的价值划分为“维持性报酬”(subsistence payments)(需要再投入使用的收益)和“无偿剩余”(gratuitous surplus)两类,后者是社会创造的收益,不必将其再用于维持或者提高社会生产或消费过程。霍布森认为,产业发展现实不同于经济学家的自由竞争假设,因为在每个生产过程中,由于自然限制或者社会约束,总有一种或几种生产要素是稀缺的,这种稀缺性可能会侵蚀超过正常价格(可以按照这个价格获得土地、劳动或者资本)的剩余。霍布森不认为高回报有益于吸引资源实现最大收益,进而刺激经济增长。相反,他相信任何剩余都导致了无效率的“浪费”。例如,教育垄断导致一些形式的脑力劳动获得了稀缺性高报酬,造成了其他劳动力市场的过剩和工资水平的下降,这将使得企业不再有积极性进一步提高生产效率。再如,律师控制了新手的受训机会,由此获得了高收入;其他人被迫去做行政工作,最终拉低了这些岗位的薪水。相似地,工业垄断意味着投资到那儿的资本,获得了高于正常水平的收益。高收益不会“刺激社会提高产出水平”。换句话说,一些超过当前必要生产成本的剩余“使某些人获得了过高的报酬,这种高报酬阻碍而不是刺激了效率和进步;与此同时,这一系统中的其他团体,尤其是低级劳动力,被剥夺了他们应该得到的份额,为了参与到日新月异的现代工业发展进程中,他们需要这个份额激发、教育和支持不断增强的效率要求”。这些租金——“强迫性的收益”或者“过度报酬”,是非劳动收入,所有这些剩余都是公共收入的合法来源,都应该通过产业公有化或者税收方式将其消除。相应地,对“维持性报酬”应该免税,所有税收都应该由

“无偿”或“非生产性”剩余承担。①

如何才能够获得非生产性剩余呢?霍布森承认,很难设计出一个可以准确衡量剩余的税收制度。他简化了这一问题,假定非生产性剩余随着收入规模的变化而变化,因此可以通过累进所得税和遗产税得到非生产性剩余:

> 没有人会对下述事实持有异议:高收入群体缴纳的所得税比例在不断提高,这没有损害地主、资本家或者专业人士的积极性,这些收入来自地主、资本家或者专业人士,他们现在将其用于生产。当大家普遍清晰地意识到,对其征税等同于收取入场费,这些被征税的要素收入不是其获得者的劳动收入,而是源于给其带来稀缺价值的社会性原因,此时人们将会明白,这不会给他们带来伤害性的负担或者牺牲,不是在实行充公性的税收政策,这个国家只是在努力筹集一定比例的社会收入。

然而,即使收入规模相同,剩余要素也未必相同——例如,剩余要素取决于家庭规模的大小。霍布森建议,政府应该通过对奢侈品(比如汽车或者珠宝)征税的方式获取非生产性剩余。相比之下,保护性关税减少了世界总财富和工资所占的份额,因此提高了剩余。对储蓄和非劳动收入征收累进性的遗产税、所得税和土地价值税会减少储蓄,增加收入和消费,创造一个繁荣的国内经济,消除贫困和帝国冒险冲动。通过这种方法,霍布森将科布登的自由贸易与国际和平信仰,与拉斯金对以不惜牺牲人们生活为代价追求财富的政治经济学的攻击结合在了一起。贸易将会带来和平——前提是它要建立在一个强大的国内经济之上。国内财富和收入分配应该让有眼光的消费者,可以买得起本国工人生产的能够显示其身份和创造性的产品。②

① 要了解霍布森的经济学,见 Clarke, *Liberals and Social Democrats*, *especially* pp. 47—53, 125—127。His views are set out in J. A. Hobson, *The Industrial System: An Inquiry into Earned and Unearned Income* (London, 1909), especially chapters 4 and 14; J. A. Hobson, *The Science of Wealth* (London, 1911), especially chapters 5 and 6; and J. A. Hobson, *Taxation in the New State* (London, 1919), pp. 10, 103; see also J. A. Hobson, *The Evolution of Modern Capitalism: A Study of Machine Production* (London, 1894); J. A. Hobson, *The Problem of the Unemployed: An Enquiry and An Economic Policy* (London, 1896); J. A. Hobson, *The Economics of Distribution* (London, 1900).

② Hobson, *Industrial System*, pp. 131, 134, 136, 232, 235.

霍布森的经济学一直饱受争议,在凯恩斯(J. M. Keynes)在其《通论》(*The General Theory*)一书中对其进行褒奖之前,他一直被专业经济学家斥为“经济学异端”。① 然而,通过另一条路径很容易将霍布森的基本假设与自由主义融为一体,这就是霍布豪斯的唯心主义哲学。② 用霍布豪斯的话来说,“自由党经济学的核心观点……是社会服务和报酬问题”。正如他所说的那样,

> 经济学的基本问题不是如何摧毁财富,而是如何正确认识财富的社会内涵,使其适合现代需要……应该通过下述方式实现这一目标:区分财富中的社会因素和个人因素,社会因素带来的财富应该由大家共享,由社会使用和管理,满足社会成员的基本需求。

这一方法取决于以下假设:所有财产都是社会性的,财产所有权是由社会“有组织的权力机构”授予和保护的。价值和产品包含了很多社会因素,因为在现代工业经济中,个人几乎做任何事情都离不开他人的帮助。霍布豪斯希望通过消除阻碍个人自立和拼搏向上的因素,激励个人努力进取,拓展他们的活动范围。国家的作用是“确保个人思想和个性有可以充分发展的环境”,使“本国民众可以通过自身努力在竞争中获胜,这对于充分实现国内效率是十分必要的。不是要求国家为他们提供衣食住行,而是要求国家关注什么样的经济条件可以使得正常人……可以靠有用的劳动为他自己及家人提供衣食住行”。换句话说,如果个人的工资水平不能维持自身生计,他是不可能实现自给自足和具有责任感的;解决贫穷的方法不是让其失去自主完全依靠国家,而是要培养个人的责任感。

解决贫穷的方法是转移富人的资源,因为他们侵占了社会创造的财富和收入:

> 个人主义忽略了财富形成中的社会因素,这将会耗尽自然资源,剥夺了工业成果中应由其他人获得的份额,由此导致财富分配极大的不公平。

---

① 霍布森将他的自传命名为 *Confessions of an Economic Heretic* (London, 1938);关于霍布森和凯恩斯,见 Clarke, *Liberals and Social Democrats*, pp. 226—234, 271—273。他们的方法实际上是不同的:“霍布森强调过度储蓄的危险和支出对经济的积极作用”;凯恩斯更加强调投资。

② 关于唯心主义的重要性以及鲍桑奎(Bosanquets)与霍布豪斯方法的区别,见 Harris, “Political thought and the welfare state”, and S. Collini, “Hobhouse, Bosanquet and the state: philosophical Idealism and political argument in England, 1880—1918”, *Past and Present* 72(1976), 86—111。

> 经济公平不是仅仅补偿每个人,而是要补偿每个有用服务的功能,不管其是社会功能还是个人功能,只要其有助于提高有用服务的质量,都可以用刺激和维持该有用功能高效发挥作用所需要的资金,衡量其应得的报酬。使功能报酬等于生计报酬是经济平等的真正含义。

霍布豪斯在这里表达了与霍布森一样的情感,只是使用了不同的道德语言。他的难题是如何识别和提取社会价值或者剩余将其用于公共目的,如何确保每个人获得的酬金能够补偿他们的最大努力和维持效率。霍布豪斯不主张采取暴力行动,因为这将威胁个人的积极性和原创性,或者将损害资本;他提倡基于经验实施“温和渐进的经济重组政策”,追求“把经济正义作为维持社会功能的手段”:

> 税收的真正功能是确保社会可以获得社会因素创造的财富,或者从更广泛的角度来说,不能将社会因素与活跃个人的努力混为一谈。当建立在这些原则基础之上的税收,可以被用来确保人民大众获得健康的生存环境时,很明显这不是把抢劫皮特(Peter)的钱给了保罗(Paul)。皮特没有被抢劫。除了税收之外,是他在抢掠国家。税收将会确保国家从社会价值中获得一定份额,税收不是从纳税人声称自己有无限权力的收入中扣除了某些东西,而应是纳税人支付了本应属于社会的某些东西。

随后这些收入可以被用于提供公共产品,比如投资公共卫生,确保每个人都能获得足以激励其努力和维持其效率的收入,等等。霍布豪斯非常不赞成社会主义,他希望维持和放大个人的积极性,通过界定个人在公共产品方面的权力,将社会因素和个人因素结合在一起。通过这些方法,霍布豪斯将国家为公平正义进行再分配的作用合法化了,这种方式不同于格莱斯顿对中性和均衡的定义。国家的作用是道德性的,旨在为其所有社会成员建立积极自由的理想世界。①

虽然“自由党帝国主义者”和新自由党人对待帝国主义的态度有所不同,但是他们一致同意需要保护自由贸易,使其免受张伯伦保护主义的影响,他们一

① 引自 L. T. Hobhouse, *Liberalism*(London, 1911), pp. 158—159, 188—212;要了解对霍布豪斯思想的讨论,见 Collini, *Liberalism and Sociology* especially pp. 115—120, 123—137;要了解霍布豪斯特别的唯心主义观点,见 Collini,“Hobhouse, Bosanquent and the state”。

致同意需要向英国人民投资。因此在很多情况下,让自由党帝国主义者和新自由党人携手合作是可能的。像温斯顿·丘吉尔这样的激进自由贸易者和帝国主义者,可以利用新自由党人的很多术语和概念。这意味着阿斯奎斯(Asquith)——他与“自由党帝国主义者”关系密切——可以在1907年担任财政大臣时引入差别征税,然后在担任英国首相时接受了累进制。当然,自由党政治家也关注选举现实:要避免工人阶级投票者对工党的背叛;要在不疏远中产阶级投票者的情况下,满足工党耗资巨大的社会改革计划需求。张伯伦的关税改革运动旨在讨好工人阶级利益群体,在一个稳定和受保护的市场里向工人们提供就业机会,用关税收入支付福利项目。自由党人需要反对张伯伦的建议,但是危险在于,为了筹集社会项目改革所需的资金,不断提高所得税率可能会疏远中产阶级投票者——但是同时,自由党人还需要抑制工党对工作权利和用税收资助福利的要求。解决方法之一是采取缴费型的社会保险方案:成本由雇员和雇主共同承担,而不是由纳税人承担,这意味着工人要为他们自己的社会福利付费,而不是从富人或者社会创造的财富中获得转移支付。[①] 因此,自由党的财政政策必须找到替代关税改革的方案,这一方案要既能满足工党的要求,又不会引起中产阶级投票者的警觉;否则,他们会两害相权取其轻地倒向张伯伦。如果不考虑工党财政思想的发展,就不能充分理解自由党政府面临的压力。

租金和社会创造的财富:工党的财政政策

工党思想与新自由主义及其对社会创造财富的关注有很多相似之处。事实上,许多新自由主义的倡导者在战后加入了工党。然而,二者之间也存在冲突,并且这种冲突从没有得到彻底解决,如是否应利用税收解放个性和实现个人主义(像霍布森和霍布豪斯那样),以及是否应取代私人财产。总之,悉尼·韦伯(Sidney Webb)大约与霍布森同时提出了他自己的租金理论,韦伯的理

---

① 关于自由党需要找到应对工党再分配政策和工作权利要求的替代方案,见 E. P. Hennock, *British Social Reform and German Precedents*: *The Case of Social Insurance*, 1880—1914(Oxford, 1987), pp. 206—209;要了解财政部对非缴费型养老金的敌视态度,见 J. Macnicol, *The Politics of Retirement in Britain*, *1878—1948*(Cambridge, 1998), p.163。

论对政策和社会本质有着迥异的解释。

与霍布森一样,韦伯反对马克思的劳动价值理论;但是与霍布森不同的是,他认同价值是由新古典主义边际效用理论基于需求和供给曲线的相互作用决定的。需求表是消费者购买的最后一单位商品给他带来的效用;供给表是生产者生产的最后一单位产品给他带来的成本;价格是由市场机制决定的,此时的资源配置可以使每个人的效用或者满足感达到最大。这一方法假定人们的利益是基本一致的,而不是像马克思主义所说的是天然存在冲突的。与新古典主义经济学家的不同之处在于,韦伯和费边主义者(The Fabians)认为存在大量社会创造的价值——这一价值与美德或者能力无关。韦伯拓展了李嘉图对租金的定义,他的租金包括利息、工资、薪水、利润以及土地,认为它们都是以同样方式决定的,得到这一收入的人都是食利者。正常的经济工资是由最没有技能的工人决定的,他们几乎不拥有资本,也没有得到多少教育和培训;超过这个水平的任何收益都是租金。虽然一些工人的更高收入可能在某种程度上是由其能力决定的,但是任何资本回报率的变化都是"机遇"或者运气的结果,因此"非劳动"收入没有付出相应的努力。在资本主义社会,很多收入是不道德的,这使得个人可以在没有对社会做出等量贡献的情况下,消费大量产品或者服务。稀缺能力也是社会创造的,律师之所以能得到更高的收入,是因为语法学校或大学限制了贫穷孩子入读的机会。[①] 韦伯夫妇的租金定义

---

① S.Webb, "The rate of interest and the laws of distribution", *Quarterly Journal of Economics* 2(1887—1888), 200,208, and S. Webb, "The rate of interest", *Quarterly Journal of Economics* 2(1887—1888),472. Webb was responding to F. A. Walker, "The source of business profits", *Quarterly Journal of Economics* Ⅰ(1886—1887), 265—288. 他认为,高水平雇主在支付了工资、材料和机器成本之后的剩余,是他用同样数量劳动和资本生产的产出超过最低水平雇主的部分。换句话说,是他运用自己商业能力产生的创造力,使自己的收益高于无利可图雇主群体的部分。利润可以划分为两类因素:一类是资本获得的正常收益,一类是运用固定数量资本能够生产更多东西所获得的租金。对于一个合理的剩余来说,租金在道德上是中性的。租金符合社会和仅能在某个行业工作的工薪族的利益,雇主经营企业获取利润有利于而不是伤害了工人。在李嘉图和密尔(Ricardo and Mill)之后,沃克(Walker)试图解释为什么利润没有下降。还见 Thompson, "Hobson and the Fabians"。要了解费边主义租金概念的发展演变,见 Fabian Society, *Capital and Land*(Fabian Tract 7, London, 1888); Fabian Society, *English Progress towards Social Democracy*(Fabian Tract 15, London, 1890); Fabian Society, *The Unearned Increment*(Fabian Tract 30, London, 1891); Fabian Society, *The Difficulties of Individualism*(Fabian Tract 69, London, 1896); Fabian Society, *Socialism and Superior Brains*(Fabian Tract 146, London, 1909); and S. and B. Webb, *Problems of Modern Industry*(London, 1898), p.472。

提供了“一块评价个人财富和收入的道德试金石”。它建立在“用公共服务动机替代自利动机基础之上……这将使得‘靠财富生活的人’和靠救济过活的无用之人”一样,都让人感到是令人羞耻的。一方面,存在不受社会欢迎的寄生阶级,他们是由“无所作为的富人”组成的——这些人蓄意依靠财富而不是工作生活,他们的无效占有、过度娱乐以及固有傲慢行为降低了整个社会的知识和道德水准。这些人已经习惯了不道德和“病态”的妄想,这些思想在过去300多年里主导着西欧国家,“应该用致富激情激励每个社会成员,充分发挥他们的作用”。[①] 另一方面是对社会做出贡献的人,应该将租金重新分配给他们。政府应该拿走道德上的非劳动收入和财富,将其作为英国的集体财富而非个人财富加以使用。

韦伯夫妇的方法与霍布森对社会创造财富的定义有很明显的相似之处。较大的不同之处在于,社会应以何种方式获取非劳动性的增值收益或者不道德的租金,以及社会的本质和个人责任。霍布森和韦伯夫妇都是改革者而不是革命者,认为国家可以代表社会通过渐进和平过程,获得社会创造的财富,因为社会创造了财富,所以它应当属于社会。但是霍布森和霍布豪斯与韦伯夫妇存在很大的不同之处,霍布森和霍布豪斯是“道德改革者”,强调国家应该消除阻碍个人个性发展的不利因素。相比较而言,韦伯夫妇和费边社是“机制改革者”(mechanical reformers):变革来自改革了社会机器的专家,而不是来自人民的自发行动。他们的方法与新自由党人不同,新自由党人不仅接受很多对社会创造财富的批判,而且强调政府需要转变角色。相比较而言,韦伯夫妇认为公民对国家保持繁荣健康负有责任,国家可以训练和指导公民。二者对职业介绍所(labour exchanges)的分歧非常明显。对威廉·贝弗里奇(William Beveridge)和丘吉尔来说,职业介绍所只是提供信息的场所,可以帮助工人找到合适的工作;对韦伯夫妇来说,职业介绍所应该是国家强制提供的,因为它是有组织劳动力市场的一个组成部分。韦伯夫妇强调国家和集体行动的

---

① D. M. Ricci, “Fabian socialism: a theory of rent as exploitation”, *Journal of British Studies* 9(1969—1970), 105—121; also W. Wolfe, *From Radicalism to Socialism: Men and Ideas in the Formation of Fabian Socialist Doctrine*, 1881—1889(New Haven, 1975); S. and B. Webb, *A Constitution for the Socialist Commonwealth of Great Britain*(London,1920), pp. Ⅻ, 80, 350—351.

FORCED FELLOWSHIP.

SUSPICIOUS-LOOKING PARTY. "ANY OBJECTION TO MY COMPANY, GUV'NOR? I'M AGOIN' YOUR WAY"—(*aside*) "AND FURTHER."

图片中 OLD LIBERALISM 意为"老自由主义"

插图 7 "被强迫的友谊",1909 年 10 月 27 日的《潘趣》:

老自由主义和社会主义结成了令人不安的关系

作用高于个人的道德责任。他们认为，租金与个人道德或者责任无关，而是源于经济结构；政府作用只是对国家创造的社会结构变化做出回应。韦伯夫妇没有强调通过创造令人愉悦和创造性的产品，满足有鉴别力的消费者。与霍布森(和拉斯金)不同，韦伯夫妇强调大规模生产的效率，强调需要代替消费者进行选择，因为消费者自行选择会造成巨大浪费。私人控制的大型生产企业的成长，只是迈向国家控制的大规模生产的一步。[①]

很多工党成员没有像韦伯夫妇走得那么远，他们强调个人性格、个人满足感和个人参与。“机制”改革者和“道德”改革者的共同之处是需要为整个社会获取非劳动或者社会创造的财富，使报酬与服务相一致。他们的不同之处在于，在私人产权制度下应该进行多大程度的改革：在自由市场内应该运用税收手段建立分配正义吗？或者，应该用一种新社会秩序代替自由市场和资本主义吗？在工党内部，这一问题一直模棱两可，未得到解决。从1900年开始，劳工代表委员会(the Labour Representation Committee，LRC)和工党就在争论这些问题，对这些问题的争论使很多追求合法权利和自由谈判的工联主义者(trade unionist)走到了一起，其成员来自独立工党(the Independent Labour Party，ILP)和社会民主联盟(Social Democratic Federation，SDF)。霍布森和韦伯非常抽象的想法通过这些争论进入了政治文化，形成一种强大的道德假设，这种假设形塑了第二次世界大战及以后的工党思想。

在1901年举行的劳工代表委员会(LRC)第一次年度会议上，独立工党

---

① 这一术语是 Clarke 提出的，*Liberals and Social Democrats*，p.5：“机制改革就是霍布豪斯所称的官方社会主义(official socialism)，建立在自由和竞争之争中对自由的鄙视基础之上，同时也鄙视下述人道观点：社会中存在一个需要被仁慈对待的无助和无力群体。真正的仁慈必须把握一定的度，必须从每个人利益出发安排普通人的生活……这是一个由超级人士制订的生活组织计划，这个人将决定每个人如何工作、如何生活，甚至在优生学家的帮助下，决定其是否应该活下去或者生出来。”(Hobhouse，*Liberalism*，pp. 169－171.)还见一篇对皇家济贫法委员会主要参与者的研究，他们对个人特征应对上述环境的能力持有不同的观点，见 A. M. McBriar，*An Edwardian Mixed Doubles*：*The Bosanquets versus the Webbs*：*A Study in British Social Policy*，1890－1929(Oxford，1987)；要了解关于职业介绍新观点的差异，见 B. B. Gilbert，“Winston Churchill versus the Webbs：the origins of British unemployment insurance”，*American Historical Review* 71(1966)，846－862；要了解19世纪20年代韦伯夫妇和霍布森关于独立工党最低生活工资观点的差异，见 Thompson，“Hobson and the Fabians”。关于为什么需要政府采取行动强迫人们依道德行事，见 Ricci，“Fabian socialism”，119。

提出的一项议案对所有候选人来说都是一个考验:私人拥有资本不可避免地会导致垄断,私人控制"对公共消费的福利来说是灾难,损害了人民的社会和政治自由,尤其不利于工人在不同产业间自由择业和改善经济状况"。独立工党提出的解决方法是在一个产业联合体(Industrial Commonwealth)中将私人垄断转为公共控制,"这个产业联合体建立在对土地和资本的公共所有和控制之上,用合作性生产代替目前追逐利润的竞争性生产"。信奉马克思主义的社会民主联盟(SDF)提出了更进一步的条件:候选人应该承认"阶级战争是工人阶级政治行动的基础"。虽然这次会议通过了这些解决方法,但是工会代表并没有完全被说服,他们更倾向于将劳工代表委员会(LRC)和工党当作维护其谈判地位的一枚棋子。[①] 这种说辞是危险的,因为它可能将工党边缘化为一个反对公众和财产的特殊利益群体;工党的成功更多的是依靠自己的能力,它将自身描述为国家利益的保护者,反对浪费和剥削。

工联主义者和社会主义者能够达成一致的地方是他们都反对张伯伦的关税改革政策,尽管张伯伦多次试图证明在一个受保护的市场里,工人将会从充分就业和高工资中获益。菲利普·斯诺登[②](Philip Snowden)提出的一项议案声称,保护主义无助于解决失业和提高工资,它只会助长社会创造的财富,"使地主阶级能够从国民劳动中抽取比以前更重的税费,会鼓励私人控制的信托以及其他形式垄断的增长"。[③] 正如拉姆齐·麦克唐

---

① *Report of the First Annual Conference of the Labour Representation Committee*, 1901 (London, 1901), pp. 20—21.

② 菲利普·斯诺登(1864—1937),出生于约克郡西区,是一个织布工的儿子;他在一个激进的卫斯理公会教派环境中长大,这个教派强力推崇格莱斯顿,这个态度影响了他的一生。在加入海关部门成为一名公务员之前,他担任过小学教师和保险公司职员。他的脊椎受到过损伤,这意味着他不再适合担任公职了,他在独立工党(ILP)中表现得十分活跃,在约克郡编辑一份社会主义报纸;1903～1906年和1917～1920年,他两次担任独立工党主席;1906～1918年,他代表布莱克本当选国会议员;他反对战争,因此在1918年失去了国会议员席位;1922年,他又重返国会,并在前两届工党政府中任财政大臣,还担任中央政府掌玺大臣。他是一个坚定的自由贸易者。(DNB, 1931—1940, ed. Legg, pp. 822—825.)

③ *Report of the Fourth Annual Conference of the Labour Representation Committee, 1904* (London, 1904), p. 41; also the special conference on unemployed, 25 Jan. 1905, in *Report of the Fifth Annual Conference of the Labour Representation Committee*, 1905 (London, 1905), p. 64.

纳[1](Ramsay MacDonald)评论的那样,关税改革承诺拓宽税基,但是这仅仅意味着“增加了不公正税收的受害人数”,因为富人可以逃税:

> 保护主义意味着工业成本将会上升,生产费用将会增加,商品交换的便利性将会受到阻碍;因此,它们没有增加非生产者和寄生者的负担,而是将额外的政府成本负担转嫁给了工业、合法使用的资本、劳动者、工厂、车间以及那些为满足他人需求制作工具的人。[2]

因此,工党不但认为关税改革将会“加剧社会罪恶和不平等”,而且认为“陈词滥调的自由贸易说辞”没有提供解决方法。[3] 在自由贸易明显战胜关税改革的时代里,自由贸易的意义开始分裂了。

自由贸易将不会有任何实际意义,除非工人可以交易他们必须出售的唯一商品——他们的劳动。正如 1909 年约翰·罗伯特·克莱恩斯[4](John Robert Clynes)在工党会议发表的党主席竞选演讲中评论的那样,“每个想干活的工人的劳动都应该得到有效利用”,因此自由贸易“对工人来说没有实际意义,除非他们真正能够交易他必须出售的唯一商品——他的劳动力。这是

---

① 詹姆斯·拉姆齐·麦克唐纳(1866—1937),出生于洛西茅斯(Lossiemouth),是一个农夫的私生子。他移居到了布里斯托尔,成为一名小学教师,在那儿他加入了社会民主联盟(SDF),然后去伦敦做了一名文员。在苏格兰轮班一段时间后,他又回到了伦敦;1888～1891 年,他担任一个自由党候选人的私人助理。他继续参与社会民主联盟的活动,1886 年,他加入了费边社;1894 年,他加入了独立工党。他的夫人是一位著名科学家兼慈善家的女儿,这段婚姻给他带来了财务独立和与上层中产阶级接触的机会。从 1900 年开始,他担任劳工代表委员会(LRC)秘书;1912～1924 年,他担任劳工委员会财务主管;1906～1909 年,他担任独立工党主席。1906～1918 年,他担任工党国会议员;从 1911 年开始,他担任国会工党领袖。他反对战争,因此辞去了领导人职务;1918 年,他失去了国会议员席位。1922 年,他重返国会;1924 年及 1929～1931 年间,在工党因中央政府组成问题分裂之前,他担任该党领袖,并成为第一届工党首相。(DNB 1931—1940, ed. Legg, pp. 562—570.)

② The *Labour party. Ninth Annual Conference, 1909* (London, 1909), appendix Ⅱ, “The incidence of taxation”, report of conference, p. 107.

③ *Report of the Fourth Annual Conference of the Labour Representation Committee*, 1904, pp. 40—42, for speeches by Philip Snowden and Arthur Henderson.

④ 约翰·罗伯特·克莱恩斯(1869—1949),出生于奥尔德姆(Oldham),是一个爱尔兰掘墓人的儿子。他成为一名纺织工人;1891 年,他成为煤气工会的组织者之一。1892 年,他担任奥尔德姆贸易委员会主席;1894～1912 年,他担任奥尔德姆贸易委员会秘书;他参加了建立独立工党和劳工代表委员会的会议;1908 年,他担任劳工代表委员会主席。1906 年,他当选国会议员,除 1931～1935 年以外,一直在国会服务。1917 年,他成为消费者委员会主席的私人助理;1918 年,他成为食品主计长。1921～1922 年,他担任工党国会领袖,直到麦克唐纳重返国会。他在第一届工党政府中担任掌玺大臣,在第二届工党政府中担任内政大臣。1912～1937 年,他担任自己组建的工会——现在的全国普通和市政工人总工会——的主席。(DNB, 1941—1950, ed. Legg and Williams, pp. 161—163.)

他唯一能出售的东西,国家应该确保他们能够自由选择工作,而不是维持阻止他们这样做的环境”。[①]如果缺乏能保证工人获得体面工资的措施,自由贸易不一定会带来繁荣,因为它可能只是意味着竞争加剧和“血汗”劳动,导致工资下降,使工人无力购买他们自己生产的产品。[②] 工党评论员认为,为了创造就业,过于强调竞争外国市场是本末倒置的,应该优先考虑在国内为英国商品找到足够多的销路。通过消除寄生者给社会带来的负担和财富分配的不公平,将会减轻工业的负担——这些沉重负担限制了英国工业在资本主义世界经济中的竞争力。[③] 国外竞争压力的加剧不是张伯伦声称的保护主义结果,相反的,是“地主所有制”强加给英国的成本以及“非生产部门强加给勤劳阶层的负担”共同导致的结果。因此,国家应该通过积极政策——这些政策旨在让每个工人都有机会过上体面生活——确保工人可以自由选择工作。[④] 一味追求自由贸易可能意味着英国要同低工资国家进行竞争,导致资本外流;它可能会使英国消费者和资本生产者的境况都变得更糟糕。

因此,维多利亚时代中期的“中性”自由贸易国家社会契约受到了两方面的压力,一方面来自新重商主义实业家,另一方面来自社会主义者,二者“对自由贸易未能有效应对日益加剧的国际竞争、失业以及‘衰落’焦虑的反应不同”。工党从工业母国和农业殖民地视角反对关税改革。但是,工党的政策不同于自由党的自由贸易政策。工党强调通过国家行动实现国内经济的繁荣,同时与关税改革者一样,也关注英国的衰落和贸易限制。[⑤] 这一说辞可以使工业和工人联合起来反对食利者和资本家,反对过高的矿区使用费、租金和铁路运费。为了创造一个可以使所有积极上进的社会成员都受益的繁荣和充满活力的国内经济,可以重新定义自由贸易。然而,这一说辞也可能使工人敌视

---

① *The Labour Party. Ninth Annual Conference*, 1909, p. 58; on the right to work, see J. Harris, *Unemployment and Politics: A study in English Social Policy, 1886—1914* (Oxford, 1972), pp. 235—244; Hennock, *British Social Reform and German Precedents*, pp. 153—157.

② Trentmann, “Wealth versus welfare”, 77—79, 82—85.

③ D. Howell, *British Workers and the Independent Labour Party, 1888—1906* (Manchester, 1983), pp. 348—349; see Trentmann, “Wealth versus welfare”.

④ *Report of the Fourth Annual Conference of the Labour Representation Committee, 1904*, pp. 40—42; *Report of the Fifth Annual Conference of the Labour Representation Committee, 1905*, p. 64.

⑤ Trentmann, “Wealth versus welfare”, 85, 89, 97.

所有财富，把工业和食利者都视为剥削者。1909 年，一个独立工党(ILP)国会议员接受了劳动价值论，认为“劳动是所有财富的源泉；私人手中积累的全部资本都是过去几代未支付报酬的劳动成果，所以这些财富应该被收归国库”。[1] 因此，工党的政策是相互矛盾的。

在 1906 年的年度会议上，工党定义了它的税收政策。为了“确保社会能够获得所有非劳动收入——这些非劳动收入来自事实上的共同财富”，用于补偿社会改革成本的税收应该从“辛劳阶层”身上转移到“社会创造的财富比如租金和利息”身上。到目前为止，它遵循了新自由党的政策，但是独立工党支持者提出的解决方法更激进，他们建议税收应该有助于将资本和土地转为公有。1909 年 1 月，为更精确地定义税收政策，工党召开了一次特别会议，这时出现了一个类似的矛盾政策。正如斯诺登评论的那样，

> 每个改革问题，从根本上来说，都是如何使财富分配更平等和更公正的问题。社会改革的目的和社会主义的目的都是为了确保财富生产者能使用和享受他们生产的财富。因此，我们的目的应该是希望看到社会改革以这样一种方式进行：通过这种方式，人们将可以使用和享受从他们那里不公正地被夺走的一部分财富；而且……我们把税收工具作为实现这一目的的一种有效手段。

贫穷是“游手好闲的富人”直接导致的结果，他们攫取了非劳动性的租金、股息和利润。这需要打击所有的私人财产和资本主义吗？拉姆齐·麦克唐纳小心翼翼地消除人们任何对此的担忧，声称工党税收的基本目的是“对寄生者而非提供劳动的人征税”。他认为，问题不在于富裕本身——而在于他们的钱是自己赚来的还是从别人劳动中获得的：

> 我们想把依靠社会的非生产性的寄生虫，与生产者和劳动提供者区分开来；我们的注意力不在那些可能拥有一些财富，但是也提供了很多劳动的人的钱包上，而在于那些什么事都不做，但是却拥有很多财富的人的钱包上……工党致力于尽可能地减轻工业的财政负担。

这一方法避免了简单地区分工人和资本，而是区分了寄生者和生产者，将

---

① *The Labour Party. Ninth Annual Conference*, 1909, appendix Ⅱ, “The incidence of taxation”, report of conference, p.109.

劳动者的局部利益转变为更广泛的公共利益。麦克唐纳采用了与霍布豪斯相同的用词。但是,反对寄生者的生产者联盟这一说法被弱化了,因为担心这样做只是为了摧毁私有产权,会由此疏远生产者,将其赶到总体支持保护财产的保守党的怀抱。在工党内部,对于是应该改革还是摧毁资本主义和私人财产,仍然存在巨大分歧。[①]

尽管强调的重点不同,但是工党能够在四条税收准则上达成一致,这些原则为关税改革提供了一种替代方案,也为社会改革提供了一种筹资手段。第一,税收应该与个人纳税能力以及国家向个人提供的保护和好处成比例。第二,不能对个人用于满足其生理和基本需求的收入征税。第三,税收的目的是确保财富的所有非劳动性增值收益都被用于社会福利。最后,税收应该向非劳动收入征收,应该旨在防止私人保留巨额财富。特别是,这次特别会议要求废除"主要由辛劳阶层承担"的间接税。富有的食利者和高收入者应该为其享受的国家保护付出代价,而且应该负担社会发展费用,通过对高收入征收附加税、对国家特许的垄断征收特别税、提高遗产税和对土地价值征税等方式,由对社会创造的财富征收的税收承担社会改革成本。正如更早一代的激进派主张的那样,为了"将国家资源从富有阶级手中转移出来,以便能够足以立即推行搁置已久的大型社会改革计划",我们需要的不仅仅是削减军费开支,而是要"更好地分配国家财富"。[②]

1909 年的"人民"预算在某种程度上满足了工党开征附加税、土地税以及增加遗产税的要求。同时,这也标志着突破了自由党政府财政政策的束缚,因为它冒着疏远中产阶级投票者的危险,有可能让富人支持关税改革。[③] 自由党政府的问题在于,在 1910 年大选之后它越来越依靠工党国会议员的支持,并且现在工党正试图进一步要求与工作相关的法定权力,如建立职业介绍所、

---

① *The Labour Party. Ninth Annual Conference*, 1909, appendix Ⅱ, "The incidence of taxation", report of conference, pp. 104—108.

② *The Labour Party. Ninth Annual Conference, 1909*, appendix Ⅱ, "The incidence of taxation", report of conference, pp. 102—112; P. Snowden, *A Few Hints to Lloyd George: Where is the Money to Come From? The Question Answered* (ILP, London, 1909), pp. 1—7.

③ For some indication that this was happening, see P.E. Clarke, "The end of *laissez faire* and the politics of cotton", *Historical Journal* 15(1972), 493—512.

获得国家保险、规范临时工作、每周最多工作48小时和兴建公共工程等。[①] 问题是:如何为每个人提供工作,以及如何用克莱恩斯建议的方法自由交易个人劳动?这一方法给自由党政府和工党带来了严重难题。在皇家济贫法委员会的少数派报告中,韦伯夫妇提出了一种解决方法:建立一个由国家控制的劳动力市场。这种解决方法不受工联主义者的待见,他们希望保留自由议价权——这当然对新自由党人也没有吸引力,因为他们希望培育一个自治独立的工人群体。而且,如果这项政策需要高额社会支出以及在富人与穷人之间进行大力度的收入再分配,这将会疏远中产阶级投票者。很明显,自由党政府需要找到一项替代政策,这项政策要既支持社会改革和保护自由市场,又能抑制工党要求和确保中产阶级投票者的支持。[②]

尽管在工党内部存在不同的着力点,但是他们都有一个基本假设,即需要通过公共资金支持的行动消除社会弊病,需要以一种公平方式分配报酬和机会。正如帕特·塞恩(Pat Thane)评论的那样,大多数工党成员的假设是,在一个民主和分权体制中,为了创造“一个积极参与的公民社会——其目标是确保所有人都能够自立和过上体面生活,中央政府应该只提供大方向,将管理和控制权留给地方政府”。先前激进派对侵入性中央政府的敌意被一种观点改变了,这种观点认为,国家可以在民主制度指导下采取积极行动,应重视发挥地方政府、互助会和合作社而不是国家官僚机构的作用。塞恩将这一新方法形象地描述为“充满活力的民主激进主义”。这一方法反对马克思主义贫困不可避免的观点,否认国家是一个阶级控制工具——这是皮尔和格莱斯顿事业成功的一个标志。谋求发展之道不是通过阶级斗争而是实现国家民主,因为这样就可以利用国家增强个人独立和刺激个性发展。尽管通过了1901年决议,但是工党和独立工党都普遍认同国家是中立和受到国会控制的,工党可以利用国家为所有人谋福利。拉姆齐·麦克唐纳不认为统治阶级与被压迫阶级之间存在阶级斗争,甚至不认为国会是通过政治行动寻求社会变革的合法竞

① *Report of the Eleventh Annual Conference of the Labour Party* (London, 1911), p. 101; the same resolution was carried the previous year. See also Hennock, *British Social Reform and German Precedents*, pp. 153—157.

② Harris, *Unemployment and Politics*; Gilbert, “Winston Churchill versus the Webbs”.

技场(即使大多数人都这样认为)。国家的作用是确保劳动者能够获得永久公平报酬的工作权利,如果他们无法工作,需要通过公共救助维持他们的尊严。工党说辞的核心是权利、公正、公平、独立、自尊、尊严、自由等概念,通过在国家与积极参与的公民之间建立相互促进的关系,实现这些目标,国家和公民在道德上都致力于建立一个新社会秩序。人民不应该依靠国家,不应该牺牲他们的自主权;相反地,国家应该强化个人责任。①

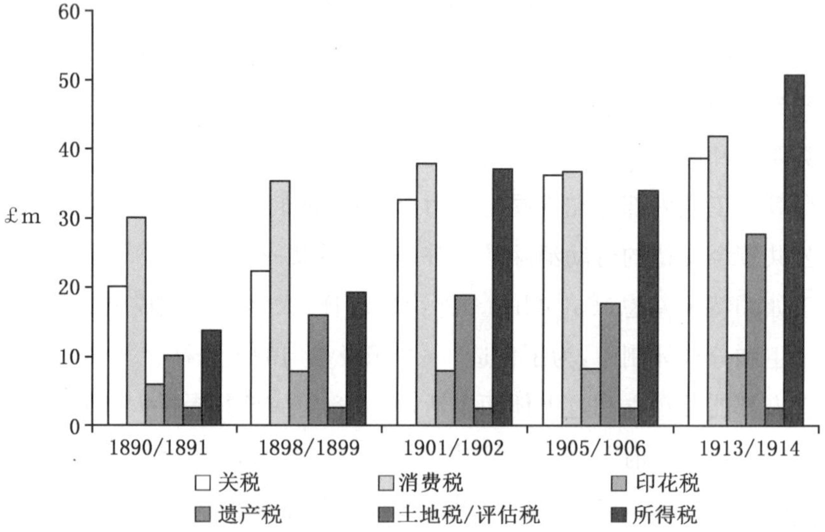

资料来源:PP 1890—1891 XLVIII, 1899 LI, 1902 LV, 1906 LXV, 1914 L, *Finance accounts of the United Kingdom*, *years ended* 31 *March*, pp. 16, 18, 20.

图 11.1　1890/1891、1898/1899、1901/1902、1905/1906 和 1913/1914 财政年度英国中央政府主要种类税收收入

至少在第一次世界大战之前,韦伯夫妇更加强调"机制"的方法没有伦理社会主义和理想主义的影响力大。当然,工人阶级在物质条件方面收获颇多,能

① P. Thane, "Labour and local politics: radicalism, democracy and social reform, 1880—1914", in Biagini and Reid(eds.), *Currents of Radicalism*, pp. 260—70, and D. Tanner, "Ideological debate in Edwardian Labour politics: radicalism, revisionism and socialism", in Biagini and Reid (eds.), *Currents of Radicalism*, pp.275—293. 关于对国会和爱国主义的态度,见 Ward, *Red Flag and Union Jack*,关于理想主义的持久影响,见 Harris, "Political thought and the welfare state"; R. MacDonald, *Socialism and Government* (2 vols., London, 1909)。

够控制他们的生活，但是工党经常提出的观点认为，所有愿意做出积极贡献的社会成员都将从国家的稳定和繁荣中受益。事实上，所有社会群体都可以支持和促进关键问题的变革，这是道德承诺。权利不是像19世纪早期激进著作声称的那样，是“天生的”，只有通过积极参与国家和社会事务才能获得它们。理应失去权利的是那些寄生的食利者以及好吃懒做的工人，他们享受了特权却没有对社会做出贡献。对英国经济问题的责难都强烈地指向“游手好闲的富人”，他们应该被一个辛劳阶级联盟推翻。独立工党没有畏惧1901年决议所隐含的阶级斗争会导致社会分裂的警示。可以不通过革命而是通过国家干预和反对自由放任政策，实现国家向社会主义社会的转变。正如大卫·豪厄尔(David Howell)指出的那样，这种方法假定，通过采取一种使工人受益的方式——消除寄生的地主和垄断者，英国工业可以变得更有效率和更具竞争力。一个为英国创造经济成功的愿望，与一个社会主义国家愿景结合在了一起。[①]

自由党的财政政策

自由党政府陷入了困境，既面临着来自保守党关税改革的挑战，又面临着工党要求打击社会创造的财富和用税收资助福利的挑战。1907年对收入实施差别征税和对大额财产征收更高的遗产税，在某些方面迎合了新自由党和工党对“非劳动收入”的敌意(详见表11.1)。劳埃德·乔治(Lioyd George)也发起了一场反对某种特殊形式社会创造的财富即土地的运动，这一运动与自由党内的固有激进传统是一致的。试图对土地征税并不意味着自由党赞成应从整体上打击租金——这将会挑战很多利益群体，严重威胁自由党联盟。事实上，霍布森的消费不足和海外投资有害的观点对劳埃德·乔治的影响，小于劳埃德·乔治的非官方经济顾问乔治·佩什[②](George Paish)对其的影响——后者认为，只要是在自由贸易环境下，海外投资对英国是有益的。[③]

---

① Howell, *British Workers*, p. 349.

② 乔治·佩什(1867—1957)，自1881年开始担任《统计报》(*Statist*)职员，1900～1916年，他担任联合编辑。1906～1908年，他担任贸易委员会铁路账户和统计部门委员会委员；1914～1916年，他担任财政大臣官方顾问。[*Who Was Who*, vol. Ⅴ: 1951—1960 (London, 1961), pp.843—844.]

③ Offer, “Empire and social reform”.

表 11.1　　　　自由党政府的主要财政变化

1907 年预算案

差别征收所得税:非劳动收入税率维持每镑 1 先令;2 000英镑以下的劳动收入税率更低,为每英镑 9 便士。

遗产税:对150 000英镑以上的大额财产征收,税率从 7.5%逐渐递增至 100 万英镑的 10%。如财产数额超过 100 万英镑,对第一个 50 万另多征收 1%;如超过 300 万英镑,另多征收 5%。

因对劳动收入优惠减少的税收将会在一年内由遗产税增加的收入补足。

1909 年预算案

累进所得税:2 000 英镑以下的劳动收入,税率维持每英镑 9 便士;2 000～3 000英镑的劳动收入,税率为每英镑 1 先令;3 000 英镑以上的劳动收入,税率为每英镑 1 先令 2 便士。2 000 英镑以下的非劳动收入,税率为每英镑 1 先令;超过部分,税率为每英镑 1 先令 2 便士。如劳动收入和非劳动收入合计超过 5 000 英镑,对超过 3 000 英镑的部分再征收每镑 6 便士的附加税。

收入低于 500 英镑的,每个 16 岁以下儿童减免 10 英镑税额。

遗产税:提高了遗产价值超过 5 000 英镑的税负,遗产价值在 5 000～10 000 英镑的,税率由 3%提高到 4%;遗产价值在 150 000～200 000 英镑的,税率由 7%提高到 10%。15%的最高税率现在适用于超过 100 万英镑的全部遗产,世袭房地产遗产税(the settlement estate duty)从以前的 1%上涨为现在的 2%。

土地价值和土地税:(1)当土地因售卖或者死亡转手的时候,对自然增值部分征收 20%的税;(2)在租约结束时,对出租人的收益征收 10%的归还税;(3)对未开发土地的土地价值,每年征收每英镑 0.5 便士的税;(4)对开发矿产权利的租赁价值,每年征收每英镑 1 先令的矿产权利税。

资料来源:B. Mallet, *British Budgets*, *1887－1888 to 1912－1913*(London, 1913), chapters on budgets of 1907－1908 and 1909－1910,and p. 490 on estate duty.

在过去 10 年里,或者在 1905 年之前,资本输出保持在很低水平。佩什认为,对世界粮食生产投资的不足导致了价格上涨,由此抑制了制造业的发展。张伯伦认为,英国经济问题是由外国人征收关税导致的。佩什不同意张伯伦的观点,认为错误在于英国没有积极开发新国家中的自然资源。因此,佩什欢迎 1905 之后对外投资的再次增长,将其作为新创业精神增强的标志。廉价丰富的食品和原材料将提高工业产出,英国人民将会有更高的生活水平。这一观点认为,自由贸易和国际化有利于英国未来经济发展,因为世界性的资本投资不受贸易壁垒的阻碍,不需要从根本上改变国内社会结构。佩什认为海外投资是英国经济成功的保证,这种乐观态度使他认为更高的税率没有害处:

> 英国人民没有被告知更高的所得税、更重的遗产税和土地税将会毁灭这个国家,会让我们靠资本为生……我一直在寻找证明这些预言的证

> 据；但是摆在我面前的显著证据证明，我们当前积累财富的速度比以前任何时候都要快，我不能得出结论认为新税收会导致上面预言的灾难性后果。事实上，它们似乎证明了“你付出的越多，你得到的也就越多”这句谚语的正确性。富人付出了他们的一部分财富——毫无疑问是有点不情愿的——一部分资金被用于养老金和不断增加的海军支出，这似乎已经激励他们采取行动，他们正在以比之前更快的速度积累财富，而且他们的财富增长速度也比之前任何时候都要快。①

似乎税收是一种刺激而不是一个冲击。他认为，经济繁荣和高税收是完全相容的，尽管伦敦市发出了国家将会被毁灭的可怕警告。他继续认同格莱斯顿的观点：富人的积累和投资是有益的，即使他们的投资是投向海外的。与格莱斯顿不同的是，他不认为高税收减少了私人积累和投资。1912 年，劳埃德・乔治在其市长官邸发表的演讲中采用了佩什的观点。②

自由党政治家可以在不完全认同霍布森观点的情况下利用他的理论，仅强调为了消除最严重的社会问题、提高经济效率和维持一个强大帝国，需要创造一个更积极和充满活力的经济。1917 年，温斯顿・丘吉尔评论道：

> 人们只能通过两种途径获取财富：一种是生产，一种是掠夺。生产总是有益的，掠夺总是有害的……我们在这里肯定站在生产这一边，努力消除我们社会体系中的掠夺因素……我们决心全力阻止任何阶级在法律庇护下持续地汲取不义之财，因为他们没有在这一财富创造中做出贡献，这些财富不属于他们，而是属于整个社会，他们只能通过令人恼怒的方式获取财富，这种方式阻碍了社会和经济进步。③

虽然丘吉尔在这里将“掠夺”狭隘地定义为土地的非劳动性增值收益，但是他进一步对所有不是通过积极进取方式积累的财富进行了更广泛的攻击。税收负担应该从靠工资生活的群体身上转移至他所说的“收入攫取者”身上，这些人从社会中拿走的远多于他们创造的，这种方法与霍布豪斯对“服务”的

---

① PRO, T171/18, paper on trade prospects by Sir George Paish.

② PRO, T171/20, Mansion House speech, 1912.

③ Speech of 20 Apr. 1907, quoted in M. Gilbert, *Churchill's Political Philosophy* (Oxford, 1981), p. 43.

关注很相似。[1] 丘吉尔的目标是创造一个充满活力的社会,在这个社会中,"竞争性优胜劣汰"是驱动力量。社会改革被认为是必要的,因为它是一种激励手段,而不是取代了竞争:

> 我不想看到竞争活力受到损害,但是我们可以做很多事情减轻失败导致的后果。我们想画一条线,在这条线下,我们可以不让他们劳动,但是在这条线之上,他们可以全力进行竞争。我们想要良性自由竞争;我们拒绝恶性自由竞争。我们不想摧毁科学和文明结构,只是想用一张网盖住深渊。[2]

正如丘吉尔评论的那样,

> 如果人们面对的困难和磨炼超出了他们的能力承受范围,那么就不可能使他们自力更生……我们的计划不是为了抑制人们的潜能,使其不必尽最大努力帮助自己;相反,我们认为应该大力激励人们付出更大的努力,向他们保证他们自己的努力将会获得成功。[3]

这些变革的结果是出现了一项新财政政策,这项财政政策是基于收入水平与类型以及收购过程建立的。[4] 丘吉尔认为,创造一个充满活力的经济和使用社会创造的财富解决贫穷和卫生难题,将会缔造一个健康的帝国家族和为帝国国防提供充足资源。他将自由贸易的财政好处与帝国主义结合起来,为竞争性的资本主义经济进行了辩护,使其免受社会主义主张的攻击。

租金、"社会创造的"或者"非劳动性的"财富,在新自由主义说辞中是十分重要的。乔赛亚·斯坦普(Josian Stamp)认为,这些术语的不同使用方式经常令人混淆,仅仅提供了事后辩护,没有提供驱动变革的力量。他认为,累进制源于不同收入水平的边际价值理论,差别征税只是对"支付能力方式"的改进。[5] 斯坦普相当肯定地认为,接受边际税收负担理论对于改变官员和政治家对累进制和差别征税的看法十分重要。税务局和财政部官员们也很清楚,

---

① W. S. Churchill, *Liberalism and the Social Problem* (London, 1909), p. 234.

② Churchill, *Liberalism and the Social Problem*, pp 82—83; see also pp. 279—280, 320, 335—336.

③ Churchill, *Liberalism and the Social Problem*, p. 376.

④ Churchill, *Liberalism and the Social Problem*, pp. 377—378.

⑤ J. C. Stamp, "The meaning of 'unearned income'", *Economic Journal* 25 (1915), 165—172.

当前的累退制度限制了所得税的收入。然而，不能将社会创造的财富这一说辞简化为事后辩护。混淆是所得税政治吸引力的一部分，头脑清醒和富有逻辑的斯坦普没有理解其中的奥妙。要改革所得税和使财政宪法发生重大转变，赢得选民支持至关重要。它的多种含义——从激进派和社会主义者到谨慎派和帝国主义者，都能从中找到其想要的——有助于完成这一任务。当然，自由党政府没有完全接受霍布森或者韦伯夫妇提出的租金定义，这使得它能够以不同方式迎合对土地财富和帝国的批判，迎合社会主义者对垄断资本的攻击，还能够迎合帝国主义支持者（如丘吉尔和“自由党帝国主义者”）和活跃资本主义经济的拥护者。“寄生虫”和“生产者”的种类是具有延展性的，这让自由党政治家可以宣称，雇主和工人应该联合起来结成活跃的生产者联盟，携手对抗消极的食利者，由此减弱工党对他们的强大吸引力，努力保住中产阶级投票者的支持。财政政治并不是仅简单地反映业已存在的利益集团，其说辞还有助于定义利益集团和身份特性。

自由党政府是在1909年预算案中对财政政治进行定义的。正如劳埃德·乔治评论的那样，它是一场“预算战争，它是为了筹集财政资金向贫穷和肮脏发起决战”。[①] 用B. K. 默里（Murray）的话来说，以一种不那么夸张的解释方式，预算是“努力利用财政手段维持中产阶层和工人阶级对自由党的支持，形成一个支持改革的‘进步’联盟”。1909年预算将开征一个累进附加税，这将受到工党的欢迎；但是同时，劳埃德·乔治又对中低收入中产阶级提供了税收优惠，尤其是对有孩子的男士。大部分增加的税收落到了富人和非劳动收入头上，因此他可以希望保住中产阶级纳税人的支持，防止他们转而支持保守党和关税改革。然后，可以用增加的收入为工人阶级提供福利，从而确保——希望如此——他们将票投给自由党。[②] 此外，他还将开征少许土地税，这迎合了自由党对土地所有制的批判以及工党对租金的攻击。

结果导致英国陷入了自1832年以来规模最大的一次宪政危机，因为上议院威胁说要否决自由党政府的预算。迈克尔·希克斯·比奇深谙税收政治，

① The end of his budget speech, quoted in Murray, *People's Budget*, p. 172.

② Murray, People's Budget, pp. 4—5.

他建议保守党领导人亚瑟·巴尔福[①](Arthur Balfour)不要让上议院否决政府预算案。否决预算不仅在宪政上站不住脚,就政党政治而言,它将起到相反作用:

> "上议院对税收的干涉"将使中央政府如愿以偿,使我们失去本应有的成功机会……最聪明的政策是实施这个预算案。让人们体会一下激进派法案给他们带来的苦难,然后他们将会很快结束这个法案。但是,我确信我们将会被眼前问题打败:否决预算可能短期会获得一定好处,这将刺激我们冒这个风险,对我来说,这是迄今为止我所知道的最糟糕的政治赌博。我不能理解的是,在所有人中为什么关税改革者也期待这一结果。为了转变那些受其观点影响的人的想法,他们最好的选择是让这个"唯一替代方案"变成现实。[②]

事实上,上议院确实否决了这个预算案,随之而来的宪政危机通过 1910 年的大选才得以解决。虽然自由党得以重新执政,但是他们更依赖工党议员(以及爱尔兰议员)的支持。自由党政府现在不安地意识到了自身所处的困境。兰开夏郡的选举结果已经证明希克斯·比奇是正确的,"唯一替代方案"——提高直接税率——开始驱使中产阶级投票者支持保守党和关税改革。[③] 然而,需要得到工党成员的支持意味着政府必须满足他们的社会改革要求,但是这将冒着疏远中产阶级纳税人的危险。

正如我们已经注意到的那样,工党要求立法保障工作权利,但是这将会导致严重的财政后果。面对失去中产阶级支持的危险,自由党政府需要设计一个通过其他方式而不是所得税筹资的社会改革策略。解决方案是在 1911 年

---

① 亚瑟·詹姆斯·巴尔福(1848—1930),就读于伊顿公学和剑桥大学三一学院;他是一个哲学家,在他叔叔索尔兹伯里的影响下进入政坛。1874～1905 年及 1906～1922 年,他担任保守党国会议员。他有很高的社会威望,是"灵魂"(the Souls)组织成员之一。1885～1886 年,他担任地方政府委员会主席;1886～1887 年,他担任苏格兰大臣;1887～1891 年,他担任爱尔兰首席大臣;1891～1892 年和 1895～1902 年,他担任下议院保守党领袖;1902～1905 年,他担任首相。1911 年,他辞去了保守党领袖职务;1915 年,他作为海军首席大臣加入了战时内阁;1916～1919 年,他担任外交大臣;1919～1922 年和 1925～1929 年,他担任枢密院议长。(DNB,1922—1930,ed.Weaver,pp.41—56.)

② Gloucestershire Record Office, 2455, PCC/12, M. Hicks Beach to A. J. Balfour, 20 Sept. 1909.

③ Clarke, "The end of *laissez faire*".

实施了缴费型的健康和失业保险，雇主和工人每周按固定费率缴费，政府再补贴一部分。这一保险计划限定了疾病和失业津贴的支付期限，并且支付数额与受益人对该计划的缴费多少相挂钩，如果支出超过了某个固定的适度数额，政府不再承诺用税收对该计划进行无限制的资助。大部分保险费用是由雇主和工人承担的，几乎不存在从纳税阶级到工人阶级的收入再分配。事实上，这个计划的融资方式是累退的。在固定缴费率制度下，低收入者缴费所占的比例大于熟练技术工人；一些已是互助社和工会成员的高收入者，现在可以从国家领取补贴了。正如科尔让姆(F. K. Kolthammer)在 1913 年指出的那样，一个周收入为 18 先令的家庭，缴纳了 2.84％的食品税；如果这个家庭消费烈酒和烟草的话，还要缴纳 7.1％的烈酒和烟草税。对于一个周收入为 35 先令的家庭来说，其缴纳的税收比例分别为 1.46％(不消费烟草和烈酒)和 3.65％(消费烟草和烈酒)。当增加了健康保险的时候，对于一个周收入为 18 先令的家庭来说，其缴纳的税收比例上升到 9.1％；如果再加上失业保险，这一比例上升至 10.25％。对于一个周收入为 35 先令的家庭来说，当先后增加了健康保险和失业保险时，其缴纳的税收比例分别为 4.68％和 5.27％。[①] 就财政部而言，它担心 1908 年引入的由税收出资的养老金制度会导致沉重的财政负担，因此支持将其转变为由雇员和雇主共同出资的社会保险计划，因为这将严格限制其对政府的资金要求。[②] 工党十分敏锐地觉察到，自由党的福利和税制改革没有再分配作用，因此通过了一项决议，抨击说缴费型的保险计划对雇主和工人都是“不公平的”。雇主的缴费将会提高生产成本，因此最终会转嫁给“消费大众——他们主要是工人”。[③]

1911 年的保险计划意味着自由党政府试图在不得罪中产阶级纳税人的

---

① F. W. Kolthammer, *The Ratan Tata Foundation. Memorandum on Problems of Poverty No. 1: Some Notes on the Incidence of Taxation on the Working Class Family* (London, n. d. 1913?), pp. 15—16.

② See Macnicol, *The Politics of Retirement*, p. 163 and Part Ⅱ on the Treasury campaign against non-contributory pensions after the First World War.

③ *Report of the Twelth Annual Conference of the Labour Party*, 1912(London, 1912), pp. 96—97, and *Report of the Thirteenth Annual Conference of the Labour Party*, 1913(London, 1913), pp. 104—106; and see also A. Marwick, “The Labour party and the welfare state in Britain, 1900—1948”, *American Historical Review* 73(1978), 380—403.

情况下,抑制工党要求进行更彻底改革社会和税收的压力。另一种维系中产阶级选民支持的方法是为家庭责任提供税收优惠。劳埃德·乔治沿用了哈考特1894年的策略,通过改变税收门槛和减免措施,增加高收入者的税收负担,降低收入较低的中产阶级的税率。并且,劳埃德·乔治又更进了一步:1909年预算案不仅是"人民的预算"——对富裕的地主阶层发起民粹主义攻击,而且它还是一个"家庭预算"。他根据家庭情况引入了税收优惠,这比对租金攻击带来的瞬间快感更加持久。1909年,财政部的乔治·莫里(George Murray)警告阿斯奎斯(Asquith):"附加税是冒险之举,而且这是对'坏孩子'的让步。"[①]在后一点上,他不是完全正确的,因为早在1799年,皮特就允许,如果家庭收入在60～400英镑之间,他们的每个孩子可以少交5%的税;收入最高的家庭,每个孩子可以少交1%的税。1803年,税收优惠仅限于给第三个及其以后的孩子,优惠比例从1%～4%不等;这个优惠规定在1806年被废除,并且在1842年没有被恢复。[②] 1909年,当税收优惠被重新引入的时候,它们采取了不同的形式:如果家庭年毛收入低于500英镑,对每个16岁以下的孩子给予10英镑的税收减免。在1913/1914财政年度,这一税收优惠的成本预计为240 000英镑;在1914年预算中,每个孩子的税收优惠数额翻了一番,达到20英镑,成本由此增加了210 000英镑。[③] 因此从1909年开始,所得税制度增加了对中产阶级纳税人家庭责任的关注,与引入"家庭津贴"的失败形成了鲜明对比。家庭津贴是指为了帮助更贫穷的家庭,对孩子提供现金补助,这一计划直到1945年才得以实施。

英国的福利体系迥异于法国。在法国,所有有未成年子女的家庭都可以得到家庭津贴,这项政策的实施时间早于失业和健康保险。法国家庭津贴与反对个人主义的社会天主教义以及多生育主义主张,存在紧密联系。多生育主义者认为,应该作为一项爱国举措支持有孩子的家庭。这一说辞与工业家的利益不谋而合,工业家建立了私人基金(补偿基金),使用家庭津贴将工人和

---

① Bod, Lib., MS Asquith 22, G.H. Murray to Asquith, 7 Apr. 1909, ff. 127—130.

② PRO, T171/388, Income Tax: child allowances. Inland Revenue, 31 Aug. 1945.

③ PRO, IR63/46, Finance Bill, 1914, vol. 1, ff. 107—108, Income Tax: additional relief in respect of children; IR63/17, Finance Bills, 1907—1909, ff. 139—140. 奇奥萨·马尼还希望把税收减免扩大到给穷亲属生病和遭遇不幸期间的生活维持费支出上。

他们的公司捆绑在了一起，从而减少了工资上涨压力。因此，家庭津贴成为行业惩戒策略的一部分，它之所以可行，是因为相对弱势的男性工会会员无法抵制集体工资谈判中的外来干预。私人计划为后续国家干预提供了基础，法国形成了一种“父爱式的福利国家”。在英国，工会更加强大，国家迫切希望与有组织的工人阶级携手建立正式的集体谈判机制。无论如何，家庭津贴都受到了社会主义者和女权主义者的支持，将其作为把女性从对男性依赖中解放出来的一种手段，因此这一说辞对占主导地位的父权假设构成了威胁，而不仅是支持多生育主义的一种爱国举措。在英国，社会保险主要支付给“养家糊口的男人”，当他们的收入中断时，可以帮助其应对疾病和失业风险。当家庭男主人有工作的时候，不会给这一家庭提供任何补助，工会更喜欢基于肩负的家庭责任要求更高的工资。英国的税收优惠没有威胁到父权制，因为税收优惠被支付给了家庭男主人，使其能够承担他的家庭责任。最重要的是，这中间有一个清晰的选举算计。金额固定的家庭现金补助对穷人的帮助最大，同时将会导致向比较富裕的人征收更高的税。相比较而言，税收优惠最有益于中上收入群体，对一群在选举上有重要影响的、拖家带口的中产阶级男人提供了税收优惠。[①]

为什么要对中产阶级给予税收优惠呢？一个可能性解释是因为担心中产阶级出生率的降低会导致英国民族走向衰落。在法国，整个社会出生率的降低引发了对鼓励生育政策的支持。在英国，有可能是因为对中产阶级家庭出生率将更快降低的重视，引致了所得税的优惠吗？当然，当战后悉尼·韦伯提议对收入处于1 500或2 000英镑以下的中产阶级家庭给予税收减免，并且一直持续到其子女接受完全日制教育的时候，他支持上述观点。韦伯认为，金额固定的税收优惠无助于中产阶级家庭多生育子女，也对中产阶级家庭子女在中学、技术学院和大学接受有效教育帮助不大。[②] 1939 年，牛津大学的两个优生学家提出这个问题，他们反对减少税收优惠，声称这将会打击“具有较高知识水平的人

---

① Pedersen, *Family, Dependence and the origins of the Welfare State*; A. M. Cartter, “Income tax allowances and the family in Great Britain”, *Population Studies* 6 (1952—1953), 218—225, 227.

② PP 1919 XIII pt I, *Royal Commission on Income Tax*, *Third Instalment of Minutes of Evidence*, Qq. 6885 — 6888. There was a link with his views on Rent achieved through closure of middle-class occupations.

群(这部分人群通常而言要缴纳所得税)”的生育积极性。[①] 然而,这些对民族血统优生性的担心似乎不是劳埃德·乔治1909年政策的关注重点。他更多考虑的是迫在眉睫的政治或者选举问题:自由党需要确保中产阶级投票者的忠诚——他们很有可能转身支持保守党。就人们对自己优生学观点的批评,约翰·西蒙[②](John Simon)爵士1939年做出的回应,与劳埃德·乔治1909年采取的税收优惠政策密切相关。正如他指出的那样,重要问题是如何定义所得税曲线。附加税水平的变化影响了富人,调整标准税率又将会影响中产阶级的收入;而对于更低水平的收入,税收优惠对于决定他们是否交税至关重要。[③] 这一考虑能够帮助解释为什么自由党政府引入了儿童税收优惠。直接纳税人的相对处境已经恶化了。1861/1862至1901/1902财政年度,间接税的真实负担下降了17.5%,但是同期的直接税真实负担并没有发生变化。[④] 任何增加直接税的举措都会疏远中产阶级选民,将他们赶向保守党的怀抱,转而支持关税改革。自由党政府必须向世人显示,推行自由贸易不一定非要提高所得税,因为这会打击低收入者。1894年,当哈考特减轻低收入者税收负担的时候,认真考虑了这一点。1909年,劳埃德·乔治沿用了哈考特的方法。在自由党政府执政时期,没有提高劳动收入的所得税率:一个有两个孩子、年劳动收入为300英镑的男士,1913/1914财政年度缴纳的所得税(10英镑4先令)与1892/1893财政年度一样多。[⑤] 增加的大多数税收来自少数附加税纳税人、非劳动收入和财产价值超过20 000英镑的遗产税。儿童税收优惠的变化成为税收制度的一个核心要素,虽然第一次世界大战期间所得税税率提高了,但是这降低了低收入者的税

---

① PRO, T172/1901, E. S. Goodrich, professor of zoology and comparative anatomy and E. B. Ford, reader in genetics, to Lord Horder, 5 Oct. 1939.

② 约翰·奥尔斯布鲁克·西蒙(1873—1954),就读于巴斯语法学校、牛津大学费蒂斯和瓦德汉学院。1897年,他成为万灵学院(All Souls)会员;1899年,他获得律师资格;1906～1918年和1922～1940年,他担任自由党国会议员。1910～1913年,他担任副检察长;1913～1915年,他担任司法部部长;1915～1916年,他担任内政大臣,后因征兵制度辞职;1931年,他组建了国家自由党;1931～1935年,他担任外交大臣;1935～1937年,他担任内政大臣;1937～1940年,他担任财政大臣;1940～1945年,他担任大法官。(DNB, 1951—1960, ed. Williams and Palmer, pp. 892—894.)

③ PRO, T172/1901, Simon to Horder, II Oct. 1939.

④ PRO, T168/62, “Comparative burthen of taxation in 1861/1862 and at the present day”.

⑤ T. Balderston, “War finance and inflation in Britain and Germany, 1914—1918”, *Economic History Review* 2nd ser. 42(1989), 233.

收负担,减轻了税收对大量已婚男人的影响——他们第一次被纳入了所得税征收范围之中。[①] 在两次世界大战期间,保守党为了强调自己关注家庭和家庭生活,对已婚有孩子的中产阶级男士给予了税收优惠。[②]

表 11.2　　有 3～6 个孩子已婚男士缴纳的税收占其收入的比重

收入		全部是劳动收入			一半是劳动收入和一半是投资收入		
		直接税	间接税	合计	直接税	间接税	合计
50 英镑	1903/1904	0	8.7	8.7	0.8	8.7	9.5
	1913/1914	0	8.0	8.0	0.8	8.0	8.8
150 英镑	1903/1904	0.2	4.3	4.5	1.4	4.3	5.7
	1913/1914	0.2	4.2	4.4	1.4	4.2	5.6
500 英镑	1903/1904	3.5	1.8	5.3	4.7	1.8	6.5
	1913/1914	2.6	1.8	4.4	5.3	1.8	7.1
1 000 英镑	1903/1904	4.9	1.2	6.1	6.6	1.2	7.8
	1913/1914	4.0	1.2	5.2	7.1	1.2	8.3
10 000 英镑	1903/1904	4.7	0.3	5.0	7.3	0.3	7.6
	1913/1914	7.7	0.3	8.0	11.5	6.3	11.8

资料来源:PP 1927 Ⅺ, *Report of the Committee on National Debt and Taxation*, pp. 472—473.

差别征税、累进制和儿童优惠结合在一起打击了土地利益集团,其目的有两个:一个是通过建立一个有弹性的财政制度,为社会改革和国防筹集收入;另一个是与发展迅猛的工人阶级建立一个选举联盟,工人阶级是福利改革的主要受益者,收入水平在中产阶级中处于中下水平,并且他们是生产者,其所在的企业为公共产品做出了重要贡献。在这个政治说辞策略下,把生产者与依靠非劳动和累积收入的寄生所有者对立了起来,寄生所有者的范围从地主扩大到一般食利者。这是自由党政府对关税改革者和工党提出的对立性提议

① PRO, T171/134, McFadyean to N. F. W. Fisher, Ⅱ Apr. 1916; Fisher to McFadyean, 18 Apr. 1916; T171/142, Board of Inland Revenue, relief in respect of children, n.d. (1917).

② M. J. Daunton, “Churchill at the Treasury: rethinking Conservative taxation policy, 1924—1929”, *Revue Belge de Philologie et de Histoire* 75(1997), 1063—1083.

做出的回应,解决了养老金和海军扩张可能导致的财政赤字。所增加的财政收入是由直接税筹集的,这避免了疏远工人阶级投票者,同时又限制工党的诉求。阿斯奎斯在1908年评论道:"从一开始我就意识到,如果不能证明社会改革(不是社会主义)可以在自由贸易基础上找到资金来源,那么回到保护主义就是必然的事情了。"①将征税重点放在非劳动的食利者收入和极其富有的人身上,意味着消除了大多数中产阶级投票者(小商人、工薪白领和很多专业人士)的疑虑,同时抑制了把关税作为一种替代性财政政策的吸引力。正如丘吉尔评论的那样,1909年的预算案将食品税降到了最低,"丝毫没有影响乡村家庭的经济状况"。同时,大多数收入在300～2 000英镑的中产阶级,只是受到了遗产税的影响。② 事实上,对于大多数所得税纳税人来说,他们1914年的税收负担低于1905年。这一预算旨在使自由党在不疏远中产阶级的情况下,能够推进社会改革。正如丘吉尔坚称的那样,

> 不是仅将非常富有的人挑出来,对其征收特别、特殊和不公平的税。税收增加的主要负担是由富裕阶层群体共同承担的……;这个阶层沉迷享乐,生活舒适,远离惩罚、义务和危险,比其他任何时代或者任何国家同样数量的公民阶层,都要更幸运。这个阶层比其他阶层获得的多……他们生活在健康快乐的人群之中,生活在一个安全得到高度保障的国土之上。③

丘吉尔极力将税收改革重点放在直接税而不是间接税上,保守党威胁要改变这一做法。"我们决心继续这项政策,直到全部新增收入均来自对累积财富获得的收益和那些沉迷享乐人征收的税,这丝毫不会影响劳动效率。"④丘吉尔正在努力向人们表明,自由党政府的财政政策是符合国家利益的,社会改革不是为了自私的阶级利益,而是提高社会效率和促进公平正义的一个有效手段。⑤ 通过宣称高收入者具有更强的纳税能力,以及强调旨在提高某个群体效率和健康状况的税收将有利于整个社会的发展,对纳税能力的定义发生

---

① Quoted by Murray, *People's Budget*, p. 92, from House of Lords Record Office, Strachey papers SP S/11/6/5, Asquith to Strachey, 9 May 1908.

② Churchill, *Liberalism and the Social Problem*, pp. 290—291.

③ Churchill, *Liberalism and the Social Problem*, pp. 90—91.

④ Churchill, *Liberalism and the Social Problem*, pp. 293—294.

⑤ See Murray, *People's Budget*, p.311.

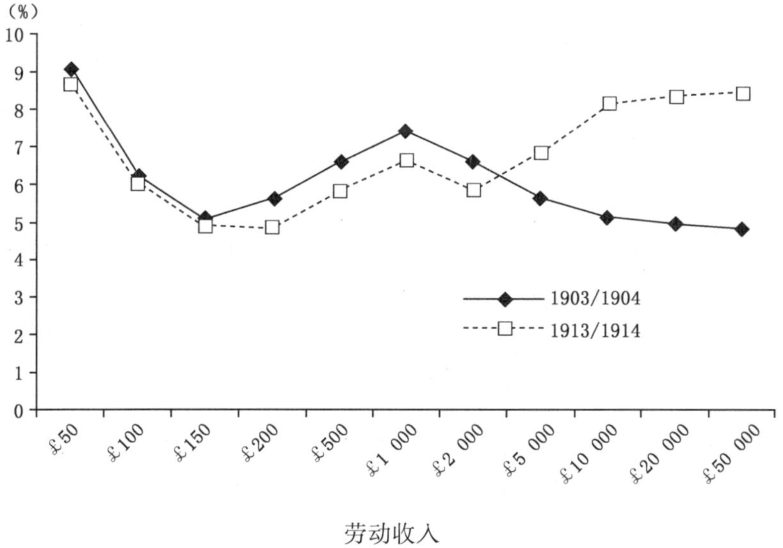

资料来源:H. Samuel, "The taxation of the various classes of the people", *Journal of the Royal Statistical Society* 82 (1919), 177—179.

图 11.2 有两个孩子已婚男士缴纳的国家税收(间接税和直接税)占其收入的比重

了改变。正如郝伯特·塞缪尔(Herbert Samuel)①宣称的那样,"所有能够成功改善部分群体福利的支出,不仅仅只是让这部分人受益,整个社会都将从中受益,这就是为什么可以理所当然地要求全社会共同承担改革成本,即使他们直接的第一感受是这一改革只对穷人有利"。② 因此,人们称赞自由党的预算带来了更大的公平性,也在一个有机社会中塑造了共同责任感。

问题是丘吉尔的这个努力能否取得成功。这个策略有选举风险,因为也可以将其解释为是对财产的打击,这将会使一些中产阶级感到警觉,因为他们

① 郝伯特·刘易斯·塞缪尔(1870—1963),出生于利物浦;他的父亲是塞缪尔·蒙塔古公司(一家银行和外汇公司)的合伙人;他就读于牛津大学大学学院和贝列尔学院。1902～1918 年,他担任自由党国会议员;1905～1909 年,他在内政部担任国务副大臣;1909～1910 年,他担任兰开斯特公爵郡大臣;1910～1914 年,他担任邮政大臣;1915～1916 年,他担任兰开斯特公爵郡大臣;1916 年,他担任内政大臣,在劳埃德·乔治成为首相后,他辞职了。1920～1925 年,他担任巴勒斯坦高级专员;1925～1926 年,他担任皇家煤炭产业委员会主席;1929～1935 年,他再次担任自由党国会议员;1931～1932 年,他担任内政大臣。(DNB, 1961—1970, ed. Williams and Nicholls, pp. 918—922.)

② Samuel, *Liberalism* (1902), quoted in Murray, *People's Budget*, p. 35.

将自己定义为财产所有者。毕竟,可以将他们定义为一般财产所有者,而不是反对食利者的生产者。鉴于此,刘易斯·哈考特——1894年,他曾呼吁自己的父亲接受累进制——担心这个预算案可能会起到相反作用,而且“将会确保关税改革取得胜利”。[①] 当然,这正是关税改革拥护者期望的结果。[②] 巴尔福(Balfour)敏锐地意识到,张伯伦的帝国特惠制观点会造成分裂,但是公平地说,如果不考虑他的具体项目,仅就收入来源而论,保护性关税可能会变得更具有吸引力。[③] 1910年之后,自由党政府需要更加注意维持其核心支持者的忠诚度,政府中的谨慎声音迫使劳埃德·乔治撤回了其1914年预算案中更具雄心的提议。“人民的预算”标志着自由党财政改革面临的约束,而且劳埃德·乔治的提议——分期对土地征税、增加直接税和提高累进制税率——在1914年被他的同事拒绝了。增加所得税的威胁疏远了富有投票者,废除所得税又会激怒激进派。土地税的扩大没有如劳埃德·乔治希望的那样,受到城市选民的欢迎,也没有满足激进派更广泛打击非劳动财富的要求。[④]

1909年的预算案虽然存在不足之处,但是它的确标志着英国逃脱了哈考特1895年做出的预言:“这个国家的支出增长几乎已经达到了可忍受的税收极限。”[⑤]在布尔战争支出需求对财政制度造成压力之前,哈考特就写下了这些话,在那个时期,要求社会改革的呼声日益高涨,而且地方政府财政日益困难。随后的争论导致对财政宪法不再只是小修小补,而是进行了大幅修正。政策分歧比19世纪40年代和50年代以后的任何时候都更强烈,大多数分歧是关于土地运动的。然而,对这两点应该一分为二地看。攻击土地的政治说辞意义大于财政意义,因为在战争期间,由于遇到了估价和征收难题,新税种几乎没有产生财政收入。新税收面临着反抗和不遵从难题,战后的劳埃德·

① Murray, *People's Budget*, p.149, quoting University of Newcastle Library, Runciman Papers 28, Harcourt to Runciman, 24 Mar. 1909.

② University of Birmingham Library, AC 8/5/1, Austen Chamberlain to Balfour, 29 Jan. 1910.

③ University of Birmingham Library, AC 17/3/19, A. J. Balfour to A. Chamberlain, 23 Oct. 1907.

④ Gilbert, “David Lloyd George: the reform of British land-holding and the budget of 1914”. 要了解更加详细的解释,强调程序困难和国会讨论时间不足,见 I. Packer, “The Liberal cave and the 1914 budget”, *English Historical Review* Ⅲ(1996), 620—635。帕克(Packer)认为,中产阶级和工商业自由党人赞同需要进行社会改革和提高税收。

⑤ Murray, *People's Budget*, p. 21.

乔治联合政府废除了新税收。更有意义的是,所得税的修订意味着英国进入第一次世界大战时,具有一个高效财政制度,这一点与法国和德国非常不同。在德国,引入联邦所得税面临的困难在战前就导致了政治紧张:支持这一税收的社会民主主义者和军事主义者结成的联盟缺乏稳定性,他们相互不满,希望的税收用途也不同。在法国,只是在战争刚开始的时候引入了所得税,而且征收工作受到了严重干扰。在战争结束时,德国和法国为了偿还债务和进行重建,已经很难再征税了;相反,英国政府能够稳定其财政制度。在英国,爱德华时期产生的争论没有从根本上削弱税收制度和国家的合法性。在战争爆发之前,税负仅回升到 19 世纪 40 年代和 50 年代时期的水平,占 GDP 的 12%。在战争期间,税负水平翻了一番——然后稳定在这一水平,没有像英国拿破仑战争时期和 20 世纪 20 年代后其他欧洲国家那样,明显威胁到国家的政治稳定性。这是改造格莱斯顿式财政宪法取得的成就之一:国家是值得信任的、是合法的,爱德华时期的争论没有从根本上改变这种状况。①

① 要了解对这两类欧洲国家财政制度特点的分析评价,见 Hobson,“The military-extraction gap and the way Titan: the fiscal sociology of British defence policy, 1870—1913”, *Journal of European Economic History* 22(1993), 461—506 and N. Ferguson, “Public finance and national security”。

12 结 论

本研究就到此结束了，此时的英国财政状况将面临拿破仑战争以来的最大挑战。第一次世界大战的巨大开支很快使布尔战争和战前与德国进行海军竞赛导致的财政压力都显得微不足道了，支出再次达到了 1810 年时的顶峰。政府支出达到了一个新高度，因为税收水平在第一次世界大战后并没有随之下降很多(见图 1.1)。英国税收制度成功地经受住了战争的考验。虽然战前财政政治面临种种压力，但是一致认同仍然存在，国家能力得到了提高。劳埃德·乔治的 1914 年预算被认为是一场"惨败"：土地运动依旧在进行，但无论是更加谨慎的自由党人，还是激进派和工党，都对其不满意，激进派和工党希望加大对非劳动财富的打击力度。同样，增加所得税的建议疏远了中产阶级选民，但是劳埃德·乔治的退让又惹恼了激进派。[1] 1914 年，劳埃德·乔治遇到的困难很好地解释了其在战争初始时为什么对增加税收持谨慎态度，但是依赖借款又将导致通货膨胀和战后偿债难题。

尽管如此，给人留下深刻印象的不是没有发生财政危机，而是如何成功地商讨为大型战争筹集巨额资金。在进入第一次世界大战时，英国财政制度支撑一场世界性冲突巨大资金需求的能力强于其他任何参战国家。财政部官员和政治家们强调，19 世纪对国债的持续偿还塑造了英国政府的良好信誉，因此政府在出现紧急状况时可以得到外部借款。与之形成鲜明对比的是，1913 年德国政府没能确保获得足够的借款，被迫通过军功奖赏(wehrbeitrag)或者

① Gilbert, "David Lloyd George: the reform of British land-holding and the budget of 1914", 138—139.

对财产和收入征收国防税[①](defence levy)缓解收入压力。德意志帝国直到1913年才开征所得税,在改革财政制度满足与日俱增的国防开支时面临着严重难题。帝国议会(the Reichstag)征收间接税主要是为了军事用途,与其国内各州相比,帝国议会拥有更宽泛的选举投票权;州征收用于社会支出的直接税,选民数量有限。结果,帝国增加收入的任何尝试都会遇到两股相互抵触的力量。各州希望保护它们的直接税来源,对帝国的税收侵犯感到不满。在帝国议会内部,社会民主党(Social Democrats)和中左力量势力强大,他们反对用间接税资助军国主义行为。只有进行社会改革才能确保他们对直接税的支持,但是改革成本太高,并且会疏远右翼。最后,政府陷入了动荡,军事支出受到财政制约。因此丝毫不足为奇,为什么德国评论家非常嫉妒英国政府通过所得税获取的强大筹资能力,战前英国就对所得税进行了改革,这为英国提供了一种更加有效的筹资方式。

尼尔·弗格森(Niall Ferguson)的研究更进一步,他认为德国政府已经认识到了英国具有更强大的财政资源,这促使德国在两国海军力量差距进一步拉大之前,先发制人地发动了战争。两个国家的财政差异在战争期间显露无遗。在英国,26.2%的中央政府支出来自当前税收收入,相比之下,德国只有8.2%。[②] 弗格森的解释没有得到广泛认可,本书的重点也不在于探讨第一次世界大战爆发根源这个棘手难题。当然,需要修正弗格森对战争爆发时期大国财政历史的解释。霍布森的比较数据显示,英国军事支出占国民生产净值的比例低于其他欧洲国家:如果假定1913年英国这一比例为100,那么德国是122,法国是149,俄国则高达160。[③] 霍布森的结论是,如果英国的军事支出再高一点,就会阻止德国的入侵。但是,也许正是这一点给德国敲响了警

① Ferguson, "Public finance and national security", 160; see the comments of the Treasury in PRO, T171/167, "Paper prepared at the request of the chancellor of the Exchequer on German defence levy of 1913".

② P.-C Witt, *Die Finanzpolitik des Deutchen Reiches* (Lübeck, 1970); Ferguson, "Public finance and national security", 156—158, 162; Kruedener, "The Franckenstein paradox"; Schremmer, "Taxation and public finance", p. 482; Balderson, "War, finance and inflation", 226—228; R. Knauss, *Die deutsche, englische und franzosische Kriegsfinanzierung* (Berlin and Leipzig, 1925); Hobson, "The tax-seeking state".

③ Hobson, "The military-extraction gap", 461—506.

钟:英国为战争筹措资金的能力更强,经济受到的约束更小,政治关系面临的难题也更少。同样,战前法国改革财政制度时也面临重重困难。因为很多利益集团受到了特定税种的影响,这使得很难轻易改革已有的直接税体系。但是将当前税收制度推倒重来,用所得税取而代之更加不容易,因为一些团体会明显失去他们的特权地位,并且税收改革还与社会主义再分配运动联系在一起。直到1914年,法国才引入了所得税,但由于很难在战争期间建立一套有效的管理机制,因此所得税贡献的收入非常少。①

法、德两国战时财政出现的困难在战后暴露无遗。在法国,由于战争抚恤金、经济重建和偿还借款利息支出负担沉重,迫使法国政府在1920年引入了备受争议的普通销售税(general sales tax)。② 财政困难还使得法国对德国提出了巨额战争索赔。在德国,很难将债务还本付息负担转嫁给工业部门,这意味着必须以牺牲政治和财政稳定为巨大代价,通过恶性通货膨胀方式减轻债务负担。严重的通货膨胀虽然减轻了政府债务,但是也摧毁了一些机构如储蓄银行和自治组织的资产,席卷了中产阶级的存款,使合同失去了信用,重新分配了财富。正如弗格森所言,通过牺牲私人储蓄偿还国家债务,带来的结果必然导致国家的政治权威性和合法性受到质疑。③

虽然英国在处理高额战后债务和税收方面也面临难题,但是这些难题通过协商得到了解决,维系了国家的合法性。财政制度至少在四个方向上面临明显压力。第一个难题是,许多工人被纳入了所得税征税范围,他们抱怨自己缴纳的税收最终几乎都到了国债持有者手上。工党提出的措施是征收兵役税(the conscription of wealth),用其补偿参战的军人,这与打击不劳而获者或社会创造的财富联系在一起。这一措施威胁到了财产所有者和执政联盟,保守党政府迫切希望抑制人们对这一提议的支持,认为任何要求削减所得税或者征收新间接税的建议都中了工党的计。然而,执政联盟和保守党政府还面临着第二个难题,饱受通货膨胀之苦和厌恶"浪费"的下层中产阶级开始进行

---

① Gross, "Progressive taxation and social justice".

② C. S. Shoup, *The Sales Tax in France* (New York, 1930); C. S. Maier, *Recasting Bourgeois Europe* (Princeton, 1975), pp. 466－506.

③ N. Ferguson, *Paper and Iron: Hamburg Business and German Politics in the Era of Inflation, 1897－1927* (Cambridge, 1995).

反抗。政府夹在了工党和反浪费运动之间，不得不在二者之间寻求平衡。第三个难题是，大量短期债务威胁到了金融市场的稳定性。伦敦市希望尽快还清这些短期债务，即使以增加税收——这将导致政府陷入危机——为代价也在所不惜。最后，工业部门认为相比较于其德国竞争者，它们现在缴纳了太高的税，导致它们在市场中失去价格竞争力。为了平衡这些相互冲突的需求，政府既敏锐地考虑到了选举需要，又担心国家财政和金融的稳定性受到影响。

最重要的是，财政部和税务局常任官员们坚持认为，税收制度应该超越阶级和部门利益，保持公平性。结果与德国迥然不同，在德国，组织严密的利益集团之间的直接讨价还价取代了民选代表和职业官僚的权力。正如查尔斯·梅尔(Charles Maier)评论的那样，其结果是导致游离于立法机关之外的利益集团之间的交易成为一种常态。[①] 在英国，议会政体仍被广泛接受，有组织的商业机构必须参与而不能拒绝党派政治制度。[②] 政治家和公务员们希望向人们显示，国家和财政制度不应该被认为是偏袒某一利益群体的。有组织的利益集团之间不存在社团主义式的交易过程，财政部官员私下建议政治家们遵循税收制度逻辑和实现收支平衡。他们关心的是如何确保政府的收入、纳税人的认同和财政制度的稳定性。国家有其自身利益，重要问题是在面对强大利益群体的反对时，国家是否拥有实现自身目标的能力。行政管理者的这个集体文化决定了什么是可行的，或者是能被允许的，也形塑了其对外界压力的反应。与梅尔(Maier)对欧洲大陆国家的分析正好相反，英国职业官僚的权力一直是相当大的。集体官僚文化在税收政治中具有强大影响力，这依赖自皮尔和格莱斯顿以来的预算正统观念(budgetary orthodoxy)的发展，也为英国人民对税收的高度认同打下了基础。虽然财政部的财政紧缩观点被认为是保守的——旨在应对激进派的挑战，维持现状，但其结果使得战后的高税收具有合法性了。财政部也认识到了一致认同的局限性和维持它的必要性。英国在两次世界大战期间提高税收特别是直接税的做法，得到了人们的认可，没有像

① Maier, *Recasting Bourgeois Europe*, pp. 4, 8—10, 580—581.

② J. Turner, "The politics of 'organised business' in the first world war", in J. Turner(ed.), *Businessmen and Politics: Studies of Business Activity in British Politics*, 1900—1945 (London, 1984), pp. 48—49.

在其他国家那样遇到抵制甚至反叛。

在更高税收基础上如何重新稳定财政宪法,是本系列研究第二卷的开端。本研究强调如何通过政治精英的行动和建立格莱斯顿式财政宪法,创造维多利亚时代国家的合法性和信任。当然,格莱斯顿本人一直认为,不应该利用税收制造相互对立的团体,他尝试实现不同阶级与利益群体之间的公平与平等,从而建立一个有血有肉的国家。他还强调,应该让钱在人民的口袋中开花结果:为了充分发挥个人的主观能动性——他们可以更有效地使用资金,应该尽可能地将政府支出控制在较低水平。格莱斯顿式正统观念的铁杆支持者对两次世界大战之间的支出水平感到震惊,约翰·布拉德伯里(John Bradbury)是其中之一,在他反对1929～1931年麦克米伦委员会(Macmillan Committee)的备忘录中,他要求"严格限制公共支出"。[①] 20世纪20～30年代,财政部的观点仍遵循着许多格莱斯顿式财政宪法的理念,认为公共支出会"挤出"私人投资,预算应当保持平衡。[②] 尽管如此,情况已经发生了很大变化,政府没有真正努力将支出降低到1913年时的水平,没有再现拿破仑战争后公共支出长期下降的局面。相反,难题变成了怎样阻止其继续升高。直接税和间接税的比例一直维持到第二次世界大战爆发之前,直到引入了一个新的间接购买税,这种比例才有所改变。第一次世界大战前自由党推行的所得税改革产生的影响非常明显,在温斯顿·丘吉尔1924～1929年担任保守党财政大臣期间,这一影响在他的预算中显露无遗。战争导致的资金需求意味着所得税在上端更为累进,并且在战后仍保持了高水平;减税的重点对象是收入不高的中等收入家庭,目的是"降低"这个关键选民群体的税收负担。当第二次世界大战把税收推到一个新高度时,许多中等收入者继续投票支持提高税收,因为他们从政府的教育和医疗支出中获益匪浅。然而,税收制度的某些方面也遭到了质疑。能够以牺牲激励和效率为代价,通过具有再分配作用的税收追求公平吗?虽

---

① PP 1930－1 XIII, *Report of the Committee on Finance and Industry*, "Memorandum of dissent by Lord Bradbury".

② 关于财政部的观点,见 G. C. Peden, "The 'Treasury view' on public works and employment in the interwar period", *Economic History Review* 2nd ser. 37 (1984), 167－181; P.F. Clarke, "The Treasury's analytical model of the British economy between the wars", in Furner and Supple (eds.), *The State and Economic Knowledge*, pp. 171－207。

然许多保守党人在20世纪50年代对这一问题已经有了现成答案，但是改革税收制度却不是一件容易的事。制度刚性和松散的执政联盟限制了能够采取的行动。为了增强税收对人们的激励作用，削减高水平所得税可能只会导致有组织的工人要求更高的工资，还会导致成本推动型的通货膨胀、失去出口市场和国际收支失衡。摆在政治家面前的难题是如何破除这种恶性循环，避免进一步提高税收水平。本系列研究第二卷的主题是激励性与公平性之间不断变化的关系，以及观察到的从温斯顿·丘吉尔到玛格丽特·撒切尔(Margaret Thatcher)期间以及从休·道尔顿(Hugh Dalton)到戈登·布朗(Gordon Brown)期间发生的变化。

有人可能批评本研究过于肯定英国强调建立合法性和信任感的作用。这只是一种霸权式说辞吗？这一说辞粉饰了社会中的严重分歧，限制了对公共卫生和福利的公共支出，抑制了激进派对当前不平等结构的威胁。之所以产生这样的理解，在很大程度上是受了葛兰西(Gramsci)的影响，他认为统治阶级不仅通过暴力和强迫维护其统治，还要让被统治者以统治者的视角理解社会。换句话说，可以将本书描述的过程理解为，统治者将一个关于税收的霸权式说辞强加在了被统治者的身上，这些税收也许完全违背了社会大众的“真实”利益。[①] 因此，很多维多利亚时代政治家强调的公平感和均衡感，可能只是为了粉饰残酷和压抑的现实。霸权代表了占支配地位的资产阶级的利益，但是葛兰西非常重视提出此观点的知识分子的作用。知识分子拥护对象的改变对主导阶级的更替具有重要影响。

傅科(Foucault)的解释影响了很多人对英国历史的理解，人们不是接受了他的特别观点，而是掀起了对一系列问题的讨论。傅科摒弃了知识分子为社会主导阶级利益代言的传统观点；相反，他强调专家在国家机构和慈善组织内部实施规训与惩罚、建立分类和监督制度中发挥的作用。无论是通过国家官僚机构还是通过医院和学校，专家的能力和知识对个人产生了巨大影响。

---

① 要了解葛兰西的讨论，见 J. V. Femia, *Gramsci's Political Thought* (Oxford, 1981), and T. J. Lears, “The concept of cultural hegemony: problems and possibilities”, *American Historical Review* 90 (1985), 567—593; McKibbin, “Why was there no Marxism in Great Britain?”, is a Gramscian interpretation。

问题变成了如何对人们进行监督、惩戒和规制。[①] 按照加特莱尔(Gatrell)的观点,发展结果是建立了“警察国家”,这远远不只是建立专业警察队伍和国家对刑事审判系统的控制了。加特莱尔认为,一个更普遍的过程是,“专家”会搜集证据向人们证明解决“问题”需要实施更官僚的控制,政治家和公众都默认要建立更严格的社会规则。加特莱尔承认,的确存在争论和反抗,一些问题是足够现实的,并且会自我回应。无论如何,他认为英国在19世纪获得了“足够的技术和经济资源,这些技术和经济资源加强了中央政府对快速发展群岛的规制能力”。官僚制度被建立起来了,它自动获得了一种社会权力,这一社会权力可以制造和创造用以判定未来行动是否有效合理的数据或者社会知识。结果,纪律和监督逐渐取代了可自由裁量程序、个人或公共惩罚。按照这个观点,国家并不是一个进步或者仁慈的代理人,致力于改革工厂和改进卫生;相反,它是具有侵犯性的,忙于监视和规制反对者、制定性别规范和规制家庭生活。在一个高度分裂的社会中,通过或多或少的隐蔽强迫形式建立了一致认同。国家的合法性依赖文化霸权,但这种文化霸权常常不是被自愿接受的。[②]

加特莱尔关注的重点是犯罪,将其定义为不被社会接受的行为,可以用犯罪打击政治和产业上的反对者。这一措施既可以用于应付战时紧急情况和20世纪30年代的法西斯游行,也可以用来打击工会或者反饥饿示威游行者。大卫·文森特(David Vincent)对保密的研究和查尔斯·唐森德(Charles Townshend)对公共秩序和安全的分析,支持了这一观点。他们认为,保护官方秘密意味着对公共利益的定义超出了公共责任的范围,因为要由官方确定什么是公众应当了解的,以及什么是公共利益。这个故事与“被阻塞的沟通”(blocked communication)有关。信任以及廉洁、守密和正直等观念隔绝了人们的交流。因为缺乏知识,公民的自由遭到了侵蚀;在公共安全幌子下,人们游行示威和持不同意见的自由也受到了专制权力的压迫。这种关于19世纪

---

① On Foucault, see his *Discipline and Punish*: *The Birth of the Prison* (English edn, London, 1977), and *Madness and Civilisation*: *A History of Insanity in the Age of Reason* (English edn, New York 1973). 历史学家不同意他的观点,但受到其观点的启发。

② V. A. C. Gatrell, “Crime, authority and the policeman-state”, in Thompson (ed.), *Cambridge Social History of Britain*, vol. Ⅲ, pp. 243—310, especially pp. 244, 258—259, 265, 268.

末期以来英国的观点，显示了政治家和官僚们希望撇清自己与压迫和专制的关系，无论这种压迫和专制发生在利物浦勋爵(Lord Liverpool)政府、欧洲其他国家，还是大英帝国内部。同时，他们又要保留权力捍卫政府和有产阶级的利益。解决办法被称为“光荣守秘”(honourable secrecy)行为，它试图将存在秘密作为一个秘密，强调官员精英和政治阶层内部的信任、自律、荣誉、廉洁文化与道德价值观。这在19世纪晚期是完全可能的，因为当时他们的社会和教育背景基本是一样的。正如文森特指出的那样，政治精英越不自信，越容易导致对沟通交流的粗暴控制；政治精英越自信，越使得控制没有必要。①

有人强烈批评人们对英国自由持有的天真观点，认为英国自由具有一定的欺骗性。从某种意义上来说，对保密和缺乏知识的攻击与昆廷·斯金纳(Quentin Skinner)对新罗马自由理念的复兴有关，该理念认为，奴役和丧失自由是因为存在一种可能性，即他人可以限制另一个人的行为。② 19世纪晚期和20世纪，英国发展中出现的问题是缺乏对抗行政机构和官员的权力机制，由此导致他们都是自己说了算。文森特和唐森德(Townshend)想强调的是，这一系统目前已经失灵了。现在看来，对“光荣守密”的信任似乎用错了地方，这一说辞只是为了保护国家免受审查。③ 但是正如文森特强调的那样，自1832年以来的大多数时间里，守密“没有出现过大问题”，因为它通过公共服务再加上绅士般的自制和专业人士的自律，传递出了胜任能力和道德。④ 本书主要研究国家财政中的正直感和清廉感是如何建立起来的；它在20世纪后期可能变得有点病态，但在19世纪中期，它使国家再度稳定，并重建了政府的合法性。

训练有素的“警察国家”不是全能的，这个术语可能被滥用了。废除对传染病(例如性病)的控制和终结对天花疫苗的强制接种，意味着可以剥夺“专家型”官僚和医生的权力；事实上，自信的英国官僚们不像美国那样，对医疗专家

---

① C. Townshend, *Making the Peace: Public Order and Public Security in Modern Britain* (Oxford, 1993), especially pp. 52—55; Vincent, *Culture of Secrecy*, especially pp. Ⅶ, Ⅸ, 314—316.

② Q. Skinner, *Liberty before Liberalism* (Cambridge, 1998).

③ Vincent, *Culture of Secrecy*, pp. 316—320; Townshend, *Making the Peace*, pp. 190—191.

④ Vincent, *Culture of Secrecy*, p. 315.

言听计从。其中最突出的一点是,爱德华时期的公务员们不愿意接受优生学家的建议;相反,他们更喜欢加大对公共卫生和预防性药品的投入。[①] 换句话说,专家和权力机关的关系因国家而异,应该谨慎考虑不同国家的实际情况。同样,权力在中央与地方之间的变化不是一场零和博弈,增加一方权力不一定必然会导致另一方权力受损。例如,中央政府试图加强对济贫法的控制也许增强了市议会和慈善医院的能动性。权力布局的协商是一个连续过程,因为新功能会不断出现,或者不同服务的规模经济性也会发生变化。正如我们所见,税收政治是权力布局的一个重要组成部分,因为在不同时期和不同国家,地方和中央的税收范围是不同的。在英国19世纪大多数时间里,地方税比中央税增长得快,然后达到了极限。自大约1900年起,地方税的收入总量就停滞不前了,中央政府掌握了新的资金来源。相比之下,德国地方税增长更快,中央政府的财政资源反而增长困难。因此,不同财政制度对国家组织形式具有重要影响。[②]

权力布局还涉及不同机构之间的复杂谈判,这不是谁输或者谁赢这么简单的事。死因调查陪审团(inquests and coroners' juries)是一个很好的例子,这与知识型治理(Knowledge-based forms of governance)的出现有关。同样,这也不是一场以专家胜利、公众或公民参与失败告终的零和博弈。如果把维多利亚时代的国家历史简单视为如此二元对立的,那就大错特错了。伊恩·伯尼(Ian Burney)指出,这是"相互高度渗透的两种对立力量",它们不是"像表面看上去那么互相排斥的",它们是相互影响的,只从一方面定义它们是"不完整的"。在伯尼对验尸陪审团的研究中,医学专家希望将其定义为一套应用医疗调查程序,但是这与一个由外行参加的开放法庭倡导的自由观念相冲突。结果不只是简单的整体理性的失败——导致公众参与的减少和专家作用的增加。相反,这个争论吸引了信奉科学的民主人士、受欢迎的官僚以及具有创新精神的传统主义者的参与。这场关于验尸陪审团作用的讨论被称为一堂"英

① D. Porter, "Enemies of the race: biologism, environmentalism and public health in Edwardian England", *Victorian Studies* 34 (1991); on the hostility to compulsory vaccination, see R. M. McLeod, "Law, medicine and public opinion: the resistance to compulsory health legislation, 1870—1907", *Public Law* 12 (1967).

② See Driver, *Power and Papers*, and Ogborn, "Local power and state regulation".

式自由”课:问题是验尸陪审团是应被看作表达了公众观点和自由,还是应被看作限制了专业参与,与专业知识毫不相关甚至阻碍了专业知识的运用。[①]同样的观点也适用于外行委任专员与政府官员或调查员之间的关系。委任专员(和评估员或征收员)被视为反对专制的自由捍卫者,是公民隐私的保护者。另一方面,他们又被斥为特权堡垒,阻碍了专业知识的运用,他们对其他社会成员征收了过多的税,这些社会成员无权操纵税收评估,使其对自己有利。此时,政府官员们又被重塑成自由或者平等以及合理信息的保护者。到了19世纪末期,纳税人的自由已更多是由会计师保护的,他们代表客户完成纳税申报,被认为是值得信赖和可靠的。会计师和税务官员互相尊重彼此的专业知识,达成了可接受的非正式协议(a modus vivendi)。上诉法庭委任专员们作用的变化也被认为是合理的,因为其有利于维护公民反抗官僚的古老自由。危险在于委任专员们被视为税收制度的一部分,而不是独立的仲裁人。公众参与与专家之间的界限也变得模糊了。

同样地,在不同环境中定义守密的方式也不同。格莱斯顿式财政宪法的一个主要支柱是支出审查,对下年度预算进行公开透明的投票。格莱斯顿将违背这个原则的任何行为都视为对英国自由的攻击。如果国家自身是以负责任和公开方式花费纳税人钱的话,公民的行为也将更负责任,将依法纳税,支持国家行为。英国对支出的详细审查与很多欧洲国家不同——它们的政府在支出方面要随意得多。例如,英国对公共艺术品收藏支出的“吝啬”就被视为是庸俗主义的标志。更确切地说,这标志着英国下议院比其他欧洲国家更接受公众对支出计划的批评。因此,支出是公开透明的。另一方面,关于变革财政制度的讨论越来越以秘密方式进行,通常只限于政府内部的小圈子。在这种情况下,保守秘密是有其合理性的,因为这可以防止“腐败”,防止利益集团提出特殊诉求,否则利益集团会颠覆政治过程。因此,在正直和清廉这一说辞下,透明和守密文化含义就不会互相矛盾了。同一说辞认为,支出计划的透明性和财政改革的保密性都是正当的,会约束政府行为,增强政府诚信,同时也会消除国家腐败,防范“流氓行为”。

---

① Burney, *Bodies of Evidence*, pp. 1—3, 6—7.

导致的一个结果就是让人们更加信任国家使用公共资金的方式。然而，信任也许放错地方了，对财政制度是否均衡和公平的信念取决于文化霸权，这种文化霸权维持了现状，认为当前的收入和财富分配具有“天然性”。本税收研究提出的解释有所不同。首先，财政清廉文化的创立在很多方面是对批评国家者的一种回应，采用了批评者的很多语言要素。毕竟，激进派希望净化国家，减少国家的军事和闲职支出；在英国维多利亚时代中期，政治阶层的任务是双重的，既要减少支出，又要让公众相信他们正在采取有效措施“束缚利维坦”。激进的批评家认为，政府支出扭曲了社会关系；要创造公平和均衡，就要减少支出。政治家创造的廉洁和信任说辞不只是意味着仅将文化霸权强加给了被统治阶级。首先，它也束缚了统治精英，因为任何以公然“不公平”方式利用财政制度的企图，都会让人们认为政治家的说辞是谎言。本书的核心观点认为，政治家尤其是财政部官员，相信他们自己的这一套说辞，或者装得像他们确实相信一样，但实际目的都一样。第二，清廉和正直感的建立使激进派能够比 19 世纪早期更积极地支持国家行为。英国有组织的工人阶级愿意通过国家和财政制度解决问题，一旦允许利用国家和税收进行再分配，以某种方式建立的平等和公平文化霸权就可能因为与现状不符，被推翻重构。[①]

税收语言对于定义公民与国家的关系、构建个人身份特征十分关键。正如大卫・康纳汀(David Cannadine)在《英国的阶级》(*Class in Britain*)一书中所说，政治家的一个主要任务是把自己的人民和社会结构观强加*在*人民身上。他建议政治历史应少写政府管理和争权夺位，而应多分析他们使用的政治语言和政治文化，因为是政治语言和政治文化“创造和勾勒了社会身份”。在近期关于英国历史的写作中，“语言学上的转变”一直是一个主旋律。康纳汀认为，政治家们试图让人民在三种社会愿景中选择一个：一种是层级分明的等级制度；一种是将社会划分为上层、中层和下层三个群体；还有一种是仅划分为我们和他们两个群体。[②] 要试图使人们偏爱其中某个愿景，或者将其他社会构想边缘化，税收是最重要的手段之一。在很多方面，格莱斯顿将社会愿景表述为一个有机的等级社会，反对有人将社会划分为获取自发性收入和辛

① This follows McKibbin, “Why was there no Marxism in Great Britain?”

② D. Cannadine, *Class in Britain* (London and New Haven, 1998), pp. Ⅺ, 21—22, 164.

劳性收入的两大群体。在格莱斯顿看来，社会不应该被分成两个互相排斥的群体，因为获取自发性收入的群体可能包括道德高尚的寡妇，也可能包括懒散的富人。贯穿本税收研究最重要的一个特色是社会描述语言的改变。本书不是简单地将社会描述为等级制的、三元或二元的，因为在这些社会描述的内部和相互之间是存在争议的。将收入划分为自发性和辛劳性的以及劳动的和非劳动的，都是建立在二元社会观念之上的，但二者的含义却有些不同。前者建议为了培育一个充满活力、以收益为目标的资本主义社会，有必要减少生产性收入的税收负担；后者与对将逐利行为作为社会基石的广泛批评，以及希望用社会主义来取代资本主义等存在紧密联系。可以用二元划分法界定三元社会观中的盟友。寄生的食利者与积极的生产者之间的二元冲突观念是被广泛接受的，但是他们以不同方式与其他社会群体联系在了一起。一方面，如我们所见，打击食利者的财产可以被用来让工人和实业家站在同一条战壕中，让他们作为积极的生产者携手对抗闲散的寄生阶级。另一方面，也有可能认为，所有有产者都可能受到无产者极度自私的攻击。对政治语言的研究需要从对社会结构的描述拓展到对国家和经济的构想。需要使用一套关于公平、平等和均衡的说辞描述国家与公民之间的关系。对国债的认识也发生了变化：先前将其看作是一种负担，现在将其看作是安全和自由的保障。

强调社会描述语言的一个问题在于，容易忽视制度程序和经济社会结构。国家和制度结构不应被忽视。让公平性说辞被广泛接受，以及将债务解释为有益的而不仅仅是负担，取决于税收制度的再造、对税收遵从进行的慎重协商，以及对债务的良好财务管理。历史学家不应该简单地用政治语言研究代替对管理结构的深入分析：二者之间是以复杂方式相互影响的。利物浦勋爵的政府减少了税收，采取了许多抑制支出的管理程序，但这些措施还不足以让批评者相信他们的廉洁性。皮尔和格莱斯顿的成功之处在于，他们对称地运用了管理过程和政治语言，而这的确说服了许多宪章派和激进派。更进一步地说，社会描述语言的作用可能不只是认知社会和赋予其文化意义。政治家也可以利用管理手段和政策改变社会结构，使之符合他们的构想。这在大英帝国内最为明显，为了攫取更多的财政资源，重新界定了产权和政治权威的内涵。英国国内也有相似之处，税收被用于规范行为——无论是对特定消费行为征税,还是鼓励人寿保险,或是为家庭责任提供税收减免。

这里所采用的方法的含义是,政治语言和国家形式都很重要。人民对税收的遵从,不是仅仅依靠格莱斯顿等人建立的关于公平和平等的强大说辞,还取决于税收评估和征收制度、下议院在审查支出计划中的作用,以及在财政制度构建过程中能够排除利益集团的影响。不同的国家制度也会带来不同程度的争议和影响。例如在美国,没有像英国那样有着根深蒂固民族精神和能干的职业公务员,政府内部存在着相互竞争的权力和政策中心。因此,美国的国家机构更容易接受新观念,政府内部的官方观点也更加多元化。在英国,制度设计旨在"防范流氓行为"——让政治家难以发挥自己的优势,也难以被特殊利益集团所利用。19 世纪的最后三四十年见证了费那(Furner)和苏普莱(Supple)描述的英国国家构建过程:一个整体密不透风的制度,这个制度对"官方"经济学说有更强的延续性和同质性。另一方面,与有中央集权传统的法国和普鲁士相比,英国和美国具有一些共同特征,即更愿意代表其他组织,更愿回应利益集团的诉求。[①] 19 世纪晚期,英国的一个特征是财政部创立了关于财政宪法极为强大的规范假设。这依赖官员们具有相似的社会和教育背景,以及他们在行政部门内的长期职业生涯。但这还远不能让人接受一些历史学家提出的解释,这些历史学家认为,政策是由官员和政治家出身的特定社会团体——所谓的土地和金融"绅士资本家"——决定的,或者至少是受其很大影响的。按照这个观点,财政部依据筹资要求定义了国家利益,极大地忽视了工业部门的需求。[②] 本书这里采用的解释与之不同。政府政策没有反映某一特定利益集团的要求,因为如果是那样的话,会破坏国家是公正无私的这一假设。"公平"不仅仅只是说辞,而是必须要落在实处的。虽然这一方法使国家在很大程度上摆脱了利益集团的影响,我们也应当承认,国家在某个特定时期会对新观点很敏感。国家不仅仅只是意味着权力,它还涉及知识与思想。国家官员们能拿到很多他们据以思考社会和经济问题的数据。利益集团会提

① See Furner and Supple, "Ideas, institutions, and state", pp. 7—8, 35—36; and Skocpol, "Bringing the state back in".

② P. Cain and A.G. Hopkins, *British Imperialism: Innovation and Expansion, 1688—1914* (London, 1993).

出自己的需求和解释，但是国内可得的知识使得国家不仅仅只是一个互相冲突的利益集团的中间人。它还提供了一些知识，用这些知识可以评估一些相互竞争性要求的正当性，一些要求被认为违背了对公共产品的定义，或者至少不符合国家的需求。①

这些反思还涉及高度复杂的经济知识产生问题，以及观念与行动之间的关系问题。为了反思“漫长的19世纪”中英国国家形式与经济政策之间的关系，税收研究还应该考虑对货币和银行政策、自由贸易和消费、垄断和利润管制以及污染和公害控制等方面的研究。我们需要考虑政治经济学的大众化，政治经济学进入政治文化和制度体系的方式，以及经济和社会知识的产生。当然，我们应该抛弃下面的简单观念，即认为维多利亚时代的国家标志着一个转变——从18世纪有着公平价格、公正工资观念的道德经济，转向完全依赖政治经济学和看不见的市场之手。实际上，政治经济学和市场仍然交织着道德观念——铁路和煤气公司获取的利润水平要适当，店主要保护女性客户使用自己丈夫信用的权利，污染者不能将社会成本转嫁给其他社会成员，这些关于自由和个人与社会之间关系的问题，对于政治哲学、法律依据、医学知识都很重要。税收在这个广泛争论中处于中心地位，这些争论涉及生活在资本主义社会中意味着什么，此外，税收还影响了其他议题的讨论。垄断者对其消费者具有征税权，污染者将税收强加在城镇居民身上——他们不得不承受健康不佳和环境恶劣的代价。② 税收语言与英国“漫长的19世纪”历史密切相关。

---

① Furner and Supple, “Ideas, institutions and state”, p. 28.

② See. M.J. Daunton, “Taxation and representation in the Victorian city”, in R. Rodger and R. Colls(eds), *Cities of Ideas: Citizenship and Governance in Urban Britain* (Aldershot, forthcoming).

附录:1841～1914 年历任财政大臣

1841 年 9 月 3 日	亨利・古尔本(Henry Goulburn)
1846 年 7 月 6 日	查尔斯・ 伍德(Charles Wood)
1852 年 2 月 27 日	本杰明・迪斯雷利(Benjamin Disraeli)
1852 年 12 月 28 日	威廉・格莱斯顿(William Gladstone)
1855 年 2 月 28 日	乔治・康沃尔・刘易斯(George Cornewall Lewis)
1858 年 2 月 26 日	本杰明・迪斯雷利(Benjamin Disraeli)
1859 年 6 月 18 日	威廉・格莱斯顿(William Gladstone)
1866 年 7 月 6 日	本杰明・迪斯雷利(Benjamin Disraeli)
1868 年 2 月 29 日	乔治・沃德・亨特(George Ward Hunt)
1868 年 12 月 9 日	罗伯特・洛(Robert Lowe)
1873 年 8 月 30 日(?)	威廉・格莱斯顿(William Gladstone)
1874 年 2 月 21 日	斯塔福・诺思科特(Stafford Northcote)
1880 年 4 月 28 日	威廉・格莱斯顿(William Gladstone)
1882 年 12 月 16 日	H. C. E. 柴尔德斯(H. C. E. Childers)
1885 年 6 月 24 日	迈克尔・希克斯・比奇(Michael Hicks Beach)
1886 年 2 月 6 日	威廉・哈考特(William Harcourt)
1886 年 8 月 3 日	伦道夫・丘吉尔(Randolph Churchill)
1887 年 1 月 14 日	乔治・戈申(George Goschen)
1892 年 8 月 18 日	威廉・哈考特(William Harcourt)
1895 年 6 月 29 日	迈克尔・希克斯・比奇(Michael Hicks Beach)
1902 年 7 月 12 日	查尔斯・里奇(Charles Ritchie)
1902 年 10 月 9 日	奥斯汀・张伯伦(Austen Chamberlain)
1905 年 12 月 11 日	赫伯特・阿斯奎斯(Herbert Asquith)
1908 年 4 月 16 日	戴维・ 劳埃德・乔治(David Lloyd George)

参考文献

档案(ARCHIVES)

UNIVERSITY OF BIRMINGHAM LIBRARY

Austen Chamberlain Papers

BODLEIAN LIBRARY，OXFORD

Asquith Papers

Harcourt Papers

BRITISH LIBRARY

Gladstone Papers

E. W. Hamilton Papers

BRITISH LIBRARY OF POLITICAL AND ECONOMIC SCIENCE

Dalton Papers

GLOUCESTERSHIRE RECORD OFFICE

St Aldwyn Papers

LONDON METROPOLITAN ARCHIVE

Minutes and proceedings of London County Council

NATIONAL LIBRARY OF WALES, ABERYSTWYTH

Harpton Court Manuscripts

PUBLIC RECORD OFFICE, KEW

Cabinet Office

CAB 37 Cabinet Papers

Boards of Stamps, Taxes, Excise, Stamps and Taxes, and Inland Revenue

IR 40 Board of Inland Revenue: Stamps and Taxes Division

IR 63 Board of Inland Revenue: Budget and Finance Bill Papers

IR 74 Board of Inland Revenue: Private Office Papers: Memoranda

IR 75 Board of Inland Revenue: Private Office Papers: Committee Papers

Treasury

T168 Papers of Sir George Hamilton and Sir Edward Hamilton

T170 Treasury: Papers of Sir John Bradbury

T171 Chancellor of the Exchequer's Office: Budget and Finance Bill Papers

T172 Chancellor of the Exchequer's Office: Miscellaneous Papers

T176 Treasury: Papers of Sir Otto Niemeyer

国会文件(PARLIAMENTARY PAPERS)

PP 1828 V, *Second Report from the Select Committee on Public Income and Expenditure of the United Kingdom. Ordnance Estimates.*

PP 1828 V, *Fourth Report from the Select Committee on Public Income and Expenditure of the United Kingdom. Revenue Expenditure and Debt.*

PP 1837—8 XXI, *First Report from Select Committee on Rating of Tenements.*

PP 1847—8 XXI pt I, *Report from the Select Committee on Navy, Army and Ordnance Estimates.*

PP 1849 IX, *First and Second Reports from the Select Committee on Army and Ordnance Expenditure(Ordnance).*

PP 1849 XIV, *Report from the Select Committee on the Friendly Societies Bill.*

PP 1850 X, *Report from the Select Committee on Army and Ordnance Expenditure (Army).*

PP 1850 XIX, *Report from the Select Committee on Investments for the Middle and Working Classes.*

PP 1851 VII, *Report from the Select Committee on Army and Ordnance Expenditure.*

PP 1852 IX, *First Report from the Select Committee on the Income and Property Tax to-*

gether with the proceedings of the committee, minutes of evidence, appendix and index.

PP 1852 IX, *Second Report from the Select Committee on the Income and Property Tax.*

PP 1856 L, *Collectors' fines (Prescot divison): return of all persons with their names and occupations in full, on whom fines have been levied from* 1 *Jan.* 1850 *to* 23 *June* 1856 *in the Prescot division in the county Palatine of Lancaster, for refusing to act as collectors and assessors of government taxes....*

PP 1857 (1st session) IV, *First Report of the Commissioners of the Inland Revenue.*

PP 1857 (2nd session) IX, *Report from the Select Committee on Public Monies.*

PP 1859 session I XIX, *Copy of financial despatch to the government of India*, 19 *January* 1859. *Review of the finances of India as shown in the actual accounts of* 1856—7 *and as estimated for* 1857—8 *and* 1858—9.

PP 1859 session I XIX, *A copy of financial dispatches between the government of India and the secretary of state for India respecting new loans required for India and of all notifications of the government of India concerning the public debt.*

PP 1861 VII, *Report from the Select Committee on Income and Property Tax.*

PP 1862 XII, *Select Committee on Inland Revenue and Customs Establishments.*

PP 1863 VI, *Report from the Select Committee on Inland Revenue and Customs Establishments.*

PP 1865 XLI, *Copies of correspondence between the Treasury and the Board of Inland Revenue in August and September* 1863 *respecting the exemption from income tax of rents and dividends applied to charitable purposes and of correspondence between the Treasury, the Home Office and Charity Commissioners, respecting an inquiry into the management of certain charitable institutions, together with the reports of the Charity inspectors by whom such inquiry was conducted.*

PP 1867 L, *Copy of correspondence between the secretary of state for India in Council and the government of India in* 1865, 1866 *and* 1867 *on the subject of the permanent settlement of the land revenue in India.*

PP 1867—8 XIII, *Report from the Select Committee on Poor Rates Assessment together with proceedings of the Committee, Minutes of Evidence and Appendix.*

PP 1870 XX, *Report of the Commissioners of Inland Revenue on the duties under their management for the years* 1856 *to* 1869 *inclusive; with some retrospective history and complete tables of accounts of the duties from their first imposition*, vol. I.

PP 1870 XX, *Report of the Commissioners of Inland Revenue on the duties under their management for the years* 1856 *to* 1869 *inclusive*, vol. II.

PP 1871 XXXVII, *Copies of the circular letter addressed by the Board of Inland Revenue to the District Commissioners of Taxes in England and Wales*, 16 *May* 1860.

PP 1871 XXXVII, *Copy of a letter from the clerk to the commissioners of income tax fur the City of London as to returns required from private employers of the salaries which they give to their clerks; also, of a memorandum from the Board of Inland Revenue thereupon.*

PP 1871 XXXVII, *Return of the amount of income tax collected in Great Britain together with the percentage of loss upon such amount.*

PP 1871 XLVIII, *Return of all taxes and imposts from which the revenues of the several colonies of the British empire are raised, together with the gross amount yielded by each tax or impost.*

PP 1873 XXXIX, *Return showing the number of persons charged to the income tax....*

PP 1874 VIII, *Report from the Select Committee on East India Finance.*

PP 1874 XLVII, *Copy of a paper entitled 'Observations on some questions of Indian finance, by Sir John Strachey'*, 6 *Feb*. 1874.

PP 1878—9 XLII, *Return of the number of persons charged to the income tax for the year ended* ... 5 *April* 1873 *to* 1878.

PP 1878—9 LV, *Copy of a circular to all local governments and administrations in India, dated Simla*, 16 *June* 1879, *in explanation of the present financial position of the government of India, and of the recent orders issued regarding the reduction of expenditure and the revision of provincial assignments.*

PP 1881 XXIX, *Supplement to the 24th Report of the Commissioners of Inland Revenue on the Inland Revenue for the year ended* 31 *March* 1881, *being a continuation of the tables of accounts contained in Volume II of the report of* 1870.

PP 1886 XII, 1887 XIII, 1888 XXII, 1889 XV, 1890 XVIII, 1890—1 XVIII, 1892 XVIII, *Report and Proceedings, Select Committee on Town Holdings.*

PP 1890—1 XLVII, *National debt. Report by the secretary and comptroller general of the proceedings of the commissoners for the reduction of the national debt from* 1786 *to* 31 *March* 1890.

PP 1890—1 XLVIII, 1899 LI, 1902 LV, 1906 LXV, 1914 L, *Finance accounts of the United Kingdom, years ended* 31 *March*.

PP 1890—1 XLVIII, *Return showing...the aggregate gross liabilities of the state...at the close of each financial year from* 1835—6 *to* 1890—1 ....

PP 1898 LXXXV, *Customs tariff of the United Kingdom from* 1800 *to* 1897, *with some notes upon the history of the more important branches of receipt from the year* 1660.

PP 1900 XVIII, 43*rd Report of the Commissioners of Her Majesty's Inland Revenue for the year ended* 31 *March* 1900.

PP 1900 XXIX, *Final Report of the Royal Commission on the Administration of the Expenditure of India*.

PP 1901 XXIV, *Final Report of Royal Commission on Local Taxation* (*England and Wales*).

PP 1905 XLN, *Report of the Departmental Committee on Income Tax*.

PP 1905 LIII, *Return showing which of the colonies have established systems of graduated income tax levied at different rates on earned and unearned incomes, or both, with particulars in each case of the rate of tax and the system of assessment and collection*.

PP 1905 LXXXV, *Reports from HM representatives abroad respecting graduated income taxes in foreign states*.

PP 1906 IX *Report from the Select Committee on Income Tax*.

PP 1911 XLV, *Return showing for the year ended* 31 *March* 1911 (1) *the amount contributed by England, Scotland and Ireland respectively to the revenue collected by imperial officers* (2) *the expenditure of English, Scottish and Irish services met out of such revenue*; *and* (3) *the balances of revenue contributed by England, Scotland and Ireland respectively, which are available for imperial expenditure*....

PP 1914 XXIV, *Final Report of the Royal Commission on Local Taxation* (*England and Wales*).

PP 1914 XL, *Final Report of the Departmental Committee on Local Taxation in England and Wales*.

PP 1918 III, *Select Committee on Gas Undertakings*(*Statutory Prices*).

PP 1919 XXIII pt 1, *Royal Commisssion on Income Tax, Third Instalment of Minutes of Evidence*.

PP 1920 XVIII, *Report of the Royal Commission on the Income Tax*.

PP 1927 XI, *Report of the Committee on National Debt and Taxation.*

PP 1930—1 XIII, *Report of the Committee on Finance and Industry.*

其他系列(OTHER SERIALS)

Annual conferences, *Labour Party.*

Dictionary of American Biography.

Dictionary of National Biography.

Labour Representation Committee and *Labour Party*, *Conference Reports.*

The Law Reports 1901. *House of Lords*, *Judicial Committee of the Privy Council*(*London*, 1901).

The Law Reports 1903. *House of Lords*, *Judicial Committee of the Privy Council*(*London*, 1903).

Reports of Tax Cases under the Act 37 *Vice. cap* 16 *and under the Taxes Management Act.*

Parliamentary Debates.

Parliamentary History of England from the Earliest Period to 1803.

Who Was Who.

一手印刷文献(PRIMARY PRINTED SOURCES)

Alison, A ., 'On the financial measures of the reformed parliament. No 1. The Whig budget', *Blackwood's Edinburgh Magazine* 29 (June 1831). 'Whig and Tory finance', *Blackwood's Edinburgh Magazine* 46 (Oct. 1839). 'Direct taxation', *Blackwood's Edinburgh Magazine* 61(Feb. 1847).

Babbage, C., *Thoughts on the Principles of Taxation with Reference to a Property Tax and its Exceptions*(London, 1852).

Bentham, J., *Constitutional Code for the Use of All Nations and All Governments Professing Liberal Opinions*(London, 1830).

[Birmingham Income Tax Reform Association], *Address of the Birmingham Income Tax Reform Association to the Electors of Great Britain and Ireland* (Birmingham, 1857).

Blunden, G. H., 'The future of the income tax', *Economic Journal* 2 (1901).

Boyd, C. W. (ed.), *Mr Chamberlain's Speeches*, vol. 1(London, 1914).

Boyd, W., *Observations on Lord Grenville's Essay on the Sinking Fund*(London,1828).

Brooke, J. and Sorensen, M. (eds.), *The Prime Ministers' Papers. W.E. Gladstone*,vol. I:*Autobiographica*(London, 1971).

The Prime Ministers' Papers Series. W. E. Gladstone, vol. III: *Autobiographical Memoranda*, 1845—66(London, 1978).

Brooks, D. (ed.), *The Destruction of Lord Rosebery: From the Diary of Sir Edward Hamilton*, 1894—5(London, 1986).

Burke, E., *Reflections on the Revolution in France*(London, 1790; Everyman edn,1910).

The Writings and Speeches of Edmund Burke, vol. II: *Party, Parliament and the American Crisis*,ed. P. Langford(Oxford, 1981).

Buxton, S. C., *Finance and Politics: An Historical Study*, 1789—1885 (2 vols., London, 1888).

Mr Gladstone as Chancellor of the Exchequer(London, 1901).

Buxton, S. C. and Barnes,G. S., *A Handbook to the Death Duties*(London, 1890).

Cairnes, J E., *On the Best Means of Raising the Supplies of a War Expenditure*(London, 1854).

Campbell-Kelly, M. (ed.), *The Works of Charles Babbage*, vol. v: *Scientific and Miscellaneous Papers*, *II*(London, 1981).

Cannan, E., *The History of Local Rates in England*(London, 1896).

Chiozza Money, L. G., *Riches and Poverty*(London, 1905).

Churchill, W. S., *Liberalism and the Social Problem*(London, 1909).

Clayden, P. W., *England under the Coalition*(London, 1892).

Cobbett, W., *Noble Nonsense! Or Cobbett's Exhibition of the Stupid and Insolent Pamphlet of Lord Grenville*(London, 1828).

Cole, G. D. H. and Cole, M. (eds.), *The Opinions of William Cobbett*(London,1944).

[Coode,J.],'The income tax',*Edinburgh Review* 97(1853).

[Croker, J, W], 'Policy of Sir Robert Peel', *Quarterly Review* 120 (Sept. 1842).

Disraeli, B., *Sibyl, or the Two Nations*(London, 1845; Longman's edn, 1899).

Dowell, S., *A History of Taxation and Taxes in England from the Earliest Times to the Present Day*, vol. II: *Taxation from the Civil War to the Present Day*(London, 1884).

Edgeworth,. F. Y., *Papers Relating to Political Economy*, vol. II (London, 1925).

Fabian Society, *Capital and Land*(Fabian Tract 7, London, 1888).

English Progress Towards Social Democracy(Fabian Tract 15, London, 1890).

The Unearned Increment(Fabian Tract 30, London, 1891).

The Difficulties of Individualism(Fabian Tract 69, London, 1896).

Socialism and Superior Brains(Fabian Tract 146, London, 1909).

Farrer, T. H., 'The imperial finance of the last four years, III', *Contemporary Review* 58 (1890).

'Sir William Harcourt's budget', *Contemporary Review* 66 (1894).

Financial Reform Association, *Financial Reform Tracts*, 3, *Taxation Part I* (London, 1848).

Financial Reform Tracts, *Number* 6, *The National Budget for* 1849 *by Richard Cobden MP in a Letter to Robertson Gladstone*, *President of the Financial Reform Association of Liverpool*, *with a Report of the Public Meeting Held at the Concert Hall*, *Liverpool*, *December* 20, 1848, *at which the Budget was Announced to the Nation*(London, 1848).

Financial Reform Tracts, 15: *Direct Taxation*(London, 1850?).

Account of the Formation, *Principles and Objects of the Liverpool Financial Reform Association as Embodied in the Speeches Delivered at a Public Meeting Held in Liverpool*, *Jan*. 17, 1849(London, 1849).

Address of the Council of the Liverpool Financial Reform Association to the Taxpayers of the United Kingdom, *Showing how the Class for the Protection of Whose Property the National Debt Was Incurred*, *Changed the System of Taxation*, *so as to Remove the Burden from their Own Shoulders to Those of the People* (Liverpool,1849).

Report on Taxation. Direct and Indirect. Adopted by the Financial Reform Association, *Liverpool*, *and Presented at the Annual Meeting of the National Association for the Promotion of Social Science*, *Held at Bradford*, *October* 1859(Liverpool, 1859).

Financial Reform Union, *Papers on Taxation and Expenditure Issued by the Financial Reform Union. Number* 2. *J. Noble*, *Suggestions for a Revision of Taxation*(London, 1868).

Papers on Taxation and Expenditure Issued by the Financial Reform Union: *Number* 3, *A Budget for* 1869 *Based Upon Mr Cobden's 'National Budget' Proposed in*

1849 (London, 1868).

Foot, M. R. D. and Matthew, H. C. G. (eds.), *The Gladstone Diaries*. vol IV: 1848—1854 (Oxford, 1974).

Giffen, R., 'Some economic aspects of the war', *Economic Journal* 10(1906).

Gladstone, W. E., *The Financial Statements of* 1853, 1860—63(London, 1863).

Speeches on Parliamentary Reform in 1866(London, 1866).

'Free trade, railways and the growth of commerce', *Nineteenth Century* 7(1880).

'Lecky's History of England in the eighteenth century', *Nineteenth Century* 21 (1887).

'Mr Lecky and political morality', *Nineteenth Century* 22 (1887).

[Greg, W. R.], 'The expected reform bill', *Edinburgh Review* 95(1852).

'British taxation', *Edinburgh Review* III (1860).

Grenville, W., *Essay on the Supposed Advantages of a Sinking Fund* (London, 1827).

Haldane, R. B., 'The Liberal party and its prospects', *Contemporary Review* 53(1888).

Hamilton, E. W., *Conversion and Redemption: An Account of the Operations under the National Debt Conversion Act*, 1888 *and the National Debt Redemption Act*, 1889 (London, 1889).

Hamilton, R., *An Inquiry Concerning the Rise and Progress, the Redemption ... and Management of the National Debt of Great Britain* (Edinburgh, 1813).

Hemming, G. W., *A Just Income Tax How Possible* (London, 1852).

Hobson, J, A., *The Evolution of Modern Capitalism: A Study of Machine Production* (London, 1894).

The Problem of the Unemployed: An Enquiry and An Economic Policy (London, 1896).

John Ruskin: Social Reformer (London, 1898).

The Economics of Distribution (London, 1900).

Imperialism: A Study (London, 1902; 2nd edn 1905).

The Industrial System: An Inquiry into Earned and Unearned Income (London, 1909).

Liberalism (London, 1911).

The Science of Wealth (London, 1911) .

Richard Cobden: International Man (London 1918).

Taxation in the New State (London, 1919).

Confessions of an Economic Heretic (London, 1938).

Holland, G. C., *Suggestions towards Improving the Present System of Corn Laws* (London, 1841).

Hubbard, J, G., *How Should an Income Tax Be Levied? Considered in a Letter to the Rt. Hon. B. D'Israeli* (London, 1852).

Hume, D., *Political Essays*, ed. K. Haakossen (Cambridge, 1994).

Ingenbleek, J., *Impiôts directs et indirects sur le revenue: la contribution personnelle en Belgique, l'Einkommensteurer en prusse, l'income tax en Angleterre* (Brussels and Leipzig, 1908).

Jennings, L. J, (ed.), *The Croker Papers: The Correspondence and Diaries of the late Rt Hon John Wilson Croker* (2nd edn, 3 vols., London, 1885).

Jevons, W. S., *The Coal Question: An Inquiry Concerning the Progress of the Nation, and the Probable Exhaustion of our Coal-mines* (London, 1865).

The Match Tax: A Problem in Finance (London, 1871).

Kennan, K. K., *Income Taxation: Methods and Results in Various Countries* (Milwaukee, 1910).

Keynes, J. M., *The Collected Writings of John Maynard Keynes*, vol. XXII: *Activities, 1939—45. Internal War Finance*, ed. D. Moggridge (London, 1978).

Kolthammer, F. W., *The Ratan Tata Foundation. Memorandum on Problems of Poverty No. I: Some Notes on the Incidence of Taxation on the Working Class Family* (London, n.d., 1913?).

Lecky, W. E. H., *History of the Rise and Influence of the Spirit of Rationalism in Europe* (2 vols., London, 1865).

'Mr Gladstone and the income tax', *Nineteenth Century* 22 (1887).

[Lewis, G. C.], 'The late elections and free trade', *Edinburgh Review* 96 (1852).

'The fall of the Derby ministry', *Edinburgh Review* 97 (1853).

The Shade of Cocker and the Chancellor of the Exchequer: A Dialogue on the Income Tax (London, 1856?).

Lewis, G. F. (ed.), *Letters of the Rt Hon Sir George Cornewall Lewis to Various Friends* (London, 1870).

Lugard, F. J. D., *Political Memoranda: Revision of Instructions to Political Officers on Subjects Chiefly Political and Administrative, 1913—18* (3rd edn, reprinted London, 1970).

Macaulay, T. B., *The History of England from the Accession of James II*, vol. IV (1855; Folio Press edn, London, 1986).

[McCulloch, J. R.], 'Finance accounts of the United Kingdom for the year ended 5 Jan. 1823', *Edinburgh Review* 77(1823).

McCulloch, J. R., *A Treatise on the Principles and Practical Influence of Taxation and the Funding System* (London, 1845).

MacDonald, R., *Socialism and Government* (2 vols., London, 1909).

Maitland, J. G., *Property and Income Tax: The Present State of the Question* (London, 1853).

Mallet, B., *British Budgets*, 1887—88 *to* 1912—13 (London, 1913).

Malthus, T. R., *Principles of Political Economy*, vol. I, ed. J. Pullen (Cambridge, 1989).

Marshall, A., *Official Papers*, ed. J. M. Keynes (London 1926).

Matthew, H. C. G., *The Gladstone Diaries with Cabinet Minutes and Prime-Ministerial Correspondence. Introduction to Volumes XII and XIII*, 1887—1896 (Oxford, 1994).

Matthew, H. C. G. (ed.), *The Gladstone Diaries*, vol. VI: 1861—68 (Oxford, 1978).

The Gladstone Diaries, vol. X: 1881—83(Oxford, 1990).

[Merivale, H.], 'M'Culloch on taxation and funding', *Edinburgh Review* 82 (1845).

Mill, J. S., *Considerations on Representative Government* (London, 1861), in *Collected Works*, vol. XIX, *Essays on Politics and Society*, ed. J. M. Robson (London, 1977).

Principles of Political Economy, ed. W J. Ashley (London, 1909).

Collected Works, vol. IV: *Essays on Economics and Society*, I, ed. J. M. Robson with an introduction by L. Robbins (London, 1967).

Collected Works, vol. II, *Autobiography and Literary Essays*, ed. J. M. Robson and J. Stillinger (London and Toronto, 1981).

Collected Works, vol. XXII: *Newspaper Writings*, I: *December* 1822—*July* 1831, ed. A. P. and J. M. Robson (London, 1986).

Morley, J., *The Life of William Ewart Gladstone* (3 vols., London, 1903).

Newmarch, W., 'On the loans raised by Mr Pitt during the first French War, 1793—1801', *Journal of the London Statistical Society* 18 (1855).

Norman, G. W., *An Examination of Some Prevailing Opinions as to the Pressure of*

Taxation in This and Other Countries(4th edn, London, 1864).

Parnell, H., *On Financial Reform*(3rd edn, London, 1831).

Pigou, A. C., *Wealth and Welfare*(London, 1912).

A Study in Public Finance(London, 1928).

Pigou, A. C. (ed.), *Memorials of Alfred Marshall*(London, 1925).

Ricardo, D., *The Works and Correspondence of David Ricardo*, ed. P. Sraffa with the collaboration of M. H. Dodd (Cambridge, 1951—73).

Rickards, G. K., *The Financial Policy of War: Two Lectures on the Funding System and on the Different Modes of Raising Supplies*(London, 1855).

Ruskin, J., *Unto This Last: Four Essays on the First Principles of Political Economy* (London, 1862).

Works, ed. E. T. Cook and E. T. Wedderburn (London, 1903—12).

Samuel, H., *Liberalism*(London, 1902).

'The taxation of the various classes of the people', *Journal of the Royal Statistical Society* 82 (1919).

Sanger, C. P., 'Is the English system of taxation fair?', *Economic Journal* 9(1899).

Seligman, E. R. A., *Progressive Taxation in Theory and Practice*(2nd edn, Princeton, 1908).

Sidgwick, H., *Principles of Political Economy*(2nd edn, London, 1887).

Smith, A., *An Inquiry into the Nature and Causes of the Wealth of Nations*, ed. R. H. Campbell, A. S. Skinner and W B. Todd (2 vols., Oxford, 1976).

Snowden, P., *A Few Hints to Lloyd George: Where Is the Money to Come From? The Question Answered*(ILP, London, 1909).

Labour and National Finance(London, 1920).

[Spring-Rice, T.], 'Financial prospects, 1849',*Edinburgh Review* 89(1849).

Stamp, J. C., 'The meaning of "unearned income"', *Economic Journal* 25 (1915).

British Incomes and Property: The Application of Official Statistics to Economic Problems(London, 1916).

[Tennant, C.], *The People's Blue Book: Taxation As It Is and As It Ought To Be*(London, 1856; 2nd edn 1857; 3rd edn 1862; 4th edn 1872).

Walker, F. A., 'The source of business profits', *Quarterly Journal of Economics* I (1886—7).

Webb, B., *Our Partnership*, ed. B. Drake and M. I. Cole(London, 1948).

Webb, S., 'The rate of interest', *Quarterly Journal of Economics* 2 (1887—8).

'The rate of interest and the laws of distribution', *Quarterly Journal of Economics* 2 (1887—8).

Webb, S. and B., *Problems of Modern Industry* (London, 1898).

A Constitution for the Socialist Commonwealth of Great Britain(London, 1920).

Whittaker, J. K. (ed.), *The Correspondence of Alfred Marshall, Economist*, vol. III: *Towards the Close*, 1903—1924(Cambridge, 1996).

Yonge, C. D., *The Life and Administration of Robert Banks, Second Earl Liverpool*(3 vols., London, 1868).

Young, A., *Travels in France during the Years* 1787, 1788 *and* 1789 *Under-taken More Particularly with a View to Ascertaining the Cultivation, Wealth, Resources and National Prosperity of the Kingdom of France*(Bury St Edmunds, 1792).

二手文献(SECONDARY SOURCES)

Alborn, T., *Conceiving Companies: Joint-Stock Politics in Victorian England*(London, 1998).

Anderson, O., 'Wage-earners and income tax: a mid-nineteenth century discussion', *Public Administration* 41(1963).

'Loans versus taxes: British financial policy in the Crimean war', *Economic History Review* 2nd ser. 16(1963—4).

A Liberal State at War: English Politics and Economics during the Crimean War (London, 1967).

Balderstone, T., 'War finance and inflation in Britain and Germany, 1914—18', *Economic History Review* 2nd ser. 42 (1989).

Bank, A., 'Losing faith in the civilizing mission: the premature decline of humanitarian liberalism at the Cape, 1840—60', in Daunton and Halpern (eds.), *Empire and Others*.

Barber, B., *The Logic and Limits of Trust*(New Brunswick, N.J., 1983).

Barker, T. C., *The Glassmakers. Pilkington: The Rise of an International Company*, 1826—1976 (London, 1977).

Baugh, G. C., 'Government grants in aid of the rates in England and Wales, 1889—1900',

Historical Research 65 (1992).

Bayly, C. A., 'The British military-fiscal state and indigenous resistance: India, 1750—1820', in Stone (ed.), *Imperial State at War*.

'Returning the British to south Asian history: the limits of colonial hegemony', *South Asia* n.s. 17 (1994).

Baysinger, B. and Tollison, R., 'Chaining leviathan: the case of Gladstonian finance', *History of Political Economy* 12 (1980).

Beckett, J. V., 'Land tax or excise: the levying of taxation in seventeenth- and eighteenth-century England', *English Historical Review* 100(1985).

Beckett, J. V. and Turner, M. E., 'Taxation and economic growth in eighteenth-century England', *Economic History Review* 2nd ser. 43(1990).

Bellamy, C., *Administering Central-Local Relations*, 1871—1919: *The Local Government Board in its Fiscal and Cultural Context* (Manchester, 1988).

Bentley, M. and Stevenson, J. (eds.), *High and Low Politics in Modern Britain* (Oxford, 1983).

Best, G. F. A., *Temporal Pillars: Queen Anne's Bounty, the Ecclesiastical Commissioners and the Church of England* (Cambridge, 1964).

Biagini, E. F., 'Popular Liberals, Gladstonian finance and the debate on taxation 1860—74', in Biagini and Reid (ed.), *Currents of Radicalism*.

Liberty, Retrenchment and Reform: Popular Liberalism in the Age of Gladstone, 1860—80 (Cambridge, 1992).

'Liberalism and direct democracy: John Stuart Mill and the model of ancient Athens', in Biagini (ed.), *Citizenship and Community*.

Biagini, E. F. (ed.), *Citizenship and Community: Liberals, Radicals and Collective Identities in the British Isles*, 1865—1931(Cambridge, 1996).

Biagini, E. F. and Reid, A. J., 'Currents of radicalism, 1850—1914', in Biagini and Reid (eds.), *Currents of Radicalism*.

Biagini, E. F. and Reid, A. J. (eds.), *Currents of Radicalism: Popular Radicalism*, 1850—1914(Cambridge, 1991).

Binmore, K., *Game Theory and the Social Contract: Playing Fair* (Cambridge, Mass., and London, 1994).

Binney, J.E.D., *British Public Finances and Administration*, 1774—1792(Oxford, 1958).

Blake, R., *Disraeli* (London, 1966).

Bonney, R., 'The eighteenth century. II The struggle for great power status and the end of the old fiscal regime', in Bonney (ed.), *Economic Systems and State Finance.*

'Introduction: the rise of the fiscal state in Europe, c. 1200—1815', in Bonney (ed.), *Rise of the Fiscal State.*

'France, 1494—1815', in Bonney (ed.), *Rise of the Fiscal State.*

Bonney, R. (ed.), *The Origins of the Modern State in Europe, Thirteenth to Eighteenth Centuries: Economic Systems and State Finance* (Oxford, 1995).

The Rise of the Fiscal State in Europe, c. 1200—1815 (Oxford, 1999).

Bonney, R. and Ormrod, W. M., 'Introduction: crises, revolutions and self-sustained growth: towards a conceptual model of change in fiscal history', in Ormrod, Bonney and Bonney (eds.), *Crises, Revolution and Self-Sustained Growth.*

Bosher, J.F., *French Finances, 1770—95: From Business to Bureaucracy* (Cambridge, 1970).

Braddick, M. J., *The Nerves of State: Taxation and the Financing of the English State,* 1558—1714 (Manchester, 1996).

Braithwaite, V. and Levi, M. (eds.), *Trust and Governance* (New York, 1998).

Brantlinger, P., *Fictions of State: Culture and Credit in Britain,* 1694—1994 (Ithaca and London, 1996).

Brennan, G. and Buchanan, J. M., *The Power to Tax: Analytical Foundations of a Fiscal Constitution* (Cambridge, 1980).

Brennan, G. and Lomasky, L., *Democracy and Decision: The Pure Theory of Electoral Preference* (Cambridge, 1993).

Brenner, R., 'Agrarian class structure and economic development in pre-industrial Europe', *Past and Present* 70 (1976).

Brewer, J., *The Sinews of Power: War, Money and the English State,* 1688—1783 (London, 1989).

Brown, J. and Rose, M. B. (eds.), *Entrepreneurship, Networks and Modern Business* (Manchester, 1993).

Brown, J. C., 'The condition of England and the standard of living: cotton textiles in the north-west, 1806—50', *Journal of Economic History* 50 (1990).

Brown, L., *The Board of Trade and the Free Trade Movement,* 1830—42 (Oxford, 1958).

Brownlee, W. E., *Federal Taxation in America:A Short History*(Cambridge,1996).

Buchanan, J. and Tullock, G., *The Calculus of Consent: Logical Foundations of Constitutional Democracy*(Ann Arbor, 1962).

Buenker, J. D., *The Income Tax and the Progressive Era*(New York and London,1985).

Bulpitt,J., *Territory and Power in the United Kingdom: An Interpretation*(Manchester, 1983).

Burney, I. A., *Bodies of Evidence:Medicine and the Politics of the English Inquest, 1830—1926*(Baltimore, 2000).

Burrow, J. W., *A Liberal Descent:Victorian Historians and the English Past*(Cambridge, 1981).

Butler, D., Adonis, A. and Travers, T., *Failure in British Government: The Politics of the Poll Tax*(Oxford, 1994).

Cain, P. J. and Hopkins, A. G., *British Imperialism: Innovation and Expansion*,1688—1914(London,1993).

Calkins, W. N., 'A Victorian free trade lobby', *Economic History Review* 2nd ser 13 (1960—1).

Cannadine, D., *Class in Britain*(London and New Haven, 1998).

Canter, A. M., 'Income tax allowances and the family in Great Britain', *Population Studies* 6 (1952—3).

Chatterton, D. A., 'State control of public utilities in the nineteenth century: the London gas industry', *Business History* 14 (1972).

Checkland, S. G., *The Gladstones: A Family Biography*, 1764—1851(Cambridge, 1971).

Clark, G., *Betting on Lives: The Culture of Life Insurance in England*, 1695—1775 (Manchester, 1999).

Clark, P., *British Clubs and Societies*, 1580—1800: *The Origins of an Associational World*(Oxford, 2000).

Clarke, P. F., 'The end of *laissez faire* and the politics of cotton', *Historical Journal* 15 (1972).

Liberals and Social Democrats(Cambridge, 1978).

'The Treasury's analytical model of the British economy between the wars', in Furner and Supple (eds.), *The State and Economic Knowledge*.

Clinton, A. and Murray, P., 'Reassessing the vestries: London local government, 1855—1900', in O'Day (ed.), *Government and Institutions*.

Cocks, R., 'Victorian barristers, judges and taxation: a study in the expansion of legal work', in Rubin and Sugarman (eds.), *Law, Economy and Society*.

Coleman, J. S., 'Social capital in the creation of human capital', *American Journal of Sociology* 94 (1988), supplement.

Collini, S., 'Hobhouse, Bosanquet and the state: philosophical Idealism and political argument in England, 1880—1918', *Past and Present* 72 (1976).

Liberalism and Sociology: L. T. Hobhouse and Political Argument in England, 1880—1914 (Cambridge, 1979).

Public Moralists: Political Thought and Intellectual Life in Britain, 1850—1930(Oxford, 1991).

Conway, S., *The British Isles and the War of American Independence*(Oxford, 2000).

Cookson, J. E., *The British Armed Nation*, 1793—1815(Oxford 1997).

Crafts, N. F. R., *British Economic Growth during the Industrial Revolution* (Oxford, 1985).

'Some dimensions of the "quality of life" during the British industrial revolution' *Economic History Review* 2nd ser 50 (1997).

Crew, MA. and Kleindorfer, P. R. (eds.), *Competition and Innovation in Postal Services* (Boston, Dordrecht and London 1991).

Crowther, A., *British Social Policy*, 1914—39 (Basingstoke, 1988) .

Daunton, M. J., *House and Home in the Victorian City: Working-Class Housing*, 1850—1914(London, 1983).

Royal Mail: The Post Office since 1840(London, 1985).

'Inheritance and succession in the City of London in the nineteenth century', *Business History* 30 (1988).

'Comments', in Crew and Kleindorfer(eds.), *Competition and Innovation*.

Progress and Poverty: An Economic and Social History of Britain, 1700—1850(Oxford, 1995).

'How to pay for the war: state, society and taxation in Britain, 1917—24', *English Historical Review* III(1996).

'Payment and participation: welfare and state formation in Britain, 1900—51', *Past and*

Present 150(1996).

'The political economy of death duties: Harcourt's budget of 1894', in Harte and Quinault(eds.), *Land and Society*.

'Churchill at the Treasury: rethinking Conservative taxation policy, 1924—29', *Revue Belge de Phililogie et d'Histoire* 75 (1997).

'The material politics of natural monopoly: gas in Victorian Britain', in Daunton and Hilton(eds.), *The Politics of Consumption*.

Just Taxes: The Politics of Taxation in Britain, 1914—1979(Cambridge, forthcoming).

'Taxation and representation in the Victorian city', in R. Rodger and R. Coils(eds.), *Cities of Ideas: Citizenship and Governance in Urban Britain*(Aldershot, forthcoming).

Daunton, M. J. (ed.), *Charity, Self-Interest and Welfare in the English Past*(London, 1996).

The Cambridge Urban History of Britain, vol. III, 1840—1950 (Cambridge, 2000).

Daunton, M. J. and Halpern, E. (eds.), *Empire and Others: British Encounters with Indigenous Peoples*, 1600—1850 (London, 1999).

Daunton, M. J. and Hilton, M. (eds.), *The Politics of Consumption: Material Culture and Citizenship in Europe and America*(Oxford, 2001).

Davis, J., *Reforming London: The London Government Problem*, 1855—1900(Oxford, 1988).

'Central government and the towns, 1840—1950', in Daunton (ed.), *Cambridge Urban History*, vol. III.

Davis, J. and Tanner, D., 'The borough franchise after 1867', *Historical Research* 69 (1996).

Davis, L. E. and Huttenback, R. A., *Mammon and the Pursuit of Empire: The Economics of British Imperialism*(Cambridge, 1988).

Denzer, L. and Crowder, M., 'Bai Bureh and the Sierra Leone hut tax war of 1898', in Rotberg and Mazrui (eds.), *Protest and Power*.

Dewey, C., 'The end of the imperialism of free trade: the eclipse of the Lancashire lobby and the concession of fiscal autonomy to India', in Dewey and Hopkins(eds.), *The Imperial Impact*.

Dewey, C. and Hopkins, A. G. (eds.), *The Imperial Impact: Studies in the Economic History of Africa and India*(London, 1978).

Dickson, P. G. M., *The Financial Revolution in England: A Study in the Development of Public Credit*, 1688—1756(London, 1967).

Dobbin, F., *Forging Industrial Policy: The US, Britain and France in the Railway Age*(Cambridge, 1994).

Dome, T., 'Malthus on taxation and national debt', *History of Political Economy* 29 (1997).

Doyle, B. M., 'The changing functions of urban government: councillors, officials and pressure groups', in Daunton (ed.), *Cambridge Urban History*, vol. III.

Driver, F., *Power and Pauperism: The Workhouse System*, 1834—1884 (Cambridge, 1993).

Duffy, A. E. P., 'New unionism in Britain, 1889—90: a reappraisal', *Economic History Review* 2nd ser 14 (1961—2).

Dupree, M., 'The provision of social services', in Daunton (ed.), *Cambridge Urban History*, vol. III.

Dyck, I., *William Cobbett and Rural Popular Culture*(Cambridge, 1992).

Eastwood, D., *Governing Rural England: Tradition and Transformation in Local Government*, 1780—1840 (Oxford, 1994).

Edgerton, D., *England and the Aeroplane: An Essay on a Militant and Technological Nation*(Basingstoke, 1991) .

Eley, G. and Blackbourn, D., *The Peculiarities of German History: Bourgeois Society and Politics in Nineteenth-Century Germany*(Oxford, 1984).

Eltis, W, *The Classical Theory of Economic Growth*(Oxford, 1984).

Englander, D., *Landlord and Tenant in Urban Britain*,1838—1918 (Oxford, 1983).

Evans, P. B., Rueschmeyer, D. and Skocpol, T. (eds.), *Bringing the State Back In* (Cambridge, 1985).

Falkus, M., 'The development of municipal trading in the nineteenth century', *Business History* 19 (1977).

Feinstein, C. H., *National Income, Expenditure and Output of the United Kingdom*, 1855—1965 (Cambridge, 1972).

Feinstein, C. H. and Pollard, S. (eds.), *Studies in Capital Formation in the United Kingdom*, 1750—1920 (Oxford, 1988).

Femia, J. V., *Gramsci's Political Thought*(Oxford, 1981).

Ferguson, N., 'Public finance and national security: the domestic origins of the First World War revisited', *Past and Present* 142 (1994).

Paper and Iron: Hamburg Business and German Politics in the Era of Inflation, 1897—1927 (Cambridge, 1995).

Fine, B., 'The developmental state is dead—long live social capital?', *Development and Change* 30(1999).

Finlayson, G. B. A.M., 'The Municipal Corporation Commission and Report, 1833—35', *Bulletin of the Institute of Historical Research* 36 (1963).

'The politics of municipal reform, 1835', *English Historical Review* 81 (1966).

Finn, M., *After Chartism: Class and Nation in English Radical Politics*, 1848—74 (Cambridge, 1993).

Flora, P. *et al.*, *State, Economy and Society in Western Europe*, 1815—1975. *A Data Handbook in Two Volumes*, vol. I: *The Growth of Mass Democracies and Welfare States* (Frankfurt, London and Chicago, 1983).

Foreman-Peck, J. (ed.), *New Perspectives on the Late Victorian Economy: Essays in Quantitative Economic History* (Cambridge, 1991).

Foreman-Peck, J. and Millward, R., *Public and Private Ownership of British Industry*, 1820—1990 (Oxford, 1994).

Foucault, M., *Madness and Civilisation: A History of Insanity in the Age of Reason* (English edn, New York, 1973).

Discipline and Punish: The Birth of the Prison (English edn, London, 1977).

Fraser, D., *Urban Politics in Victorian England: The Structure of Politics in Victorian Cities* (Leicester, 1976).

Freeden, M., *The New Liberalism: An Ideology of Social Reform* (Oxford, 1978).

Freeden, M. (ed.), *Reappraising J. A. Hobson: Humanism and Welfare* (London, 1990).

Fukuyama, F., *Trust: The Social Virtues and the Creation of Prosperity* (New York, 1995).

Furner, M. O. and Supple, B., 'Ideas, institutions, and state in the United States and Britain: an introduction', in Furner and Supple (eds.), *The State and Economic Knowledge*.

Furner, M. O. and Supple, B. (eds.), *The State and Economic Knowledge: The Ameri-*

can and British Experiences(Cambridge, 1990).

Gambetta,D. (ed.), *Trust: Making and Breaking Co-operative Relations*(Oxford,1988).

Gambles, A., 'Rethinking the politics of protection: Conservatism and the corn laws, 1830—52', *English Historical Review* 113(1998).

Protection and Politics: Conservative Economic Discourse, 1815 — 52 (Woodbridge, 1999).

'Fishing for free trade? The political economy of fisheries policy in Britain and the UK, 1780—1850', *Journal of British Studies*, 39 (2000).

Gash, N., 'After Waterloo: British society and the legacy of the Napoleonic wars', *Transactions of the Royal Historical Society* 5th ser. 28 (1978).

Gatrell, V. A. C., 'Crime, authority and the policeman-state', in Thompson(ed.), *Cambridge Social History of Britain*, vol. III.

Gelabert, J., 'The fiscal burden', in Bonney (ed.), *Economic Systems and State Finance*.

Ghosh, P. R., 'Disraelian Conservatism: a financial approach', *English Historical Review* 99 (1984).

Gilbert, B. B., 'Winston Churchill versus the Webbs: the origins of British unemployment insurance', *American Historical Review* 71 (1966).

'David Lloyd George: land, the budget and social reform', *American Historical Review* 81 (1976).

'David Lloyd George: the reform of British land-holding and the budget of 1914', *Historical Journal* 21(1978) .

Gilbert M., *Churchill's Political Philosophy*(Oxford, 1981).

Goldschied, R., 'Sociological approach to the problems of public finance', in R. A. Musgrave and A. T. Peacock (eds.),*Classics in the Theory of Public Finance*(London, 1967).

Gospel, H. F., *Firms and the Management of Labour in Modem Britain* (Cambridge, 1992).

Gospel, H. F. (ed.), *Industrial Training and Technological Innovation: A Comparative and Historical Study*(London, 1991).

Gray, P., *Famine, Land and Politics: British Government and Irish Society*, 1843—50 (Dublin, 1999).

Green, E. H. H., 'Radical conservatism: the electoral genesis of tariff reform', *Historical*

Journal 28(1985).

'Rentiers versus producers? The political economy of the bimetallic controversy, c. 1880—1898', *English Historical Review* 103 (1988).

The Crisis of Conservatism: The Politics, Economics and Ideology of the British Conservative Party, 1880—1914(London, 1995).

Grigg, P. J., *Prejudice and Judgement*(London, 1948).

Gross, J.—P., 'Progressive taxation and social justice in eighteenth-century France', *Past and Present* 140 (1993).

Hall, C., *White, Male and Middle Class: Explorations in Feminism and History*(Cambridge, 1992).

Hamlin, C., 'Muddling in Bumbledom: on the enormity of large sanitary improvements in four British towns, 1855—1885', *Victorian Studies* 32 (1988—9).

A Science of Impurity: Water Analysis in Nineteenth-Century Britain(Bristol,1990).

Hanham, H.J., *Elections and Party Management: Politics in the Time of Disraeli and Gladstone*(London, 1959).

Hardin, R., *Collective Action*(Washington, 1982).

'Constitutional political economy: agreement on rules', *British Journal of Political Science* 18(1988).

'Trusting persons, trusting institution', in Zeckhauser (ed.), *Strategy and Choice*.

Hardy, A., *The Epidemic Streets: Infectious Disease and the Rise of Preventive Medicine*, 1856—1900(Oxford, 1993).

Hargreaves, E. L., *The National Debt*(London, 1930).

Harling, P., 'Rethinking "old corruption"', *Past and Present* 147 (1995).

The Waning of 'Old Corruption': The Politics of Economical Reform in Britain, 1779—1846(Oxford, 1996).

Harling, P. and Mandler, P., 'From "fiscal-military" state to laissez-faire state, 1760—1850', *Journal of British Studies* 32 (1993).

Hairis, J., *Unemployment and Politics: A Study in English Social Policy*, 1886—1914 (Oxford, 1972).

'The transition to high politics in English social policy, 1889—1914', in Bentley and Stevenson (eds.), *High and Low Politics*.

'Political thought and the welfare state, 1870—1940: an intellectual framework for

British social policy', *Past and Present* 135 (1992).

Private Lives, Public Spirit: A Social History of Britain, 1870—1914 (Oxford, 1993).

Harte, N. B., 'The rise of protection and the English linen trade, 1690—1790', in Harte and Ponting (eds.), *Textile History and Economic History*.

Harte, N. B. and Ponting, K. B. (eds.), *Textile History and Economic History* (Manchester, 1973).

Harte, N. B. and Quinault, R. (eds.), *Land and Society in Britain*, 1700—1914 (Manchester, 1996).

Hasson, J. A., 'The growth and impact of the British water industry in the nineteenth century', *Economic History Review* 2nd ser. 38 (1985).

Hawkins, A. B., 'A forgotten crisis: Gladstone and the politics of finance during the 1850s', *Victorian Studies* 26 (1982—3).

'"Parliamentary government" and Victorian political parties, c. 1830—80', *English Historical Review* 104 (1989).

Hennock, E. P., 'Finance and politics in urban local government in England, 1835—1900', *Historical Journal* 6 (1963).

Fit and Proper Persons: Ideal and Reality in Nineteenth-Century Urban Government (London, 1973).

British Social Reform and German Precedents: The Case of Social Insurance, 1880—1914 (Oxford, 1987).

Hewitt, M., *The Emergence of Stability in the Industrial City: Manchester*, 1832—67 (Aldershot, 1996).

Hilton, B., *Corn, Cash and Commerce: The Economic Policies of the Tory Government*, 1815—30 (Oxford, 1977).

The Age of Atonement: The Influence of Evangelicalism on Social and Economic Thought, 1785—1865 (Oxford, 1988).

Hirst, F. W., *The Political Economy of War* (London, 1915).

Hobson, J. M., 'The military-extraction gap and the wary Titan: the fiscal sociology of British defence policy, 1870—1913', *Journal of European Economic History* 22 (1993).

The Wealth of States: A Comparative Sociology of International Economic and Polit-

ical Change(Cambridge, 1997).

Hont, I., 'The rhapsody of public debt: David Hume and voluntary state bankruptcy', in Phillipson and Skinner(eds.), *Political Discourse in Early Modern Britain.*

Hope-Jones, A., *Income Tax in the Napoleonic Wars*(Cambridge, 1939).

Hoppit, J., 'Attitudes to credit in Britain, 1680—1790', *Historical Journal* 33(1990).

Horne, H. O., *A History of Savings Banks*(London, 1947).

Howe, A. C., 'Bimetallism, c.1880—1898: a controversy re-opened?', *English Historical Review* 105 (1990).

Free Trade and Liberal England, 1846—1946(Oxford, 1997).

Howell, D., *British Workers and the Independent Labour Party*, 1888—1906(Manchester, 1983).

Hudson, P., *The Genesis of Industrial Capital: A Study of the West Riding Wool Textile Industry*, *c.* 1750—1850(Cambridge, 1986).

Innes, J., 'The domestic face of the military-fiscal state: government and society in eighteenth-century Britain', in Stone (ed.), *An Imperial State at War.*

'Governing diverse societies', in Langford (ed.), *The Short Oxford History of Eighteenth-Century Britain.*

Isaacs, N., 'Principal: quantum or res', *Harvard Law Review* 46(1932—3).

Johnson, P., 'Class law in Victorian England', *Past and Present* 141 (1993).

'Economic development and industrial dynamism in Victorian London', *London Journal* 21 (1996).

Jones, C. C., 'Split income and separate spheres: tax law and gender roles in the 1940s', *Law and History Review* 6 (1988).

Jones, L., 'Public pursuit of private profit? Liberal businessmen and municipal politics in Birmingham, 1865—1900', *Business History* 25(1983).

Kay, J.A. and King, M.A., *The British Tax System*(Oxford, 1978).

Kellett, J., 'Municipal socialism, enterprise and trading in the Victorian city', *Urban History Yearbook*(1978).

King, S., 'Reconstructing lives: the poor, the poor law and Welfare in Calverley, 1650—1820', *Social History* 22 (1997).

Klein, I., 'English free traders and Indian tariffs, 1874—96,' *Modern Asian Studies* 5 (1971).

Knauss, R., *Die deutsche, englische und franzosische Kriegsfinanzierung* (Berlin and Liepzig, 1925).

Knox, B. A., 'The British government and the Governor Eyre controversy, 1865—75' *Historical Journal* 19 (1976).

Koepke, R. L., 'The *Loi des patentes* of 1844', *French Historical Studies* 11(1979—80).

Kruedener, J. von, 'The Franckenstein paradox in the intergovernmental fiscal relations of imperial Germany', in Witt(ed.), *Wealth and Taxation.*

Krüger, K., 'Public finance and modernisation: the change from domain state to tax state in Hesse in the sixteenth and seventeenth centuries: a case study', in Witt (ed.), *Wealth and Taxation.*

Kumar, D., 'The fiscal system' in Kumar(ed.), *Cambridge Economic History of India.*

Kumar, D. (ed.), *The Cambridge Economic History of India*, vol. II. c. 1757—c. 1970 (Cambridge, 1983).

Lachs, R., 'Income tax on capital profits', *Modern Law Review* 6(1942—3).

Langford, P., *The Excise Crisis: Society and Politics in the Age of Walpole* (Oxford, 1975).

Public Life and the Propertied Englishman, 1689—1798(Oxford, 1991).

Langford, P. (ed.), *The Short Oxford History of Eighteenth-Century Britain* (Oxford, forthcoming).

Lazonick W., *Competitive Advantage on the Shop Floor* (Cambridge, Mass., 1990).

Lears, T. J., 'The concept of cultural hegemony: problems and possibilities', *American Historical Review* 90 (1985).

Leathers, C. G., 'Gladstonian finance and the Virginia school of public finance', *History of Political Economy* 18(1986).

Lindert, P. H., 'The rise of social spending, 1880—1930', *Explorations in Economic History* 31(1994).

'What limits social spending?', *Explorations in Economic History* 33(1996).

'Poor relief before the welfare state: Britain vesus the continent, 1780—1880', *European Review of Economic History* 2(1998)

'Democracy, decentralization, and mass schooling before 1914', Agricultural History Center, University of California, Davis, Working Paper Series no.104, Feb.2001.

McBriar, A. M., *An Edwardian Mixed Doubles: The Bosanquets versus the Webbs: A*

Study in British Social Policy,1890—1929(Oxford,1987).

McInnes,A., *Clanship,Commerce and the House of Stuart*,1603—1788(East Linton, 1996).

McKay, J P., *Tramways and Trolleys: The Rise of Urban Mass Transport in Europe* (Princeton, I976).

McKibbin, R., 'Why was there no Marxism in Great Britain?', *English Historical Review* 99 (1984).

McLeod, R. M., 'Law, medicine and public opinion: the resistance to compulsory health legislation, 1870—1907', *Public Law* 12 (1967).

Macnicol,J., *The Politics of Retirement in Britain*, 1878—1948 (Cambridge, 1998) .

Magill, R. F., *Taxable Income* (New York, 1945).

Maier, C. S., *Recasting Bourgeois Europe* (Princeton, I975).

Maloney,J., 'Gladstone and sound Victorian finance', in Maloney (ed.), *Debts and Deficits*.

Maloney, J (ed.), *Debts and Deficits: An Historical Perspective*(Cheltenham, 1998) .

Mandler, P., 'The making of the poor law redivivus', *Past and Present* 117 (1987).

'Art, death and taxes: the taxation of works of art in Britain, 1796—1914',*Historical Research* 74 (2001) .

Mann, M., *The Sources of Social Power*, vol. II: *The Rise of Classes and Nation States*, 1750—1914 (Cambridge, I993).

Marks, S., 'The Zulu disturbances in Natal', in Rotberg and Mazrui (eds.), *Protest and Power*.

Marsh, P., *Joseph Chamberlain: Entrepreneur in Politics*(New Haven and London, 1994).

Marwick, A., 'The Labour party and the welfare state in Britain, 1900—48',*American Historical Review* 73 (1978) .

Mathias, P. and O'Brien, P. K., 'Taxation in Britain and France, 1715—1810: a comparison of the social and economic incidence of taxes collected for the central governments',*Journal of European Economic History* 5(1976).

Mathias, P. and Pollard, S. (eds.), *Cambridge Economic History of Europe*, vol.VIII: *The Industrial Economies: The Development of Economic and Social Policies* (Cambridge, 1989).

Matthew, H. C. G., *The Liberal Imperialists: The Ideas and Politics of a Post-Gladstonian Elite*(Oxford, 1973).

'Disraeli, Gladstone and the politics of mid-Victorian budgets', *Historical Journal* 22 (1979).

Gladstone, 1809—1874(Oxford, 1986).

'Hobson, Ruskin and Cobden', in Freeden (ed.), *Reappraising J. A. Hobson.*

Gladstone, 1809—1898(Oxford, 1997).

Matthews, D., 'Laissez-faire and the London gas industry in the nineteenth century: another look', *Economic History Review* 2nd ser.39(1986).

Melling, J., 'Welfare capitalism and the origins of welfare states: British industry, workplace welfare and social reform, c. 1870—1914', *Social History* 17 (1992).

Middleton, R., *Government versus the Market: The Growth of the Public Sector, Economic Management and British Economic Performance, c.* 1890 — 1979 (Cheltenham, 1996).

Millward, R., 'The emergence of gas and water monopolies in nineteenth-century Britain: contested markets and public control', in Foreman-Peck (ed.), *New Perspectives on the Late Victorian Economy.*

'From private to public ownership of gas undertakings in England and Wales, 1851—1947: chronology, incidence and causes', *Business History* 35 (1993).

Millward, R. and Sheard, S., 'The urban fiscal problem 1870—1914: government expenditure and finances in England and Wales', *Economic History Review* 2nd ser. 48 (1995).

Millward, R. and Ward, R., 'The costs of public and private gas enterprises in late nineteenth-century Britain', *Oxford Economic Papers* 39 (1987).

Misra, B. B., *The Administrative History of India*, 1834—1947: *General Administration*(Bombay, 1970).

Mitchell, B. R. and Deane, P., *Abstract of British Historical Statistics* (Cambridge, 1962).

Mommsen, W. J. (ed.), *The Emergence of the Welfare State in Britain and Germany*, 1850—1950(London, 1981).

Morris, R.J., 'Structure, culture and society in British towns', in Daunton(ed.), *Cambridge Urban History*, vol. III.

Muldrew, C., *The Economy of Obligation: The Culture of Credit and Social Relations in Early Modern England* (Basingstoke and London, 1998).

Murray, B. K., 'The politics of the "people's budget"', *Historical Journal* 16(1973).

The People's Budget, 1909/10: *Lloyd George and Liberal Politics* (Oxford, 1980).

Musgrave, R. A., *The Theory of Public Finance* (New York, 1959).

Fiscal Systems (New Haven, 1969).

Musgrave, R. A. and Peacock, A. T. (eds.), *Classics in the Theory of Public Finance* (London, 1967).

Nenadic, S., 'The small family firm in Victorian Britain', *Business History* 35 (1993).

Newcomer, M., *Central and Local Finance in Germany and England* (New York, 1937).

Nye, J. N., 'The myth of free trade Britain and fortress France: tariffs and trade, in the nineteenth century', *Journal of Economic History* 51 (1991).

O'Brien, D.P., *J.R. McCulloch: A Study in Classic Economics* (London, 1970).

The Classical Economists (Oxford, 1975).

'The political economy of British taxation, 1660—1815', *Economic History Review* 2nd ser. 41 (1988).

Power with Profit: The State and the Economy, 1688—1815 (London, 1991).

'Taxation, 1688—1914', *History Review* Mar.1997.

O'Brien, P. K. and Hunt, P. A., 'The rise of the fiscal state in England 1485—1815', *Historical Research* 66 (1993).

'The emergence and consolidation of excises in the English fiscal system before the Glorious Revolution', *British Tax Review* (1997).

'England, 1485—1815', in Bonney (ed.), *Rise of the Fiscal State*.

O'Brien, P. K., Griffiths, T. and Hunt, P., 'Political components of the industrial revolution: parliament and the English cotton textile industry, 1660—1774', *Economic History Review* 2nd ser. 44(1991).

O'Day, A. (ed.), *Government and Institutions in the Post-1832 United Kingdom* (Lampeter, 1995).

Offer, A., *Property and Politics*, 1870—1914: *Landownership, Law, Ideology and Urban Development in England* (Cambridge, 1981).

'Empire and social reform: British overseas investment and domestic politics, 1908—14', *Historical Journal* 26 (1983).

Ogborn, M., 'Local power and state regulation in nineteenth-century Britain, *Transactions of the Institute of British Geographers* n.s. 17 (1992).

Ormrod, W. M., Bonney, M. M., and Bonney, R. J. (eds.), *Crises, Revolutions and Self-Sustained Growth: Essays in European Fiscal History*, 1130—1830 (Stamford, 1999).

Ostrom, E., *Governing the Commons: The Evolution of Institutions for Collective Action* (Cambridge, 1990).

Owen, D., *English Philanthropy*, 1660—1960 (London, 1964).

Packer, I., 'The Liberal cave and the 1914 budget', *English Historical Review III* (1996).

Parker, G. N., *The Military Revolution: Military Innovation and the Rise of the West*, 1500—1800 (Cambridge, 1988).

Parris, M., *Great Parliamentary Scandals: Four Centuries of Calumny, Smear and Innuendo* (London, 1995).

Peacock, A. T., Turvey, R., Stolper, W. F. and Henderson, E. (eds.), *International Economic Papers*, no. 4 (London and New York, 1954).

Peacock, A. T. and Wiseman, J., *The Growth of Public Expenditure in the United Kingdom* (2nd edn, London, 1961).

Peden, G. C., 'The "Treasury view" on public works and employment in the interwar period', *Economic History Review* 2nd ser. 37 (1984).

Pedersen, S., *Family, Dependence, and the Origins of the Welfare State: Britain and France*, 1914—45 (Cambridge, 1993).

Perry, C. R., *The Victorian Post Office: The Growth of a Bureaucracy* (Woodbridge, 1992).

Petersen, E. L., 'From domain state to tax state: synthesis and interpretation', *Scandinavian Economic History Review* 23 (1975).

Phillipson, N. and Skinner, Q. (eds.), *Political Discourse in Early Modern Britain* (Cambridge, 1993).

Pocock, J. G. A., *Virtue, Commerce and History: Essays on Political Thought and History, Chiefly in the Eighteenth Century* (Cambridge, 1985).

Poovey, M., *A History of the Modern Fact: Problems of Knowledge in the Sciences of Wealth and Society* (Chicago, 1998).

Porter, D., 'Enemies of the race: biologism, environmentalism and public health in Edwardian England', *Victorian Studies* 34(1991).

Prest, J., *Liberty and Locality: Parliament, Permissive Legislation and Ratepayers' Democracies in the Nineteenth Century*(Oxford, 1990).

Price, R., *Masters, Unions and Men: Work Control in Building and the Rise of Labour*, 1830—1914 (Cambridge, 1980).

Prothero, I., *Artisans and Politics in Early Nineteenth-Century London: John Gast and his Times*(Folkestone, 1979).

Putnam, R. D., *Making Democracy Work: Civic Traditions in Modern Italy*(Princeton, 1993).

Bowling Alone: The Collapse and Revival of American Community Life(New York, 2000).

Read, D., *Peel and the Victorians*(Oxford, 1987).

Reeder, D. 'The politics of urban leaseholds in Late Victorian England', *International Review of Social History* 6(1961)

Reeder, D. and Rodger, R., 'Industrialisation and the city economy', in Daunton(ed.), *Cambridge Urban History*, vol. III.

Ricci, D. M., 'Fabian socialism: a theory of rent as exploitation', *Journal of British Studies* 9 (1969—70).

Robb, P. G., *Ancient Rights and Future Comfort: Bihar, the Bengal Tenancy Act of 1885, and British Rule in India*(Richmond, 1997).

Roberts, R. O., 'Ricardo's theory of public debts', *Economica* n.s. 9 (1942).

Roberts, S., 'The direct taxation of Africans in the Nyasaland protectorate, 1892—1939: some determinants of revenue policy', *British Tax Revue*(1967).

Rodger, R. and Coils, R. (eds.), *Cities of Ideas: Citizenship and Governance in Urban Britain*(Aldershot, forthcoming).

Rose, M. B., 'Beyond Buddenbrooks: the family firm and the management of succession in nineteenth-century Britain', in Brown and Rose (eds.), *Entrepreneurship, Networks and Modern Business*.

Rose, M. E., 'The crisis of poor relief in England, 1850—90', in Mommsen (ed.), *Emergence of the Welfare State*.

Rose, M. E. (ed.), *The Poor and the City: The English Poor Law in its Urban Context*,

1834—1914 (Leicester, 1985).

Rose, R. and Karran, T., *Taxation by Political Inertia: Financing the Growth of Government in Britain*(London, 1986).

Rotberg, R. I. and Mazrui, A. A. (eds.), *Protest and Power in Black Africa*(New York, 1970).

Rubin, G. R. and Sugarman, D. (eds.),*Law, Economy and Society*, 1750—1914: *Essays in the History of English Law*(Abingdon, 1984).

Rubinstein, W. D., 'The end of "old corruption" in Britain, 1780—1860', *Past and Present* 101 (1983).

Sabine, B. E. V., *A History of Income Tax*(London, 1966).

'The general commissioners', *British Tax Review*(1968).

'The abolition of income tax: a dream of 1873/4', *British Tax Review*(1973).

Sanderson, M., *Education, Economic Change and Society in England* (2nd edn, Cambridge 1991).

Schremmer, D. E., 'Taxation and public finance: Britain, France and Germany', in Mathias and Pollard (eds.), *Cambridge Economic History of Europe*, vol. III.

Schulze, W., 'The emergence and consolidation of the "tax state": the sixteenth century', in Bonney (ed.), *Economic Systems and State Finance*.

Schumpeter, J. A., 'The crisis of the tax state', in Peacock, Turvey, Stolper and Henderson (eds.), *International Economic Papers*, no. 4.

Seltzer, L. H., *The Nature and Tax Treatment of Capital Gains and Losses*(National Bureau of Economic Research, New York, 1951).

Semmel, B., *Imperialism and Social Reform: English Social-Imperial Thought*, 1895—1914(London, 1960).

Shoup, C. S., *The Sales Tax in France*(New York, 1930) .

Ricardo on Taxation(New York, 1954).

Simon, C. J. and Nardinelli, C. 'The talk of the town: human capital, information and the growth of English cities, 1861—1961', *Explorations in Economic History* 33(1996).

Skidelsky, R., *John Maynard Keynes*, vol. I: *Hopes Betrayed*, 1883—1920 (London, 1983).

Skinner, Q., *Liberty before Liberalis*(Cambridge, 1998).

Skocpol, T., 'Bringing the state back in: strategies of analysis in current research', in Evans, Rueschmeyer and Skocpol (eds.), *Bringing the State Back In.*

Protecting Mothers and Soldiers: The Political Origins of Social Policy in the United States(Cambridge, Mass., 1992).

Smith, R., 'Charity, self-interest and welfare: reflections from demographic and family history' in Daunton(ed.), *Charity, Self-Interest and Welfare.*

Spaulding, H. B., *The Income Tax in Great Britain and the United States* (London, 1927).

Stebbings, C., 'Charity land: a mortmain confusion', *Journal of Legal History* 12 (1991).

'"A natural safeguard": the general commissioners of income tax', *British Tax Review* (1992).

'The general commissioners of income tax: assessors or adjudicators?', *British Tax Review*(1994).

'The clerk to the general commissioners of income tax', *British Tax Review*(1994).

'One hundred years ago: "official insolence"', *British Tax Revue*(1996).

'One hundred years ago: works of art', *British Tax Review*(1996).

Stedman Jones, G., *Languages of Class: Studies in English Working-Class History*, 1832—1982(Cambridge, 1983).

Steinmo, S., 'Political institutions and tax policy in the United States, Sweden and Britain', *World Politics* 41(1988—9).

Taxation and Democracy: Swedish, British, and American Approaches to Financing the Modern State(New Haven, 1993).

Stokes, E., *The Peasant and the Raj*(Cambridge, 1978).

Stone, L. (ed.), *An Imperial State at War: Britain from* 1689 *to* 1815(London, 1994).

Stopforth, D., 'Charitable covenants by individuals: a history of their tax treatment and their cost to the Exchequer', *British Tax Review*(1986).

Sugarman, D., 'Simple images and complex realities: English lawyers and their relationship to business and politics, 1750—1950', *Law and History Review II*(1993).

'Bourgeois collectivism, professional power, and the boundaries of the state: the private and public life of the Law Society, 1825—1914', *International Journal of the Legal Profession* 3(1996).

Surridge, K. T., *Managing the South African War*, 1899—1902: *Politicians v Generals*

(Woodbridge, 1998).

Sutherland, G., *Policy Making in Elementary Education*, 1870—95(Oxford, 1973).

Szreter, S., 'The importance of social intervention in Britain's mortality decline c. 1850—1914: a reinterpretation of the role of public health, *Social History of Medicine* I (1988).

'Economic growth, disruption, deprivation, disease and death: or the importance of the politics of public health for development', *Population and Development Review* 23 (1997).

Szreter, S. and Mooney, G., 'Urbanization, mortality, and the standard of living debate: new estimates for the expectation of life at birth in nineteenth-century British cities', *Economic History Review* 2nd ser. 51(1998).

Tanner, D., 'Ideological debate in Edwardian Labour politics: radicalism, revisionism and socialism', in Biagini and Reid(eds.), *Currents of Radicalism*.

Taylor, M., *The Decline of British Radicalism*, 1847—1860(Oxford, 1995).

'The 1848 revolutions and the British empire', *Past and Present* 166(2000).

Thane, P., 'Labour and local politics: radicalism, democracy and social reform, 1880—1914', in Biagini and Reid(eds.), *Currents of Radicalism*.

Thompson, E. P., *The Making of the English Working Class*(London, 1963).

Thompson, F. M. L., 'Town and city', in Thompson (ed.), *Cambridge Social History of Britain*, vol. 1.

Thompson, F. M. L. (ed.), *The Cambridge Social History of Britain*, 1750—1950(3 vols., Cambridge, 1990).

Thompson, N., 'Hobson and the Fabians: two roads to socialism in the 1920s', *History of Political Economy* 26 (1994).

Thompson, P., *Socialists, Liberals and Labour: The Struggle for London*, 1885—1914 (London, 1967).

Thorne, R. G. (ed.), *The History of Parliament: The House of Commons*, 1790—1820 (5 vols., London, 1986).

Tilly, C., *Coercion, Capital, and European States, AD* 990—1990(Oxford, 1992).

Townshend, C., *Making the Peace: Public Order and Public Security in Modern Britain* (Oxford, 1993).

Trainor, R., 'The middle class', in Daunton(ed.), *Cambridge Urban History*, vol. III.

Trentmann, F., 'The strange death of free trade: the erosion of "liberal consensus" in Great Britain, c. 1903—1932', in Biagini (ed.), *Citizenship and Community*.

'The transformation of fiscal reform: reciprocity, modernization, and the fiscal debate within the business community in early twentieth-century Britain', *Historical Journal* 39(1996).

'Civil society, commerce and the "citizen-consumer": popular meanings of free trade in late nineteenth- and early twentieth-century Britain', *Center for European Studies Working Paper* 66.

'Wealth versus welfare: the British left between free trade and national political economy before the First World War', *Historical Research* 70 (1997).

'Political culture and political economy: interest, ideology and free trade', *Review of International Political Economy* 5(1998).

Turner, F., *Contesting Cultural Authority: Essays in Victorian Intellectual Life* (Cambridge, 1993).

Turner, J., 'The politics of "organised business" in the First World War', in Turner (ed.), *Businessmen and Politics*.

Turner, J. (ed.), *Businessmen and Politics: Studies of Business Activity in British Politics*, 1900—45(London, 1984) .

van Caenegem, R. C., *Judges, Legislators and Professors: Chapters in European Legal History*(Cambridge, 1987).

Veseth, M., *Mountains of Debt: Crisis and Change in Renaissance Florence, Victorian Britain and Postwar America* (New York and Oxford, 1990).

Vincent, D., *The Culture of Secrecy: Britain*, 1832—1998(Oxford, 1998).

Wahrman, D., *Imagining the Middle Class: The Political Representation of Class in Britain c*. 1780—1840(Cambridge, 1995).

'The new political history: a review essay', *Social History* 21(1996).

Waller, P. J., *Town, City and Nation: England*, 1850—1914(Oxford, 1983).

Ward, P., *Red Flag and Union Jack: Englishness, Patriotism and the British Left*, 1881—1924(Woodbridge, 1998).

Ward, W. R., *The English Land Tax in the Eighteenth Century*(Oxford, 1963).

White, J., *Central Administration in Nigeria*, 1914—1948: *The Problem of Polarity* (Dublin and London, 1981).

Whiting, R., 'Taxation and the working class, 1915—24', *Historical Journal* 33(1990).

Williamson, J. G., *Coping with City Growth during the Industrial Revolution* (Cambridge, 1990).

Wilson, J. F., 'The finance of municipal capital expenditure in England and Wales, 1870—1914', *Financial History Review* 4(1997).

Winch, D., *Riches and Poverty: An Intellectual History of Political Economy in Britain*, 1750—1834(Cambridge, 1996).

'The political economy of public finance in the "long" eighteenth century', in Maloney (ed.), *Debts and Deficits*.

Witt, P.—C., *Die Finanzpolitik des Deutschen Reiches*(Lübeck, 1970).

Witt, P.—C. (ed.), *Wealth and Taxation in Central Europe: The History and Sociology of Public Finance*(Leamington Spa, 1987).

Wohl, A. S., *Endangered Lives: Public Health in Victorian Britain*(Cambridge, Mass., 1983).

Wolfe, W., *From Radicalism to Socialism: Men and Ideas in the Formation of Fabian Socialist Doctrine*, 1881—89 (New Haven, 1975).

Wright, M., *Treasury Control of the Civil Service*, 1854—74(Oxford, 1969).

Wueller, P. H., 'Concepts of taxable income I. The German contribution', *Political Science Quarterly* 53 (1938).

'Concepts of taxable income, III: the American contribution', *Political Science Quarterly* 53 (1938).

Young, K., *Local Politics and the Rise of Party*(Leicester, 1975).

Zeckhauser, R. (ed.), *Strategy and Choice*(Cambridge, Mass., 1991).

Zeitlin, J. and Sabel, C., 'Historical alternatives to mass production: politics, markets and technology in nineteenth-century industrialisation', *Past and Present* 108 (1985).

Zimmeck, M., 'Gladstone holds his own: the origins of income tax relief for life insurance purposes', *Bulletin of the Institute of Historical Research* 58 (1985).

论文(THESES)

Ashbridge, P. M., 'The power and the purse: aspects of the genesis and implementation of the Metropolitan, Poor Act, 1867', PhD thesis, University of London(1998).

Dawson, E. J., 'Finance and the unreformed borough: a critical appraisal of corporate finance, with special reference to the boroughs of Nottingham, York and Boston', PhD thesis, University of Hull(1978).

Dunn, L., 'A history of inheritance taxes in England' PhD thesis, University of London (1956).

Güschl, K. S. M., 'A comparative study of public health in Wakefield Halifax and Doncaster, 1865—1914', PhD thesis, University of Cambridge (2000).

Halliday, S., 'Sir Joseph Bazalgette and the main drainage of London', PhD thesis, London Guildhall University(1998).

Hobson, J. M., 'The tax-seeking state: protectionism, taxation and state structures in Germany, Russia, Britain and America, 1870—1914', PhD thesis, University of London (1991).

Salmon, P., 'Electoral reform at work: local politics and national politics, 1832—41', DPhil thesis, University of Oxford(1997).

译丛主编后记

财政活动兼有经济和政治二重属性，因此从现代财政学诞生之日起，“财政学是介于经济学与政治学之间的学科”这样的说法就不绝于耳。正因为此，财政研究至少有两种范式：一种是经济学研究范式，在这种范式下财政学向公共经济学发展；另一种是政治学研究范式，从政治学视角探讨国家与社会间的财政行为。这两种研究范式各有侧重，互为补充。但是，检索国内相关文献可以发现，我国财政学者遵循政治学范式的研究并不多见，绝大多数财政研究仍自觉或不自觉地将自己界定在经济学学科内，而政治学者大多也不把研究财政现象视为份内行为。究其原因，可能主要源于在当前行政主导下的学科分界中，财政学被分到了应用经济学之下。本丛书的两位主编之所以不揣浅陋地提出“财政政治学”这一名称并将其作为译丛名，是想尝试着对当前这样的学科体系进行纠偏，将财政学的经济学研究范式和政治学研究范式结合起来，从而以“财政政治学”为名，倡导研究财政活动的政治属性。编者认为，这样做有以下几个方面的积极意义：

第一，寻求当前财政研究的理论基础。在我国的学科体系中，财政学被归入应用经济学范畴，学术上就自然产生了要以经济理论作为财政研究基础的要求。不过，由于当前经济学越来越把自己固化为形式特征明显的数学，若以经济理论为基础就容易导致财政学忽视那些难以数学化的研究领域，这样就会让目前大量的财政研究失去理论基础。在现实中已经出现并会反复出现的现象是，探讨财政行为的理论、制度与历史的论著，不断被人质疑是否属于经济学研究，一篇研究预算制度及其现实运行的博士论文，经常被答辩委员怀疑是否可授予经济学学位。因此，要解释当前的财政现象、推动财政研究，就不能不去寻找财政的政治理论基础。

第二,培养治国者。财政因国家治理需要而不断地变革,国家因财政治理而得以成长。中共十八届三中全会指出:“财政是国家治理的基础和重要支柱,科学的财税体制是优化资源配置、维护市场统一、促进社会公平、实现国家长治久安的制度保障。”财政在国家治理中的作用,被提到空前的高度。因此,财政专业培养的学生,不仅要学会财政领域中的经济知识,也必须学到相应的政治知识,方能成为合格的治国者。财政活动是一种极其重要的国务活动,涉及治国方略;从事财政活动的人有不少是重要的政治家,应该得到综合的培养。这一理由,也是当前众多财经类大学财政专业不能被合并到经济学院的原因之所在。

第三,促进政治发展。18～19 世纪,在普鲁士国家兴起及德国统一过程中,活跃的财政学派与良好的财政当局曾经发挥了巨大的历史作用。而在当今中国,在大的制度构架稳定的前提下,通过财政改革推动政治发展,也一再为学者们所重视。财政专业的学者,自然也应该参与到这样的理论研究和实践活动中去。事实上已有不少学者参与到诸如提高财政透明、促进财税法制改革等活动中去,并成为推动中国政治发展进程的力量。

因此,“财政政治学”作为学科提出,可以纠正当前财政研究局限于经济学路径造成的偏颇。包括“财政政治学”在内的财政学,将不仅是一门运用经济学方法理解现实财政活动的学科,也会是一门经邦济世的政策科学,更是推动财政学发展、为财政活动提供指引并推动中国政治发展的重要学科。

“财政政治学”虽然尚不是我国学术界的正式名称,但在西方国家的教学和研究活动中却广有相关的内容。在这些国家中,有不少政治学者研究财政问题,同样有许多财政学者从政治视角分析财政现象,进而形成了内容非常丰富的文献。当然,由于这些国家并没有中国这样行政主导下的严格学科分界,因此不需要有相对独立的“财政政治学”的提法。相关的研究,略显随意地分布在以“税收政治学”“预算政治学”或者“财政社会学”为名称的教材或论著中,当然“财政政治学”(Fiscal Politics)的说法也不少见。

中国近现代学术进步的历程表明,译介图书是广开风气、发展学术的不二良方。因此,要在中国构建财政政治学学科,就要在坚持以“我”为主研究中国财政政治问题的同时,大量地翻译西方学者在此领域的相关论著,以便为国内学者从政治维度研究财政问题提供借鉴。本译丛主编选择了这一领域内的多部英文著作，打算陆续予以翻译和出版。在文本的选择上，大致分为理论基础、现实制度与历史研究等几个方面。

本译丛的译者主体为上海财经大学公共经济与管理学院的教师以及该院已毕业并在外校从事教学的财政学博士，另外还邀请了其他院校的一部分教师参与。在翻译稿酬低廉、译作科研分值低下的今天，我们这样一批人只是凭借着对学术的热爱和略略纠偏财政研究取向的希望，投身到这一译丛中来。希望我们的微薄努力，能够成为促进财政学和政治学学科发展、推动中国政治进步的涓涓细流。

在本译丛的出版过程中，胡怡建老师主持的上海财经大学公共政策与治理研究院、上海财经大学公共经济与管理学院的领导与教师都给予了大力的支持与热情的鼓励。上海财经大学出版社的总编黄磊、编辑刘兵在版权引进、图书编辑过程中也付出了辛勤的劳动。在此一并致谢！

刘守刚　上海财经大学公共经济与管理学院

魏　陆　上海交通大学国际与公共事务学院

2015 年 3 月

财政政治学译丛书目

《财政理论史上的经典文献》
理查德·A.马斯格雷夫，艾伦·T.皮考克 编 刘守刚，王晓丹 译
《君主专制政体下的财政极限——17 世纪上半叶法国的直接税制》
詹姆斯·B.柯林斯 著 沈国华 译
《欧洲财政国家的兴起 1200～1815》
理查德·邦尼 编，沈国华 译
《税收公正与民间正义》
史蒂文·M.谢福林 著 杨海燕 译
《国家的财政危机》
詹姆斯·奥康纳 著 沈国华 译
《发展中国家的税收与国家构建》
黛博拉·布罗蒂加姆，奥德一黑格尔·菲耶尔斯塔德，米克·摩尔 编 卢军坪 毛道根 译
《经济系统与国家财政——现代欧洲财政国家的起源：13～18 世纪》
理查德·邦尼(Richard Bonney) 编 沈国华 译
《税收哲人——英美税收思想史二百年》(附录：税收国家的危机 熊彼特 著)
哈罗德·格罗夫斯 著 唐纳德·柯伦 编 刘守刚，刘雪梅 译
《为自由国家而纳税：19 世纪欧洲公共财政的兴起》
何塞·路易斯·卡多佐 佩德罗·莱恩 编 徐 静 黄文鑫 曹 璐 译 王瑞民 校译
《预算国家的危机》
大岛通义 著 徐一睿 译
《信任利维坦：英国的税收政治学(1799～1914)》
马丁·唐顿 著 魏 陆 译
《危机、革命与自维持型增长——1130～1830 年的欧洲财政史》
W. M. 奥姆罗德 玛格丽特·邦尼 理查德·邦尼 编 沈国华 译
《战争、收入与国家构建——为美国国家发展筹资》
谢尔登·D.波拉克 著 李 婉 译
《控制公共资金——发展中国家的财政机制》
A.普列姆昌德 著 王晓丹 译
《公共经济学历史研究》
吉尔伯特·法卡雷罗 理查德·斯特恩 编 沈国华 译
《财政学手册》
于尔根·G.巴克豪斯，理查德·E.瓦格纳 编 何华武 刘志广 译
《一个多世纪的财政挤压政治——英国的财政紧缩、政治和官僚政治百年历史》
克里斯托夫·胡德，罗扎那·西玛兹 著 沈国华 译
《税收的全球辩论》
霍尔格·内林，弗洛里安·舒伊 编 赵海益 任晓辉 译
《牛津福利国家手册》
弗兰西斯·G.卡斯尔斯，斯蒂芬·莱伯弗里德，简·刘易斯，赫伯特·奥宾格，
克里斯多弗·皮尔森 编 杨翠迎 译
《金钱、政党与竞选财务改革》
雷蒙德·J.拉贾 著 李艳鹤 译
《财政学的本质》
山田太门 著 宋健敏 译
《西方世界的税收与支出史》
卡洛琳·韦伯，阿伦·威尔达夫斯基 著 朱积慧 苟燕楠 任晓辉 译

《政治转型与公共财政——欧洲,1650～1913》
马克·迪辛科 著 倪霓 金赣婷 译
《民主社会中的公共财政(第三卷)——政治经济学的新思维》
理查德·A.马斯格雷夫 编 王晓丹 王瑞民 刘雪梅 译
《经由税收的代议制》
史科特·格尔巴赫 著 杨海燕 译
《政治、税收和法治》
唐纳德·P·雷切特,理查德·E.瓦格纳 著 王逸帅 译
《18世纪西班牙建立财政军事国家》
拉斐尔·托雷斯·桑切斯 著 施诚 译
《西班牙菲利普二世的税收债务和赖债史》
莫里西奥·德里奇曼,汉斯—乔亚吉姆·沃斯 著 施诚 译
《美国现代财政国家的形成和发展——法律、政治和累进税的兴起,1877～1929》
阿贾耶·梅罗特 著 倪霓 童光辉 译
《福利国家的兴衰》
阿斯乔恩·瓦尔 著 唐瑶 童光辉 译
《另类公共经济学手册》
弗朗西斯科·福特,拉姆·穆达姆比,彼得洛·玛丽亚·纳瓦拉 编 解洪涛 译
《财政理论发展的民族要素》
奥汉·卡亚普 著 杨晓慧 译
《联邦税史》
埃利奥特·布朗利 著 彭骥鸣 彭浪川 译
《旧制度法国绝对主义的限制》
理查德·邦尼 著 熊芳芳 译
《赤字、债务与民主》
理查德·E.瓦格纳 著 刘志广 译
《债务与赤字:历史视角》
约翰·马洛尼 编 郭长林 译
《布坎南与自由主义政治经济学:理性重构》
理查德·E.瓦格纳 著 马珺 译
《财政政治学》
维特·加斯帕,桑吉·古普塔,卡洛斯·穆拉斯—格拉纳多斯 编 程红梅 王雪蕊 叶行昆 译
《英国财政革命——公共信用发展研究,1688～1756》
P.G.M.迪克森 著 张珉璐 译
《财产税与税收抗争》
亚瑟·奥沙利文,特里 A.塞克斯顿,史蒂文·M.谢福林 著 杨海燕 译
《战争、葡萄酒与关税:1689～1900年期间,英法的政治经济贸易冲突》
约翰 V. C.奈 著 郑磊 译
《社会科学的比较历史分析》
詹姆斯·马奥尼,迪特里希·鲁施迈耶 编 秦传安 译
《比较历史分析的进展》
詹姆斯·马奥尼,凯瑟琳·西伦 编 秦传安 译
《汉密尔顿悖论》
乔纳森·雷登 著 何华武 译
《税收逃逸的伦理学——理论与实践观点》
罗伯特·W.麦基 编 陈国文 译
《税收幻觉——税收、民主与嵌入政治理论》
菲利普·汉森 著 倪霓 金赣婷 译